中国新供给经济学研究书系
BOOKS OF STUDIES IN CHINA NEW SUPPLY-SIDE ECONOMICS

新供给：
深化财税改革

贾　康　等◎著

中国财经出版传媒集团
中国财政经济出版社

图书在版编目（CIP）数据

新供给：深化财税改革 / 贾康等著. -- 北京：中国财政经济出版社，2020. 5

ISBN 978 - 7 - 5095 - 9709 - 5

Ⅰ. ①新… Ⅱ. ①贾… Ⅲ. ①财税 - 财政改革 - 研究 - 中国 Ⅳ. ①F812. 2

中国版本图书馆 CIP 数据核字（2020）第 040770 号

责任编辑：陆宗祥　高文欣　　　　责任校对：张　凡

封面设计：卜建辰　　　　责任印刷：党　辉

中国财政经济出版社 出版

URL：http：//www. cfeph. cn

E - mail：cfeph @ cfemg. cn

社址：北京市海淀区阜成路甲 28 号　邮政编码：100142

营销中心电话：010 - 88191537

北京财经印刷厂印装　　各地新华书店经销

787 × 1092 毫米　16 开　31. 75 印张　561 000 字

2020 年 6 月第 1 版　2020 年 6 月北京第 1 次印刷

定价：118. 00 元

ISBN 978 - 7 - 5095 - 9709 - 5

（图书出现印装问题，本社负责调换）

本社质量投诉电话：010 - 88190744

打击盗版举报热线：010 - 88191661　QQ：2242791300

中国财税改革回顾与展望

（代序）

贾　康

一、财政体制变革的回顾

从传统体制到市场经济新体制，财政管理体制到底怎么样能够合意地发挥“多个积极性”，一直就是探索的主线。从20世纪50年代初一直到现在，我国财政体制始终在寻求变革与改进。简要地说，在传统体制下，就提出了怎么分权的问题，20世纪50年代，从毛泽东研讨“十大关系”、寻求以“多个积极性”释放活力的眼界看，实际上就包括寻求财政怎样服务全局来合理而充分地发挥“以政控财、以财行政”的作用。以政控财，就是国家运用自己的政治权力、社会管理者的公共权力，怎么样筹集收入，自然而然地，财政和税收就是密不可分的一个体系，并顺理成章要落实于收支统筹作通盘考虑的预算，以财行政，去履行政府应尽的各项职能。

从最主要的节点来追溯，1954年初，时任财政部长邓小平提出“财政6条”，其核心理念是要把财政放在一种“经常的、稳固的、可靠的基础上”，具体提出了归口、包干、预备、监察等关键词，探索的就是在适当分权的导向下怎么样搞制度建设的问题。这是财政改革在共和国站稳脚跟以后的开山之作。

再以后，1958年和1970年有两次大的分权，却很快弄得局面不可收拾，又不得不重新集权，都没能找到一种稳定的制度框架。改革开放以后，1980年开始“分灶吃饭”，是前所未有地开展了十几年的按照中央地方划分权限而向地方分权，继而又向企业放权这样一个思路的改革。在这十几年间，“分灶吃饭”带来的正面效应越来越减弱，问题越来越暴露，终于在1994年政府又以极大魄力成功地实行了分税制这样一个里程碑式的改革，这种以分税制为基础的分级财政框架一直延续至今。我认为对它的基本评价，可说是终于从前面的“行政性分权”走向了“经济性分权”，改变了条块分割、按照行政隶属关系组织财政收入而企业不可能真正活起来的状况，同时也终于解决了中央与地方之间想寻求稳定、但怎样努力也没有真正形成中央和地方稳定的财力分配关系的这样一种矛盾。1994 年以后，企业不论大小，不问行政级别，不看经济性质，不讲隶属关系，在税法面前一律平等，公平竞争；中央和地方是在桌面上阳光化地讨论税种和财力怎么划分，没有必要再靠处关系“跑部钱进”和“讨价还价”去处理财力分配问题了。这样就终于形成了为社会主义市场经济和现代化全局服务的一个中国财政制度的“分税制”基本框架。

但是深化改革的任务仍然非常艰巨。我们深化改革重任在肩的突出表现，就是现在省以下的体制迟迟没有真正进入分税制状态，对于财政分配，人们感到仍存在一系列问题，从仍然没有完全解决的基层财政困难，到这些年不断被人们所讨论的地方隐性负债，以及短期行为特征非常明显的土地财政偏颇等，如果说要“打板子”，打在分税制的身上是打错了地方——我们已有全套的调研分析，说明这些恰恰是1994 年以后至今，省级以下没有进入分税制所带来的必须克服的问题。这些弊病的根源，是我们实际上在省级以下延续了过去就知道一定会毛病百出的分成制、包干制，仍然没有能够真正把省级以下改造到也进入分税制的状态上来。当然，我国中央和以省为代表的地方之间，是延续了分税制框架的，但是如果处理不好的话，这个框架是不是有可能受到颠覆性的挑战？这也是值得我们警惕的。现在，在中央和地方之间，最主要的财力分配是靠共享税，而共享税的安排中现在维持了不论是上海、北京，还是西藏、青海，财力切分必须是按照规定比例“一刀切”的，不允许“跑部钱进”、讨价还价，其他所需则按照区别对待的原则，靠后面的转移支付和其他一些规范的手段去处理，这就维系了1994 年的基本制度成果。因此，深化改革，使分税制进一步贯通、落实、稳定、完善，是势在必行的。

我于 20 世纪 80 年代中期较早地明确提出，建立以分税制为基础的分级财政是中国财政体制改革的大方向，并对此种“经济性分权”的体制作出理论上的深入分析和理论密切联系实际的改革基本思路与要领的研讨，形成了系统化、条理化的认识与对策主张。其后多年，我持之以恒地进行关于财政体制改革的深入研究，始终坚定地站在主张和促进深化分税制改革的最前沿，基于学理和实证分析，批驳了把基层财政困难、隐性负债和土地财政短期行为等矛盾问题归咎于分税制的观点，清楚剖析了似是而非的分税制应“纵向分两段，横向分两块”（即中央和省级之间搞分税制，省级以下不搞分税制；非农业区域搞分税制，农业区域不搞分税制）的主张的谬误性质，针对1994年分税制改革后的现实情况，系统性地提出了深化财政分税制改革的务实思路与相关要领。我与白景明研究员合作发表于《经济研究》2002年第2期的论文《县乡财政解困与财政体制创新》，成为中国财政体制改革研究成果的代表作，获得了孙冶方经济学奖。

二、税收制改革的回顾

在新中国成立之初，曾经有过现在在史学领域内讨论仍然很不充分、曾受到党中央主要领导同志严厉批评的“公私一律平等纳税”这样一个税改，在社会主义工商业改造之后，税制就很快走向了过度简化。“文革”结束时，所有的国营企业只需要交一种工商统一税，所有的集体企业只需再加上一种集体企业所得税，此外基本不存在其他类型的市场主体，遑论其他有影响力的税种。

改革开放之后，税制的作用重新受到重视，比较快地进入搭建制度性复合税制的过程。到1993年，中国已经有了43种税。1994年，配合分税制的改革，把43种工商税收简化为28种，后来又陆续减并到现在的18种。现实生活中，中国已经形成了多种税、多环节、多次征的复合税制，而且在这些年，在一般的理念认识上，也已经形成了税制改革还要进一步向“中性”去靠拢的基本共识，实际上就是走了一个“之”字形——我国以差不多70年时间，又回到“公私一律平等纳税”的原则上了。

在这样一个框架下，目前仍需解决几个突出的税制问题。第一，中国的直接税太薄弱了，跟现代经济体普遍实行的“以直接税为主”恰恰相反，我们是种种原因造成的以间接税为主（占全部税收收入近70%）的格局。第二，我国的地方税体系很不成形，可以说，目前没有像样的地方税体系。第三，我国的税收和非税收入的系统工程，仍然有许多“硬骨头”要啃，仅仅讲税收负担，是远远不能覆盖各方热议的中国企业和纳税人的负担问题的（正税只有18种，而税外的“五险一金”、几百种行政性收费和各种隐性的制度成本负担），这也是中国配套改革中要把握的“全景图”和必须一并解决的机制优化问题。

三、深化中国财税改革的展望

第一项任务，通盘的财政体制要理顺。应该按照政府扁平化为三级的框架

（就是精简为中央、省和市县这三级），明确由各级最高权力机构——人民代表大会赋予政府合理而清晰的事权，然后按照“一级政权，一级事权，一级财权，一级税基，一级预算，再跟上一级产权，一级举债权”原则，形成“财权与事权相顺应，财力与事权相匹配”这样一种稳定的制度框架，加上中央和省两级自上而下的转移支付和必要的辅助性的横向转移支付（比如对口支援、生态补偿）。这样的制度安排，应该努力在配套改革、攻坚克难中去实现。理顺财政体制方面在近两年的主要进展是，按照三级框架，已经在编制中央和地方共享事权（共同履行职责）具体清单和对应于支出责任的明细单，这是可对接操作的一个实质性的进步，要把它做到最后对所有的政府事权全覆盖。

第二项任务，要深化税制改革。在进一步减税降费的过程中，我国实际上不可避免地要完成在税制改革中间如何提高直接税比重，以及成功打造地方税体系的艰巨任务。

第三项任务，就是推进“最小一揽子”的配套改革。其中第一个重点是，现在价格体制在我国面临的主要改革任务是在资源能源、资产和不动产方面，如果让它们的比价关系和价格形成机制真正适应市场经济，以及有利于绿色发展、可持续发展，那么环境税收体系（涉及环境税、资源税、消费税、房地产税等）和整体的税收和财政分配，必须纳入整个资源配置的优化工程，再落实到对于预算收支的全面绩效考评与问责约束，这是新一轮必须要推进的以经济层面实际拉动社会层面达到可持续发展的改革。第二个重点是，应该把“五险一金”等实际上跟财政分配有千丝万缕联系的机制尽快优化理顺。第三个重点，现在对于企业多达370种以上的行政性收费都有红头文件依据，一定要下决心按照李克强总理所说的“拆香火”的改革来配套地把它们尽可能减少，削减林立的局委办机构，减少审批权、收费权、设租权，从而减轻企业和纳税人的负担，厘清我们的事权和吏治。第四个重点，在这个过程中，我国整个经济社会和政治建设的配套，是显而易见、不可回避的：公众的“参与式预算”，所有相关信息的充分阳光化公开披露，税收的法定，在一些直接税形成以后公民纳税人更迫切地需要知情——政府把钱拿去以后怎么用，进而加以监督，等等，这些机制的建设都是不能回避的配套改革任务。

（本文发表于《中国金融》2019年第19期）

目录 CONTENTS

一、财政体制改革篇

二、税收改革与调节篇

三、财政管理篇

四、PPP 创新篇

一、财政体制改革篇

财政与国家治理现代化

——基于学理和实践的多维认知

贾　康

【摘要】 财政是国家治理的基础和重要支柱。在推进国家治理现代化的进程中，如何更好地发挥财政的作用，是新时代背景下的重要命题。本文从财政的本质和资源配置优化与社会进步命题出发，首先考察现代国家治理，构建了现代市场体系和现代财政制度两个观察维度，勾画了中国财政改革实践从行政性分权到经济性分权的历程和深化改革基本思路，延伸到现代政治文明建设和现代发展理念的认知框架与动力机制，从学理和实践层面多角度考察，对财政与国家治理现代化进行全面剖析。

党的十八届三中全会以来，国家治理现代化成为治国理政的核心概念之一，为寻求包容性发展的制度安排体系提供了方向指引和基本遵循。财政作为国家治理的基础和重要支柱，是全面深化改革的重要支撑，在推进国家治理现代化的进程中发挥着关键作用。新形势下，如何全面认识理解财政与国家治理现代化的关系，进一步提升国家治理现代化的水平？本文基于学理和实践的多维认知，对此进行分析解读。

一、一个出发点：基于财政本质的解读

对于财政本质的认识，中国学者做出过许多努力，有国家分配论、共同需要论，还有再生产前提论、资金体系论等。笔者对财政本质的认识，可以概括为“社会集中分配论”。这与之前各个流派之间的争鸣互有关联，意在“站在前人的肩膀上”吸收一切积极成果而去粗取精兼容并包。笔者认为，到目前为止，尚

没有出现对这一认识有实质性挑战的看法。所谓社会集中分配论，是以“集大成”的方式，对各个流派的可取之处，兼收并蓄，去粗取精，去伪存真。社会集中分配论的基本认识，是将关于财政认识的眼界，放在国家产生之前、国家产生之后以及未来社会构想之下——甚至假设国家消亡，或者将国家的升级和演变等全部历史、未来的可能变化，都考虑在全景之中，那么财政的本质，可表述为社会权力中心实施的带有集中分配特征的分配体系，属于生产关系中的分配关系。

（一）从财政的起源理解

社会集中分配论对人类社会发展过程进行粗线条的观察认为，最初脱离动物界的原始人群即部落，在经过漫长的发展和部落联盟后，才逐渐出现血缘关系越来越淡化，而社会成员必须共同服从于一个社会权力中心政治统治的国家形态。关于国家确立之前的古代社会，马克思主义创始人也做了大量研究，特别强调在国家产生之前，生产力极其低下，曾经有很长时间是原始共产主义状态，主要通过在分工与合作中从事采集与狩猎，以维持生存。在蛮荒时代，不同的人群在野蛮状态下还可能产生冲突，史料表明原始人群之间通过战争，由战胜方将失败方从肉体上消灭，乃至吃掉，以解决生存中的食物来源问题。此后生产力逐渐发展到产生剩余产品，这是一种供给侧的创新，为原始共产主义社会可能发生的质变提供了前提条件，也是生产力角度上的集中分配物质前提。剩余产品的出现使得分工合作当中作为组织者、领导者的酋长或部落领袖在人性趋利之下，越来越倾向于自己在分配中先得、多得，于是原始共产主义制度出现了瓦解的可能性。除了生产力上提供剩余产品的物质前提，社会组织上能够形成相对稳定的权力中心，则是生产关系视角上的政治前提。在经济和政治前提下，发展至稳定的国家形态，可称之为阶级国家。这时社会划分为不同阶级，一般认为最早的阶级国家形态是奴隶制，奴隶主必须匹配一套强权，以暴力性质的国家机器来维持对奴隶的统治。同时，在这种统治中，不管是统治者还是被统治者都需要进行抵御自然灾害、祭祀膜拜等公共活动，这便是共同需要。因此，笔者认为，国家财政是广义财政中的一种具体形态，将原始共产主义社会发展到一定阶段所形成的社会权力中心为主体的分配关系中的个性和国家产生以后的财政个性抽象并集中在一起，就形成了财政的共性。所以，笔者认为国家分配论必须提升扩展到社会集中分配论。在这样的分配中，财政可以简要表述为八个字：“以政控财，以财行政”。政治是指公共事务管理，孙中山曾讲过，所谓政治，是管理众人之事。所谓众人，便是形成多数人的一种概念，“三人为众”或许就代表了最低限度的管理。

两个人也可以形成管理的问题，如马克思常提及的荒岛上的鲁宾逊和星期五，便存在管理关系。在汉语中，管理关系在实际生活中可以称为“政”，邮件在不同社会成员之间的传递叫邮政，家庭管理可以叫作家政。但是“政治”是结合相对稳定的社会制度来体现的，是以政权为主体的公共事务管理。这其中，政权所掌握的公共权力是政治权力属性的，这种政治权力的行使需要物质基础的支持，即政府做的任何一件事情都要借助资源配置来满足物质条件。因此，“以政控财”——国家政权体系依靠自己手里的公共权力，即社会权力中心凭借着一系列国家机器所掌握的有控制力的权力，在贯彻行使自己的意愿、履行自己政权职能时，先控制一部分公共资源。以剩余产品性质提供而形成的公共资源，在现代社会里，普遍都是财力、价值形态的，直观地看是易计量、可通约的。“以财行政”是分配、运用这些公共资源，构成基本的物质条件，来履行政府应履行的职能。政府事无巨细，没有这种物质条件匹配，任何应行使的职能都无从落实。“以政控财，以财行政”，比较直观地对应于汉语中的“财政”二字，是将这两个字拆开、合并可以作出的最概括的理解和表述。

（二）从社会集中分配论出发剖析认识现代国家治理

以政控财、以财行政的分配体系，跟国家治理之间的关系，非常值得继续研究和深化认识。“国家治理”在英文中表达为“State Governance”，学者们特别强调它与管理（Management）的明显区别，那么主要区别为何？中央特别强调的国家治理体系和治理能力现代化，笔者认为这正是党的十八届三中全会《中共中央关于全面深化改革若干重大问题的决定》（下文简称《决定》）里治国大政、理论方针的核心概念，即国家治理现代化是最重要的大政方针的浓缩表达。这需要特别关注治理和管理的区别：“管理”显然是一种自上而下的掌控架构，即有管理权的主体自上而下实施的局面掌控。而治理和管理的区别，笔者认为除了自上而下的，还有自下而上的以及横向平面展开的各种多样化互动。治理所对应的概念，其实是在人类文明发展过程中已经被各方接受的包容性发展、包容性增长的概念。包容性表现在政府、非政府的各种主体充分互动中调动和发挥一切潜力、活力之上。大略地分析，政府是有公权力的主体，而企业、社会组织等，如生产经营单位、非营利性单位、各种各样偏好的自然人，则是有私权利的主体。这些多元主体的互动中，需要形成争取最大包容性的共赢。在争取共赢的取向下，要力求各种主体能够充分发挥对于社会发展和进步作贡献所可能发挥的潜力。追求共赢的状态，是“治理”境界的真谛，即实现包容性发展中各种潜力和活力最大限度的释放。治理和管理的区别概括起来，最主要的就是必须把管理和自管理、组织和自组织、调控和自调控融合在一起，使方方面面的潜力、活力得到无阻碍的发挥。实际生活中需要处理的，就与一系列制度安排、机制创新相关的问题——政府和市场、中央与地方、公权体系和公民、管理部门和纳税人等关系集合在一起。如做到治理方面的“善治”这种在价值取向评价上值得肯定、值得追求的境界，成为讨论国家治理时应抓住的实质性问题。

（三）在国家治理框架内定位财政

按照历史唯物主义原理，经济生活构成整个社会生活的基础。所以，在理论认识上，经济学是经济生活的一种理论阐释，研究维系整个社会存在、运行发展的资源配置问题。最概括地说，在经济学研究资源配置的视角上，可以认为，财政学研究的是公共资源配置。公共权力体系必须处理的公共资源配置问题，也是经济学、财政学共同的研究对象（但财政学更聚焦于此，以及在外延上更需要做跨学科的交叉综合），因此经济和财政这两大概念之间的关系是千丝万缕的。公共资源的配置，必然要拉动、引致和辐射、影响全社会资源的配置，并产生由经济到社会的种种“外部性”，资源配置的优化和财政分配相关联的部分，是整个制度安排和机制方面的优化设计与建设问题。通过改革所表现的创新活动，实质的追求最后要落在以人为本的资源优化配置和解放生产力，即通过财政分配、通过财政对经济所产生的正面效应，使社会成员的总体福利提升，使社会里的种种矛盾得到较好的化解。这种财政功能作用的发挥，从理论视角来看，在和经济学有密切关联的同时，还会进一步扩展到其他学科。比如，财政学和政治学就有不解之缘。一个社会权力中心的公权力，是政治权力；而从政治学到社会学，所涉及的现象更是无所不包。所有这些相关学科都必然会和财政学结合在一起，纳入我们的视野，这样才能促使研究者在认识财政问题上既有广度又有深度，可以“跳出财政看财政”，达到尽可能高的水平。

所以从理论联系实际的视角来说，财政学一定是一门多方面综合的学科。虽然我国实际生活中财政被放在经济学门类里，属于经济学中特定的二级学科，但对于财政学的认识及其知识框架，完全不必受这种分类的局限。财政学最初形成理论时，最为众人肯定的首创之功，是经济学鼻祖亚当·斯密的《国富论》中第 5 部分专门讲的与国家有关的税收、公债、支出安排等，涉及怎样认识国家职能和国家职能怎样得以实现。一般认为，这是财政学开先河之作，财政学是和经济学一起产生的。

因此，在财政学视野中，要做的研究工作太多，要用心观察并且举一反三，在财政这一概念下进行深入思考和研究。党的十八届三中全会中提炼出一个重要认识："财政是国家治理的基础和重要支柱"。之所以没有将内部讨论中提到的"是全面改革的支撑"加上，是因为在实际生活中，既然财政是国家治理的基础和重要支柱，那必然是对与国家治理优化密切相关的改革的一种重要支撑。国家治理如果要寻求包容性发展的制度安排体系，以成为善治，那么财政处理好资源配置中有重要影响力、辐射力的公共资源，则是一个国家治理基础和重要支柱层面不可或缺的解决途径和影响经济社会全域的能动组成部分。

二、两个观察维度：现代市场体系与现代财政制度的建立

理解"财政是国家治理的基础和重要支柱"，还要基于进一步展开的观察维度进行深入探讨。上文述及国家治理现代化讲求包容性发展，要让社会在文明提升过程中更多体现所有社会成员共赢、多元互动中的公共福利最大化，因此需要对应资源配置体系，在现实生活中即为党的十八届三中全会《决定》里反复强调的"现代市场体系"。现代市场体系是现代国家治理的决定性资源配置"基本面"，而为发展培育现代市场体系，又必须打造现代财政制度。这既是十八届三中全会明确提出的要求，也是理解财政与国家治理现代化内在关联的重要维度。

（一）现代市场经济体系的构建：历史、挑战与路径

《中共中央关于经济体制改革的决定》（以下简称《决定》）中涉及资源配置最重要的突破，是"市场决定论"终于明确表述在资源配置中，即市场要在资源配置中发挥决定性作用。这一决定性作用的认识来之不易。在中国改革开放过程中，政府和市场的关系一开始就被反复讨论，最初是突破计划经济认识框架，把商品和市场引入，形成"计划调节为主，市场调节为辅"的认识，之后又提出"计划和市场调节相结合"，结合的方式在认识中各有不同，但多数人强调的还是计划为主。1984 年，中央提出《中共中央关于经济体制改革的决定》，这是第一个关于经济体制改革的决定文件，在认识上有了非常重要的突破。邓小平对此评价说决定中讲了我们老祖宗没有说过的新话，即"有计划的商品经济"，这虽然提到了"计划"，但重点落在了"商品经济"上，这在当时的意义非同小可。有计划的商品经济，是需要有市场的，因此有些人强调，商品经济一定要对接市场，实行市场取向改革。1984 年提出的有计划的商品经济，给了商品一个

作为经济形态的定义。之后便是充分重视商品生产、交换、分配、消费，完成关于其整个生命周期的市场的建设。后来党的十三大提出“国家调节市场，市场引导企业”，间接调控的框架明确产生。国家的调控可以分为两个层次，国家调节市场，实际上是调节市场的参数。比如，财政的政策工具中，以税收为例，税收就是法定的参数，任何人碰到特定的情境，都要依法解决税收分配关系问题，所以参数是一种调节的规范。又如国债——公债和地方债，也在具体运行中依法形成规范的、标准化的调节机制。可以将这些规范的政策工具认定为一些参数，通过经济杠杆手段，把这些经济手段色彩非常鲜明的参数施加到市场的价格信号中。综合形成的市场信号，可以引导千千万万企业的生产经营决策及其经济行为。而这一项间接调控转型所要解决的问题，就是解放生产力。历史证明，过去的直接调控在某些阶段上有动员组织、迅速见效的特殊作用，但从较长的时间段来看，却极容易滑向僵化、死板的状态，打击方方面面的积极性，使得资源配置无法优化，效率低下，所以，克服传统体制弊病的“间接调控”，就作为导向确立起来。1992 年，邓小平进行南方谈话，坚定改革开放大政方针，强力务实地确立搞市场经济这个大方向，解决了曾纠缠于“姓社姓资”的计划多一点还是市场多一点的基本争议问题，指出这不是根本社会制度的问题，只是运行机制层面的变动性选择，基本事实是资本主义国家也有计划，社会主义国家也必须要有市场。于是在同年，党的十四大确立了市场经济目标模式，即建立、发展和完善中国特色的社会主义市场经济。而判断改革市场经济取向的成效就要看是否符合三个“有利于”：是否有利于发展社会主义社会的生产力、是否有利于增强社会主义国家的综合国力是否有利于提高人民的生活水平。概括来说就是有利于整个社会进步，这是唯物主义的观点，显示了邓小平务实的态度和高明的思路。

现代市场体系紧随现代国家治理，在 1992 年邓小平的南方谈话之后逐步有了清晰的框架，但在表述上也仅限于市场在资源配置中发挥基础性作用。在中国进入“经济新常态”之前高速发展的 20 年间，反复的实践使得社会方方面面具备了进一步建设现代市场体系的条件。党的十八届三中全会提出“市场在资源配置中发挥决定性作用和更好发挥政府作用”，这就把汉语语境里市场经济中的市场作用说到位了，即就全局而言的资源配置中，市场发挥着决定作用。在这一全局概念之下，政府所起的是辅助性作用。但如何使得政府更好发挥作用，这其中又有着挑战性的创新任务。以 PPP 为例，过去将“Public - Private Partnership”直译为“公私合作伙伴关系”，现在官方说法为“政府和社会资本合作”，其所要处理的政府和企业这种市场主体的关系，又跨越了很多年来大家所认同的政府和企业、政府和市场要划清边界的认知，PPP 意味着政府和市场主体的关系“螺旋式上升”，以伙伴关系来从事公共工程、基础设施，乃至产业新城建设和运营、国土连片开发等会对经济社会生活产生深远影响的建设项目。对于市场如何起决定性作用，政府如何更好发挥作用，有着一系列创新的要求，需要面对一系列复杂的问题。因此，从“现代国家治理”说到“现代市场系”，自然就涉及政府更好发挥作用——要想有现代国家治理，发展培育现代市场体系，就必须打造“现代财政制度”，这是《决定》中顺理成章明确提出的要求。

（二）现代财政制度的改革实践：从行政性分权到经济性分权

从学理上来说，现代财政制度和国家治理现代化诉求结合，无非是要通过资源配置的优化，来解决以公共资源影响、辐射、拉动全社会资源优化状态的制度安排和机制建设问题。因此在对全局的服务上，财政是国家治理的基础和重要支柱这一表述，在学理上是很严谨的。对于财政到底发挥什么作用，过去在中国不同场景之下的讨论各有特点。20 世纪 80 年代，最热的讨论之一是中国应该是“大财政小银行”，还是“大银行小财政”。但是银行也好，财政也好，都是国家治理和调控体系里的组成部分，服务的是整个治理的优化、国家整个经济社会发展的优化。如果从全局来看，其实不是孰大孰小的问题，财政与中央银行有明显区别，但都是需要发挥管理调控作用的综合部门，两者形成调控体系，问题的所在是两者如何合理协调配合。这种协调配合在很多具体的场合中，还会你中有我，我中有你，财政政策与货币政策，都是既要调总量，又要考虑结构，但是货币政策最基本的功能是总量调节，不能发挥过多的结构优化作用；财政配合货币政策进行总量调节时，结构优化则需要唱主角。因此这不是大小的问题，而是协调配合、共同服务全局的问题。从现代财政制度的视角，就要考虑在改革深水区进行攻坚克难的一系列制度建设。

从过往的经验总结来看，财政的意义和作用是不可回避的。1978 年的“真理标准的大讨论”起到了思想解放的作用，产生了基本的社会共识——往前看必须搞改革。当时农村有大量的贫困人口，矛盾非常突出，在这种情况下引导和鼓励联产承包责任制，简称“分田到户”，解放了生产力，几年之间就使得农业问题过关了。到了 1984 年，粮食多到必须“民代国储”，国家给老百姓付储存费用，代国家储备。农村生产力解放以后，粮食问题也解决了。在企业方面，最初在基层从企业基金、利润留成切入，试探着给出自主权，试图走出一条搞活企业的路子。这是当年城市改革在基层进行的小幅度实验。之后宏观层面启动了较成规模的动作，首先就是对某些地区给予特殊政策，比如深圳特区的建设。更进一步，就是财政方面的改革。

1979 年，在贯彻 1978 年党的十一届三中全会改革开放方针的过程中，酝酿了宏观层面以财政作为突破口的宏观改革举措。整个社会再生产要维系，还得先让“计划”这套功能发挥，让计划维系再生产继续运行的时候，首先宏观上从分配视角，将财政分配这方面作为突破口，实施有弹性的松动，向下放权。此前的历史上，财政早就有分权尝试，但由于其他条件制约，概括说来就是“一放就乱，一乱就收，一收就死，一死就叫，一叫再放”，陷入“放乱收死”的循环。1979 年再次分权，以财政作为突破口，即“以政控财，以财行政”的公共权力主导的分配体系首先松动，向下分权，由中央向地方放权。原来中央集权特征明显的时候，块块（指地方政府）是附属的，条条（指各中央部委）为主，体现为中央各个产业部垂直地、一条一条地向下发指令，指挥地方动作。要把原来的条条为主变成块块为主，向地方分权，是由财政先分，其他方面就陆续打开了弹性空间。1980 年，财政分权在体制上实行的是“分灶吃饭”“划分收支，分级包干”，中央和地方明确各自在财力收支中的职责划分，这是中国财政改革在改革开放初期发挥的先行军、突破口作用。

之后，地方分权继续努力将权力分到企业，让企业活起来。虽然意向非常明确，但实行过程却是曲折的。简要地说，当时财政“分灶吃饭”最后要对接的目标，已经落到现代财政制度的诉求上，即必须服务于整个中国的现代化，服务于以改革开放走向伟大民族复兴的“三步走”、现代化战略目标的实现。现代化的取向其实早已经确立，传统体制下就提出了四个现代化即工业、农业、国防、科学技术的现代化。中国以鸦片战争为标志的近现代史帷幕拉开以后，曾一路积贫积弱，工业革命以后中国严重落伍，现代化的趋向就是在这一背景下实现大踏步跟上时代，实现伟大复兴的中国梦。但将条条为主变成块块为主以后，并没有真正革除公权主体按照行政隶属关系控制企业和组织财政收入这一旧体制的症结。上文所说的“放乱收死”，不是没有过分权，但过去不论集权还是分权，都是条块分割的，按照行政隶属关系控制企业。体现在实践中，一片国土范围之内的各种企业，例如，北京有中央的企业，有市的企业，有区的企业，还有街道的企业；其他城乡区域，省市县乡镇，各有各自隶属关系下的企业——中央产业部的企业是属于中央的，省市县乡镇的企业，各有各的行政主管，条和块各自按照行政隶属关系来管理企业，同时要求这些企业按照行政隶属关系把收入上缴到本行政主管的层级上。“分灶吃饭”以后，仍然是这样。地方积极性提高了，地方的经济活动发展起来了，但地方的本位主义便自然而然地出现了，优质的原材料控制在本地，做市场封锁，其他地方有竞争力的产品进入本地，会受到种种限制，这种不符合统一市场发展的现象，越来越表现出惰性：重复生产，低水平的重复建设，看起来带来了活力，但不能使地方的积极性支撑起应有的高质量发展。按规定，中央企业对中央财政按照“分灶吃饭”体制上缴税收（当时还有调节税和利润），即交到中央，省的企业交到省，县的、市的企业交到县市，与此同时企业仍然受到各自行政主管过多的干预和关照。过多关照体现的是软预算约束，无法公平竞争；过多干预即是听行政的信号，而不能靠自己的判断服从市场信号。“搞活”企业的过程中出现所谓“双重依赖”，而且依赖市场信号和依赖行政信号相比，最根本的还是必须服从行政信号。因此，按照原来的“分灶吃饭”框架，无法真正实现搞活企业这一目标。

1986 年，在国有企业进行“利改税”的铺垫下，曾有过规范化的改革设计，实行市场经济间接调控——价格通过改革让其能够产生应有的资源配置引导作用，税收是一种依法规范的调节方式，以处理政府和企业关系、利益分配关系，财政体制必须适应新的间接调控机制，实施整体改造。但有人认为“利改税”后 20 多个月间国有企业利润滑坡，是“规范化”挫伤了积极性，因此大方向上又进行了改变，放弃价税财联动这一“利改税”后所寻求的规范化制度建设思路，转而在 1987 年开始实行各种形式的企业承包经营责任制，就是所谓“包”字进城。农村改革中小农经济的“包”字很简单，能最简洁地处理“交够国家的，留够集体的，剩下都是自己的”这一激励机制问题，约束上也没有大问题。但是“包”字一旦进了城，在社会化大生产里，复杂情况下长期行为的培育马上就出了问题：企业承包里出现拼设备、拼短期绩效，通过出年度成果来兑现承包利益而不考虑长期发展的弊病很明显，特别是“承包”虽名义上指政府和企业的主管人员作为平等的双方，自愿以合同方式确定权责利（甲乙双方签合同叫承包合同），但实际上是不平等的，政府一方随时可能以调整承包方案为名贯彻己方意愿，企业会因某一年的收益较好而被不断提高承包任务指标，在行政为主的情况下，市场上的客观因素必然被忽视。因此，多种形式的承包经营责任制下，企业的短期行为非常明显，而政府对企业的干预也变得更加错综复杂，没有公平竞争的环境可言，没有能够真正让企业活起来。

之后才提出了税利分流以及财政体制的分税制试点，直到 1994 年进行财税配套改革。分税制改革，使得中国现代财政制度建设出现了由行政性分权向经济性分权的决定性转变。在分税制状态下，经济性分权是指所有企业不问所有制情况，不看规模大小，不讲行政级别，也不区分隶属关系，在税法面前一律平等，各个企业依法缴纳国税和地税，至于共享税，是各级政府之间按体制处理的财力分配，跟企业无关。依法交税之后，税后可分配的部分，按照产权规范和政策环境，由企业自主分配。这真正解决了所有企业在市场竞争方面所要求的公平视角上划出公平竞争“一条起跑线”的问题。过去各个行政主管对企业可以过多干预和关照，分税制之后所有企业依法纳税，在市场中拼核心竞争力，优者能够扩大市场份额，劣者便会萎缩，并且还存在破产出局的淘汰机制。跨隶属关系、行政区划和所有制性质的存量兼并重组，以及国企淡化乃至取消行政级别和对接企业家市场等改革，也就可以顺理成章地探索和展开了。

（三）进一步深化分税制改革

1994 年的分税制改革，其实并不只解决了中央和地方的关系问题，当年还解决了政府和市场主体，即各级政府和企业的关系如何正确处理的制度建设问题，而且这对于全局来说是第一位的问题：改革以来一直探寻如何让企业活起来，必须在制度安排上有一条可持续的发展之路，分税制改革构建起了与市场经济对接的框架。因此，这不是延续过去行政性分权的思维和做法，而是经济性分权，真正改变了以往按条块分割的行政隶属关系控制企业和组织财政收入的旧体制症结。中央和地方的关系、各级政府间的关系，也有了规范化处理。

到目前为止，对于分税制改革的评价，中国理论界的认识尚不到位，一般的说法是分税制改革解决了中央过日子的问题。但这只是表面现象，1994 年经济性分权的历史功绩，是使政府和市场、企业的关系走上正轨，再加上中央和地方关系的规范化，奠定了如今国家治理体系、治理能力现代化制度安排的基础。除此之外，第三种重要的关系便是社会生活中凸显的公权主体和公民的关系，即政府和纳税人的关系。社会成员、自然人要在财政分配体系里受到各种各样的调节，个人所得税对应的纳税人就是自然人。这三大关系的汇合点在财政，而现代财政制度如何适应这种客观需要从而服务于全局，也要从现代国家治理、现代市场体系、现代财政制度三个关键词的连接上进行。进一步地说，如今的财政体系应该是一种服务于全域国家治理的体系，所谓“跳出财政论财政”“财政为全局服务”，实际上是需要意识到财政的分配作用渗透、传导到了社会经济生活的方方面面。货币政策更多涉及经济，财政直接涉及经济、社会、政治方方面面，无时无刻不在产生着渗透、影响、辐射作用是国家治理的重要基础与支柱。

有些人认为地方隐性负债、土地财政短期行为等等弊病是分税制造成的，但是根据中国几十年的体制演变，以及放眼全球的国际经验，再结合中国反反复复探索的本土经验，可以认为搞市场经济，中国财政除了分税制之外别无他路。实际上，分税制改革后的基层财政困难、土地财政、地方隐性负债等问题，恰恰是改革在贯彻落实中受阻而形成的。贯彻落实中最基本的的受阻情况是过去弊病丛生的旧体制因素仍然存在，省以下的地方没有完全进入分税制状态，复杂多变、讨价还价色彩相当浓厚的分成制仍然广泛存在，甚至一些困难地方和基层，干脆实行包干制。产生这些问题的原因，是因为虽然中央和以省为代表的地方之间建立了分税制框架，但对于省以下的地方，只给出了一个基本导向。省以下各地可根据具体情况，设计分税制的实施方案。省以下的很多地方，表面上是按照分税制来实行，实际上却是按照不同的税种分成，即分成制。财权重心上移，而事权重心层层下移，上面千条线，最后一根针，要在乡镇、基层的针眼里穿过去落实。因此，制度的有效供给跟不上，本该由分税制内在逻辑所产生的正面效应没有发挥，基层财政困难在一段时间里非常突出。待到基层财政困难有一定的化解之后，财力和事权如何顺应、如何结合好的矛盾也还没有完全解决，又出现了地方隐性负债，还加上了使得地方依靠自己辖区之内“靠山吃山、靠水吃水”的土地开发，做出在土地批租环节尽量一次拿足收入的土地财政短期行为。这并非分税制改革所造成的问题，而恰恰是分税制改革在省以下地方的贯彻落实中受阻造成的。前文已强调 1994 年建立的分税制新体制框架，是经济性分权，如今的问题是如何继续深化改革，完成当年没有能够完成的省以下深化改革任务。省以下分税制体制贯彻落实遇到的难点，在于五级行政层级的分税方式，这在国际上没有任何经验，曾试图探索的“中国特色”解决方案也已被实践证明此路不通。分税制下各级税基的合理配置，面对了税种的适当调减进程，如何在五级行政层级间合理分税仍是无解。因此需要实行“扁平化”改革。农村税费改革以后，中国主要的农村区域水到渠成地实行“乡财县管”，乡镇不再作为财政的实体层级，属于县级预算所管的预算单位——在财政的实体层级意义上，基层已不是乡镇，而是县。另外，根据浙江经验，财政上可以首先实行省直管县，承认市和县的行政不同级，但财政同级。这样中国的财政层级就可以扁平化到中央、省、市县三级。财政部《关于推进省直接管理县财政改革的意见》提出，2012 年底前，力争全国除民自治地区外全面推进省直接管理县财政改革。但很多地方仍处于含混状态，有省直管县的试点，却没有在全行政区铺开。“三个层级”的体系再造问题是分税制深化改革中的现实问题，是务实解决现代财政制度建设的构架创新中的改革难题。

简单勾画现代财政制度所需的制度供给框架，就应坚持经济性分权的基本路径，往下要配套联动，通过大部制、扁平化的政府机构系统化再造的实质性改革，形成人民代表大会授权委托的三级政权，并合理清晰地确定各级事权，以及各级政府共管职责的配合。一级政权要有一级合理的事权，还要有一级与事权顺应的财权。财权最关键的问题，首先是解决稳定的、大宗的收入，收入主要靠税收，因而要处理好税基的配置问题，例如关税体现国家主权在经济生活中的调整机制，应掌握在中央手中；房地产税没有外溢性，不动产坐落在各个辖区之内，且相关的信息复杂程度较高，适合地方政府因地制宜地掌握信息，操控相关税收条件。税基的合理配置方面，还有很大的研究空间，以形成正确的原则和方案。“一级政权，一级事权，一级财权，一级税基”后面跟着的是一级预算，现代财政所有功能的实现，落到运行载体上，就是要形成现代意义的预算。美国进步时代的启示和其他国际经验，可以给“现代意义”提炼出要点。预算作为一个收支计划，必须事先决定，并充分反映民意，才能够有现代预算的特征——要有权力制衡之下社会多方的参与来磨合，一旦通过最高权力机构（在中国就是人大）审批通过，便形成有法律效力的执行文件，要严格执行。所谓严格执行，除了数量、结构、进度上的严肃性之外，最主要的是要有问责，要有事前、事中、事后全套的绩效考评和监督，这样才能够达到公共利益最大化，在公共资源配置优化的目标导向下求得实际效果。所以，政权、事权、财权、税基之后的预算，落到运行载体上，体制里按照扁平化方向由五级收缩到三级，使预算在整个制度安排里，各个逻辑环节能够环环相接，顺畅地可持续运行。后边还包括国有资产在各级的管理权——“一级产权”，以及中央地方各自都必须行使的有偿融资的“一级债权”，再加上中央、省两级自上而下的转移支付，全都需要相互配合。

很多人没有理解财政分配体系怎样实现服务全局的功能。各个地方之间的基本问题是横向不均衡，由各种自然条件、历史原因、发展上的种种特色因素造成，有发达的增长极区域，有增长贡献边缘化的欠发达地区，但都是我们整个中华民族大家庭的组成部分，都是国家统一、民族团结的不可分割的部分。这些欠发达地区，需要得到中央政府职责之内重要的针对性支持，中央政府在满足本级支出的需要之后，财力构架中的剩余部分就应有区别地用于支持欠发达地区，以及全局战略需要的新的增长极区域等等所体现的转移支付财力。这可称为以中央、地方间财力分配的纵向不均衡，来矫正地方间发展以及财力格局的横向不均衡。不论是联邦制的还是非联邦制的市场经济体，都是如此。美国是联邦制，其联邦政府拿到的收入以一部分满足本级支出需要之后，剩下很大一部分进行转移支付；日本虽实行单一制，但同时强调地方自治，其中央转移支付也是非常有力度的；英国、新西兰、澳大利亚，莫不如此。这种自上而下的两级转移支付，如果一定说有集权特征，那么可说是中央政府在必要的经济分权之下进行财力集中，然后据此履行其应该履行的职责。至于如何提高其合理程度，是转移支付设计的优化问题。除了自上而下的两级转移支付，还要配套必要的对口支援、生态补偿等等横向转移支付。

从现代财政制度的发展看，中国在服务于现代化全局中应该达到的境界，就是在事权合理化之后，使财权与事权相顺应，财力与事权相匹配。在制度建设方面，服务于现代国家治理、现代市场体系的有效构建，必须是“扁平化”三级框架之下“一级政权，一级事权，一级财权，一级税基，一级预算，一级产权，一级举债权”和两级自上而下的转移支付和辅助性的横向转移支付，这应是我们规划并力争实现的一套现代财政制度建设前景。

三、不可忽视的动力机制：现代政治文明建设和现代发展理念的落实

在推动国家治理现代化的进程中，现代政治文明建设为财税改革发展注入法治化规范化力量，而以创新发展作为第一动力的现代发展理念则为深水区改革的攻坚克难加码助力。新时代背景下，为更好地发挥财政在国家治理中的基础和重要支柱作用，现代政治文明建设和现代发展理念的落实不容忽视。

（一）推进现代政治文明建设

党的十八届三中全会对全面深化改革重大问题作出重要决定后，党的十八届四中全会对全面推进依法治国作出了战略部署。“全面依法治国”体现的“政治文明”也是锁定的现代化取向，现代政治文明的制度建设，要从根本大法开始，依宪执政，依宪行政，还要落到方方面面的法律上。比如现在推进的PPP，企业最担心政府的政策更改、领导变脸。一个项目生命周期可能几十年，会经历十届左右的地方政府任期，若要防止对企业的这种潜在威胁，就必须有让企业吃下定心丸的法治条件。所以，除了宪法、预算法、合同法、项目的招投标法等法律的协调配套之外，还必须对PPP形成专门立法，这是一个必然的发展方向。在现代政治文明的推进过程中，财政对全局可能的贡献可以借鉴美国“进步时代”的启示。美国崛起为世界头号强国，就是在1880～1920年间，经历了被人们称为

"进步时代"的制度建设时代，当时随着美国经济的高速增长，各种利益之间的协调问题越来越突出，各种民意诉求和政府之间如何形成良性互动的挑战也越来越突出。美国人从这种混沌状态走出来的方法，就是在对全社会有打击影响的事情发生后，进行"亡羊补牢"的立法。例如"三角衬衫厂大火"引出美国明确立法，规定所有多层建筑物必须外挂金属疏散梯，否则不许动用。要靠法律举一反三，在损失发生后真正做出尽可能防止再发生的制度建设，这就是美国进步时代给中国的启示之一。在美国，几十年期间靠这种矛盾中的多方互动，逐步形成了规范的政府履行职责所需要的税收、预算以及公众意愿表达等方面的制度机制。美国政府的税收设计以直接税为主的基本框架，一直延续至今。其收入主要依靠直接税，个人所得税是第一大税，几乎占联邦政府收入的50%，再加上与社保体系相关的Payroll Tax（可译为"工薪税"），这两大税种使美国联邦政府80%以上的收入有了稳定的税基保证，这跟中国完全不同。中国的直接税现在还远不成体系，因此不能简单地模仿美国的特朗普减税。美国以直接税为主解决了钱从哪里来的问题，然后怎么用、用到哪里等支出问题则靠预算规划保障。美国的预算具备现代预算的特征肇始于纽约，其当时全国主要的GDP都产生于纽约，在那里首先形成规范意义的预算模板，各地接受后普遍复制，形成了美国至今于技术方面必须充分肯定的高水平预算管理体系，公开透明、接受监督、多方制衡，有听证会，有民意表达机制，还有各种各样的专业意见配套，使这种预算能保持高水平，并能够严格执行。执行之中，也有调整的严格程序与通道。如"9·11"发生，全国惊魂未定之时，两天之内美国国会就通过了紧急拨款法案作出预算调整，通过阳光化的调整程序，短时间拨出几百亿美元的反恐资金应急。美国从进步时代开始，着力建立规矩，使法治化的规矩服务于公共利益最大化，这是值得借鉴之处。简单地说，美国进步时代完成了税制、预算制度、民意表达机制和政府顺应民意通过法律解决问题的基本制度安排，这也就在相当大程度上解决了所谓"政治体制改革"所要解决的问题，为之后美国崛起为世界头号强国作了强力支撑。

中国当前应在公共财政、民生财政、财政现代化等概念之下，做好制度建设工作，推进全面依法治国。从"税收法定"一件一件做起，全面考虑如何以一个"走向共和"的机制，来调节其间的利益关系以"冲破利益固化的藩篱"，更好地推进政治文明建设，为现代财政制度建设和国家治理现代化提供支撑和不竭动力。

（二）落实现代发展理念

党的十八届五中全会提出的“现代发展理念”，以创新发展作为第一动力，带出协调发展、绿色发展、开放发展，最后落到人本主义立场的共享发展。笔者对于改革开放40周年曾提炼出三个关键词，一是“解放思想”，二是“以人为本”，三是“创新发展”。党的十八届五中全会确立创新发展作为第一动力，其后在指导主线上表述为供给侧结构性改革，实质上是对改革开放的承前启后，继往开来。在改革深水区攻坚克难，以制度供给带出整个供给体系质量和效益的提高，关键是结构优化。笔者之所以对于改革开放40周年提炼出以上三个关键词，是因为解放思想，才能真正贯彻改革开放大政方针；以人为本，才能深刻理解现代化诉求的内涵和根本目的——中国的现代化不是狭隘的民族主义，而是在造福于全中国人民的同时，通过建设“人类命运共同体”对全人类、对全世界作贡献，以人为本根本的逻辑，就是中国要努力实现和平发展、和平崛起；只有以创新发展作为第一动力，才可能攻坚克难，使“中国梦”梦想成真。

中国的创新千难万难，仍有很多阻力和困惑。但再硬的骨头也要啃，《决定》中要求的基本改革任务要继续推进。按照党的十九大的要求，可知财税方面的三大改革任务，理顺财政体制是第一位，其次是预算改革、税制改革问题的解决。还应特别注意，关于市场决定性作用和政府更好发挥作用，其中有“守正出奇”的诉求。“守正”是指在共性认识上，必须认识、顺应乃至敬畏市场的基本规律；但同时，不能认为了解市场经济的共性，再运用一些基本的、一般的可得经验，中国就可以一路现代化了，还必须在中国特定的约束条件下，力求在承担风险的情况下，争取出奇制胜。既然要出奇制胜，就需有一定的双轨制运作。例如大众关心的金融领域，笔者认为，除了商业性金融之外，还必须有政策性金融的匹配协调，必须在战略层面考虑，如何使整个金融体系既有锦上添花的功能，又有雪中送炭的功能。以财政为后盾的“政策性资金、市场化运作、专业化管理、杠杆式放大”的政策性融资机制的打造势在必行，与之机理相同的PPP的创新也是势在必行。守正出奇这条道路可能比较狭窄，但是一定要把这条路走通，中国才可能在追赶中真正实现现代化愿景，才能完成以追赶走过超常规发展的过程，跨越中等收入陷阱，达到伟大民族复兴。财政在这一历史进程中的作用，不仅是支持事业发展，还必须注意财政的资金运用要结合改革“花钱买机制”，尤其在创业创新活动方面，不能只输血，还要培养造血机制。做好这些改革发展的大文章，中国才能冲过历史三峡，走好复兴之路。

参考文献：

[1] 贾康：《财政本质与财政调控》，北京：经济科学出版社 1998 年版。

[2] 贾康、龙小燕："财政理论与时俱进的创新命题：以'财政全域国家治理'理论框架来支持构建现代化财政制度"，《地方财政研究》，2015 年第 7 期。

[3] 贾康、白景明："县乡财政解困与财政体制创新"，《经济研究》，2002 年第 2 期。

[4] 贾康、苏京春、梁季、刘薇：《全面深化财税体制改革之路：分税制的攻坚克难》，北京：人民出版社 2015 年版。

[5] 贾康：《苏京春．供给侧改革（新供给简明读本）》，北京：中信出版社 2016 年版。

（本文发表于《财政监督》2019 年第 6 期）

财政与国家治理

贾　康

各位研究生同学，大家好！在今天跟各位交流之前，先谈一点儿我对于研究生学习的理解。我也是在咱们财科院前身财科所读硕士入学，做了研究生学习方面的努力之后，又留在财科所工作，后来又在职读了财科所的博士研究生，有这样的学习经历。我理解在研究生这个阶段，特别需要经过学习和思考形成研究能力。倒未必是说所有的同学以后就一定要做研究性质的工作，但无论以后按自己个人的选择，或是与各种机遇合在一起，是促使你走上研究岗位也好，还是走上其他的实务工作岗位也好，这种应培养和提升的研究能力对于你，一定是一种非常珍贵的实现自己人生价值和有利于社会的能力建设。按照现在最流行的经济学语言，每一个具体的个人都可以称为人力资本，这个人力资本内在的产能，它适应社会需要能够形成的供给能力，和我们现在研究生学习阶段形成的、我们要在学习和思考中间努力培养的研究能力，是密切相关的。

我今天向各位介绍的题目，财政与国家治理，是一个非常重要、内容很开阔的命题，要认识它显然需要我们调动各种自己的潜能，来深化思考。这种思考和研究能力的形成，按我自己学习经历的体验，还有我了解到的国外高等教育的一些共性的东西（我曾经得到机会，在20世纪80年代，到美国做过一年的访问学者）和学习结合在一起的研究能力培养之中，应特别强调在某一个专题之下，对这个领域已经有的研究成果了解后，于大视野之内要迅速摸到前沿，即对已有成果推到的最前沿状态，我们要做到心中有数。在把握前沿状态之后，你才能有效率地使自己经过思考、学习、研究，再力求贡献出有新意的东西。对研究生的要求，绝对不是让大家复述已经有的研究成果，包括最前沿的成果，是希望你在已经有的成果里，再增加一点有价值的要素，大海里能增加一滴水，这就是你的贡献。这种能力的培养，我觉得各位可以在学习过程中进一步去领会，结合自己个人的特点和偏好，选择学术上的主攻方向。在研究生学习过程中，你们未来是一定要完成一个学位论文的，在思考和谋划自己的主攻方向这个过程中，可以先有不同方案，而后聚焦到自己要形成的研究大纲、最后要提交出学位论文的这样一个具体成果形式。希望今天我向各位介绍的一些自己的认识，会给大家带来一些启发，这个启发无论是具体涉及财政和国家治理这个概念，还是谈我怎么认识这个重要概念给大家带来的触类旁通、举一反三的一些启示，我觉得都可能给大家带来一点参考价值。所以，今天我讲一个多小时后，剩下的时间是要和大家讨论互动的，希望各位不要犹豫，你们关心的问题在题内的、在题外的，都可以提问，希望咱们有一个富有成效的讨论互动。

下面从正题说起，财政与国家治理这个题目，我自认为做了这么几十年的财政和经济的研究，我是能够摸到前沿的。我试图在今天有限的时间内勾画我自己探索到的前沿状态下的认识框架，有些重点再稍微展开一些。不是很重要的地方，在前面的介绍过程中先不做展开，但讨论的时候大家提出的问题我觉得需要展开的，我会更展开地说一说。

一、什么是财政？

什么是财政？这是个基本概念。我们过去拿到的财政学教科书上，包括当年我入学以后，那时很有影响的 80 年代老所长许毅同志牵头和陈宝森同志做主编形成的《财政学》（在 80 年代是很有影响的一本蓝皮的财政学著作，我父亲是该书的责任编辑），都有定义。后来我自己经过努力，在职攻读博士学位期间，形成了名为《财政本质与财政调控》的学位论文，后来也公开出版了。在这个认识方面，我努力地吸收中外经济学家和财政学家已有的对于财政本质的研究和思考，提出了“社会集中分配论”，它有别于过去大家总结的国家分配论、共同需要论、价值分配论，还有社会再生产前提论等等这些流派，自认为是努力地集大成式的把各派的精华熔于一炉了。我这个社会集中分配论引出的一个最简洁的关于财政的认识就是这句话：“以社会权力中心为主体，对于部分社会剩余产品的分配”。

财政是一种分配，但它是在整个社会经济生活中我们可以考察的分配里的一部分，这个财政分配有一个必要前提，就是它的主体是社会权力中心。在国家存在的情况下（我们现在人类社会现实生活的图景，就是一个一个的主权国家，各自有它的政权体系），这个社会权力中心当然就是国家的各级政府，他们公权在手，来充当财政分配的主体。但是我们可以再进一步把自己思维的覆盖面拉长和扩展，大家知道人类社会发展史上，国家出现之前就存在着人类社会，国家出现之前的原始社会，或者有人所称的史前阶段，有没有财政？过去我们听到许毅老所长说，不要考虑前面那一段，考虑前面那一段有什么现实意义吗？但我理解这个现实意义是在于理论必须彻底，理论的彻底可以带来我们认识举一反三的深化。我是愿意继续往前想的，那么注意到有的学者也提出了原始财政的概念——这个原始财政显然不是原来的国家分配论能够覆盖的概念。我在做自己博士论文的过程中，特别注意到咱们所的一位老专家吴才麟研究员，写了一本关于财政起源的专著——《财政起源与史前经济》（最近财政经济出版社再版了，我为此书的再版写了一篇序），他的基本看法就是在国家出现之前其实已存在着财政分配这种分配形态。他所做的抢救性研究，说起来也很有意思：他作为人才是在“文革”结束以后财政部的领导看到了他写的文字材料以后，请有关方面去考察，专门从地方上调入财政科研所的，他的特长就是研究过民俗学，钻研过甲骨文，历史知识比较丰富，有特别的科研韧劲。当时许毅老所长就说拨出经费支持他的研究意愿，让他到西南的云南、贵州这些地方深入那种边远山区、不毛之地、蛮荒境地，调查还遗留的原始部落，和史前人类生活状态遗存相关的具体情况。他曾经在冒着生命危险，在非常险恶的地理环境里做过大量调研，经过很长一段时间的努力，积累了大量的材料，回来形成了他的这本专著。但是他的这本专著受到了许毅老所长的批评。许毅老所长我是非常尊敬的、非常值得学习和纪念的财政学家，但我这里介绍实际情况，可能涉及的是每个人有他思维的局限性，许毅同志就觉得这个工夫做歪了，本希望这套研究更好地支持他的国家分配论，说清楚在国家出现之前没有什么像样的财政形态，一旦有了国家出现，国家的政权体系才需要我们现在所称的财政分配的形态，但吴才麟研究员恰恰按自己的理解是认为国家出现之前已经可以认为存在着这种集中分配：这些氏族部落的成员在一起，一旦有了一定可动用的剩余产品之后，大家一起做祭祀，一起在每年的某一时间段，狂欢节式的那几天，大家尽情尽兴地娱乐，等等，这都是需要物质条件支持的，他认为这就是一种集中分配，实际上就是在国家财政分配前面，在国家没出现之前类似的、等价的财政分配。我是认同这一认识框架的。所以，从现在我还在努力研究发展的“新供给经济学”的角度来说，试图给大家做一个我认识框架的简要勾画。

人类社会最开始的起源从哪儿说起？就是脱离一般动物界。人也是群居的动物，但是到了某一个临界点上，可以认为有了我们现在所称的人类的社会性，这个人类的社会性当然和人的思维能力的量变为质的跃升有关。我们现在一般所说与人类类似的思维，在其他的一些动物那里可以看到一些苗头，但是绝对没有现在我们所称的这种人类思想。人类社会的一个特征，就是有思想的最高智慧的生灵，我们称为脱离一般动物界的最高级的有智慧的生命结成的社会，他们必须在人和人之间形成分工和合作。从一开始的原始人群，到后来我们称为氏族部落的有血缘关系的这些人群，当开始作为人类社会存在，就必须解决一个供给侧的供给能力怎么适应需求的问题。大家都知道，经济学研究的是供需的互动，本质上必须要有有效的供给来满足人类的需求。人最基本的需求是什么？首先要从生存开始说起：最开始最基本的需求，是得活着，为了能够活着的情况之下，在原始人群那里要解决什么呢？要组织起来抗御一些其他猛兽的袭击；另外，要有自己能够生存下来的资料。个体是很脆弱的、能力不足的，必须抱团取暖，抱团抵御猛兽，于是天然形成了男性比较有力气去狩猎，去攻击别的动物取得肉食，妇女的体力上弱一些，但是她们可以从事采集，去找野果子和可吃的野菜。采集和狩猎是供给最初的形态，使这些人类社会成员可以通过分工合作形成供给能力来满足或者尽可能满足他们活下来的基本需求。现在所讲的供给侧的创新的原点，就是这个状态，就是人类社会成员要先活下来。

能活下来的供给能力，在它的漫长演变过程中，引出的一个特别重大的创新事件是什么？是农业革命。它开始可以通过这种有组织的分工合作的农业劳动，在一个季节更迭之后，可预期的产出物不仅使这些社会成员——这些氏族部落的男女老少活下来，而且是相对稳定的食物来源，不是吃了上顿没下顿，有了一个至少一定眼界内、跨一个自然年度里的可持续性。这个供给能力的提升，在农业革命成功的同时，带来了基本生存资料之外多出来的一块儿，使这些人都能满足生存意愿的同时，还多了一块物质资料，我们后来经济学上称作“剩余产品”。劳动力基本的再生产能维持的同时，这个剩余产品怎么使用，就自然带来了进一步的分配问题。剩余产品的分配如果按照人性的本质来说，人都会趋利避害，特别关键的、手上有控制资源能力的那个头领，也就是原始部落的可称为酋长的那个带头人，过去习惯的是要公平，面对大家一起来做公平分配，树立他的威信。但有了剩余产品以后，年深日久，他就有可能对自己更偏心了——他自己得多占、多享受，自然而然会发生，这是人性的必然。不可能已经习惯的原始共产主义时期的大家尽可能公平分配，以后一直就这样了，一旦物质条件改变——这是历史唯物论，如果认同历史唯物论的话，这个逻辑便可以理解，必然就会出现运用自己的公共权力来扩大自己私人利益的行为。这种公权私用到后来，稳定的私有制出现以后，又演变成阶级国家。阶级国家的统治阶层，一方面它还必须维持整个社会是一个统一体，也就是我们所说的分配的公共性，另一方面它又有自己的偏向，可以给自己本人和他最亲近的统治集团成员，给予特殊照顾。这种剩余产品的分配是物质前提，进而可使这种集中的分配由一个权力中心往下做区别对待。我的基本的认识，就是剩余产品的稳定出现，是这种权力中心可以行使差异化分配职能的物质条件的表现，同时这种社会集中的权力明确而稳定地形成，是我们所说的政治条件。经济的和政治的条件合在一起，到了阶级国家可以形成的情况下，人类社会就必然要告别原始共产主义的氏族部落、部落联盟状态而进入阶级国家状态。我们现在说的供给侧的创新，就是以其解放生产力以后，供给能力上了台阶，上台阶后使人类社会告别原始社会。在那个情况下，按照马克思的理解，应该承认是社会的进步，原始共产主义是所谓公有制，但却是生产力极其低下的状态，生产力发展以后，自然就要告别这种低下状态的原始共产主义，进入阶级国家状态。按照现在一般的认识，首先形成的是奴隶制国家，这些奴隶从哪儿来呢？是氏族部落相互间必然产生利益冲突以后，以战争的方式抓到的俘虏，过去没有更多物质资料的时候，抓到俘虏杀掉，这是很残酷的，但这是没有办法的，各种各样的材料能够论证，是把这些俘虏杀掉，把他们剩下的物质资料产品抢回来自己享用。到后来发现有剩余的东西，这些俘虏便可以养着他，干嘛呢？做苦力，这就是奴隶的来源。

简而言之，财政的起源，我觉得必须超过国家这个概念，追到最初源头，最早起源的这样一个状态：什么时候有了剩余产品，社会权力中心可以分配这种剩余产品，实际上就是我们现在所说的财政分配的最初起源；等到了阶级国家状态形成，当然就是国家财政。我们还可以设想一下，按照马克思主义所认识的阶级最后还要消亡，那我们是不是可以设想阶级消亡以后的情况，还存在不存在财政？按照我的理解仍然存在，这是一个原始共产主义的时候存在过的公共财政的“否定之否定”，是它的一个螺旋式上升。从逻辑上讲，以后真的跟着阶级消亡而国家消亡了，仍然需要有一个社会集中分配，那时候的剩余产品生产能力会大得多，但是我们现在很难设想未来“自由人的联合体”这种远景上的理想社会的具体情形，还要经过几代、十几代人，甚至几十代人的努力才能接近和达到的我们为之奋斗的那个未来社会的具体状态，我们现在不宜算命先生式的一定要去设想那时候的分配细节。但可以说，我们过去所说的按需分配，这个特征会越来越明显——但是经济学有一个基本原理是决定了不可能百分之百按需分配的，就是要承认物质资料的稀缺性，即使到了物质创造的源泉充分涌流出来的共产主义社会，即未来自由人联合体的理想社会，那个时候物质的稀缺性仍然存在，不可能什么东西都取之不尽用之不竭，那么，只要有稀缺性存在，就必须区别对待，就不可能想要什么就给什么，要有这种集中分配去调节相关的比例关系，于是合理地做剩余产品优化分配的财政功能，一定是客观需要。这是一个我认识上的基本框架。

社会集中分配论旁边的国家分配论、再生产前提论、共同需要论，我在研究中已经各取其精华，把他们能够吸收进来的合理成分，都放在这个社会集中分配论里了，我现在提到的这个认识也请各位进一步来了解和批评指正。

在现实情况之下，直观的讲，按照什么是财政的提问来回答，我认为还有一个最简洁的说法，就是“财政”这两个汉字，可以理解为一个“以政控财，以财行政”的分配体系：首先是有一个社会集中权力中心的存在——我们现在有国家存在的情况下，就是国家政权体系，这个政权体系从中央到地方，各级公权在手的主体，它要凭借自己手中的社会管理者、社会统治者的政治权力，来控制社会总产品中的一部分，在现代社会情况下已经把这部分一般性地归结为价值形态的财力，这叫“以政控财”；拿了这个财力，解决了“钱从哪里来”、聚集到政府手中的前半段以后，后半段做什么呢？“以财行政”，是要运用这个财力所代表的公共资源，去履行政府应该履行的职能。政府职能的履行事无巨细，大到国家安全、国土开发整治，小到具体每位同学都可以观察到的，凡是建成区必须要有路灯照明，必须要有路标、门牌号码这种我称为“方位识别系统”的公共产品的配置，这些可能大家平时并不太在意，但是如果一旦没有它，生活将会混乱——所有这些东西没有财力代表的公共资源作为后盾、作为物质条件来支撑它，都是提供不出来的。“以政控财，以财行政”，这就是我概括出来觉得可以比较生动、鲜明和通俗地来解释财政的一个表述。当然，不妨碍各位按照自己的理解来进一步形成自己对于财政定义以及你认为最贴切的那个表述形式。

我的这些基本看法，已经写在《财政本质与财政调控》这本书里，感兴趣的同学可以去翻一翻这本书，我们可以在有条件的时候，共同讨论深化这方面的认识。

二、什么是国家治理？

另外一个关键词是国家治理。我想要强调，英文“state - governalce”现在翻译过来在汉语中表述的“国家治理”，它和“国家管理”是有重大区别的。我觉得可以把国家治理理解为国家整体运行与社会生活组织（不仅是经济，是指整个社会生活）有序化的一套制度和机制安排。人们总会感受到人类社会的运行中间，必然要存在一种秩序，理论探讨认为初始可以有自然秩序，即自然而然形成的、大家都必须适应的“潜规则”。后来阶级国家形成以后，明文规定了“明规则”，比如秦始皇大一统的时候就有秦律，后来汉、唐等各个朝代都有以法律形式确定的明规则，所有以明规则、潜规则形成的制度和机制的安排，是要解决这个有序化社会运行的问题，其实说的就是制度供给问题。过去，我们不用“治理”这个词的时候，更多运用的是“管理”概念，到了宏观调控，讲的是整个社会经济生活管理方面的调节和控制。

这个“管理”概念和“调控”概念是比较内在契合的，他们比较强调的是一个自上而下掌控的架构，由我们的公权主体就是各级政府、管理部门，自上而下地去掌控整个社会有序化的运行，或叫管理，或叫调控。十八届三中全会特别强调了我们要实现国家治理体系和治理能力的现代化，那时候大家就在琢磨不叫管理而叫治理，这个内涵怎么把握？我的理解是中央的这一核心概念表述是颇有深意的，这个“治理”和“管理”一字之差，两者的内涵有重大的区别。我前面已强调了管理显然是个自上而下掌控的架构，而治理呢，除了“自上而下”以外，它一定还要加上“自下而上”的互动。这个上下“纵”的维度，这种由单向掌控变成上下互动的旁边，其实还需强调要有更多平面展开的，就是加上有“横”的维度展开的社会多样化空间的拓展。社会生活中不同的社会成员、不同的部分之间，横向的一些关系也要充分优化。依我的理解，所谓治理，就是要在原来我们已接受的管理概念所说的自上而下掌控里，加入更多平面展开的充分互动、以及上下互动的机制，把管理和自管理、组织和自组织、调控和自调控，合在一起，引出这样一种潜力、活力的释放。落到经济学里，就是这种管理和自管理、组织和自组织、调控和自调控结合在一起以后，所形成的制度安排和机制联结，可以解放生产力。为什么会解放生产力？当然这又是结合供给侧结构性改革我们需要进一步阐释说明的：要素的流动会更少碰到壁垒，而这种要素充分流动所带来的潜力、活力的释放，可以引出多赢共赢的创新，可以使我们社会成员在不同角度的感受方面，更多感受到所谓“绩效”这个概念之下的正面效应。按这种治理的概念我们所要追求的新境界内含的是什么任务呢？是一定要改造原有的制度和机制。我们传统计划经济之下那种高度集中的掌控制度机制，过去就意识到要分权，怎么分？我们在中国实际的改革财政过程中，也经历了从“分灶吃饭”的行政性分权，到 1994 年财税配套改革以后分税制为基础分级财政的经济性分权。这些已经是我们深化改革已有的基础，在这个基础上，还要追求进一步更多地把“包容性增长”之中的潜力活力调动和释放。这种治理概念的深意，是一定需要在实践中充分理解的。我们可以把“国家治理体系和治理能力的现代化”，简称为“现代国家治理”，于是还有一个我们要进一步认识的国家治理与财政之间关系的展开，他自然而然又引出了关于财政的重要意义和作用的认识。

三、财政与国家治理的关系：财政的重要意义和作用

前面说到的财政这种社会集中性质的分配，是要配置公共资源，可以放在社会生活的基础即资源配置构成的经济生活这个全景图中。关于经济生活的资源配置，属于经济学，这也是各位都必须学习的学科。经济学作为对经济生活的一种理论阐释，研究的是有稀缺性特征的资源配置怎么优化。有限资源，即不可能取之不尽、用之不竭的这些资源，什么样的配置算是优化？经济学有很多讨论，这个资源配置优化的过程中，带来的就是社会成员的福祉，福利经济学视角所说的社会总福利水平高和低的区别，越优化，社会总福利水平越高，社会成员的满意度、幸福感越高。既然这里面财政所处理的分配，是公共资源的配置，相对应的社会产品的一部分，成为集中在权力中心手里的公共资源，那么这个公共资源的配置和它的优化，是必然要影响、拉动、辐射和结合整个资源配置和它的优化的，这就把我们的认识自然而然连接到资源配置优化里财政不可否定的、也无法替代的独特作用上。

基于这样一个理解，财政是以公共资源配置优化来带动整个社会经济资源配置优化和社会生活中的福祉水平的提高，也就是总体而言使人类社会可以更和谐、更合乎意愿地形成带来幸福感的有效供给，那么，在理论上说财政学到底和经济学是什么关系？这是多年讨论不休的一个问题。依我的理解，财政学实际上是从经济学生发而来，经济学经典文献亚当·斯密的《国富论》里面的第五部分，就在展开关于财政学的认识框架，讨论了政府钱从哪里来的问题——税收，也讨论了当时已有跟市场对接的公债——这也是筹集政府收入的另外一个非常重要的辅助形式。其中，还讨论了这些收入怎么用于支出：首先是服从于他理解的国家守夜人职能——在自由资本主义时代，认为国家的职能不能太多，但又不可或缺，要维持社会的基本秩序运用法律，保障社会生活里的安全。这些是自然而然在经济学里生发出来的《国富论》第五部分。经济学诞生以后，在生活里大家逐渐感受到，把财政学局限于经济学不够了，还必须结合其他一些我们现在已

经分门别类确认的学科，比如政治学，是不是要一起结合？这个问题很自然：社会集中的公权力的主体，是各级政权，对政权活动的理论上的考察和分析就是政治学的任务。政治生活里主体的行为和我们讨论的经济主体行为在实际生活中很多情况下是结合为一体的，实际上，英文开始对经济学的表述叫“Political Economy”，不是后来我们所常说的“Economics”。这就是说，一开始人们讨论财政的时候，自然而然是把公权主体和非公权的市场主体的活动构成研究对象而合为一体，称为“政治经济学”。为什么到后来大家更愿意称为“Economics”呢，是否可以这么解释：经济学方面越来越可以正面讨论的政治学中假定的一些公理性的东西，大家觉得已经约定俗成了，可以不再专门强调了，现实中人们也往往倾向于与政治“撇清”。回到学理上来说，其实财政学一定是要放在政治经济学的理解之下来把握的，它和政治学的结合是天经地义的。除了政治视角的内容之外，社会学肯定是要和财政学结合的。我也专门问过一些社会学研究者——我说我们研究收入分配，你们也研究收入分配，我们经济学涉及人口问题，你们也研究人口问题，这个社会学到底跟经济学有什么区别？我也注意到你们社会学者还要研究现在实际生活里社会底层的一些什么特殊情况，比如人大的一个社会学领域的潘教授，专门到珠三角东莞一带去调查了“洗头房小姐”，研究她们的生活境况，那是我们一般经济学研究者想不到研究的事儿，但社会学学者可以重点研究。两个学科显然是有重合的部分，也有区别的部分。然而我听到社会学研究者他们的说法：社会学其实最主要的标志不在于研究什么，社会里所有事情都可以研究，最主要的标志是称自己为社会学研究者的，有他们的方法，一定要做“田野调查”，实际调查。我说我们经济学也做调查，他们说社会学的调查比你们的严格得多，身临其境，大样本，有很多方法论上的规矩。我们一般经济学研究者不像他们那样在方法上特别计较，可能就是这个区别——这是我的理解，不一定准确。但无论如何，社会学跟财政学的结合是不可避免的。

还有其他的：法学显然是要与之结合的，财政是各级政权所做的分配，政权要依法来行政，不研究法学是不可想象的。又比如具体到咱们财政要讲满足民众的需要，基本民生里有咱们所说的医疗、教育，那么对不起，教育学、卫生学的研究内容可能要涉及。如果你聚焦到这样特殊的领域里，就有所谓教育财政学之说，是不是还有卫生财政学之说。显然，我们这个财政学跟国家治理的关系，在学科的这种重合、交叉方面，是有非常明显特征的，财政学一定是一个涉及多门类学科的综合性学科。我们可以说，这个学科是生发于经济学的，现在教育部是把财政学放在经济学下面作为一个二级学科，但我们可不要局限于财政学就是经济学下面的二级学科这个视野，我们自己心里要有数：财政学实际是一个比一般意义的经济学更开阔得多的综合学科。

实际生活中间，关于财政的意义和作用，可援引十八届三中全会《决定》中表述的一句话，它是“国家治理的基础和重要支柱”。本来还有一句话，“是全面改革的重要支撑”，后面那句话最后在成文的时候去掉了，对整体的含义来说没有太大的改变，因为国家治理当然包括全面改革，它的基础和重要支柱作用包括对改革的支撑。中国官方的文件里，是在十八届三中全会第一次把财政表述到这么高的重要性上。实话实说，当时也听说有其他部门的同志不服气，但依我说，在学理上讲，三中全会的这个表述是严谨的。为什么严谨？前面那套分析实际上是认为它在整个国家的经济社会生活方面，是全面渗透的，必定作用是“全域”的它所做的公共资源的配置一定会影响、牵动、辐射、结合方方面面。所以，做了几十年的财政研究后我的体会，就是人们总在说把财政研究好，必须跳出财政看财政——什么意思？就是财政外面的东西，你碰到什么都必须对它研究，而且要争取研究透。如果在这方面有不懈努力的话，经过多少年的积累，就可能带来最后可以把这些事情打通、融汇在一起的这样一个知识架构，并在其中更好地认识财政。我自认为在这些年，是努力于这方面做出这种打通尝试的。在读硕士研究生期间，我就很注意看人大复印资料里面金融专业、金融类型的那些文章，一开始看不太懂，我也要硬着头皮往下读，越读越觉得有意思，等到看了黄达老师写的80年代中期就出版的《财政金融综合平衡导论》，我就十分佩服——黄达老师是非常严谨地把大家所说的财政金融两个领域打通在一起，做了一个综合平衡概念之下的通盘阐释。虽然现在可能各位同学很少接触综合平衡这个概念，但实际上这个综合平衡跟西方所说的宏观调控内在的道理是一致的，只不过我们现在新供给经济学指出，西方讲的宏观调控更多注重总量方面，而我们现在所说的新供给的视野之下，更强调了结构方面，其实也是要处理一个综合平衡里把总量和结构结合的问题。按这样一个理解——国家治理的基础和重要支柱，我们可以再进一步说一说两大政策——财政政策和货币政策显然都非常重要，他们相互比较，共同的地方可以举出若干条，但他们不同的地方在哪儿？我们是不是就可以在总量的侧重和结构的侧重这两方面首先作出区别：货币政策总体来说必然是一个总量政策，它解决的问题是整个经济生活中的流动性的适度、合意，调节的手段就是掌握最根本的货币供应量指标来调节银根的松紧。而财政，就必然要有区别对待，要有结构优化这方面的使命和努力，等等。这方面还有一个重要的区别：货币政策总体来说是在经济领域里起作用，而财政政策一定是超越经济领域而在社会生活的方方面面起作用。这不是很重要的一个差异吗？说起来我们搞市场经济、间接调控，货币政策、财政政策都非常重要，过去也专门讨论过大财政小银行还是大银行小财政，后来我们中青年的说法，是要跳出这种“孰大孰小”的认识局限，还是要放到服务全局的角度来通盘理解这两大政策各自的功能、他们的异同，怎么样合理的协调，各尽其责。在各尽其责里，货币政策的职责主要就是涵盖于经济概念之下，不可能超越经济。你想货币政策它能影响经济范畴之外其他的什么生活呢？总体来说，货币政策直接可以有所作为的一个边界，就是经济。但到了财政政策，绝对不限于经济生活，扶助社会上的弱势群体，社会救济，还有经济色彩，再进一步的维护社会公平正义，那就更多的是对应于法律，是整个社会的法治环境，财政必须在这方面提供物质基础，使我们的公检法、使这个国家政权机器的功能，能够得到物质条件的支持而发挥出来。到了国防，那是军事，财政是国防最主要的物质资料的来源，要用公共资金支撑着国防所需的各种物质条件的形成。诸如此类我举的这方面的例子，是让大家在思考中可以看到财政的重要意义和作用，反过来更可以理解为什么到了“60 条”里，说财政是国家治理的基础和重要支柱，没有说货币金融是国家治理的基础和重要支柱呢？我们可以这么想：如果后面那句话，带出来学术上明显不够严谨的问题，而前面这句话，财政是国家治理的基础和重要支柱，十分严谨，没有问题。这不是说我们在财政研究领域里工作，就故意想夸大财政的功能和作用，我们也不能存在这样的动机，但是从学术的分析来说，实实在在应该说清楚财政的这种特点。

四、从全局、长远看基本认识框架

再往下，就要说一下从“现代国家治理”，要联系到一系列中央大政方针层面已经明确的基本概念。我觉得已经很清晰地形成了这样一个链条：对“现代国家治理”前面我发了很多议论，它为什么有别于管理，它有什么制度安排、创新方面的要求和内在的新意；跟着的，就是“60 条”里特别强调的必须打造“现代市场体系”。我们搞的是社会主义市场经济，这是经过几十年探索，小平南方谈话以后才终于一锤定音，成为我们经济社会转轨的目标模式（我们现在还不能说已经实现了这样一个建设中国特色社会主义市场经济的追求，我们还在进一步完善发展这个市场经济体制）。这个现代市场体系怎么把握它的重点，“60 条”里特别强调了市场必须发挥“决定性作用”。这一认识得来，是非常不容易的：在改革开放初期，关于计划和市场的关系，政府和企业这种市场主体的关系，有反复讨论，到了邓小平南方谈话的时候，终于以他一言九鼎的影响力，说清楚了计划和市场都不是根本制度层面的问题，而是运行机制层面的问题，不要在计划和市场概念上贴社会主义还是资本主义标签，资本主义也有计划，社会主义也要运用市场，也要搞市场经济。而当时由于种种主客观限制，在这个思想突破之后，中央文件里的表述还只能说到市场在资源配置中发挥的是“基础性作用”。这一认识已指导我们大大地打开了让市场机制生长的空间，但毕竟没有说到位；到了“60 条”，真正把汉语语境里市场经济、市场机制的作用说到位了，说它是“决定性的”。那时候总书记还专门有另外一个关于党的十八届三中全会“60 条”文件的书面说明，里面有很长的一段专门讲为什么要表述为决定性作用，核心的意思就是说，这样表述才有利于我们正确处理政府和市场关系这个改革的核心问题，才有利于真正地去推进攻坚克难的全面配套改革。

现在在市场决定性作用方面，实际上还有丰富和深化相关认识的必要性。比如决定性不能理解为市场在所有场合、所有的发展阶段、所有的事情上决定一切。总体的市场决定性作用，已经决定了政府在资源配置全局而言，充其量是辅助性的作用，所以，紧跟着的要求“政府更好发挥作用”不能认为政府能在资源配资全局唱主角；但反过来讲，在一些特定的领域、特定的发展事项上，在一些有中国特色的贯彻赶超战略、在理性的供给管理概念下去追求超常规发展等的作用点上，政府它的作用往往可能是决定性的，在一些局部，在某些特定的事项上，它也应是主导的、决定性的，比如维护社会公平正义，你不能指望市场机制起决定性作用；扶助社会弱势群体，总体而言要对接市场，但是决定性的唱主角的，不是市场，而是政府；这些事情就得进一步讨论。还有更复杂的机制问题，比如现在大家都注意到 PPP 创新，PPP 中政府和市场的关系，是什么关系？不是我们原来这方面已提升到的政府和市场划清边界——对这个认识进步应该充分肯定，政府和市场应该解决怎么样合理分工、政府既不越位又不缺位的问题，这个认识带来了我们改革推进过程中很多的正面效应，但是到了新的发展阶段，又需要螺旋式上升到在特定的一些有影响的公共工程、基础设施、产业园区、连片开发，包括产业新城建设运营这种领域里，对于社会生活举足轻重的这种建设事项上，政府和企业不是划清边界，不是“井水不犯河水”，而是要形成合作伙伴关系一起来做事情。那么这里面的资源配置机制怎么解释？就一定需要我们有创新的思维。我的解释，就是在 PPP 的概念之下，其各个环节上政府到底是当裁判员，还是当运动员，仍然是可以合理地、非常清晰地界定出来的，最关键的环节是到了签约，一个地方政府和企业自愿签字，使 PPP 协议生效，进入建设和运营过程以后，整个项目生命期里，这个地方政府它就是运动员，它和企业都是具有平等民事主体身份的伙伴。那么裁判员到哪里去了？裁判员是到法那里去了。由法律罩着这个契约中的伙伴各方，大家要一起守约履约，谁要违约毁约，对不起，可以通过法律程序限制他的行为，纠正他的行为，并去追究他的责任。这个法当然需要有相关的实体来实施，那就是我们现在说的以司法改革打造维持社会公平正义的我们的司法系统。这套道理，都需要我们根据创新发展的理解，在现代市场体系里去深化认识，与我后面将说到的现代国家治理我们必须守正出奇，是有密切关系的。

还有一个与“现代市场体系”紧密相连，我认为大家一定要特别注意的重要概念，就是“混合所有制”，其实这也是争论不休的问题。三中全会说，混合所有制是社会主义基本经济制度的重要实现形式，是延续了原来中央已经认识的股份制是公有制的主要实现形式的认识思路。但在这之后，实际生活中仍然存在种种困惑，比如说按照股份制改造来推进企业改革，很多的民营企业的主体是说我们仍然突破不了玻璃门、旋转门、弹簧门，一旦做起来就是政府这方面、国有股这方面的一股独大，我们很难接受，民营企业想施展拳脚，更多发挥自己的潜能，碰到的往往是看起来能过去，但上去以后发现过不去——这是个玻璃门；或者说你觉得有进展了，已经过去了，怎么一转又转回来了——这叫旋转门；还有一个也是大同小异的，弹簧门，你自己觉得有进展了，结果一下子反弹，又给你扔回原来的位置上。怎么破解这样的问题呢？混合所有制就是在现代企业制度股份制推行的大框架中，进一步强调不要再简单地按照“国进民退”或“国退民进”来理解企业改革，要把它的主流取向理解为在一个一个具体的市场主体产权结构内部，把国的股、非国的股，公的股、非公的股都充分混起来，寻求多赢共赢。这是马克思在《资本论》中已经涉及的股份制使原来的私有制生产关系可能得到“扬弃”这样一个逻辑的延伸。当时马克思说到在可以观察的情况下，股份制带来的对私有制的扬弃是一种消极的扬弃，而工人合作工厂就可以变成积极扬弃。所谓工人合作工厂，可以理解为就是工人都入股变成了大家持股，实际上持股就带有生产资料占有者的这种法律地位，它是生产资料里股权的一部分的持有者，即股东成员，马克思已经意识到这个变化途径了，只是他有生之年来不及更多去展开，但他充分肯定如果没有股份制，铁路的建设还是不可想象的。正是由于有了股份制，可以在资本集聚的旁边出现一个资本集中的机制，把分散的这些资金拢在一起，以股权的纽带形成一种巨大的资本力量去推动那种大规模、长周期的建设，是显著地解放生产力。那么我们如是有出息的马克思主义者，到了现在，一百多年之后，还不能捅破这层窗户纸吗？我理解，混合所有制就是继承了马克思的这个思路，要积极地扬弃，通过股份制实现公有制实现形式这方面实实在在的进步，而且这个事情自然就联系到一些宏大的命题。比如社会化大生产与私人占有生产资料之间的矛盾，在股份制这种现代企业制度框架下是如何消解于无形的——典型的上市公司，上市之际被称为“go public”，已迥然不同于私有制的眼界与机制。又比如习总书记为什么讲“人类命运共同体”，为什么邓小平早早就强调再也不可错失发展机遇，都是因为有了供给侧生产力创新带来的新的历史条件。正面的讲关于“共享经济”，我们已经看到很多的案例，首先较多的是微观的案例：信息支持下的搭顺风车，分时度假、共享酒店，特别典型的是以后的电动汽车所有的各个相关环节合在一起，使车的主人拿到车，既是一个消费单位，同时又成为生产单位，到了晚间他可以在电网里接入最便宜的电来给自己座驾充电，晚间充了电以后白天不用的时候，智能手机上跳出一个提示告诉你可以留下一个备用电量以后卖出多少电，而且还可以卖个好价钱，还有盈利，这不是大家的资源共享吗？所有人在这里面都没有失分，都是加分。用车人、不用车的人、电网、生产消费方方面面各个角度来看，是个共赢，这是微观层面体现出的生产力创新带来的共赢。反过来看制约：从宏观情况来看，供给侧创新带来的制约是什么？核威慑。人类社会为什么第二次世界大战之后到现在为止，没有第三次世界大战？供给侧创新使生产力已推动到了核威慑时代，而核威慑时代使第三次世界大战成为极小概率事件，这就是邓小平最后拍板认清的和平与发展是时代主题，是我们再也不可错失的发展的历史机遇，不就是这套道理吗？如果按这套道理来理解，我们现在所谈的这个混合所有制，是在一个一个的微观事项上大家感受到可以寻求共赢，一个一个作为微观单位的混合所有制企业，可在一起共赢地形成整个国家治理的大系统，这当然也是全球化时代人类命运共同体的发展。中国在其中是和平崛起，已绝对不是要解决过去所说的“谁战胜谁”的问题，而是总书记所说的“摒弃你输我赢的旧思维”，争取在发展过程中遵循规律，中国可以超常规发展，后来居上和平地来实现伟大民族复兴。使中国这个国家，历史上曾经有过的辉煌我们希望它能再现，这个再现不是为了追求别的什么目的，就是为了造福于中国人民，同时也有利于世界人民。不就是这套道理吗？从现代市场体系里，我们看到这两个非常重要的概念，一个是“市场决定性作用”带来挑战性的更复杂问题的处理，再一个是“混合所有制是基本经济制度的重要实现形式”，可以引出很多我们的认识创新与提升。

再往下说，就要推进认识到服务于现代国家治理的财政功能，是必须打造

“现代财政制度”。这种现代财政制度怎么建设，在“60 条”以后政治局首先审批通过的第一个配套改革方案，就是大家都已经高度关注、到现在还在执行中间的财税配套改革，是把三大领域任务合在一起的通盘方案。这个现代财政制度的建设，后面我还要专门再展开说，那就是必须进一步扩展到四中全会所强调的全面依法治国，依宪行政这种“现代政治文明”。中国的现代化所要顺应的历史潮流，显然包括工业化、城镇化，中国正是在工业革命以后落伍了，现在我们要争取迎头赶上，首先要解决的，就是在 1949 年以后就明确说过的，是要尽快形成相对独立的工业体系；这种工业化必然要带来城镇化，过去我们工业化这方面的追求是非常明确和坚定的，但对城镇化的认识不到位，居然在十年浩劫中来个逆城镇化，将近两千万知青给打发到农村去，降低城镇化率，结果实际带来的是我们付出了沉重的社会代价，不得不在“文革”之后整个一风吹，上山下乡运动就寿终正寝，我们重回城镇化的正路。工业化、城镇化加在一起，大家自然而还要想到“改革开放”四个大字所表明的市场化和国际化，改革是什么？市场化取向的变革，开放是什么？就是义无反顾加入国际竞争，顺应全球化的潮流。邓小平认识得非常清楚：不改革开放死路一条。他还特别强调说，我们过去闭关锁国带来的结果，是造成了普遍的落后和愚昧无知。他自己早年就在欧洲见过世面，知道人类文明发展在欧洲文艺复兴之后于工业化、城镇化加上其他的发展带来的那样一种状态。所以，到了 70 年代咱们有一个自己造的万吨轮出去了以后，当时宣传上想把它夸得多么多么了不起，邓小平说了一句，我当年去欧洲的时候（那是 20 年代），我所坐的邮轮吨位就比你现在这个轮船大。人家是见过世面的，自然知道世界发展大的潮流。这个世界潮流在中国人开眼看世界之后怎么顺应它，我有一个非常深刻的印象——孙中山先生的题词。当年听说恢复高考，我非常兴奋，终于有机会了，那时候我还在北京矿务局机电厂当工人，当了好几年了，年年申请做工农兵学员，都是只通过班组和车间这一级，再往上就不行了，厂部那一级有多少人排着队走后门呢，要通过“工农兵推荐”上大学，没我的份儿。听说有了高考，这一下觉得机会来了，那赶快跑到当时称为中国革命博物馆和历史博物馆的地方，即现在的国家博物馆，到那里去看展览，给自己增加一些历史知识。在那里我看到展柜里摆着一幅我们现在可称为孙中山先生的墨宝的题词，当年他到海宁观潮之后欣然题写的非常有名的两句话：“世界潮流浩浩荡荡，顺之则昌逆之则亡。”给我的印象非常深刻，以后几十年做研究，我反复在想，孙中山先生当年所说的只能顺应、不能违拗的这种世界潮流，也就是我们所说的人类社会文明发展的主潮流，你只能顺着他，不可能跟他对着来的发展大势，到底在实际生活中是什么？我前面所说的工业化、城镇化、市场化、国际化或全球化都是，现在还要加上什么？一个是高科技化，或者叫信息化，这是第三次产业革命来了，必须顺应，不顺应就落伍，就被淘汰。除此之外，显然还有政治文明，就是民主化、法治化，是不可能缺少这个民主化、法治化而建成现代化的。四中全会所说的全面依法治国，就是要解决这个问题，实际上已经把我们这个改革的覆盖面从经济改革为主推到行政、司法和政治改革的全覆盖视域，只不过由于中国特色下的微妙，它不正面表述为政治体制改革，现在十九大叫什么？不叫“政治改革”，叫“政治建设”，一回事儿嘛。一定要建设一个民主、法治、文明的新中国，这叫作社会主义现代化强国的必然特征。所以，这就是下面要连接着的一个重要的连接词、关键词——“现代政治文明”。但实话实说，可能各位同学也都体会到，这个难度之大，非同小可。中国过去的政治春秋史，就是秦始皇大一统后，靠政治权力维持着每个朝代自己眼中命根子式的“江山”运行机制史，非规范的公共选择，表现在历朝历代开始时比较明智的“与民休息”政策等等过去以后，按照那个“历史周期律”式循环逻辑，越来越多地造成社会矛盾的累积，没办法内部解决，最后一定造成一个非规范公共选择所表现出来的矛盾外部爆发的暴烈的社会动乱，大大小小二百多次农民起义，几十次改朝换代，都是按这个逻辑演变。到了政治权力斗争里面，那就是没有规则，没有是非，不择手段，造成的社会代价就是哀鸿遍野、生灵涂炭，就是老百姓所追求的幸福生活难以有长治久安的保障。我们现在已经到了从未如此接近伟大民族复兴愿景的这样一个现代化的门槛上，现代政治文明的重要意义，就自然而然地匹配到了十八届四中全会确定的大政方针上。跟着，五中全会又有哲理方面关于现代发展理念的一套表述，即创新、协调、绿色、开放、共享，形成一个体系，第一动力是创新发展，创新是灵魂，是我们活力的源泉、动力转型升级的源头，跟着要以创新发展带出协调发展、绿色发展、开放发展、共享发展，即五位一体概念之下的可持续发展。这就是大家可以继续领会的内涵非常丰富的现代发展理念这一套表述。

到了党的十九大召开之后，印象最深刻的新的概念是什么？就是从经济这个基础层面开始要打造现代化经济体系，这样来服务于实现 2035 年基本建成社会主义现代化目标，而到了 2049 年和 2050 年这个时间节点，我们要建成社会主义现代化强国。财政和国家治理，一定要服务于整个中华民族实现现代化的全局和长远的战略目标。这方面，有些值得推荐的我参与写作的出版物。我在这里特别提到两本，一本是《构建现代治理基础——中国财政税收改革 40 年》，是南方经济出版社约的稿，内容是把改革开放以来财税改革的历史做了一个回顾，再对接到怎么构建现代国家治理通盘的制度安排上讨论财税改革的思路与要领。这里面的主线，就是紧扣我们今天讨论的国家治理问题。另外一本书，是我们经过努力以后，在经济学理论上寻求形成一套创新体系，聚焦供给侧结构性改革的《新供给简明读本》，这是中信出版集团约的稿，我们努力写得相对简洁和力求清晰，建议大家有耐心的话，翻一翻供给侧改革这个简明读本，可以看看我们是形成了怎样一套认识框架和对重点的阐述。

五、财政服务于国家治理现代化，必须实施财税配套改革，努力取得决定性成果

接着需要正面讨论财政服务于国家治理的现代化所必须实行的财税配套改革。中央关于时间表的要求，过去说得非常明确，2020 年要取得决定性成果。中央在审批通过财税配套改革方案时还有一个打提前量的要求，即财税改革重点和基本的事情，2016 年要做出来——现在已经 2018 年了，很遗憾，现在没有人还敢提到中央这个要求，2016 年提出的重点和基本的事情，基本交代不出来。到现在我们看财税改革已经做的事情，三大方面的任务须分开讲，对预算改革来说，当时列在第一位，总体来说对改革进展的评价相对较高，要领是比较清楚的，所做的事情，覆盖了原定各个方面的改革任务，从提高预算透明度到编制三年预算规划，以及我们在预算里不再强调那种“法定支出”的挂钩，还有预算支出怎样进一步规范化，预算必须覆盖的转移支付制度怎样推进改革，等等。一系列的要领，在实际生活中都可以说出，已做了什么事情是与之对应的。当然，还需要进一步改进和优化。

再看当时排在第二位的税制改革这方面，它所要解决的是前面说到的财政分配钱从哪里来的最主要来源——依法的正税的改革任务。六大税改任务总体来说，现在也就能交代出大约一半。2016 年李克强总理要求有关部门（实际上说的就是财税为主的部门立军令状），5 月 1 日必须做到全覆盖，这确实做到了，现在还要做些进一步的细化和完善。增值税改革的旁边，还有一项眼下已经开始做第一期实际征收的环境税，以费改税完成了任务，当然也还要进一步在执行过程中完善它。另外一个就是资源税，相关改革还在继续推进，河北首先开始的水资源税的改革试点，现在进一步扩大到其他十个省市。还有说了好几年，现在还没有看到动静的消费税——本来认为这个消费税改革的动作应该比较快，因为地

方政府原来最为主力的收入来源——营业税变成增值税了，其中给地方的分成部分不得不抬高到一半，并宣布只有两到三年的过渡期——为什么不能作为永久的安排？如果把增值税这个第一大税的一半交给地方政府，并让地方形成长期化的预期，地方政府就一定会考虑在自己的辖区之内更多介入怎么办企业这个一般竞争领域，这就会带来政府职能的扭曲。所以，现在不得已先把增值税里面的一半切给地方，说清楚就这两到三年过渡，接着就要找到替代财源，不能老让增值税这么大的部分落到地方政府手里。而关于替代财源，当时打主意的一个来源就是消费税。消费税里面一些可以推到销售环节征收的具体税目，所形成的收入可以交给地方政府，这不就是补充了地方自己的收入来源吗？在后面的销售环节把消费税收入让给地方政府，不会带来地方政府在自己辖区内拼命办企业的冲动和刺激，充其量地方政府会更注意自己辖区内的市场环境建设，这与政府职能调整的大方向没有什么冲突。但很遗憾，到现在为止，消费税到底怎么动，没有听到官方进一步的消息。剩下的，就是改革任务里两个更硬的骨头，即大家一定会关注的个人所得税和房地产税怎么改。这两个改革说了多年，难度很大，方向、原则都是清楚的，怎么动，要税收法定，先要进入程序，修改和设定相关税法，现在还没有实质的动作方面的信息。牵动大家感情、使社会多轮关注和热议的房地产税，迄今仍然只是一个空泛的说法：已经列入了人大的立法规划，但是年年都不动，这就表现了我们现在所说的，税制改革已经明显滞后于原来中央要求的进度了。

剩下的还有第三个部分，即原来排在第三位的理顺中央地方体制关系的任务。这个体制关系需要更多说一点儿：把体制关系理顺，前面已形成的基础是什么？是 1994 年的分税制改革。邓小平在 1992 年的南方谈话解决了确立市场经济目标模式的问题，而市场经济的运行客观要求宏观上只能是间接调控，其实回到了 80 年代中期所说的“国家调节市场，市场引导企业”，这就“间接”了。为什么要间接？就是要使企业和基层的潜力、创造性、活力的释放能够得到好的制度环境。要构建这个间接调控体系，那个时候中国已经具备了中央银行系统货币政策方面的经济杠杆手段，已经跟市场经济的通例基本对接了，剩下的就是咱们财政这方面的变革问题。财政当时还是按照行政隶属关系组织财政收入，不能真正形成政府和企业之间那种与市场经济内在契合的政企关系。1994 年分税制改革解决的，首先是政企关系怎么对接市场经济运行机制。我一直在强调：很多人都说 1994 年改革解决的是中央地方的体制关系问题，其实实际上排在第一位的首先应是解决了政企关系问题，从原来的“行政性分权”——向地方更多地分了权、但是中央地方各自仍然是按照行政隶属关系“条块分割”地控制企业，转变为所有的企业这时候在税法面前一律平等，不问大小，不分经济性质，不看行政级别，不讲隶属关系，该交国税交国税，该交地方税交地方税，税后可分配的部分按照产权规范、政策环境，企业自主分配，这就真正刷出了在市场竞争中可使所有企业公平竞争的“一条起跑线”。说了多年的事情，是靠 1994 年分税制改革所形成的历史性贡献来解决的。所以，我反复强调 1994 年改革的意义，首先是适应了南方谈话以后新的阶段上市场经济目标模式建设的根本需要，并且是邓小平点将让一个很有魄力的朱镕基在一线，得罪了很多地方诸侯的情况下，由朱镕基掌握、拿捏好火候，在渐进式改革路径上有所突破地先把框架建立起来——中央和以省为代表的地方之间，终于把分税制这个框架搭起来了。政府和企业的关系处理，变成了经济性分权格局里让企业能够公平竞争的环境，国有企业的行政级别以后自然要淡化，一直可以对接到国有企业的高管、生产经营运作的掌门人，可以靠企业家市场竞争产生，而不一定非得依靠组织部去任命。这都是 1994 年的新框架才能带来的进步——这种要素流动条件，也可以对应到现在为什么可以跨经济性质做混合所有制。但是 1994 年的改革，由于种种条件的限制，在省以下怎么样把分税制贯彻到底，没有给出方案，当时希望省以下通过分税制取向下自己的实验，走出一个中国五级分税制的路（有中央，省，市，县，乡镇这五级，80 年代还曾特别强调过建设乡镇财政）。这五级怎么分税，看起来是个技术性的问题，实际上成为了制度变革实质性的障碍。我国那时候已经把四十几种税又减并到二十几种，现在大家知道已经减并到十七、八种，这一二十种税，在 5 级之间怎么才能分好？有一套基本的规则，但要顺应这些规则，中国这个分税方案无解。实际上省以下是怎么办的呢？以省为代表的地方，跟中央之间不得已把共享税越搞越多，而省以下，我们把所有的省级行政单位的体制文件拿到一起排了一个一览表，没有一家进入分税制状态，是五花八门、复杂易变，动不动就要调整的分成制，在一些较困难的地方和一些靠近基层的地方，干脆就是包干制，这哪里是分税制？走现代化之路搞市场经济，靠分成制和包干制实现长治久安是不可能的，必须建立以分税制为基础的分级财政，这是前面几十年反复探索得出的一个基本结论。所以，1994 年以后，说财政体制带来了基层财政困难，带来了隐性负债居高不下，还带来了土地财政的短期行为，那打板子打在哪儿？有人说是分税制造成的，我说你只要把情况看清楚了，就一定会知道这个认识是完全错误的，这些不是分税制带来的，恰恰是分税制原来应有的深化改革受阻，省以下并没有真正进入分税制状态，带来了 1994 年以后这些突出的问题。换句话说，这里讨论的可是一个大是大非问题：要想深化改革，只有病因的判断认准了，才会有后面正确的改革方案——如果你说是分税制带来的问题，那就得改分税制啊，而改分税制走哪条路？无解。我们过去所有的体制都试过；放眼看去，全球搞市场经济的国家不按分税制来搭建财政分配的制度安排，也都是不可想象的。

回到这个改革基本历程来说，我的观点就是一定要坚持1994年分税制改革框架下的基本制度成果。所谓的基本制度成果，是要承认我们对企业实行间接调控绝对不能改变，不能再搞到按行政隶属关系组织财政收入这个老路上去，在这个基础上，就要进一步理顺中央和地方之间的体制关系，实质性任务应是使分税制为基础的分级财政在省以下真正贯彻落实，这就是中央“60条”后面跟出来的、当时排在第三位的改革任务。这个原来第三位的改革任务，到了十九大已排在了第一位，十九大首先讲的是建立权责清晰、财力协调、区域均衡的中央和地方财政关系，说明它已经形成了一个对于全局来说需排在首位去攻关的改革重头戏。怎么解决它，在此只能最简要地说一下：我的认识就是我们必须正确地找到1994年以后仍然存在的体制弊病的病根，这个病根不是分税制，而是分税制在省以下的贯彻受阻。怎么破解它，是一个看起来技术色彩很鲜明的需把五级明确地变成三级的“扁平化”架构方案，因为五级分税无解，三级分税马上就是柳暗花明，国际经验都是按照三级框架，我们结合中国国情，不到20种的税如在中央、省和市县三级之间怎么分，很容易得出一个看起来逻辑清楚、方案合理性也比较显著的一个操作方案。当然，实际推进过程中还可以再细化、优化。这样的扁平化的新框架，现在和现实之间的反差在哪儿？其实反差已经不太大。在前面90年代搞了分税制以后，带出一些新的矛盾和问题，到了千年之交之后，就专门推行了农村税费改革，去缓解这些矛盾和问题，实际上已经在乡镇这一级把所有的政府征收全都停下来，农业税取消，“三提五统”一点儿不能有了，在农业为主的区域，乡镇其实早已经不成为一个实体财政层级，也完全无法想象给它设金库，就是“乡财县管”，实际上是把它看作县级预算下管的一个预算单位。所以，这个扁平化的任务，在绝大多数中国的行政区域里，最底下这一级已经解决，特殊的像珠三角、东莞，它那边原来的乡没有了，全是镇，镇上面是个地级市，现在要做的是把那些镇合理地合并以后变成区，区下面设什么呢？设街道，不是乡镇了，因为它已经整体来说城镇化了，这就跟一般城市区域规化一样。在那种地方，特殊情况特殊处理，就不要再强调什么乡财县管，自有它的出路。边境上一些少数民族地区，也特殊情况特殊处理，无碍大局。最极端的案例我曾经听说过，在边境上有那么一户人家，这户人家手上可有一个镇政府的大印，这个男主人是镇长，他的夫人就是副镇长。这个镇存在的意义是什么？是我们版图上要对国际社会说清楚我们这个地方有个建制镇，在那里当然也不能把内地普遍适用的乡财县管这些直接套用，这都毫无疑义。这些特殊情况另做处理之后，总体来说我们以后农村区域的基层乡镇不是财政实体层级，是乡财县管概念之下的预算单位。剩下的另一层级，就是把市和县按照浙江经验——也是财政部 2012 年以后明确的全国应该推行的“省直管县”，使这两级的财政变成一个平台。浙江几十年风风雨雨，始终坚持的就是这个办法，以后无形之中形成了有全局意义的一个示范，市和县可以行政不同级，但是财政同级，那么只要给市和县按一套税基来配置就行了，不需要再区分这两个地方政府上下层级怎么配税基的区别对待“分税”问题。合在一起，中央、省、市县三级怎么配税基，这个框架如果从技术角度解决扁平化以后，应该形成一个比较理想的状态，就是三级框架之内，每一级政权有一级由最高权力机构——人大明确的授权，首先确定它行使什么样的事权，这个事权如何划清的问题，2016 年中央下发的文件指导下，最新有一个重要的进展：是在中央和地方必须共同分担事权的文教、卫生方面对于怎么操作，前所未有地推出了一个文件依据，这是一个重大的进步。以后其他所有的事权，都应照此办理，形成很清晰的事权怎样由不同政府层级专享或者共同行使的可操作的一览表，再对应上预算支出科目上的支出责任，具体落实到的各级出责任的明细单上。这样一来，一级政权、一级事权，自然而然就在操作层面上贯通了，接下来的财权，必然是应合理匹配上去的，财权里最关键的问题，是税基怎么匹配，税基的匹配原则建议大家看看已有的文献，有几个重要的原则，比如考虑外溢性，外溢到哪里，它就应该抬高到那个层级，如果有全国的外溢性，显然这个税基应配给中央；还有信息对称，比如像房地产税，它的相关信息是地方政府最容易了解的，这个对称性在地方政府手里最可达成，又可以直接把这个税作为服务公众的一个重要的稳定财源，当然就适合配在地方层面。诸如此类的，还有一个“激励兼容”，像房地产税，它的激励是地方要有自己的大宗稳定财源，它的兼容是什么？只要有了这样一个稳定财源，地方政府就会真正“内生地”关心怎么样在辖区之内优化投资环境和提高公共服务水平，只要这么做了，它的长期财源建设问题，跟着房地产税的运行机制，就自然解决，因为这个税是每隔一段时间可重评一次税基，这个与市场估值对接的重评税基形成的财源，是跟着地方政府尽职而水涨船高的。这套认识，就是我们要讨论的“一级政权，一级事权，一级财权，一级税基”。有了税基，解决了钱从哪里来的最主要的问题，接着就是钱用到哪里去，怎么用，所以跟着是“一级预算”。公共财政和我们现在所说的政府职能履行所得到的物质支持，每个年度都必须有的分配方案，即预算收支计划，是财政运行的载体，这个理应现代化的预算，又有种种加上来的诸如滚动预算的要求、尽量引入零基预算和绩效考评的要求，等等，使它的水平尽可能提高。把这些说完了以后，后面还必然要跟上“一级产权”——中央，省，市和县，各有各的资产管理部门，都要行使出资人的职责，产权应非常清晰，也要体现在各级的国资管理部门要和财政部门配合编制国有资本经营预算，这是咱们预算体系里现在一个不可缺少的组成部分。国有资本经营预算内，要适当集中国有企业的资产收益，按照中央的要求，2020 年总体来说要提高到 30%，当然这也还是一个阶段性的目标，是为更好体现公共财政概念之下国有经济对于全社会福利提升的贡献，也是一种机制性的安排。还有就是“一级举债权”，现在已经有了以中央和省为代表的地方的举债权，不排除以后条件更成熟以后，某些市县也应该有它的一级举债权。所以如能顺理成章地形成这样一种状态以后，再加上两级自上而下的转移支付，中央自上而下，省也是自上而下，来支持基层地方政府合理履行职能的转移支付，再辅助性地匹配上对口支援、生态补偿等横向转移支付，这就是一个我心目中在中国建立和完善市场经济所要求的财政体制理顺的基本图景。这个图景能达到“财权与事权相顺应，财力与事权相匹配”的要求。

简而言之，咱们可以想象一个最欠发达的可可西里，几乎是无人区，但实际上它不是一点人没有，也有少量的居民，那个地方也有它的地方政府——那里的地方政府只能是做什么呢？维护生态，保护环境，还要接待以后必然有的地质考察，各种各样到可可西里去的其他一些社会活动，包括以后探险式的旅游和大家愿意去体验的特色旅游，还包括要跟国际接轨的有偿狩猎（外国人花钱购买狩猎指标，到这个区域里按狩猎指标来体会那个他自己喜欢的狩猎的快感）。这都是可以想象的政府职能里覆盖的事情。在可可西里区域，一分钱财政收入都没有，它怎么履行这些职能？主要就是两级转移支付加上横向转移支付——对口支援，对于青海、西藏早就有这种特定的横向转移支付的先例，只是怎么做得更合理、更规范的问题。地震灾后对于汶川和其他的重灾区，也有对口支援，是中央牵头，地方横向支持。财政体制理顺所涉及的要素，这些就说得差不多了。这样的三大改革任务，我们现在可以看到在十九大之后，实际上把顺序调了一下，原来的第三项现在放在了第一项，跟着的是税制，再跟着的是预算怎么进一步完善。

我们在财政服务于国家治理现代化这方面，在可以预见的 2020 年之前，一定要力求把原来已经明确的改革任务基本上做到位，这才能达到2020年“取得决定性成果”这样一个改革目标。这方面我也推荐两本书，一本书是在人民出版社出的《全面深化财税体制改革之路，分税制的攻坚克难》，这本书当时按照人民出版社的建议，是尽可能通俗化，比较简洁，就是三大块，一个是“认识问题”，一个是“分析问题”，再一个是“解决问题”。以“三段论”来讲我们对财税改革的分析认识，我和一些合作者一起，表达了我们研究以后的系统化认识。后面一本比较新的，是南方经济出版社的约稿，在纪念改革开放40年的当口出版的《深化财税体制改革的战略取向与要领》。这本书结合了最近几年，包括迎接十九届三中全会时做的财税改革方案，内部讨论以后形成的对接各种可操作设想的一些成果。这里推荐给大家，感兴趣的朋友可以翻一翻这两本书，也希望大家提出批评指正的意见。

六、财政与中国现代化的供给侧创新道路上的“守正出奇”

最后一部分，要说说在财政和国家治理这个视野之内，还一定要讨论一个问题，就是中国实现现代化，一定要在比较优势战略之上附加赶超战略。供给侧结构性改革一个内在的追求，就是我们必须“守正出奇”。常规发展不解决中国现代化的问题，因为我们是在工业革命之后被人家远远甩在后面，常规发展顶多是你跟着人家走，我们现在改革开放已经走了将近40年，是非常清晰的一个按照邓小平“三步走”战略的超常规发展过程，地方政府层面自己的战略设计，几乎是不约而同、众口一词采用了“跨越式发展”“超常规发展”“弯道超车式的发展”这种用语。从全中国来看，我们已经走过了“前两步提前实现”的阶段，第三步现在总体来说是到了必然从高速发展转换到中高速发展的时候，然而总体来说也仍是一个“巨国模型”之下大经济体的超常规发展。这种超常规发展有其可能性，当然，继续追求它也有一定的风险，但我们可能别无出路。供给侧结构性改革的相关研究中，在总结世界金融危机冲击之后，我们怎样借鉴经济学和人类文明的积极成果以后，强调遵循共性规律，走市场经济之路方面，更多体现在“守正”这个概念，但还要追求“出奇”即继续超常规的“出奇制胜”。附带说一下，在这方面的理论创新努力中，北京大学林毅夫教授，是很有影响的，曾经当过世行首席经济学家，他们构建了新结构经济学。我现在和其他同道者所形成的概念，叫新供给经济学。这两个经济学概念之下的研究，有共同特点，就是都特别注重供给侧，都要讨论结构问题，而且讨论结构问题作为重点，林教授那边是直接标在它经济学的名称上的；但是重要的区别在于林教授他们认为，整个理论大厦的基石，就是要素禀赋和比较优势这两个核心概念，任何一个经济体的要素禀赋是客观的，无法改变的，需要依托于要素禀赋，然后认识自己的比较优势，按照比较优势战略，促进结构优化，就发展起来了。我们则认为，这个比较优势战略只能覆盖经济运行里的一部分，一般来说低中端的这块，要素禀赋和比较优势可以解释和说明我们怎么样一般性地制定常规战略和设计常规发展政策，但是要完成中国现代化的“后来居上”，从追赶到赶超，还必须意识到比较优势战略运行中一定会碰到天花板，就是在全球合作竞争的格局里，你会碰到你花多少钱，人家比较优势在手的先进经济体里那些高科技的东西，你也是买不来的情况。你出天价人家也不卖给你，你怎么办？这不是靠比较优势战略所能解决的，一定要靠赶超战略解决问题。我们传统体制下搞出的“两弹一星”是依靠赶超战略，我们改革新时期中长期科技发展规划里当时称为绝密的16个重大专项，现在陆续披露出来，也是赶超战略。比如大飞机，核心的东西人家不会卖给你，我们自己举全国之力攻关，现在国产大飞机已经走到取得适航证的阶段，越来越多地在做飞行实验了，而且订单还在不断提升，升到600多架了，这种进步，可不是靠比较优势战略能够支撑出来的发展。这种从追赶到赶超的发展，我们认为在哲理上讲的守正，是首先你要认识、顺应和尊重市场规律，在某种意义上甚至可以说要敬畏市场的力量，但不是说我们把市场经济已有的经验和我们过去发展市场经济的本土经验继续用下来，我们就一路现代化了，没有这么简单的事儿。我们还必须经受考验，在供给侧特殊的结构优化管理中避免非常容易滑入“新计划经济”的那种不当的非理性供给管理，而走通理性供给管理之路，就是政府有意通过区别对待的产业政策、技术经济政策，以及特殊的一些财政为后盾的政策性金融等，支持我们能保持在常规发展之上还有超常规的发展态势，争取出奇制胜，这才能真正解决整个中国现代化战略目标实现的问题。这在财政服务于国家治理现代化过程中，是“出奇”的考虑。

这个“出奇”我们可以看看一些具体的案例：比如讨论了多年的金融，意义重大，邓小平说金融是现代经济的核心，它怎么叫核心呢？我的理解就是金融可以比喻为整个经济运行中的心血管系统，显然是核心系统，非常重要，它通过种种信用的方式，可以加快要素流动，促进潜力活力释放。但是这个金融无论它多么重要，心血管系统一定要服务于整个经济系统机体的健康可持续发展，就好像心脏是要服务于整个生命机体的健康发展，金融的出发点和归宿一定是要服务于实体经济升级换代。在这个取向之下，我们就会注意到实体经济的发展需求，有些是靠常规的商业性金融难以有效满足的。比如我说的支撑赶超战略实施，支持特定的一些战略性新兴产业发展，我们就必须考虑以政策性金融手段给予特殊支持。又比如说对于弱势的“三农”概念之下的普惠金融、小微金融、草根金融，也包括现在中央特别强调的绿色金融概念之下的这些经济活动，商业性金融是很难把支持的力量做到位的，因为商业性金融必然是只认锦上添花，它不肯持续地雪中送炭。锦上添花有道理，这是一般竞争领域资源优化配置中间一个必然的机制，谁的利润高、风险度低，商业性金融就往上凑，就要支持它，这就是依靠市场的优化资源配置。但是仅此还不够，雪中送炭的有效供给，是要以财政为后盾，形成“政策性资金、市场化运作、专业化管理、信贷式放大”这种四两拨千斤的有效机制，这个取向是多少年一直要探索而要依靠守正出奇来解决的。怎么解决好？就有很多要讨论的地方。非常简单地说，在实际生活中，我们的决策层、管理部门早早就意识到政策性金融是不可能回避的事情，需要把它和商业性金融分道扬镳。所以，20 世纪 80 年代后半期就讨论这个事情，90 年代以后专门组建了国家开发银行这家政策性银行的旗舰，以后又有了农业发展银行，进出口银行，出口信用再担保公司等政策性金融机构，但到了后来，曾经横跨十年之久，中央不提政策性金融了，两次金融工作会议，都要求国开行做市场化转制，我认为那是走了弯路了。十八大之后重提政策性金融，承认开发性金融，现在又强调绿色金融，普惠金融，这些绿色、普惠等的政策色彩都非常鲜明，它必然是属于有别于商业性金融体系的政策性金融体系的。但是要以财政为后盾支持它，就必须解决挑战性的问题：它是区别对待，双轨运行，处理不好就是整天大家在那儿拉关系处关系，乌烟瘴气而很快地不可收拾、不可持续——中国特别容易造成这种情况，但你不能因为惧怕出现这种设租寻租乌烟瘴气局面，我们就放弃国际经验已经证明、我们自己的实践也证明有必要性的政策性金融体系的打造。这样一来，可能各位能够体会到我所说的供给侧改革里守正出奇这条路，是非常有挑战性和考验性的，它要通行的夹缝是很窄的，处理不好乌烟瘴气一塌糊涂不可持续，既然可区别对待，那咱们都靠关系解决问题，结果该支持的不能都有效支持，不该支持的却挤进来了，那还能有可持续性吗？在中国又特别容易犯这个毛病。只是不能因为惧怕这个毛病，我们就只认同比较优势战略放弃赶超战略——不行，我的说法是必须在这方面借鉴国际经验，形成政策性金融可持续的机制，最主要的要领有两条，一条是所有相关主体在一起，要形成风险共担机制，不能说财政介入进来以后，大家就都把风险推给财政承担，财政成了面对一个无底洞、无法向公众交代的分配状态。另一条是支持对象获取支持的要求，不可能有求必应，必须遴选，支持谁，不支持谁，比如“三农”里哪些主体和经济活动要支持，科技创新小企业里哪些主体应该得到支持，应该有阳光化、规范化的由专家充分参与的决策机制，再加上多重审计监督，这个过程就可持续了——不能说它不发生失误，但是较低概率的失误出来以后，控制在比较低的水平是可以对公众交代的，纳税人血汗钱构成的财政资源，是怎么用于这种区别对待的支持的；这种支持也会发生失误，但这个失误率我们是怎么控制的，这个过程是怎么让它可持续的。这就是我们财政“守正出奇”必须解决的问题。

再有，现在大家可能也关注到地方曾经一度观望、后来积极性调动起来以后越来越积极参与的PPP——政府和社会资本合作，也就是过去所说的“Public－private－Partnership”直译的“公私合作伙伴关系机制”，最新在中央强调风险控制的大氛围之下，财政部门更多强调防范风险，要讲规范，地方理解为是不是要叫停，我反复说绝对不可能叫停，这是一个必要的波浪式发展中的点刹车，稳一稳，来认识风险而防范风险，让它更可持续地来发展。这方面PPP也是一个守正出奇的机制。我觉得当务之急是管理部门要赶快在法治化的轨道上通过立法来说清楚什么是真PPP和伪PPP的界限，你不能光是到处批评搞了假PPP，伪PPP，地方都很紧张，现在的氛围就是动辄得咎，不敢动了，一动就出事儿，就可能挨批，什么都不做倒最安全——地方说没有创新氛围了，这也不合理，这不是供给侧改革的真意和应该有的状态。PPP是非常典型的供给侧结构性改革中以有效制度供给形成绩效提升机制的这样一种创新，是我们一定要做的。各位研究者、各位同学以后感兴趣在这方面做选题的话，可以考虑考虑PPP，它的创新是更有利于调动各种各样的潜力和活力，实现治理水平提高，而同时风控可以做得更到位。这方面的法治应该跟上，以保证参与的企业有希望感、安全感，大体上可预期，愿意跟政府长期合作。另外，在技术方面，必须解决资产负债表怎么处理的问题。有的同志感觉现在主导的意见就是PPP不能造成地方政府新的负债，但对于这些一个一个成规模的项目，都是政府和企业以合作伙伴的关系一起来做，那么它形成的负债，政府是不可能完全撇清干系的，地方财政支持PPP在三年滚动预算规划里列入的“可行性缺口补贴”等，虽然可以不称作负债的形式，而是预算安排的形式，然而三年以后那还要做20年、30年，甚至50年的那些项目部分，显然有政府或有负债，如把这个或有负债，在财务会计的规范方面形成明规则，合理地体现，正是有利于大家更好地往前看，看到前景以后更有效、有针对性地来防范风险，和衷共济把事情做好，这是一个非常必要的技术性的匹配。PPP也是我说的财政在中国现代化道路上守正出奇又一个很明显的例子。

常规发展不是中国人应满足的作为，常规发展基础上我们要追求能够在“出奇”方面承受风险考验而真正出奇制胜。我这么多年参与财政研究，注意到咱们的管理部门，财政部的一些领导同志、业务部门，早早就意识到反正是要花钱的，高水平地花钱就应结合着改革，花钱要买来机制。凡支持什么，在支持的同时要求你这个部门，这个行业，机制上必须有进步。创业创新方面也是，财政要把钱投进去，怎么样培养造血机制，不能光是花钱。过去不得已撒“胡椒面”，到处都花点钱，然后对领导、对人大的报告讲财政怎么支持了创新，有多少钱用于科技型小企业的补助，等等，但是很难追踪问效，如果有新的机制去培养“造血功能”，股权混合在一起的产业引导基金等等，这就是现在我们非常值得看重去探索的新的机制。在这个小节再推荐两本书，一本是《中国的坎：如何跨越中等收入陷阱》，这也是中信约稿出版的，我没有想到在2016年被评为中宣部指导的中国图书学会和央视一起评的30本“中国好书”里经济类两本书里的一种，经济类的另外一本书是关于经济史的，所以，面对现实经济问题在2016评为中国好书的，就这一本。我没有想到，自己觉得这本书里有些锋芒，但是可以看得出来，我们体制内还是有些人认为有点锋芒的东西也是值得推荐的。另外一本书是我前面提到的政策性金融，我们专门写了一本《中国政策性金融向何处去》，这两本书也向大家做个推荐。

下面希望大家提出问题。

主持人：下面我们进入互动环节。

问：本来我想问一个问题，但是听完您的“守正出奇”之后大概能感觉到解答吧，但是我还是想重复一下这个问题。这两年我们中央和地方政府投资基金规模越来越大，现在有一个数据，中央层面实际出资接近一万亿元。跟您刚才说的PPP市场化运作信贷式放大可能有异曲同工之妙。我想问的问题是，这种政府投资基金，有财政的背景在里面，但是它也是市场化运作，运作的过程怎么区分市场和政府的界限，财政资金用于市场的项目是不是合理。另外，财政资金既要保值增值，同时又要实现政府目标，怎么协调?

贾康：你提了一个很好的问题，我来回应一下。您说的政府投资基金我们可以理解为一种产业引导基金，它实际上是在硅谷经验之上我们想赶超硅谷，至少要追赶，又不满足于美国经验里的政府无为而治，只是让风投、创投、天使投资他们来发挥作用，希望有一个政府层面的母基金，这个母基金给下面的一些可以称为子基金的那些主体去助力。本来这是欧洲人观察硅谷经验以后他们动脑筋提出的，中国呢，早在我们在研究中长期科技发展规划的时候，科技部的业务部门已关注到这个概念。更早的时候，发改委那时候还叫计委，王建（这几年身体不好不出来活动了）他们早早就研究产业基金，实际上就是这个以政府为背景的产业引导基金，现在也可以称为政府投资基金。您提到的第一个问题，我举个例子，就是在湖北已经正式成立了长江经济带产业基金，我参加了他们的会议，算是他们专家组成员。我听到介绍，它有很多规定，其中一个很清晰的规定，是财政出的几百亿元，它一定要放大，引出其他的出资者以股权的形式形成总规模要放大三、四倍的总共两千亿元以上的基金。这个财政出资之外，其他的都是以子基金的形式存在。这些子基金的每一个决策团队，要自己独立地作出决策，去考虑具体投到什么项目上，投的方向当然结合财政出资时给出的引导性信息，比如支持战略性新兴产业，又比如长江经济带战略规划里特别看重的一些增长点项目，但是政府绝对不干预这个子基金的决策团队到底投在哪个项目上，它只是给了一些具体原则，什么优先劣后，这些技术上的东西可再细化，然后让他们独立决策以后自担风险——当然这个自担风险不能说是绝对的，但是要尽可能地让它们自担风险去做出具体项目投资。这里面想到因为自担风险实际上不可能特别到位，又附加了一个很硬的条件，要求他们这些子基金的决策团队，确定项目之后，一定要有他们个人的跟投，跟投的资金怎么来当然要有细则，总之是要凑上自己的钱，跟你团队所决策的那个市场化对接的投资项目混在一起，把个人的利益与子基金跟随政策导向下特定追求体现的公共利益捆在一起。母基金是财政出资这部分，再通过一定的规范机制，给这些子基金投资的项目上加一把劲儿。这样处理这个所谓政府要有所作为，同时政府又不能过度干预的问题的，不失为一个具体案例，其中值得肯定之处，就是还是比较清醒地意识到，政府虽然是求有为，但一定要有限。这也是我们所说的我们和林毅夫教授的一个区别：林毅夫教授特别强调的是有效市场加有为政府，我们认为一定还要加上有为和有限的理性供给管理的政府作为。这个母基金它所做到的这个事情，按我的理解它甚至不要求增值，最好能保值，特殊情况下给点补贴也未尝不可，但是这需要各个地方自己去规定。你想想所谓财政贴息，所谓财政政策性担保，就是要有一个支持中的资金追加机制，这个追加机制在可接受的范围之内，不是要求财政资金一定保值增值，是要求支持过程可持续，如必要和可承受的话，后续还可以有财政的追加投入。这种投入是可以产生显著的放大效应的。贴息在一个具体项目上，你贴息几个点，所谓贴息率，它的倒数，就是放大的倍数。比如一个项目它要求市场上的商业性金融主体得到10%的回报率（体现为利率），别的事情都可以了，就这个10%算来算去满足不了，这个项目充其量只可有5%的回报率（利息水平），那么付息时财政可把差出来的5%补上，于是整个过程运转起来以后，财政的5%这部分资金，带来的是放大20倍的效果，使相当于百分之百规模的资源，流入政府想给予支持的项目和领域。政策性信用担保，实际上是好比把一个一个的项目贴息打了一个捆，高高低低放在一起，通过专业化管理，使政策性担保的代偿（即出钱去填缺口的部分），控制在可容忍的范围内，比如总体来说就是5%以下，那就是这个过程可持续了。这些里面有相通的道理，我理解，以后如果大家认识得更充分一点，政府投资基金这方面甚至可以不要求保值，就是可容忍、可控制地由财政去填这样一个“可行性缺口补贴”，这跟PPP又是一个道理了。PPP为什么可以在政府付费这方面由预算规范安排可行性缺口补贴呢？就是追求四两拨千斤的放大效应。这些在守正出奇里，都是非常值得我们探讨的、很有意思的一些理论联系实际的问题。感谢你提了这样一个很好的问题。

问：贾老师好，我来自2017级财政博士班，首先非常感谢贾老师今天下午的讲座给我们带来的思想盛宴。我注意到贾老师今天的题目是财政和国家治理，您从财政的起源说起，落到财政的具体热点问题。通过听讲座我感觉到财政与国家治理、整个社会，以及我们人的发展阶段是息息相关的，它有具体的体现形式。我也注意到在讲座中提到社会发展的问题，包括整个社会、整个世界潮流的问题，提到民主化和法治化的问题。我的问题是从这些要素里延伸出来的，我想到的一个问题是民主化、法治化是一个辩证统一的两个要素，民主化体现出对我们人类本身一种人的内在资源的释放，法治化形成一种法治、民主的基础，是一种规则的约束。民主化天然带有一种分权倾向，法治化规则约束又有一种集权的要求。在这里我想到另外一个华人社会国家治理中新加坡李光耀的设计，他们对于集权和法治化的要求，可能感觉更加重视民主化的自我释放。我就联想到我们这次十九届三中全会非常重大的机构改革举措，昨天见到报道披露，两个具体的决定文件和方案。对于这样一种机构的整合和改革来讲，我个人的感觉就是在现阶段，中国如何处理好民主化和法治化的这样一种平衡，或者我们说的集权和分权的平衡，这样一种平衡它应该遵循什么样的原则，对于我们中国目前来说，这种集权和分权的平衡对于我们构建现代的财政制度，对于我们理顺中央地方的财政关系，包括对于您提到的如何做好供给侧结构性改革，防止出现过度的新计划经济这样一种倾向，有怎样的意义？

贾康：谢谢。你的问题提得很好。我认同你前面对于民主和法治的区分这种基本理解。民主更多的是你说的社会成员内在自由的释放，但是每个人的内在自由合在一起，它们一定会磕磕碰碰，怎么样来协调社会成员之间不同的取向呢？

就离不开你称为有约束特征的带有集权内在逻辑的法治。我理解实际上民主化、法治化必须结合在一起，结合在一起用什么概念呢？我自己倾向于运用辛亥革命时中国人早已经形成的“走向共和”这个概念。共和讲的什么呢？不是只讲民主，也不是只讲法治，而是两者的结合，且特别强调法治不能是“制度”的“制”，而应是治理的“治”。“刀制”的“制”秦始皇时就有，而“水治”的“治”讲的是整个这套制度安排中，法在一切权力之上，而法在权上怎么形成呢？要制度化地反映社会成员的民意——这是一个我们所说的现代化理想境界的内在要求。走向共和，实际上就是必须在社会成员里，并不是简单地按照少数服从多数处理公共事务的问题，而是要有一个好的机制来寻找最大公约数。这个寻找最大公约数，最典型的可举出咱们财政领域里的一些事项，比如税制。现在中央讲“税收法定”，2020 年，十几种没有法的税，按中央要求都得立法，当然做得出来做不出来另当别论，现在在努力加快。这种税收的立法，按照简单的“少数服从多数”民主的说法，那就太简单了。我们不用考虑那么多别的问题，假如每个月来一次全民公投，一年就能解决 12 个法。按照少数服从多数，这就是民主吗？结果可想而知，个人所得税、房地产税、遗产赠与税，公投的结果肯定是被否决掉，大家都别沾它，这不是真正意义上的民主。任何一个稍有理智的现代国家，都不可能用这种“民主的方法”解决税收制度怎么样形成法律规定的问题，而必须通过立法程序，有充分理性的考虑，摆论据，然后才能形成一个我们所说的最大公约数，体现在可执行的法律文本上面。特朗普减税也是参议院、众议院反复讨论，各种意图、建议可以列出一个很大的“一览表”，最后大家妥协，最大公约数形成，特朗普签了字开始生效。这种共通的东西，我们无法否定，民主和法治一定要合理地结合在一起，把分权和集权的逻辑熔为一炉，才能“走向共和”。新加坡的模式只可借鉴，绝对不能想当然地拿到中国来套用。新加坡是个扁平化、几百万人口的城邦小国，李光耀的主导思路是，靠英国人教给的法治解决问题，同时他很巧妙地也利用了民主，比如底下各个选区，他执政党的党内的人士，要频繁地去做家访，频繁地跟选民沟通，千方百计让这些选民认同，把他们选上位。前几年已经受到威胁，在某些选区他们出现落选失败了，便非常紧张。从这个逻辑来讲，如果他们自己以后处理不好，不能排除新加坡若干年后会翻盘，这样一个非常稳定的执政党，很可能按照已有的选举机制，就被选民翻过来，把原来认为稳稳抓在手里的执政党这个地位动摇和改变了。我们现在也不好算命先生式地说新加坡到底怎么演变，但可以说清楚一条：新加坡这些特定的做法我们可以借鉴，但中国是一个比它复杂得多、接近 14 亿人的大国，你要拿新加坡的很多东西到中国来，就太简单化了，非常容易出现副作用。比如淡马锡，在新加坡经济中起非常重要的作用，李显龙的夫人在那儿作为实际掌门人。但是他们有充分的与民意的互动，新加坡人认为可接受。我们能设想把它在中国简单复制吗？中国实际生活中已经出现了现代民意的多样化。我们要更审慎地处理这样一些微妙的问题。一个淡马锡拿到中国来做，不足以处理好中国国有经济体制改革的问题。淡马锡一些可借鉴的地方，如严格的考核，跟市场对接，决策集团不受政府官员的过多干预等，值得我们借鉴，但认为在中国可以来一个巨无霸式淡马锡，一下就可把整个中国经济的现代化发展的问题，按新加坡模式解决好，我觉得那绝对不可能。我们一定要更坚定地在中国考虑发展若干个有实力的国有或者国有控股的大企业，同时要充分地调动民营企业发展潜力。现在电商领域里 BAT + 京东都不是国有吧，然而毕竟他们已经规模可观。华为现在于世界上攻城略地，华大基因、科大讯飞都不是国有经济，积极发展成混合所有制经济，可能是共赢的出路。这就是中国情况下走通特色道路的问题，不是简单学新加坡学得来的。

问：谢谢贾老师。我是 2017 级博士班，财政学专业的，因为前不久国务院办公厅出台了基本公共服务领域中央和地方事权和支出责任划分的两个方案，其中对转移支付基金打破现在一般转换和专项转移支付的管理方式，提出了一个分类、分档的转移支付管理方式，想请教一下贾老师对这个改革方案怎么看？

贾康：这是联系我前面说的事权的共享部分怎么操作。

问：对，因为您今天讲的比我之前接触的类似这方面内容范围更广，也更系统，好像没有从您今天讲的这个角度考虑过这个问题。所以，想请教一下您。

贾康：谢谢！看来这位女同学跟踪最新进展还是很用心的，我也注意到这个消息，我对这个新的方案是给予高度评价的，它终于解决了一个说了多年怎么样理清事权的操作问题。过去只讲原则，不讲操作，最近终于在这方面有突破了。它现在规定了一套分类分档办法，我理解就是可操作方面体现了精细化管理的特征。所谓操作，就是越精细越好，在一个特定的文教科卫的领域里，共享的事权怎么分类，分类怎么分档，都有量化依据可循，这就好操作了。所以，应该充分肯定这个进步。但是它现在已经定的这个分类的设计，以及分档的量化依据，不可能是一成不变的，我们要在实际过程中总结经验，以后再动态优化。在现在这个阶段上，它的合理性比较充分，并不意味着 3 年 5 年以后它仍然有这么高的合理性，还要有一个与时俱进的调整。总体来说是应当高度评价，这是一个期盼了多年终于看到的很好的进步。

问：老师，非常感谢您，因为机会难得，我还想提个问题，您刚提到政策性金融，包括绿色金融、普惠金融这些，目前学者大部分是研究如何通过财政支出来支持这些政策性金融，您觉得从另一个角度如果政策性金融发展得好，它对财政收入有没有自己的影响？

贾康：您说的这个问题是下面一轮的问题：如果政策性金融发展得好，我们的发展更有我所说的不仅是常规发展，而且有超常规发展的特征，经济的蓬勃发展自然会带来财源的培育和成长，长期来看，类似减税的效果，当期我们财政可能是减少收入，而政策金融是当期使财政增加支出，但从中长期来看有可能反过来，使我们的财源建设得到更好的推进，财政以后有更充沛的收入，能够得到在运行中供给体系质量提高以后应有的对财政的回报。当然，我还强调一点，财政过日子不是为了自己，还是要以财政的可持续来服务全局。这里你说到政策性金融要财政支持，其实并不是共识，比如跟我有很多合作的刘克崮行长，原来在咱们财政部的改革司和税政司当过领导，在辽宁当过副省长，后来国开行当副行长，很有水平的一位老同志，他有一个观点我听着却不能完全接受，他认为普惠金融是跟财政无关的，对普惠金融，他认为是一个没有必要直接考虑财政支持的特定金融形态。但我的看法就是普惠金融当然要尽可能减少财政负担，但是从通盘的长期的发展来看，不能否定财政要对普惠金融提供后盾支持，这就跟刚才您提到这个问题又合在一起了，财政应该以必要的支出去支持这种政策性的金融，但是不要以为财政支出做了以后，这个政策性金融就一定能取得好效果，它通盘的机制怎么设计呢？确实是很有挑战性的问题。

（本文系根据贾康先生 2018 年 3 月 1 日在中国财政科学研究院研究生部“新知大讲堂”授课内容整理而成）

走向“现代国家治理”的财税配套改革

贾 康

【摘要】 本文基于20世纪以来中国追求现代化之路上的历史演进，提出“现代国家治理”的核心理念就是要在创新之路上“攻坚克难”实质性地推进改革以对接现代化“中国梦”目标。本文认为，政治体制改革是当前中国改革继续推进的最主要难点和必须冲破的阻碍因素，需要借鉴“美国进步时代的启示”，以财税改革促进中国政治体制改革和为全面改革充当先行军。针对党的十八届三中全会后三大财税改革面临的问题，本文讨论了进一步推进财税改革的方向、要领，并强调要用制度创新打开科技创新、管理创新的空间，为跨越中等收入陷阱提供足够支撑力。

党的十八届三中全会审议通过的《中共中央关于全面深化改革若干重大问题的决定》（以下简称《决定》）中，最浓缩的治国施政核心理念是“国家治理体系和治理能力的现代化”，即“现代国家治理”。这个核心理念的新意首先表现在“治理”上，而不是过去常说的政府管理调控的“管理”。“管理”强调的是各级政府自上而下的管控，而“治理”更为强调的是政府和非政府的多元主体之间，更多平面展开、充分互动，把管理和自管理、组织和自组织、调控和自调控结合在一起，释放一切潜力、活力，调动一切可以调动的积极性，解放生产力。这所涉及的，必然是一系列相关制度安排和机制联结的创新，即除旧布新，革故鼎新。

一、“现代国家治理”理念的历史背景及核心

核心的治国理念从管理转为治理，其背景及取向是要完成中国的现代化。

"现代国家治理"以现代化为取向，就是要解决中国作为世界上唯一古老文明形成以后没有中断的国度，在工业革命以来明显落伍情况下，怎样重新实现伟大民族复兴的问题。

（一）20 世纪三件大事开启了中国现代化之路

鸦片战争标志着中国近现代史拉开帷幕，后面一路走来，是积贫积弱，落后挨打，几乎要亡国灭种。在甲午战败的强烈刺激之下，中国实施了仿效日本明治维新的戊戌变法，但百天出头就归于失败。

20 世纪发生的三件大事，标志着中国寻求现代化之路上的历史演进。

第一件大事是辛亥革命。它推翻了千年帝制，但"走向共和"的目标却迟迟不能实现。

第二件大事是 1949 年建立中华人民共和国。这件事解决了孙中山先生提出的"三民主义"中的"民族"的问题，使世界第一人口规模的民族国家终于在主要版图上摆脱了内战和外部强权干涉的局面，可以在站稳脚跟之后，以"一五"时期为启动标志，开始大规模经济建设，开创中国特色的加快工业化道路。

第三件大事就是改革开放。从工业化走向现代化，在取得一系列成绩的过程中也相当坎坷，既有惨痛的"大跃进"的教训，更有"十年文革"浩劫。即便如此，在 1964 年召开的第三届全国人民代表大会上，当时的最高决策层明确地提出了我国要在 2000 年实现工业、农业、国防和科学技术的现代化，简称"四个现代化"。但假如没有第三件大事发生，现代化这条道路还是迟迟走不通。在"文革"造成国民经济濒临崩溃的边缘之际，终于历史提供了机会——粉碎"四人帮"、邓小平复出，改革开放使中国寻求民族伟大复兴这条路，有可能越走越宽。

（二）市场在资源配置中发挥的作用

到了党的十八届三中全会，在新的历史起点上做出了改革深水区通盘的顶层规划，"现代国家治理"的核心理念就是要在创新发展之路上承前启后、继往开来、披荆斩棘、过险滩、啃硬骨头，"攻坚克难"实质性地推进改革，以对接现代化"中国梦"目标。

跟着"现代国家治理"，要强调的是《决定》中多次出现的"现代化市场体系"。《决定》中突破性地表述了市场在资源配置中发挥"决定性作用"，这一认识来之不易。1987 年，党的十三大报告提出："新的经济运行机制，总体上来说应当是‘国家调节市场、市场引导企业’”“大力发展有计划的商品经济”，这是一个“间接调控”的认识框架。1992 年，邓小平南方谈话确立了市场经济目标模式，“要使市场在国家宏观调控下对资源配置起基础性作用”被写入党的十四大报告。又经过 20 多年的反复探索，党的十八届三中全会提出“市场在资源配置中发挥决定性的作用”，这就终于把“中国特色社会主义市场经济”里面“市场”的作用阐释到位了。

在市场经济中，资源配置由市场发挥决定性的作用，而政府也要“更好发挥作用”。从全局来说，政府的作用是辅助性的，不能在全局资源配置中唱主角，而市场是决定性的，这是我们思想进一步解放的一个基石。当然实际生活中，情况远比这样的表述更加复杂。市场不是在一切场合、一切事情上决定一切，某些事情还必须由政府主导，比如维护社会公平正义、克服市场缺陷、扶助弱势群体，给予特定的不可缺少的产业政策和技术经济政策方面的政策引导，并建立与市场兼容的机制予以实施，这都是非常具有挑战性的任务。还包括我国现在推行的 PPP 模式，在对政府和企业的关系划清边界的基础上，在特定的公共工程、基础设施、产业新城建设运营、国土连片开发等重大的事项上，政府又可以与企业以合作伙伴关系共同去从事开发建设。这些都是正确处理政府和市场关系必须要解决好的现实问题。

（三）混合所有制是现代国家治理的一个“微观缩影”

在“现代市场体系”的产权机制、产权基石层面，《决定》指明企业改革要主打混合所有制。实际生活中，这一向是充满争议的问题。现在有些情况确实让人困惑，但是混合所有制这条路，从基本逻辑来讲，是非常符合现代市场体系发展方向的。

混合所有制的改革就是微观主体层面上“现代治理”的一个缩影，因为是把一个产权非常清晰的现代企业制度产权结构里的股权，处理为“公”的股和“非公”的股、“国”的股和“非国”的股，可以充分混起来的一种包容性的增长模式。这种包容性增长在一个个微观主体层面如果变成现实，国家治理的现代化当然就得到了微观机制的强有力的和普遍的支持。

前面提到了 PPP 模式创新，其中就涉及 SPV（特殊项目公司）。这个特殊项目公司就必然是混合所有制，里面可以有一定的政府股份，但一般比重较小，大量其他股份是社会资本，由非政府主体持有。这种混合所有制在实际生活中相对容易实施。我们应注重这种创新发展与制度建设的机遇与空间。

二、以财税改革为突破口实现国家治理现代化

《决定》作为最高层级的指导文件，前所未有地专门提到“财政是国家治理的基础和重要支柱”，要求“建立现代财政制度”。从研究者的角度来看，这在学理上是非常严谨的。财政是一个“以政控财、以财行政”的分配体系。按照规范性的思路来说，所有的社会公共资源配置，都需要有一个以预算形式表现出来的相对应的财政分配方案。国家政权体系的“以政控财”，首先是表现为各级政府以社会管理者的政治权力掌握、协调社会总产品中间的一部分，这一部分在现代经济生活中必然以价值形态的财力表现出来，实际上代表的是可分配资源。从国有资产管理体系看起来，国家持有的是国有资产的最终所有权，所以可以参与国有企业的分红，即国企的资产收益分配。但是政府成为国有资产最终所有权的代表，是凭借其政治权力，依靠共产党执政党的公权力地位。因此，可以说在这种执政的情况下，政权体系就要作为国有资产的出资人去行使资产所有权所应该体现的资产收益分配权。说到底，首先是一个“以政控财”的问题。而“以财行政”，则是用这些公共的资源，由财力表现的这样一部分可分配的社会产品，去履行政府应该履行的职能。对于政府“以财行政”的职能定位，改革开放后已探讨多年，首先要满足社会公共需要，即要尽可能地按照社会发展的客观要求，由政府牵头组织和提供好公共产品、公共服务。当然在中国特定的情况下，并不限于公共服务问题，政府的一些政策的倾斜支持，前面说到的不可缺少的产业创新发展中合理的产业政策、技术经济政策的引导等等，也都在政府的职能范围之内。这里面还要掌握好合理的分配顺序。这些总合起来，也就是财政体系要解决的分配结构问题。

（一）实现现代国家治理需要在政治体制改革上有所突破

一个国家如果要寻求现代国家治理，进入现代化的状态，财政分配的体系也必须现代化，这是一个基本逻辑。对于全局的意义，就是讨论财政问题要“跳出财政看财政”。我们提出要确立公共财政的概念，要求确立现代财政制度的改革导向，就必然牵涉制度优化、去除制度弊端的问题。

党的十八届四中全会明确“全面依法治国”的要求，这是“现代政治文明”的问题，显然要实施以现代政治文明为取向的体系建设。这就把党的十八届三中全会以经济改革为重点的改革安排，进一步推到了经济、司法、行政，乃至政治

体制改革概念之下的全覆盖框架。

“全面改革”实际上是不可避免地涉及经济改革还有其他配套的改革，包括政治体制改革，这也是当前中国改革继续推进的最主要难点和须冲破的阻碍因素。

（二）财税改革积极促进中国政治体制改革并为全面改革充当先行军

党的十八届五中全会在哲理层面上总结提出“现代发展理念”：以创新发展为第一动力，带动协调发展、绿色发展、开放发展，落实到人民群众对美好生活的向往要变为现实的共享发展。现代发展理念特别强调第一动力是创新，落到人本主义的立场上，发展的归宿就是共享。

习近平总书记已指明，中国的和平发展、和平崛起，是“人类命运共同体”概念之下和其他经济体共赢的发展。这可以追溯到中国古老文明中的大同理念，也可以追溯到人类文明核心价值观里面包括的“民主、自由、法治”等，都是这样一个现代发展理念体系里面所覆盖的。

我们现在于寻求发展中走到了改革的深水区，实质性的改革步履维艰，财税改革进度与中央要求的时间表相比已明显滞后，但是仍要尽全力积极往前推进。

党的十八届三中全会《决定》通过后，政治局首先审批通过的是财税配套改革方案。从财政改革入手，符合财政的特殊地位，也和我们原来几轮的改革切入点高度一致。

20 世纪改革开放启动的时候，微观层面的切入点是在农村，先是容忍而后鼓励了联产承包责任制，使农村改革迅速地取得了成果；在企业方面，通过企业基金、利润留成，然后实行利改税，使得企业按照商品生产经营者的市场主体定位发展，来焕发活力；局部的率先动作则是以深圳“撞击反射式”的试验为代表，倒逼出来特区和沿海的率先开放。

改革开放最开始时，我们已经认识到中国不可能把整个社会再生产按“停车检修”的方式搞“大爆炸”式的改革，也无法设计出一个全面改革的施工操作蓝图，因此，需要找到突破口。除了微观层面的、局部的这些改革举措之外，宏观层面在摸着石头过河、以财政服务全局的情况下，首先选择的突破口是财政体制实行“分灶吃饭”，由财政分配的突破，拉开整个体制的松动空间，后面在计划、投资、人事、劳动、金融、外贸等领域，使原来那种高度集中的控制跟着松动，之后用双轨制相伴随去允许地方、基层试错，在弹性空间里面打开新局面。这就是第一轮改革中由财政在宏观层面上首先实施的行政性分权改革。

1994 年，南方谈话确立的市场经济所要求的间接调控框架，必须实行分税制，这才是“经济性分权”，财政改革再一次为全局提供了一个突破口，进而打开后面的空间。再以后就是货币政策和财政政策两大政策得以在间接调控体系中实施经济手段为主的调控，基本走上了与市场经济在同一个大路径的间接调控这条道路了。

党的十八届三中全会之后，是再一次让财政合乎逻辑地充当整个全面改革配套部署之后一个先行军的角色。中央首先通过财税配套改革方案，把这一改革作为重头戏，拉开一系列改革的序幕。其后的改革也紧锣密鼓地跟进部署：多少年不敢动的公车改革终于下决心推动，户籍制度改革、土地流转制度改革、司法改革、价格改革、国企改革、反腐深化等等，都是作为一个个的重点事项在依次部署和推开。这一进程，实际上涉及包括政治体制改革的配套改革的方方面面。

三、党的十八届三中全会后财税改革的主要任务

2014 年，中共中央政治局审议通过的《深化财税体制改革总体方案》（以下简称《方案》）提出，应当重点推进三个方面的改革。

（一）预算管理制度改革

1. 提高预算的透明度与完整性。预算是财力安排的计划形式，是我国政府在每个自然年度都要有的收支安排的文本。现代意义的预算对于政府履行职能不可或缺。历史上，各国政府曾在很长时间没有规范的预算。西方世界在资产阶级革命以后，开始对具备一定透明度的预算有了明确要求。美国是在“进步时代”的发展过程中，形成了现代意义的预算体系。

《方案》所列预算管理制度改革的第一条就是“完善政府预算体系，积极推进预算公开”。政府所有的收入和支出都要纳入预算管理公之于众，少数涉密的除外。实际上，除了国防、外交两个涉密单位外，所有中央各部、委、办等机构的部门预算，近年都已在网络上公开。同时，要求地方政府也要跟进。在对预算透明度的要求之外，党的十八大还提出了全口径预算，要求政府所有的财力都必须在预算中体现。经过多年改革探索后，财政部已在 2012 年明确提出不再允许存在“预算外资金”概念。至于“小金库”，也就是所谓“预算外的预算外”——制度外资金，早就已经明确了其非法地位。经过了几轮清理，情况也已得到整体改善。所以，现在既无“制度外资金”又无“预算外资金”，我国的预

算，已表现为一套完整全面反映政府财力的预算体系。

预算透明度和完整性的意义何在？从历史上来看，欧洲在资产阶级革命前的预算被称为“王室预算”。王室有收支计划，但没有对社会公布其信息的义务。资产阶级革命之后确定了一个“无代表不纳税”的基本原则，行公权的政府“钱从哪里来”，首先要跟公众交流以后形成一个基本共识并且将之法律化。这就是历史的进步，税收法定、信息公开，是解决“钱从哪里来”收入这一侧的问题，必然跟着要解决“用到哪里去”“怎么用”的支出侧的问题，收支合在一起的概念便是“公共财政预算”。

再来看美国的历史，美国在 1880 年前后，经济发展势头已很猛，但在制度管理上还有过一段混沌时期。学者王绍光教授写过《美国进步时代的启示》一书，曾引起决策层的高度重视。他开宗明义地讲，1880 年前后美国社会面临的问题跟当下中国非常相似，经济发展势头正劲之时，也表现出一系列的社会矛盾，比如官员可以很随意地设立各种各样的收费，苛捐杂税满天飞、不给钱不办事、给了钱乱办事等；老百姓越来越多地要求了解情况，政府并不能简单地、自觉地顺应老百姓的要求，因此就产生了种种矛盾，还有频发的灾难性的事故。

那么，美国人是如何摆脱这种混沌局面的？美国现在是世界头号强国，虽然也有自身的一些问题，但综合国力位列世界第一，此前的发展必然有值得肯定之处。美国经过 1880 ~ 1920 年 40 年左右的进步时代，也并没有设计出一个正面表达的政治体制改革方案，而是通过一系列改良色彩非常浓厚的手段，实现规范化、法治化。

这里有一个事例：1911 年美国纽约曼哈顿下城区三角衬衫厂发生一起火灾，烧死了百多名工人，其中还有不少童工。美国当时正处于血汗工厂时期，这场大火震撼了全美。此后，美国开始立法明确规定，只要是多层建筑，外部就必须悬挂金属疏散梯（延续为后来摩天大楼里的疏散通道，这项法律可以在进步时代找到源头）。在不幸事件发生、矛盾问题暴露以后，人们就会认识到要做一些事情“亡羊补牢”。在火灾之后，通过法治化的途径去解决问题，亡羊补牢而有效防范以后的矛盾与风险，这个路径是值得称赞的。

美国按照同样的逻辑来处理公共资源配置的问题。公众参与的博弈中，关于政府怎么收税的问题，到 1913 年，终于形成了很清晰的个人所得税的法律规定。从个人所得税确立以后，一直到现在，美国联邦政府的运作就主要依靠个人所得税这一大宗财源，再加上社保体系中的工薪税。世界头号强国的中央政府主要依靠这两大直接税，这跟中国的情况大相径庭（中国中央政府的第一大税为增值税，是间接税）。在这前后，美国地方基层的政府也在博弈之中确立了政府履职运作的大宗、稳定财力来源，主要是靠直接税中的房地产税。

在当时的美国，新闻业、报业发展起来以后，媒体容易处于挑刺的状态，发起了“扒粪者运动”，专挑政府的毛病。这种情况下，政府就要更规矩地做事，钱怎么来，钱来了后怎么用，收支都要有法规，这就变成了预算的规范。预算通过议会或各个地方立法机构审批后，就成为具有法律效力的执行文件，所以预算的形成机制非常重要。

1920 年，当时占美国 GDP 一半以上的纽约，率先形成了现代预算的基本模板。现代预算的基本特征就是事前决定、公众参与、规范决策，一旦决定以后就要严格执行，还可以实施问责。这在当时的美国似乎也是破天荒的创新，以后就形成了通行的惯例。一直到现在，美国联邦、州、地方三个层级的预算大体上都是这样的标准形态。

还有一个重要的发展是滚动式预算。美国联邦政府的预算一编 5 年，每一个年度结束后做当年的决算，继续向前延伸做 5 年的预测与预算编制，这样不断地滚动往前走，让公众可以看清楚，不仅是政府眼下在做什么，还有未来这 5 年内要做什么。州一级政府预算一般是 3 年滚动。

笔者 1988 ~ 1989 年在美国匹兹堡大学做访问学者时，在专门的政府书店里三点几美元可以买到一本简版的联邦政府财政预算文件。笔者还曾写信给宾夕法尼亚州的财政部门，申请查看财政预算信息，没几天他们就寄来厚厚的两大本相关材料。这背后的逻辑，就是要让老百姓知情，而知情以后就有监督权和质询权的行使了。

在中国，最早要求政府把预算信息公布出来的是深圳的一位海归企业家吴君亮。他自 2006 年开始就向十几个中央部委、地方政府提出了查看预算报告的申请，促成了中国第一次预算公开。当然这一举措不能说对推动制度进步一下就能有多大的作用，但与财税体制改革中预算“透明度”的要求方向完全一致。

广州可能是全国最早回应人大代表对预算质疑的城市。有人大代表质疑广州市对市机关幼儿园的高额拨款一事，广东省财政厅、广州市财政局对此作出了回应，表示这是“历史遗留问题”，并承诺“将逐渐取消”。有所解释后，人大代表表示了一定的认可，但这之后还会生成一个新机制——对政府是否能兑现改革承诺进行监督。从这个角度可以很清楚的看到，有了透明度就会有公众的知情权、质询权、建议权、监督权。这看起来是一个技术性的透明度的问题，其实是公共资源分配机制的合理化问题，是“以政控财、以财行政”的体制优化问题，非同小可。近年中国在这方面有一些进步，但要达到理想的状态还要假以时日。

在预算公开方面，现在有明确的要求：中央级部门预算挂在网上，并要求提高细致程度，要晒到项级科目，地方以后也要照此办理，或早或晚除了保密事项要全部挂到网上。有些公共财政改革比较早的试点地区，比如河南省焦作市，就把这些信息全部挂在网上，并且安排在一些特定的场合，普通公众可以索取这些文件。

国家预算非常重要，从中可以看出政府活动的范围和方向。全口径的预算表现了国家各级政府活动的范围、方向、各种各样的政策要领和一切由预算信息所伴随的收支细节。老百姓有了知情权，再通过合理的制度安排，让公众意愿能够形成“走向共和”概念之下的最大公约数，来落到预算文本上，那就是实现了人民群众当家做主的决策权，当然这还是一个要努力实现的理想境界。

中国有了这样一个预算改革的趋向，在实际工作中还要解决一些现实问题。以海南省公费接待问题为例。海南省是反季节气候，大陆到冬季的时候，海南省的气候是最宜人的。这种情况下，海南省每年 10 月到第二年春节前后都是接待的高峰期。按照过去“对口接待”的潜规则，每一行政级别的人都由相应级别的政府部门来接待，但接待费却无法按正常差旅费标准收取，最后只能通过其他途径进行调整，以潜规则强制替代明规则。而中央明确要求信息公开以后，接待费用必须在部门预算里公布，这就倒逼海南省改变过去的潜规则。具体还会有一个摸索的过程，但是可以看出，一项原则性的改革后面一定会涉及制度，这个制度不管是明的还是暗的，在触碰到以后，就需要思考能不能按照现代化的趋向，形成一个有利于公共利益最大化的制度安排。

2. *形成预算体系，支出一般不再做“挂钩”安排。*从透明度到完整性的具体操作考察，我国现在的预算体系有四个相对独立的部分。一是过去每年都由地方和中央财政部门的负责人对人大报告的一般公共支出预算。二是国有资本预算，这当中最引人注意的是，国资管理体系集中起来的资产收益怎么分配。三是基金预算，特别是像深圳这样的地方，基金预算作用很大。土地批租的收入、各种各样行政收费，都要包含在基金预算中，纳入预算体系——由于基金预算有特殊性，不能简单放在一般收支预算中。四是现在已经在编制、以后要全面覆盖的社会保障预算。

这四个预算合在一起就是全口径的预算体系。所有的政府财力都要进预算，这是基本的原则，而且以后不再强调专项支出和政府收入的挂钩，这一点会引起各个部门的不同想法。过去因为强调一些部门的特殊意义与重要性，先后形成了一些“法定支出”要求，比如公共部门教育支出必须达到年度GDP的4%。另外的农业、科技、计划生育、精神文明等也都有挂钩的要求。后来发现，从中央的角度看，整个国家的预算有48%已被固化，就是被这些“挂钩”锁死。有些挂钩从逻辑上讲也是有问题的，比如科技领域，要求科技投入资金增长的幅度超出一般支出的增长幅度，但没有说超出多少年。如果每年都超出，这一块的比重就会不断上升，最后其他部分就会趋向于无穷小。这些挂钩原则当时都写入了红头文件，具有法律效力。党的十八届三中全会明确提出以后原则上不再做这种挂钩的处理，以体现理财的规律，根据不同年度和具体情况统筹协调，这是一个进步。

3. *跨年度滚动预算和严格执行预算*。美国联邦政府的滚动预算特别符合统筹协调、瞻前顾后、综合平衡的原则。目前，中国还不能达到5年滚动预算的要求，经过多年的探讨与努力，十八届三中全会后下决心先实行3年滚动预算，这3年的预测也非常考验我们的能力，有困难和困惑，但总的来说要往这方面努力。

美国在预算执行方面特别严格。预算安排以后，即使实际情况发生变化，在预算调整程序完成之前，负责预算的官员在预算执行系统中是无权改变操作方式的。美国国会图书馆是全球最大的图书馆，有几千名雇员。其中，负责图书管理的工作人员有几百人，剩下的几千人是美国国会请来的各种类型的专家，包括经济预测、政策分析、数据处理等方面。这些专家在国会图书馆编制下，配合美国参众两院的预算专门委员会，跟总统预算办公室与财政部“真刀真枪”、逐条逐款讨论联邦预算的合理化。因此可以理解，他们总是提前一年半就开始编制预算，经过这么多步骤，耗费大量人工与成本，由此确定下来的预算，当然要严格执行。

从“美国进步时代的启示”出发来考虑，中国的政治体制改革如果没有得到一个正面设计的方案，是否可以抓住预算透明度、预算体系、预算和公众之间信息交流与良性互动，争取走出中国式进步时代的预算制度建设之路？同时带出的就是经济、社会生活民主化、法治化，这是一个符合“建设性”取向的思维角度。

此外，预算改革中，在完善转移支付等方面，我们可以做的事情很多。规范地方债务也是这几年的热点，在新预算法中已经作出修订，明确了地方债怎么借、怎么用、怎么还。关于税收优惠的规范，也在逐渐推进中。这些改革要求与实践，体现着近些年来的进步，但深化改革依然任重道远。

（二）税制改革

人类社会是由一个个主权国家组成，这些主权国家要运转，要形成公共服务供给能力和保障公共安全，就必须要有国家各级政府的公共权力来维护社会秩序，解决公共问题，让大家得以共同生活。

政府的运转是有成本的，这个成本的主要来源就是税。税如何合理地征收、使用，是整个制度体系要解决的问题。西方推崇一句话叫作“世界上唯有死亡和税收无法逃避”。必有的税收，需要动态优化。税制改革关系到每个企业和自然人，解决的是政府“钱从哪里来”的问题，也内含着税收调节功能怎样优化的问题。

1. 营改增。谈我国的税制改革任务，首先要说的是“营改增”。这是这几年政府减税的重头戏。2016 年 5 月 1 日，营改增以军令状的方式全面实施，现在还在进一步优化和解决一些收尾的问题。虽然已经全覆盖了，仍然有一段时间把营改增称为改革试点，体现了一种谨慎的态度。

这其中还有一些不周到、不合意的地方，不必讳言。笔者在调查过程中也了解到很多情况，但是总体来说对营改增还是要肯定。营改增打通了现在我国以间接税为主的第一大税种的抵扣链条，不再使服务业感觉有重复征收。营业税将不复存在，以后都按照增值税处理，打通抵扣链条和消除重复征收因素以后，便鼓励了专业化细分，并为企业发展营造一个强化“税收中性”特点的环境。

当然，也不能说完全达到中性，但比原来相对复杂的税制方案，税收中性程度提高了，更符合市场经济要求的公平竞争环境。另外可以促进企业专业化细分和升级发展，有利于企业提高自己产出的性价比、扩大市场份额，争取做大做强。总体来说，营改增的改革方向和逻辑是值得肯定的。

2. 消费税。关于消费税的改革已说了很多年，本来以为可以排得比较靠前，现在看来还是有种种顾虑。我国有十几种特殊产品要征收消费税，比如烟酒、烟花爆竹、燃油、汽车轮胎、作为奢侈品的珠宝首饰等。消费税为这些特殊产品增加了税负，有利于控制其生产与消费。比如烟酒，消费税给国家增加了收入，也让实际生活中烟酒的生产、消费规模得到了一定约束。怎样使消费税更加合理化，还有很多细节可以讨论。这其中有适当的动态调整，比如最早把护肤洗发品放在消费税的税目中，后来认为它们已不是高端的而是大众化的东西了，没有必要调节，于是在 2006 年以后取消了。一次性木筷原来无消费税，后来出于促进保护森林资源的意图而加上了。

现在讨论中有考虑把私人游艇和私人飞机的消费税加码，增加富人炫耀性消费的成本。这个调节更多的是树立政府社会形象的问题。但是这些顶级的富豪如果给自己买私人游艇和私人飞机，也不会太在乎这个税高一点还是低一点的问题。消费税调整的时候，还涉及一些有环境污染问题的产品，比如一些特殊的电池，有人提出也有必要增加消费税，限制其生产和消费。

另外，将消费税由100%收归中央，改变为至少一部分由地方政府在销售环节征收的方案，还在内部讨论之中。地方在营改增以后没有营业税了，完全靠增值税分成又有副作用的情况下，需要找到替代财源，消费税可以配合这个情况来改革。

3. *资源税*。我们已经进行了资源税由从量征收变为从价征收的改革。这些资源产品从长期看会由于稀缺性而显得越来越金贵，比价关系看其价格会走高，税按其比例收，也会水涨船高，调节的力度不减，就避免了过去煤炭资源税从量计征的尴尬。

以前煤炭每吨三十几元的时候，税是2～3元。结果若干年以后，煤炭价格最高的时候接近每吨1 000元，后来稳定在几百元，但仍是从量征收的每吨2～3元钱，实际上已无关痛痒。现在是从价征收，税负跟着市场价格浮动，就可以较好发挥调节作用，以“有关痛痒”的税负，促使大家节能降耗。

水资源税已在河北省开展试点，新近扩大到九省市，方向是要在全国推广。水资源税的好处是，使水资源的开发利用在法定税负因子之下，更好地在比价关系上促使消费者和生产者尽可能减少水资源的耗费，提高资源利用率，有助于可持续发展。

4. *环境保护税和房地产税*。环境保护税已于2018年1月1日起施行，排污费也改为排污税，于2018年1月1日起由税务部门征收，环保部门配合，执行方面会更有力度。环保部门过去收排污费经常会碰到来回扯皮等问题，而税收有强制执行权，可以降低征收成本，更好地达到环保的目的。

按照客观要求来说，中国的环境保护税还应加强实际的征收力度。“负担平移”的费改税之后，要继续讨论环境保护税是不是可以有针对性地在一些特定事项上增加调节力度，这在以后可以从容考虑和处理。

房地产税实际上是充满争议的一项改革。党的十八届三中全会要求加快房地产税立法，并适时推进改革，但到目前为止还没有看到加快。

5. 个人所得税。个人所得税改革似风声紧一些，但是实际上做起来非常困难。个人所得税现在的超额累进征收机制，只是针对工薪收入，不管是体制内单位还是体制外企业、公司，都要履行代扣代缴的职责。但是非薪酬的部分就很难有效征税，即使征税也不能进行超额累进调节，而只是一个比例税。朱镕基同志担任国务院领导时，曾要求税务部门调查了美国《亚洲华尔街日报》评出的“中国十大富豪”，发现几乎没有人交个人所得税。深究其原因，这些富豪不给自己开工资，所以就没有应施加个税调节的税基。对此，朱镕基同志表示强烈不满。类似这种情况在国外也有，巴菲特就曾表示他的个人所得税比企业中层管理者轻，因为资本收益可以通过各种鼓励投资的优惠条款“合理避税”。

当年朱镕基同志提出的问题到现在也未能得到很好的解决。虽然有原力帆控股集团董事长尹明善给自己开出 100 多万元年薪，照章纳税的先进典型。但是这种厂主个人给自己开高工资给国家多纳税的做法，纯靠自愿，可复制性是很低的。

因此，个人所得税改革方向与前景，需顺应一般人看重的提高起征点、减少纳税的超额累进税率档次的诉求，配合最高边际税率适当降低，把工薪以外的其他收入尽量归堆，接受超额累进税率的调节。比如厂主型富豪虽然不给自己开工资，但只要在银行里面开账户，实名制下身份证号码就是他的终身纳税号码，所有金融账户中都可以知道其所拥有金融资产的收益，那时候虽然抬高了起征点，降低了边际税率，但由于有了归堆的“综合”，真正有高收入和支付能力的富豪会多交税。当然也会网开一面，把直接投资的部分做分类处理，处置成一个比例税率，鼓励他们更多地直接投资，这也是符合国际惯例的。

前年，福耀玻璃董事长曹德旺关于企业税负的一番说法，引起了各方对中国企业税负的热烈讨论。笔者的基本看法是，中国的税负需要减少是无异议的，但是要注意到中国税收主体上是间接税，往下减必须考虑到党的十八届三中全会所说的还要“逐渐提高直接税比重”，同时政府要有财力保障其发挥应有职能，税收往下降低也要有一个限度。

涉及直接税，摆在眼前的就是房地产税和个人所得税。住房保有环节的房地产税在我国要从无到有，但不能像美国一样实行普遍调节，而是要实施高端调节。个人所得税则是要下调低收入者的税负，上调高收入者的税负。在我国使直接税逐渐在政府收入里唱主角，是未来发展的方向。长远看，提高直接税才能有效降低间接税，这是一个相互伴随的过程。

6. *减税不是中国企业减负问题的全部，更重要的是降低税外负担。*笔者认为，中国在减税的同时更重要的是降低税外负担。现在只有十七八种正税，下降的空间已有限。减税决不代表减轻中国企业负担问题的全部，甚至已不是最主要的问题。

去年娃哈哈集团董事长宗庆后在接受媒体采访时，透露娃哈哈 2016 年缴纳了 500 多项政府收费，这些跟正税其实是没有直接关系的。但是，这些收费给企业带来了很多麻烦。企业不仅要交钱，还有种种隐性负担，包括相关部门的接待费用、讨价还价成本、沟通成本等等。这其中涉及要通过配套改革来解决的吏治问题，也涉及体制问题，并不单纯是税制问题。这种情况不能说在国外就绝对没有，但一般的国家肯定没有中国这么多隐性负担。

李克强总理专门提到，行政性收费要减少，但是减到一定程度，就涉及怎样“拆香火”，触及有关实权部门的既得利益。所以要真正解决中国税制、收费等的问题，要降低税费体系背后的综合成本，应该配合大部制和扁平化改革，使财税改革跟其他减轻企业负担的改革配合起来，让我们的企业真正降低实际负担而活起来。

（三）优化调整中央地方体制

财税改革方案的第三项任务是处理好中央地方体制关系。这需要从理顺事权开始。应形成各级事权一览表、支出责任明细单，理顺收入划分，建设地方财税体系，在扁平化三级框架之下寻求“财权与事权相顺应，财力与事权相匹配”的境界，促进基本公共服务均等化和各级、各地政府职能的到位。

基本思路是对每一级政权要赋予人大的合法授权，进而形成“一级政权、一级事权、一级财权、一级税基、一级预算、一级产权、一级举债权，再加上自上而下两级转移支付和辅助性的横向转移支付”的制度安排。小平同志南方谈话时说：“先富起来的地区要多出些钱，支持贫困地区的发展”。这些年中央、省“抽肥补瘦”地纵向转移支付，也辅助性地发展横向转移支付，比如在汶川大地震之后，中央协调各地对口支援灾区，就是横向转移支付。这样一套制度最终应能够使最欠发达地区的地方政府，在财力方面也能满足履行基本职能的需要，以利于长治久安。地方税体系方面必须完成攻坚克难的改革，产权、举债权的制度建设也都需优化推进。我们还应看到在事权合理化方面，多年来仍基本停留在原则上，到目前为止还没有明确提出各级事权的一览表和明细单。很多硬骨头怎么啃，各个方面认识不一致，希望今后在这些方面有所突破。

总体来说，财税改革这些基本的任务事关全局，事关所有的企业、所有的社会成员。我们应该胸怀全局，认清发展大势，为了中国的现代化，要以服务全面改革、攻坚克难的大局意识与担当意识、机遇意识，抓住重点、掌握节奏、有所作为，力争财税改革与全面改革按中央时间表要求于2020年取得“决定性成果”。全面小康伴随着改革取得决定性成果，中国才有持续发展的充沛的新动能与后劲。四个“全面”的第一项——全面建成小康社会，相对容易实现，因为现在的经济增长速度在6.5%以上，这一“保证速度”是没有问题的，将使2010～2020年的十年间中国人均GDP再翻一番。现在看来实现这一目标没有悬念，再加上各地有“军令状”在推进精准扶贫，以及种种“社会政策的托底”，到2020年实现全面小康是大概率事件。但是全面改革所要面对的问题，是要进一步解放生产力，继续往前跨越中等收入陷阱。对此陷阱概念，笔者认为不要太计较量化方面的精确度，形象比喻的“中等收入陷阱”，就是指一个统计现象，是世界银行、亚洲开发银行把前面大半个世纪一百多个经济体做了一个统计结果的归纳总结后给出的概念。中国怎么能够走通一百多个经济体里面只有10%走通的那条往上达到高收入经济体的道路，而不会落入90%“陷阱式”的前车之鉴呢？实质性的问题就是改革一定要取得决定性的成果，这才能有国家治理现代化所形成的后劲，才会对冲现在的一系列不利因素：如劳动力比较优势的丧失，投资边际收益递减，土地资源越来越金贵的拖累和制约，等等。这些制约我们发展的下行因素怎么样得到对冲？理论上说就是供给侧的全要素生产率的提高，其来源主要包括科技创新、制度创新。强调改革，就是要用制度创新打开科技创新、管理创新的空间，争取有足够支撑力跨越“中等收入陷阱”。如果走得好，跨越这个陷阱之后，还要有20多年的时间继续提高中国的综合实力，包括硬实力和软实力。按照党的十九大报告中的战略规划，应于2035年基本建成社会主义现代化（此前2025～2030年，应决定性地跨越“中等收入陷阱”），2049～2050年，建成现代化强国。

让我们为此而共同努力奋斗！

（本文系根据贾康先生在深圳创新发展研究院2017年夏季报告会上的演讲整理而成）

中共十九大后的财税改革

贾　康

2014年6月30日，依据十八届三中全会关于全面改革决定的指导精神，中共中央政治局召开会议审议通过了《深化财税体制改革总体方案》，会议指出应当重点推进3个方面的改革：即预算管理制度、税收制度、中央和地方政府间财政关系的改革。在此基础上，2017年10月党的十九大报告进一步强调加快建设现代财政制度，要求建立权责清晰、财力协调、区域均衡的中央和地方财政关系；建立全面规范透明、标准科学、约束有力的预算制度，全面实施绩效管理；深化税收制度改革，健全地方税体系。报告在最高决策层面，进一步明确了三大领域的工作任务，我们要深入领会、准确把握，在改革的深水区，于攻坚克难中贯彻落实。

一、关于中央和地方政府间财政关系的改革

关于建立现代财政制度中的理顺中央、地方间体制关系，在中央出台专门文件后，2018年初，已于厘清中央地方事权和支出责任方面，取得重要进展，即在中央、地方共同负责的基本公共服务供给领域，针对可设定的八大项18类基本公共服务事项，明确了中央、地方如何共同承担支出责任的操作方案。这是理顺各级事权和支出责任在新时期的一个良好开端。今后应当继续扩展，把各级财政事权明细单和支出责任一览表，做到全覆盖和精细化。中长期的努力方向，我认为应是在分税分级财政体制框架中，使中央、省、市县三级的合理事权与财权、税基、预算和产权、举债权内洽协调，并以中央和省两级自上而下的转移支付加上辅助性的地方间横向转移支付来配合，形成各级“财权与事权相顺应、财力与事权相匹配”的财政体制。

二、关于预算管理制度改革

关于预算制度、绩效管理，已经反复强调、积极推进的预算透明度、规范化，要继续努力对接到全面实施绩效管理。绩效管理已经讨论多年，是一个必须紧紧抓住的发展方向，但其难度也非常大。虽然我国实践中，当下还很难编制出较高水平的三年滚动的绩效预算，但这是提高财政管理水平的一项不可回避的挑战性任务。以够格的预测方法和指标体系量化考评为支撑的预算的绩效管理，实际上必然引发由预算资金带动的其他一些资金运行的绩效管理问题，包括投融资领域里以财政预算资金支持、带动社会资本共同做 PPP（政府和社会资本合作）投融资项目的绩效管理问题等。比如，对 PPP 项目的财政“可行性缺口补贴”，是预算资金的支出，是一定要讲绩效的，而这个绩效并不仅仅是这个资金量本身所能体现的，它是经过可行性缺口补贴加入到规模会大得多的社会资本、民间资本的运营中，共同构成公共工程、基础设施、产业新城建设运营乃至国土连片开发等这些项目上的绩效。显然，这也是我们要在投融资机制创新领域里特别注意的重要问题。

三、关于税收制度改革

关于我国的税收制度改革，必须克服习近平总书记所说“利益固化藩篱”形成的阻力，按照建设现代社会税收制度的客观需要，沿“税收法定、立法先行”路径继续深化。目前对于中央所要求的“逐步提高直接税比重”的制度建设，需要紧紧抓住六大税制改革任务里的房地产税和个人所得税的改革。房地产税法应尽快启动一审，在税法草案公之于世充分征收社会各界意见建议的基础上，以公开的听证会和内部专题研讨会等形式，集思广益，寻求最大公约数，处理好在我国绝对必要的免税部分的设计问题，并注重配套解决不动产开发、交易环节相关税费的清理、整合与减负问题。个人所得税方面，应积极准备作个人所得税法的新一轮修订，在中央已明确提出多年的“综合与分类相结合”的改革大方向上，迈出实质性步伐。在回应社会诉求提高个税“起征点”（生活费用扣除额）的同时，应把可能归并的各种收入与工薪收入归并，使之接受超额累进税率的调节，并实行家庭收入按年度申报后作出赡养负担、特定支出（如刚需住房按揭贷款月供中的利息支出）的专项扣除的办法。此外，要把已经列入改革方案、与地方税体系建设息息相关的资源税改革及时推进，积极考虑是否可以把消费税中的一部分收入推到销售环节征收，将这块税源交给地方，这样来配合构建地方税体系的改革任务，以利于较好解决营改增之后地方政府没有主力税源的现实问题。为了形成地方大宗稳定财力来源，目前的体制现状，是安排了两至三年为期的过渡方案，把营改增之后的增值税收入，由中央和地方“五五开”对半分，但是这一安排并不是长久之计。因为如果把这种增值税一半划给地方的安排形成地方政府的长期预期的话，就一定会出现地方政府在自己的辖区内努力多建企业的现象。因为这时候建成的企业无论盈利与否，只要一开工，马上就有地方的增值税收入，这将在很大程度上影响地方政府职能以公共服务为取向的转变，不利于使市场在资源配置中发挥决定性作用和更好发挥政府作用，不利于防抑地方政府的行为扭曲。因此，一定要抓紧健全地方税体系，通过相关的基础性制度建设，使分税制改革在省以下深化，现代财政制度得以从中央到地方贯通，并使地方政府职能切实地按照社会主义市场经济体制的客观要求，动态地得到健全与完善。

（本文系贾康先生 2018 年 6 月 14 日在第四届中国经社理事会第五次会议上的发言）

中国财税体制改革的经验和愿景展望

贾　康

【摘要】在深化改革中完善分税制财政体制改革的总体思路应是：合理划分中央、省、市县三级事权和支出责任，改进转移支付制度，按“一级政权，一级事权，一级财权，一级税基，一级预算，一级产权，一级举债权”的原则，配之以中央、省两级自上而下的转移支付与必要、合理的横向转移支付，建立内洽于市场经济体制的财权与事权相顺应、财力与支出责任相匹配的财税体制；深化预算管理制度改革；实行促进“调结构，转方式”的税制改革；强化绩效导向。

一、40 年财政改革的基本经验和评价

1978 年以来，中国实行改革开放，开始了由计划经济向社会主义市场经济转型的历程。1994 年分税制改革以提高“两个比重”为基础调整了中央与地方政府的财政关系，强调发挥中央与地方两个积极性，形成了现有财政制度的基本框架，成为中国市场经济体制改革的重要突破口，奠定了 20 多年来社会经济高速发展的基础；同步推进的税收制度改革则进一步规范了政府与市场的关系，释放了微观市场主体的活力，有效促进了市场经济体制运行，提高了政府调控经济的能力；1998 年开始的建立公共财政制度的探索，将重点放在支出制度的完善和支出结构的调整上，财政支出的重点从经济建设领域转向民生领域。1999 年启动的预算制度改革，通过引入部门预算、国库集中收付和政府采购等制度，初步构建了现代预算体系框架，预算的公开性、民主化程度显著提高。公共财政体制的建设与完善，较好地规范了中央与地方、国家与企业、政府与市场间的关系，为构建现代财政制度奠定了良好基础。

（一）1994 年分税制改革的意义和贡献

中国已经进入启动新一轮经济体制配套改革的关键时期，与此前若干轮改革类似，财税改革再次成为研讨和推进配套改革的切入点，其中又以如何认识和深化 1994 年以来的分税制改革为核心。

简单地讲，税收制度的主要作用是规范政府与企业之间的分配关系，而财政体制是用来规范不同级次政府间的分配关系。财政作为一国政权体系运转的物质基础，首要职责是配置公共资源，以满足政府履行社会管理权力和职能的需要。通俗地讲，财政制度就是要明确政府的“钱从哪里来”（税收与非税收入）、“钱用到哪里去”（支出、转移支付以及资金收支的标准）等一系列体制、制度、机制的规定。

邓小平同志 1992 年南方谈话后，中国确立了社会主义市场经济模式，这就要求从制度上加快多种经济形式和产权规范的法治化，转变政府对经济的调控方式，促进形成公平竞争的市场体系。“分税制”改革正是在这个大背景下引出的，从 1993 年开始筹备，1994 年 1 月 1 日正式推出。

学界多从“提高中央财政收入占财政收入比重”的实现程度对 1994 年分税制改革进行评判和肯定其取得的巨大成功。虽然中央财政收入比重过低是推行分税制改革的直接因素之一，但 1994 年分税制改革的里程碑意义和历史性贡献更加深远，必须站在经济体制的转轨、改革的高度，对分税制改革的贡献和意义进行评价。首先，分税制改革改变了以往按照企业行政隶属关系组织财政收入的体制模式，标志着中国财政体制从统收统支的“行政性分权”时代，走向与市场经济相适应的“经济性分权”时代。在“缴给谁”和“缴多少”的制度设上，形成了所有企业不论大小、不讲经济性质、不分行政级别，在税法面前一视同仁、一律平等的公平竞争环境，有力地稳定了微观企业的经营预期，激发了其内在活力；其次，各级政府之间财政关系更加规范顺畅，解决了行政性分权时期的扯皮因素和“体制周期”问题，打破了“一放就乱，一乱就收，一收就死”的循环，财政体制安排更为规范、稳定，为各级政府对市场主体实行宏观“间接调控”创造了机制条件。

分税制改革使政府与企业、中央与地方、公权与公民分配关系更加统一、规范、公正公平，向法治化方向迈进了一大步，从制度上抑制了地方政府与中央政府的讨价还价和相互攀比，不仅为企业创造了良好的市场竞争环境，也为地方政府创造了凝心聚力搞发展的制度氛围。

受多方面条件制约，“94 改革”仅是分税分级体制改革的初始框架，带有较浓重的过渡色彩。比如，中央与地方政府之间的分税制改革较为彻底，但直至今天，中国省以下的地方财政体制，仍未实现真正的分税制，实际上还是五花八门、复杂易变、讨价还价色彩较浓厚的分成制和包干制。正是由于省以下财政体制改革的不彻底，使基层财政困难问题、地方隐性负债问题和“土地财政”等问题多年来一直存在，为人们所诟病。

总之，中国财政体制“94 改革”由“行政性分权”转为“经济性分权”而具有支撑市场经济改革的全面意义和“里程碑”性质，值得如实、充分肯定，为坚持其基本制度成果，必须正视其“未完成”状态而努力深化改革。

（二）分税制财政体制是市场经济模式的必然要求

从各国实践来看，采取分税分级财政体制，是市场经济国家发展中的体制共性。中国的财政体制改革实践和具体成效也印证了这一判断。当前，中国经济已经迈入新常态，要继续完善财政体制，就必须对分税制改革与社会主义市场经济的逻辑作更加深入的把握。

市场经济与计划经济的本质区别是资源配置方式的差异。在计划经济条件下，政府承担了几乎所有社会资源的配置职能，这就决定了政府不仅要通过财政收支保障公共产品的供给，还要通过政府管制方式直接介入非公共产品领域与微观经济活动。计划经济模式必然带来财权、事权高度集中和企业活力不足问题。1980 年之后，虽然在改革开放的背景下，旧体制有了一定的松动，分权有了形象化的称呼——“分灶吃饭”，即以多种“地方包干”配合全局渐进改革和向企业的“放权让利”，调控格局由“条条为主”变为“块块为主”，但是政府按行政隶属关系组织财政收入和控制企业这一旧体制却并未被触及和改造，很快又形成了“减税让利”已山穷水尽而企业却总活不起来、地方又演化为“诸侯经济”的局面，直接造成了中央政府财力薄弱，严重影响了调控职能的正常履行，最终决定了需要在全国推行经济性分权的分税制改革。

1994 年分税制改革的大前提是邓小平视察南方后中国确立了社会主义市场经济目标模式。在市场经济模式下，提供公共产品和服务、维护社会公平正义、弥补市场失灵和不足是政府的主要职能，因而政府的事权、财权必须相应地转向公共领域，由原来的“生产建设财政”转向“公共财政”。首先，在制度安排上，打破按行政隶属关系组织财政收入的规则，让企业能够跨隶属关系、跨行政区域经营，充分释放潜力、活力，实现公平竞争；其次，不同级次政府之间按照规范与效率原则，进行事权与财权的合理划分，同时通过转移支付制度实现财力均衡。总体来看，分税制是“经济性分权”概念下的财政分权框架，也是形态上类似于“财政联邦主义”国际经验的分税分级财政体制安排。

分税制的全称为分税分级财政体制。从体制的内容来看，首先要合理划分各级政府间的事权（支出责任）与财权（广义税基配置）；其次，要建立起以税种划分为基础的财政收支预算；建立分级的产权和债权管理制度，形成科学有效的转移支付体系。分税制既适应了市场经济条件下政府维护市场秩序、提供公共产品职能定位的内在要求，也满足了不同级次政府之间规范、稳定地开展分工合作以提升公共资源配置效率的需要。

因此，分税制财政体制是市场经济体制的必然要求。当前，在中国不断深化社会主义市场经济体制改革的征程上，必须坚持分税制财政体制改革方向。

（三）完整、准确地理解分税制所应澄清的几个重要认识

分税制财政体制是一个与市场经济和现代社会形态系统化联结的制度框架，必须从政府与市场关系出发，才能完整、准确地理解它。

1. *分税制的逻辑起点，是市场经济模式下政府职能定位和收支权。*在市场经济条件下，政府的主要职能是在市场失灵领域发挥作用，提供公共产品和服务，以及维护社会公平正义，政府事权范围，主要取决于公共产品的边界。社会必须通过立法的方式，授权赋予政府配置（获取和支配）资源的权力，以履行政府公共职责，包括在配置经济资源中获取资金的权力和支配资金的权力。其中收入权包括征税（费）权和举债权。相应地，政府收入类型分为税、费和债。分税制体制的整体设计，要求以政府在现代社会“应该做什么、不应该做什么”和政府对市场主体及纳税人的调节方式为出发点，即以尊重市场、服务和引导市场经济的政府职能定位及其适当履职方式为逻辑起点，把财政事权（支出责任）的分级合理化与复合税制的分级配置税基合理化这两方面，在分级收支权的制度安排体系中整体协调起来。

2. *政府事权范围是决定政府收入规模（广义宏观税负）的前提。*政府获得收入权为筹集财政收入提供了可能，而实际需要筹集的收入规模（通常以政府可用财力在 GDP 中的占比即广义“宏观税负”为指标）则主要取决于政府的事权范围，受不同发展阶段和各类因素综合影响制约。工业革命之后各国历史数据表明，政府支出占比的长期表现均呈上升趋势，其原因在于，随着社会发展，经济社会公共事务的复杂程度逐步提高，大众对公共服务质量的需求将逐步升级，与

此相对应，政府的事权范围也会逐步扩大，这便是著名的“瓦格纳定律”。

中国政府事权范围和职能范围边界，在传统体制下总体而言明显超出成熟市场经济国家（这里未论“城乡分治”格局下的某些乡村公共服务状况），改革开放以来有所趋同，但仍差异可观，除有政府职能转变不到位而导致的政府越位、缺位和资金效率较低等因素外，还包括：转轨过程中的特定改革成本；为落实赶超战略实现民族伟大复兴而承担的特定经济发展职责；中国力求加速走完成熟市场经济国家上百年的工业化、城市化进程，导致在其他国家顺次提供的公共品缺失等因素，在中国改革开放过程中较密集地交织重叠。

3. 事权划分是深化分税制改革的基础环节。分税制财政体制主要包括事权划分、收入划分、支出及转移支付。其中，事权划分是首要的、基础的环节，是财权和财力配置与转移支付制度设计的前提，它主要反映了政府职能的定位。只有各级政府间事权划分合理，支出责任才可能合理化，才能进而讨论“财权与事权相顺应、财力与事权相匹配”的方案。

一般而言，属于全国性的公共产品，主要由中央政府负责提供，而地区性的公共产品，则应由地方政府负责提供。由于地方政府更加了解本地居民需要，在中央政府和地方政府均能提供某种公共服务的情况下，基于效率的考虑，也应更倾向于由地方政府提供。

4. 广义税基收入划分主要取决于税种的属性与特点，且要求地区间税基配置框架大致规范一律，但中国各地实际税收丰度高低不一，财政收入的地区间“横向不均衡”尤为突出。按税种划分收入是分税制财政体制的基本特征。从实行分税制国家的实践来看，中央、地方间的税种划分基本原则主要包括：与国家主权和全局性宏观调控功能关系密切、与税基覆盖统一市场而流动性大的税种，应划归中央；与区域特征关系密切、税基无流动性或流动性弱，以及税基较为地域化、不会引起地区间过度税收竞争和需要“因地制宜”的税种，应划归地方。虽然全国各地区在税种划分、分享方式和分享比例方面基本保持一致，但受地区经济发展水平差异及其他相关因素的影响，各地区实际的税收收入水平会有巨大差异，产生区域间财政收入丰度显著的“横向不均衡”。由于中国区域差异悬殊，这种情况尤为显著，相较一般经济体更加不均衡，转移支付制度需求更加强烈。

5. 由于政府收入与支出分别遵循不同的原则，而各地区的税收丰度和供给品成本又存在较大差异，中央本级、地方本级难以做到各自收支平衡，客观上需要通过建立自上而下的转移支付制度，以调节地区间的横向不均衡。从中央与地方层面看，必然出现中央本级收大于支、地方本级收小于支的“纵向不均衡”的客观、常态格局，“中央拿大头支小头、地方拿小头支大头”的财力“纵向不均衡”不但不足为奇，而且正是各国分税分级体制运行的共性特征，相应地转移支付也主要表现为“自上而下”的财力转移即“资金向下流动”格局。“94 改革”已使中国政府财力分配的这一格局初具模样（如下图所示）。

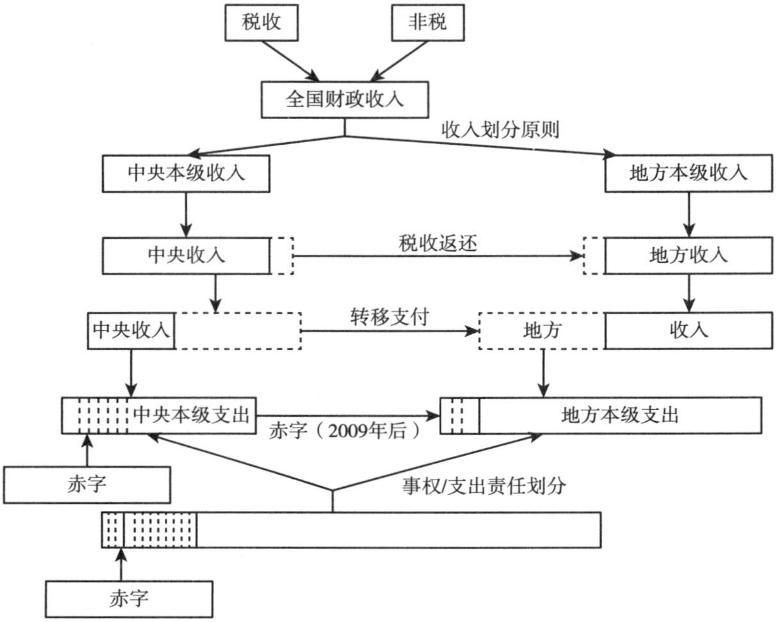

中国现阶段中央收入占比约为 50%，相较其他国家，以及中国当前中央政府承担的宏观调控职责，中央收入占比并不高，问题主要出在支出侧，即中央支出占比过低（仅约为 15%），而地方支出占比过高。2009 年经合组织（OECD）成员国中央支出非加权平均值为 46%，其中与中国可比的大国如美国是 54%、英国是 72%，日本是 40%。而中央与地方支出失衡背后的原因恰恰是政府间事权划分不合理导致的支出责任错配，政府间事权划分办法不规范、不统一；同时新增事权多采取“一事一议”办法，没有统一、科学、标准化的原则和方案可供遵循，一些应由中央应承担的事权，如国防中的一些事务交由地方承担，经济案件的司法审判权，则几乎全部交给了地方。当务之急是调整事权和支出责任，提升中央在支出总盘子中的占比。

运用转移支付制度手段，对各级政府的财政资金进行适当调节，不仅符合“实现共同富裕”的社会主义本质，也是法治社会下“人权平等”及“基本公共服务均等化”的要求。中国改革开放后经过四十余年的发展，伴随着“让一部分人和一部分地区先富起来”的不均衡发展战略，以及各地区自然禀赋的巨大差异，地区间经济发展水平已经出现了明显差距，“实现共同富裕”任重道远，新时期中央政府不可回避的一项重要责任，就是以合理方式“抽肥补瘦”，抑制地区间差距扩大。

6. 财权与事权相顺应和财力与支出责任相匹配都十分重要、不可偏废，但二者为递进关系而非平行关系。1994 年分税制改革启动之时，提出了“根据事权与财权相结合的原则……并建立中央税收和地方税收体系……”“并充实地方税税种，增加地方税收入”，但随着改革的逐步推进，对事权与财权相结合产生了质疑，近些年的文件中，只是强调了“财力与事权相匹配”，财权的重要性被忽视。

追求各层级政府财力与事权和支出责任相匹配，是分税制体制必然要求，也是分税制建立和完善的动力源，但并不能为此放弃“事权与财权相顺应”。近些年的实践恰恰充分表明，我们急需明确地在“事权与财权相顺应”的基础之上，追求“财力与支出相匹配”的结果。也就是说，循着“一级政权，一级事权，一级财权，一级税基，一级预算，一级产权，一级举债权”的制度建设逻辑，再配上有效的转移支付制度，才能最终可持续地实现使中国哪怕是最欠发达地区的地方政府，也能够以其可用财力与“基本公共服务均等化”的职能相匹配。如何使财权（广义税基）与事权相顺应、相内洽、相结合，是最终使财力与事权相匹配跳不过去的前置环节。

强调事权与财权相顺应，就意味着我们必须更加重视地方税体系的建设，重视地方潜在税基的发掘，并重视地方阳光化举债制度的建设和国有资产管理体系的完善，而非仅仅盯在目前可见到的现有收入如何分享、如何调整分成比例的问题上。早在 20 世纪 80 年代第二步“利改税”时，我国便设计了城市维护建设税、房产税、土地使用税和车船使用税。当时设计这四个税种，重要目的之一“是为改革财政管理体制做准备”，希望通过建立地方税体系，使地方有比较稳定的财源，稳定中央与地方的分配关系但是分税制运行 20 多年以来，房地产、矿产（包括石油、天然气、煤炭等主要能源品和金属矿石、碳石等基础品）价格飙升，最适宜作为地方税的这两类税基迅速成长，但因地方税体系建设明显滞后，相关的理顺体制、深化改革的任务也步履维艰，这不能不说与忽视和淡化“事权与财权相顺应（相结合）”的认识和指导原则有关。

重视“事权与财权相顺应”，也必然相应要求提高对税权下放的关注度。税权下放不仅包括税种选择权、税率调整权，也包括最终在一定条件下的因地制宜设税权。地区间有特色、互补式发展的态势早已显现端倪，近年国家也有意引导各地区按照“功能区”模式发展，这意味着各地的“特色税基”将会由潜在状态而浮出水面，“靠山吃山、靠水吃水”，在体制规范化条件下，地方政府应可以考虑适当地、依法地、按照科学合理的方式从“特色资源”中获取收入。由于“特色资源”不易流动，相应也不会产生税源竞争。同时特色资源的开发维护需要特殊成本支出，这种收入恰恰可以弥补这部分支出，也符合税收的“受益”特点。可以设想，在消费税中讨论增设特色消费税税目，各地区可以因地制宜地按照本地区特色资源设定具体税目和税率。比如一些中西部欠发达地区，其自然资源或“红色文化”积淀比较有特色，便可以考虑对来此的旅游者开征特色消费税（可比照借鉴美国旅游胜地凡在当地住宿旅客均要缴纳宾馆床位税的这类办法）；再比如，针对东部大城市的拥堵问题，可以考虑开征“拥堵税（费）”（比照借鉴伦敦等地经验），等等。

如果重视“事权与财权相顺应”，我们就势必需要首先重新审视目前税种划分是否合理，并创造条件改革税制，积极考虑“营改增”倒逼之后的资源税、房产税、消费税、环境税等的改革，在配套改革中积极地为丰富地方税基打基础，而不是一上来先大谈中央、地方财力占比高与低的问题。即使在现行一些较小税种划分的技术层面，其实也有依此思路的改进空间，如目前的车辆购置税：一般而言车辆购买地、上牌地和消费地大体一致，因此较适宜作为地方税，而目前车辆购置税为中央税；还有烟草消费税，目前已具备条件将征收环节从生产环节和批发环节后移至销售环节，将其作为省（市）级收入。也可积极研讨将汽车消费税征收环节从生产环节后移至零售环节，将其作为地方税收入等问题。

所以，事权与财权相顺应和财力与支出责任相匹配两者都十分重要，不可偏废，但逻辑顺序上二者是一种递进关系，切不可错认为是平行关系，甚至认为后者对前者是替代关系或涵盖关系，这将引出把分税制深化改革、完善制度的任务，简单化为“分钱”和“占比”调整问题，以及滑向“一地一律”式因地制宜主张的严重误区，从而耽误改革事业。

依上所述，也可以得出一个至关重要的认识：近年人们热衷的反复讨论、争议不休的“中央、地方财力（收入）占比”高与低的问题，其实并没有触及中国现阶段深化分税制改革的关键。较适当的中央地方财力分配格局，在“占比”上的量化指标，应是在正确处理经济性分权各项前置环节制度安排问题之后，加上全套转移支付的优化设计而自然生成的，不是根据主观偏好可以设计出来，或简单依从“国际经验”比照出来，或在“争论”中“少数服从多数”选择出来的。我们既不应、也不必把“中央地方收支应占百分之多少”的问题作为讨论的重点，更不能把这一点作为讨论的大前提。

二、在全面改革中深化财税改革的基本思路与要领

（一）总体思路

分税制财政体制改革的总体思路是：在合理定位政府职能、实现其转变的前提下，配合政府层级的扁平化和“大部制”取向下的整合与精简化，建立“扁平化”的财政层级框架，合理划分中央、省、市县三级事权和支出责任，改进转移支付制度，按“一级政权，一级事权，一级财权，一级税基，一级预算，一级产权，一级举债权”的原则，配之以中央、省两级自上而下的转移支付与必要合理的横向转移支付，建立内洽于市场经济体制的财权与事权相顺应、财力与支出责任相匹配的财税体制；深化预算管理制度改革；实行促进“调结构，转方式”的税制改革；同时强化绩效导向。

（二）改革重点

1. *以政府扁平化改革为框架*。积极稳妥地推进省以下分税制改革，主要通过省直管县、乡财县管和乡镇综合配套改革等措施，将原有的五个政府层级逐步扁平化为中央、省、市县三个层级（不同地区可有先有后），以此作为从“山重水复”到“柳暗花明”的一个基础体制框架。这项改革的主要意义在于推动1994年以后始终不能贯彻落实的省以下分税制改革继续向纵深发展。原来省以下并非实现真正的分税，而是变成了五花八门、复杂易变、讨价还价、弊病明显的分成制和包干制，其原因就是省以下政府层级过多，无税可分。多年来，中国约20种税怎么都分不好，一旦分税制可以在省以下贯彻，其他的配套改革都可以有实质性的推进。

总的来看，“省直管县”改革可分三个阶段实施：第一阶段主要是省对直管县的财政进行直接管理，并相应下放部分经济管理权，但是仍然保持市级政府对县的行政领导地位，目前各省的改革试点大都处于这个阶段；第二个阶段是市与县分治，统一受省级政府直接管理，对市和县的功能进行重新定位，与市毗连的县可改为市辖区；第三个阶段是市级政府机构改革，可以合理扩大市辖区范，相

应调整机构和人员，总体方向是撤销地级市（级别可保留，人员逐渐调整），全面实行市县分置，省直管县。在省直管县改革过程中，还可大力推进乡镇财政体制改革，对经济欠发达、财政收入规模小的乡镇，试行由县财政统一管理其财政收支的办法，对一般乡镇实行“乡财县管”方式，在保持乡镇资金所有权和使用权、财务审批权不变的前提下，采取“预算共编、账户统设、集中收付、采购统办、票据统管”的管理模式。

2. *以合理调整事权为匹配逻辑*。按照国家总体改革的基本方向和思路，调整、理顺中央与地方事权划分的具体安排，主要包括中央事权、地方事权、中央与地方共担事权、中央委托事权、中央引导与鼓励事权等方面；在此基础上，按照政府事务的逻辑体系和办理规则，对政府间支出责任进行清晰、合理的划分；尽快启动中央、省、市县三级事权与支出责任明细单的编制工作，可由粗到细逐步深化，并通过动态优化和加强绩效考评，强化激励与约束。建议尽快将基础养老金、司法体系、食品药品安全、边防、海域、跨地区流域管理等划为中央事权。地方政府应退出一般竞争项目投资领域，同时规范省以下政府的事权划分边界。

3. *以税制改革为配合，完善政府间收入划分改革*。深化税制改革，逐步实现以税种配置为主体的分级收入划分制度。加快推进房地产税立法；开征独立的环境保护税；大力推进资源税改革，加大“从价征收”机制覆盖范围；扩大消费税征收范围、调整部分税目的消费税征收环节，将部分消费税税目收入划归地方；将车辆购置税划归地方收入，巩固“营改增”成果将增值税中央增收部分作为中央增加对地方一般性转移支付的来源。

4. *以规范的转移支付制度体现事权优先原则*。完善优化转移支付的均等化公式，对服务成本、功能区定位、人口、地理等支付因子构成和权重等进行适时重检和调整，保障欠发达地方政府公共事务开支需要；逐步减少专项转移支付所占比重，归并、整合专项转移支付中的相似或可归并项目；尽量取消转移支付中“地方配套资金”要求，将中央的年度转移支付计划下达时间提前，以便地方政府编制本地区计划预算。此外，还应积极探索优化“对口支援”和“生态补偿”等地区间横向转移支付制度。

5. *以建立现代公共预算管理制度为基础性支撑*。按照建立现代财政制度的要求，从中央级开始，试编3~5年全口径中期滚动预算；深化单一账户国库集中收付制改革，实现“横向到边、纵向到底”；以“金财工程”“金税工程”为依托，充分发挥现代化管理信息系统的数据分析处理作用，为优化预算编制方案，提高社会公共资源配置的效率提供决策支撑；贯彻新《预算法》关于地方债管理的相关规定，加快推动地方阳光融资的公债、市政债制度建设，稳妥地置换和替代规范性、透明度不足且风险防范难度大、成本高的各类地方债务；结合国有资本经营预算制度建设，积极推进地方的国有资产管理体系建设。

按照“渐进改革”模式和“建设法治国家”“强化公众知情权和参与权”的要求，切实增强服务改革大局的意识，积极、稳妥、理性地推进财税法制建设，处理好“在创新、发展中规范”与“在规范中创新、发展”的关系，既要强化优化顶层规划，又要继续鼓励先行先试，及时把成熟、稳定的规则以立法形式同定下来，不断提高财税管理的科学化、法制化水平。

6. *以举债权和产权管理为组成要素*。地方适度举债权，是市场经济条件下分税分级财政体制的必要组成部分，也是各级政府应有的财权之一。大多数市场经济国家都有较为成熟和完善的地方政府债券市场，这是地方政府融资的重要途径和资本市场的有机组成部分，在国家的经济社会发展中发挥着十分重要的作用。新《预算法》赋予地方政府适度举债权，允许地方政府在有透明度和受监督的条件下，通过规范的法定程序，以适当规模的举债，筹集必要的建设资金。这可以使地方政府更好地应对市政建设等方面的高额支出，把支出高峰平滑化分摊到较长时段中，并借力社会资金和市场机制的发挥提供准公共产品的职能，有效弥补地方政府收入的不足。

产权管理是中央和地方政府之间事权划分的重要内容。混合所有制是“现代国家治理”的市场体系产权制度基石，为国有经济部门改革和国有资产管理体系创新打开了空间。基于“现代国家治理—现代市场体系—现代企业制度—混合所有制”的基本逻辑，十八届二中全会关于“混合所有制”改革的内涵是指，在现代国家治理法治背景下，使任何一个市场主体内部的产权可以按照股份制框架下的混合所有制来处理，实现最大包容性和共赢、多赢，实质性地推进改革。

参考文献：

[1] 贾康、梁季：“配套改革取向下的全面审视：再议分税制”，《中共中央党校学报》，2013 年第 10 期。

[2] 贾康、梁季：“深化财政分税制改革的思路和重点”，《中国财政》，2013 年第 12 期。

[3] 贾康：“分税制任务远未完成：国家治理现代化需现代财税体制配套”，

《第一财经日报》，2018 年 8 月 13 日。

［4］贾康："财税改革的关键是事权范围确定"《中国经营报》，2013 年 11 月 18 日。

［5］贾康、梁季："深化财政分税制改革的思路和重点"，《中国财政》，2013 年第 12 期。

［6］贾康：梁季："'十三五'财税改革"，《中国经济报告》，2015 年第 7 期。

［7］楼继伟："中国需要继续深化改革的六项制度"，《比较》，2011 年总第 57 期。

［8］王丙乾：《中国财政 60 年回顾与思考》，中国财政经济出版社 2009 年版。

（本文被收入《发展和改革蓝皮书：中国经济发展和体制改革报告 No. 8》一书，该书由社会科学文献出版社于 2019 年 2 月出版）

70年中国财政学科发展：回顾与展望

贾 康

学科建设发展，是一国社会发展的重要组成部分。在庆祝中华人民共和国成立70周年之际，我试对新中国财政学科建设作简要的回顾、点评与展望。

一、回顾：中国财政学科建设发展的基本轨迹与建树

财政学可认为是随经济学而产生，又在相对独立地成为经济学分支后发展为具有多学科（经济学、政治学、社会学……）综合特征的一个专门学科。新中国成立后，财政学理论研究和以“理论联系实际”为取向的政策、管理层面的研讨工作，取得了值得肯定的成果。从财政学基础理论层面为主来看，对中国学者的努力与主要成果表现，可以大略分为三个阶段来概括总结：

1. 从新中国成立之初到20世纪60年代。新中国成立初期一批各高等院校的财政学者，以致力于财政学科研究来拥抱国家“站起来”的新时代，加之以毛泽东为代表的国家领导人对财政研究的高度重视之下，财政部财政科学研究所等研究机构举办，机构型研究群体兴起。一度形成“主流学派”的“国家分配论”，酝酿发展于50年代，在1964年于大连举办的第一次全国财政理论讨论会上确立了其地位。与“国家分配论”争鸣的还有多个流派，一起形成了中国学者在财政基础理论研究中“财政本质”命题上“百花齐放”的局面。与财政相关的社会主义建设发展规律与实践经验总结、政策优化等方面的探讨，也有初步展开。

2. 经历“文化大革命”的十年浩劫后，在改革开放新时期，从20世纪70年代末至“千年之交”。在这一阶段，中国教育、科研事业蓬勃发展，财政学科“理论联系实际”开展多方参加、多种形式研讨活动的活跃局面产生了一系列认

识进步。相关部门、院校、机构、社会团体的广泛交流，对国外财政经济理论与政策研究成果和实践经验的学习借鉴，面对中国现实生活中改革、发展、稳定的迫切需要形成了老中青三代研究者的共同努力，交织为中国财政学科建设新一轮蓬勃发展而奋斗的图景。基础理论层面继续有不同流派的争鸣。在“国家分配论”“共同需要论”“剩余价值分配论”和“再生产前提论”等各有认识贡献的基础上，我提出的“社会集中分配论”，力求把国家产生之前、之后与未来前景，在理论框架中打通而在财政基础理论认识上集大成。另外，我与合作者在“权益—伦理型公共产品”“财政三元悖论”等方面，提出了原创性的学理认识。实际生活中于20世纪90年代后期，决策层明确了向公共财政框架转型的大方向后，又有关于“公共财政”“双元财政”“民生财政”等财政运行机制及制度转轨层面重大问题的热议。1994年里程碑式的“分税制改革”，由“行政性分权”转入“经济性分权”，关于以中国财政制度变革服务于全局现代化经济社会转轨的广泛研讨，以及关于财政管理与调控服务于社会主义市场经济的诸多话题的持续研讨，都对于改革开放、创新发展中的科学决策、政策优化，形成了智力支持，也极大地促进和充实了中国财政学科建设及相关人才队伍建设。

3. *千年之交之后*。这一阶段，中国财政基础理论层面的研讨曾一度降温，经济社会“黄金发展期”带来的令人应接不暇的发展机遇以及随之而来的“矛盾凸显期”形成的一系列挑战性现实问题，使财政研究人员的注意力更多地投入新视角、新结合点的研究，更多地关注和接受多方面现实课题型研究任务。但自党的十八届三中全会明确表述“财政是国家治理的基础和重要支柱”，提出要构建“现代财政制度”之后，结合“现代国家治理”中心命题的财政基础理论研究，又趋于活跃，继“财政全域国家治理”认识框架和“财政处理公共风险”认识框架之后，还有多种新的核心概念于近年不断提出，预告着中国财政基础理论和学科建设领域，有望迎来新一轮“百家争鸣”活跃局面。

如作简要小结，可知中华人民共和国成立70年来，中国财政学者的研究努力，对于中国现代化之路上历经“站起来”“富起来”时代而迈入“强起来”新时代的进步过程，提供了学理领域特定方面的智力支持，并形成了中国本土财政学研究者对于人类思想库中“财政学科”的特定贡献。特别是在“财政本质”命题下的财政学基础理论层面，中国学者群体的思想贡献成果独树一帜，是值得大书一笔的财政学科理论结晶，实际上已是具有世界级专业成果分量的学术建树。

二、中国财政学科发展建设中的主要问题

在肯定成绩的同时，还应指出中国财政学科建设所存在的问题。有必要放在人类社会学术界的全景视界内，对标学科的严谨性、建设性要求，来形成相关认识。我认为，可着重指出如下诸点：

1. 在70年间，中国财政学者关于财政本质等财政基础理论的深入思考与几轮热烈研讨，很遗憾地未能对接国际学术交流活动，以中文写作而成的相关文献，也还鲜有外文译本，未能展开相关专题的国际研讨会议、论坛等活动。

2. 中国财政研究领域在“千年之交”后的总体氛围，受到了社会上“市场拜金潮”“物欲浮躁症”的一定影响，不少年富力强的学者的注意力，更多转向非基础理论层面、亦非调研型学术工作中，有急功近利“书斋式”推演完成财政研究成果的倾向，使财政理论研究在基础理论领域一度萧条、降温，同时扎实而深入持续的调研工作成果，也堪称罕见。财政学界似有新生代“学术带头人”培养不力之忧。

3. 近年中国财政基础理论研讨中新起的一些“标新立异”之作，往往伴随浮躁特征，甚至不做以往理论前沿成果的梳理，对前人或同时代人已提出的流派观点视而不见，却急于“为新而新”“自立门派”。当下学术文献搜索、收集的便利程度，与十几年、几十年前，完全不可同日而语了，但常见某一位提出新论者，似乎愿意跳过对以往前沿成果的搜集与梳理，直接进入“自拉自唱”，违背了学术严谨性的基本要领，无法形成中肯、深入的理论切磋，自难提供站得住、有分量的创新成果（研究者完全可以不同意已有的流派观点，但相关的梳理、点评乃至批判，却是自主新说的必要铺垫，也是从事学术研究的方法论常识）。

4. 由于多种主客观原因，中国不少财政理论研究工作者的“过多思想束缚”仍然明显存在，“不唯上，不唯书，只唯实”的学者风范，于近些年未见充分弘扬反显其往往消退，某些“精致利己主义者”式的考量和繁文缛节式的顾虑与学界、出版界的条条框框，产生了对学科建设健康发展的不良作用。

三、中国财政学科发展的展望

中国的现代化，是认清人类文明发展主潮流而基于中国国情等约束条件“守正出奇”大踏步跟上时代的创新发展过程；中国财政理论研究在学科建设意义上

的进步与发展，必须服务于、融汇于中国现代化的整体推进。就财政学科发展而言，在此可作如下几点展望与希冀：

1. 要与吸收人类文明一切积极成果的中国特色社会科学、中国特色社会主义政治经济学等的发展相呼应、相融合，使财政理论研究密切联系实践，积极回应实际生活的诉求，鼓励、调动研究者成员队伍的内在学术兴趣与创新积极性，以博大胸怀“站在前人的肩膀上”，于基础理论层面和政策学说层面继续作出持之以恒的研究努力。并应积极开展“全球化”背景下的中外学术交流，弥补既往国际交流的短板，使“中国的也是世界的，世界的促进中国的”这种学术互动，为人类社会财政学与社会科学的理论大厦添砖加瓦，既助益于中国的现代化，也助益于全球打造“人类命运共同体”。

2. 在中国改革的深水区如何完成经济社会的制度建设转轨，国人实际上面临着历史性的考验：中国的财政学发展，需要与主流经济学理论、政治学理论等的发展一道，更多地与制度经济学、转轨经济学、发展经济学以及中国本土已具雏型的新供给经济学、新结构经济学等的发展形成良性互动，以基础理论的深化研究和高水平的严谨性、创新性成果，体现财政学研究者的社会关切与社会责任，以智力成果支持社会变革、政府决策、政策设计、管理绩效等的动态优化。

3. 中国财政学科发展应具备和终将具备的包容性与开阔特点，还应体现在对于财政学已有的综合性、跨界跨学科特征，在未来进一步向两个方面拓展：对内，应更好地把中国财政史、财政思想史、中国古代文明成果中理财、公共事务方面的所有积极思想遗产都熔于一炉；对外，应合理地对国外更多在先取得长足进展的公共伦理学说、社会组织及公共部门学说、行为科学、心理科学等的思想与学理成果借鉴吸纳，并充分加以融会贯通。中国财政学科的包容性、创新性发展，当然将立足于全球化背景下“首先把中国自己的事情做好”的功能定位，但只要是严谨而科学地推进了这种“立足本土、胸怀世界”的学科建设，就必然会产生“东海西海心理攸同，南学北学道术未裂”的世界性意义与贡献。

4. 中国财政学科健康发展的愿景之实现，离不开老中青研究人员的共同努力和对新生代学术人才成长的有效激励与合理培育。需要在中国社会难以避免的矛盾凸显、国际国内难以预料的风云变幻中，力求遵循科研规律而构造有利于学术发展进步的制度条件与社会环境。基于中国教育、科研体制攻坚克难的改革，才有望有效破解人才培育的“钱学森之问”。应力戒学术浮躁，克服社会上拜金氛围和追名逐利短期行为的不良影响，引导和鼓励进一步“思想解放、严谨慎思、刻苦深思、深入实际”导向下的“百花齐放，百家争鸣”，以期不断形成无愧于时代、无愧于财政学人社会责任、历史使命的高水平学科建设成果。以基层调研、社会调查和政策研讨的基本功、“真本事”形成对接“可操作”的认识建议，与以基础理论层面“十年磨一剑”式的坐冷板凳下苦功夫而终有所成，这两大方面虽不一定能集于某个研究者或研究团队之一身，但对于中国财政学科建设，总体而言都是不可或缺的，也是应当由中国有志气有抱负的财政学人群体相互促进、相得益彰、共同努力来实现的。

（本文系贾康先生应党建网微平台《思想中国》栏目之邀为纪念中华人民共和国成立70周年而撰写，网上发表后，英文版发表于2019年12月的International Journal of Economics and Management Studies）

国有经济、国有资产及相关问题的认识与改革探讨

贾 康

【摘要】我国国有经济改革历经多个阶段，但仍存在一些问题。目前对“国进民退”与“国退民进”讨论激烈，但简单贴标签的思路不可取，应将“股份制”作为企业做大做强的重要线索，混合经济是企业产权结构和企业治理结构最具代表性的形式。中国改革应注重三大突出问题：正视民企发展中存在“不规范”的“原罪”问题；警惕以“股份制改造”为名对国有资产的巧取豪夺；关注大型国企的既得利益、“自我满足”惰性和“不透明”“不规范”“不讲理”等问题。在企业经营性国有资产方面，应落实分层界定中央的资产、省的资产、市县的资产，中央、地方分级行使出资人职责，三个层级上都相应地设立专门管理机构。

一、国有经济发展、国有企业改革基调

经过四十年改革开放，中国的发展取得一系列令世人瞩目的成就，被称为世界上最大发展中经济体。但是在出现连续30年的时间段里年均高达9.8% GDP增长率的“中国奇迹”之后，我们显然又面临着非常严峻的挑战。这个挑战直接与我们的“黄金发展期”所伴随的“矛盾凸显期”相联系。

当前的突出矛盾有两大方面：“物”的角度是资源环境制约。我国最主要的基础能源品之一——原油，现在差不多60%要依靠进口。我们自己本土提供的能源主要是煤，而煤从开发、使用到煤矿完成生产全周期以后直至资源枯竭将带来的一系列社会问题，例如：相关人员生产生活出路的问题、环境修复和种种外部性问题，现在看起来都是相当棘手，已经累积形成资源环境制约的重大因素。这种资源

和环境的制约，已经使一些过去看来引起某一地方辖区内政府和当地民众一起欢呼雀跃的项目，现在变成了政府仍然有积极性而民众高度不认可之事，甚至成为2012年先后三处地方（什邡、启东、宁波）群体性事件的直接肇因。另一方面是人际关系制约，涉及收入分配、财产配置以及政府与社会成员、公共权力机构与公民、作为管理主体的调控当局与纳税人之间的关系处理上的矛盾，这些也在凸显。

在当代整体国际竞争环境之下，要想中国政府比较从容、一般化地提供基本公共服务，然后整个市场力量就能够在竞争中间如愿地形成中国人所追求的后来居上的赶超，可能性不大。因为现在想走让市场机制通过平均利润率调节机制优化结构、使经济成长起来成熟起来然后就实现现代化这条路，国际竞争环境实际上已经不允许了。走在前面的经济体说起来都是非常公正的，有一大套规则，如现在 WTO 规则是最典型的经济方面的国际规则，但对后发展的国家有不公平之处。比如，我们现在最有相对优势的竞争要素是廉价劳动力优势。但 WTO 在劳务输出方面已经有种种限制。在限制劳务、人力要素不准自由流动的同时，WTO 规则对资本自由流动这种强势的、先进国家手里面已经有相对优势的生产要素及其辐射效应，却在要求和鼓励自由流动里使之效用最大化。世界金融危机之后，在贸易竞争中又有一个很奇特的现象：这些天天要我们破除贸易保护主义壁垒的先进经济体的人士，却在很多具体场合主张贸易保护主义。面对这些现实，回到十八大报告更好地发挥政府作用的命题来说，对于处理好政府与市场关系这一核心要领的复杂性、挑战的艰巨性，要有充分的认识。我对国有资产管理体系、国有经济作用方面的很多认识，都可以和这些内容联系在一起。

党的十八大报告指出要“毫不动摇地巩固和发展公有制经济”“推行公有制多种实现形式，推动国有资本更多投向关系国家安全和国民经济命脉的重要行业和关键领域”“使股份制成为公有制的主要实现形式”“不断增强国有经济活力、控制力、影响力”，与此同时，“毫不动摇地鼓励、引导非公有制经济发展，保证各种经济依法平等使用生产要素、公平参与市场竞争、同等受到法律保护、健全现代市场体系”。

二、我国国有经济的战略性改组

（一）国有经济的改革历程

1983～1984 年的“利改税”成为国有企业改革的重头戏。两步“利改税”

解决了把国有企业推到和其他市场经济主体一样的纳税人的地位，希望通过“利改税”使国有企业和其他企业一样，在市场经济大盘里面通过公平竞争来发展。

两步“利改税”之后，决策层在1985～1986年认为需要进一步考虑怎么样让“活力”得到释放。总是感觉没有达到原来心目中所追求的像农村改革那样一下子局面打开、活力涌现的状态。在城市改革方面能不能也找到一个可以推进整个改革乘势向上、迅速见到经济效益的技术路线？从管理部门到研究机构，一起研究了一个“价、税、财”联动方案，但到东北做了国有大型企业的调研之后发现这个“价、税、财”研究是想依靠市场中的规范化机制，用经济手段调节，但是这种规范手段在当时的中国调节效果很差，“利改税”后出现了国有企业连续二十几个月的效益滑坡。1986年底，思路转道，从1987年开始，推行国有企业方面的承包。运行没两年，就意识到这个社会化大生产领域的承包和农民“农户式”小生产的承包，运行起来的逻辑大相径庭。在城市改革概念之下，在已经有规模效应的现代化大生产的企业里推行承包，很难避免短期行为，更关键的是，承包中的甲乙双方实际上不是平等的主体，必然带来政府管理主体对市场主体变相的过多干预、过多关照、“包而不干”“包盈不包亏”式非规范非平衡发展的紊乱状态。

种种弊病很快使我们在探索在国有企业改革的路径上把两步“利改税”以后一度认为可以不再提到的“利润”这一轨的机制，再重新加入回来，就是确立“税利分流”概念，使国有企业按照公平竞争的市场法人地位，既要依法上缴国家规定的各种税，包括所得税；同时又要明确国有资产实际使用者、运营者的特定地位，应该对资产运营中间所产生的资产收益承担上缴义务。这就有了“税利分流”改革试点，有关管理部门给予肯定，但是要让它成气候，必须纳入一个更全面的改革框架。这个改革框架到了1993年前后才趋于清晰化。在1994年改革之后，分税分级财政体制和多层次复合税制的配套改革，解决了在中国搞市场经济必须构建的间接调控体系基本框架问题。货币政策、财政政策两大经济手段在这个框架之下，开始有越来越充分地发挥作用的空间。政府对所有的企业不再按照行政隶属关系组织财政收入，而是不讲大小、不分行政级别、不论隶属关系，不看经济性质，税法面前一律平等，该缴国税的缴国税，该缴地方税的缴地方税，税后可分配的部分按照产权规范和政策环境由企业自主分配。可以说这时候才真正在从宏观体制到市场运行机制的联通上面，画出了所谓让各种企业公平竞争的“一条起跑线”。

1994年以后，企业方面包括国有企业的厂长、经理、管理者等行政级别，自然而然就跟着在淡化。甚至在国有企业的独资形式下，厂长、经理、高管都可以通过人才市场的竞争来遴选。这些人的官员身份不能说已消失了，但是已经明显得到了淡化。企业跨隶属关系、跨所有制、跨行政辖区的兼并重组，就是在1994年改革以后才可以较公正地、基本无壁垒地、无行政硬性阻碍地展开实际过程。正因为国家财政分配系统有了这样一个机制性改变，中国的分权改革终于从原来的行政性分权，进入一个新的经济性分权的境界。

在这个基础上，1994年终止所有承包的同时，作为渐进改革中的妥协，在“税利分流”框架下做了一个阶段性的特殊处理：理论上讲，税和利各行其道，但是在1994年以后的一段时间里面，暂不提国企利润上缴这件事情，这是当时对相关方面做了妥协以后形成的一个具体安排。当时国有企业普遍还比较困难，“利润上缴”不提，对应于资产收益的这一部分，可以全部留在企业用于扩大再生产，实际上也支持了企业改善职工的福利待遇。但是到了2000年后，“三年脱困”这个目标基本实现，国有企业在效益指标上有了新境界，方方面面开始注意到资产收益上缴的问题。

简言之，20世纪80年代经历了国有企业普遍的困难，后期开始组建国有资产管理机构，到了90年代不得不推出“抓大放小”，提出“三年脱困”和“战略性改组”，2000年进入新千年新阶段以后，国有企业在“瘦身”后财务指标方面普遍向好，自然而然地使社会注意力放到了资产收益上面。资产收益的上缴实际的突破是在“石油特别收益金”上，也有人称之为实际上是一种石油企业“暴利税”或资产收益特别上缴制度，到2008年，中央级开始正式编制国有资本经营预算，随着这一预算的编制，国有企业资产收益上缴比过去而言有了一个更清晰的章法。除了部分国企仍然是不上缴，其他国企有的按5%，有的是按10%缴纳，再往后又增加了15%这一档（烟草已升为20%）。

（二）国有经济领域的问题认知

在中央级层面上，归国资委管的开始有200多家、现在为100多家大型和特大型企业，已纳入了国有资本经营预算的管理框架，其内有相对清晰的资产收益上缴机制，是改革开放40多年以来一步一步摸索和发展到现在形成的基本格局。这种进步对于整个国民经济的贡献当然是十分重大的。但是在取得了一系列进展和进步之后、国有经济继续发挥非常重要的贡献的同时，在这个领域里也还存在着一些明显的问题。

一是过度垄断问题，存在明显的不同观点：国企有无不当的过度垄断？应当与不当的界限是什么？还都见仁见智。二是定位和规则问题。关于国有经济为什么存在的种种解释、理论争论背后，涉及相关规则的不同设计路线。应该是有激励就有约束，国有经济、国有企业的激励与约束、“权、责、利”机制应当有一套什么样的规则？这个问题也还存在明显的争论。三是国有资产管理体系的问题。我们经历了一系列探索，有很多进展，现在实体经济中至少在中央级已看得相对清晰，国资委这么多年管理摸索出一些相对成形的经验，地方在省和市县一级也有进展，但应该讲，国有资产管理体系今后到底应怎样健全并如何进一步优化，仍然存在很多不同意见。笔者不认同现在中国国有资产管理体系已经达到了一个基本成形、可以相对稳定状态的判断，显然还有一系列的改革和探索任务。四是公有经济的实现形式问题。这是一个理论色彩很浓厚、现实生活里影响巨大的问题，它直接关系到我们多少年延续下来、现在仍然没有办法下定论的“公有制是‘为主体’还是‘为主导’”，如何探索认识“混合经济”的概念、国有制和国有企业是否是共产党的“执政基础”等问题。国际上特别有影响的萨缪尔森经济教科书中，作者作为非常有影响的新古典综合派的代表人物，对合理的、主导的所有制的基本看法就是“混合经济”。笔者认为，“混合经济”概念对我们以后在中国务实地处理深化改革、践行市场经济制度建设来说，是一个很重要的概念。“为主体”或“为主导”都有阶段性和层次性。可能在从传统体制走向新的市场经济体制的过程中间，在一开始的阶段上无法一下走到“为主导”的表述，一定要强调“为主体”，这可以避免很多激烈的观念冲突，把一些该做的实事抓住往前推。但到了另一个阶段上，很多人就不满足于“为主体”了，认为这会机械地理解为50%以上的股权才是“主体”——在某些行业、某些领域、某些地方、某个阶段上如果低于这50%，是不是就是丧失了“为主体”？是不是就是一个重大的方向性错误？在这种争议中，不少人也倾向于“为主导”了。“主导”更强调的是辐射力、影响力、控制力。但是也有人不同意。在内部讨论里，现在仍然会有一些同志说：“如果一下退到‘为主导’，会不会是整个社会主义都成了问题?”这也是一个看问题一下子就会上纲上线的、在决策方面也会很有冲击力的考虑视角。有的同志把公有制等同于国有制，不认同或不明确股份制也是公有制的重要实现形式，那么观点上可能就更为对立了。笔者不赞成拘泥于“为主体”或“为主导”的这种争议，应淡化这种争论。

（三）重大配套改革的紧迫性：以“从煤到电”为例

中国现在总体资源配置如果从一般商品来看，价格形成机制已是相对充分市场化的，但中国的基础品领域，在所谓国民经济命脉层面上看，却严重抑制了市场化。中国资源禀赋方面最丰富、最典型性的基础能源产品是煤，而煤开发出来以后大部分就是要拿去发电的，即“火电”。整个中国电力供应里面，四分之三左右是火电。中国的铁路系统平常运输力量一半以上运输的是煤，运送出来的煤则主要是用来发电，特殊季节会达到60%、70%甚至更高的比例。显然，这是国民经济、社会再生产得以维系的、命脉层面的、最基本的资源配置问题。从现状来看，从煤的开发为始点直至运到发电环节把电发出来，这个再生产怎样能够得以周而复始地运行下去？现在这样一个流程，可以说已经是紊乱不堪、乌烟瘴气、“无处不打点”。在国家的明规则体系里，我们从法律到部门的规章，到红头文件，都找不到“打点”的任何依据，但实际生活靠“潜规则”强制替代“明规则”。发电用的煤有合同煤和非合同煤。合同煤的占比越降越低，谁也按不住煤价了，煤炭的价格形成机制只能让它越来越市场化。市场化以后的煤的去向上，越来越没有内在的经济动力去解决发电的需求问题，因煤价随行就市抬高，而后边发电的价格却是被我们用行政管制手段摁住的。于是开始寄希望于“合同煤”的形式，而合同煤的比重被种种方式挤压得越降越低，可里面还实际分出合同煤1号、2号到合同煤N号，最新的动态是说，这种合同煤和非合同煤的双轨制已经难以维系，必须考虑适应市场的力量让所有的煤的比价关系和价格形成机制在市场资源配置基础运行机制之上并轨。而现在说到的电力再生产流程，是五花八门的合同煤1号、2号等若干的号，再加上非合同煤，合在一起才能满足我国总体的发电需要。

这个流程是怎么把它维系下来的？笔者专门问过发改委的朋友和业界的朋友。业界的典型说法是：这中间有大大小小、各种各样的“平台”把整个流程连起来。有各种各样“八仙过海、各显其能”的经纪人公司，解决所有环节的连接问题。比如，煤产出来之后非常关键的是往外运，必须要找到车皮，而铁路系统的车皮能拿多少、怎么拿，今天一个样，明天可能就是另外一个样，这里面许多关系总要协调，车皮拿到手以后的运行过程中间，各个环节上可能还都要求利益均沾、无处不“打点”；到了某个环节之后又有种种变动因素，如让不让在这卸货、在这连接，各种各样的因素错综复杂，这些问题最后都必须有办法解决，事情才能延续下来。诸如此类的事情非常复杂。总之，所谓打点，就是非市场的、非规范的潜规则——设租、寻租、拉关系、挂关系。

原来有种种原因把矛盾后移，想让这个过程大致能够延续下去，现在已经险象环生。如果年年这样，到一定时候，矛盾积累到积重难返的程度，这个系统是要整个败坏的。如果把这个事情稍展开一点分析，是碰到了什么问题呢？煤炭的价格形成机制市场化如果是无法逆转的、是我们必须接受的基本事实的话，那么只能从这个源头接着往下考虑，怎样把“从煤到电”整个再生产流程理顺。如果煤炭价格势必并轨，要让它尊重社会主义初级阶段市场开放背景下的基础机制的话，那么“从煤到电”就要解决在电力领域里面配套改革何去何从的问题。

电力方面的改革，十年前就有四句话的原则。前面“厂网分开，主辅分离”这两句话都做了；后面是非常关键的、实质性的“竞价入网、输配分开”，却寸步未动。在全国政协讨论场合，一位来自国家电力系统的重要电力厂商代表、在这方面也做了很多研究的同志说，这十年下来，“寸步未动”的实际代价就是盖了很多高楼、提拔了很多干部和高管、配了很多车辆，付出了大量的固定费用，然而正面效应一分钱也没有体现出来。原因是整个电力的供应方面被拆分成五大集团、多种主体，每一个拆分出来的集团都有一批人提拔、上级别待遇、建自己的办公楼、配车配职务条件。后续效应应该是让这些主体之间通过“竞价上网”产生新的一种让电力产品回归商品属性的新机制、产生新活力，但很遗憾，原来指望的正面效应都没有体现出来，全是成本增加的负效应。本来的逻辑也应该让电网回归自然垄断（不属于过度垄断），但就是实施不动。现在电网实际上非常强势，虽说把电网拆分成一个主要的国家电网和一个南方电网，这有点像咱们要在中国移动旁边先打造出一个联通，然后让它们发展竞争关系——电网只有在特许权管理下、增加业绩考核概念下的竞争压力。但是电网并未与发电侧（前端）、配电侧（后端）撇开关系，电力成为商品和配电服务也市场化竞争这两条决定性的改革意图全未达到，后面所有的正面效应也就都没有达到，拖到现在，有些事情确实是令人遗憾、痛心的。

相关联的事情可作些观察：中国大力发展光伏产能之后，现在却出现了这个行业的危机。原来叫得响的若干光伏电池生产厂家，现在几乎都要破产，有些地方政府不得不出手去救它们。根据统计数据，这些年中国所生产出来、可以产生清洁能源（利用太阳能这种可再生能源产生电力供应）的光伏电池板，98%以上只有出口一条道，国内用不上。我们生产这些光伏电池消耗自己的能源、形成污染因素——多少是要污染环境的——而到了产生清洁能源的成品这个环节上，却要卖给比我国更清洁的外国人，自己用不上。因为这些光伏电池如要能够在国内使用，必须解决光电怎么入网的问题。现在有关方面发出的声音是说：不行，它入不了网。这里面会有些技术原因，但是笔者观察，技术原因其实不是主要的，而多是借口。无非就是智能电网、分布式微电网，因为光伏电、风能电的生产稳定性是较弱的，需有很多新的调控技术上的配备。智能电网是不是中国人就制造不出来？不对。我们到江苏，知道中国生产的智能电网出口到保加利亚了。如果还是不能达到中国这样巨大电网的需要的话，我们可以组织攻关尽快解决技术上的问题。因此，现在的实质问题，主要是在制度上，就是有既得利益背景的制度性的阻碍。我们自己的光伏电池都不能入网，它应该产生的正面效应没有一个竞价入网机制来配合，那么说了那么多的"科学发展观"，还只是浮在半空中的空中楼阁。设想一下，像太阳能、风能，它们和火电一起竞价入网复杂么？除了那些技术上的应有配置外，在机制上笔者觉得不复杂，就是财政采用透明的方式规定好，如"一度太阳能电、一度风能电，入网之后给补贴多少钱"就解决这个问题了。不是搞了太阳能、搞了风能就注定能入网，还是要通过竞争，能取得市场份额就继续发展，拿不到就被人吃掉或者干脆淘汰出局。这种机制在原来的电改十六字方针想象空间里面，实际上已经包含了，在现实生活中却迟迟到不了位。

但是后来，至少有一个非常重要的契机：中国资源税的改革已在推行。2010年中央讨论解决新疆问题的工作会议，决定给新疆一个政策大礼包，其中就包括资源税在新疆原油、天然气两项上先行先动，原来已经无关痛痒的"从量征收"变成"从价征收"，就有关痛痒了。这样原油、天然气的价格形成机制加入了一个依法的、透明的、可预期的税收因子。这个因子加入进来以后，无论产品价位怎样在市场经济波动中随行就市，它的一定比例是从价的一个税负，这就使原来体现远远不充分的该项资源产品的稀缺性显著凸显。另外，它也是一个经济压力，会在整个产业链条里从开发资源的上游环节，一直向产业的中游、下游传导下去，影响整个产业链上所有经济体的行为。那么，我们设想一下：对于原油、天然气我国有特殊情况（有"两桶油"或"三桶油"），总体来说是一个寡头垄断格局，似乎可以在这个系统里面对价格传导做更多的吸收和处理；但一旦到了煤——笔者认为这是无可回避的——一旦把这样一个从价机制推到煤，那我们想想是什么局面？一定会逼着人们考虑把"从煤到电"整个再生产流程理顺的配套改革，要出方案、要来真的，要解决电力改革十六个字指导方针中另外关键的八个字十年来寸步未动的问题。当然，这还要看十八大以后各种各样的因素，天时、地利、人和能不能凑到一起。但是已可以看得很清楚：这种重大的配套改革无可回避，它关系到我们整个国民经济和市场经济建设的命脉层面。我们过去常说的所谓关系国计民生，这还是一个模糊概念，但是现在说这种基础能源的一套事情，是与国计民生相关最主要的领域，一点也不含糊。"从煤到电"理顺关系、优化比价关系与价格形成机制，直接的、技术层面的效应是使我们整个产业链从上游、中游到下游所有的市场主体开始更好地体会到这种资源的稀缺性，认识这种资源的金贵性质，并出于经济利益，大家都争着节能降耗——这是由于经济原因驱使的、属于“内生的”节能降耗——使大家都千方百计地开发有利于节能降耗的工艺、技术、项目和产品。不这么做，市场份额就会让给别人，谁在这方面做得好，谁就可能扩大市场份额。节能降耗在这种内在经济利益驱使之下来实现，就是在真正贯彻落实科学发展观、追求可持续，就是在依靠市场竞争淘汰所谓落后、过剩的产能，就是在缓解我们所说的资源环境制约。

与此同时，它还一定要影响到消除电力行业“过度垄断”的机制创新和制度改进。真正的竞价入网在前端如果形成了机制，后端的输配分离在零售环节引入更多的服务外包和改善服务水平的竞争，也可理顺成章地推出。这个改变发生之后，竞争机制还会改变原来人们议论的、存在于垄断行业里的收入分配现状。前几年，网上热议的“抄表工年薪十万元”这个事情使很多人愤愤不平。其实只要是电力行业的正式职工，无论是抄表工，还是门卫或是其他，月收入不会低于一万块钱。这还是讲一般情况下，此外还有年底的奖励、大家集资、入股分红等等，变相提高待遇水平。这靠什么？是靠特别努力的工作？是靠特别好的什么技术创新？实话实说，不能说这种因素一点没有，努力工作确实有，笔者确实接触到有些电力行业的具体管理部门、工作环节上的人员非常努力、非常有创新意识，但整个框架上来说，必须承认，就是因为现在把电网和其他一些事情混在一起，很多本来使电网回归自然垄断属性而以特许权规范管理下不可能拿到的这种账面上的高收益，却轻易拿到了，拿到后除了扩大再生产、改善自己的办公条件之外，也自然而然倾向于给员工多发钱，调动大家积极性。只是一个局部的积极性，就已经使社会上人们感受跷跷板明显倾斜。这和收入分配有关系，和前面所说的矛盾凸显中人际关系矛盾的制约也有关系。中央层面和十八大把收入分配问题看作一个非常重要的问题，就是面对现在新阶段的挑战，要特别注重老百姓在提高实际生活水平以后，怎样使公平感、满意度、幸福感也得到应有提升。这种机制问题一定会和收入分配里面的公正性、合理性联系在一起。

这样，从前面说的节能降耗这种消减资源环境制约的问题，实际上已经推演到了优化人际关系、分配关系，以及分配关系后面跟着的财产配置关系的问题。要处理好矛盾凸显里面这类最敏感、在某些场合最具有火药味的分配关系。这样的连接是从我们所说的矛盾凸显基本制约的“物”的角度，自然地联系到“人际关系”的角度。要把相关的配套改革做出来，是相当复杂的，但不是说不可想象与不可操作的，也是不可拖延的。现在强调的顶层规划，就是要从煤炭价格怎么样进一步并轨，到资源税改革推动的从煤到电理顺关系，再到制造业、服务业这样的整个社会再生产流程理顺体制，对相关所有问题作出通盘考虑与改革谋划设计，进而必然要推进在电力改革概念之下，使电力产能、电网以及输配一直到最后零售环节全套合理化的举措，其中也包括要改造发改委抓在手里不放而笔者认为是一定要改掉的电价的过度管制机制。现在管到什么程度？了解情况的同志说起来都觉得非常荒唐：一个电厂 1、2、3 号机组，不同时间建成的，每个机组的入网价格是发改委先后批出来的，都不一样，实质上无客观依据和合理性。这就回到了财政多少年以前所说的用产品税来调节各种各样产品配置的类似案例，结果几千个具体的、谁也记不住的产品税率方面区别对待的规定，到头来是在做邓小平同志所说的政府“管不了、管不好、不该管”的事。现在电价的这种管制形式是典型的“管不了、管不好、不该这样管”。

当然在这种现实机制里面就必然产生出很多弊病。有很多东西，如比价关系，在老百姓的生活里，是不用讲什么经济学道理而直接感受的。举个例子，北京大白菜和电价可直接对比一下。改革开放初期，大白菜在秋冬之交上市的时候，好的一两分钱一斤，差的可以不到一分钱一斤。那时候民用电的一度电是多少钱呢？一角六分几。现在，大家都知道大白菜是要一块钱上下甚至更贵了，粗粗地说，翻了差不多一百倍。那么电价是多少呢？民用电现在是四毛八分几，增长两倍（同期平均工资增长也至少有几十倍）。在老百姓的感受上，你说什么东西金贵、什么东西不金贵？他们自然认为白菜呀、西红柿呀这些东西越来越金贵，要精打细算，但是用电可不觉得那么关乎痛痒和需要精打细算。我们家庭中、单位中的照明，会场里面这种满天星的装修，是普遍现象——20 世纪 80 年代的时候就从港澳那边学过来了。满天星的每个碗灯里面还大都拧一个度数挺高的白炽灯泡。这种事情真正引起谁注意或真正想要改变了么？基本没有。有人注意的时候也无力改变。笔者在全国人大预算工委开座谈会的时候，面对我们财政部过去的老部长曾说道：“咱们这个会场一看也是一百多个灯在天花板上面。谁也不觉得这是个事。”老部长他反应很快，说：“我们这可都是节能灯泡啊！”我说：“您这里是节能灯泡没有普遍性，外面很多地方不安装节能灯炮，都是用的普通灯泡。”部长马上也应对了一句：“是啊，他们觉得不合算。”笔者说：“这句话说到根本上了。”老百姓感受什么金贵、什么不金贵，就是合算不合算。我们现在有了这么三十多年的发展以后，比价关系演变到现在，谁也不把电看作是金贵的，谁也不觉得节约电啊、随手关灯啊是个什么大事，就到了这个局面。人们在文件上天天讲节能降耗、可持续、两型社会建设、低碳化发展、绿色发展等等，现实生活中却没有这样的经济杠杆促使大家发自内心地、从经济利益上感受到、付诸实际行动地节能降耗。在这种情况下，发改委还把控制电价的事情看作是关系国计民生，不审批好像这个国计民生就会出问题。恰恰相反，按照这种方式延续下去，我们的国计民生就真的要出问题了！资源配置里面的稀缺性、金贵性不足以体现，比价关系、价格形成机制不足以优化，还出现了“从煤到电”为代表的那么多乌烟瘴气的利益输送机制，实际上就是老百姓所说的贪腐问题、权钱交易问题。没有章法，大家都靠“八仙过海、各显其能”拉关系的方式去寻求一定的利益。从生产到生活，整个国民经济里面很多东西都跟这个现状有关，就构成了矛盾的积累和凸显。

三、对“国—民”进退关系的认识

（一）民企的基本取向

如果从中央文件的书面依据来说，市场取向改革当然需要进一步落实有关民营经济发展的新老“36条”，在“降低准入、公平竞争”方面有一系列的原则要求。但是在民间，国有经济之外很多人士仍然愤愤不平。他们说碰到的有什么呢？一是“玻璃门”：你看着这条路可以往前走的，但往前一走却撞得鼻青脸肿，它是个玻璃门，看得见前面但走不过去；二是“弹簧门”：挨上去以后一下子就把你弹回来，看着是个门但还是过不去；三是“旋转门”：走过去时，好像是真走过去了，但是一转就转回来了，实际境况并没有得到改变。反正总体就是说要落实新老“36条”，还有一些具体的麻烦和困难。但取向上来说，“降低准入、公平竞争”的原则是对的，需要坚持和贯彻。在这个意义上说，民间资本、民营经济的发展壮大是要进一步给出空间、推崇公平原则的。但就这八个字的表述看，“民进”的意思并未与“国退”相伴随，还看不出两者就一定是此消彼长的关系。

（二）国企的总体定位

定位问题，实质是如何公正、中肯地给国有经济部门的必要性做出表述。中国特色社会主义市场经济对国有部门赋予了并不简单等同于发达经济体国有部门的经济职责。别的发达经济体讲国有经济部门，就是弥补市场缺陷，所以说越少越好。像美国，国有经济部门是很有限的。美国早期的航空公司走过国有这条路，后来股份化，政府只是控制空中指挥权，航空公司是在竞争中的非国有市场主体。不少地方兴建机场也引入PPP（公私合作伙伴关系），硬件、服务设施的配套等等按市场竞争方式来招投标，运作过程中提高效率，并接受政府的规划管理。在那些地方，可能有寡头垄断的特点：一个机场里面就那么几家餐饮业店铺，但如果大家合谋把价格往上抬也不行，价格上有些管理。总体来说，是民间资本来解决供给问题了。笔者1988～1989年在美国做访问学者的时候，去考察过被称为国有经济的美国邮政。中国现在也讨论邮政里面哪些应该是基本公共服务（是特定的公益性的，就是带有准公共产品性质的），哪些是应更多地引入市场竞争的。美国那时候就已经在邮政领域中的快递和包裹项目上引入了民间竞争，但是平信仍然通过国家邮政系统。有一个特定的测算：平均每个邮件贴多少钱的邮票，可以使这个系统不亏损。要加上通货膨胀因素和其他各种因素的变化，隔几年根据情况调整一下平信应贴邮票的面值。总体来说是越调越高。每次调了以后，开始出现一段时间的账面盈利，然后盈利越来越薄，最后变成亏损，亏损到一定程度，再次调价。总体来说账面上从相对长的周期来看，能够自负盈亏，如此而已。其他事情被认为不用管。

我们在中国，恐怕还不能像美国这么简单的考虑国有经济功能和总体定位问题。除了处理一些自然垄断的问题需要国有经济的特定作用之外，还要通过国有经济能动作用追求特定战略目标、贯彻国家意志、实施后来居上的现代化赶超。这个后来居上绝不是简单地做我们过去吃过苦头的“大跃进”那种脱离实际的蠢事，而是认识到在处理得好的情况下，我们可以有后发优势，邓小平“三步走”战略构想就是一个把后发优势潜力调动出来而后来居上的过程。在改革开放起点上，20世纪80年代初，我们远远落后于美国这种最强大的发达经济体，也明显落后于战后迅速崛起的日本经济，落后于我们这里搞“文革”时人家却大大加快发展的亚洲“四小龙”等。但是“三步走”走到未来，到2050年前后，至少要达到在世界上发达经济体第一阵营里面我们有一席之地，而总量上要独占鳌头。现在我们在总量上已经位居第二了。小平同志当年所说的“2050年前后主要人均指标达到当时中等发达国家水平”，确实非常含蓄、非常有艺术性，说起来一点也没有咄咄逼人的印象，但是当我们在世界上排到总量老二了，人均GDP指标还排在98位。一旦我们的主要人均指标能够达到中等发达国家的水平，总量绝对是在跟美国这样的头号强国一比高下而后来居上的地位。这样一种后来居上的赶超，特别要求国有经济部门在贯彻国家意志、遵循经济规律同时，要在守正出奇的特定追求方面，发挥不可替代的作用。有一些战略支点，有一些使我们后发优势一步一步成气候、最后让外部势力不得不接受我们后来居上的过程条件，国有经济在这里面需要发挥特别重要的作用。

另外，我们还要在应对突发事件和压力方面，借助国有经济部门、国有企业。像这次利比亚撤侨，大家都意识到了，我国动作相当迅速、有效。那就是动用我们现在的国有经济和国有控股的一些大企业的力量。首先，这种事情带有国家意志特征、带有政治性，谁也不能先让非国有经济力量去核算一下这个投资有没有回报，合算不合算。对不起，这种事情十万火急，当时就要在应对突发事件方面顶到一线上去，顶住了再说，事后再算经济账。这种事情笔者觉得不能简单地套用教科书，得实事求是地承认，很多东西在我们的发展过程来看，多少还是类似于20世纪50年代末60年代初，中国在那么困难的情况下，拼命也要拿下大油田这种特定精神。在现代管理理论框架之下，西方是很难简单接受这些概念的。在中国的经济生活里面，不能完全排除这些概念，又不能把它推到极端，在这方面要如实地承认有这种相伴随的、在一般所言的科学管理旁边，国有经济、国有企业要有特别不同于一般企业的这种素质、这种应变能力、这种“准军事化”的遇见突发情况顶上去、顶到一线上在关键时刻支撑全局的能力。那么当然也是在社会责任方面有更多的担当。社会责任这个概念普遍在提，但实际上大都是泛泛而谈，好像讲社会责任就是企业要学雷锋、要做慈善事业。促进落实社会责任的比较全面的体系，首先还是要从对资产负责、对股东负责、对尽可能地提高企业综合效益负责，从这个角度来说，再扩展到更带有文化特点的、所谓社会责任更宽泛的视角上，它还应该要在国有企业“特别能战斗”取向上的特定追求过程中，也和民间资本、和所谓第三部门——志愿者部门、慈善部门、非营利组织（西方把它们称之为第三部门）——形成积极互动的关系，促进公私合作伙伴关系（PPP）机制在中国的成长。人们感觉PPP概念说起来是个很前沿的、西方才有资格谈论的一个事情，实际上不对：在中国现实生活里对这种公私合作伙伴机制有强烈的需求，而且已经有不少的实践探索和案例。国有企业在这里面要起到非常重要的引领和促进作用。这是在定位方面它的特殊性与包容性以及辐射力和影响力。

（三）表象的“边界”可变动

在改革没有完成攻坚任务、需促进战略性改组的概念之下，应特别注意进一步地调整国有企业和民营、非国有企业各自的侧重点和结构。其实严格地从咬文嚼字的角度说，“国有”不等于“国营”。我们见到有一种具体的企业形态叫作“国有民营”，即产权是国有的，但是可以采用承包的方式，变成国有民营。把这个例子放回顶层框架里，我们便可以知道人们把非国有企业称之为“民营企业”的这个概念，也不是一个规范的概念。“国企”“非国企”不是天然对立、非此即彼的关系，通过股份占比才可以把产权标准化。股份制是一种标准化而股权成分可以量化混合的“混合经济”的具体实现形式。这个实现形式，在所谓“控股”这个概念上，边界是可以调、可以变的。从这种表象来看，“国”与“民”的股权在某一企业资产结构中的边界是可移动的。如果简单从量变为质的角度来说，一下就把它贴上一个根本性质的标签，变成一个姓“资”姓“社”的问题，那就会把这方面的认识带入误区。

我们看看具体例证。在世界金融危机由美国人自己的次贷危机作为导火索引发之后，全世界风雨飘摇。开始一段时间先表现为美国人自己吃紧，在金融危机压力之下，不得不由政府方面屡屡出手救企业，包括后来救到实体经济层面的通用汽车公司。救通用的时候，就是动用国家可能动用的资金给通用注资，给通用注入国家持有的资本金。当时就有资中筠老师针对某些议论专门做了一个评价：这并不代表着美国要实行我们所说的社会主义；有的人说社会主义救了美国，就是指给企业注资，由国家来控股，其实不是这么回事。它只是当时在应对危机的时候采用的一种特殊的阶段性处理。没有救雷曼兄弟公司，美国人总觉得吃了教训，综合而言的负面影响太强大，到了通用不能自救的这个时候，权衡之下决定要给通用注资。注资以后，风波过去，最大的可能性还是会减持国有股。没有什么更多的贴意识形态标签的必要，不必一下说成姓“资”姓“社”的问题。

中国香港特别行政区也早有这种例子。1997 年亚洲金融危机，索罗斯为代表的国际金融大鳄要比照着前面在泰国、印尼屡屡得手的套路发动阻击战，对港币来一场大攻击。它们在股市、汇市、衍生工具市场同时做好了“埋伏”，设计好以后突然发动。在紧急的情况下，中国香港特别行政区的决策层也来了一个中国式智慧里面的“特事特办”，他们过去称作“积极的不干预”。什么叫“积极”呢？潜台词是：该干预的时候还得干预。当时是怎么干预的？面对“惊心动魄的港元保卫战”，特别行政区政府决定一下子把隔夜拆借利率（就是头寸的资金价格）提高百分之三百，同时还动用特别行政区政府掌握的土地基金、外汇基金入市买股票，把股市托到一定水平上。这样一来，索罗斯他们种种手段综合在一起、认为设计得非常完美的方案，最后跟香港方面的抗衡力量打了个平手，在香港基本没赚到钱。那次惊心动魄的“港元保卫战”就这么过去了，政府靠这种特定操作，抵抗了这一轮攻击。索罗斯过去标榜的是，所有的操作在国际上的经营规范里面都是站得住脚的、无可指责的，是在守法的情况下做的资本运营，但是那次在香港没有得手，而且正是因为香港这个风波，出现了索罗斯没有预料到的市场动荡迅速向俄罗斯市场和其他市场的蔓延。他在那边准备不足，结果在这个年度里面出现了过去没有过的大规模亏损，这是索罗斯走下坡路的开始。后来我们看到香港政府入市以后买的这些股票怎么办呢？风波过去后，它通过“盈富基金”的模式减持，减持还赚了一笔钱。赚了钱也是透明的，进入公共预算作为公共资源，通过预算程序决定怎么用。按股权结构来说，这里既有“国进民退”，也有“国退民进”。

美国和中国香港的案例都表明，那种“股份占比”的操作不应该被认为直接带有资本主义或社会主义的标签、烙印。中国以后还会越来越多地接受股份制的形式，在处理宏观调控问题的时候也可能要借鉴这种模式。不能说注资的时候就是“国进民退”，减持的时候就是“国退民进”，成了不同的、相互对立性质的路线取向。

（四）混合经济

中国大陆某些特定的概念已经在潜移默化地发生变化。内部讨论时，部分高管层已经不接受“国有银行”的概念。工、农、中、建以前是国家的银行，也可以叫国有银行，但现在的概念里标准的说法，是国家持有多少股份的商业银行而不叫国有银行。可能在某些阶段的限制上来说，我们是绝对控股的，也不排除以后发展到某阶段可能会出现相对控股，也不排除这个持股比重高高低低地变化。所以在这一方面我的基本看法是：要回到中央文件所说的“股份制是公有制的重要实现形式”这个主要表述上。股份制是可以在法理上清晰地混合各式各样的资本金来源。有人特别怕被批“趋同”。笔者可以直率地说，不带其他标签色彩地讲，这就是一种人类社会发展过程中间，在最基本的企业产权结构、组织形式方面的趋同。股份制谁都可以用：过去贴着资本主义标签的经济体可以用；贴着社会主义标签的经济体也可以用。我国国有经济的战略性改组就是以股份制改组为非常重要的一条主导式路线。股份制这条技术路线，在任何时候，在市场经济的交易过程中间、资源交易配置过程中间，它都是边界清晰的，“一股一股”非常清晰地标准化。而这个持股占比，在交易过程中间、在某一个经济主体内的比重变化，即“进”和“退”，不要看作是多么了不得的事情，不是姓资姓社、改革或不改革的事情。

多少年前我们就知道西方有个“人民资本主义”之说。什么意思呢？就是指像通用这样的大型企业，很难说它的老板、最主要的股东是谁，股权非常分散。在过去的一般情况下，最高持股比重的股东占比不到5%～10%，许多工人也有其中的股权。这么分散的一个股权结构，被称为“人民资本主义”。客观地讲，这就是一种混合经济。如果说在以后人类社会需要磨合各种各样不同经济体里面原来要靠冲突、靠不可避免的矛盾升级方式而寻求解决问题的话，我们在经济生活方面，在中国全面开放、义无反顾加入WTO框架，用经济手段和全世界方方面面做交易来支撑我们弥合二元经济现代化成长过程而和平崛起这样一个历史阶段中，混合经济是必须融入的一种企业产权结构和企业治理结构的最具代表性的形式。股份制里面具体股权比例结构的演变，是随着多种要素的影响变动不居的。但是在这样一个框架之下，中央文件的说法“股份制是公有制的主要实现形式”，实际上已经把我们的认识和思维境界提到一个更高的水准。西方社会现在讲到一个企业的股份制改造——上市，叫Go Public，直译是“走向公共”。最典型的例子是上市公司的信息要透明地向公众披露，接受整个社会的监督，尽社会责任。在这个意义上讲，这个混合经济，它与公有制的实现形式在表象上有天然的连接。马克思早已敏锐地看到这是对私有制的“扬弃”——虽然附加了一个“消极”的前置词。这么多年过去了，我们对公有制的理解，一定要跟整个世界的经济社会发展和总体的工业化、城镇化、市场化、国际化和高科技化合在一起的历史潮流所形成的新的具体形态能够对接。在全球框架之下，我国还存在着降低准入、消除过度垄断、带有“国退民进”特征的改革任务，但是我们不宜把所有具体的股份比重变化都贴上“国退民进”或者“国进民退”的标签。我们应发展地看到股份制所带来的“积极扬弃”作用，应把股份制作为一条企业做大做强的主要线索，作为实现公有制的一个看起来已最可能发挥依托功能的基本的、通用的形式。

四、中国改革中的突出问题

（一）对民企“原罪”的理解

民营企业在发展过程中间的毛病、问题是有目共睹的。现在民营经济、民间资本已经有相当程度的成长，可以说它们的规模实力也很雄厚、今非昔比了。但它在发展过程中显露的不规范的特征不可避免。比如“长三角”，最典型的就是温州，大家知道想按照改革开放新时期外部环境提供的可能性创业发展，一开始绝大多数民企的选择自然而然地是首先选择戴一个“红帽子”。实际上是个体、私营企业，但是一定要找一个国企的、或集体的挂靠单位。到后来一定时候看来看去真的是没有多少政治风险了，它就不用戴这个“红帽子”了。但是在这之后又有一个要提升规模的客观需要，就开始搞股份合作。“非驴非马”的股份制合作是什么？实际上它内部合作的规则是紊乱的——“股份制”是一股一票，“合作制”是一人一票。企业决策到底是按什么规则来？这两个规则是不可能兼容的。但是股份合作概念模糊处理了这样的决策权的问题。它使原来戴“红帽子”的这些企业不戴“红帽子”以后，在规避政治因素压力的“外衣”下开始走向更大规模的资本金提升，来支持升级换代。股份合作制走到一定程度，外部环境更宽松了，对“政治风险”的顾虑基本消除了，便走向了规范的股份制企业。现在在“长三角”的温州、台州等这些民营企业发展得好的地方，都走到了其实不少企业已并不是严格的“民营企业”阶段，而是股份制企业了。这种股份制企业与我们的国有经济改造以后形成的股份制企业，形态上有什么区别？看不出有什么实质区别，就是持股的结构可能会有所区别。国家也可能参股、公有制主体也可能在里面参股，而这个结构还可能还是变动不居的。这样一个过程会把原来不规范的特性淡化，越来越进入规范状态。

在这个具体发展过程中间，初期的一二十年里面，以民间主体为“勇敢分子”的、体制内力量后来也加入到里面的走私、“军倒”“官倒”、假冒伪劣、偷税漏税、走后门、权钱交易，等等，是现实生活里客观发生的问题。如果我们看到这些问题，就在这方面只一味强调管控，其实不是一个被实践证实值得称道的思路。值得称道的思路，还是在发展中来逐步规范。像邓小平那时候对“傻子瓜子”三次批示：不能动，动了以后老百姓会说我们共产党的政策变了。不动，其实就是容忍这样一些混沌的东西让它继续在那里存在甚至有所发酵，但是我们应引导的企业和市场力量要在里面成长起来，到后来就越来越规范了。这样观察，一些民营企业实际上存在着的“原罪”可认为是基本事实，毋庸讳言。但是总讲它原来的那些不规范而否认现在的发展，这不是一个科学的态度，不是一个转轨中实事求是的态度。温州过去除纽扣批发市场外，还有低压电器市场等，假冒伪劣曾经非常著名。但是经过这么多年发展，早已成为一群具有影响的、较规范的厂商。假冒伪劣现在我们还是在继续打击和控制。发展中间存在的不规范是一个对于民营企业“原罪”来说应该正面认识、以发展眼光讨论的问题。

（二）应当注意以“股份制改造”为名对国有资产的巧取豪夺

另外一个角度，是就股份制改造里面的问题，我认为必须指出在中国的所谓企业改革和股份制改造过程中间，以种种名目确实存在着对国有资产的巧取豪夺。

多少年前，我就已经注意到，所谓“管理者收购”这一西方概念，实际上在中国大多是“无本收购”，可以说是“空手套白狼”。原来是一些当地的能人和政府体制内人士，比如说某些县乡企业的领导人原是官员梯次里的低层官员，他们以管理者身份来收购所工作的企业。收购用的是什么钱呢？借企业的钱收购企业，这是“无本收购”。那借这个钱到还的时候怎么结算呢？算活期利息。在企业经营轨迹为上升曲线、有充分的现金流来“划账借给”管理者的情况下，这个企业实际上摇身一变就成为私人拥有的企业，原来的“管家”白手变身为“老板”。某些中小企业的这种“化公为私”的“改革”可能确有复杂的背景、“靓女先嫁”的理由和其他当事人的无奈，其后的客观效果也不可一概否定，但就其性质本身而言，应可叫作“化公为私”了。

在现实生活里面，这种例子大量存在。最近又有一个特别过分、大家看到之后愤愤不平的山西案例。几年内山西矿难不断，不得不在原来一些煤矿的股份制改造以后，把已经非国有的矿山又收归国有。有个三年前在非国有化环节评估为37万元的矿山，私人低价买到手之后又以2.7亿元卖回给国家，十分荒唐。在那期间，还不声不响把里面的职工股都以极低的价格退掉了，然后让少数的几个人坐享2.7亿元的大蛋糕。从各种相关信息看得出来，当时那个37万元的资产评估就是少数人在裙带关系操作之下走了一个形式，似乎是做了资产评估，实际上就是操作之下先把它以37万元低价落入手中，然后再卖个大大的好价钱，让国家用2.7亿元来接盘。

若干年前，宁夏有一个老板连续在企业并购方面打了十几场官司，全都胜诉，判决以后得到非常丰厚的物质收益。后来当地的一批人大代表实在看不下去了，把这个事情申诉到全国人大，引起重视以后，重新把这些事查了一遍，查一个翻一个案，才发现原来全都是简单有利于私人方面的不公判决，就是对国有资产巧取豪夺。通过本应该秉持社会公平正义的公检法系统的操作，以判决的方式实现了个人非法的利益。在这个背景之下，还有前几年的“郎顾之争”，据说郎对顾等的指责并不准确，但其客观效果之一，是具有一种社会不满情绪“减压阀”的作用，使很多人可以公开地评说怎样在国有企业改制中间出现种种巧取豪夺的事情。大家出来骂，那么社会反而可在这些骂声中间安定一点，大家至少出出气，而且，引起有关部门的相应警惕。管理者收购自此以后就开始有了一套新的、规范的要求，等等。

某单位原来的一个工人身份的职工，开始承包车辆，后来承包一个20世纪80年代当时很多机关都有的劳动服务公司，然后他自己偷偷操作注册私人产权实体，该单位一无所知，因为整个框架就是明明白白的承包框架。后来，上级单位监察部门接到群众举报说他有财务问题，让该单位做财务上的专项审计。这个时候他说该单位无权查他，因已是私人企业了。他的意思是他已在暗中做成了产权方面很清晰的改制操作。单位领导跟他讲，承包框架下赚多少钱也只是一个兑现承包利益的问题，怎么可能通过承包把中华人民共和国部委直属单位的一个法人实体变成一个私人企业呢？不可能的。但是该职工振振有词，搬出依据一大堆。单位领导不得已请到各种专家，包括江平这样的法律权威。江平教授有一句话特别深刻：带有“中华人民共和国”“国务院”等等名头字样后面的实体，不存在戴“红帽子”之说，如果注入了私人资产，只是对之作清退的问题，不存在改变企业所有权性质的问题，但是有人就真觉得可以暗度陈仓。一旦他的利益受到侵害以后，他可是要拼命的，因为他本来看着唾手可得的这么大的一块肥肉要纳入囊中的时候，你来挡道，那他是无所不用其极，比如说威胁生命安全，甚至威胁家人的生命安全。可想而知，在现实生活里，中国这种改制过程中，有多少人碰到这种威胁？你要想真正出以公心保护国有资产权益、维护公共利益，在很多场合，这个权、责、利是高度不对称的。有多少人可以真正牺牲身家性命去在明枪暗箭下保护国有资产权益不被毁灭呢？这是一种现实问题。

于是我们回到理论框架上来，中国要想能够相对顺利地走向现代化，解决好这样一个深刻的经济转轨问题，这种跟产权相关联的股份制改造中间的公正，难度非常大。但是大致上必须掌握住，不能在不公正的错误方向上一味地这么放大下去。有人主张要尽可能地使产权私有化，这叫“右”；有人认为应当维护公有制的权益，让公有制占主体，这叫“左”。不要把国有或非国有简单地贴“左”和“右”，实际上更要关注产权演变这个过程中间是不是公正，股份制改造要做到公正，找到基本上能够对抗对国有资产巧取豪夺的私利驱动力量的相关机制。这方面的事情我们并没有解决得很好。

（三）大型国企存在的问题

国企从其特点、特定使命来看，“抓大放小”是必要的。但我们从另外一个角度也得承认，大型国有企业在这些年看起来已经脱困、发展得比较顺利的同时，既得利益、“自我满足”惰性、不透明、不规范、不讲理的问题都存在。我们的国有企业，包括大型、特大型企业，它们也具有相对独立的商品生产经营者利益形成机制，有法人注册的独立经营机构身份。另外，在信息披露方面还没有完备的制度规定——其实大家都尽可能地形成心照不宣的共识：少披露为妙。有些东西披露出来就感觉会有麻烦，一不小心就可能损害自己可能已经拿到的好处。一位老领导退下来以后，参加全国政协的金融巡视组。他跟我说，做了金融系统视察之后我才知道，保险业中我们国有控股的企业高管，实际上就是中组部派的干部，他给自己发 700 多万元的年薪，听起来简直不可想象。但是查来查去，这就是管理空白的领域，也不能说他有什么违法乱纪。信息不透明，便往往没有更多的规范可讲。后来我们看到对金融行业的国有控股银行、保险机构等等，有了高管薪酬封顶之说。这是巡视之后才推出的一些新的适当限制。这个“适当”的程度，笔者也不敢说有多高，只能说比原来那种情况好一点。你是中组部派的干部，并不是市场上竞争冲杀出来的企业家，凭什么给你自己发年薪 700 多万元？但这些事情要说起来又没有什么特别的可丁可卯的界限，它就是高管还未真正由企业家市场竞争产生时的一种模糊问题。模糊了，就自然倾向于“自我满足”的最大化。

我们有些事情，其实如果信息透明，可以做得更有可持续性。中国在基础设施发展过程中间，我们的国有主体在架桥修路以后通过收费还贷机制加快建设过程，是有特定积极作用的，但这些主体倾向于信息披露越少越好。北京机场建高速路后的收费口，大家看到了简直就是印钞机，从早到晚排队在那交费。后来知道多少年前早就还清贷款了，还在收。于是大家愤愤不平。到现在，1、2 号航站楼那边已变成单向收费，而且标准从 10 块钱降到了 5 块钱。但是其实这个事情有一个更好的解决方式：如果能够非常清晰地披露所有的财务信息，说明白这是我们的一个可用的机制，每辆车缴点过路费、过桥费，用这个机制我们加快滚动式的基础设施建设，何乐而不为。北京要建第二机场，与第二个机场对接的高速路建设需要资金吧？如果能够有公信力地通过审计、通过公众监督把这些东西都透明地说出来说明白，笔者觉得完全可以设想，继续收这个钱，而这个钱主要用于建第二机场高速路的配套，可以加快我们的建设过程。可惜这个事情做起来却非常难，只好是这样公众压力逼到哪里，就往回缩一缩——缩成单向收费，缩成 5 块钱。这其实不是一个最好的方案。

另外，也有我们需承认的、动不动在媒体上引起轩然大波的一些“不规范”

之事，如说国有企业怎样大批量地购进高价酒、怎样豪华装修（一个大厅里的什么大灯就是200多万元等等）。后来做了说明，说不是200多万元，而是100多万元，这听起来也还是邪乎了点。这种事情上的缺少规范肯定是要承认的。还有高额的职务消费，原来我们电力系统的一个叫高岩的领导，他中午休息时要好几万元定下一个总统套房，没人约束他。这种高额职务消费等确实存在着不好的例子。

还有“不讲理”。我们国有企业内部的分配确实存在着不合理——如“抄表工”的问题，另还有一些人说，别光看国企高管拿的多，我们一线的当了多少年的临时工，工资少得可怜（有个更规范的名称，叫这些人为国企雇的“劳务派遣工”）。国企体内这种实际上悬殊的收入分配，是亟须注重加以矫正的。我们接触到的有些事情，作横向对比，在国有企业高管收入上也客观存在着“组织上让我富我就富、组织上让我穷我就穷”的人为因素。我们在河南调查时，遇到一位同志，原是政府系统的一位副局长，组织上觉得这个人可用，调到当地的银行里面当了领导，过了几年又把他调回来当局长。他跟我说，我是亲身体会到了：刚到银行里面一看工资单，比原来高了好多倍，组织上这是要让我富起来；但现在你得服从组织啊，如今调回来做局长，虽成了“一把手”，但工资一下又跌到在银行工作时的几十分之一了。这里面却没太多合理性。对这些事情，我们若指望一下子就把认识和对策说得比较到位，还做不到。众说纷纭，确实还无力迅速解决。但是如果不正视这些，不通盘认识去对症下药，恐怕不是长久之计，需要在制度建设方面作为问题，来考虑如何优化解决。

五、国有资产管理体系探讨

从总体来说，在建设中国特色社会主义市场经济的全局中，应该把经营型、公益型和自然资源型的资产分类。经营型、公益型都是自然资源型资产开发以后形成的，资源一旦开发，必然进入这两者中的某一个形态。比如一块地皮，没用的时候说不上是经营型还是公益型，但一旦开发出来，如：建立一个战略性新兴产业的工业园，是经营型的；如果开发了作为公共绿地，是公益型的。两者之间还存在着转化的可能，有的时候原来是经营型，后来“退二进三”，企业调到郊区去了，这块地变成绿地了，这是从经济型转成公益型。一般并不存在绝对不可能转换的情况。

在认识相关地位和必要性之后，谈谈企业的经营型国有资产。党的十六大对于这种经营型资产已给出非常明确的说法——“中央、地方分级行使出资人职责”，这一点很关键。也就是说，过去笼统所说的全民所有的国有资产，必须分层地界定为中央的资产、省的资产、市县的资产，三个层级上都必须人格化地设立专门管理机构。先别讲什么政策目标、社会目标，先讲出资人的资产管理资格由谁代表？就是国资局、国资办，也有地方叫国资委。这样一来，根据行使出资人职责的要求，解决的就是我们过去所说的笼统而言全民所有制资产实际上产权虚置、产权悬空的问题。出了负面的事大家都说交学费，实际上很多事情都觉得无关痛痒，感觉有关痛痒也往往无可奈何，没办法改变产权虚置、无人负责的具体现实。只有把国有产权具体人格化到各个层级、各个环节上，才可能有效地解决产权虚置、悬空问题，从而把过去的弊病革除。

那么中央级资产管理体系在实体经济层面已经有明显进展，2008 年后正式编制国资委下管企业的国有资本经营预算，成为需对公众交代的公共财政预算体系里面相对独立又可统筹协调的部分。它和其他的公共收支预算、社会保障预算、政府基金预算配合协调在一起，形成一个公共财政预算体系。公共资源配置中解决政府“钱从哪里来、用到哪里去”最标准的现代化形式，就是完整、透明的预算、决算，并使公众意愿在里面尽可能充分地表达出来。于事前决定，在人大即最高权力机关、立法机构审批以后，形成一个具有法律效力的执行文件来严格执行，进而可以推进绩效考评和推行问责制。这种现代意义的预算管理，最后要落在一个非常清晰的、老百姓看得见摸得着的运行体系里面。这个资本经营预算在中央层、在国资委那里，原来是覆盖 200 多家，现在已经收缩到了 100 多家，未来有希望能够收缩到几十家。越来越收缩符合股份制改组基本的取向。收缩到几十家以后，就有可能对某些类别或某些单独的国有企业，探索一类或者一家企业配上一个对应性的法案的体制模式，这方面有国际经验，这个法案就是要以法律形式说清楚，设立这家国有企业或这类国有企业，它的依据是什么？追求什么特定的目标？除了我们所说到的弥补市场缺陷、提供准公共产品之外，也可以非常清晰地表述我们关于某些战略增长点、特定辐射力的追求。这都可以在目标里表述出来。已经涉及的自然垄断，比如电网——很难设想，在同一个政府辖区里面，可以有几个相互竞争的网来解决输电的问题——使之回归自然垄断地位，是各种方式选择下来以后成本最低、最可持续的方式。那么让它回归自然垄断，就必须施加一个特许权管理，这种特定自然垄断领域具体的运营主体仍然可以是定位为企业，但是它确实是一种特殊企业。那么，特许权的问题以及与特许权相关的资产收益上交的问题，都应该在相关法案里面给出原则性交代和规定。

进而就是引导这个机制怎么样构建，形成有法可依局面。法也是一个动态优化过程。这便是我心目中在经营型国有资产管理上应该一步一步去追求的前景。

这里面还有很多要讨论的事情。上面是国资委，下面是具体的企业，有没有可能在中间构建一个资本运营层面，可叫资本运营公司。在某些地方、在某些行业里面也不排除有些是国资委直接管，有些是国资委交给运营公司，由运营公司管。这些都可以探讨。

在这个框架之下，实际上又回到了从依法治国，依法建立健全健康的市场经济出发，要尊重资源配置的市场基础机制，要承认市场经济里面国有经济、国有部门特殊的不可替代性，合理把握国有经济特别的定位、特别的规则，来把依法治国落到国资管理体系与运行机制层面上。

如果说在经营型国有资产方面需要逐步努力完善管理体制，那么此外我们还得处理金融资产、行政事业资产以及资源型资产等相关的一些问题。对金融资产曾经议论过有没有可能形成“金融国资委”？行政事业资产（主体上属公益型）中，文化方面在财政部下面已专门成立了司局级管理机构。这些方面如何进一步地在管理体制上不断健全，也必然要经历一个探索过程。至于资源型资产，应该与大部制下国土资源部这样的专门机构的职能打通，再加上方方面面的配合，来处理好管理事项。

（本文发表于《华中师范大学学报》2013 年第 5 期，后由《新华文摘》转载）

基本养老金全国统筹是必然趋势

贾　康

（华夏新供给经济学研究院首席经济学家　中国财政科学研究院研究员）

我国实行基本养老金全社会统筹，除了有助于提升“共济”功能之外，还有促进统一的人力资本市场培育与发展等积极意义，同时使社保机制规范化程度进一步提高。此外，统筹层级提高，有利于降低个人缴费标准，促进社会稳定发展。这需要攻坚克难，敢于啃下改革的“硬骨头”。

在前不久举行的一次论坛上，笔者提出应尽快把基本养老金统筹机制提升到全社会层次，南方等地滚存的养老金结余可调到东北等地以解燃眉之急，同时可以降低缴费标准，回应企业和社会的有关降负诉求。相关报道引起广泛关注，也产生不少误解和质疑。就此，我想再表达一下自己的看法。

第一，我国实行基本养老金全社会统筹，是提升其“共济”“互济”功能的必然选择。目前，各地至少有几十个“小蓄水池”，所发挥的共济功能怎么能与全国一个“大蓄水池”相比？过去多年，东北等老工业基地已出现基本养老金入不敷出情况，但却不能把南方越滚越大的结余资金调过来救急，只得依靠中央财政努力平缓压力，这种“持米叫饥”的状况应该尽快改变。

第二，2018 年个税改革暴露出的一个问题是，约四分之三的企业没有为职工足额缴纳基本养老金。现在，如果要求依法依规缴足，许多企业承受不了，那更应乘势推进养老金全社会统筹改革，在提升“共济”功能的同时，降低缴费标准，使大多数企业能够负担，也使社保机制规范化程度进一步提高。

第三，全社会统筹的好处在于，除了提升“共济”功能之外，还有促进统一的人力资本市场培育与发展等积极意义。全社会统筹迟迟不能推出，有一些技术层面的顾虑，但也有管理缴费利益固化的“藩篱”，这需要攻坚克难，敢于啃下改革的“硬骨头”。

即便全国统筹，个人领到的养老金标准也不会发生变化，人们不必担心。我国企业员工缴纳的基本养老金早就有“统筹”。不过，这个统筹体系的突出问题是缴费标准高，但统筹层次低，最多只做到了省级统筹，近年正抓紧推进中央调剂金制度，效果仍待观察。其实，不论在哪一层级实现统筹，缴费者在退休后领取的受益标准都要按规则执行、由法律保证，并不会因为有人倡议“蓄水池升级，使南方滚存结余调到东北解燃眉之急”而发生改变。每位具体的养老金领取人，拿到的这份钱仍是按法定标准，既不会多，也不会少。

同时，统筹层级提高，有利于降低个人缴费标准。人们缴费共同形成的“蓄水池”，其“共济”功能高低不同，如果统筹到全国，“共济”功能最高。国家规定每个人缴费的标准，将因此有望调低，可以为企业与员工实实在在减负。

第四，统筹层级提高，有利于全社会稳定发展。在以往省内统筹的情况下，“蓄水池”内的钱也是会在省内调剂使用的。比如，惠州职工交的钱如入了“蓄水池”，便可能调到韶关使用。如果实现全国统筹，广东人缴的费，调到东北用，也是这一种机制，只是范围和功能强弱之别。在不同时间段上，“共济”机制起作用时，资金调剂的走向，会随各地劳动人口与退休人口比重的相对变化有所改变。关键在于这个“蓄水池”中始终要有足够用的“水”，所以也应积极考虑以国有资产收益等来补充。

这种调剂使用，并不是“借”与“还”的关系，是以共同基金，于动态中如何保证所有参与者（缴费人）达到需使用年龄（退休时）能满足其领取标准的问题，调剂使用更不是“无偿调拨”的关系。把“统筹”中的资金调剂功能错误理解为“拿南方的利益无偿给北方”“自己账上有余钱就被要求支援隔壁老王”，是没弄明白“从蓄水池中轮流取水用水”与“无偿调水”的根本区别。

此外，提升统筹层级，与“以国有企业资产收益支持社会保障体系运转”的建议并不矛盾，两者此前都被中央所肯定。原已建立并在发展中的个人账户制度、企业与职业年金制度、商业化养老保险制度，以及基金可以沉淀部分做安全投资以求升值，与提高基本养老金统筹层次之间，都不构成矛盾，可以并行不悖，相得益彰。

（本文发表于《经济日报》2019年1月25日第009版）

海南自由贸易港（区）建设的财税体制优化支持研究

刘　薇[①]

【摘要】作为中央重大战略部署的海南自由贸易港（区）建设，具有服务现代化全局的意义和需要得到财税体制优化配套支持的主客观依据。本文的研究旨在通过系统化的财税制度改革和政策设计，有力保障海南自由贸易港（区）公共基础设施的大规模建设和其他配套条件的建设，以期推动建立高水平、有利于长远发展的自由贸易港政策体系。本文提出了在积极发挥财政的基础支撑作用，服务和保障海南自由贸易港（区）新一轮战略部署贯彻落实的过程中，中央财政如何优化制度支持、海南如何优化地方税费体系、相关重点配套改革如何形成有效支撑等方面财税体制优化支持的重点和方式。

自2013年9月在上海设立首个自贸区以来，通过在投资贸易自由化便利化、金融服务实体经济、政府职能转变等领域创新尝试，我国已累计形成200多项制度创新成果得以复制推广，形成新时期深化改革开放的新阵地。2019年8月26日国务院印发山东等6省区设立自由贸易试验区的《总体方案》，通过差别化改革试点进一步推进制度创新，至此，18个自由贸易试验区的推进加速国家对外开放战略的实施。特别是，2018年4月13日，习近平总书记在庆祝海南建省办经济特区30周年大会上宣布，党中央决定支持海南全岛建设自由贸易试验区，支持海南逐步探索、稳步推进中国特色自由贸易港建设，分步骤、分阶段建立自由贸易港政策和制度体系；2018年4月14日，国务院发布《关于支持海南全面

① 刘薇：中国财政科学研究院金融研究中心副研究员，硕士生导师，研究方向为财政理论与政策，政府投融资。

深化改革开放的指导意见》，提出海南将在经济特区建设成果的基础上，以服务业市场开放为重点，大力发展旅游业、现代服务业和高新技术产业，打造更高层次、更高水平的开放型经济。海南全域范围建设自由贸易港，将是中国探索全面深化改革开放的重要制度创新尝试，相关经验将在中国经济进入高质量发展阶段为如何发挥“制度红利”提供借鉴。

从国际经验看，在自由贸易港设立和发展过程中，政府制定的激励性政策具有不可替代的作用，尤其财税制度与政策更为关键。在自由贸易港制定、实施具有国际竞争力的特殊财税制度，是世界范围内自由贸易港的通行惯例。海南自由贸易港建设更加需要得到财税改革的配套支持。通过一系列相关财税改革措施，不仅能够较好保障、健全海南自由贸易港相关公共基础设施的建设，还能够更好发挥财税政策的调控作用，引导和促进各方面形成支持合力，为海南自由贸易港建设保驾护航。

一、财税体制优化支持海南自由贸易港（区）建设的主客观依据

（一）现代财政服务于“国家治理体系和治理能力现代化”全局的尽责考量

党的十八届三中全会通过的《中共中央关于全面深化改革若干重大问题的决定》，形成了“现代国家治理”的核心理念，以及建设“现代市场体系”和“现代财政制度”的明确要求，指出财政是国家治理的基础和重要支柱。可知财政作为国民经济的重要组成部分，其功能与使命首先是服务于国家战略的优化实施，服务于“稳增长、促改革、调结构、惠民生、护生态、防风险”，以及为经济、政治、社会、文化、生态各领域“五位一体”发展提供重要支撑，当然也理应大力支持作为国家重大战略的海南自由贸易港（区）建设。财税改革与发展中建立稳定强大的国家财政，目的完全在于有效支撑包容性可持续增长与国家治理现代化的全局与全程。海南自由贸易港（区）建设作为新时期区域发展战略的创新，担当着带动和促进全国经济转型和高质量发展、引导企业发展模式变革、进一步对外开放等重大历史责任，财政改革的支持不可或缺，是财政尽责的必然而义不容辞的重大任务。

（二）多种供给侧要素有能力支持海南自由贸易港（区）建设

经过40多年的高速增长，中国经济取得突飞猛进的发展，GDP从1978年的3 679亿元增长到2018年90.03万亿元，综合国力显著提升，正进入“强起来”的新时代。伴随“构建全面开放新格局”战略的提出，海南作为南方海疆的重要支点，势必要响应中央以局部策应全局的战略部署，以特殊的区位和禀赋打造世界上最大体量的自由贸易港区，做中国改革的“试验田”和“排头兵”，尝试在中国最大的经济特区中进行更为自由化的投资贸易制度创新试验。由此而来的相关要素投入和风险防控，单凭海南一己之力是难以承担的，需要国家以财政分配引致多方面的资源投入，特别是，也需要施行一系列政策倾斜支持，这实为以统筹全局的区别性定制化设计，形成可动用公共资源的定向投入，解决一个时期内海南自由贸易港（区）建设中本地力量不足的问题，并推进长期可持续的制度创新建设。

二、自由贸易港财税制度的国际经验

自由贸易港是自由贸易区的高端类别，是指全部或绝大多数外国商品可以免税进出的港口，划在一国的关税国境（即“关境”）以外。外国商品进出港口时除免交关税外，还可在港内自由改装、加工、长期储存或销售，但须遵守所在国的有关政策和法令。随着经济和贸易全球化的推进，其数量也在不断增加。自1547年意大利热那亚湾的雷格亨自由港诞生以来，目前全球已建成了近1 000个各具特色的自由港。其中，中国的香港、新加坡、韩国的釜山、荷兰的鹿特丹、阿联酋的迪拜等是比较有代表意义的自由港。自由贸易港的发展经历了功能不断完善、产业逐步升级的过程。在自由贸易港发展的初始阶段，主要以转口贸易为主，货物装卸是主导产业。但随着经济和贸易全球化的推进，自由贸易港承载的产业和发展功能不断增强，其重要性日益凸显。自由贸易港逐渐由早期的转口贸易型发展演变为加工贸易型、工贸结合型、直至综合型自由贸易港等更高级类型。

（一）全球主要自由贸易港财税制度与政策

为自由贸易港制定、实施具有国际竞争力的财税制度，是各国通行做法，也是自由贸易港吸引市场主体集聚而促进产业发展的优势所在。自由贸易港的财税制度和政策，与其所在国设立自由贸易港的目的、经济发展阶段以及经济实力密切相关，目前全球各地的自由贸易港财税制度安排，集中体现在财政支出和补贴、税收优惠政策、财政制度特定安排等方面。

1. 财政支出政策。财政支出政策主要包括财政投资政策和财政补贴政策。

财政投资政策作为财政政策的重要组成部分，在自由贸易港的建设与发展中发挥着重要作用。自由贸易港财政投资重点领域是基础性和公益性项目，比如，自由贸易港基础设施和生态环境建设，以便改善营商环境和投资环境，并有序地从经营性和竞争性项目中退出。例如，韩国政府对釜山港区的机场、道路、港湾等大型基础设施建设提供了全部或部分投资援助；符拉迪沃斯托克港港内的交通、能源、市政等基础设施建设和改造，得到俄罗斯联邦、滨海边疆区及自由港区域所在城市的预算资金补贴支持；鹿特丹港通过财政投资促进铁路建设和内河航道运输改造。

在财政直接投资之外，政府也会通过实施财政补贴等政策，间接干预激励企业投资。目前，各国自由贸易港的财政补贴政策较多地应用于高新技术、高附加值以及战略性新兴产业，重点发展高端航运、金融、咨询专业服务等，并重点吸引跨国公司总部、营运中心等功能性机构入驻，促进企业培训、研发、创新活动开展，使自由贸易港实现产业结构全面升级和优化。如新加坡政府专门对从事研发创新的企业给予一定额度的资金补贴，鼓励和资助包括新技术、工业新技能发展；对选址以优化土地使用为目的的公司提供土地善用补贴等。

2. 税收政策。自由贸易港普遍采取的税收优惠政策，主要体现在关税、增值税和企业所得税三大税种上，对其他税收政策也有所涉及。

进出自由贸易港的商品除特殊商品外一般不征收关税，或者给予关税减免，商品及货物由自由贸易港进入国内销售时才征缴关税。另外，部分自由贸易港还规定，对入关后再出口的商品给予全部退税优惠。港区内企业进口生产所需机械、设备、原料、零件等一律免征关税。例如，全球超过90%的货物可以自由进出新加坡而不缴纳关税，应税货物只涉及酒类、烟草、石油以及车辆等四大类商品。

为降低企业税负，自由贸易港一般不设或不开征增值税，免征进口环节增值税。即使对区内企业加工、制造产品征收增值税，也适用零税率或较低的增值税税率，只在货物输往课税区时另行补缴增值税。例如，德国汉堡自由港区内，货物可任意进行加工和交易而不必缴纳增值税。中国台湾高雄等出口加工区内加工、制造产品时不征收增值税，待货物、劳务销售至课税区时，再依法课征增值税。

3. 企业所得税政策。自由贸易港一般实行较低的企业所得税税率及相关优惠政策。例如，韩国釜山、仁川等经济自由区，对投资金额在 1 000 万美元以上的制造业和旅游业、500 万美元以上的物流业、100 万美元以上的技术研发类企业、以及投资金额在 3 000 万美元以上或是外国人投资额在 50% 以上及总事业费 5 亿美元以上的开发者，给予企业所得税“三免两减半”的优惠；对投资金额在 3 000 万美元以上的制造业、2 000 万美元以上的旅游业、1 000 万美元以上的物流业、以及投资金额在 200 万美元以上或雇佣硕士以上研究员 10 名以上的技术研发类企业，给予企业所得税“五免两减半”的优惠。

除以上税收政策外，在其他税种上各国对自由贸易港也有一些优惠政策。例如，巴西马瑙斯自由贸易园区内所有外来投资企业免征城市房地产税、垃圾服务税、公共清洁税、公共场所和道路保养税，以及营业执照税。阿联酋对在迪拜港内工作的企业工作人员免征个人所得税。

（二）全球自由贸易港建设财税支持的启示

自由贸易港属目前全球开放水平最高的特殊经济功能区。纵观全球具有代表性的自由贸易港财税制度和政策，对我国建设海南自由贸易港财税制度具有以下几方面的启示：

1. 自由贸易港早期大规模基础设施建设是财政投资支持的重点。在自由贸易港建设早期，需要根据国家战略发展规划，在交通、生态、社会事业等重点领域进行较大规模的资金投入。从各国经验来看，在自由贸易港的早期建设，由于项目建设主要集中在公益性及以公益性为主的基础设施、生态环保、社会事业等领域，因此，大多以政府财政资金投入为主，投入主体则包括中央与地方两级政府。

2. 建立具有国际竞争力的财税制度，优化税收征管体制。在自由贸易港实行特殊的财税制度，目的是在微观方面降低企业运营成本与技术创新风险，使企业资金良好运转并增加其经济效益，在宏观方面能使产业集聚并引导产业结构优化升级，促进自由贸易港创新体制，提升自由贸易港经济发展水平和综合竞争实力。参考全球主要自由贸易港财税制度安排，在海南自由贸易港实行的税收制度可重点围绕税种少、税率低、关税趋零展开，在降低企业所得税负担方面，可将重点放在依法定程序完善费用扣除、税前列支、投资抵免、加速折旧等方面。财税体制方面考虑适度度扩大地方税政权。同时，建立完善良好的税收征管体制，实现财税制度与征管的协同发展、共同促进。

3. 构建体系化的财税制度，推进税收法治。围绕自由贸易港建设，应注重构建体系化的财税制度，细化相关优惠政策，将各项财税优惠规定整合、规范、统一，提升到法律层次，增强其效力。注重以完整的专项法律赋予自由贸易港发展的权利。如新加坡制定了《自由贸易区法令》，韩国颁布了《经济自由区指定及运营特别法》《外国人投资促进法》及《租税特例限制法》，美国设有《对外贸易区法》等。

三、海南自由贸易港（区）财税制度供给不足

在国际形势更加错综复杂、国内改革进入攻坚期和深水区、对外开放加快提速的关键时刻，党中央提出了在海南全岛建设自由贸易试验区和中国特色自由贸易港的新一轮战略部署，海南将承担起以进一步扩大开放带动全国经济转型、引导企业发展模式变革、推进中国经济高质量发展、促进国家治理体系和治理能力现代化的重大使命。利用自身的优势，海南自贸港建设可以为我国的改革与开放提供一方难得的试验田和特色增长极，在自贸港（区）管理机制创新上，较便于实施"一线放开，二线管住"，有效控制和降低管理成本。但是，海南尚未形成与自贸港发展相匹配的制度和机制，特别是，财税制度支持自贸区向自贸港发展的机制尚未建立。

（一）经济基础薄弱，财政能力不足以支撑全域自贸港（区）建设

从 GDP 来看，2018 年海南省 GDP 为 0.48 万亿元，与排名第一位的广东省（9.73 万亿元）相差 20 倍，在全国排名倒数第四；从财政收入看，2018 年海南省财政收入为 388 亿元，与广东 5 366 亿元财政收入相差 13 倍，在全国排名倒数第五位，自身财政能力非常有限。从产业结构看，尽管 2018 年海南省服务业增加值达到 2 736.15 亿元，比上年增长 6.8%，增速高于整体经济 1.0 个百分点，对经济增长的贡献率为 66.9%，是拉动全省经济增长的重要力量，但是，海南仍是以农业为主的省份，经济结构优化任重道远。

海南全岛建设自贸港（区），实施范围远超其他 17 个自贸区，并且是首次在农业人口仍占很大比重、经济发展水平相对落后、带有明显岛屿经济特质的区域开展覆盖全省范围的自贸港（区）建设，其建设过程中所需的大量资源投入、制度创新仅凭海南省一己之力是难以实现的，在建设资金供给、人才供给、制度供给等方面更需要中央政府统筹兼顾，给予区域性定制化的支持。

（二）已有财政政策覆盖面有限，缺乏可持续、稳定的制度支持

目前中央对海南自贸港（区）建设的财税支持体现在：一方面是加大财政资金支持力度。从2018年开始，中央财政连续5年专门安排综合财力补助，支持海南基础设施建设、生态环境保护、经济结构转型等支出，减少海南对房地产的依赖，促进经济转型发展，推动海南全面深化改革开放和提高基本公共服务水平。同时，中央财政还将加大对海南均衡性、重点生态功能区、县级基本财力保障、老少边穷地区等转移支付的支持力度，资金分配向海南倾斜。

另一方面是实施税收支持政策。财政部门进一步完善了离岛免税购物政策和离境退税政策，扩展离岛免税购物政策适用对象范围到乘船旅客，实现离岛旅客全覆盖，研究增设免税店，提高年度免税购物限额。国家加大税制改革对海南先行先试的支持，统筹研究完善海洋石油税收收入分享机制，推进海南完善省以下财政体制，引导市县加快产业升级，优化产业结构。此外，在有效防范风险前提下，加大对海南省新增地方政府债务限额支持力度，促进地方债券投资主体多元化等；支持海南在建立绿色产品政府采购制度方面先行先试。同时，海南省政府在积极细化配套政策，陆续推出相关举措。

但从总体上看，财税政策支持较为零散，大多为囿于已有经验基础上政策支持，缺乏创新，尚未构建与自由贸易港相匹配的财税制度安排体系，与其他国家自贸港发展的稳定的财税制度尚有较大差距。

四、财税体制优化支持建议

在海南全岛建设中国最大自由贸易港，尚无国内经验可循，从国际经验看，提升进出口自由化水平，构建先进、宽松、合理的体制是自由贸易港的优势所在，也是构建财税体制配套支持的目标与重点。

海南自贸港建设是服务于完善与创新性地健全社会主义市场经济全局的重大举措，与之相匹配的财税制度建设必须服从于深化财税体制改革既定目标，其中，遵循分税制框架的规范性是财政体制发挥作用的前提条件。按照税收法定原则在中央、地方进行税种划分收入（即税基配置），属于分税制财政体制框架下的题中应有之义和关键特征。无论税种（税基）如何配置，收入是独享还是共享，其划分原则和共享办法与比例，中国都必须继续坚持其上下贯通、规范一律的原则。所以在确定海南自贸港（区）的相关优惠性的财税制度时，一些理论

上宜由中央或地方专享，但不得不划为共享税的税种（如我国目前的增值税、企业所得税和个人所得税），也仍然需要执行全国统一的分享办法和分享比例，坚持最基本的“全国一律”特征，海南发展的特殊需求目标应当依托转移支付和其他相应政策倾斜来处理。维护分税制框架的规范性是坚持我国“94 改革”基本制度成果的底线。通过财税制度管理与其他政府管理事务的协调配合，进一步规范与创建自贸港相关的贸易领域、金融领域、海运等制度，优化相关政策体系、监管模式和管理体制，加快“制度高地”的建设。

（一）中央对海南自贸港（区）财政资金支持方式具体安排

在中央一般性转移支付中，加大对海南自贸港（区）建设的支持力度，具体办法可能考虑：一是转移支付资金的50%部分按照统一的系数对缺口进行补助，其余50%部分可考虑自贸港（区）的具体需求做出倾斜调整，以适当强化财力分配中的支持力度；二是考虑将海南自贸港（区）维持基本运转支出占标准收入的比重适当提高，体现中央对其财力扶持；三是考虑在一般转移支付中加入“自贸港”因子，提高自贸港（区）的收支缺口的补助水平，稳定提升海南自贸港（区）政府的财政保障能力，在促进基本公共服务均等化的同时，由海南省级预算做具体支持自贸港建设的统筹安排。综合来看，考虑到海南自身基础条件和财力有限，而自贸港建设的时间紧、任务重，中央应酌情通过多个途径及时加大对海南自贸港建设的资金支持力度，包括一般性转移支付、专项转移支付、中央预算内投资、中央级产业基金等等，主要的具体支持方式、方向、做法，如表1所示；在资金支持期限和额度上，可结合海南自贸港建设的战略需要和步骤安排，分两期执行：中央对海南的各项财政转移支付、预算内投资资金和中央级产业基金投入，在2019～2027年期间，年增长率不低于15%；在2028～2035年期间，年增长率不低于10%。

表1　　中央对海南资金支持方式选择

中央资金支持方式	资金使用方向	具体做法
中央一般性转移支付	海南基础设施建设、生态环境保护、经济结构转型等支出、提高基本公共服务水平	在一般性转移支付计算公式中加入“自贸港”因子 提高补助标准
中央专项转移支付	自贸港基础设施建设	增加对自贸港（区）建设的专项拨款 制定合理分配办法

续表

中央资金支持方式	资金使用方向	具体做法
中央预算内投资	公益性以及以公益性为主的基础设施、生态环保、社会事业等领域的项目建设	增加投资项目和金额 减少海南配套资金比例
中央级产业基金	自贸港基础设施建设、特色优势产业项目	增加项目投资数量 提高基金投入比例 优化基金运作机制

（二）健全海南地方税体系，适当扩大省级税收管理权

在保持现有中央和地方财力格局总体稳定的前提下，按照党的十九大“健全地方税体系”的要求，遵循税制改革的基本要求，按照《中国（海南）自由贸易试验区总体方案》精神，海南可积极优化地方税体系，争取适当扩大省级税收管理权，适应自贸港建设的税种选择权和有助于自贸港建设的税收政策制定权，筹集适量相对稳定的用于履行地方事权的资金，而中央应把握具有地方税收法律法规和政策的审批权；同时，借鉴国际经验，中央层面进一步规范中央与地方政府间的收入划分办法，保证地方政府（特别是基层政府）逐步拥有主体税种，以确保中央有能力调控总体经济形势、地方政府有财力实现分级预算自求平衡。

1. 先行推进消费税改革：试点改革收入划分办法，试行部分税目在销售环节征收。消费税应主要针对过度消耗资源和危害生态环境的商品、过度消费不利于人类健康的商品，以及非生活必需品的高档消费商品和高档消费行为进行征收。现行消费税的征收环节主要是生产（委托加工）和进口，只对少数商品在其他环节进行征收。当前，无论从收入规模还是从辖区财政的“受益性”原则来衡量，国内消费税是“营改增”后短期内最直接有效的替代税种，海南省作为岛屿型地方辖区，结合《中国（海南）自由贸易试验区总体方案》的战略发展需要，可考虑先行推进消费税改革试点，将一些税目由海南自贸港（区）政府征收，试行区域性地把消费税部分税目改到销售环节征收并调整为中央和地方共享收入的试点方案。对目前已经具备条件的部分消费品，比如贵重首饰及珠宝玉石、鞭炮和烟花焰火、摩托车、小汽车、游艇等，改为在销售环节征收；对于完全不适合在零售环节征收或征管成本过大的商品，可仍坚持在生产环节征收。如此，在消费税改革先行试验中，海南自贸港（区）可依靠巨大的消费增长市场潜力，为地方政府收入提供一项可观的来源支撑，打造地方经济社会良性循环发展的机制，并为全国的消费税改革积累经验。

2. 研究开征旅馆业特别税（属于流转税的地方设税权）。地方税体系完善包含地方税权下放的研究与设计，这是分级财政、地方政府自主理财、发挥地方政府积极性的重要手段，当然在地方税权下放过程中，应充分考虑税权下放的节奏，以避免对市场公平环境带来不利影响。税权下放不仅包括税种选择权，税率调整权，也包括在一定条件下的因地制宜设税权。在体制规范化条件下，海南地方政府应可以考虑适当地、依法地、按照科学合理的方式从“特色资源”中获取收入。海南自贸港（区）可积极借鉴国际相关重要旅游城市和区域的经验，研究在本地开征旅馆业特别税，先行先试“因地制宜”设税权的制度创新。住宿税在欧美观光景区早已有之，目的是筹集解决因观光客大增所产生的拥挤、脏乱问题，以及现有公共设施和交通改善与升级所需要的费用。2017 年 11 月 2 日，日本京都市议会投票通过关于收取“宿泊税”的市条例案，未来游客住宿需要每晚交 200 ~ 1 000 日元住宿税。预计这项新税的征收，为当地政府一年可增加 46 亿日元（约 2.7 亿元人民币）的收入。这个数额几乎相当于东京一年住宿税额的 2 倍。海南在建设国际旅游岛战略期，应充分考虑借鉴国际经验，争取适时开征住宿税。

3. 基于地理区位优势，建设国际化、高水平税收管理平台。在财税改革中进一步对接完善符合国际惯例的税收管理制度，合理掌握和规范自贸港税收征管制度，积极建设跨国税收协作平台。建设以海南自贸港为中心的“一带一路”区域国际税收管理机构。在数据和信息共享、法规信息交流机制、税收征管对话等方面发挥积主导作用，整体提高国际税收征管协调性。

加快建设税收饶让协定平台，增强税收激励效果。积极推进海南自贸港与东南亚国家在投资方面税收饶让协议的签订，结合不同国家的发展阶段特点、产业结构和生产要素优势，给予不同比例的饶让优惠。同时建立对税收饶让政策实施效果的评价体系，通过对政策效果的合理评估为政策调整提供依据，适应经济形势及环境变化。

（三）自贸港建设中的相关重点配套改革事项

以财政制度优化创新配合呼应行政管理方式转变，有利于理顺政府和企业之间的关系，让市场在资源配置中发挥决定性作用，进一步推进政府向服务型政府的职能转变。

1. 激发社会有效投资支持自贸港（区）基础设施建设。在海南自贸港建设中，既有必要，又有巨大的可能空间来特别注重地采取政府与社会资本合作、政府购买服务、产业投资引导基金等多种形式，激发和引致社会有效投资支持公共工程、基础设施、产业园区规划、建设、运营等重大项目，鼓励和引导企业的技术研发投资，促进投资升级。例如，大力推进重点基础设施、医养特色小镇、新兴产业园区等项目应用PPP模式；设立产业发展与创新引导基金等专项基金，采取市场化运行模式，吸引社会资金支持创新、发展。

2. 率先扩展“大部制”机构改革。在海南自贸港建设中，乘势率先扩展“大部制”改革，是一个非常重要的改革方向。海南自贸港建设中，可借鉴国内外的相关机构改革经验，吸收“党政联动、同类项合并”等精简机构的要领，着力于决策、执行、监督“行政三分”，率先推进大部制配套改革，在整合“同类项”、减少局、委、办的数量方面进一步先行先试。在推进简政放权过程中，政府还应逐步将具体事项下放给基层政府，或者应由社会管理的事项交给社会机构管理，降低行政成本。围绕转变职能，在整合职能相同、相近或者交叉的机构相关的人事调整中，可立足于保持工作的延续性，优化组合，人岗适配，以达到政令畅通，提高行政效率的新境界。

最后，明确宣示海南自贸港制度和政策设计的“一揽子”性质（部分内容可分步实施）以及海南自贸港与国内其他区域相比的特殊性。海南自贸港建设是中央在现代化全局部署中的一个战略性重点和区域性特例，在整体推进中要分阶段探索，要有一定弹性试错与创新空间，税收优惠特殊政策的力度，应考虑分步到位。应由中央明确，原则上国内其他省、市级行政区一律不得搬用、套用海南实行的自贸港特殊优惠政策；海南的开放将采取“放开一线，守控二线”的模式，既是考虑到特殊的岛屿自然条件因素，也是考虑到防攀比、防扩围意图。

参考文献：

[1] 袁志刚：《中国（上海）自由贸易试验区新战略研究》，格致出版社2014年版。

[2] 林雄：《中国自贸区建设与国际经验》，中山大学出版社2016年版。

[3] 贾康、刘薇：《构建现代治理的基础——中国财税体制改革40年》，广东经济出版社2017年版。

[4] 李思奇、武赟杰：“国际自由贸易港建设经验及对我国的启示”，《国际贸易》，2018年第4期。

[5] 符正平：“论中国特色自由贸易港的建设模式”，《区域经济评论》，

2018 年第 2 期。

[6] 孙超："自由贸易港的税收制度研究——兼论我国海南自由贸易港的税收激励机制的构建"，《税收经济研究》，2018 年第 4 期。

[7] 贾康、梁季："配套改革取向下的全面审视：再议分税制"，《中共中央党校学报》，2013 年第 5 期。

[8] 于长革："改革转移支付重在调整央地关系"，《经济日报》，2015 年 3 月 2 日。

（本文发表于《地方财政研究》2019 年第 10 期）

认知住房市场调控困境与地方财税制度创新及配套改革

贾 康

【摘要】本文从城镇化因素、人口总量与结构变化、收入分配与不动产配置与占有、房地产属性的金融化、城市发展模式和土地供应制度六大方面，考察分析中国住房市场调控的困境，进而重点围绕相关于财税制度及其配套改革的思路，从土地制度、住房制度、投融资制度和房地产税制度四大方面，讨论构建中国房地产业健康发展长效机制问题，提出了与此相关联的一系列具体改革建议。

一、中国住房市场调控与政策优化的困境分析

近些年来，中国许多大中城市的住房价格水平出现快速攀升，房价/收入比走高，房地产市场秩序紊乱，越来越多的进城务工人员和不少城市“收入夹心层”人员难以从市场上获得他们支付能力“承担得起”的住房。人们热议的顶尖水平的科学家施一公请辞清华大学副校长而转任西湖大学校长，风传也与“还不起房贷”的现实问题有关。而多年间一轮比一轮“严厉”的政府房地产宏观调控，却表现为“打摆子”和“越调越高”，被社会指责为“空调”，治标不治本，不仅让很多民众继续“望房兴叹”，也有损政府的公信力。这种情况下，住房市场的供求矛盾特别是带有结构性特征的住房条件“两极分化”式的社会分层和社会成员不动产配置状况两极悬殊，使社会矛盾问题随之加剧。而且，房地产领域投资客观的“高收益”，形成了对于资源要素的强大吸引力，使制造业等其他“实体经济”的吸引力相形见绌，进而带来的是要素流动中产业结构的失衡，以及在中心区域“留住人才”越抬越高的房价成本，等等。这些既威胁社

会公正，影响社会安定和谐，也会销蚀我国经济高质量可持续发展的后劲，并且已经引起了地方政府层面有识之士的焦虑。

如具体地考察分析影响住房价格与住房不动产配置的相关因素，不仅有房地产市场供需变动的短期因素，更有影响供需力量的长期、综合因素，包括城镇化加快、社会分配差距拉大、房地产过度金融化、土地供应的约束条件收紧和不动产溢价的调节机制薄弱等。可以说，我国住房制度改革和房地产市场调控中的困境，集中而典型地映射了我国经济转型和社会变迁中的深层次、综合性、全局性的矛盾和问题，体现了改革深水区"攻坚克难"的挑战性与艰巨性。

（一）城镇化因素推动住房供需互动中的"供不应求"与房价上扬

改革开放以来，我国城镇化率年均提高1个百分点以上；2000年以来，约年均提高1.36个百分点，常住人口城镇化率从1978年的17.9%上升至2012年的52.57%，2018年底进一步提高到59.58%，

但户籍人口的城镇化率2017年还仅为42.35%。根据世界各国城市化的一般规律，可知当前我国仍处在城镇化率30%~70%的快速发展期之内。新型城镇化的核心问题，是要有序推进农村转移人口的市民化。据公安部统计，2010年以来，全国农业人口落户城镇的数量平均每年要达到900万人以上，再加上并不落户但却在城镇常住和工作的流动人口，这一部分社会成员的住房需求十分庞大。未来30年，估计我国的城镇化过程中，将还有3~4亿农村人口要转移至城市。目前城镇人均住房面积为35平方米左右，假定新移民人均住房面积需求较低——平均为30平方米，则为满足这些新移民居住的住宅面积，将年均达到4.2亿平方米。以住房套均面积70平方米估算，则每年城镇住房新增需求要达到600万套，这还不包括原有城镇居民的改善性住房需求。上海易居研究院的研究人员曾通过定量分析，得出城镇化率变化与住房指标变化间可量化的相关关系是全国城镇化率提升1%，相应的住房投资增长7%，住房竣工面积增长2.7%，人均住房面积增长1.4%等。

住房是附着于土地上的，而"地皮"在城镇中心区具有特别的稀缺性和自然垄断性，自然会使房与地合成的"不动产"市场价格走高。在这种背景下，中心建成区域的住房"供不应求"并使房价形成"上扬曲线"，带有长期趋势特征，仅靠住房市场商品房的供给，远远不能解决规模日益庞大的城市低中端收入人群解决"住有所居"的，支付能力对称性问题和住房有效供给问题，同时由于大量低中端购买力的"房奴"式拼命挤入，房价的大幅上涨之势也更不易遏

制，十分需要建立市场配置和政府保障相结合的住房制度，推动形成总量趋于基本平衡，结构基本合理，房价、房租水平与消费能力基本适应的住房供需格局，以有效保障城镇常住人口的合理住房需求。

（二）人口总量与结构变化：总规模上升、家庭“小型化”和老龄化对供需关系形成不同影响

人口是房地产需求的基础性因素。一个国家的住宅需求量主要是根据这个国家的人口数量、年龄结构和家庭分裂速度决定的。人口总量、家庭结构、地域集聚特征是影响住房需求的长期因素。所谓“刚性需求”，是指社会成员为满足自身生存需要而产生的基本需求，而住宅属于生活必需品，人们为了满足生存和发展的基本需要势必会提出“住有所居”的需求，“基本住房”的落实就属于“刚性需求”。在这种“刚性需求”作用下，住宅需求量始终伴随人口数量和结构性变化而在总体上发生改变。我国仍处在总人口的上升区间，但未来会达峰值而转为相对稳定状态，估计未来中国人口总规模的峰值将在14.4亿人左右。伴随人口增长，我国住宅新房竣工面积也从2000年底的18 948万平方米上升到2014年的80 868万平方米，其间“翻了两番”。这个趋势与人口对住房提出的“刚性需求”密切相关，同时也与中国步入“中等收入”社会而必然产生的大基数人口对住房提出的“改善性需求”有关（而且也与市场上的“炒房”力量相当强大与活跃有关）。人口数量的逐年增加极大地刺激新增基本需求、改善性需求合成的住房总需求的上升。同时，中国的家庭人口平均数已从1990年的3.96人/户下降到了2008年的2.96人/户，并在不断的下降中，国家有关部门调查结果显示，2015年中国城镇的户人口平均规模已下降到2.63人。这种家庭向“小型化”的裂变，自然也会对住房需求的上升带来可观的影响。

当然同时也应看到，我国人口抚养比自1964年开始，就进入持续下降阶段，即进入人口红利时代，这种变化趋势持续到2013年左右而告结束，人口老龄化速度加快，中国从“人口红利期”转为“人口负债期”（见图1），与此相关，全社会“老龄化”及储蓄率的降低，可能带来的是未来使住房需求下降的因素，以及对住房价格的降低影响。

1991～2009年近20年间，中国的购房适龄人口总数从3.45亿人增长到4.65亿人，增幅为34.8%，其间全国普通商品住宅价格从每平方米756元增长到4 474元，考虑通货膨胀因素的影响，增幅为392%。但从2015年之后，适龄购房人口数开始呈现下降趋势。按人口老龄化进程推算，30年后，在其他因素

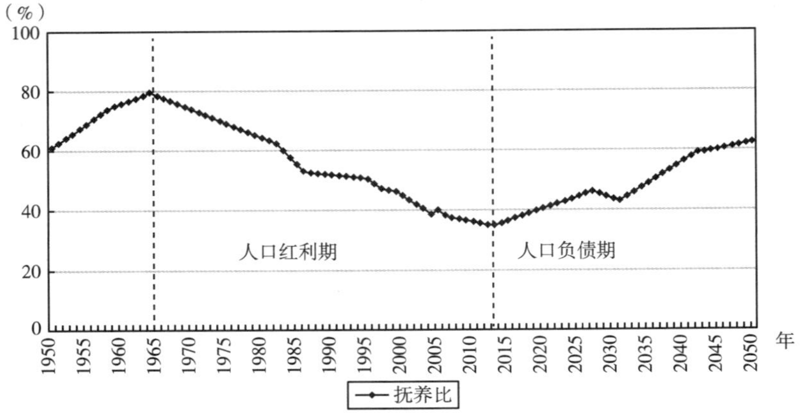

图1 "人口红利期"向"人口负债期"的转换

不变的情况下，我国城市将可能空出1亿套以上的商品住房。随着人口出生率下降，中国人口进入负增长时期，适龄购房人口总数将持续减少，很多城市将很难再有新增的住房需求。虽然会有一些更新、改善房产的需求，但总体上那时除少数人口聚集效应仍十分显著的大城市外，一般城市的住房将会出现普遍过剩。同时应指出，中国家庭规模"小型化"趋势会在未来几十年内于一定程度上抵消人口下降带来的影响，但这一因素的作用毕竟是有限的。

显然，在不同阶段，政府的相应政策有必要作出动态的优化组合，引导人口与住房供需的变化。

（三）社会收入分配和不动产配置（占有）的失衡与秩序紊乱，加剧住房矛盾，并可能形成"两极分化"式恶性循环

党的十七大报告提出"创造条件让更多群众拥有财产性收入"，对此社会上有一种误读，认为就是要让人"多多益善"地拥有资产，尤其是住房财产。其实，在收入分配差距扩大的发展过程中，如不在人们更多拥有财产性收入的同时配之以必要的"抽肥补瘦"式的再分配调节，则会助长"两极分化"，因为收入分配差距的扩大，和财产在不同拥有者间配置（占有）差距的扩大，是如影随形、互相激励的，特别是在不动产由低价迅速走向高价的变化时期，后者在极大程度上决定着前者。2012年我国居民收入的基尼系数已高达0.474，此后有所下降，2015年为0.462，但仍属于一般可判断为明显"过高"的状态，高于0.4的国际警戒线。同时，研究发现，与其他收入形式相比，城镇居民财产性收入分布

的基尼系数是最高的，而且近年来对总收入差距的影响也在迅速扩大。从国际经验来看，财富的两极分化通常也远远高于收入的分化情况。

基于中国财富分布和收入分配的严重失衡，房地产价格对于占人口大概10%到15%的富人而言并不贵——这是相对于其房价收入比而言。但是对于另外的多数人口而言，这种房价就变得贵、太贵甚至根本不可负担。当能够负担购房支出的这些阶层只占总人口一小部分的时候，又恰值城镇化加速、人口规模上升、改善性需求快速形成、住房总体上供不应求的发展阶段，再加上住房商品化改革不可避免地推出，使商品房在市场上通过房价上升机制在更大覆盖面上具有了投资品属性，而不止于消费品属性。此时，房价上升的驱动力更多的是部分高端收入人群的投资、资产和金融变量，包括“炒房”资金的力量，而不是总计的社会消费和收入变量。现实中，目前中国一线城市的房价收入比，已远远高于一般认为的4~6倍的合理区间，这就是在社会收入分配出现两极分化、严重失衡情况下，全国富有阶层的住房购买力通过地区间转移流动而集中体现在一、二线城市所致。

在我国国民收入分配结构中，劳动收入(“雇员薪酬”) 份额前些年曾呈下降趋势，资本收入份额相应上升。而在房地产价格持续攀升的背景下，来自于短期倒手“炒房”的房地产溢价，或不断上涨的出租收益等资本性收入，实际上又进一步恶化了国民收入分配格局。再加上不动产投资、住房交易领域存在的较为突出的秩序紊乱、设租寻租、黑色与灰色收入膨胀等问题，实际上制造了各地一批批“房叔”“房姐”式的暴发户，加之肆无忌惮的“炒房”交易，无异于火上浇油，从而形成房市楼市的某种恶性循环。经过了这些年不动产投机的多轮高涨，我国的房地产可说在不小程度上脱离了居住的基本功能，而异化成投资工具和投机的热门（客观地说这些投资、投机未必全都是“不正之风”，有许多主要属于甚至纯粹属于“理财”的“技术路线”选择）。一方面，高收入者或部分中等收入者通过大量购房置业投资，在过去的房价上扬过程中进入财富增值通道，其财产迅速积累，财富效应不断放大——在这部分人的收入结构中，财产性收入占据了很大乃至绝大部分，远超工资性收入，于是积累的结果是，一部分中等收入者迈入高收入者行列，而高收入者迈入超高收入者行列；另一方面，低收入者或部分中等收入者由于无力购买、持币观望，或者花光积蓄、贷款购房用于居住，也就没有机会进入财富上涨通道（自己居住的首套房的增值只能带来一些心理满足意义），因为这部分人群的收入结构主要是工资性收入占主体，于是在房价的上扬过程中，因货币贬值而其关联不动产财富的相对地位，会进一步受损。

由于房价上涨的速度超过工资上涨的速度，结果导致低收入者依然是低收入者，一部分中等收入者也因购买高价的居住性住房而成了实质上的低收入者（以“房奴”为典型状态）。最终的结果是，在近年房地产的高涨过程中，加大了我国两极分化，“富者愈富，穷者愈穷”，马太效应凸显。这种趋势如不扭转，便形成收入分配的恶性循环。

（四）房地产属性的日愈金融化助长泡沫

住房是必需的消费品，又是基础、大宗的跨期消费品，同时也可以成为资本品，当作投资、炒作的对象和取得贷款的抵押品。特别是在我国居民投资渠道有限的情况下，流动性充裕或泛滥的时候，住房更会首当其冲被作为投资或投机的对象。从静态收益率比看，由于近年来务工人员向大中城市流动趋势进一步增加，以及每年规模庞大的大学毕业生等新增就业人口，使得大中城市的住房租赁需求持续普遍上涨，表现为住房租金收益率水平要高于主要发达国家和发展中国家，直接平均租金收益率在4.8%，而主要城市的租金收益率达到7%左右，远远高于银行存款收益率。从动态看，由于在中长期趋势上中国大部分城市的房地产价格都在上涨，使房地产投资在“倒手”出售形式上更是产生了较大的资产溢价收益。利益驱动在“羊群效应”和“金融化”的共同作用下，以很快的速度表现为投资、投机交易的增长，加剧了房地产市场中的非理性需求。

与此同时，21世纪以来，我国广义货币M2呈现快速增长态势，金融市场流动性曾呈现持续宽松状态（见图2），M2与名义GDP的比值在不断上升。2003年以来，外汇占款快速增加导致货币供应量的被动释放。M2的快速增长中，流动性在利益驱动下更多流向了收益前景好的房地产市场，对房地产价格也客观上产生了一定的支持其上涨趋势的作用。M2的增加，使得房地产商从银行获得贷款的可能性增加，潜在购房者流动性约束下降，从而导致对房地产需求的更为旺盛和新项目投资决策的更为积极和扩张冲动，产生了相当大的互动影响，导致房地产价格抬升。个人住房按揭贷款和住房抵押贷款再购房，也都扩张了需求，都会拉升房地产价格；而房地产开发贷款，则缓解了房地产开发建设主体的资金压力，并为房地产开发商“惜售”“囤地、囤房”等行为提供了便利。又由于房地产具有建设周期长、自然寿命和经济寿命长以及土地供给有限等特点，决定了房地产短期供给是缺乏弹性的，房地产价格的变动，主要受城镇化加快背景下的支付能力和需求向上变动的影响。

总之，在中国居民投资渠道有限情况下，商品房投资成为比存款利息收入高

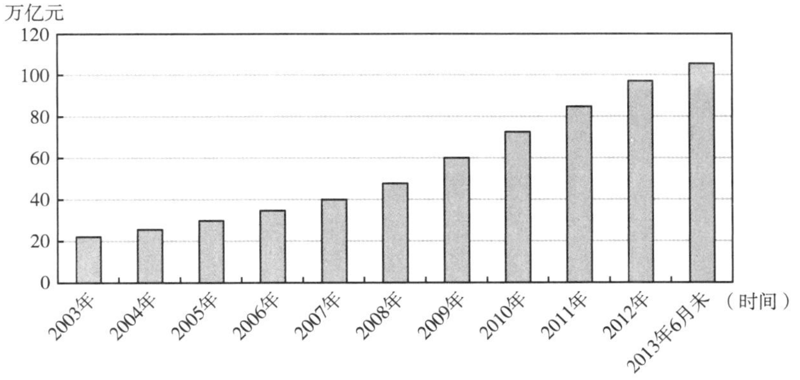

图2　2003～2013年M2供应量变化

而风险相对小且不需要太多专业技术与管理能力的“最佳投资选择”。现实生活中房地产投资与金融的机制性结合，更以“金融化”使其能量放大，投资收益可观，同时也在积累和放大“泡沫”，即积累着不良的投机风险因素。

（五）城市发展模式带来的挑战性问题

住房商品具有典型的异质性和“宜居”评价的复杂性，其价格不仅取决于住宅本身的建筑质量、户型结构、面积、朝向等，而且与社区环境、城市布局、空间区位、设施配套等一切与人居相关的社会、经济、环境因素息息相关。这些因素可简称为“地段”因素。

城市住房问题与城市地段代表的多种构成要素有关，这是住房有别于其他商品的基本特征之一。虽然目前住房问题的主要矛盾是快速城市化等造成的供求数量失衡，但对住房供求的“空间失配”问题也亟须重视。住房供给绝非单纯的数量问题，它还包含与城市功能区布局、交通联系、服务设施配套等息息相关的结构优化问题。城市住房市场客观上呈“板块化”分布，其主要原因是住房本身的高度差异化——由其地理位置、环境品质、交通便利性、社会基础设施和服务网点配套等条件而分化为次级子市场，体现为板块内部的“均质性”和外部的“异质性”并存。板块化即是一种“地段”有别的空间分割现象，是导致住房供求易出现“空间失配”的重要原因。例如在高端地段工作的低收入群体几乎无望在较小的搜寻半径内寻觅到适当的住房，只能支付较高的通勤成本而远距离居住；而如果保障房建设完成了，但选址过于偏远，基本服务不便，且交通成本过高，也同样不能有效、合理地解决低收入群体的住房需求问题。

充分认识这种与地段因素相关的各类住房“空间黏性”特征，也就要充分重视住房市场中的价格机制失灵。从原理上说，如果土地供给充分，在长时期里，价格机制会引导住房供求总量与结构的平衡并且平抑房价；但由于存在“优势区位土地短缺与自然垄断”和“空间黏性”，短中期内乃至黄金地段在长期内，很难改善供求关系。城市中的优势区位土地总是短缺的，当房价上涨时，虽然有些城市可以扩大土地供给，但可能主要分布在城市外围，短期内很难形成对中心区优势区位土地上供给物的替代。并且，住房建造周期很长，从获得土地到最终形成住房供给，往往需要好几年时间，因此虽然房地产行业的高利润率会促使大量资本集聚，但短期扩大供给殊非易事，短期游资会更青睐于在交易环节快进快出，客观上形成抬升投资和投机需求的炒作，从而进一步加剧供求矛盾。

所以我国住房问题，也集中反映着城市发展合理模式的挑战。在人口高密度的城市中心区，住房资源的稀缺和不当配置，会衍生出一系列问题。当住房价格上涨快于经济增长时，住房问题表现为中低收入群体难以支付住房价格；任由价格机制发挥作用，必将导致明显的住房资源分配不公平；而缺乏合理和有效的规划与调节干预，则会助长住房开发的无序和混乱，并使得城市公共基础设施的运行效率低下，问题丛生。政府方面的劣质规划、不作为或不当干预，会加剧中心城区过分拥堵、居住群落的社会阶层分化、环境污染等种种不良效应，困扰社会生活的方方面面。

近年来，我国不少中心区域“城市病”问题日益突出，城市服务管理水平不高。大城市往往空间无序开发、人口过度集聚，结果是交通拥堵问题严重，食品药品等公共安全事件频发，重经济发展、轻环境保护，重硬件建设、轻管理服务，大气、水、土壤等环境污染加剧，城市公共服务不少事项上供给能力不足，城中村和城乡结合部等外来人口聚集区人居环境较差。现实生活正向城市发展模式问题提出挑战，包括如何疏解特大中心城市的非核心功能，如何促进中小城镇的繁荣发展，多类住房如何合理配比供应，各种相关因素怎样成龙配套，百姓的社会和谐感、民生幸福感依靠什么样的房地产供应体系及政策得到提升？

面向未来，应探求和遵循城镇化发展规律，以多样化、合理分布的城市发展模式，提高我国城市的可持续发展能力，优化城市空间结构，统筹中心城区改造和新城新区建设，以加快转变城市发展方式，有效预防和治理“城市病”。完善城镇基础设施和公共服务设施，提升社会服务和居住服务水平，增强城市承载能力，增强城市经济、基础设施、公共服务、资源环境对人口集聚的支撑作用，其中一个“托底”的事项，就是以“因地制宜”的解决方案，切实将保障性住房等基本公共服务，合理有效地覆盖城镇区域，并以中高端住房保有环节的房地产税，抑制两极分化，阻遏过度投机的“炒房”，形成包容性发展模式。

（六）土地供应制度以及财税制度变革方面的考验

在土地制度方面，我国于改革开放以来，尤其是近十多年暴露出的明显问题，一是城乡土地分割；二是管理体制不顺，城镇土地国有制度变成“地方政府的多部门实际占有”；三是政府垄断土地情况下的决策透明度和约束、监督、问责机制均不到位，在一级“市场”上，政府集“管地者”“用地者”和“裁决者”于一身，形成“买方垄断”，往往极力压低征用补偿标准。在二级市场上，政府集唯一的土地管理者、出让方和监管者为一身，形成“卖方垄断”，加之不够完善的招拍挂制度，不利于抑制土地价格攀升及其后的房价高涨。

与此同时，地方政府对房地产领域的财税收入依赖十分严重。2010 年中国地方政府的税收中有 16% 来源于土地及房产相关的税收，如土地使用税、契税等，约 6 500 亿元。来自建筑业与房地产相关行业的营业税，企业和个人所得税的税收达 6 800 亿元。再加上 3 万亿元左右规模土地出让金，2010 年中央及地方各级政府从土地、房产及相关行业获得的税费达 4. 4 万亿元，占 GDP 的 10. 6% 。此外，中国地方政府融资平台利用土地向银行抵押贷款等各种形式举借的债务超过 10 万亿元。这种情况近年来进一步加剧。

土地批租收入（出卖土地使用权收入）在部分有条件“把地皮卖个好价钱”的地方政府那里，成为最被看重的收入来源，客观上是极不均衡地形成了地区之间差距悬殊的土地出让收入。不同年度和阶段上收入规模的跳跃性，也十分严重，且极易伴随种种不规范、不公正的行为，在被人们诟病时称为贬义的“土地财政”现象。这方面的问题又与房地产业及住房供应问题形成了千丝万缕的联系。必须通过改革和完善财税体制，健全地方税体系，消解地方政府产生“土地财政”短期行为的内在深层原因。从中长期考虑亟需以合理稳定的房地产税替代不可持续的“土地批租”收入的地方主体财源地位，形成一种由各地全面考虑，多种因素基础上的正确、理性的财源建设解决方案。

二、亟须以地方财税制度创新和配套改革，构建房地产业健康发展长效机制

以上六个方面的分析虽仍不够全面，但已可使我们概括认识中国住房市场调

控与政策优化和相关改革所面临困境的成因。深入洞察问题成因，正确对策才能随之提出。客观因素的存在是制约条件，制度、政策的主观设计引导，是在客观制约下应做好的一篇系统工程式的大文章。在多年经验教训的总结之后，近年中央经济工作会议已十分明确地指出，打造房地产业长期健康发展的长效机制，需主要依靠推进相关的基础性制度建设。那么，至少包括土地制度、住房制度、投融资制度和房地产税费制度在内的相关基础性制度体系的配套改革，便成为治本之道、当务之急。我们必须以配套改革的攻坚克难，来完成这个重大任务。

以下分别考察在地方财税制度创新和配套改革层面，至少需积极探索和推进与构建房地产业健康发展长效机制密切相关的四大方面的基础性制度建设。

（一）土地制度：完善地票，土地收储，多规合一，招拍挂

土地的开发利用是形成城镇不动产的先决条件。在与房地产业健康可持续发展相关的土地要素视界之内，需于我国基本农田“占补平衡”机制保障下，激活集体土地市场，优化城镇土地供应，构建可持续的房地产土地供给制度。土地供应难题是当前房地产困局的重要原因之一，关键是以制度创新调动土地供应潜力和市场活力，多渠道增加土地供给。一是改革土地制度，借鉴重庆“地票”制度改革试点经验，激活集体土地市场。赋予农民长期的土地使用权（未来可明确永佃权），并以占补平衡大前提下的“地票”式市场交易，形成调动远离城乡结合部农民复垦积极性，使他们共享城镇化发展的土地溢价收益，建立以土地使用权为核心的土地产权体系，弱化所有权，允许集体土地建设用地使用权在符合国家法规的前提下自由流转（包括入股），合理有效解决城镇化进程中扩大建成区所需增加土地的供给来源问题。二是优化土地规划，并以土地收储制度确保土地可持续供给。应按照“规划先行，多规合一”的原则，致力于实现土地开发利用规划与城乡发展、产业布局、公共交通、公用事业、环境保护等等各类规划的有机结合，以建设“以人为中心的城市化”为目标，保障人人住有所居的目标落实于高水平总体规划的施行之中，动态优化调节居住、工商业和公用事业不动产的匹配关系。三是改革完善现行土地一级开发批租制和招拍挂制度，平抑土地价格。针对40～70年土地批租制诱发地方政府短期行为而力求把未来若干年的土地租金“一次性拿足”，土地招拍挂单一竞价拍卖制度，在土地自然绝对垄断前提下，很容易把价格轮轮推高等问题，可考虑将一次性批租制改为年租制，并且对“招拍挂”实行“限房价竞地价”等新方式，促使土地价格沉稳化。地方财政的基金预算，应当一览无余地涵盖辖区内的一切土地批租收入，并成为对

其实施规范化管理与有效多重监督的载体。

（二）住房制度：优化双轨统筹

住房制度改革经历多年实践，已有相对清晰的基本经验，各地必须建立保障房、商品房供给“双轨统筹”下的多主体供给、多渠道保障、租购并举、既体现效率又维护公平的住房供应制度。政府“更好发挥作用”在住房领域的首要任务，是以财政资金和政策性融资机制为后盾，牵头组织好保障性住房轨道上的有效供给，在总结已有经验教训基础上，把保障房具体形式集中于对最低收入阶层的“公租房”和适合于收入夹心层的“共有产权房”，排除其他五花八门、极易产生扭曲和套利弊端的“经济适用房”的种种具体形式。一是要加快优化公共住房建设发展规划，适当提高公共住房比重，根据地方辖区具体房源情况掌握好公共租房供给以财政资金“补砖头”与“补人头”的选择与权衡关系。二是出台切实举措发展房屋租赁市场，如允许承租人可以使用住房公积金付租金[①]，降低房屋租赁的增值税负担，个人基本生活需要的房屋租金可以抵扣个人所得税等。三是在教育、医疗方面落实租售同权的配套制度安排。把保障性住房托底的事情做好了，解决商品房供应问题，就应更多地依靠市场，核心思路在于双轨统筹框架下建立“多主体供给、多渠道保障、统筹兼顾”的住房供应制度体系，既体现效率，提升供应能力和质量，又能照顾公平，实现全体社会成员住有所居，在全面覆盖基本住房需求的同时，也兼顾中高收入人群的改善性需求。

（三）投融资制度：商业性、政策性协调配合，机制创新

包括住房的房地产业供给品的形成，需要国土开发和不动产投资建设的大规模资金投入，相关的投融资制度改革创新至关重要。在各地亟应建立商业金融和政策金融协调呼应的房地产投融资制度，以及个人住房金融制度，“双轨”协同发挥合力，助推多层次住房供给体系建立。一是要构建多层次的住房金融体系，合理发展商业性住房金融，开发夯实政策性住房金融机制，探索发展互助储蓄型金融。对于中高端收入人群对应的商业性住房金融，可以逐步放开信托公司、保险公司、财务公司等的准入，破除商业银行的过度垄断，促进竞争，放开融资形式、融资条件、利率等，允许金融机构按照市场化原则提供灵活多样的住房金融产品。对于政策性住房金融，要聚焦建立起一套针对中低收入群体、特殊困难群

① 黄奇帆：《关于建立房地产基础性制度和长效机制的若干思考》，复旦大学演讲整理稿。

体的金融支持制度，如把住房公积金制度，于改革中调整纳入真正的政策性金融制度体系，探索由政策性金融机构接手保障性住房的投融资（包括 PPP 项目建设中可纳入的保障性住房①）。可借鉴国外住房储蓄银行的经验，在大中城市建立储蓄性住房金融机构，通过互助融资，为成员间的住房需求提供支持。二是在住房金融市场发展中，积极支持发展住房贷款证券化产品，探索 REITs（房地产投资信托基金）的发展，培植住房金融的二级市场，拓宽资金筹集渠道，并优化回报机制。三是在当前阶段，面对“冰火两重天”的市场分化格局，在“火”的一、二线城市看重“金融去杠杆”的同时，在“冰”的不少三、四线城市还需酌情配之以“加杠杆”措施（包括商业性、政策性双轨发力）以利“去库存”。四是在住宅项目建设、小区开发，乃至包含多类型住宅的地方辖区内连片开发项目的建设中，积极、规范地引入 PPP（政府与社会资本合作）创新机制，以少量的政府付费“四两拨千斤”地拉动、引致民间资本、企业资金、商业性信贷资金进入相关投融资领域，并带来政府、企业、专业机构“1 +1 +1 >3”式的绩效提升效果。

（四）房地产税制度：健全体系，攻坚突破

广义的房地产税指与房地产相关的一切税收，狭义的房地产税特指住房保有环节的税收。构建激励相容的房地产税收制度，形成公平合理、社会共享的土地增值收益分配制度，是事关房地产业调控具有治本水平、促使业界实现健康可持续发展长效机制的十分重要、无可回避的基础性制度建设，也是中国改革中、地方税体系建设中，一块难啃的“硬骨头”。

从理论和实践的结合看，关于房地产增值收益的分配，是房地产经济制度的一个核心难题所在。“土地涨价归公”的分配，现实中应处理为适当兼顾各方的“涨价分成”。关于土地增值收益的分配，理论界有两种主流观点，一个是“涨价归公”，另一个是“涨价归私”。应看到完全的“涨价归公”或“涨价归私”都不尽合理，土地的增值主要源于政府牵头对公共基础设施建设投入所带来的公共服务水平提高而产生的物业升值；但也不能否认，土地的增值与私人投资和各个微观主体相互影响所带来的“软件”（服务等需匹配的环境、文化因素等）改善也分不开。因此，土地增值收益的分配，根本性的做法与出路还是公私兼顾、

① 贾康、刘军民：《中国住房制度与房地产税研究》，企业管理出版社，2016 年版。

社会共享①。而实现这一兼顾和共享的目标，建立现代化的房地产税收制度（成为政府与居民的激励相容制度交汇点），引导土地财政向税收财政过渡，显得尤为重要。因此，需要从以下几个方面着手，构建适应现代市场经济体系长治久安要求的房地产税收制度。

第一，降低交易环节税费，减轻交易成本，减少对房价的“助涨助跌”效应。具体考虑至少应有四个方面的措施。一是在营改增全覆盖之后，创造条件按时适当降低增值税税率，简并税率档次，同时尽可能减少区别式减免税、先征后退等税收优惠政策；二是降低交易环节税负，可将契税平均税率降低至1%左右，维持较低税负水平；三是简化税制结构，将土地增值税合并至增值税，将城镇土地使用税、房产税、耕地占用税等并入未来的房地产税；四是清理房地产收费，能够取消的取消，能够降低的降低。

第二，在住房保有环节实施房地产税改革，立法先行，按照住房市场评估值确定税基，对地方政府充分授权，区别不同情况，分步实施。这一改革关系到以利益引导各方预期的房地产市场抑制炒作的机制建设，可促使土地财政顺利转换，地方政府职能合理转变与地方财源建设相内洽，以及地方治理的法治化，也与优化再分配、推进广大百姓共同富裕进程相关。根据现实生活的“问题导向”和党的十八届三中全会关于加快房地产税立法并适时推进改革、2020年前落实税收体系的税收法定工作，以及党的十九大关于加快建设地方税体系的系列指导方针，房地产税立法及改革的积极推出势在必行。建议改革过程中，一是借鉴上海、重庆两地试点经验，一开始可适当“柔性切入”，力求先建成制度框架。制度设计方面要充分考虑中国社会对此改革的可接受性，制定包容、开明的税基扣除和税收豁免政策，通过立法搭建制度框架后，在部分“火”的城市先行而“冰”的城市可从容等待以后的合适时机跟进。开征房地产税的同时，可明确立法规范个人房产土地使用权70年到期后可续期，即转为永久使用权；不动产信息登记及联网、房屋价值评估机制、个人纳税申报制度建设等，均需匹配到位，确保房地产税顺利落地。

第三，改革中将土地增值税并入增值税后，将集体土地建设开发纳入征税范围，以出让、抵押、租赁、入股等方式有偿转让集体建设用地使用权的，应缴纳增值税，从而使国家以税收方式参与集体土地收益分配。

第四，完善个人所得税制度。依据2018年完成修法的个人所得税综合与分

① 贾康、刘军民：《中国住房制度与房地产税研究》，企业管理出版社，2016年版。

类相结合改革方案，落实好对纳税人购买首套或者改善型住房的抵押贷款利息允许按照标准在个人所得税前扣除的规定；今后还可考虑对有能力有条件有意愿的中等偏下“夹心层”家庭购买共有产权住房，可规定其购房支出，在合理的范围内允许于个人所得税前予以扣除。集体土地准予流转后，应将个人转让集体土地使用权收入，纳入个人所得税的征税范围。

由未来可望稳定运行并逐步培养成为地方政府主力型支柱财源的房地产税，以及必将积极构建的完整的地方税体系为重要制度支撑条件，省以下的分税制财政体制将有望改变1994年之后迟迟不能真正贯彻落实的现状，从而在“治本”层面上改造“土地财政”概念下过多依靠一次性土地批租收入的短期行为模式，改善地方政府层面财源建设基本局面，并促使各地房地产调控困境，得到“经济手段为主”机制生成后的有效破解，达成标本兼治的长效机制。

参考文献：

[1] 贾康、刘军民等：《中国住房制度与房地产税改革》，企业管理出版社2017年版。

[2] 贾康、郭建华：“新时代包容性房地产经济制度构建研究”，《中共中央党校学报》，2018年4月第2期。

[3] 贾康等：《新供给：创构新动力》，经济科学出版社2016年版。

[4] 贾康：“楼市调控要加快治本步伐”，《经济日报》，2018年4月25日。

（本文发表于《财经科学》2019年第1期）

二、税收改革与调节篇

关于加快以“降成本”推动我国改革开放进程、应对内外部发展环境变化的建议

华夏新供给经济学研究院
中国新供给经济学50人论坛

（2018年9月15日）

自中央2015年末提出“三去一降一补”的供给侧结构性改革举措，经过近3年努力，落后过剩产能、房地产库存和杠杆率都已明显降低或者基本稳定，补短板特别是基础设施短板工作已成为下半年重点工作，但“降成本”方面虽有效果，却还不够显著，企业经营成本和居民生活成本进一步降低的空间值得重视。目前我国经济下行压力巨大，外部面临着特朗普贸易战和全球经济放缓的压力，内部面临着投资和消费增长乏力的困难。对此，我们建议国家将“降成本”（重点是降低制度成本）作为未来一段时间供给侧结构性改革及宏观政策的主要着力点，以持续推动我国改革开放进程，有效应对内外部发展环境变化。

一、企业经营成本和居民生活成本高企是当前影响市场信心的主要矛盾

（一）宏观税负：整体水平较高，收入分配失衡

1. 宏观税负水平整体偏高。2012年以来，我国出台了一系列减税降费措施，宏观税负水平有所下降。以税收收入/GDP衡量的狭义宏观税负水平从2013年的18.6%下降至2017年的17.5%，财政收入/GDP从2015年的22.1%下降至2017

年的20.9%。但在2018年上半年，这两个指标却分别快速上升4.5个百分点和4.0个百分点至21.9%和24.9%，财政收入、税收和个人所得税增速分别为10.6%、14.4%和20.3%，均高于10%的名义GDP增速，企业和居民税负压力陡升。

2. 非税收入、土地出让收入涨幅较快。除了税收之外，政府非税收入和土地出让收入快速增长也导致宏观税负进一步加重。2007～2017年，非税收入整体增长了4.95倍，其中专项收入增幅达5.6倍。政府性基金收入也从2012年的3.8万亿元升至2017年的6.1万亿元，接近翻番。非税收入和土地出让收入的征收对象主要是企业。其中土地出让收入又通过地价传导至房价，最终由居民承受。

3. 国民收入分配有失衡特征。由于大部分年份财政收入增速高于名义GDP增速，政府部门在可支配收入中的占比自1993年来持续上升，从1994年的14.5%提升到2015年的18.5%，2012年甚至高达19.2%。企业部门可支配收入占比从1994年的18.6%上升至2008年的24.5%，此后随着产能过剩、通货紧缩等因素，占比逐步下降至2015年的19.8%。居民部门可支配收入占比从1994年的66.9%逐步下降至2008年的57.2%，其后因货币宽松导致的资产价格上涨，占比提升到2015年的61.6%，相当于2003年水平。

（二）企业部门：税费压力大，制度成本高

1. 税费压力大。由于我国税收体系以间接税为主，在主要依靠间接税的亚洲国家中企业税率又偏高，因此企业纳税成本较重。世界银行统计数据显示，2017年我国企业纳税规模占利润总额比重高达67.3%，在世界上名列第12位，远超全球平均的40.6%。宏观税负中的各项费用、土地出让金等，也都先由企业缴纳。近两年，非税收入规模开始出现下降，但土地出让金仍逐年递增，相关的企业缴费负担并没有减轻。

2. 社保负担重。我国社保缴费很大部分由企业承担，该部分费用占企业利润的比重接近50%，2017年企业社保负担在全球排名第二。尽管近年来我国降费工作不断推进，但受到下调比例不高、缴费基数上涨、五险统一加快等因素影响，企业社保成本下降并不明显。下一步，随着社保划归税务部门统一征收，征收强度将大幅提高，企业特别是利润微薄的劳动密集型企业和员工收入较高的知识密集型企业社保压力会明显加大。

3. 制度成本高。在市场准入方面，民营企业和中小企业仍面临行业垄断、

服务业开放不足等体制性障碍，玻璃门、弹簧门现象仍未明显改观，企业要素流动和退出的难度也偏大；在政策操作方面，政府虽然出台了一系列支持民营企业和小微企业的措施，但部分实施细则不具体、操作性不强或认定门槛设置过高，实践中很难落实，一些法规规章也没有及时做出调整；在融资方面，以国有银行为主的间接融资体系普遍更青睐于国有企业，民营企业和小微企业融资难、融资贵的难题始终未能有效破解，有时不得不通过高利率的民间借贷来维持正常运营。

（三）居民部门：税收负担重，生活成本高

1. 个税支出痛感强烈。2017 年，我国个人所得税税收收入占 GDP 的比重仅为 1.4%，占人均可支配收入的比重为 3.3%，与其他国家相比处于偏低水平，但社会心理感受却并不轻。一是由于个人所得税增速快，2017 年同比增长高达 18.6%，是人均可支配收入增速的两倍多，2018 年上半年个税增速仍在加快；二是分配调节效果较差。我国个人所得税在征收上对劳动报酬收入课税较高，而在资本利得方面税率较低，使得个税对收入分配差距的调节效应明显减弱。税改前对不同纳税人的实际生活负担差异缺乏专项扣除，难以有效调节居民之间的真实收入差距。

2. 教育、医疗、养老、住房支出加重居民负担。由于我国教育、医疗等领域改革进展相对缓慢，总量和结构化的有效供给均明显不足，入托难、入学难、就医难等问题严重抬升了居民的生活成本，相当一部分家庭面临“因病致贫”“因病返贫”现象。住房方面，房价房租涨幅远超居民收入增速，居住支出占人均消费性支出的比重从 2012 年的 21.5% 提高至 2017 年的 22.4%，其中一线城市居住支出占比均超过 30%，已成为最大的民生问题之一。

二、“降成本”是推动我国改革开放进程、应对内外部发展环境变化的关键举措

（一）加大降成本力度，是应对国际形势最新变化的客观需要

在经济缓慢复苏、货币政策空间有限的情况下，财政政策正成为各国刺激经济的重要选择。2017 年 12 月，特朗普正式签署《减税与就业法案》，推出美国近 30 年来最大规模的税制改革，以重振制造业和实体经济。除美国之外，法国、

英国、日本等发达经济体以及印度等新兴经济体也开始推行减税政策，全球正掀起一轮新的减税潮。国际减税竞争的日益激烈，将会引发全球企业布局的重新调整。自2017年以来，李克强总理在多次国务院常务会议上谈及相关应对，并指出“许多国家都在酝酿出台减税措施，在新一轮全球竞争中我们要有‘抢跑’意识，用实际举措提高企业的竞争力”。

（二）加大降成本力度，是深化供给侧结构性改革的客观需要

供给侧结构性改革是实现经济发展方式转变的关键举措，相较于其他几项措施，降成本难度更大、影响更广、挑战性也更强，一定意义上可以说是当下供给侧结构性改革的核心内容。我国改革开放40年的历程其实就是一个制度成本不断降低的过程，但近些年来，制度成本、融资成本开始逐渐攀升。通过加大降成本力度，进一步优化营商环境，激发市场内生活力，是落实供给侧结构性改革，释放潜力扩大内需的重要一环。

（三）加大降成本力度，是抵御外部不确定性影响、增强企业信心的客观需要

当前我国经济增速虽然仍保持在合理运行区间，但也面临“稳中有变”的外部冲击状况，特别是全球复苏共振临近尾声、中美贸易摩擦加剧形成不确定性伴随的不良预期，出口部门面临巨大压力，广东省的PMI已跌破50%的荣枯线。由于企业信心不振，全国固定资产投资增速已跌至5.3%的历史最低水平，部分行业和地区困难加大，经济增速很有可能再下台阶。在这种情况下，通过加大降成本力度，以降制度成本为重点，减轻企业运营成本、财务成本和税费成本，有助于增强企业家信心，恢复企业经营活力和竞争力，助推产业转型升级和经济持续稳定增长。

（四）加大降成本力度，是增加居民获得感、促进消费增长的客观需要

今年以来，居民可支配收入增速明显回落，与此同时，住房、医疗等刚性消费支出以及教育、养老等预防性储蓄则趋于上升，进而导致社会消费品零售总额增速下行，内需不振。党的十九大提出，“我国社会主要矛盾已经转化为人民日益增长的美好生活需要和不平衡不充分的发展之间的矛盾”，以配套改革措施降低生产经营过程中的企业成本，增加高质量供给，进而降低居民生活成本，有助

于增强居民获得感，激发消费潜能，进而促进经济的可持续发展。

三、政策建议

（一）降低制度成本

1. 厘清政府与市场边界，继续实质性推进放管服改革。根据十九大提出的任务，继续推进简政放权、转变政府职能、建设服务型政府。把政府中心工作转到“加强和优化公共服务，保障公平竞争，加强市场监管，维护市场秩序，推动可持续发展，促进共同富裕，弥补市场失灵”的轨道上来。进一步落实简政放权、放管结合、优化服务改革综合措施，结合大部制和扁平化的拆香火式改革，进一步改善营商环境，为企业创业创新提供便利条件。

2. 推进现代市场体系为取向的机制变革，实现要素市场化配置。改革各种制约要素有效配置的体制机制，化解行政性垄断、不合理管制，积极消解户籍等多元制度分割，减少资本市场的结构性扭曲，扩大开放降低准入，充分实现要素的自由流动和有效配置，降低基础性成本，提高供给体系质量和效率。

3. 深化国有企业改革。降成本必须要以深化国企改革为重头戏之一。国企改革应以混合所有制改革为主攻方向，瘦身健体，遵循市场规律，提升活力与竞争力，消除推升要素成本和综合成本的机制原因。建议继续推进十九大明确的国企改革路径，完善各类国有资产管理体制，加快国有经济布局优化、结构调整和战略性重组，在发展股份制框架下的混合所有制经济过程中，形成有效制衡的公司法人治理结构和灵活高效的市场化经营机制，构建国有资本收益共享机制。混改中可考虑国企高管由企业家人才市场竞争产生和引入员工持股计划，以进一步激发管理层企业家精神及员工的积极性，形成新的公司治理机制，提供内生改革动力。

（二）降低企业融资成本

除了做好政策统筹协调，发挥好“几家抬”的合力之外，可考虑建立专门服务中小民营企业融资的“滴灌系统”。针对中小企业和民营企业面临的融资难融资贵问题，建议充分发挥全国工商联及下属4.6万家商会的平台及“管网”作用，联通银行和金融机构，使央行放出的“水”，能“滴灌式”直接、顺畅、持续导流进民营企业的“田地”里。

其中，央行释放流动性的方式可以是专项降准、定向降准或专项再贷款，传导的主渠道是商业银行，转运站和渠道网是全国工商联、地方工商联及4.6万家商会，通过专业化风控与相关政策引导、行业自律监督结合而成的“精准滴灌”，将央行放出的“水”（流动性）导流进千家万户中小民营企业（详见附件）。

（三）降低企业税费成本

1. 降低税收负担。在现有基础上，再择机适度下调增值税标准税率。建议伴随地方税体系建设等措施，将增值税标准税率由16%逐步下调至10%，实现三档变两档税率，对月收入10万元以下的小微企业免征增值税。企业所得税率也应再补充下调。

2. 降低社保费率标准。2019年1月1日起，社保将由税务部门征收。由于税务部门掌握企业和个人全面信息，并有刚性征管手段，这将明显提高社保的征收覆盖面和效率，也导致大部分企业（据统计占3/4左右）社保成本提高。9月初的国务院常务会议提出，“在社保征收机构改革到位前，各地要一律保持现有征收政策不变，同时抓紧研究适当降低社保费率，确保总体上不增加企业负担，以激发市场活力，引导社会预期向好”。建议结合基本养老金全社会统筹等改革举措，在全国范围内将养老保险费率由19%左右下调至14%左右，医疗保险费率由8%下调至5%。

3. 继续推进国有资本划转社保。2013年党的十八届三中全会报告提出，“划转部分国有资本充实社会保障基金”。2017年11月《划转部分国有资本充实社保基金实施方案》颁布，明确划转目标是弥补因实施视同缴费年限政策形成的企业职工基本养老保险基金缺口，划转比例10%，2017年试点先行，2018年及以后分批划转。国资划转目前进度仍然缓慢，10%的划转比例也还不足以弥补巨量的转轨成本，应酌情考虑进一步提高划转比例。

（四）在改革中降低居民生活成本

1. 降低税收负担，增加可支配收入。目前最新的《个人所得税法》已经人大审议通过，将从2019年1月1日正式开始实施。新法除了上调起征点、扩大级距之外，最大的亮点是增加了抵扣项，有助于定向地合理减轻居民税收负担。下一步的改革方向，可考虑建立个税起征点随物价的动态调整机制、在“综合部分”加入非劳动收入、下调最高边际税率以及按家庭计征等。在降税的同时，优化节约政府开支，腾出资金确保民生支出规模不减少，进一步提高财政支出的绩效。

2. 增加财政对民生领域投入的同时，加快放开民生领域对外资、民资的市场准入，实现政府、市场“双到位”，公平、效率“双兼顾”。教育、医疗、养老等领域，应在有效监管的前提下，积极引入外资、民资，以利提供高质量、多层次服务。公立学校、公立医院、公立养老机构等，侧重于降低居民生活成本，保公平；民营学校、国际学校、民营医院、国际医院、社会养老机构等，侧重于满足民众多元化需求，定位于提升质量和效率。

住房领域，应注重政府、市场双到位的保障房、商品房双轨统筹。在各地编制商品房、保障房同步发展的高水平规划，加快建立多主体供应、多渠道保障、租购并举的住房制度，实质性推进相关土地制度、投融资制度、税费制度等基础性制度改革，改变过度依赖行政手段“治标不治本”的不良调控状态，着力增加多元化有效供给，以匹配社会成员的多元化有效需求，形成房地产领域健康发展的长效机制。

附：

中小民营企业融资“滴灌系统”示意图

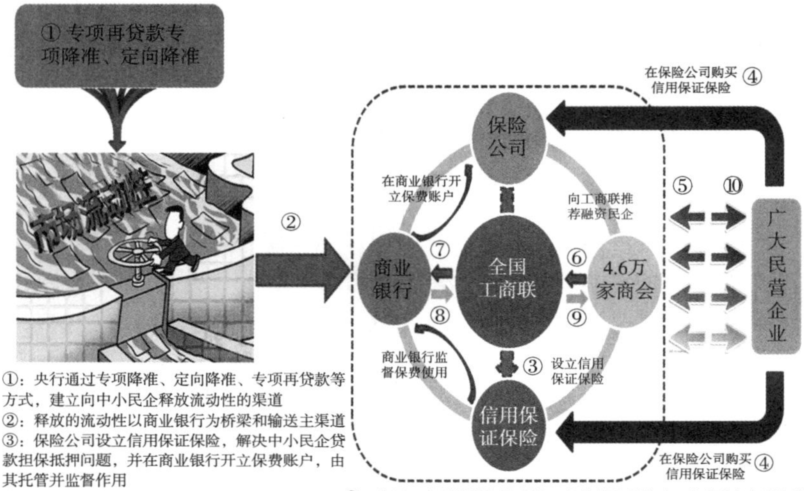

①：央行通过专项降准、定向降准、专项再贷款等方式，建立向中小民企释放流动性的渠道

②：释放的流动性以商业银行为桥梁和输送主渠道

③：保险公司设立信用保证保险，解决中小民企贷款担保抵押问题，并在商业银行开立保费账户，由其托管并监督作用

④：中小民企购买信用保证保险

⑤：中小民营企业向所在商会提出信贷需求申请

⑥：中小民企所在商会以适当的方式组织评议推荐，汇总至省市级工商联后，报送至全国工商联

⑦：全国工商联根据相关政策、条件等进行筛选，向商业银行总行推荐筛选出的具有融资需求的民企名单

⑧：商业银行总行组织各分行对全国工商联汇总、审核后的中小民营企业融资需求清单，按照监管部门的标准、程序等相关要求进行信贷审核、风险评估、并向全国工商联反馈

⑨：全国工商联向相关商会反馈

⑩：符合信贷条件的，由商业银行有关经营机构或分行与民营企业借款主体签订贷款合同后发放信贷资金

国际经验对我国税制改革的启示与借鉴

黄剑辉[①]

【摘要】税收作为国家治理和经济发展的重要内容，对推动经济社会发展，实现全面建成小康社会具有重要的政治意义和现实意义。可以说，税收现代化是国家现代化的基石和支柱，而税制现代化是税收现代化的重要组成部分。但是，当下我国的税制依然存在诸多深层次的问题，距离税制现代化的目标尚有很大的差距，必须谋定后动，做好长期不懈努力的心理准备。

目前国内理论界普遍认为，我国现行税制结构与发达的市场经济国家相比反差十分明显，存在直接税与间接税比重失衡、货劳税与所得税比重失衡的问题，既不利于降低企业税收负担，也不利于社会公平的实现。因此，党的十八届三中全会明确提出要"逐步提高直接税比重"，为今后税制改革指明了方向。但在改革时机、路径、具体税种配置等问题上，还需进一步研究和探讨。在这种情况下，通过分析不同国家税制结构变迁的路径及成因，总结处在相同经济发展阶段的不同国家在税制结构选择上存在的共性和特性，可以为优化我国税制结构提供重要的经验和启示。

一、发达国家税制结构变迁路径及成因

（一）税收组合结构比较

美国、日本、英国、法国作为发达国家的典型代表，均建立起了完善的现代

---

① 黄剑辉：中国民生银行研究院院长，华夏新供给经济学研究院首席经济学家。

税制体系。目前，个人所得税和社会保障税是四国的主要税种，合计占比高达50%左右；企业所得税在四国税收收入中占比不高，只有日本超过了10%；英法增值税占比较高，美国无增值税。见表1。

需要注意的是，中日两国消费税存在较大差异。我国的消费税是在已经对商品普遍征收增值税的基础上，选择少数消费品再征收的一个税种，类似于“奢侈品税”或“环境损害补偿税”，占比较低。日本的消费税是对除土地交易和房屋出租以外的一切商品和服务贸易征收，类似于国内的增值税，占比较高。

表1　　　　美、日、英、法现行税收组合结构

国家	所得税主要税种	货劳税主要税种
美国	个人所得税（40.3%）	销售税（7.7%）
	社会保障税（24.0%）	
	公司所得税（7.6%）	
日本	社会保障缴款（40.4%）	消费税（13.3%）
	个人所得税（18.6%）	
	企业所得税（12.0%）	
英国	个人所得税（27.4%）	增值税（20.8%）
	国民保险税（18.9%）	
	公司所得税（8.3%）	
法国	社会保障税（36.8%）	增值税（15.2%）
	个人所得税（18.9%）	
	公司所得税（4.5%）	

数据来源：OECD数据库。

注：美国、日本、英国、法国数据均为2016年数据。

（二）税收收入结构比较

从税系看，四国均以直接税为主体，其中美国直接税比重最高，日本次之，英国和法国相对较低。

从税类看，四国均以所得税为主体，其中美国所得税比重最高，日本次之，英国和法国相对较低；四国位居第二的为货劳税，其中英国最高，法国次之，美国和日本最低；四国财产税收入比重最高的为英国，美国次之，日本和法国最低。见图1。

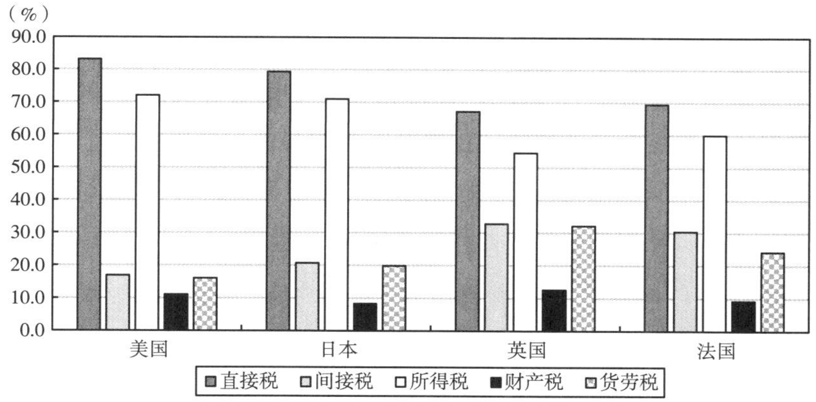

图1　美、日、英、法现行税收收入结构

数据来源：OECD 数据库。

注：美国、日本、英国、法国数据均为 2016 年数据。

（三）税制结构变迁历程比较

工业革命后，四国税制结构大都经历了一个从以间接税为主到直接税间接税为双主体、再到直接税为主体的三阶段变迁过程。

1. 所得税改革引导税制结构变迁。所得税经历了由低税率、窄税基到高税率、宽税基再到低税率、宽税基的变迁过程。公司所得税开征均在个人所得税之后，且其收入比重也一直低于个人所得税。20 世纪 80 年代后，个人所得税比重相对稳定，企业所得税比重呈缓慢下降趋势，但所得税仍稳居主体地位。

2. 社会保障税地位不断提高。20 世纪 40 年代后，社会保障税在各国获得空前发展，占税收总额的比重不断上升，成为四国政府重要的收入来源。目前社会保障税是日本和法国的第一大税种，是英国和美国仅次于个人所得税的第二大税种。

3. 增值税的发展历程、实施范围、税率结构及在整个税制中的地位各不相同。法国 1954 年将营业税改为增值税，并逐步扩展到经济生活的各个领域，目前实行四档税率制，占税收收入的比重为 15.2%；英国 1973 年将购买税和特别就业税调整合并为增值税，之后该税收入规模一直呈增长趋势。目前实行三档税率制，是英国的第二大税种；日本 1989 年开征增值税（消费税）以来，一直实行单一比例税率，且其税率水平和收入占比不断提高；美国至今没有开征增值税，销售税是其间接税的主体税种。

（四）税制结构变迁成因分析

1. 经济发展水平。经济发展水平决定税源结构，进而决定税制结构。当经济发展水平和人均收入水平提高时，政府就会更多地考虑促进收入分配公平的社会目标，从而使直接税的占比提升。

美、英“双主体”形成期和直接税为主体形成期时的人均 GDP 水平相差不大（见表 2），日本的则较低，这是因为日本在工业革命初期，农业在国民经济活动中占据主导地位，必须依靠直接税（土地税、农业税）获取收入，而工业革命后日本政府注重改革直接税获取收入来源。

法国税制结构变迁进度明显慢于其他三国，主要原因是在国家干预理论影响下，法国自 19 世纪开始大力发展国有企业，发动过多次国有化浪潮，导致居民收入比重较低，所得税税源不足，直到 20 世纪 80 年代后重新开始推行国有经济私有化，这种情况才得以改善。

表 2　　美、日、英、法经济发展水平与税制结构变迁比较

国家	双主体形成期		直接税为主体形成期	
	时间	人均 GDP（1990 年国际美元）	时间	人均 GDP（1990 年国际美元）
美国	“一战”时期	4 000～5 000	20 世纪 40 年代	7 000 左右
日本	19 世纪末	1 100 左右	20 世纪 50 年代	3 000 左右
英国	20 世纪 20 年代	4 500 左右	“二战”后	7 000 左右
法国	20 世纪 50 年代	5 000 左右	20 世纪 70 年代	10 000 左右

资料来源：安格斯·麦迪森：《世界经济千年统计》，北京大学出版社 2009 年版，第 54～59 页、第 86～88 页、第 178～180 页。

2. 政府对公平与效率的权衡。工业革命初期，四国政府更加注重效率，偏好税源丰富、征收简便的间接税（特别是消费税和关税），对原始直接税的依赖逐渐降低，形成“双主体”税制结构。随着工业化的逐步推进，个人收入不断增加，个人所得税税基不断扩大，直接税比重快速提高。工业化实现后，政府更加注重公平，倡导建立福利社会，直接税（特别是所得税、社会保障税）的比重继续提升，最终形成以直接税为主体的税制结构。20 世纪 80 年代以来，经济全球化下国际竞争的加剧使得发达国家转为效率与公平并重，在对所得税降低税率、拓宽税基，以尽可能使其有利于提高经济效率的同时，对那些侧重经济效率的税种，则尽可能弱化其对收入分配累退性的影响，呈现出所得税比重小幅下降、财产税比重小幅上升、货劳税比重小幅上升的发展趋势。

3. 征管条件。税收制度被社会经济发展所推动，而税收征管要与税收制度相匹配，这是落实税收制度、执行税收政策的基础性能力。发达国家“直接税为主体”结构的实现，与征管条件的不断进步密不可分：其一，税收法制体系健全。四国税收立法较早，形成了完善的法律体系，主张税收法律主义、公平主义、社会政策主义和实质征税主义；其二，税收征管体系完备。不断推出税收征管改进措施，在机构设置上趋向扁平化，在管理方式上强调专业化，以切实提高征管效率；其三，征管技术的提高。信息技术在征管领域的普遍应用，有利于对税源进行全方位的信息跟踪和纳税控制。

二、我国与其他金砖国家税制结构比较

（一）税收组合结构比较

目前金砖国家基本建立了符合市场经济体制的现代税制体系。所得税方面，各国均征收个人所得税与企业所得税，除巴西、俄罗斯外的其他三国均未将社会保障税纳入税收；财产税方面，各国均征收不动产税，除中国外其他四国均征收遗产与赠与税；货劳税方面，各国均征收增值税和消费税；进出口税方面，各国以征收保护性的进口关税为主，除俄罗斯外基本不征收出口关税。见表3。

表3　金砖国家现行税收组合结构

税系	税类	税种	中国	巴西	印度	俄罗斯	南非
直接	所得税	个人所得税	✓	✓	✓	✓	✓
		企业所得税	✓	✓	✓	✓	✓
		社会保障税	×	✓	×	✓	×
	财产税	不动产税	✓	✓	✓	✓	✓
		遗产与赠与税	×	✓	✓	✓	✓
	其他直接税		资源税、契税、土地增值税等	车辆税等	支出税、酒店收入税等	资源税等	
间接	货劳税	增值税、消费税	✓	服务税、金融交易税等	✓	✓	✓
	进出口税	进口关税	✓	✓	✓	出口关税	✓
	其他间接税		烟叶税、车辆购置税等	燃油税等	印花税、运输税等	印花税、博彩生意税、运输税等	燃油税、电税等

资料来源：根据各国税法整理。

（二）税收收入结构比较

从税系看，中国、巴西、俄罗斯和南非均为直接税与间接税并重的“双主体”结构，其中中国和俄罗斯间接税地位明显更高，巴西和南非直接税地位明显更高；印度则以间接税为主体。见图2。

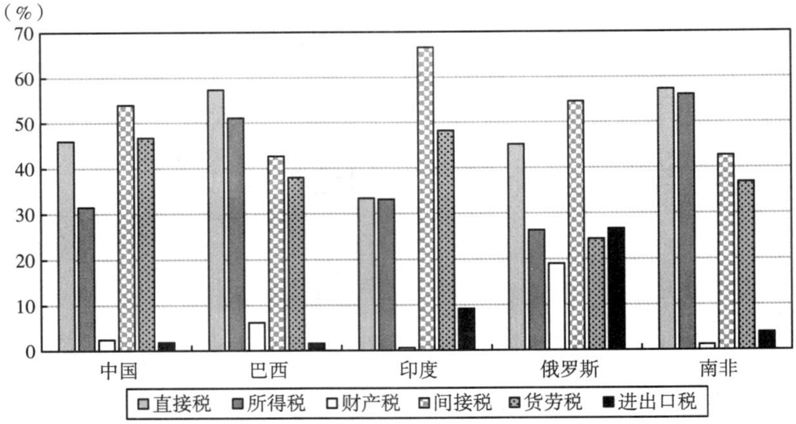

图2　金砖国家现行税收收入结构

数据来源：中国财政部，OECD数据库，俄罗斯统计年鉴，印度财政统计年鉴。

注：中国数据为2018年数据，巴西、南非数据为2016年数据，俄罗斯、印度为2014年数据。

从税类看，金砖国家所得税收入比重普遍较低，其中巴西、南非以所得税为主、货劳税为辅，中国、印度以货劳税为主、所得税为辅。具体到所得税来看，中国、巴西和印度个人所得税比重低于企业所得税，南非和俄罗斯个人所得税比重高于企业所得税。

（三）税制结构变迁历程比较

中国、巴西、俄罗斯和南非业目前已完成向“双主体”税制结构的转变，印度虽然始终保持间接税为主体的税制结构，但20世纪90年代以来，直接税占比稳步提升。

中国、巴西、印度和南非的税制结构变迁均属于“渐变－集中型”，呈现出从货劳税向所得税集中的特点；俄罗斯的税制结构变迁属于“剧变－发散型”，体现了其政府激进的改革态度，也与其资源驱动型的经济发展方式高度契合。见表4。

表 4　　金砖国家税制结构变迁历程比较

国家及考察区间	变迁类型	变迁历程
中国（1994 年至今）	渐变－集中型	由间接税为主体演变为“双主体”税制结构，间接税比重更高
巴西（1900 年至今）	渐变－集中型	由间接税为主体演变为“双主体”税制结构，直接税比重更高
印度（1950 年至今）	渐变－集中型	始终保持间接税为主体的税制结构，间接税占比呈现倒 U 型变化过程
俄罗斯（1991 年至今）	剧变－发散型	始终保持双主体税制结构，间接税占比更高
南非（1981 年至今）	渐变－集中型	由间接税为主体演变为“双主体”税制结构，直接税比重更高

（四）税制结构变迁成因分析

1. 经济发展水平的提高。经济发展水平是直接税收入的重要支撑，是“双主体”税制结构得以形成的客观条件。人均 GDP 较高的南非、巴西、俄罗斯和中国，其税制结构均已演变为直接税、间接税并重的“双主体”模式；而经济发展水平较低的印度，则是唯一仍以间接税为单主体的国家。

中国、巴西、俄罗斯、南非开始向“双主体”结构转变时，人均 GDP 水平相差不大，体现出比较明显的“门槛效应”，且“双主体”结构形成都经历了约 10 年时间。

表 5　　金砖国家经济发展水平与税制结构变迁

<table>
<tr><td></td><td>国家</td><td>中国</td><td>巴西</td><td>印度</td><td>俄罗斯</td><td>南非</td></tr>
<tr><td rowspan="2">“双主体”形成期</td><td>时间</td><td>20 世纪初</td><td>20 世纪 70 年代</td><td>—</td><td>20 世纪 90 年代</td><td>20 世纪 60 年代至 70 年代</td></tr>
<tr><td>人均 GDP（美元）</td><td>1 000 ~ 7 000</td><td>1 000 ~ 1 500</td><td>—</td><td>1 500 ~ 3 500</td><td>800 ~ 1 500</td></tr>
</table>

数据来源：世界银行数据库。

2. 税制改革的推动。金砖国家的税制结构变化通过政府主动推行的税制改革达成，体现了各国政府选择税制结构的主观取向和“效率优先、兼顾公平”的税制目标。

直接税方面，开征所得税。并通过简化税制、拓宽税基等改革，在税率降低的情况下，依然实现了所得税收入的显著增长；间接税方面，优化税制设计。引入增值税实现间接税收入稳定增长的同时，大幅降低关税税率以适应经济全球化。

此外，社会保障税在巴西和俄罗斯税制结构变迁中意义重大。巴西 1964 年建立统一的社会保障制度，使社会保障缴款成为直接税的重要组成部分。俄罗斯 2001 年将各项社会保障费合并为统一社会税，带动了直接税占比的提升；资源类、环境类税收分别在俄罗斯、南非的税制结构变迁中发挥重要作用。俄罗斯是资源大国，通过扩大资源税的课税范围，使资源税收入得到大幅增长，促成了直接税占比的提升。南非重视环境保护，燃油税是其第四大税种，近年来又根据“污染者付费”原则，陆续开征了塑料袋税、电税、白炽灯税、摩托车二氧化碳排放税等，且税率不断上调。

3. 征管条件的进步。征管条件是制约一国税制结构选择的重要因素，金砖国家直接税比重的提升乃至“双主体”结构的实现，离不开征管条件的进步。一是完善法制建设。税收法定原则逐步落实，税收法治机构不断完善，税收执法也从初期的重视实体到更加注重规范化和程序化，有效保护了征纳双方的权益；二是改进征管模式。通过建立健全组织机构体系、风险管理体系、纳税服务体系、税务稽查体系等，使潜在税收与实际税收之间的差距逐步缩小；三是加强信息支撑。通过搭建有效的数据交换平台，与相关经济部门联网运行，可以实现涉税信息的社会共享，从根本上解决征纳双方信息不对称的问题，也大大提升了税收征管效率。

三、国际经验对我国税制改革的启示

（一）我国税制结构优化实有必要

从美日英法四国实践来看，直接税比重的提高有利于促进经济发展、增进社会公平，具有客观必然性。与发达国家和其他金砖国家相比，我国税制结构的问题不仅在于直接税占比较低，更在于所得税尤其是个人所得税占比过低，既不利于调节收入分配差距，又有碍税收自动稳定器功能的发挥，税制结构的优化调整实属必要。

（二）我国税制结构优化的时机已经成熟

一方面，我国目前人均 GDP 近 10 000 美元，完全具备税制结构优化所必需的经济条件。随着我国经济增长进入“新常态”，财税收入增长也将进入“新常态”，今后政策目标的实现将主要依赖结构优化而非增量调整，这将对我国税制结构优化形成倒逼机制。

另一方面，我国无论在信息化建设、税控系统建设还是人员素质等方面均优于当时的发达国家，在金砖国家中也名列前茅，税制结构优化所需的征管条件也已具备。

四、推进我国税制现代化的政策建议

（一）以效率优先、结构优化、兼顾公平为税制结构优化的总体目标

当前，世界经济环境整体疲软，我国经济正处于增长速度换档期、结构调整阵痛期、前期刺激政策消化期叠加的阶段，企业生产经营压力增大，迫切需要进一步增强发展的内生动力和后劲。这种情况下，优化税制结构应贯彻效率优先原则，进一步推进结构性减税。

与此同时，经过改革开放四十余年的发展，中国经济总量已高居世界各国第二，但地区间发展不均、城乡发展不均、居民收入差距过大等问题日益凸显。因此，优化税制结构必须要注重发挥其调节收入分配的重要功能，切实回应人民群众对社会公平的关切。

（二）以高质量的“双主体”为税制结构优化的基本方向

虽然我国税制结构已初步进入“双主体”阶段，但税收布局严重失衡，不利于财政收入、资源配置和收入分配三大功能的实现。下一阶段，税制结构要朝向高质量“双主体”迈进。

一方面，深化增值税改革，优化间接税结构。在现有基础上，再择机适度下调增值税标准税率，实现三档变两档税率，逐步缩小简易征收的适用范围，扩大一般计税方法适用范围，畅通增值税抵扣链条。

另一方面，改革个人所得税、财产税和资源税，提高直接税比重。加快推进个人所得税改革。通过简化、合并和调整税率，科学调整标准扣除、合理增加分项扣除等，更好地发挥个人所得税调节收入分配的作用，达到减轻中低收入群体的税收负担、让高收入者多纳税的目的；加快推进房地产税立法。按照“立法先

行、充分授权、分步推进”的原则，加快推进房产消费税立法和实施，逐步建立完善的现代房地产税制度；进一步深化资源税改革。通过循序渐进地扩大资源税征收范围、合理确定资源税税率水平，促进资源行业持续健康发展，推动经济结构调整和发展方式转变。

（三）以推进征管手段现代化作为税制结构优化的有力保障

随着科技水平的提高以及国地税合并，我国税收征管水平有了大幅提升的可能性。具体来看，应从以下四个方面着手：一是完善税收法律法规，坚持依法征管、依法治税；二是加快税收管理信息化建设，推进纳税信用与其他社会信用联动管理，提升纳税人税法遵从度；三是努力实现更高水平、更加规范的纳税服务格局，减轻纳税人办税负担；四是充分发挥税务稽查的打击作用，严厉查处各种涉税违法案件，规范税收秩序。

西方经济思想中的税收逻辑

苏京春[1]　王　琰[2]

【摘要】 西方经济思想中的税收逻辑是一个跨越2000多年历史的重要命题，本文以税收思想的演进为线索，以道德哲学时期的税收思想萌芽为起点，系统梳理了西方经济学当中税收思想的变迁，探索了哲学源头对税收思想的影响、税收思想与税收政策的关系、税收政策与宏观调控的等问题。沿着西方经济学的发展脉络，税收思想的逻辑也依次经历了道德哲学、古典经济学、新古典经济学、宏观经济学以及诺贝尔经济学奖主导的时期。本文通过对税收思想逻辑的梳理得出四个简要规律：一是税收道德哲学时期对税收观有广泛而深入的影响，二是当下减税实践在税收思想逻辑中大都可追溯，三是税收宏观调控及诺奖时期税收主张对当下税收政策影响广泛，四是税收思想通常带有鲜明的立场。

特定的时代背景，不同的经济挑战与政策取向催生新的经济思潮、经济理论和经济实践[3]。市场经济几百年的发展历程既是物质财富不断积累的过程，也是经济思想和理论不断丰富、创新、完善的历程。以税收思想为例，道德哲学时期以其深厚哲学基础推动前瞻性税收思想的产生；17世纪的古典学派减税思想奠定了税收理论基础；之后新古典学派批判性继承古典学派减税思想，并在其边际分析及均衡分析框架下探索税收与经济社会发展的深层次逻辑；凯恩斯时代美国取代英国的经济霸主地位，凯恩斯经济学、新古典综合派、货币主义和供给学派在北美大陆蓬勃发展，并影响美国税制改革和宏观经济政策制定，也因美国政

① 苏京春：中国财政科学研究院副研究员、硕士研究生导师，经济学博士。
② 王琰：中国财政科学研究院博士研究生。
③ 杨鲁军、虞虹：《供应学派改革：华盛顿决策内幕》，上海人民出版社2011年版。

治、经济、文化的广泛辐射和巨大影响力对世界税制改革和宏观经济政策变革产生影响；经济思想和经济学家的巨大影响力推动1969年诺贝尔经济学奖成立，反映经济学前沿研究动态和研究成果，这一时期以马斯格雷夫和布坎南为代表，社会民主主义和市场自由主义就经济学、财政学核心问题展开激烈交锋，其学术思想涉及哲学、政治学、社会学等多个领域，其税收思想对今天的税制改革仍有借鉴意义。

一、道德哲学时期的税收萌芽简述

经济思想在古典经济学出现以前已经历2000多年的发展，从赫西奥德（约公元前800）、色诺芬（公元前430－前355）为代表的希腊思想到艾布·哈米德·安萨里（公元1058－1111）、伊本·赫勒敦（公元1332－1406）引领的阿拉伯—伊斯兰思想，再到托马斯·安奎那（公元1225－1274）等人的经院哲学经济思想[1]，众多哲学家、思想家共同推进前古典经济学的发展，他们的经济思想是其广博哲学思想的一部分，故该时期的税收思想既与学者所处的社会环境紧密联系，也与其哲学思想紧密联系，他们试图了解自己所处的时代，尝试从公正、公平、合理等道德哲学层面分析社会问题和经济问题，并成功获得对税收活动的有用见解，为古典学派税收思想的演进奠定基础。

（一）古希腊税收萌芽

古希腊哲学家的经济思想是人类社会对经济活动的初步探索，其研究是宽泛的、不成熟的，虽未形成系统的经济思想和分析思路，但对古典经济学的启蒙意义是非凡的。与现代经济学关注稀缺性下资源配置问题不同，古希腊时期市场并不发达，社会经济结构趋于稳定，这一时期对资源配置起决定性作用的并非市场而是权威，故古希腊哲学家对市场不感兴趣，更致力于探索人类社会的永恒命题，如公正、公平、国家、美、教育、真理、爱情、价值等，他们坚信人类社会有比物质更好、更值得追求的东西，这一理念贯穿人类社会发展历史，也使该时期税收萌芽有更广泛的哲学基础。

---

① 经院哲学思想以宗教标准判断经济行为，关乎私有财产制度、公平价格、高利贷等问题，其税收思想并不明晰，故本文不做赘述。

具体来看，古希腊哲学家赞同以更广视角分析经济行为[①]，感知到私人财产和公共财产间的巨大冲突及私人产权的重要性，意识到劳动分工的重要性及分工对提高经济效率的积极影响，开启对商品交换及交换中货币使用的初步研究，关注财富税收萌芽在此基础上产生，其代表性人物为柏拉图、亚里士多德和色诺芬。柏拉图和亚里士多德在其著作中初步探索课税标准及课税原则，与其二人侧重伦理学和政治学视角下的理论分析不同，色诺芬结合雅典现实较全面的探索税收制度的改进。

古希腊哲学家色诺芬广受关注的是其有效管理理念[②]，其公共财政管理理念同样卓著。色诺芬坚持不增税的税收思想，在其著作《论税收》中色诺芬系统分析改进雅典税收制度的问题，主张在不增加税收的前提下维持雅典的财政平衡，提出增加财政收入的路径，一是吸引更多外国人侨居雅典；二是授予商人特权[③]，利用雅典天然的商贸优势大力发展对外贸易；三是为大规模政府开支设立基金以充分利用民间资本弥补国库不足；四是管理好银矿以获得经济收益；五是以公共奴隶为国家公共资源为国家创收[④]。色诺芬倡导的以促进经济发展、扩大税基实现财政增收主张至今仍有借鉴意义。

（二）中世纪阿拉伯—伊斯兰学者的税收萌芽

中世纪时期，阿拉伯—伊斯兰学者在哲学、伦理学、经济学等方面的贡献是非凡的，但这一点在西方经济学界经常被忽略。阿拉伯—伊斯兰学者在其宗教框架下研究经济问题，其经济思想与其宗教信仰、伦理观、哲学思想融为一体，但其对市场经济的敏锐洞察力、对税收思想的前瞻性见解令人瞩目。安萨里和赫勒敦是其中的佼佼者，安萨里最重要的身份并非经济学家而是伊斯兰权威教义学家，但这并不妨碍他在经济领域的建树，他对专业化与劳动分工、货币与交换在市场演进中的交互作用有前瞻性思考，并从税收本源出发，探讨公共支出、征税等财政问题，对税收的公平与效率有诸多积极探索，提出税收负担应在全社会分散、并探索征税模式的优化，至今仍有借鉴意义。

---

① 柏拉图及众多古希腊思想家都秉持这一观点。

② 有效管理理念探讨如何通过劳动分工来提高效率，这一思想在亚当·斯密《国富论》中得到详尽论述。

③ 授予商人的特权表现为对商事法院的法官建立奖惩制度，维护商人合法权益。色诺芬对商业的重视与柏拉图和亚里士多德贬低商业的观点形成鲜明对比，极具远见。

④ 色诺芬在奴隶问题上并未超越其时代局限性。

赫勒敦是阿拉伯哲学的重要奠基人，与安萨里一样，赫勒敦的经济研究也在其宗教框架下展开，其税收思想扎根于他广泛而深刻的历史研究，在其著作《历史绪论》中赫勒敦认为在王朝初期，政府从低税赋中获取大量收入，而在王朝末期，政府的高税赋导致的低收入是王朝崩溃的重要因素，赫勒敦秉持的低税赋政策引致高财政收入理念与现代经济学中拉弗曲线不谋而合，这一研究也被供给学派追溯为其减税思想的起源。

二、古典经济学时期对赋税的广泛探讨

古典经济学随资本主义的发展而产生并逐步深化，坚守自然秩序、和谐、自由竞争与自由放任的经济理念，主张经济运行中充分发挥市场力量，反对政府对经济的过度干预，坚守政治自由与经济自由，其赋税思想也建立在此理念之上①。

（一）国民财富与赋税

从古典经济学开创者威廉·配第（1623～1687）、亚当·斯密（1723～1790）到古典经济学的理论家大卫·李嘉图（1772～1823）再到古典经济学的集大成者约翰·斯图亚特·穆勒（1806～1873），古典经济学赋税思想不断演进，却始终未脱离其“廉价政府”的政治理念和“政府守夜人”的哲学思想，追本溯源，古典经济学赋税思想反映的是该流派对政府概念、政府职能、政府决策方式等政治经济学本源性问题的深刻反思。古典学派关注国民财富与赋税的本源性问题，古典经济学“廉价政府”的政治理念与“自由放任”的经济哲学决定了其反对政府征收高税负并秉持税收中性原则，斯密与配第认为过度征税会妨害资本积累和经济发展，李嘉图更鲜明提出任何形式的赋税，都只是流弊与流弊之间的选择问题。

（二）赋税原则

古典经济学在赋税原则上做出一系列积极探索，斯密结合英国、法国当时税收征管存在的一系列问题提出著名的赋税四原则，即公平原则②、确定原则③、

---

① 亚当·斯密：《国富论》，商务印书馆2015年版。

② 斯密对平等原则的描述为，每个国家的国民上缴给政府的捐税，要尽可能地与他们各自的能力成比例，换言之，就是要与他们在国家保护下各自取得的收入成正比。

③ 斯密将确定原则描述为税收对纳税人和其他任何人来说，都是清晰、明白的。

便利原则[①]、经济原则[②]，配第在斯密之前提出赋税四原则，但经斯密梳理后才逐渐成为西方国家税收政策制定、税制体系确立的理论基础，之后穆勒将心理学中的牺牲概念引入赋税原则，试图将其作为衡量公平的标准，但这一观点颇受争议。在赋税受益原则和量能原则（按能力纳税）的抉择上，斯密一方面接受受益原则[③]，即按受益程度而纳税的观点，另一方面也赞同量能原则。穆勒在此基础上进一步发展量能原则，并最终推翻受益原则，穆勒认为政府必须被视为对全体国民普遍关心，所以没有必要去认定谁在政府那里获益更多。

（三）赋税来源与选择

古典学派在赋税来源和税种选择上进展颇多，配第将土地视为赋税的最终源泉，斯密则更进一步认为地租、利润和工资是主要的税收来源[④]，两人都坚决反对人头税、赞同对奢侈品征税，并基于其新兴资产阶级立场强调对地租征税的合理性。李嘉图基于其劳动价值论提出资本和收入是赋税的来源。随着资本主义经济发展，到穆勒时代对所得税、累进税、间接税、差别课税等论题的争论层出不穷，以折衷思想著称的穆勒意识到人的行为和社会机制的复杂性，在更大范围、更广视角下构建其税收哲学，时至今日其倡导的具体政策已无法适用于当代的税制改革，但其税收思想体现出的对底层民众的同情[⑤]、对个人权利和公共利益的追求在今天的税制体系和公共政策中仍有迹可循。

事实上现代社会中诸多税收领域的反思与争论都可以追溯至古典经济学赋税思想，道德哲学的哲学内核、多学科架构下经济分析思路对古典经济学产生深远影响，使其赋税思想兼具理论性、历史性和哲学性，并在赋税思想的道德层面做出积极探索。不可否认古典学派赋税思想并不符合现代财政学的研究思路，也与当今税收实践差异极大，这是经济思想的历史相对性原则决定的，但勿容置疑古典经济学的赋税思想是西方税收思想的核心部分，并在西方当代税制改革中仍有迹可循。

---

① 税收便利原则即为就征税的方式和时间而言，税收应该是便利的。

② 税收经济原则即为征税成本不可过高，不可对纳税人有不恰当的妨碍和刁难。

③ 孟德斯鸠曾将其观点简明扼要地阐述为，税收就是一个人缴纳他的一部分财产，以换得安全地享用财产其余部分的机会。

④ 这一划分在今天开来显然过于简单，也无法揭示税收的真正来源，但在斯密的时代已经是极大的进步。

⑤ 穆勒与斯密一样都赞同对低收入群体实施税收豁免，这一观点背后是穆勒不愿对穷人征税，这与穆勒夫人密不可分，穆勒夫人是才华横溢民主主义者和改良主义者，对穆勒的社会改良思想有巨大影响。

（四）德国历史学派的批判：从赋税的量到原则的争议

值得一提的是，古典经济学的自由放任哲学、最小政府理念、演绎法传统及其极强的个人主义色彩受到德国历史学派的强烈批判，经济学理论是对经济现实的一种逻辑化解释，是对真实世界的诠释①，德国历史学派对古典经济学的批判是特殊历史环境下的必然产物，彼时英国是资本主义世界霸主、寻求更大的国内和海外市场，而德国尚处封建割据状态、其工业发展刚刚起步，亟需发展民族工业、实现政治变革和经济振兴，英德两国截然不同的经济处境、利益取向使得其孕育出截然不同的经济思想。

德国历史学派起源于德国官房学②，其背后是深厚的哲学思想和政治积淀，创立之初就将经济分析置于更广维度，一方面主张从历史实际出发的归纳方法；另一方面反对将个人作为经济分析主体、反对个人利益的过分追求，坚持以国家为分析主体，强调公共利益和国家利益的实现，特别推崇国家在经济发展的关键作用③。对国家问题的深入研究使德国历史学派形成丰富的财税思想，该学派批判性吸收古典学派在赋税原则、赋税规模等领域的思想，并孕育出现代财政学的雏形，这其中瓦格纳和史泰因的税收思想最富代表性。

首先，德国历史学派旗帜鲜明的反对古典经济学的政府理论，瓦格纳④主张公共财政的目的是实现或促进社会正义⑤，认为政府职能扩大、政府支出扩张是经济发展的必然趋势，对国家职能的定位彻底颠覆斯密的“廉价政府”，拥护“高价政府”。其次，德国历史学派抛弃古典经济学的税收中性原则，主张国家权力通过赋税政策积极地介入干预国民经济，矫正收入所得的不公正，瓦格纳并创造性提出社会政策税收概念⑥并在此基础上构建起由收益税制、所得税制和消费税制组成的税制体系⑦，从收支两方面调节社会分配不均，且引入累进税率，

---

① 周文、孙懿：“经济学发展趋势于中国经济学的新构建”，《经济学动态》，2014 年第 11 期。

② 朱成权、刘帅帅：《德国历史学派对盎格鲁—撒克逊经济学的批判及启发》，《东北财经大学学报》，2017 年第 5 期。

③ 德国历史学派的先驱李斯特认为，国家干预的重点应放在经济实力逐渐增强并且正在向工业强国转变时期，以加速本国物质资本形成。

④ 瓦格纳把财政学从古典经济学中独立出来，把财政学归纳成理论的、系统的科学，形成独立的社会科学——瓦格纳的德国正统派财政学，是现代财政学的主要奠基人。

⑤ 刘帅帅：《德国历史学派经济思想的研究》，东北财经大学 2017 年。

⑥ 瓦格纳认为税收一方面有获得财政收入的纯财政目的，另一方面有运用税收对所得和财产分配进行干预与调整社会政策的目的。

⑦ 收益税制和所得税制以收入为课税客体，消费税制以支出为课税客体。

以期更好发挥社会政策税收作用，史泰因在其定义的国家职能[①]基础上则提出税收再生产理论[②]，肯定税收对经济发展的积极意义。最后，德国历史学派致力于探索更全面、更丰富、的税收原则，史泰因在税收再生产理论框架下提出新的税收原则——经济原则[③]、财政原则[④]及国家经济原则[⑤]，瓦格纳结合德国实际，从财政、国民经济、公正、赋税行政四方面[⑥]出发提出四端九项税收原则。

德国历史学派对古典经济学税收思想的批判拓宽了税收思想维度，在税收与经济发展、税收与公平、税收与国家职能的积极探索为现代财政学的产生奠定基础，值得关注的是，德国历史学派尽管推崇国家干预，但并不认为应在一切经济领域进行国家干预，也并未否定市场在资源配置中的主体地位，其主张国家应在其职能范围下履行职责，国家干预经济的目的是为促进经济发展，并着力避免国家干预对经济的消极影响，这一点对我国宏观调控有借鉴意义，特别是在重塑政府与市场关系的今天。

三、新古典经济学时期对税收公平的关注

边际分析[⑦]的引入使新古典学派将研究重点转向微观经济理论，物理学和数学研究方法的引入使新古典经济学分析的精准性大大提高，但对资源分配问题的过度重视使新古典经济学脱离了斯密以来对经济增长、经济发展等宏观经济问题的分析传统，使主流经济学长时间忽视宏观经济问题。新古典学派秉承价格的双重决定[⑧]，关注经济变量间的相关性，将经济行为抽象为复杂的动态模型，特别

---

① 史泰因认为国家财政在行政方面有三大职能，一是对国家生活予以节度；二是维持国家生活的秩序；三是由其本身“再生产”自行消费的经济力，并在第三种职能中提出税收再生产学说。

② 税收再生产学说即税收数额应当同国家职能的经济价值，即国家向人民提供的物质资料和服务相适应。税收再生产理论表明，一方面国家所有的公民应提供赋税，另一方面国家应对所有的公民提供物质资料与服务，当这种投入与产出形成有机循环时，国家的经济实力就会增强。

③ 经济原则即税收必须以资本产生的所得作为来源，不得课及资本自身，更不得课征重税，妨碍资本积累。

④ 财政原则即税收不得超过国家现实的总需求。

⑤ 国家经济原则即负税力产生税收、税收产生行政、行政再生产负税力。以形成国家经济的有机循环和税收再生产。

⑥ 财政政策原则包含课税的充分性、课税的可能性；国民经济原则涵盖正确选择税源和正确选择税种；公正原则包含课税的一般性和课税的均等性；税务行政原则涵盖课税的明确性、课税的便利性和最小课税费用。

⑦ 边际分析在方法上基本是演绎的，使用了高度抽象的家庭与厂商模型，家庭与厂商被假定为试图使效用和利润最大化。

⑧ 新古典经济学认为价格是由供给与需求两者共同决定。

关注税收公平问题，新古典学派引领税收思想和分析方法的新变革。

（一）新古典发展时期的税收效用分析

杰文斯和埃奇沃斯的经济思想都深受杰里米·边沁功利主义的影响[①]，杰文斯就以计算快乐与痛苦为起点展开经济学研究，将经济学思想与心理学建立联系，埃奇沃斯在边沁和杰文斯的基础上提出将税收带来的负效用降至最小的观点，即税收应该使牺牲最小，这一理论是功利主义的直接产物，但若将效用的边际递减考虑在内，则在收入上升时，效用曲线下降的速度更快，特别是在高收入阶段，故实践中确定最小牺牲下的税率是极其困难的。杰文斯和埃奇沃斯对税收思想的探索更多的是伦理和哲学层面，是功利主义和古典经济学税收思想的延伸，其现实意义并不突出。

（二）新古典集大成时期的税收转嫁与归宿分析

阿尔弗雷德·马歇尔是新古典经济学的集大成者，早年的宗教信引发他对穷人的深切关心，也使他将消除贫困作为经济学的首要任务，这一点与李嘉图等古典经济学家形成鲜明对比，其税收思想一方面继承古典经济学的自由市场理念，反对过度征税，另一方面也积极探索税收公平，对庇古开创福利经济学产生重要影响。在研究方法上既继承古典学派的演绎法，又将边际分析、局部均衡分析融入其中，新的分析方法使新古典经济学积极探索征税成本、税收转嫁、归宿分析等问题，税收的微观分析框架得以确立，带来对税收与经济发展关系的全新认知。

马歇尔一方面以消费者剩余为工具，分析政府征税的成本及其社会福利效果，马歇尔的分析结果表明对某些收益递减行业征税，并用集中的收入补贴收益递增行业，可能会从中获益[②]，论证自由放任的市场并不总是产生最佳的资源配置，政府进行微观干预有其合理性和必要性[③]；另一方面开创了税收转嫁与归宿问题的局部均衡分析和边际分析，提出税收超额负担[④]的概念。马歇尔认识到税收对市场经济的巨大干预作用，征税彻底改变各种经济活动的成本、报酬关系，

---

① 边沁将“功利”“最大多数人的最大幸福”等术语设定为社会的目标，尽管边沁设定的这些目标所发挥作用的影响最主要是在法律方面，但却对古典学派和新古典学派经济学产生深刻影响。

② 减税以支持高新技术企业发展正是源于这一税收思想。

③ 经济学家庇古正是基于这些开创性思想拓展形成其福利经济学理论。

④ 税收超额负担是指纳税人再缴纳税款以外遭受的其他经济损失。

进而影响市场资源配置和收入分配，也割裂生产者成本和消费者利益，在一定程度上意味着对资源利用的低效。极富人道主义精神的马歇尔特别关注税收公平问题，既肯定市场机制在改善收入分配中的积极作用，也清醒的认识到市场在收入分配上的失灵，主张对富人的财产和个人收入征收累进税以缓和日益加剧的收入分配矛盾、解决社会公平问题。

此外，马歇尔首次提出外部经济概念，他敏锐的注意到教育可产生外部经济，认为政府应增加教育领域投资，之后外部经济演变为外部性并成为福利经济学的核心命题。作为新古典经济学集大成者的马歇尔，其税收思想对后世产生深远影响，令人唏嘘的是微观分析的极大进展是以现实的缺失为代价，这一点在凯恩斯开创宏观经济学后得到弥补。

（三）福利经济学与税收公平

庇古在其所著的《福利经济学》中提出经济研究的主要目的在于帮助社会进步，故经济科学是实际的①，而不是纯理性的，但也不仅仅是描述性的②。第一次世界大战后日益加剧的贫富差距和社会矛盾促使经济学家反思效率之外的公平问题，庇古开创的福利经济学致力于以增进社会总福利为目标制定经济政策，其税收思想也在福利经济学框架下展开。庇古认为“利己心的自由发挥”并不会自动使国家的土地、资本和劳动得到很好分配，进而增进社会总福利，垄断和外部性的存在、制度设计的不完美决定了市场在资源配置方面的缺陷，政府有必要矫正资源配置，改善收入分配，以增进社会总福利，这是对市场机制更深层次的认识与反思，同时庇古对政府职能的认识也超越古典经济学。在矫正资源配置方面，若边际私人成本超过边际社会成本，则给予补贴，若边际社会成本超过边际私人成本，则对其征税（庇古税），使资源配置更符合社会利益；在改善收入分配方面，庇古完善税收公平原则，提出横向公平和纵向公平准则，认为在富人到穷人自愿转移支付的基础上，还应通过征税实现转移，并对穷人购买物品进行补贴③。庇古在福利经济学框架下成功将公平因素纳入税制体系设计，这是对古

---

① 庇古提出经济学家努力进行的复杂分析并不仅仅是一种技巧，它是改善人类生活的工具，围绕在我们周围的贫穷、痛苦和污秽，一些富有家庭的能招致损害的奢侈，笼罩在许多贫困家庭头上的可怕的不确定性——这些都是非常的、不容忽视的罪恶。

② A. C. 庇古：《福利经济学》，商务印书馆 2014 年版。

③ 庇古在《福利经济学》一书除提出补贴的三种形式，第一种由税收提供，对绝大部分由穷人购买的特定商品给予补贴；第二种也有税收提供，对限定范围的穷人实际享用的整个消费的一部分给予补贴；第三部分由当局干预价格，使得特殊商品的富人购买者必须负担卖给穷人购买者商品价格的一部分。

典经济学税收思想的创造性突破。

（四）旧制度学派的批判：推动社会变革

19 世纪末 20 世纪初，垄断资本主义的演进使美国经济矛盾和社会矛盾激增，并引发剧烈的制度变迁，旧制度学派正是这一历史背景下德国历史学派在美国的变种，致力于推动制度变革和社会改革，是主流经济思想的反叛者，其经济理论虽未撼动新古典经济学的主流地位，但其倡导并推动的改革实践却极大影响美国资本主义制度结构。从方法论的视角看，旧制度学派批判新古典理论狭窄的、静态的、演绎的方法，它一方面继承德国历史学派的历史分析法，另一方面借鉴心理学、社会学及人类学的分析思路，力图推翻马歇尔的新古典经济分析，构建更广视角下的演进的、动态的、多角度的分析方法，但这一构想最终失败。

旧制度学派的代表性人物托尔斯坦·凡勃伦、韦斯利·克莱尔·米切尔、及约翰·R. 康芒斯都反对自由放任的经济政策，认为市场本身有其缺陷和弊端，主张以政府干预修正市场。具体到税收思想领域，旧制度学派的经济学家极广的涉猎范围决定了其非税收领域专家，对税收问题也缺乏系统研究，其税收思想与社会变革紧密联系，与主流税收思想存在差异但不乏闪光之处，康芒斯是其中翘楚，他受亨利·乔治影响颇深，这使他既是经济效率的推动者也是社会公平的倡导者。康芒斯一方面从社会效用角度将纳税能力区分为支付能力和效劳能力，提倡税收应与支付能力成正比，与效劳能力成反比；另一方面主张对勤劳所得和非勤劳所得实施所得税分类征收，即对勤劳所得适用优惠的差别税率，对非勤劳所得特别是土地租金适用累进税率，康芒斯的税收思想是穆勒税收原则的延伸，反映他对劳动和劳动者的尊重，对税收效应的广泛、深刻探索及对社会公平与正义的重视。此外，康芒斯在其税收思想的指导下起草《格林斯塔法案》，积极推动土地领域的税收变革。

四、凯恩斯开启税收宏观调控时代

1936 年《就业、利息和货币通论》出版，彻底颠覆斯密以来的自由放任经济理念，标志着凯恩斯时代到来和宏观经济学的诞生，新古典经济学时期主流经济学对宏观经济问题的忽视得到逆转，凯恩斯经济思想对经济理论和经济实践的冲击是巨大的，一方面深刻影响之后的经济流派和经济思想，新古典综合派、供给学派、新凯恩斯学派都在其基础上派生，其宏观经济分析框架沿用至今；另一方面国家干预经济的理念深入人心，财政政策和货币政策至今仍是宏观调控的重要手段。这一时期货币学派对凯恩斯学派进行批判，但仍未撼动凯恩斯经济学的主流经济地位。凯恩斯时代的税收思想与宏观经济分析紧密结合，税收思想成为经济改革的重要决定力，直接影响美国等西方各国的税制改革。

（一）凯恩斯学派及其继承者的税收调节主张

凯恩斯学派在20世纪30年代经济大萧条的背景下产生，面对大规模的失业和资本主义生产过剩危机，信奉自由放任的新古典学派一筹莫展，凯恩斯学派应运而生。凯恩斯学派认为古典学派假设的均衡状态只是经济运行中的特殊情况，事实上经济运行中有效需求不足长期存在，引起经济周期性波动，政府有必要干预经济，进行需求管理，实施相机抉择的财政政策和货币政策，配合现代财政制度中的自动稳定器机制（主要为美国联邦税收制度中累进个人所得税和公司所得税）“熨平”经济周期，实现经济长期繁荣，而减税会增加个人和企业的可支配收入，扩大社会总需求，实现经济增长，减税成为扩大总需求的重要宏观经济政策。罗斯福采纳凯恩斯学派扩大需求的宏观经济政策，开展罗斯福新政，新政既帮助美国渡过大萧条，也在一定程度上拯救资本主义体系。凯恩斯的《通论》取得巨大轰动后，阿尔文·汉森、保罗·A. 萨缪尔森等人在推广凯恩斯理论的同时将凯恩斯学派的经济理论与马歇尔的新古典经济学综合起来，于第二次世界大战后构建起新的理论体系即新古典综合派，新古典综合派的税收思想是凯恩斯学派税收思想的延伸和完善，是其提出的补偿性财政政策的一部分，即在经济萧条时，降低税率，减少税收，扩大社会总需求，刺激经济发展；在经济繁荣时期，提高税收，增加税收，抑制社会总需求，防止通货膨胀的产生。特别的新古典综合派的代表人物沃尔特·海勒、詹姆斯·托宾是美国20世纪60年代肯尼迪－约翰逊减税政策的重要推动者，此次减税使美国彻底走出“艾森豪威尔停滞”，以减税为主的扩张性财政政策大获成功。凯恩斯学派及新古典综合派的改革实践成功带领美国经济走出大萧条并实现“二战”后西方世界几十年的繁荣，积累大量宏观调控经验。

（二）供给学派的减税：一个市场自由主义的回归

产生于20世纪70年代的供给学派，在凯恩斯主义需求管理无法解决“滞胀”问题的经济背景下提出，充分适应资本主义经济从需求不足向供给不足转变的经济实践，供给学派秉承的哲学基础来自古典学派时期的萨伊定律①，但其政策理论与实践则在现代宏观经济学框架下展开。供给学派最重要的理论是“拉弗曲线”阐述的减税理论，最引人注目的政策是减税政策，减税既是供给学派的理论核心也是政策核心。供给学派认为税率，特别是边际税率是影响微观主体行为的关键因素，一是边际税率的降低有助于个人增加劳动供给、企业增加劳动需求；二是边际税率的降低会激励个人储蓄和企业投资，同时有助于个人和企业增加人力资本方面的投资，进而实现劳动生产率和收入水平的提高；三是边际税率的降低可减少偷逃税款行为，抑制地下经济发展，扩大税基，进而增加政府税收②。供给学派的哲学基础决定其对简化税制、放松政府监管的坚持，其减税理论在一定程度上是对古典税收思想的回归。从需求侧减税理论到供给侧减税理论的变迁是政府与市场关系的重塑，也是减税传导机制的拓展与革新，更是宏观经济政策由关注总量到关注结构的根本性变革。至此，减税不只是扩大社会总需求的有效工具，更与税制体系优化、改善社会收入分配、调整经济结构、提升政府治理能力等息息相关。供给学派是 20 世纪 80 年代里根供给管理改革的核心思想，特别的供给学派的代表人物马丁·费尔德斯坦是 1981 ~ 1984 年间里根白宫经济顾问委员会主任，对美国经济政策产生巨大影响，里根时期的减税政策成功刺激市场主体的积极性、释放市场活力并以供给侧发力刺激美国经济复苏，为 90 年代美国经济繁荣奠定基础，至此税收思想与经济实践结合更加紧密，对税收效应的分析也由宏观到微观逐步深入。

（三）货币学派对税收政策的抛弃

货币学派的开创者弗里德曼曾是一个彻底的凯恩斯主义者，但之后弗里德曼敏锐的发现凯恩斯学派对货币供应、金融政策的忽视，意识到政府干预经济运行可能产生的负面效应，其政治哲学、经济思想发生巨大转变，实现由凯恩斯主义者向自由主义者的转变。货币学派一方面坚持经济自由，肯定市场机制的核心地位，认为市场经济具有达到充分就业的自然趋势，主张减少政府对经济的干预，这一理念是对古典经济学和新古典经济学守夜人政府理念的继承；另一方面弗里

① 萨伊定律的实质是，资本主义体制将自动实现资源的充分利用和较高的经济增长速度。

② B Laffer. The Laffer Curve：Past，Present，and Future ［M］. Published by the Heritage Foundation. June 1，2004.

德曼的宏观经济政策以货币政策为核心，主张实行“单一法则”① 的总量调控以控制货币增长和通货膨胀，否定菲尔普斯曲线，该政策在里根执政初期成功控制通货膨胀并被英国、日本等国所接受。故货币学派基本放弃税收对宏观经济的调节，在税收思想领域并无进展。

五、诺贝尔经济学奖内洽的税收主张

马斯格雷夫和布坎南是诺奖时代税收思想的代表人物。马斯格雷夫是现代财政学的开创者，具有社会民主思想，继承了欧洲大陆思想家追求体系的学术传统，致力于理论体系构建，寻求对财政问题的系统解决方法。而布坎南是自由市场经济的信奉者，创建公共选择学派，将经纪人假设和交易经济学范式引入政治学，分析政治行为②。马斯格雷夫和布坎南对国家本质的认知、对政府职能的定位直接影响其税收思想，马斯格雷夫认为国家是以个人成员的共同利益为基础并且要反映这种共同利益的契约性组织，市场模式无法解决外部性问题，提倡通过政府干预纠正市场失灵，以提高总体社会福利水平，并将政府职能划分为配置职能、稳定职能和分配职能，这一政府职能定位沿用至今。布坎南反对仁慈政府假设③，认为国家是一个类“利维坦”④ 物，对政府的不信任贯穿其研究始终，致力于设计和构建有效的对政治权力的宪法约束，反对自凯恩斯以来民主政体对财政审慎原则的抛弃，同时反对以公平分配为借口干预市场经济。

具体到税收思想，马斯格雷夫和布坎南的争议中心为“最优税率”。布坎南坚持普遍性原则，认为对所有的收入征收统一税率税或比例税，不允许任何人或集团享有免税、扣除额、欠税和免征额的待遇，同时以人均等额拨款的形式进行转移支付，布坎南认为政治争论关注的问题是通过财政结构实施的普遍化的转移支付水平，而不是某个特定的潜在受益者集团该不该受益或潜在纳税集团该不该纳税的问题，布坎南认为这样的制度安排可消除特殊利益集团及政治关系对预算的影响，减少寻租行为。布坎南的税收思想一方面体现在公民普遍利益下对政府

---

① 单一法则即中央银行在制定和执行货币政策时要公开宣布并长期采用一个固定不变的货币供应增长率。

② 詹姆斯·M. 布坎南、理查德·A. 马斯格雷夫：《公共财政与公共选择两种截然不同的国家观》，中国财政经济出版社 2000 年版。

③ 布坎南这一思想深受威克塞尔的影响。

④ 利维坦指一种威力无比的海兽，霍布斯以此比喻君主专制整体的国家。

权力的约束，另一方面体现布坎南对起点和规则的公平、而非结果公平（即事实上的平等）的重视，但这一制度设计显然是理想化的，完全消除利益集团对预算的影响在现实中很难实现，正如著名经济学家樊纲所言，财政是政治，是一般意义上的政治体制的经济基础，也是市场经济条件下政治体系与政府体制的核心①，特别是在我国现阶段，预算安排与我国现阶段脱贫攻坚、新农村建设、全面建成小康社会等历史性任务紧密联系，不可避免向贫困人口、弱势群体和农村地区倾斜，绝对的普遍性原则必然脱离我国税制改革和预算管理现实。

马斯格雷夫认为，传统税收理论——从斯密开始，经过穆勒、埃奇沃斯、庇古直到最优税收理论——都局限在税收的背景下讨论平等的问题，但未充分考虑税收的收入分配效应。与布坎南对起点和规则公平的重视不同，马斯格雷夫更看重事实上的平等，其分配正义理念深受罗尔斯②的影响，马斯格雷夫在分配过程中更关心低收入阶层，强调应该设置最低收入限度以防止贫困，通过累进性的税收将收入从高收入阶层向低收入阶层转移，是累进税率的坚定支持者。基于不同的经济理念和国家观，马斯格雷夫和布坎南形成不同的税收思想，但追根求源二人都是资本主义制度的捍卫者，是公平与正义的追寻者，是市场制度的坚定支持者，是政府与市场主体恪守制度与秩序的拥护者，是以更广维度、更多样化视角判辨税收的倡导者，其税收思想是内恰的。

六、小结与反思

税收思想已经过2000多年的发展历程，从道德的哲学时期的税收萌芽，到古典经济学时期对赋税的广泛探讨，到新古典时期对税收公平的关注，税收由哲学层面的原理性探索逐步演变为经济分析的重要一环，凯恩斯开启税收宏观调控时代后不同税收思想引领的税收政策成为宏观经济政策的重要部分，税收可实现宏观与微观、需求与供给两端调控的特性使其政策演变趋于复杂化、多样化。税收思想的演进反映了人类社会国家观、市场观与财政观发展、变迁的历程，也顺应着对公正、公平、效率等永恒性哲学命题持续探索的过程，沿着本文对西方经济思想中税收逻辑的梳理，至少可以得到以下有反思价值的结论。

① 刘心龙：《民主机制与民主财政》，中国城市出版社2001年版。

② 罗尔斯认为为了事实上的平等，形式的平等必须被打破，因为对事实上不同等的个人使用相同的标准必然会造成差距，如在工资政策上，罗尔斯主张按努力分配而不是按贡献分配。

（一）道德哲学时期对税收观有广泛而深入的影响

道德哲学时期的哲学家们对税收思想的探索扎根于深厚的哲学思想、深刻的历史研究及广泛的研究视角，税收萌芽是该时期哲学思想的一部分，哲学家们对税收的研究超越物质层面的得失分析，关注税收本质，触及税收与国家起源、税收与经济、税收与政治、税收与公平等核心命题，极具前瞻性和启蒙意义，之后的经济流派、社会思潮对税收问题的研究正是在这些核心命题的基础上展开，道德哲学时期的税收萌芽对税收观有广泛而深入的影响，特别是赫勒敦的税收理念与现代经济学中拉弗曲线不谋而合，这一研究也被供给学派追溯为其减税思想的起源。

（二）当下减税实践在税收思想逻辑中大都可追溯

黑格尔曾说太阳底下无新事，这一观点也适用于税收思想逻辑，当下减税实践的思想渊源、理论基础大都可在各流派的税收思想中得到追溯。我国现阶段减税是供给侧结构性改革的一部分，本轮减税的重点是扩需求和降成本①，需求侧的目标是扩需求，供给侧的目标是降成本，扩需求是经济稳增长的保证，降成本旨在实现长期经济增长。以减税实现扩需求、稳增长是凯恩斯经济学及新古典综合派税收调节主张的重要部分，即通过减税实现社会总需求扩大；以减税实现降成本和长期经济增长则可在新古典经济学的均衡分析及供给学派的“拉弗曲线”中找到根据，即减税将影响微观经济主体行为，有效降成本并激发社会供给活力，实现税基扩大和经济长期经济增长。具体来看，当下的个人所得税减税一方面提高免征额，另一方面完善税收抵免和税收优惠并向中低收入阶层倾斜，这是对促进税收公平与正义的积极实践，其思想渊源可追溯至斯密和穆勒，而个人所得税减税和企业增值税减税中体现的简化税制趋势则是供给学派税收思想的重要部分。不难发现，我国当下的减税实践并未拘泥于某一流派某一理论，既充分借鉴税收思想，又尊重经济发展规律，是在供给侧和需求侧同时发力，是兼顾短期增长与长期发展的中国供给侧结构性改革实践。

（三）税收宏观调控及诺奖时期税收主张对当下税收政策影响广泛

自凯恩斯开创宏观经济分析后，税收因其对有效需求的巨大影响成为凯恩斯

---

① 高培勇：“五问减税降费”，《新理财（政府理财）》，2018 年第 12 期。

学派及新古典综合派经济体系下重要的宏观调控手段，之后的供给学派认识到减税对扩大供给的重要意义，可同时影响供给侧和需求侧的特性决定了税收在宏观调控中的重要地位，马斯格雷夫和布坎南关于"最优税率"的辩论影响多国税制改革，各国在不同的政治取向、经济目标下或偏向累进税制或趋向比例税制，税收政策趋于复杂性、多样性。至此税收思想不再是高深的哲学命题，而内化为宏观经济政策特别是税收政策的内核，对税收政策的政策设计、调控目标、价值取向产生巨大影响，而税收政策作为宏观调控的一部分，以减税为主要政策载体成为重塑经济和社会结构的伟大的变革力量，税收思想也更具活力。以美国"二战"后减税实践为例，20 世纪 60 年代肯尼迪－约翰逊减税是新古典综合派税收思想的实践，供给学派减税思想则深刻参与美国 80 年代经济、社会改革，当下的特朗普减税则深受供给学派减税思想的影响。

（四）税收思想通常带有鲜明的立场

纵观 2000 多年的税收思想演进，税收思想通常带有鲜明的立场，各流派对经济、社会的不同认识及其迥异的价值取向决定其不同的哲学思想，并基于其哲学思想秉持不同的国家观、市场观，进而衍生出对政府干预经济问题的多样性思考，而对政府干预经济问题的立场决定其对政府职能的不同定位，各流派的税收思想就在这一连串的思考中诞生，暗含对国家干预、政府职能、国家本质等本源性问题的鲜明立场，故脱离历史背景，在经济学或财政学范畴内孤立的研究税收思想是不可取的，对税收思想的理解应在更广视角、更多维度下展开。

参考文献：

[1] A. C. 庇古：《福利经济学》，北京：商务印书馆 2014 年版。

[2] B Laffer. The Laffer Curve：Past，Present，and Future [M]. Published by the Heritage Foundation. June 1，2004.

[3] 刘心龙：《民主机制与民主财政》，北京：中国城市出版社 2001 年版。

[4]（英）亚当·斯密：《国富论》，北京：商务印书馆 2015 年版。

[5] 杨鲁军、虞虹：《供应学派改革：华盛顿决策内幕》，上海：上海人民出版社 2011 年版。

[6]（美）詹姆斯·M. 布坎南、（美）理查德·A. 马斯格雷夫：《公共财政与公共选择两种截然不同的国家观》，北京：中国财政经济出版社 2000 年版。

［7］高培勇："五问减税降费"，《新理财（政府理财）》，2018年第12期。

［8］周文、孙懿："经济学发展趋势于中国经济学的新构建"，《经济学动态》，2014年第11期。

［9］朱成权、刘帅帅："德国历史学派对盎格鲁－撒克逊经济学的批判及启发"，《东北财经大学学报》，2017年第5期。

（本文发表于《财政科学》2019年第4期）

实施更加积极的财政政策
防范财政金融风险

贾　康　刘　薇[①]

财政政策与货币政策，是政府宏观调控的两大主要经济手段，在推动国民经济持续健康发展，实现稳定经济运行的目标中，要发挥重要的作用。2008 年之后，我国实行积极财政政策和适度宽松的货币政策，在通过扩大内需确保经济增长、成功抵御世界金融危机冲击的同时，也有效地促进了经济结构的优化和经济增长质量与效益的提高，支持民生改善，取得显著成效。根据发展阶段与经济形势变化综合考虑，我国货币政策又调整为稳健中性的政策定位。近一段时间，面对国内外复杂的形势变化，党中央、国务院提出积极财政政策要更加积极，稳健的货币政策要松紧适度，同时强调要保持宏观政策稳定。那么，财政政策如何更加积极有效，更好地发挥政策功能，防范化解财政和金融风险，服务经济社会发展全局？

一、财政政策更加积极的必要性

财政政策与货币政策的作用机理，是在很大程度上利用和对接市场机制的作用，形成“国家调节市场、市场引导企业”的间接调控，既以规范的经济参数、经济杠杆作为政策工具对市场进行干预，又在干预的同时通过发挥该机制的作用来达到政策目的。这种间接调整机制，最有利于在引导微观主体行为时，一并给出释放活力和潜力的空间。两大政策各有侧重又需要紧密协调配合。其中，财政政策在配合呼应货币政策调节总量、实施“反周期”的需求管理的同时，需要

① 刘薇：中国财政科学研究院金融研究中心副研究员。

更多地发挥不可替代的“区别对待”方式的供给管理作用，以优化结构，支持增长方式转型升级。

当前，中央要求财政政策更加积极有其明显的必要性。我国GDP增速，从2010年的两位数高速增长状态，一路向下寻求软着陆和引领新常态，本来已基本上形成了L形转换——2015年以来，一直到2018年上半年，我国宏观经济运行一直在6.7%~6.9%的较窄的区间波动。原本在探底完成之后，可乘势企稳，凝聚出一个市场上比较有共识的向好预期，是很有希望的，但是，今年中美贸易摩擦升级，带来了明显的不确定性，并已造成今年和明年的经济下行成为必然，促使市场预期明显趋向悲观。

既然经济已遭遇了不确定性和新的下行压力，就必须按照宏观调控的“相机抉择”要领，做出及时的政策调整。政策调整的方向，按照决策部署目前已经看得很清楚。其实今年以来，货币政策已经几次出手，既有向三农领域的宽松，又有向中小微企业的宽松，最近还有向大企业、成规模的企业和民营企业的宽松。所以实际上目前的货币政策已经带有稳健之中较全面宽松的特征。财政政策优化结构的功能，也亟须进一步显现。

二、何为“积极财政政策”

首先，积极财政政策包括但不限于总量扩张取向。财政政策是一国重要的经济政策，通过财政支出与财政收入及相关管理，体现调节经济与社会生活的财政方针与原则。1998年，我国官方首次使用“积极财政政策”这一概念。从中文的词意来说，这个表达比较含蓄。当时亚洲经济危机发生以后，我们需要有适度的政策刺激与扩张，应对国际经济环境急剧变化和国内市场约束双重因素作用下的矛盾凸显。同时，除了扩张性以外，财政政策还有它自己不可替代的结构优化功能，所以积极的财政政策即应是扩张性而着力发挥其功能的财政政策。把优化结构功能更着力地发挥好，与适度扩张结合在一起，才是财政政策的积极与更加积极。

其次，财政政策要配合货币政策来实施总量扩张，那么它扩张度加码的操作空间，一定会涉及提高赤字率。从流程上来说，财政部门是必须走预算程序来提高赤字率、加大发债规模的。2018年一直没有看到这方面的迹象，所以只能说2019年和后续年度有必要的话，赤字率会有所提高，负债规模也会继续扩大。年内不做赤字率的适当调整可以理解，贸易摩擦对2018年度GDP的影响一般认为不会超过0.3~0.5个百分点，而上半年增速已经是6.8%了，下半年如果按照年度0.3个百分点计，或许下降0.15个百分点，如果再翻倍，也就是全年下降0.6个百分点的话，下半年将是下降0.3个百分点，我们仍然能够达到年初所说的年度经济运行是6.5%左右的引导性目标。但是如果真有必要，明年至少可以把赤字率先提高到3%。3%是一个心理关口，即1991年12月欧盟成员国签署《马斯特里赫特条约》时，对赤字率约定控制的标准，然而一般而言，财政赤字率提高到3%也不会有什么大的风险。从欧盟的经验来看，世界金融危机发生之后，欧盟成员国中的“带头大哥”德国和法国也没有守住3%的预警线，实践证明适当超出一些，不会有特别大的问题，但一定要审慎考虑。

最后，需强调提高赤字率决不是积极财政政策的全部。前面提到，财政政策积极的定义里面非常重要的是优化结构。从我国社会主义市场经济中宏观调控主体的角度而言，财政政策将是优化结构最主要的政策调节手段。我们认为优化结构应该纳入当前中国所讨论的财政政策“更加积极”，而且要特别加以强调。这个视角正是紧密结合中央反复强调的我们构建现代化经济体系的主线，是供给侧结构性改革。促进结构的优化、实施宏观政策中的区别对待，主要是财政政策的功能。财政政策、货币政策协调中间会出现一些中国特色的事情，但回到基本认识，货币政策虽不排除“定向量化宽松”概念下做的适当区别对待，但其操作总体上只能主要解决总量问题（而当下更多解决适当“松”的问题），而适当松的同时怎么样处理好结构优化的问题，则须侧重财政政策。

财政政策一定要结合着提高赤字率和更多发债，把资金筹集起来、运用起来，充分考虑合理区别对待，补短板，通过结构优化促进中国的高质量发展，支撑中国在升级版的轨道上发展。这种从宏观视角来看的、面对全局由财政政策更积极地去推进结构优化，是财政部门无可替代的、义不容辞的职责。

三、积极财政政策如何“更加积极”

除了提高赤字率以外，从总量扩张，结构优化的角度来看，财政政策更加积极可以从以下几个方面体现。

（一）掌握好年度的举债规模，警惕地方隐性债

和赤字率提高相关的，还有中国的国债和公债（包括地方债），要合在一起作还本付息各个年度的通盘考虑，以掌握好各个年度的举债规模。举债规模跟赤

字率提高是正相关的，当下一年度我们适当提高赤字率时，要一并考虑完善2019年和后续年度弥补赤字的举债规范机制，如假定在未来几年还本的压力比较均匀，那么就应该更多地考虑每年度较均平地适当多举一些债。我们现在公共部门的债务，如果按照官方所说不到40%的GDP规模这样一个量值，完全可以说是一个安全区内相对保守的状态，有必要的话，我们可以在未来年度适当地提高到40%以上、45%甚至50%。中国现在的GDP按人民币计算已经80多万亿元，如果提高1个百分点，就是8 000亿元以上的举债规模，要提高5个百分点，就是4万亿元以上的年度增加举债规模，而且基数还会抬高，所以我们举债的空间也是有的。但是也要警惕大家担心的问题：官方数据可能不包括地方隐性债。地方隐性债到底是多少？目前没有权威数字，只是各方担心隐性债有可能又卷土重来。前些年地方隐性负债审计表明曾经高达接近18万亿元，后来《预算法》修订之后，经过三轮的置换，把十多万亿元的地方债存量消化掉了，转成了中国特色之下由政府牵头安排、银行金融机构也接受的中期债券。这样一来，财务表现上银行原来这些以贷款等方式出去的借贷资金，它未来的收益水平是降低的，但是它的资产质量评级却提高了，所以银行系统在这方面也没有太大抵触心理，也接受了在金融防范风险情况下这样的安排。现在大家担心的是跟着融资平台的暗中操作，也跟着所谓产业引导基金这方面操作中间可能产生过多新的负债，以及PPP概念之下地方政府卷进去产生的未来的更多负债。从学术上来讲，PPP项目未来生命周期中的政府“可行性缺口补贴”，可认为是一种或有负债，它到底有多大的压力？现在没有一个很清晰的判断。但我们不认为会像有人所说的整个局面已经不可收拾。警惕和防范这方面的风险完全必要，但也要防止危言耸听和走极端的非理性态度。

BBC曾报道武汉“满城挖”的新闻事件，可以作为理解负债率的典型案例。BBC去武汉做采访，出来的报道说武汉负债率高得一塌糊涂，似乎马上要垮。好在政府有理性的判断，后来武汉的整个发展过程没有受到多大的干扰。现在武汉及周边区域已乘势待腾飞，成为“一片大好形势”。我们认为某一阶段上适当增加负债不可怕，如骤然刹车，最坏的结果是：形成一大堆半拉子工程，老百姓已忍受了噪音、忍受了交通不便、忍受了种种的扬尘，结果本来应该得到的再往下会越来越好的结果，却出不来了。这就是一个典型案例：冲过瓶颈期，压力释放出来以后，风险一定是逐渐下降的。类似武汉这样的发展过程，不要认为似乎是大祸临头，一定要理性分析。具体判断我国的地方隐性债风险，还有待于加强调查研究，一方面注重防范风险，另外一方面也不要有意去渲染一些极端化的过度悲观的说法。举债的安排和赤字有一定关系，是带有总量扩张特征、也较直接地服务于结构优化的一个更加积极的鲜明要因。

（二）发挥结构性减税的作用，进一步营造“低税负”环境，支持企业释放潜力、活力和创新发展

我国目前有18种正税。企业所得税方面，已经确定中小企业减半征收的政策到2020年以前不变，这个低到12.5%的税率，比特朗普减税的力度还大。小微企业纳税的“起征点”也已经抬得相当高。如果还有一个可以考虑的操作点，那就是企业的研发投入。2018年9月21日，财政部、国家税务总局、科技部联合发布通知，明确提高企业研究开发费用税前加计扣除比例有关政策，根据通知，企业开展研发活动中实际发生的研发费用，未形成无形资产计入当期损益的，在按规定据实扣除的基础上，在2018年1月1日至2020年12月31日期间，再按照实际发生额的75%在税前加计扣除；形成无形资产的，在上述期间按照无形资产成本的175%在税前摊销。这一项优惠，能否再提高其幅度，也可以讨论，这是支持企业进一步释放潜力、释放活力和创新发展的新举措。

除此之外，在配套改革中要着力推动降低税外制度性成本。中国企业的真实负担，大量是税外的。从研究者的视角看，社保“五险一金”与国际比较明显偏高，另外多如牛毛的行政性收费的规范性，是明显不足的。中国整个企业负担的变动和弹性空间，明显比国际水平要大。如果真的要降低企业负担，一定要把税外各种各样的负担都放入眼界，看全景图，需要通过配套改革“自上而下”决策程序和鼓励“自上而下”创新试验来减负。比如，“五险一金”要下决心尽快争取尝试实现基本养老的全社会统筹，在提高“蓄水池”共济功能的同时，顺势降低上缴标准；行政性收费改革重点，是以改革深水区“拆香火”式的改革为前提；隐性的“打点”成本与时间成本，要通过整顿澄清吏治、以合理激励改变“为官不为”等改革推动。

（三）以优化支出结构，突出重点地支持“扩大内需”，增加有效供给引领需求潜力释放

积极财政政策还应该包括财政支出结构的优化。这里面有一系列扩大内需方面应该有所作为的更积极举措。财政近些年来围绕公共财政体系建设，已出台了很多改革措施，特别是通过支出结构优化、落实预算管理的完整性、加强基本公共支出管理、开展支出绩效评价等，直接或间接约束了政府行为，促进了政府职

能转变，对政府非规范性获取收入起到了一定监督约束作用。但同时，对政府支出规模、支出责任的改革，即事权合理化改革的进展却还有限。从 1994 年分税制管理体制改革以来，从中央到地方谈体制，必然强调要推进事权、财权、财力的对应性，但目前事权和支出责任的界定仍然需要贯彻中央文件要求，进一步明晰化，以一览表方式落实到“可操作”状态。与之相关的是政府支出规模连年扩大，相应的制度制约不到位，行政成本居高不下，这与“大部制”“扁平化”等攻坚克难的配套改革事项远不到位，有十分重要的内在联系。2018 年中央已有新一轮“大部制”改革的重要部署，要积极贯彻落实到位，以降低行政成本，提供行政效率。

接下来，考虑财政分配突出重点地增加有效供给，应体现在：第一，支持“有效投资”“聪明投资”，以积极增加有效供给来引领扩大国内需求、释放潜力，包括重点建设支出，也包括利用 PPP 模式对公共工程、基础设施、产业新城建设运营、产业园区的开发等给予支持。第二，支持教育改革、科技创新，发挥科技“第一生产力”乘数放大效应。第三，支持社保体系建设，促进民众减少“预防性储蓄”，扩大消费。要以保障和改善民生为工作重点，进一步优化公共财政支出结构，切实地“把好钢用在刀刃上”，重点强化民生领域财政投入和社会建设，为国民提供一个愈益完整、合理、精细的社会保障制度，让老百姓有信心减少“预防性”储蓄。第四，促进基本公共服务均等化、户籍改革、新农业建设、精准扶贫和社会福利救济，支持“社会政策托底”与稳定和谐、扩大低端消费。第五，支持行政改革攻坚克难、少花钱多办事、提高公共资金综合绩效——这要求制度创新、管理创新、技术创新互动的全面改革，需分别从这三方面着手，并加强三方面的互动与呼应。第六，支持企业改革、金融改革，破解“软预算约束”顽疾，释放要素潜力活力。

四、关于化解防范地方政府债务风险

在前些年应对全球金融危机的过程中，我国地方政府债务规模大幅度攀升。为防范地方财政风险，管理部门已提出增加债务信息透明度、建立风险预警机制、以“阳光举债”机制规范政府融资行为、加强监督管理等对策。我国《预算法》的修订，规范地给出了地方债“开明渠堵暗沟”的法律和制度，使我国地方债“怎么借、怎么用、怎么还”纳入了阳光化的法治轨道。从对地方融资平台债务规模及其风险的分析可以看出，由于土地财政依赖、房地产投资热、地方政府隐性担保债务的不确定性等因素，地方债务的风险已涵盖财政风险、金融风险，大量的债务以地方政府信用、以及流动性较差的土地作为担保，一旦债务违约或担保品价格下行出现担保不足，则存在触发市场系统性风险的可能性，并危及政府信用。

应该看到，我国当下地方债最大的风险不在其静态规模，而在于其形成机制和管理机制。地方债的背景是地方政府主导的投资拉动型经济模式，根据此前的审计结果，政府性债务一般用于铁路、和公路等公共基础设施建设、农村和城市的基础设施建设，以及教育、医疗等民生项目等。应该可以据此考虑政府性债务支出后形成的究竟是优质资产还是不良资产。其次，应该看对债务的偿还能力，现金流能否当年实现还本付息。我国地方政府手中拥有巨额资产，除了土地之外，还有各种厂房、矿山、宾馆、旅游资源、仪器设备等等。截至 2018 年 12 月 13 日，全国共有 1221 家国有控股公司（包括地方国有、中央国有企业以及公众企业和集体企业）在 A 股市场上市，占 A 股市场上市公司数量的 32%，市值合计 33.11 万亿元。其中，地方国有和中央国有企业有 1032 家在 A 股上市，占 A 股市场上市数量的 29%，市值合计 22.56 万亿元。因此，从资产的角度来讲，地方政府债务并不是大问题，风险点关键在于其隐性形成机制的不规范和不可持续。

化解地方债务风险是一项系统性工程。地方政府债务问题根植于中国特有的行政结构和运行体制。在贯彻落实修订后的《预算法》的同时，还应大力优化政绩考核导向和激励机制，消除中央与地方之间的非合作性博弈，有效约束地方政府的隐性举债冲动。要“疏堵结合”地把短期应对措施与长期制度建设结合起来，制度建设更多着眼于“治本为上”“堵不如疏”，加强源头防范，明确落实责任，依靠“中央规制 + 地方自律 + 市场约束”相结合的规范化的地方政府举债机制，以及有限政府财力“四两拨千斤”式规模放大且绩效提升的规范化、阳光化的 PPP 机制，为地方公共基础设施建设等提供有制度保障的、正规、透明化的融资支持。

基于此，我国地方债务风险治理的治本思路应是：进一步落实修明渠、堵暗沟，加快建立以公开透明的政府债券为主体的地方政府举债融资机制，实行分类管理和限额控制，对债务风险高的地区进行预警，有效防范和化解财政风险。

首先，加快完善体制，消解地方不当举债的发生机制。主要是，推进地方政府职能转变；加快深化改革完善财政体制，中央与地方间分税制向省以下落实，政府分权科学化，科学地界定提供地方性公共物品和服务的权责、资金来源；从根本上纠正片面化的政绩考核和不恰当的经济激励机制，消除地方政府不良举债冲动。

其次，治存量、控增量，建立阳光化地方债分类管理制度。一是区分举债主体，落实偿还责任；二是保障还款来源，全力化解风险。在分清举债主体、落实偿还责任的基础上，要及时制订偿还计划，科学筹措偿债资金，按时履行偿债义务。

最后，规范地方政府性债务，关键在标本兼治中把握“治本为上”的制度建设，让地方政府所有的债务置于在阳光操作之下，改变地方政府隐性举债的行为。在《预算法》修订后依法积极发展地方阳光融资制度，优化构建“地方公债+专项市政债+政策性金融”的公共投资筹资制度。在规范已有的地方政府性债务基础之上，采取由中央确定总盘子基础上的市场调控地方债制度，试点省级政府在公开市场捆绑项目发放地方债，市级政府独立发行市政债，构建以市政债为主体的公共投融资体系。积极研讨启动市政收益债发行，通过资产证券化、引入保险和养老金等机构投资者，拓宽地方政府融资渠道，继续发展政策性金融为基础设施建设规范筹资。

参考文献：

［1］贾康、刘薇：《构建现代治理的基础——中国财税体制改革40年》，广东经济出版社2017年版。

［2］贾康、刘薇、孙维：《深化中国财税体制改革的战略取向与要领》，广东经济出版社2017年版。

［3］贾康：“积极财政政策应更好发挥结构优化功能”，《证券时报》，2018年11月16日。

［4］贾康：“新〈预算法〉破解地方债难题”，《上海国资》，2014年12月18日。

（本文发表于《清华金融评论》2019年第1期）

从减税到全局，从当下到长远：关于“大国税改”写作意旨

——在全球格局下的大国税改暨《大国税改》新书研讨会上的发言

贾　康

在中美这个“当今全球最重要的双边关系”的演变过程中，已有一个对全球有“外溢性”、对中国实际上也产生了重大影响、乃至人们称为冲击的“特朗普减税”。在存在许多争议、精英阶层对特朗普根本不看好的情况下，他却当选为美国总统了，其后的事实证明，这位由企业界进入政界的总统，还是一个很有作为的总统，他在上任以后，很快兑现竞选时所说的税改基本规划，将其付诸实施了。在我们受到由此而来的外部影响的情况下，中国方方面面自然有所热议。我们写作这本书，要特别感谢中信出版集团领导乔卫兵总编辑的指导和督促，也意识到写这样一部学术著作，是研究者理论密切联系实际的一种责任体现。

今天如果把相关意旨再勾画一下，我首先想说，这一著作，研究的是财税这个视角上引起方方面面关注的热点事件，而财税是服务全局的（学术上在这些方面已经有多年研讨），面对现实生活，我们在写作中意识到，需要从减税看到全局，首先是中国现代化这个全局，而且我们在书中研讨事物的观点也要放到整个人类文明发展的全景图之中，看到全球化背景下中美两个大国在寻求发展和于现实生活中必然产生互动的视角上，我们必须把握的一些基本认识。

简言之，写作的意旨，是从减税切入之后要把握全局——这个“减税”，必然伴随“改革”概念下的税制改革，它是中美这个阶段上的热点，也必然有不少“牵一发动全身”的难点、敏感点。特别是中国还在经济社会转轨过程中，

要对这样一个各方高度关注、在市场运行中敏感度极高、也有很多争议的事情作正确的把握，写作中力求中肯而有深度地反映它。我们认为，为现代化事业所需要的真正高水平的减税和税改，一定还要把短期的诉求和中长期的现代化战略密切结合，所以，这也成为我们写作另一维度上的基本意旨。从减税到全局，从当下到长远，这两个视角是有机结合的：一旦探讨减税的内涵，之所以要从短期而连接到中长期的，是因为它更具追求的意义，是锁定对于中国来说怎样衔接中长期目标而助力于现代化事业的关键。

我们一开始从曹德旺话题的热议和特朗普减税的冲击切入——对于读者来说，这也是大家都关心的事情，很快转入我们认为非常值得中国人仔细借鉴研究的美国历史上的“进步时代”可能提供的经验和启示，并引出对于美国百年时间段里怎样完成现代化取向下的税收、预算、公共意愿表达和法治化等等制度机制建设的考察。我们认为，这些基础层面的制度机制建设，支持着美国崛起为世界头号强国，这是研究者必须正视、在考察中尽可能中肯地把它勾画出来的认识。

再往下，我们于书中对特朗普减税做出评价和分析。研究团队首先找到原始的英文版本，努力做好第一手资料的分析。在基本观点上，我们特别强调：中国财政其实和“特朗普减税”有很多共识之处，中国的实际运行中，在改革开放之初就非常强调减税、让利、放权。在这个税制优化努力的方向上，中美应该讲有共性。既然减税取向上中美显然有相同、相近、相通之处，那么实际生活中，我们所需要的就是从理论视角分析、解说，使之能够从实践再上升到理论认识，而这就涉及我们特别看重的供给侧的理论创新。美国的减税，前面那一轮有重大影响的“里根经济学”下的一些举措，得到了当时颇受重视的供给学派“以减税激发市场供给主体活力”思路的重要启发，而中国现在进一步的减税，对于推进我们称为“经济学理论中国创新”的新供给经济学研究群体尽理论密切联系实际之责，又是一个必然的合乎逻辑的服务社会过程。我们显然要借鉴和得到供给学派当年所起到的作用的启发，但是我们实际上是必须站在前人肩膀上，把新供给经济学概念之下相关的认识再进一步地深化、系统化。直接的目的，当然是服务于中国构建现代化经济体系主线上的供给侧结构性改革，并且我们也认为，从学术的必然逻辑来说，在一些规律的探求上，“中国的也是世界的”，我们这种新供给经济学框架下理论密切联系实际的研究努力，必然会涉及中外共通的一些经济规律的探索和认识的深化。

接着应特别强调，我们不能只看到共性，现实生活中非常有意义的，是要明确地认知中国和美国在税制建设方面，还有显著的区别。在考察中我们专门勾画了美国从立国之后相对规范的公共选择（相对规范，即可使社会代价比较低）这一过程中，美国人比较快地导入了直接税为主的税制框架，一直延续到现在。美国的联邦政府主要靠两大直接税即个人所得税和工薪税，来得到80%左右的财力支持。美国的地方政府，最主要的收入来源则是称为“财产税”的房地产税。美国的情况和中国现在的实际，是差距很大的。中国到现在，改革开放40年了，我们的税制改革在多轮推进之后，还是明显以间接税为主。所以，如果想简单照猫画虎式仿效特朗普减税措施，在中国就非常容易变成邯郸学步、东施效颦。我们要顺势而为，但是必须针对中国自己的国情、自己通盘的现代化发展战略和现在的制约条件，把中国的减税减负和我国财政总体的情况联系到一起，形成合理的全景图式把握。

所以，在写作中我们从减税切入以后，强调中国必须全面考虑怎样对市场主体减负。在这方面的重点是，不能回避间接税为主的基本现实，在改革深水区很多攻坚克难的任务，和减税是有机联系的。面对一系列“啃硬骨头”的考验，减税必然要联系到税外负担怎么减这样一个中国特色非常鲜明的重大挑战。比如，最近一轮个人所得税改革以后，牵出一个在企业基本养老缴费方面的变动局面。大家都认同“五险一金”需要下调减轻企业负担，而且我们看到已经形成一个带有机遇特点的基本养老金说了十多年、而终于有可能以比较小阻力按“帕累托改进”框架提升到“全社会统筹”的时机。然而却有种种原因，仍然使这样一个举措现在显得颇费踌躇，并没有合乎逻辑地下决心推出来。我们也看到了中国现在大家都在讲减税的同时，几百项对企业的行政性收费（都有各级政府“红头文件”依据）怎么往下减，还是很多媒体不愿意正面触及的问题，而李克强总理非常简洁地点到了要害，这是个“拆香火”特色的啃硬骨头的问题，涉及对于政府机构伤筋动骨、甚至脱胎换骨式的改造，才能真正从治本的层面上解决问题。

作为学者，需要把这些问题从短期减税对接到长远追求的配套改革。所以，书中我们特别强调除了减税之外，中国税外的负担怎么减，行政成本怎么压，当百姓讨论的减税问题涉及社会上很多不满表达出来以后，怎么顺应民众诉求、企业诉求，同时又理性地和企业、民众交流信息，找到尽可能优化的方案。这是应动态推进的一个变革过程：中国在继续以间接税为主减税的同时，还必须解决怎样减五险一金，减税外行政性收费，以及怎样真正减少各种隐性制度成本带来的实际负担的问题，等等。包括近年普遍感受到官场“为官不为”对企业造成的拖累，带来了实实在在的时间成本。我们需要把这些事联系到怎样应对中国社会现在黄金发展期特征并没有完全消退而矛盾凸显期特征上升带来的挑战性风险防范问题。所以，这样一套系统工程的把握，是研究者力图要在书中尽可能清晰勾画出来的认识框架。

再往下，还应强调，直接税的建设，又是中国改革深水区“啃硬骨头”的鲜明代表。比如房地产税，议了这么多年，十八届三中全会要求加快立法，很遗憾，现在实际生活中，加快立法方面仍然没看到进入正式启动程序的动作。从社会现在普遍的情绪和公众心态来看，存在和其他经济体大同小异的大多数社会成员的“税收厌恶”，于中国社会中似乎又到了一个前所未有的高点。说到税，一片指责之声，这里面当然有必须重视的相关矛盾必须化解、满足人民美好生活需要必须得到供给体系质量和效率提高等问题。但作为研究者，我们又知道理性讨论是非常重要的，对于税制改革的理性态度，应该在我们书中努力融合进去。中国的税制改革，确实不只是减税的问题，在努力减税、减负、减各种成本的同时，大家还必须逐渐凝聚共识，怎样形成一个可操作的高水平的立法过程，完善个人所得税、房地产税，以及未来必须研究讨论的遗产和赠与税等等这些直接税制度建设的问题。虽然说到这些可能会得罪不少社会成员，但是作为研究者还是要在这方面尽量发出理性的声音。

关于书中的展开分析方面，这里简要说一点：直接税为主在制度供给方面的好处就是，初次分配环节上显著的有利于给出足够宽松和强激励的创业创新环境，充分调动创业创新者的积极性。美国在初次分配里，甚至根本就没有增值税，即中国的“第一大税”，在美国那边，是没有在制度建设上予以考虑的。到了后面，发展过程中实际收入比较高的这些社会成员，在美国则有再分配环节的直接税等着，是以经济手段依法地通过再分配，促进了社会的相对和谐。前端的充分激励和后端的制约与再分配调节，不能说美国的税制就多么完美，但至少对中国当下与未来的现代化发展追求，有必须承认的重要启发，而美国是如何建设这样一种制度安排的过程，则更具有启发性。现在中国改革的系统工程涉及怎样攻坚克难啃硬骨头，我们在书中特别强调了，只有思想再解放才能改革再深入。现在要特别注意，很多研究者提到实际上不可回避的政治体制改革任务，现实生活中却只有最高领导人说到其概念的相关表述，到了实际工作部门的领导，都不涉及这个问题。为什么呢？就是还形成不了正面设计的方案和切入的路径。但是“美国进步时代的启示”告诉我们，如果我们要掌握好所讨论的税收制度和它必然联系的以税制筹集政府收入以后钱怎么用的更完整的预算制度，以及和税收制度也必然形成连动关系的走法治化之路发展的公共参与机制，就要推出一系列阳光化的立法过程。而其中，社会公共意愿需要得到尽可能充分的表达——这样一套制度安排，即一套规范的、社会代价尽可能小的“公共选择机制”，如果能够在中国经过持续的努力让它展开，那么触动千家万户、企业、社会成员利益的这个税制，以及必然要和税制结合在一起推向现代化的预算制度等等，就还会引发像“美国进步时代启示”里所产生的政治进步——公众参与、公众意愿表达机制以及整个社会“走向共和”式寻求最小代价而凝聚“最大公约数”共识、实现和谐发展的一套制度和机制。这就会实际地带出政治体制改革所追求的结果，我们应该充分借鉴美国等经济体相关的历史经验。

所以，这本书从减税说到全局，从当下考虑到长远，做出了作者的努力。在形成文本之后，通过研讨会等形式，衷心希望得到各位专家、各位老师同学进一步的批评指正。

在当下的气氛里，我还想说一下自己的观察：中美之间现在贸易摩擦升级所造成的压力、外部冲击和中国内部的矛盾凸显又形成了交织，确实带来严峻的局面和挑战。但是中美谈判无论结果如何，中国人自己要掌握好的，就是要在不确定性面前紧紧把握我们可选择的确定性。中国和美国之间的关系，虽然矛盾升级，但仍然不是“谁战胜谁”的关系，而是要导引、走向“人类命运共同体”的关系，我们仍要在“和平和发展”时代主题之下与美国多轮博弈、争取在和平发展过程中共同造福全世界人民。对于美国方面以丛林法则的遏制，我们如果应对、掌握得好，还是有希望“斗而不破”，按照邓小平所说的战略思维，中国人在“冷静观察、沉着应对、善于守拙、韬光养晦、决不当头”之后，掌握好自己可以把握的确定性，一定能够“有所作为”。

中美之间的博弈确实进入了新阶段，这一轮的谈判无论能不能形成一个结果，它都是阶段性的。我们希望能形成一个阶段性的妥协，但是这个妥协也不能希望它能稳定多长时间。打打停停、停停打打可能要持续相当长的阶段，但是供给侧的创新已经带来了时代的可能性：一方面我们有可能在中美“共享一个产业链”的情况下，从正面努力发展共享经济，“你中有我、我中有你”式的发展，是必然具有的选择；另外一方面，我们也清醒地知道供给侧创新早已带来了“核威慑”，就是带来了邓小平所说的“和平与发展主题”之下再也不可错失的历史机遇期：要坚定不移地紧紧扭住以经济建设为中心，以坚定不移的开放和坚定不移的以开放促进改革，把握好中国可选择的自己的确定性。中国和平崛起，必然表现的过程是在类似于税改的互动和这种互动中大家都要寻求发展的情况下，在

“时间朋友”的帮助之下，和平地缩短和美国等发达经济体之间的距离。我认为，这样一个进程是既有利于中国人民，也是在长远根本利益层面有利于美国在内的世界人民的。我们愿意在这些方面，尽学者和研究者的努力，来共同促进中国“和平崛起”和“人类命运共同体”的发展。

（本文发表于《经济研究参考》2019 年第 20 期）

怎样认识看待“更加积极”的“宽财政”

贾　康

一、把握宏观大势，看积极财政政策服务全局的三个维度

认识和展望积极财政政策（其带有某种人们已注意到的“宽财政”特征），需先从宏观经济大势说起，因为财政是服务于国民经济、社会发展全局的，是服务于最高决策层战略方针的贯彻实施的。扼要地说，当下中国宏观经济大的形势，是遇到了不确定性的冲击，主要来自外部贸易摩擦升级的不确定性与内部“矛盾凸显”的交织，困扰着我们造成经济下行的压力。2019 年度，也可能包括未来更长一段时间，这种不确定性困扰中的下行过程中，我们努力的基本方向，就是极其需要在不确定性中间把握确定性的一面——主要就是我们可选择的、应该努力去做好的事情：坚定不移地在进一步解放思想的引导之下，推进改革，扩大开放，支持多种经济成分的全面发展积极推进共赢的混合所有制来释放我们的潜力和活力。我们可以看到，中国的发展还有相当可观的空间和纵深——我们的工业化、城镇化，还有可观的推进空间和较长的高速增长期。而当前是在扩大内需这个概念上，有了更为现实的迫切需要。与扩大内需对应的，首先应该强调的是有效投资。中国工业化伴随着城镇化所要求的有效投资，从中心区域到农村区域，其实俯拾皆是。这正是我们自己的所谓回旋余地、潜力空间。中国在整个世界中拥有最典型的新兴市场经济体巨大的市场潜力，给我们把握确定性，提供了客观的基础。在这个扩大内需的投资和消费两方面，要形成有机的联动。

按照这样一个宏观经济大势，把握好我们的确定性，争取中长期的战略目标如愿实现，全面小康以后还要跨越中等收入陷阱，2035 年前后要基本建成现代化，当下财政政策要“更加积极”，这是必然的选择。关于这一积极财政政策服

务全局的认识框架要分两个层面。

第一个层面，全面理解财政政策服务全局的“积极”的含义，应有三个维度。第一，是在“宽财政”的表征之下，财政政策怎样掌握总量方面的调控优化。第二，财政政策的不可替代性，在于它有别于货币政策的优化结构方面，能够更多地从宏观层面发挥它应有的特定功能和作用。第三个维度，就是中国要完成经济社会转轨，财政还必须动用公共资源去积极推进改革深水区的攻坚克难：不仅要把钱花出去，支持方方面面的经济活动，同时，还得“花钱买机制”，无论是支持经济增长点也好，区域发展也好，民生改进也好，这个钱怎么花的机制，必须一并考虑，这就是把调控、服务都寓于改革之中。这三个维度我认为缺一不可，都应该纳入财政政策更加积极的含义之内。

二、积极财政政策应该掌握的三大要领

第二个层面，下一个年度，也可能延续到更长一些的时间段里，更加积极按照三个维度，应该掌握好三大基本要领。

第一，在总量调控方面，赤字率有必要进一步提高。2018 年官方统计口径的赤字率是 2.6%，当然这是在安全区之内的一种状态。2019 年度通盘考虑以后，已明确提高到 2.8%。并未如社会所普通预期的一下提到整数 3 这个关口。这个 3% 的意义，带有一定的心理作用特征，是当年签订马约的时候，欧盟成员国关于“财政纪律”所约定的一个整数关口，把 3% 作为一个控制线或者叫预警线。它并不是所谓国际公认的警戒线（并没有公认，美国人不认，日本人也不认），在后来的实践中，世界金融危机来了，压力之下不仅希腊、葡萄牙等等这些相对小的经济体守不住这条线，就是“带头大哥”德国、法国，也曾经在一段时间里失守这个 3% 的控制线，但它毕竟有一个防范风险方面的积极意义。中国如果 2019 年提高到 3% 的赤字率，我觉得在控制风险这方面没有问题。赤字率的 3% 也不是绝对不可逾越，如果明后年、大后年有必要的话，再适当提高一点也不是不可想象。但 2019 年总理的政府工作报告中专门说明：按今年 2.8%“适当提高赤字率，综合考虑了财政收支，专项债券发行等因素；也考虑为应对今后可能出现的风险留出政策空间”，体现了积极稳定、瞻前顾后的全面权衡。

随着赤字率提高，按照中国现在弥补赤字的机制，题中应有之义就是要适当扩大举债规模。举借公债中国已经有了规范的框架，除国债之外还有地方债。中央层面按照国债名义所举借的债务和地方层面按照地方的一般债务和专项债合在

一起的举债，它们和GDP之比的公共部门负债率，从现在的官方指标来看，明显是在安全区之内的，是在40%偏下一些。当然，很多人关注的是地方的隐性负债应做什么样的判断——确实还没有权威数据，但是更关键的是要分析地方隐性负债在现在这个阶段的发生机制。我不认为现在中国的地方隐性负债像有人所说的，已经高得会形成一个多么大的系统性风险，但是我们主要是必须有防患未然、优化机制这方面的战略考虑，要高度关注在新的运行条件之下，防范地方隐性债风险的问题。

弥补赤字现在用得到的举债规模，是隐性负债之外的阳光化的国债和地方债，发行机制按照预算法都有章可循。赤字率和举债规模，适当往上抬，都有总量扩张的特征，即是要配合货币政策来适当地给经济更多地加入流动性和扩张性的刺激因素。

第二，应该强调减税并高水平地贯彻落实，这也具有总量扩张的特征，符合经济学已经形成的政策方面的基本经验，是供给侧结构性改革里我们非用不可的一种政策手段。在减税的同时，考虑中国的特点，还要注意结合中国的税制改革，适应怎么走向现代社会、形成现代税制这样的客观要求。我们需特别注意，不能简单照搬特朗普减税的套路。美国的税制结构是非常典型的直接税为主，中国恰恰相反，是间接税为主。我们间接税中，最有影响的就是营改增之后作为第一大税的增值税，需要把增值税的标准税率再往下降，把它的三档税率要努力收缩成两档税率，这都是近年要积极考虑的事情。2019年增值税标准在由16%降为13%，制造业等行业在交通运输业、建筑业等行业现行10%税率降为9%的方案，已在两会上公布。另外，企业所得税标准税率25%是不是可以适当降低？面对“十四五”是不是要延续对中小企业这样的所得税的优惠？这都是应有所考虑的。小微企业简易征收办法，也属于更加优惠的减税，这些是在中国已经做和将继续做的事情。企业所得税标准税率适当降低的同时，也要考虑鼓励企业研发创新。相关所得税税基的加计扣除，有没有可能从现在的175%再往上提，比如提到200%？这些是中国从正税的角度来说最主要的可做的减税事项。另外，得同时强调：间接税和企业所得税往下调整，并不是税制改革的全部，中国还必须在这种减税的旁边，考虑怎么贯彻中央所说的逐渐提高直接税比重。这是必须纳入系统工程来通盘掌握的。

第三，优化支出结构。在压缩一般性支出（2019年要求达5%以上），三公经费（2019年要求再压缩3%左右）的同时，其他方面的重点支持事项上适当扩张支出，是以赤字率提高带出来的支出安排上的可能性，跟着就得把这些落实到尽可能高水平的一个定制化解决方案上。前些年已经意识到，有一些过于形式主义的或欠妥当的做法必须做调整，比如说过去被人们所推崇的支出盘子里的某些部分要做特定的挂钩处理，结果后来发现整个财政支出盘子的48%（差不多一半）已经僵化，跟一些指标捆死了，十八届三中全会就明确提出以后原则上不再做这种挂钩，这都是支出结构优化里必须掌握好的要领。当然，这也可能要触动一些“利益固化的藩篱”，要求各个部门在这些方面更理性讨论以后形成一些基本共识。

三、收入再分配机制的优化是不可或缺的内容

还有就是财政收入再分配机制关系到结构优化问题。财政对于弱势群体的支持要用钱，财政的减税，实为结构性减税，后面跟着的也有对税制结构的优化要求，必须处理好。这个收入再分配对接到前面所说的直接税问题，其制度建设就是要在筹集财政收入的同时，更着重于促进社会和谐，通过收入再分配的机制发挥调控和遏制收入差距扩大的不可替代作用。这在中国难度很大，现在直接税在整个财政收入里的比重与作用是相当边缘化的。全社会其实都对收入配问题高度关注，但是收入分配里怎么样啃硬骨头，形成一个依法的、“税收法定”条件下再分配的税收调节机制，这是一个在中国任重道远的制度建设任务。最典型的，就是谈了多年现在迟迟不见加快立法的房地产税。直接税中的个人所得税，有一定的进步了，2018 年有修法的调整改进，终于迈出了“综合”的步伐，但也留下了一些遗憾，只是把 4 种劳动收入综合了，而非劳动收入中哪怕一分钱都没有涉及。非劳动收入其中当然也得区别对待，但是至少不是直接投资的比如金融资产的增值等等，本来应该积极考虑适当地和劳动收入合在一起来实施“综合”，但出于种种制约条件，这次只把 4 种劳动收入做了综合，这样可以预料从 2019 年年初开始，中国的一些专家群体，税负会明显上升，而这些专家群体在创新的企业里，确实又是他们要不惜高薪稳住的人才团队，于是这些高科技企业、特别追求创新的企业，实际上要留住自己高端团队的成本，会明显提高。另外，这也涉及知识分子政策，按劳分配情况下对这种高端劳动的回报，除了工薪以外，劳务、特许权收入，还有知识分子可能多少年的成果体现在某一个时点上的稿酬等等，一下子都进了综合，边际税率会大大提高，实际上形成了对于劳动贡献的税收歧视——这些都是副作用与遗憾。往后的直接税改革里，个人所得税当然就要寻求机会再来优化它的一些政策设计，寻求在下一轮弥补遗憾。另外的硬骨头，就是看有没有可能按照人大现在关于立法的说法，在本届人大任期的 5 年之内，

积极考虑启动房地产税的立法。这个立法启动后，过程在中国走多长时间现在也不好预计，一定是一审、二审、三审中做充分的讨论，理性地寻求“最大公约数”，如果按照过去的经验，很可能要推到四审，才能走完它整个立法过程。我们从收入再分配、从结构优化这方面，不可回避地要作出前瞻，对应到从短期到中长期的通盘配套改革的问题，和整个再分配制度体系优化的问题。

四、以支持配套改革与重点改革服务全局

最后说一下怎样“花钱买机制”支持配套改革和重点改革。改革的重点、开放的重点，都要有财政必要的支持，这种支持的同时，服务全局的客观需要，往往表现为财政不能仅以自己业务边界为限，到边界就不再考虑别的事情了。可举个例子：比如中国现在讲的减轻企业负担，降低制度成本，财政一定要做好减税，同时，财政部门要跟其他的部门积极磋商，于正税降低的旁边，税外的各种负担怎么降？看起来不是财政部门直接管的范围，但财政部门一定要积极推动这些事情。比如社保五险一金：在国际比较来看，中国的五险一金明显是非常高的一种制度成本。现在有了一个把基本养老缴费统一由税务机关来管理的改进，管理的力度空前，前所未有地可以更有把握防止征收环节洒漏的情况之下，又不得已做了妥协，一个是不许往前追溯；另外一个，原则上说企业负担不能增加。真实情况是这个“不能追溯”好操作，负担不能提高，就非常为难了，因为现在面上看，3/4 左右的企业基本养老缴费不足，说负担不能提高，那么高高低低的缴费负担上划线划在哪里为“不增加”呢？这非常明显是一个实际生活中要赶快解决的问题。我的认识是要乘势赶快把基本养老的全社会统筹制度确立起来——以这一个蓄水池替代原来分散的至少好几十个蓄水池，它的互济功能会一下子上台阶，互济功能上来了，缴费的标准就可以调下来，也就可以尽可能多地把原缴费不足的企业按新的缴费标准和“负担不增”的原则解脱出来。其实提高统筹层级到全社会为一个蓄水池，这是已经说了十几年的改革任务，过去碰到既得利益的阻碍，始终没能真正冲破这个瓶颈，而我们现在可以在明确由税务机关统管收缴基本养老金的新前提下，按照一个新出现的“帕累托”改进（指只有人受益而无人受损）的机遇，乘势解决这个问题，也就是财政在减税同时，减轻企业的税外负担，首先在“五险一金”上推动其他部门一起做配套改革。

另外，几百种行政性收费，李克强总理说是“拆香火”的事儿，这个拆香火就意味着要结合着 2018 年中央已经明确的大部制改革，再加上扁平化减少层

级的改革，对于我们整个行政架构来个脱胎换骨式的改造。大部制扁平化合在一起，降低行政成本，而且减少局委办的设置，就是减少了很多审批权，自然而然就可以顺理成章在拆香火以后，减少他们的审批权所衍生出来的收费权，实际上还会减少由这些收费权衍生出来的、很不规范的暗中不正之风和腐败行为发生源泉的设租实权。这对于中国降低制度成本的意义，又是一个配套改革层面才能说清楚的重要改进，是财政应该积极支持的。

还可说说 PPP 的创新。前几年从李克强总理到有关部门，不遗余力在推进，这段时间看起来是要稳一稳，合乎波浪式发展规律：前面的发展高潮过了以后，稍微往下落一落，调整不是要叫停——不可能叫停，要通过规范发展，以后支持它的长期健康可持续发展。这个 PPP 创新，恰恰是把我前面引出的三个维度全都结合在一起的：第一，它是扩张性的，是把我们很多有效投资的空间真正变成投资项目，公共工程、基础设施、产业园区，乃至产业新城的建设和运营，而且项目一做可能做二十多年，三十多年，甚至五十多年，这个扩大内需不光是在当下应对外部冲击，而且可为我们未来的发展增长后劲儿。第二，它的总量扩张有非常明显的结构优化的作用，因为它是选择性的，一定要选择那样一些在整个棋盘里合适的位置放棋子，又有一个好的决策机制，即阳光化的机制——当然我们还要有其他如绩效考评制度等种种要素配上去，让 PPP 的决策尽可能避免失误。第三，它机制创新的特色是非常明显的，不光是一个融资模式创新，同时也是管理模式和治理模式的创新，是把政府、企业、专业机构的相对优势合在一起，“1 + 1 + 1 > 3”的一个绩效提升机制；它也必然推动我们的混改，在“不争论”的情况之下把实事做起来，因为 PPP 是促进混合所有制发展最好的一个切入点：这些大工程举足轻重，在有运营期的情况下，必须组建 SPV（特殊项目公司），而这个公司一定是标准的现代企业制度，即一定是股份制的，而且这个股份制里政府方面内在的要求，恰恰是不想“一股独大”，会希望尽量少持股，少出钱，而调动体制外的资金把事情做出来，“四两拨千斤”式做得漂亮的政绩，而这恰恰就可以推进中国的混合所有制改革，让全社会来观察这个混合所有制是不是共赢，是不是有蓬勃的生命力。另外，PPP 也一定会对应到中国现在立足于人类命运共同体的“一带一路”倡议，我们本土的这些 PPP 项目经验，会支持中国人越来越多地在“一带一路”上做境外的 PPP。这些，都应该纳入中国财政政策的演变来处理为一个优化的系统工程。

（本文发表于《财经》2019 年第 6 期）

积极财政政策应更好发挥结构优化功能

贾　康

【摘要】本文主要讲三点：一是财政政策、货币政策协调中会出现一些中国特色的事情，但货币政策总体上只能解决总量问题，处理好结构优化则须侧重财政政策。二是提高赤字率不是积极财政的全部，财政政策积极的定义里面非常重要的是优化结构。三是行政成本居高不下，与“大部制”“扁平化”等改革远不到位有十分重要的关联，今年中央已有新一轮“大部制”改革重要部署，要贯彻落实到位。

当前中央要求财政政策更加积极有其必要性。我国 GDP 增速从 2010 年的两位数高速增长状态一路向下寻求软着陆和引领新常态，本来已基本上形成了 L 型转换。从 2015 年下半年到现在，中国宏观经济运行一直是在 6.7% 到 6.9% 的一个很窄的区间里面波动。原本在探底完成以后乘势再企稳，凝聚一个市场上比较有共识的向好预期是很有希望的，但是今年中美贸易摩擦升级带来了明显的不确定性。

既然经济已遭遇了不确定性和新的下行压力，就必须按照宏观调控的“相机抉择”要领做出政策调整。政策调整的方向目前已经看得很清楚。今年以来，货币政策已经几次出手，既有向“三农”的宽松，又有向中小微的宽松，最近还有向企业的宽松，所以实际上我认为目前的货币政策已经带有稳健之中较全面宽松的特征。

中央已经明确积极的财政政策要更加积极。我认为积极财政政策的“更加积极”可以从几个层面进行认识。

一、何为“积极财政政策”

1998 年我们首次使用“积极财政政策”这一概念。从中文的词意来说，这个表达比较含蓄。实际上亚洲经济危机发生以后，我们需要有适度的政策刺激与扩张。同时，除了扩张性以外，财政政策还有它自己不可替代的结构优化功能，要把它的功能更着力地发挥好，这样合在一起，才是财政政策的积极与更加积极。

二、财政政策要配合货币政策来实施总量扩张，那么它扩张度加码的操作空间，一定会涉及提高赤字率

从流程上来说，财政部门是必须走预算程序来提高赤字率、加大发债规模的。2018 年还看不到这方面迹象，所以只能说不排除 2019 年和后续年度有必要的话，赤字率会有所提高，负债规模继续扩大。

年内不做赤字率的适当调整可以理解，如果说贸易摩擦对年度 GDP 的影响一般认为不会超过 0. 3 个点，上半年增速已经是 6. 8% 了，下半年如果按照年度 0. 3 个点计，或许下降 0. 15 个点，如果再翻倍，也就是全年下降 0. 6 个点的话，下半年将是下降 0. 3 个点，我们仍然能够达到年初所说的年度经济运行是 6. 5% 左右的引导性目标。但是如果真有必要，我觉得明年至少可以把赤字率先提高到 3% 。

3% 是一个心理关口，即当年欧盟成员国签马约的时候取的整数关口，然而一般而言，财政赤字率提高到 3% 也不会有什么大的风险。从欧盟的经验来看，世界金融危机发生之后，欧盟成员国也没有守住 3% 的预警线，实践证明适当超出一些，不会有特别大的问题，但一定要审慎考虑。

三、提高赤字率不是积极财政的全部

前面提到，财政政策积极的定义里面非常重要的是优化结构。我认为优化结构应该纳入当前中国所讨论的财政政策“更加积极”，而且要特别加以强调。这个视角正是紧密结合中央反复强调的我们构建现代化经济体系的主线，是供给侧结构性改革。促进结构的优化、实施宏观政策中的区别对待，主要是财政政策的

功能。财政政策、货币政策协调中间会出现一些中国特色的事情，但回到基本认识，货币政策的操作总体上只能解决总量问题（而当下更多解决适当“松”的问题），怎么处理好结构优化的问题，则须侧重财政政策。积极财政政策更加积极，一定要在结构优化的方面，充分利用我们现在财政政策的内在功能，有所作为。

除了提高赤字率以外，从总量扩张，结构优化的角度来看，财政政策更加积极可以从以下几个方面体现。

（一）掌握好各个年度的举债规模

举债规模跟赤字率提高正相关，如果适当提高赤字率，假定在未来几年还本的压力比较均匀，那么就应该更多地考虑每个年度适当多举借一些公债。现在按照官方数据，公共部门债务占 GDP 的比重不到 40%，这可以说是一个安全区内相对保守的状态。有必要的话，我们可以在未来年度适当地提高到 40%、45% 甚至 50%。2017 年国内生产总值超过 80 万亿元，如果提高 1 个点是多少？1 个点就是 8 000 亿元以上的举债规模，要提高 5 个点，就是 4 万亿元以上的举债规模，而且每年 GDP 基数还会抬高，所以举债空间是有的。

但是也要警惕大家担心的问题：官方数据并不包括人们议论纷纷的地方隐性债。地方隐性债到底是多少？目前没有权威数字。《预算法》修订之后，经过三轮的置换，十几万亿元的地方债存量基本消化掉了，转成中国特色之下由政府牵头安排、银行金融机构也接受的中期债券。现在大家担心的是跟着融资平台的暗中操作，跟着产业引导基金，以及 PPP 概念之下地方政府卷进去产生更多新负债。它到底是多大的压力？现在真的没有一个很清晰的判断。但我不认为会像有人所说的整个局面已经不可收拾。

BBC 报道武汉“满城挖”的新闻事件可以作为理解负债率的典型案例。BBC 去武汉做采访，出来的报道说武汉负债率高得一塌糊涂，似乎马上要垮。好在政府有理性的判断，后来武汉的整个发展过程没有受到多大的干扰。现在武汉及周边区域已乘势待腾飞，一片大好形势。我认为某一阶段上适当增加负债不可怕，如骤然刹车，最坏的结果是：形成一大堆半拉子工程，老百姓已忍受了噪音、忍受了交通不便、忍受了种种的扬尘，结果本来应该得到的，再往下会越来越好的结果，却出不来了。这就是一个典型案例：冲过瓶颈期，压力释放出来以后，风险一定是逐渐下降的。类似武汉这样的发展过程，我觉得不要把它说得似乎是大祸临头，一定要理性分析。具体的地方隐性债还有待于加强调查研究，一方面注重防范风险，另外一方面也不要在这里面有意去渲染一些极端化的过度悲观的说法。

（二）结构性减税

我国目前有18种正税。企业所得税方面，已经确定中小企业减半征收的政策到2020年以前不变，这个12.5%的税率比特朗普减税的力度大。小微企业纳税的“起征点”也已经抬得相当高。如果还有一个可以考虑的操作点，那就是企业的研发投入。2018年9月21日，财政部、国家税务总局、科技部联合发布通知，明确提高企业研究开发费用税前加计扣除比例有关政策，根据通知，企业开展研发活动中实际发生的研发费用，未形成无形资产计入当期损益的，在按规定据实扣除的基础上，在2018年1月1日至2020年12月31日期间，再按照实际发生额的75%在税前加计扣除；形成无形资产的，在上述期间按照无形资产成本的175%在税前摊销。这一项优惠，能否再提高其幅度，也可以讨论。

除此之外，还需要看到中国企业的真实负担，大量是税外的。按我们研究者的说法：社保“五险一金”与国际比较明显偏高，另外多如牛毛的行政性收费的规范性，是明显不足的。中国整个企业负担的变动和弹性空间，明显比国际水平要大。如果真的要降低企业负担，一定要把税外各种各样的负担都放入眼界，看全景图，以配套改革来减负。

（三）积极财政政策还应该包括支出结构的优化

这里面有一系列的扩大内需方面应该有所作为更积极的举措。财政近些年来围绕公共财政体系建设，已出台了很多改革措施，特别是通过支出结构优化、落实预算管理的完整性、加强基本公共支出管理、开展支出绩效评价等，直接或间接约束了政府行为，促进了政府职能转变，对政府非规范性收入获取起到了一定监督约束作用。但同时，对政府支出规模、支出责任的改革，即事权合理化改革的进展却有限。

从1994年分税制管理体制改革以来，从中央到地方谈体制，必然强调要推进事权、财权、财力的对应，但目前事权的界定仍然需要进一步明晰化，与之相关的则是政府支出规模连年扩大，相应的制度制约不到位。行政成本的居高不下，与“大部制”“扁平化”等攻坚克难的配套改革事项远不到位，有十分重要的关联，今年中央已有新一轮“大部制”改革的重要部署，要贯彻落实到位。

切实提高财政支出管理水平，还应体现在“少花钱，多办事”，这要求制度创新、管理创新、技术创新互动的全面改革，需分别从这三方面着手，并加强三方改革互动。教育改革、科技创新也事关发挥科技“第一生产力”的重大作用。同时，财政应该以积极增加有效供给来引领扩大国内需求、释放潜力，比如利用PPP模式对公共工程、基础设施、产业新城建设运营、产业园区的开发等支持着超常规发展起来。还要以保障和改善民生为工作重点，进一步优化公共财政支出结构，切实地“把好钢用在刀刃上”，重点强化民生领域财政投入和社会建设，为国民提供一个愈益完整、合理、精细的社会保障制度，让老百姓有信心，减少消费方面的“预防性”储蓄。

（本文发表于《证券时报》2018年11月16日）

积极财政政策如何更加积极

贾　康

杨燕青：各位朋友，大家晚上好！欢迎大家来到我们今年的夏季亚布力的第一场活动，我非常荣幸能够主持这一场的大咖秀，首先我有一个非常简短的开场。今年是中国改革开放40周年，我们今年的夏季亚布力大的主题也是初心与改革的再出发，这是一个非常好的主题。40年以来中国的改革开放的初心，经济学家普遍认为是市场化取向的改革，在过去40年中，中国因为两个大的原因实现了比较大的成就，一是地方政府之间的竞争和地方政府积极的有所作为，导致了中国经济增长能够较快的推进；二是中国以比较好的方式融入了全球化的进程，通过全球的供应链和产业链成长为全球最重要的制造业大国。

在这个大的背景下，中国在过去40年取得了举世瞩目的经济和各方面的成就，在这样的40年背景下这个世界也在发生着非常快的变化，我们都知道2008～2009年的时候全球发生了一场经济危机，在金融危机之后中国有4万亿元以及规模更大的刺激的投入，这个改变就让中国经济踏上了一个新的征途。

在这个背景下，我们看到了中国经济面临比较大的挑战，这个挑战第一个是源于我们在刺激的大背景下，我们的经济发生了比较大的改变，尤其是金融推动了经济，经济和金融的关系发生了改变，中国经济出现了非常高的杠杆。按照国际统计，我们最高曾经到过270%的GDP，这是全球范围内非常高的杠杆。同时我刚才讲到因为中国取得了举世瞩目的成就，这样举世瞩目的成就也让全球感到了担忧，在全球的民粹和保护主义的背景下，大家都知道中国现在面临着更大的一个挑战是全球的贸易保护主义、中美的贸易摩擦甚至是贸易战，以及包括一些大国和中国的关系正在发生比较大的本质的改变。

所以在这样的大背景下，大家来审视改革开放40年，审视我们未来的发展就会觉得我们的未来确实任重道远，我们从中等收入的国家到高等收入的国家，这个挑战会变得更大。同时随着中国和全球的关系发生了本质改变，在未来中国如何和全球相处也变得更加重要。正是因为这样大的背景和挑战，所以中国内部的宏观政策就变得越来越重要，我们现在进入我们今天的主题——在改革开放40年的背景下为什么财政政策变的特别重要？大家都知道宏观经济政策主要是可以说财政政策、货币政策、结构改革，财政货币实际上是最主要的两块。大家也都知道我们在2019年7月份发生了中国政策制界和学界非常有意思的一场论证，央行研究局局长徐忠（音）有一篇文章，被认为是财政和央行公开的激烈辩论，说明财政政策和货币政策的相互协调是不容易的。也是在这样一场论战的背景下，我们知道7月份国务院常务会议第一次提出财政政策要更加积极。回到今天这个大的主题，我们要讨论财政政策与货币政策如何才能更加积极来应对我刚才讲到的在改革开放40年以来的这样的大背景下中国的重大挑战？

如果要讲财政政策，我们觉得中国有谁能来讲？我们想来想去，首先他是一位学者，一位政策制定者，一位大家都知道的人，那么就是我们的贾康老师。如果就财政政策和政策的经济学大背景来说，贾康老师是当仁不让的权威。我觉得他在这个领域是权威没有之一。我想我们今天大家一起来聆听贾康老师的演讲特别重要。贾康老师是我特别尊敬的师长，过去多年我也一直在向他请教，对他的印象非常深刻，我们关系也非常好，我非常了解贾康老师。

首先，贾康老师在政策制定学界是非常权威的一位财政和经济政策领域都非常熟悉而且研究非常深刻的政策制定者和研究者，是为数不多的被大家认为在宏观经济的角度也是非常好的学者，这一点非常不容易，所以他对全局的关注会非常深入，是很好的政策制定者。

其次，我觉得贾康老师有非常独立的学术精神，而且非常有情怀。我举一个非常有趣的例子，贾康老师过去多年以来经常和我们有写稿的合作，但是贾康老师的稿子经常发不出来。为什么？因为思想太独立了。但是我们在这些重大问题上，我们总是能用这样或者那样的方式让贾康老师能够把他的思想传递出来，从而引导决策、推动决策，能够影响公众的政策讨论。我觉得最后还有一个非常重要的一点，贾康老师也是一个性情非常耿直、敢说真话的人，这个和独立的情怀和精神是相关的。

我举个例子，大家都知道在过去好多年我们的科研制度曾经面临比较大的挑战，当时贾康老师在全国的科研界内有一篇非常重要的访谈发在《第一财经》，贾康老师历陈中国科研制度重大的弊端，他的这篇文章影响了中国的最高决策层，在后来实际上改变了中国科研决策的一些重大问题，使得科研界有了更大的研究空间和独立探讨的推进的更大可能。

刚才我是大致给大家从我的角度隆重推出贾康老师，下面我们用热烈的掌声有请贾康老师来给我们作主题分享，一会儿我们还会有更多时间进行讨论，欢迎贾康老师。

贾康：谢谢燕青，大家好！很荣幸能够有这个机会跟各位交流。因为时间比较紧，我先说说自己的基本看法，然后和各位讨论互动。我争取说得尽量简洁一点，命题作文，是会议主办方希望我就如何理解“积极财政政策要更加积极”谈一些看法，我分几个层次来说说自己的认识。

关于积极财政政策的概念。如果从经济学的解释来说，首先就是带有扩张性。我们 1998 年使用“积极财政政策”的概念，带有中文含蓄性的用意。那时候有人问，难道还有不积极的财政政策吗？它实际上说的是当时亚洲经济危机发生以后，我们需要有适度的政策刺激与扩张。我现在认为，除了扩张性以外，财政政策还有它自己不可替代的结构优化功能，要把它的功能更着力地发挥好，那么就是积极或者更加积极。总之就是这样两个基本含义。

在中央要求更加积极这方面，我们要特别强调一下背景：这个背景联系着“更加积极”的必要性。我们其实已经从 2010 年的两位数的高速增长状态一路寻求软着陆，基本上形成了 L 形转换，“尾巴”拉出了这个平台状。大家可以看到，从 2015 年下半年到现在，已经是 12 个季度，就是 3 年之久，中国的宏观经济运行是在 6.7% 到 6.9% 这个很窄的区间里面波动，就是一个平台状，大写的 L 形，“尾巴”已经拉出来。本来应该在探底完了以后乘势再企稳，我的理解企稳是在没有继续往下走的势头的同时还要凝聚一个市场上比较有共识的向好预期，我们本来上半年向好预期进一步的形成，是很有希望的，我们一季度 GDP 报出是 6.9%，二季度稍微往下调了一点 6.8%，但就在这个二季度，大家看到所谓中美贸易摩擦升级——不知道现在媒体允不允许说“贸易战”？

杨燕青：不允许，要说贸易摩擦。

贾康：但是我们的外交部、商务部、杂志都继续用“贸易战”。讲的是一回事，就是贸易摩擦的升级带来了明显的不确定性，但是大家一般都估计由于有外部的不利因素，我们下半年的经济和未来一段时间的经济，要往下走。在这个情况下，我认为面临着这种已经有的冲击和不确定性的担心与焦虑之下，大家都觉得还算不准，但是都心生疑虑或者恐惧这样一个新的形势，经济已遭遇了不确定性和新的下行压力，就必须按照宏观调控所说的“相机抉择”做出政策调整。我的理解，这个政策调整已经看得很清楚，中国货币政策年初还在讲稳健、中性，现在变成了稳健概念之下“松紧适度”，关键在于这个松紧适度是怎么松的问题。要我理解紧已无所指，前一段时间大家已经注意到紧得够厉害了，按照高善文的说法，是中世纪动手术的办法，又不给你打麻药又不给你消毒，捆住了以后就给你开刀，活得了活不了看你的命如何，这个话说得比较带情绪，但已经是企业层面很多人的感受，已经很紧了。那么现在讲松紧适度，主要就是怎么松的问题，货币政策已经几次出手，要定向宽松。但是把它总结在一起，既有向农这方面的宽松，又有向中小微这方面的宽松，最近还有向大企业、成规模的企业的宽松。所以货币政策的定向宽松加在一起，实际上我说已经带有全面宽松的特征了。这时候，财政政策要在货币政策松紧适度的情况下，怎么样掌握好更加积极的问题？这是我今天的主题。

新的宏观政策，应该讲是具有可行性的，货币当局存在适度“松”的操作空间，如准备金率、利率、公开市场操作。利率如果再继续往下调也是有空间的，我们离所谓经济学家讨论的“流动性陷阱”还有很长一段距离，有必要的话货币政策可以再使用一些扩张空间，公开市场操作也有它的操作空间，但今天我们不主要讨论货币政策。财政政策要配合货币政策来实施总量扩张，那么它的扩张度加码的操作空间，一定会涉及燕青刚才提到的徐忠博士强调的得提高赤字率，“不提高赤字率的积极财政政策是要流氓”，但是实际生活里面大家得注意，现在已经是马上要到 9 月份了，有没有可能走财政正规的程序，做预算调整方案，提高赤字率，加大债务年度发行规模？我现在看不到这方面的迹象。严肃的讲财政是必须走预算程序来提高赤字率、加大发债规模的。

我们回想 1998 年朱镕基同志正式出任总理以后，他跟着看，一季度数据不对头，就下决心实行了前所未有的年度中间的预算调整方案，那时候发行了长期建设国债和抬高了赤字率。以类似这样一个措施来实现更加积极，在年内，我现在看不到迹象，所以我们只能说不排除明年和后续年度有必要的话，赤字率有所提高，负债规模继续扩大。但我想强调，这还不是积极财政的全部，不能以为积极财政政策就是在总量方面提高赤字率、提高负债率。财政政策我前面说的它的积极定义里面，非常重要的就是优化结构，优化结构应该纳入当前中国所讨论的财政政策更加积极，而且要特别加以强调。因为这个视角正是紧密结合中央反复强调的我们构建现代化经济体系的主线是供给侧结构性改革，而这个结构的优化，需要区别对待，宏观政策的区别对待主要是财政政策的功能。你不能指望货币政策在这方面挑大梁。财政政策、货币政策协调中间，也会出现一些中国特色的事情。

我说得比较直率一点：两个部门之间的协调有时候觉得不那么顺利、不那么愉快，货币政策当局更多愿意自己操作。所以前些年中国这两大部门始终没有形成国库券概念的公开市场业务里面那种短期国债、公债吞吐的操作，央行自己宁肯按央票的概念来做替代短期国债的那种市场操作。当然后来央行又搞了一些让人看不太懂、我也说不太清的、各种各样的英文缩写的政策工具，其实也是类似公开市场业务的一些操作。我们把央行这些操作放在一起，还是要回到一个基本认识：这些操作更多只能解决总量上的问题，即在当下更多解决适当松的问题，而适当松的同时怎么样处理好结构优化的问题，这一定是财政要唱主角的。积极财政政策更加积极，一定要在结构优化的方面，利用我们现在财政政策的内在功能，充分体现它怎样在结构优化这方面有所作为。我觉得如果在徐忠博士讨论问题的时候把这点加进去，他的框架其实跟财政部门就可以达到更多的一致了。财政政策这方面不能够否定说必要的时候我们要提高赤字率，提高发债这方面的力度，但是一定要结合着提高赤字率和更多的发债，把资金筹集起来、运用起来的时候，到底怎么样合理区别对待，怎么样补短板，怎么样通过结构优化支撑中国的高质量发展，支撑中国在升级版的轨道上发展。这种从宏观视角来看的、面对全局由财政政策更积极地去推进结构优化，是财政部门无可替代的、义不容辞的职责。

再往下，我觉得对积极财政如何更加积极，可以具体讨论一下应体现的各个方面。

关于赤字安排。我是觉得既然今年似乎看不到管理部门有类似的口风或者讨论这个问题的迹象，但我们现在可以接着往前看。年内不做赤字率的适当调整可以理解，因为现在如果说贸易摩擦对年度 GDP 的影响一般认为不会超过 0.3 个百分点，上半年已经是 6.8 了，下半年如果按照年度 0.3 个百分点，或许我们下降 0.15 个百分点，如果再翻倍，下半年有翻倍的影响，也就是全年下降 0.6 个百分点的话，下半年是带着下降 0.3 个百分点，我们仍然能够达到年初所说的年度经济运行是 6.5% 左右这样一个引导性的目标。我是这么理解的：现在没有别的迹象，今年可能最大的概率就是赤字率不必经过一个预算调整方案在年度内提高了，我们可以讨论下一年经过法定预算程序适当提高中国的赤字率。今年官方报的是 2.6%，我们前两年曾经报 3%，有必要的话明年我们至少可以先提高到 3%。3% 是一个心理关口，是当年欧盟成员国签马约的时候取的整数关口，把 3% 作为一个预警线，我们抬高到这 3%，不会有什么大的风险。世界经济危机发生之后，欧盟这些成员国，不光是那些压力比较大的一些小的经济体，就像带头大哥德国和法国，也没有守住3%的预警线，适当超出一些，实践证明不会有什么特别大的问题。当然你也得谨慎，赤字能不超过最好不超过。中国现在咱们纯粹是设想，有必要的话可以提高到3%，下一年我觉得是可以考虑的，如果有必要的话，后续年度再提高一点，我觉得也不会有太大的风险。这是其中一个我们可以考虑的操作要点。

和赤字率提高相关的还有中国的国债和公债（包括地方债），合在一起作还本付息各个年度的通盘考虑，以掌握好各个年度的举债规模。举债规模跟赤字率提高是正相关的，如果我们适当提高赤字率，明年和后续年度弥补赤字的举债规范机制如假定在未来几年还本的压力比较均匀，那么就应该更多地考虑每年度适当多举一些债。多举些债，我们现在公共部门的债务如果按照官方说的相当于不到40% GDP规模这样一个量值，这完全可以说是一个安全区内相对保守的状态，有必要的话，我们可以在未来年度适当地提高到40%、45%甚至50%。中国现在的GDP按人民币计已经80多万亿元，如果提高1个百分点是多少？1个百分点就是8 000亿元以上的举债规模，要提高5个百分点，就是4万亿元以上的年度增加举债规模，而且基数还会抬高，所以这方面我们举债的空间也是有的。但是也要警惕大家担心的问题：官方数据可能不包括人们议论纷纷的地方隐性债。地方隐性债到底是多少？应该讲，我现在观察来观察去没有权威数字，只是大家担心这隐性债有可能又卷土重来，前些年曾经高达接近18万亿元，后来《预算法》修订之后，经过三轮的置换，把十几万亿元的地方债存量消化掉了，转成了中国特色之下由政府牵头安排、银行金融机构也接受的中期债券。这样一来，财务表现上银行原来这些以贷款等等方式出去的借贷资金，它未来的收益水平是降低的，但是它的资产质量评级却提高了，所以银行系统在这方面也没有太大抵触心理，也接受了在金融防范风险情况下这样的安排。原来的存量已经消化得差不多了，现在大家担心的是跟着融资平台的暗中操作，跟着所谓产业引导基金这方面操作中间可能产生过多新的负债，以及PPP概念之下地方政府卷进去产生的未来的更多负债（这从学术上来讲应该上是一种或有负债，或多或少会发生这些债），它到底是多大的压力？现在真的没有一个很清晰的判断。但我不认为，像有人所说的整个局面已经不可收拾。某些区域现在看起来负债率比较高，我现在在网上看到的资料说，西部很多地方负债率确实比较高，但是你要看到底在西部哪个区域，这个区域负债率提高的时候它的产业集群和整个发展态势怎么样？像贵州，表现出它的负债率比较高，但是贵州新经济产业集群的形成，却是令人欢欣鼓舞的，如果处理得好，它经历相对高负债的几年，又会再接着把它的产业集群潜力发挥，这个过程就会转入负债率可以降低、而经济发展里面活力上升的一个良好的局面。

中部区域最典型的是武汉，那时候“满城挖”，后来 BBC 去做采访，开始 BBC 不说到底要说什么，采访后出了这个节目，是攻击武汉，说马上要垮，武汉负债率简直高得一塌糊涂。但实际上，我那时候就说过一句，你不能光看负债率高，武汉在原来产业集群的情况下，进一步发展，有东湖光谷等新经济的增长点、新经济的增长极区域，又把它的城市基础设施，通过“满城挖”铺开几万个工地，来了一个升级换代，在走到半程的时候，如果觉得公众有疑惑，最好的办法是把信息披露出来，让大家形成一个基本共识，我们会忍受一些噪音和城市的扬尘，让这几万个工地尽快走完最痛苦的阶段，冲过瓶颈期以后，就是一片更光明的未来了。BBC 那时候恰恰在武汉冲关的时候来泼冷水。我说最坏的情况，就是你听 BBC 的节目以后，觉得武汉不得了要出事了，把这个建设一把掐住，那么这是最坏的结果：形成一大堆半拉子工程，老百姓已忍受了噪音、忍受了交通不便、忍受了种种的扬尘，结果本来应该得到的，再往下会越来越好的结果却出不来了。好在我们还是有基本的理性，BBC 说了这个以后，武汉的整个发展过程没有受到多大的干扰。现在你看看武汉及周边区域，就是乘势待腾飞，一片大好形势。东湖下面已有湖底隧道，它其他的基础设施大家去了解一下，长江上、汉江上，通盘的与产业集群配套、宜居城市的建设工程，就是升级发展。我现在非常看好武汉，在这种情况下，大家看好武汉的楼市也完全有道理。又有产业集群、又有宜居城市建设，好不容易冲过了瓶颈期，现在要在武汉一试身手的企业家和咱们的年轻创业人士，在抓机遇，我觉得这就是一个典型。前一段的负债率在冲过瓶颈期以后，它的压力释放出来以后，一定是逐渐下降的。贵州等地如果是类似武汉这样的发展过程，我觉得不要一下把它说的似乎是大祸临头，过不去了，一定要理性分析。

具体的地方隐性债，还有待加强调查研究。一方面防范风险，另外一方面也不要有意的去渲染极端化的一些过度悲观的说法。我觉得还是要争取能够说得中肯一些、全面一些。举债的安排和赤字有一定关系，是带总量扩张特征、比较鲜明的一个更加积极的要因。

但是再往下，对结构性减税，我觉得要特别强调。这也是这一阵企业家反复发出声音的，最新的一轮是蒋锡培关于大规模减税的几条建议，在网上热传。中央说的“更加积极”，我觉得当然要包括减税空间的进一步运用。关键是到底怎么样减税？中国现在算全了，就 18 种正税。这 18 种税还不会让一个企业全碰上，企业碰到的税哪个还可以再减？比如说营改增以后，增值税的标准税率17%，往下降一个点，另外把中间那一档税率从11%变成10%，这个在年内以它为主的减税，就是克强总理报出来的，今年要减税负8 000亿元，加上税外负担的另外3 000亿元的降低，今年整个要减轻企业和纳税人负担1.1万亿元。这是在前面5年减了3万多亿元负担以后，今年明显加码，一年就要减1.1万亿元以上。不能说在这方面没有安排，在这方面再加码，更多减一点，就得继续考虑还能减什么？

企业所得税方面，中小企业减半征收，已经明确说了，到2020年以前不变。减半征收，就是25%的税率变成12.5%，比特朗普减税的力度还大。小微企业也有一个类似的“起征点”，已经一抬再抬，抬得已经相当高了。你说企业所得税还能打什么主意？是不是给大型企业，中石油、中石化他们再减税，大家可以讨论了。企业所得税还有一个在积极里面可以考虑的操作点，就是企业的研发投入，原来说可以加计抵扣到150%，后来又提高到175%。我们现在能不能考虑再抬高一点，抬高到200%、250%，这是可以讨论的。但那就是针对性的了，哪个企业已经有研发投入，你可以在税基里面做这种加计抵扣，没有研发投入，对不起你就享受不到，这都是鼓励你更多做研发。对这些都可以具体讨论怎么样进一步减税。这是支持企业进一步释放潜力、释放活力和创新发展。

除了这些以外，我特别强调，要看中国的全景图，企业真实负担大量是税外的。我不太懂，国际对比方面，为什么企业界一说，都是应减税、减税，为什么不说，中国企业在国际对比里面高得特别不像话的税外负担要努力往下降？像宗庆后，那时候他说，查清了娃哈哈要交500多种各种各样的收费，但是他笼统说这都是我们税负太重，到管理部门那边就说，这些不是税，是税外负担。

要说到中国的正税，如果做国际比较中国的正税其实并不算高。但中国整个企业负担的变动和弹性空间，明显比国际水平要大，按我们的研究者的说法：它的规范性是明显不足的。邓小平说过我们还要至少几十年以后，才会有一套比较成熟的制度。

现在说到中国除了税之外其他的东西，宗庆后报出了500多种，发改委和财政部坐不住了，得跟总理报到底是怎么回事。去了以后，宗庆后把一些大项和小项分裂了，应把小项归回大项里面，归完以后也有三百多种。一个企业在十几种税之外（还不一定有十几种），还有好几百种税外各种各样的交费，这个费有高有低，每一项不一定很多，但是合在一起称得上多如牛毛。而且你要想到企业交这些费的时候，与局委办打交道的时候，有多少名堂，那叫“打点”，要耗费多少时间？时间也是金钱，也是它的成本和负担。这几百种收费，这是在中国特色之下特别过分的，你放眼看去，搞市场经济的国家，很难再找出第二家。怎么改它？那这就是我们所说的，现在企业真的要降低负担，不能光讲税，一定要把税外各种各样的企业负担都放入眼界，看全景图，这个全景图里还要看五险一金，非常明确地说，中国的五险一金合在一起，企业和企业职工一起承担的像基本养老金的负担，在全球相比是最高值水平。

怎么把它往下降？现在如果没有在基本养老制度方面的改革，说实话降不下来。因为现在基本养老最高做到省级统筹，省级统筹之下在某些省已经过不了日子了。中央不得已，千方百计救辽宁等等，才能够混过来。本来应该解决什么问题？应把全中国各个地方的这些基本养老的缴费，放在一个全社会统筹的蓄水池里，什么道理？放在全社会蓄水池里，它的互济功能、供给功能马上就提高：这边辽宁揭不开锅了，那边广东滚存结余多年（因为它的劳动力结构是平均年龄很低），滚存多年的大量资金没法处理，就委托国家级的社保基金理事会替它打理，一给就好几千亿，由上面去替它打理，但是这种钱是一分钱也不可能调到辽宁去解它的燃眉之急的。你要一起放到一个大的蓄水池里面，那就好了，这个互济功能、供给功能提高了以后，缴费标准就可以降低，就是这个道理。

但是这个事情就迟迟过不来。“十二五”说要提高没有提高，“十三五”说要提高，现在开始有点动静了，有点动静了看看能不能真正做到位。这个事情涉及真的触动既得利益了。我们听到有关管理部门的说法，我们五险一金的收费权（里面主要项目的收费权）是某某前任老领导在他任上千辛万苦的努力才争到我们部门的，每一代、每一茬的党组要往下交代，绝对不能丧失在你们新的领导班子手里。因为它养着几十万人，这就是最基本的中国国情。所以总理说减这些各种各样的收费，是要拆香火才能解决的问题，总理说到这个已经很不容易了。拆谁的香火现在终于有动静了，比过去有进步，如国地税合并，但是在整个改革里面这还是一个小步，原来是小花步、小碎步，现在出来一个比较像样的步伐了，还要有其他部门的合并，还要继续往下推。

与国际上对比，国家管理综合部门，找不到像中国有一个这么大影响的发改委，另外还有一个管得很扎实的财政部，能不能设想把这两个部门改成一个“发财部”？这在新莫干山会上我们讨论过，媒体也有报道，但是所有的部门都对此不作任何表态，因为在可以预见的一段时间里面，这确实还提不上改革日程，这是中国的国情。但是你看人家韩国，在他们的发展过程中间，我们20世纪90年代初去韩国的财政部，人家叫作规划与财政部，人家早已经把规划部门跟计委、财政部合在一起了。你去法国，法国是有一些特定的集中特征的，但是它那个部叫作经济产业与财政部，等于把规划、财政和我们的工信部、商务部等统统合成一个大部。中国这方面如果在上面能够大部制，下面局委办也就少了，局委办少了审批权、设费收费权，设租寻租权自然跟着拆香火就拆掉了。这是一个攻坚克难的任务，所以光讲减税不能够覆盖中国现在实际所说的减轻企业负担的全貌了，而且最主要的部分没有放在减税概念里面。盲人摸象，你光是感觉摸到一个局部以后，你就猜是全局了？中国的企业负担到底你摸到这部分怎么形容它，摸到象腿你说像柱子，摸到象耳你说像蒲扇，摸到尾巴你说像一条粗绳子，摸到身上像一堵墙，都不太对。要合在一起，把所有这些负担纳入全景图去解决。

还有一个隐性打点的负担，总理现在也说了，为官不为，他也着急，中央也专门下了文件，官场要有所作为。但是你现在如果没有一个系统性的改造，没有配套改革，就是给你拖着，原来可能是要打点解决问题，人家企业说我好歹知道怎么打点，现在人家打点都摸不着门了，拖来拖去这个时间成本的负担更要命，市场的机会也就丧失了。这是一个整顿澄清吏治、以合理激励改变“为官不为”才能解决的问题。

还有支出结构的优化，这里面有一系列的扩大内需方面应该有所作为更积极的举措，财政这方面应该以增加有效供给来引领需求潜力的释放。比如说“有效投资”：促进投资中国可做的太多了。重点建设支出，还有 PPP 这方面要把公共工程、基础设施、产业新城建设运营、产业园区的开发等等支持起来。教育改革、科技创新也事关发挥科技“第一生产力”的重大作用，它对于中长期的影响是十分重要的，这是财政更积极这方面可以也应当努力做到的。

但不能光讲教育投入，咱们实话实说，中国的教育现在看起来硬件一般都非常好，我去了很多地方，包括边远地方，当然特殊的山区仍然有困难的地方，一般硬件都很不错了，但是软件真的是不敢恭维，钱学森之问怎么破解？不能光说学校有像样的大楼，有一些新的设备，你还必须要有先进的教育理念，必须要有教育改革，财政还得花钱买机制。

科技创新刚才燕青也专门说了，科研系统现在这样按官本位、行政化的一套加强管理，实际上完全违背了科研规律，对于中国真正创新一线人才（包括和企业、政产学研结合的课题组），他们的感受是非常非常刻薄的待遇。如果讲对于这种知识分子、领头的创新团队经济上的待遇来说，我说中国历朝历代没有这么刻薄的。过去封建王朝有它政治色彩很浓的文字狱，但只要不碰它的政治，至少还有尊老、推崇读书人的这样一些表态。我们现在没有人讲知识分子政策，管理环节没有人讲科研规律。这是中国现实的问题，财政支持教育支持科技，还得争取把机制调好。

我们的社保体系还要进一步让老百姓有信心，减少这方面的“预防性”储蓄，大家开始更多注重扩大消费的内需了，那我们基本公共服务这块一定要做好涉及的户籍改革、新农村建设、精准扶贫、社会扶贫，以及更好的政策托底、托得更精准，更能够把钱花到该花的地方。

行政改革要攻坚克难，这就是更有难度的事情了。

企业改革、金融改革还要破解约束，一方面大家都说不能搞那么多刚性兑付，但是碰到事情了不刚性行吗？这样一个在中国来说多少年的纠结，你要在央财互怼这个层面上去讨论它，是无法解决的，央财这两个综合管理的调控部门，一定要意识到要一起来推进配套改革，去改造软预算约束——涉及市场主体、银行和金融机构，还有很多地方基层政府，他们软预算约束的顽症。克服这个弊病才可能有新的局面，使金融像金融，财政像财政，市场像市场。

我大概说的就是这些内容，还剩一些时间，请燕青主持讨论。

（本文系根据贾康先生 2018 年 8 月在夏季亚布力论坛上的专题讨论会录音整理而成）

在“税收法定”轨道上推进房地产税改革

贾　康

在曾有过多轮社会热议之后，党的十九大闭幕以来，中国社会舆论中，又再次出现关于房地产税改革的热议。

一、税收法定，加快立法

税收是政府“以政控财，以财行政”来履行其职能的基础性制度，中国构建现代化经济体系、走向现代化社会的过程中，无可回避地必须经历税制改革的历史性考验。税制中在住房保有环节的房地产税（亦可称房产税、物业税、不动产税等；美国称 Property Tax；英国称 Council Tax；中国香港特别行政区称“差饷”）是纳税人税负很难转嫁的直接税，讨论它在中国大陆“从无到有”的改革，必然牵动千家万户、亿万公民的利益和感情，并遭遇全世界皆然的民众“税收厌恶”倾向下表现出来的不满、质疑、抨击乃至群情汹汹的舆论压力。但税收制度的建设，却是无法简单地依据一般的舆情和“少数服从多数”的公决来决定的，现代文明的相关规范，是在我国亦早已明确的“税收法定”，即通过“全面依法治国”原则之下的税收立法程序，决定一个新税种可否设立，以及依据何种法定条款开征。税收法定原则，在人类文明发展路径上，国际经验可以追溯到1215 年英国“大宪章”限制王权的渊源，和北美 13 个英属殖民地 1763 ~ 1776 年间首提的“无代表不纳税”的法理原则，在中国则可以援引辛亥革命推翻千年帝制之后，国人关于“走向共和”的共识，它体现的是在公共事务、公共资源配置领域解决“如死亡一样无可回避的税收”问题的“规范的公共选择”机制，即社会代价最小、最符合人类文明发展基本取向的博弈机制。我国的国名就是中华人民共和国，所谓“共和”，不是只强调民主或只强调法制，而是强调社会成员尽可能充分地表达不同意愿、诉求后，经过阳光化、规范化的立法程序而达成的“最大公约数”的社会和谐状态，是民主与法制结合而成的“法治”，是现代化国家治理的真谛。以此对应于税收，可知“共和”取向下的税收法定，就在是使必然各不相同的种种“民意”，经过阳光化的立法过程，结合理性、专业的意见引导，最终形成合理性水平尽可能高、最有利于“公共利益最大化”的可执行的税法。

我国执政党中国共产党的十八届三中全会，在确认“税收法定”的同时，还明确地指出了“加快房地产税立法并适时推进改革”的大方向，呼应“逐步提高直接税比重”的财税配套改革要领。这与前面党的历次最高层级指导文件的精神是一脉相承的，且在操作路径指向上的清晰性则前所未有，但令人遗憾的是，改革实践中始终没有真正看到立法的“加快”。党的十九大报告指出：要“加快建立现代化财政制度”“深化税收制度改革，健全地方税体系”，又是与党的十八届三中全会的要求及其后中央政治局审议通过的财税配套改革方案的设计一脉相承、相互呼应的。

直率地说，近些年最高决策层关于房地产税在税收法定路径上“加快立法”的明确要求，与我国改革实践中启动立法的行动“千呼万唤不出来”、举步维艰状况的巨大反差，直观上是表现了立法机关实际的“不作为”，其后面却是与改革深水区“冲破利益固化藩篱”的极高难度相连的种种苦衷。体制内早早就着手编写、修改过不知多少遍的草案文本，总会面对种种理由、顾虑而对其正式提交全国人大启动一审一拖再拖。但迟迟不做此举，草案一直秘而不宣，社会公众却对官方断断续续透露的一些相关信息和口风极为敏感，多次热议，舆论高潮频频出现于十余年间，客观上形成的，可能就是民众焦虑情绪的积累、传染、激荡，而较好的改革时机可能丧失，政府公信力则会发生滑坡，如此等等。这些不良效应，会加重甚至恶化党的十九大指出的“社会矛盾与问题的交织叠加”，值得高度重视。

应当强调，在税收法定轨道上，以“加快立法”方针、“立法先行”原则而积极启动并规范化走完我国房地产税的立法程序（具体链条为启动其草案的一审、将草案文本公之于世征求全社会的意见，并继续向前推进到二审、三审乃至四审以求完成立法），恰是使全社会成员运用公民权“走向共和”式地形成“规范的公共选择”的重大而关键的事项。“立法先行”，进入立法程序，是最好、最权威的房地产税改革方案的研讨与谋划、博弈机制，是改变民间议论隔靴搔痒、内部研讨久拖不决、有可能贻误改革时机和现代化大业这种不良状态的必要风险防范和控制，是中国人阳光化地寻求最大公约数、经受建立现代税制历史性考验的重大机遇和应取机制。

我认为在当下，本着2017年中央经济工作会议“在经济体制改革上步子再快一些”“推进基础性关键领域改革取得新的突破”的指导精神，亟应在房地产税税收法定、加快立法路径上积极取得各方的如下共识：

首先，不再延续“体制内保密、社会上空议”局面，积极启动相关立法，使房地产税草案进入一审，对全社会公布已有初稿，征求各方面意见，听取全社会的诉求与建议，必要时结合研讨举办系列听证会。

其次，排除极端化的对住房保有环节税收全盘否定意见，明确在中国实施这一税收改革的必要性，进而聚焦于研讨税改方案的可行性。

最后，在“可行性”上的研讨应积极廓清至少以下六大问题：一是法理障碍问题，即是否存在“国有土地上不能对房产征税”和“与土地出让金构成重复征收”的“法理硬障碍”。二是广义的房地产税制与相关房地产开发、交易、保有各环节各类负担的全面整合、配套改革问题。三是住房保有环节房地产税制度设计如何处理“中国特色”问题——最为关键的是如何处理“第一单位免征（扣除）”的方案选择，以使社会可接受地先建成此税制度框架。四是如何认识和防范此税开征可能引起的社会冲击问题（是否可能、如何防范此项税改引发房地产领域、国民经济乃至社会的动荡）。五是开征此税必须处理好的技术与管理问题（是否可以及如何依据市场“影子价格”作税基评估，如何实施公众参与和监督等）。六是此税如能完成立法，如何在其后按照中央对地方充分授权、分步实施的要领渐进推进、适时地区分不同地区不同时点开征。

二、房地产税改革的必要性、可行性与推进要领

我本人对房地产税在我国开征的必要性、可行性和设计与推进要领的看法，可简述如下。

（一）必要性方面可以梳理出五大正面效应

1. *房地产税为房地产市场及相关领域的运行产生一种“压舱促稳”的作用。*它在保有环节上形成的可估量的年复一年的成本，会引导相关主体的预期和行为，产生的效果一定是有利于抑制肆无忌惮的炒作。经济行为分析中涉及的无非

就是利益考量，在这个持房成本方面造成制约以后，行为会往哪方面发生变化？这种成本会在抑制肆无忌惮的炒作的同时，也一会鼓励越来越多的人在购买选择上面更多考虑中小户型——特别有钱的人不会太在乎，但是更大比重的人们在财力上总是要掂量掂量地作选择的。原来是努力买个大户型最满意，现在考虑到以后可能要有税的调节，便会放松这方面的要求，改为中小户型，其他的什么地段、楼层、朝向，按自己偏好还是可以一丝不变的。还有就是会减少空置。有些人手上愿意持有几套房的，当然可以继续持有，但是很多人会考虑在持有期间把房子租出去，来对冲税负这个压力。有一部分人说有了一套基本住房以后，还愿有第二套、第三套，这叫改善性住房，买改善性住房的同时，因为有一些基本的经济知识，认为是给自己买了一个“商业化的社会保险”，因为自己有生之年买的第二套、第三套房，其市价演变会符合城镇化过程中间不动产成交价的上扬曲线，有这个信心，也不是买了以后就很快出手的炒房。但是，有了税以后，他会考虑不再让房子空置，会把它租出去，于是就有了租房市场的增供，而社会在这个情况下带来的结果是什么呢？上面这些效应综合在一起，提高了土地的集约利用水平，提高了资源配置的效率。整个社会在减少空置房方面，是没有一分钱新的投入，但一下子涌出一大块有效供给，会促进租购并举局面的发展，这当然是好事。这是房地产税在房地产市场方面的所谓“压舱促稳”作用。有的同志特别强调：“从所有的案例观察，上海也好、重庆也罢，收税以后没看见它们的房价回调。美国也好，日本也罢，收了房产税也没有看到房价回调，所以收房产税对抑制房价没用。”我不认同这样的分析，经济学分析中需要把所有的参数合在一起，然后尽可能看清它们的合力，这个合力中，不同因素其作用方向是不一样的。你还得反过来问：为什么美国也好、日本也好，其他的经济体也好，到某个阶段上一定就得逼着推出房地产税？如果不推出房地产税，以后的房价会是怎么表现？你得问：重庆、上海如果没有房地产税的试点，在这一轮一线城市行情的发展变化过程中，上海的房价是不是会上升得更猛？重庆是不是不会只有5%的上升幅度？需要这样来探究问题。不能说这个税出来以后，一招鲜就吃遍天，就决定整个的走势。它不是定海神针，但是它是使整个方案优化的选项中的必要选项，该选而不选也是不行的。税不是万能的，但是税制应有的制度改革进步，我们不去推动，又是万万不能的。

2. *房地产税与地方政府职能合理化是内洽的，它会“内生地”促进地方政府职能转变*。我们都希望地方政府专心致志地稳定和改善投资环境，提高公共服务水平，如果它的财源建设中以后可培养出来一个不动产保有环节大宗稳定的收入，是年复一年依靠在辖区内的持房有环节取得税收，那么恰恰就是这样一个机制。经济学逻辑与案例经验都在证明，房地产税就是这样一个与市场经济所客观要求的政府职能合理化内洽的引导机制。一旦地方政府意识到它只要把自己该做的“优化投资环境，提升公共服务水平”的事做好了，也就会使辖区内的不动产进入升值的轨道，每隔一段时间做一次税基评估，就是在套现“财源建设”的成果。尽政府应尽之责就把财源建设问题基本解决了的话，它有什么必要像现在这样拼命去做其他那些它认为不做就出不了政绩、就解决不了财源建设的事呢？这样的国际经验和我们自己在现实生活中的分析都可以来做印证。这是与所谓转变政府职能内在相关的、一个十分值得肯定的正面效应。

3. *房地产税会在给予地方政府一个稳定长久的财源、使它成为地方税主力税种之一的情况下，匹配我国搞市场经济必须建设的分税分级财政体制。*分税制要求必须做好地方税体系建设，它最基本的道理是说，到了分税制境界，是实现经济性分权。原来我国体制有集权也有分权，在分灶吃饭的时候只是做到了行政性分权，各级政府仍然按照自己的行政隶属关系组织财政收入，一个地方政府辖区之内的不同层级的企业，都是按照隶属关系，把自己应该交的收入交到不同层级政府“婆婆”那里，所以仍然是条块分割，“婆婆”对“媳妇”会过多干预和过多关照，仍然不能解决使所有企业在一条起跑线上公平竞争、从而真正搞活企业的问题。1994 年实现的是这方面的一个重大突破，使所有企业不论大小、不看行政级别、不讲经济性质、不问隶属关系，在税法面前一律平等，该交国税交国税，该交地方税交地方税，至于说共享税，由中央地方自己在体制内去区分，企业就认一个税法。交税以后，后面可分配的部分，按产权规范和政策环境自主分配。这样，就把所有企业公平竞争的“一条起跑线”真正刷出来了，也打通了以后包括国有企业淡化行政级别、发展混合所有制概念之下的股份制和跨地区、跨行业、跨隶属关系“兼并重组”的通道。因此，这个制度变革的意义是全局性的、意义深远的。既然搞市场经济，必须搞分税制，而分税制要可持续运行，就必须解决地方层级税种配置概念下的地方税体系建设问题。中国现在没有像样的地方税体系，省以下迟迟不能进入真正分税制状态，我们维持的实际上是中央和以省为代表的地方之间的这样一个以共享税为主的分税制框架。值得肯定的是，共享税虽越搞越多，但是所有的共享都是规范地一刀切的：上海、北京按照原来的 75%：25%，现在的 50%：50% 来分最大税种——就是增值税，西藏、青海也是这个办法，这就封杀了原来的讨价还价、“跑部钱进”、靠处关系来形成财力分配“吃偏饭”的空间，使得最基本的分税制度的公正性看起来能够得到维持。但是，这也不是长久之计，不能总是主要靠共享税过日子。应该进一步调整到有中央和地方各自大宗、稳定的税基，不得已的部分才处理成共享税的状态——这才是百年大计。现在在省以下落实分税制方面往前推不动了，不要说欠发达地区，就是发达地区在省以下也不是真正实行了“分税制”，还是“分成制”，到了一些困难地方和基层，干脆就是“包干制”。所以，这些年说的“地方财政困难”“土地财政”，还有“地方隐性负债”，所有这些弊病都关联一个非常重要的判断：“打板子”应该打在哪里？有人说这是1994年“分税制”造成的。错！我们认为这是一个大是大非的判断，它恰恰是由于1994年“分税制”在省以下不能够落实、是由于我们过去的那种毛病百出的财政分成、包干旧体制在省以下由过渡态演变为凝固态造成的。那么这个体制怎样才能够调整过来？从技术上来看，有很多的分析，我强调大前提是扁平化：五级分税走不通，三级分税就可能走通了。而三级分税框架下一定要有地方税体系建设。所以看起来房地产税跟财政体制似乎还隔着好远，其实并不远。眼下哪怕能推出房地产税，也不会一下变成主体税，但从国际经验和中国情况下的分析预测来说，以后是可以逐步把它培养成地方税收体系里面的主力税种之一的，这当然具有非常重要的制度建设意义。

4. *房地产税改革正是贯彻中央所说的中国逐渐提高直接税比重的大政方针，总体上降低中国社会的“税收痛苦”。*直接税是现代税制里面非常重要的税种，国际经验表明它应具有主体税种这样一种地位。趋向现代化的国家都是直接税为主，但在中国的现状恰恰反过来了，我们没有多少像样的直接税。企业所得税一些人把它认为是直接税（但学术讨论中尚存疑），在中国它的比重稍微像样一点，但个人所得税在整个税收收入中这几年只占6%，即1/20出一点头，是非常边缘化的一个税种。美国的个人所得税最新的数据是占联邦政府收入的47%，差不多是半壁江山了，再加上与它的社会保障相关的工薪税，美国联邦政府80%左右的收入就是靠这两种税过日子的，也就是说，主要靠这两个税就履行中央政府职能了。它的州一级也要在个人所得税里按比例税率拿一小块，一般情况下要占到州财政收入10%。现在特朗普减税，主要是减企业所得税和个人所得税，但中国要照这个学，绝对学不来，因为我们的税制跟它完全不是一回事。我们在直接税方面占比低，不能起到经济的自动稳定器的作用，不得已靠间接税唱主角，而间接税恰恰不是稳定器，它还是加大我们运行矛盾的一个“顺周期”机制，以及加大收入分配矛盾的一个“累退”式调节机制：间接税会进一步强化中国社会低中端收入人群的税收痛苦，因为它转嫁到最终消费品价格里面要占相当大的一个负担分量。如果按照建立现代税制的方向来说，逐渐提高直接税比重现在可打主意的一个是个人所得税纳税人的高端，还有一个就是财产税概念之下的房地产税。当然，还有一个以后条件具备的时候才可以考虑的遗产和赠与税。遗产和赠与税现在只能研究，在官员财产报告和公示制度不敢正式推出的情况下，怎么能设想政府堂而皇之地要求所有的公民自己把财产报告给政府，准备身后接受遗产和赠与税的调节呢？与房地税相比，它更需要在法理上面说得过去的约束条件与公信力交代。至于说房地产税里面的法理问题的澄清与解决，后面我会专门再说。

5. *房地产税主要落在地方低端，是一个培育我们中国社会从底层开始的法治化、民主化的公共资源配置机制、规范的公共选择机制的催化器。*人们了解到美国地方政府靠财产税过日子的基本情况后会说，这不就是个“民主税”吗？我多年前就注意到，美国政府三层级中的最低端 Local 层级，你看它的财产税（他们所称的财产税讲的就是房地产税），所占的收入比重一般没有低于40%的，高的则可以高到90%，虽然差异性很大，但它无疑是一个非常主力的税种。这个税种怎么征呢？一般情况下，当地的预算制定过程是阳光化的，要说清楚，年度内其他所有收入计算完了以后，按满足支出需要差多少财力，就可据此倒算出一个当年的房地产税税率，这个税率要落在法制给出的区间，一般不超过2.5%。倒算出这个税率经当地走预算决策程序认可而执行。再往后，这个辖区之内所有的家庭、有房地产的纳税人交了税以后，跟着就会问：“这个钱怎么用?”美国地方政府普遍会向纳税人书面提供细致的相关信息，纳税人有知情权以后，自然而然后面就跟着会行使质询权、建议权、监督权、参与权（即参与公共事务），这样就形成了一个“规范的公共选择”的机制，这就是“民主税”呀。实际上，在中国，要想进行正面表述的政治体制改革是千难万难的，一般的媒体连概念都不敢提，只有高层领导人敢提一下。在这种情况下，美国“进步时代”的启示就是：能做的事情，“形势比人强”的事情，应该从基层、从大家绕不过的方面着手。在直接税的建设方面就有这样一个切入点，切入了以后，大家就必然要关心地方所有的公共资源的配置。这样，在法治的条件下，大家进行公共参与、公共选择，于是就会自下而上地、很好地促进培育出中国“走向共和”的政治文明进步机制。

以上是五个大的方面的正面效应，从构建现代社会的视角可看得出，这些正面效应是非常宝贵的。

（二）房地产税的可行性

我认为可以通过回应最主要的五点诘难来说明。

1. 很多人讲国外这个税，可是在土地私有的情况下征收的，而中国所有的城镇土地都是国有的，还在上面再加一道税，这不是法理上面的硬障碍吗？包括一些很高端的人士也都说过这个意思，网上更是广泛流行此种诘难。但我们作实证考察，国外可不是如所谓一律土地私有的情况，比如英国是工业革命发源地、典型的老牌资本主义国家，但它不是所有的地皮都私有，既有私有土地，也有公有土地。公有土地里面还有不同层级政府所有、公共团体所有的区别。建筑物（包括住房）和下边土地的关系方面，大的区分是两类，第一类叫作 Freehold，即我住在这个房子里面，没有任何条件可讲，下面的地皮就是我的，这就是终极产权上地与房是一体化的。另外一种是叫作 Leasehold，我持有这个房产，但地皮是要签一个契约的，使它成为一个合法的占有权、使用权的形式。这个 Leasehold 可以把最终所有权跟使用权极度地拉开，最长它是 999 年，但在法律框架上产权是清晰的，是毫无疑问的，即最终所有权在哪里非常清晰。总之，在英国，土地跟建筑物、跟住房的关系就是这两种类型，但是被称作 Council tax 的房地产税是全覆盖的，并不区分哪种可以征，哪种不能征。再比如中国香港（当然也是源于原来英国治下的既成事实），那里没有私有土地，土地全都是公有的，但是香港征了多少年的差饷，从来没断过，所称的差饷就是住房保有环节的房地产税（至于香港的物业税，是营业性的房产要交的另外一种税）。香港差饷来由也很有意思：你要住在这里，就得有警察来保证安全，而治安警察当差要开饷那么钱从哪儿来呢？大家住在这里，那就参与进来分摊负担吧。所以，从国际的、海外的实践来说，并不存在这样一个人们听起来很有道理的说法，即：只有土地产权私有了，房地产税的合法性才能够成立。再者从理论分析来讲，也可以印证：中国改革在 20 世纪 80 年代前期要解决的问题之一是国营企业要“利改税”，要与其他企业一样交所得税，走了两步达成了这个制度。这个制度建设过程中就有这么一个学理启示：不要以为国有企业产权终极所有者是国家，那么国家对它征所得税，就是自己跟自己较劲。这不对，这些主体是有相对独立物质利益的商品生产经营者，必须加入市场竞争，而竞争又必须要有一个基本的公平竞争环境，所以国家可以通过立法来调节终极产权在政府手里、但是有自己相对独立物质利益的国有企业和其他企业的利益关系，合理的设计是把它们放在企业所得税一个平台上（所有的企业包括外资企业现在是一个平台）。当然后面跟着的还有一个产权收益上交制度，这就合乎了现代企业制度各个角度的审视。这一分析认识实际上可以比照地引申为：现在最终国有土地上的这些住房的持有者是具有相对独立物质利益的、各自分散的主体，在最终的土地所有权归国家的情况下，通过立法可以用征税方式调节他们的物质利益关系，无非也就是这个逻辑和道理。中国大陆上与国有土地连为一体的居民住宅，在其土地使用权（通常为70年）到期时怎么办？我国《物权法》已对这一“用益物权”问题作出了明确的“自动续期”的立法原则规定，有关部门应相应制定细则，以回应公众关切和诉求，引导和稳定社会预期。

2. 土地批租形成的地价负担已经包含在房价里面，现在再来开征一个税收，这不是重复征收吗？很多人听了也是愤愤不平。但是，实话实说，不要说地价是租，而这是税，就是税本身，作为现代的复合税制表现为多种税、多环节、多次征，也必然产生重复的问题，真问题是各种不同的税负重复得合理与否的问题，不可能只有一个税，其他统统去掉。而“租”和“税”，更不是两者必取其一的关系，所有的经济体都是在处理它们之间的合理协调关系问题，所以如果理性地说，这个问题也不可能构成硬障碍。

3. 如果按照开征房地产税来做的话，新的地皮和以后其上新生成的住房的供给，价格水平会与原来的有一定差异：原来没这个税收因素的时候，动不动出“地王”，以后不敢说有了这个税就不出“地王”，但最大可能是不像原来那个市场氛围和密集频率，因为各个方面预期都变了，市场更沉稳了，这就是它调节的作用。那么这个价位落差怎么处理呢？必要的情况下，“老地老办法，新地新办法”，中国早就有这些渐进改革中的办法与经验，社会保障方面老人、中人、新人不就是区别对待吗？最后老人、中人因自然规律退出历史舞台了，又回到一个轨道上了，所以这个问题也不形成硬障碍。

4. 有人强调这个税在操作方面过不去。比如一位较活跃的教授，在一个论坛上强调的就是：税基评估太复杂，中国要搞这个税而解决税基评估的问题，那是150年以后的事了！但实际上我国10多年前有关部门就安排有物业税模拟“空转”的试点，也就是要解决税基评估的问题，开始6个城市，后来扩为10个城市。我去调查过，是把所有的不动产基本数据拿到，录入计算机系统，计算机里面早已经设计有软件，分三类（工业的不动产、商业的不动产和住宅），然后自动生成评估结果。专业人士要做的事就是这个软件怎么合理化的问题。在这里面模拟“空转”不就是要解决税率评估和对接操作的事吗？中国早就在这方面考虑到铺垫和技术支撑，没有任何过不去的硬障碍。实操时还会借鉴国际经验来处理好评估结果与纳税人见面取得认可，以及如有纠纷如何仲裁解决等问题。

操作视角还有一种说法就是："这个事情太得罪人，你征这种税，逼着人家来跟你拼命，这动不动会形成大面积的抗税，政府怎么收场？"我们观察重庆，这就可以说到试点的作用——本土的试点其意义的体现。上海、重庆敢为天下先而进入试点，破冰试水，在柔性切入以后，便可看看动静。重庆方案更激进一点儿，敢动存量，涉及的是最高端的独立别墅。辖区内这几千套住宅要交税了，但给出了一个"第一单位"的扣除，把180平方米扣掉以后，才考虑该征多少税。如果恰好是一个小户型的独立别墅，正好180平方米，照样不用交税。重庆做了以后，没有听说产生什么暴力冲突或者对抗性矛盾，没有出现抗税事件，只是少数人迟迟不露面，找不着人在哪儿，其他的交税人一般都是没有多少摩擦就交上来了。可想而知，这些成功人士犯不着为一年交一万多、两万多元的税跟政府去拼命。这些都是本土的试水实验给我们的启发。这方面我虽不认为在操作上就是过不去的事，当然也应强调审慎对待。为什么这两个地方要柔性切入？就是这个事不好碰，但是两地毕竟有战略思维，"敢为天下先"，在本土先行先试。本土的试水经验进入立法过程，它的意义不言而喻，非常宝贵，第一单位的扣除正是从这里也可得来的一个本土案例经验。我一开始就直觉地认识到中国不能照搬美国普遍征收的办法，上海、重庆的做法使我更感受到在中国似乎就应是按照这个技术路线，首先建立框架，再相对从容地动态优化。重庆这个180平方米的边界也在调整，最新调整是收紧了一点，无非就是让社会慢慢适应这个过程，但是一定要做第一单位的扣除。操作方面可能还会有其他一些大大小小的挑战，但无论怎样，总体来说，我认为决没有过不去的硬障碍。配套杠杆如处理得较好，这个税改决不应激生动荡、形成所谓"压垮稳定局面的最后一根稻草"。

*5. 如开征这个税，小产权房的问题如何解决？*小产权房确实是一个中国特色，有这么多的小产权房，征税时怎么办？我们调研后形成的想法就是：小产权房问题不能久拖不决，必须解决。在深圳调研后已写了调研报告，深圳的实践使我们在这方面已经看出一个前景，就是分类处理，一次把通盘方案摆平，双层谈判（政府不在一线上去谈判，先跟那个小区形成一个框架，小区再向住户做工作，就好像现在拆迁，很多时候都是靠小区层面再做工作），谈妥了以后具体兑现可以分期来。小产权房分类处理是早晚要做的事，早做比晚做更主动、更积极。如果这个房地产税改革能够推动，那我认为正是借势应该倒逼着把小产权房的问题解决，这是好事，必做之事，不是坏事，也不成其为所谓硬障碍的理由。

（三）房地产税制改革的推进要领

1. 按照中央的要求，应该积极考虑加快立法。“税收法定”是一定要做的，但一直到现在，没有看到立法加快，2017年全国两会信息是：“纳入人大的一类立法，今年不考虑，交下一届人大考虑”，把这个烫手的山芋交给了下一届人大，下一届人大五年之内我们希望能够解决。进入一审后多长时间能走完立法全程，确实还不好预计，但关键是先应启动，不宜再作拖延。一俟成立法以后，可以根据情况分区域、分步推进。假定说2018年就可以推——这完全是假定，那显然不能全国700多个城镇一起动，一线城市，还有一些“热”得难受的城市，是不是可以作为第一批，先依法实施这个地方税，其他城市区域以后可以从容地分批走，“去库存”压力大的三四线城市慢慢考虑，不必着急。

2. 适应国情与发展阶段，在法定规则中一定要坚持作住房“第一单位”的扣除，否则社会无法接受。“第一单位”社科院曾有方案提出人均40平方米。人均多少平方米，我们依靠不动产登记制度可以把信息掌握得一清二楚，但可能还有一些更复杂的事。网上有个反馈意见，它是以假设情景的方式表达的反对：按照社科院方案，人均40平方米，有一个家庭父母带一个孩子三口人住120平方米，不用交税。但是，不幸的事件发生了，孩子车祸中身亡，在父母悲痛欲绝之际，“当、当、当”有人敲门，政府官员赶到说：“你家情况变化，要交房地产税了。”这是以此假设情景表达了对社科院这个方案的不认同，那么给我的启发就是：社会生活中真的发生这种事，政府一定会很尴尬，依法执行吗？那么你就得上门去收，但去依法收税的时候，虽从法条来说严丝合缝，但从情理来说呢？老百姓不认同，执行者自己也会非常难受，那么这个事怎么办呢？没有万全之策，那么通过立法程序大家可以讨论：还有什么可选的方案？放宽一点，可选的方案就是干脆不计较人均多少平方米，按家庭第一套住房来收缴，第一套多大面积都没有关系，反正这就是一个更宽松的框架。但是这个方案也会有问题，如果按第一套房扣，正如有人说的那样“一定会催生中国的离婚潮”，我觉得这也是很现实的问题，因为前面凡是在政策上有弹性空间的时候，公众为了赶上政策“末班车”，屡次出现排队离婚的“离婚潮”。如果按照现在提出的思路来解决问题的话，可能就还得放松，放到单亲家庭扣除第一套房、双亲家庭扣除两套房，这个事情就解决了。

当然，另外一种意见就是：“那是不是差异就太大了？”但我们总得寻找“最大公约数”，潘石屹过去的建议就是从第三套房开始征收，许多人听起来都觉得合情合理。无非是先建框架，寻求“最大公约数”。所以从“第一单位”扣除说的例子值得再强调一下，我们的立法应是一种全民参与，让大家理性地表达诉求和建议，没有绝对的谁正确，谁错误，无非就是找到我们一开始框架里走得通、按照“最大公约数”社会上能接受的税制改革方案。

3. *相关的其他税费改革应一并考虑，处理好协调配套关系，这显然是一个大系统。*“房地产税”“不动产税”这个概念广义地说包括和房地产、不动产相关的所有税收，再更广义地说，跟不动产相关的其他收费负担、地租等等，也应该一并考虑，优化为一个系统工程。到了具体落实中央所说的“加快房地产税立法并适时推进改革”，我认为主要聚焦的是狭义的保有环节的不动产税，这个概念的不同口径在不同的语境里面要说清楚。但是从宏观指导来说，相关的税费，所有相关负担的改革，一定要放在一起考虑，开发、交易环节的负担总的说应尽量减轻（炒房除外）。这方面的信息与技术支撑条件都有，最重要的是现在中央所说的2018年不动产登记制度要到位，实际上在2017年所有城镇区域工作应该做完。当然，能否如期做完那可能是另外一回事，但是这件事情早一点晚一点，肯定是要做完的。

4. *应对立法实进的困难有所准备。*立法过程的速度是不可能强求的，应该是决策层下决心，启动一审，再争取走完立法的全过程。立法中应该充分讲道理，摆依据，积极运用系列听证会等方式尽可能阳光化地促成各个方面的共识。与其在没有立法安排的情况下并没有多少效果地在舆论场这样争来争去，不如按照中央的精神加快立法。到了立法过程中间，各方发声便都需要慎重考虑，尽量理性地表达各自的诉求。整个社会应耐心地走一审二审三审、很可能要走到四审，一定会有社会上创造天文数字新纪录的各种意见建议，要收集、然后梳理出到底实质性有多少多少条，如何吸收其合理成分。这是一个全民训练“走向共和”的过程，在公共资源、公共社会管理方面，这其实是一个很好的、必须要经历的客观的社会培训过程，也成为使我们的现代文明得到提升的过程。我国房地产税立法过程哪怕需要10年，它在历史的长河中也只是一瞬，但是这个“税收法定”的制度建设既然是肯定要做的，应该争取积极地尽快做起来。

（本文于2017年冬季分两期发表于《财经》杂志）

直接税改革的四个认识误区

贾 康

谢谢主持人。大家好！首先要热烈祝贺《经济研究》复刊40周年。我本人1984年在《经济研究》上发表了一篇《论广义狭义价值规律》，客观地讲，由此促成了我后来参加莫干山会议，以及孜孜以求做了几十年的经济理论与政策研究。今天围绕我们这个单元的主题，我就中国改革开放新征程中我认为要经受的一个历史性考验，也是为我们的高质量发展构建基础性制度不可回避的直接税改革问题，谈一下相关认识，这是朱玲女士说的财税方面一个敏感的热点、也是难点的问题。

直接税指的是有税负不可以或者很难转嫁、谁交了就谁承担这样特征的税种。在经济社会转轨的过程中，直接税在所谓公众"税收厌恶"上的特点，是特别明显的，我知道在座的各位朋友听到房地产税什么的，很多人也是不高兴的。但是我这些年形成的基本观点，是中国整个社会走向现代化，税制就必须走向现代化，中国需要推进在直接税方面深刻的改革，这个改革是中国实现现代化战略目标道路上横亘于前的一个历史性考验。如果做一个对比：中国的现代化战略，隐含的是要通过追赶去达到强起来到后来居上的赶超，那么现在世界头号强国美国它的税制基本特点是什么呢？在一百年前的"进步时代"，它形成了直接税为主的美国联邦和地方政府处理"钱从哪里来，用到哪里去"以发挥政府职能这方面的基本制度。美国的直接税为主制度框架的好处是什么？这就与高质量发展有关了。经济运行中，它的调控功能是逆周期的，称之为"自动稳定器"；它在社会分配方面的功能，是抽肥补瘦的，显然是促进社会和谐的。当然，美国的社会和谐也有它的毛病，但是需要反过来说：如果没有早早确立的直接税为主的制度，它的社会矛盾会比现在尖锐得多。再反过来看中国，改革开放40年取得这么多成就的同时，我们的整个税制仍是间接税为主，我们的经济调节这方面谈不上自动稳定器，我们是顺周期的，是在波动中间推波助澜的；另一方面我们的社会分配方面的再分配功能，是相当弱的。现在中国直接税体系可以说还基本没有成型：个人所得税是高度边缘化、功能很弱小的，整个财政收入里只占6个点多一点；我们的财产税方面，房地产税说了多年要加快立法，但是未能如愿；遗产和赠与税现在还只能做点研究。在这个方面如果说必须按照中央的要求逐步提高直接税比重，推进我们的房地产税、个人所得税这种直接税的改革，怎么攻坚克难，基本路径已经明确了，就是必须“税收法定”，要通过立法程序来解决个人所得税税法的修订、房地产税税法在人大最后审批通过的问题，以及研究以后什么时候可以考虑立法做遗产和赠与税这样的改革。这些所涉及的思路、框架、要领，还有细节，可以说未来几十年间是会不断被讨论的，今天时间关系，我只能从理论联系实际的角度，和大家一起探讨澄清几个理论和认识的误区。

至少要提到四个误区。第一个是“税收万能论”。在改革开放初期容易有这种倾向，因为过去对税收的重视程度明显不足，那么我们重视这个经济杠杆作用以后，似乎税收手段一应用，就能决定性地解决我们想解决的问题，甚至它可以解决一切经济社会问题。实践中间，有20世纪80年代不得已的“烧油特别税”——这是打补丁而不得已，后来又有曾经想用以遏制社会上大吃大喝、然而无疾而终的“宴席税”，这个倾向现在已经不是主导的倾向了。

这个误区旁边，第二个误区越来越明显，是变成了主要倾向的“税收无用论”，包括我们相关管理部门的人士都在不少的场合强调税收其实起不了什么作用，不要太看重税收。还有例子：比如说讨论房地产税，很多人会说，我们研究了美国，研究了日本，人家推出房地产税以后，那个房地产市场上的价格没有看到回调，它是没有用的。我认为这种说法在学理上讲不能成立。税收不可能包打天下，的确它不是万能的，然而应该建立的税收制度迟迟不建立，又是万万不能的——说到美国和日本，那我们要反问：为什么这些经济体在特定的发展阶段上不约而同地都必须讨论和解决建立这种直接税制度的问题？如果他们不建立这种制度，他们的房地产市场和它以后的社会发展会变成什么样子？我们在经济分析里都知道，不能仅仅拿一个参数去跟某一种结果简单地一对一形成因果关系，来论证出一个结论，我们必须注意到房地产市场它价格的影响因素太多了，这些因素合在一起，是由合力来决定房地产市场价位的走势。至少在经济分析里可以说明，这种保有环节的税负可以对房地产市场的走势产生压舱促稳的作用，特别是这个房地产税它的作用是多目标的，是综合的，包括地方政府职能怎么样内洽地优化转变，也包括我们特别关心的怎么遏制两极分化现象等等。所以，对税收不能一下走到另外一个极端说它无用，它确实不万能，但是走到另外一个极端说它无用又是错误的。

第三个误区要强调一下，最近几年还有一种听起来似乎有道理的“税制自然演变论”，那个意思就是说你不要想在税制改革这方面揠苗助长。但是仔细想一下，税制自然演变论其实是否定了对于税收这种制度建设我们主动把握它的可塑性而推进税制改革的必要性。因为这个可塑性是确实存在的，人类社会的税制是必须通过人为因素来追求高水平地把它确立的。我们面对的历史考验，就是争取在中国税收法定的过程中能够经受时间考验，让我们的立法水平尽可能高一些。

最后一个误区，我觉得最近一段时间更有影响的就是“政治体制改革先行论”，现在看起来房地产税等等有了比过去清晰得多的信息，2018 年两会上说要启动立法以后，全国人大又给它弄得稍微有弹性一点，说在 2018 年或后续年度里由人大立法，但是这个狼似乎是真的来了。这种情况之下，有同志强调，这种直接税改革应该在中国政治体制改革完成以后再进行，甚至有的同志说，你如果没有完成政治体制改革而现在启动这种直接税改革，是政权的自杀，可能引发社会的骚乱。这样的想法我觉得它其实是有合理内核的，就是让我们注意审慎，注意防范风险，但是它在顺序上，没有看到中国渐进改革路径依赖之下怎么借鉴美国进步时代的启示：美国的进步时代通过税制改革，可以让社会上广泛的公众参与一起促进政治文明水平的提高，“税收法定”应该构建的是一个政治程序，需要的是政治生活中规范的公共选择这个机制的生成和发展。我觉得立法过程中最关键的一条，就是要有透明的电视、广播直播的听证会，各派展示自己的观点，理性地讲自己的论据，这就是政治生活的一种进步，包含我们“走向共和”的实质性追求。这些将有可能以实际生活中的进步，渐进地完成政治体制改革所要完成的任务。所以，我还是坚持认为理应促成立法过程中的广泛讨论、公众参与，在充分承认物质利益原则和不同利益集团诉求的情况下，寻求最大公约数，寻求出于公心的合理的税制现代化解决方案。谢谢！

（本文系贾康先生在“纪念改革开放 40 周年暨《经济研究》复刊 40 周年”高层论坛上的发言）

再说房地产税：应该征、可以征、如何征

贾　康

房地产税由于涉及群众切身利益，一直是社会关注热点。对于这一新的税种，笔者认为可从必要性、可行性、推行思路和关键要领等环节展开讨论。

一、房地产税：应该征

从必要性的角度来看，房地产税的开设主要涉及以下几方面问题：

（一）与房地产相关的有效供给和整个市场体系建设运行问题

房地产市场如何健康发展，首先是把“保障轨”和“市场轨”通盘考虑，放在一起，作双轨统筹。在实际生活里边，现在也越来越清晰地看到这个框架。不要简单讲市场，而是要把怎样更好地提供商品房、产权房等相关事情放在一个体系之内统筹考虑。随着城镇化及其他种种原因，对房价应客观用经济手段形成长效调节机制。联系国际经验看中国现在的社会经济情况，应该发挥房地产税的作用。从逻辑上分析可以知道：保有环节的税收改变利益相关者的利益预期，促使供需两者走向平衡。

（二）结合中国经济社会转轨，应特别强调，中国的市场经济需要有分税制财税机制匹配，那么必须解决包含房地产税的地方税体系构建问题

从1994年至今，省以下体制没有真正进入分税制状态：地方税体系没有成型，基层财政困难、土地财政、隐性负债等问题，在1994年以后成为社会关注的热点。我国市场运行要跟国际上经济体间的竞争合作相匹配，因此必须把地方

税体系与整个分税制体制安排通过改革推行到位，在这方面，房地产税是地方税体系中不可缺失的重要力量。作为地方税，它与地方政府职能向公共财政方向转变有明显的内洽性质，地方政府专心优化本地公共服务和投资环境，主力财源建设问题就可以一并解决。

（三）整个税制结构优化中直接税制度建设问题

目前明显存在着直接税比重偏低的问题。如何让直接税逐渐提高比重，比如以直接税置换间接税，其效应一定是降低整个社会的税收，把原来以低中收入阶层为主体的这部分纳税人，转变为更多由先富起来的阶层以直接税方式做出贡献。从逐渐提高直接税比重的可行性思路与方案来看，现在可以提高哪些税的比重？一是个人所得税，另一个是房地产税。个人所得税改革困难较大，操作空间如何打开还要特别的条件配合。因此，在这轮全面改革中排得比较靠前的就是房地产税。

（四）在收入分配改进的方向上，尽管有种种争议，多数人还是认为要努力通过再分配手段，来遏制收入差距的扩大

在房地产税方面，会影响社会成员的现金流，也影响财产配置的格局、走向。它的正面效应就是以“抽肥补瘦”机制，配合克服收入分配和财产配置方面的问题，来使整个分配格局中利益关系方面的矛盾能够得到更好处理。

（五）房地产税对于我国法治化进程可能形成的“倒逼”式贡献

这是因为，按照国际经验和中国实际情况，很多观点都认可此税应是地方税。地方税应该分配在哪些层面？笔者认为首先是在基层，在中国应该是县市，扁平化以后，县市是有实体税基的基层。财政收支关系到千家万户的老百姓，老百姓要有充分的知情权，这也结合了整个财政改革提高透明度的要求。在提高资金使用效率方面，房地产税也会产生很好的示范效应。

二、房地产税：可以征

目前，社会上认为房产税不可行的、突出的几点质疑主要集中在以下几个方面，而在笔者看来，这些质疑是站不住脚的。

一是认为存在着法理上的障碍。一个重要论据是说“房地产开发的一级环节

有土地出让金，后面在保有环节开征税收，就是重复征收”。当然，很多老百姓愿意听这个话，但我们认为这一理由其实是在理论上和实践中都不能通过。在市场经济中，反映土地使用权的地租和反映公共分配的住房保有环节税收的并行不悖，是基本事实。从理论上说，土地出让金是土地所有者经济权利形成的收入，而不动产保有环节的税收是国家凭借社会管理者的政治权力形成的收入。各自的依据不一样，这两种收入不是二者必取其一的关系。现在税收本身都是多种税多环节多次征的复合税制。

二是不断有人在说，“国外都是土地私有，对私有土地上的不动产包括住房征税说得过去。中国都是国有土地，国有土地上的住户只有土地使用权，房子跟几十年土地使用权在一起的，有什么道理和住房一起征税?”

很多人都认为上述观点说出了心里话。但客观地讲，笔者认为从实践和理论上来说这也是不成立的。国外实际情况了解一下，像英国的土地分为两种，一种叫作 freehold，一种叫作 leasehold。Freehold 就是终极产权和使用权打通的，就是一体化的。Leasehold 就不一样，必须签一个契约，终极产权和这个使用权是分离的。不论是这两种情况里边的哪一种，称为 council tax 的这种不动产税是全覆盖的。英国的土地除了私有之外，还有皇家持有，还有公有（包括不同政府层级的公有，还有公共团体所有）。无论不动产最终产权是在哪儿，不动产税原则上全覆盖。

至于香港特别行政区，香港的土地总体来说没有私有产权，但住房保有环节要交称为“差饷”的房地产税。因此，从海外实践来说，不能说只有对终极私有的土地所有权才能承认房地产税。学理逻辑上也是如此，我们可以比照中国改革中已有的说法：20 世纪 80 年代初政府下决心推出两步“利改税”，在国有企业纳税里加上所得税。当时为什么要推出这项改革，主要是认为国有企业在具体运行中，是具有相对独立物质利益的商品生产经营者，所有权和经营权要有分离。有独立物质利益的商品生产经营者，客观上的合理状态是要加入市场公平竞争，所以必须把国有企业推到和其他企业一样缴纳企业所得税的状态，才能够培养市场公平竞争环境。同样的逻辑可到现在推演到终极所有权为国有的土地上：如果认为对这种土地上住房持有者的相对独立的物质利益有必要加以调节，那么通过立法程序后征房地产税，应有可行性。实际上，房地产税改革与国有企业两步“利改税”内含一个相似的理念，不存在硬的法理障碍。当然，相关立法还必须完善。

三是在技术上的反对意见。比如有人说“评估税基太复杂，中国人做不了。”但实际考察一下，在技术处理上首先要确权，现在已经布置了不动产登记，2018 年中国城乡每个具体不动产都要确权完毕，同时还要信息联网，城市区域先做到位。确权以后每项不动产数据采集收入计算机系统，设计好软件，分三类：制造业用房、商业用房、住宅。给一个指令，计算机就会按照软件设计自动生成评估结果。因此，从一开始的确权和采集数据，到建立数据库，这是任何国家管理必须要做的事情，不能说是硬障碍。

四是实际生活里会形成一些需作处理的矛盾。比如开征房产税以后，土地出让金水平会下落。这是合乎逻辑的，因为预期变了，没有肆无忌惮往上冲的炒作力量。那么可设想，如因此而需作出调整，无非是设计“老地老办法，新地新办法”的差别税率。再比如有人说房产税会要增加抗税事件，但重庆试点提供了本土经验——虽然只是个地方经验，但也很说明问题。重庆对作为存量的几千套独立别墅征税，但实际上并没有出现抗税事件。方案是从最高端的独立别墅做起，排除双拼、联体等等，而且设置 180 平方米起征点，减掉以后再征税，社会都能接受。如果这个税该缴不缴，完全可以做充公处理。其实国际经验上有先例、类似的处理办法。

五是认为“中国情况特别复杂，小产权房怎么处理?”这个情况貌似有道理，因为问题非常棘手。“小产权”一旦在法律的审视之下，就是无产权。但是，这个事情迟早要解决。在深圳已经可以看到，类似于小产权房的遗留问题，分步分类，逐步处理。过去在理论上也设想过框架。小产权房分类逐步处理，一开始可以把整个方案做通，形成相关各方认可的方案以后，可将利益逐步兑现。房地产税在付诸实施的时候，会倒逼必须解决看起来棘手的小产权房问题，从直面矛盾的角度来说，这其实是一个莫大的贡献。中国的改革如果有这种倒逼机制是好事，不是坏事。既然改革要攻坚克难，就应该把小产权房一起放在解决方案里。

三、房地产税：怎么征

就当前而言，迫切需要考虑房地产税实施的思路和要领，可以按以下逻辑推进。

首先，做好立法。中央的基调非常清楚，历年的文件都肯定改革方向，即要求推进房地产税改革试点，扩大范围、推进改革；现在新的说法是加快房地产税立法与适时推进改革。锁定大方向以后要加快立法。但这绝不意味着有观点所说的否定上海、重庆两地试点，反而是试点已经提供了非常宝贵的本土经验。

至于如何立法，可以先观察立法什么时候正式启动，启动以后进展如何。如果一年完成不了，第二年是什么样的节奏和要求。现在还是观察过程，立法一定需要公民的理性参与，尽可能使大家在长远利益、根本利益上形成一些共识。

其次，分类、分步。一旦立法完成，笔者认为适用区域很可能是城镇区域或者划一条线以上的城镇区域，至少是“一线城市”先行实施。一旦依法执行时，就是完全不同的新局面和境界。中国不能照搬美国的普遍征收办法，要坚持调节高收入的原则，操作起来有很多技术性细节需要讨论。有不动产登记信息联网的支撑之后，有些学者倾向于可以做得更细致，人均多少平方米最合适。中国社科院的方案是人均 40 平方米，因为现在人均城镇住房统计是 33 平方米，笔者认为也合适。

与此同时，在中国涉及调节高收入需要谨慎权衡，除了细致可行的执行方案之外，还特别注重合情合理。如果先建税的框架，让社会认同和接受这样一个改革方案，总体来说更可接受。因此，笔者更倾向于先考虑第一套房不征税，这样就可避开很多难题。

再次，信息联网。至于全国各地都有房的情况，技术上掌握信息不存在问题。各地信息联网就能做到“一网打尽”。因此，这就需要地方政府形成协调机制，允许纳税人选择第一套房的属地。实施细节还要做很多讨论，除了上述情况以外，笔者认为，特别需要政府在信息披露上更开明，要意识到房产税建设过程中会有激烈争议，因此要更开明地向社会方方面面提供信息，一起讨论如何进一步推进房产税的实施。

最后，借鉴国际经验。据介绍，在美国社区，采取由公众选举入户测量员，做每隔一段时间重评一次税基的基础工作。这是很好的机制，民众接受也认同于这个机制以后，地方政府自然而然就会知道，只要专心做市场经济要求做的优化本地公共服务，提供更好的投资环境，财源建设问题也就随之解决了。辖区内不动产自然会进入升值轨道，每次评估都是财源建设具体实现的机制。中国完全可以借鉴这些经验，把细节做得更优化细致。

（本文发表于《中国证券报》2018 年 4 月 14 日）

对房地产税制体系改革的七条建议

贾　康

房地产税在几轮热议之后，2018 年两会上明确要启动立法。虽然最新的说法还有点含混，但无论如何，经过这么多年，房地产税真的要来了。

房地产税制体系是以与房地产相关的税收制度组合形成的一个体系，既包含直接针对房地产业征收的税种，也包含与房地产业相关的其他税种。中国房地产税制经历了统一内外税制、对部分税种的税制改革等多次改革完善。

目前我国现行的 18 种税种中，有 10 个税种构成了我国房地产税制体系。根据征收环节不同，在现行体系中，仅有房产税、城镇土地使用税等 2 个税种是在房地产保有环节征收，其他均在房地产流转环节征收，而且实际上保有环节税负也不涉及非经营性住房。

我国房地产税制体系仍然存在一些问题，不利于税收职能的发挥：一方面，房地产税制体系结构不合理，重流转、轻保有。这个主要从征收环节的税种数量差异和税收收入规模都可以看出。另一方面，现行房地产税制设计落后于经济实际需求。我国房地产税制革新速度严重滞后。如城镇土地使用税开征 24 年间仅调整过一次。房产税开征 26 年间，也仅有将缴纳城市房地产税的外商投资企业和外国企业及个人纳入纳税人范围的调整。

这些落后带来一定影响。比如当前，我国明确房产税、城镇土地使用税都对居民普通住宅免于征税。税基较窄，就导致税收收入规模偏小，影响了税收收入职能的发挥。尤其是房地产税收多为地方税种，地方财政收入因此受限。

同时，我国房产税税种较多，虽然形式上相互独立，但是实质上却是对同一税基重复征税，引起居民的不满。如房屋租金收入，不仅要征收 5% 的营业税，还要征收 12% 的房产税。

此外，多年未做调整的税制，其计税依据也明显不合理。例如，我国房产税的计税依据为房产原值或者租金收入，城镇土地使用税计税依据为实际占用土地的面积，这些都不能反映房地产的实际价值，尤其是近几年我国房地产市场价格的变化较大，计税依据使得税收收入不能随着房地产价值的增加而增加，也会影响税收调控功能的发挥。

房地产税制体系改革是重大系统工程，在战略上需要高度重视；在总体思路上，需要流转环节和保有环节并举。完善房地产税制体系的目标，就是要在特定的经济发展阶段，使得房地产税收能够更好地执行其收入调控的职能。房地产调控也不应仅仅着眼于价格，而要以市场的健康发展，以完善价格形成机制为目标。

基于此，对完善房地产税制体系改革提出几点的政策建议。

1. 取消城镇土地使用税，完善房地产税设计。房产税的税基已经包含土地价值，城镇土地使用税便没有存在的必要。我们主张取消城镇土地使用税，将土地，包括空置土地和地上建筑物全部纳入房产税征收范围。

2. 加强房产税征收管理。在税收征收和管理方面，要做到依法征税、严格征税，避免税收征管上的宽严变化，给大众造成政府政策频繁变动的印象。

3. 建立房地产登记和评估制度体系。没有房地产登记和价值评估体系作为支撑，房产税改革无以为继。这不仅是目前房产税改革试点最为紧迫的事情，也是今后较长一段时间我国房地产税制改革的重要内容之一。特别是保有环节的房产税，将长期承担为地方政府筹集财政收入的职能，征税范围要扩大，必然会给税收征管和住房登记和评估体系带来压力。为此我建议，在适当的时候全国要进行一次房产普查，彻底摸清楚房地产存量信息，为税收征管奠定基础。同时，加快建立全国联网的住房信息系统。

4. 要努力对接房地产税的“加快立法”过程。房地产税不能长时间停留在试点阶段。房地产税改革试点的政策效果和问题已经有所显现，目前需要针对问题完善政策，需要努力对接房地产税的“加快立法”过程，完成立法后可分步推向全国。

5. 在税收职能上，各种税要有所偏重，保有环节的税种要逐渐引向以筹集财政收入为主，但要设计“第一单位”的免税扣除。税收收入和调节职能的实现，只能通过复合税制才能实现。在税制设计上，应在现有试点的基础上，扩大房产税的覆盖面，同时适度考虑税收的调节功能，以城市人均住房面积或家庭住房套数为标准制定计税扣除，在立法过程，以法律文本形式确定细节，尽量减少过多的税收减免。长期来看，当房地产价格趋于稳定之后，考虑住房的非流动性，保有环节的房产税应该以为市县级政府提供财政收入、打造主体税种为主要职能。

6. 简化土地增值税税制设计，以加强征管实现土地增值税的调控职能。土地增值税是房地产税制体系中肩负调控功能的重要税种之一。由于城市基础设施建设的不断完善，导致土地增值必须通过税收部分归于政府。现行土地增值税的税制设计存在一些问题需要完善，比如税制设计过于复杂，可以适当简化；企业税负过重，偷逃税动机强，可以适当降低税率。此外，针对土地增值税征管中税务部门工作量大的问题，可以允许其聘请独立第三方进行核算。

7. 建议定期调整耕地占用税税额标准，以保护耕地。耕地占用税是特定目的税种，主要是为了保护耕地。耕地占用税税额标准应该定期调整，随着经济发展，土地资源的稀缺性越来越强，以占用耕地面积作为计税依据的耕地占用税调节功能在逐步弱化。基于此，建议以耕地面积作为计税依据，定期调整耕地占用税的税额标准，以适应经济形势的变化，维持耕地占用税的调节功能。

（本文发表于《证券时报》2018 年 6 月 7 日）

供给侧结构性改革中的房地产税改革

贾　康

供给侧结构性改革是我国构建现代化经济体系的主线，其包含的改革到了深水区，攻坚克难的任务已经表现为实际生活中形成的历史性考验。房地产税改革是供给侧结构性改革中一个“啃硬骨头”的典型。狭义上讲，这个改革要解决的是我国不动产里消费性质住房持有环节上的税收，要从无到有。广义地说，还需要把与房地产相关的税、费，都纳入一个优化处理的配套改革方案。上海、重庆两地已经有这方面的改革试点，十八届三中全会要求“加快房地产税立法并适时推进改革”。2018 年全国两会上，推进这一改革的消息又成为热议话题。

房地产税是直接税，特别要正视的是社会上普遍的“税收厌恶”在此表现得尤其强烈。虽然有些社会成员根据反向思维，知道一个国家不可能没有税收，一个具体的约束条件是，人类社会一个个客观存在的经济体，都是以民族国家、主权国家的形态存在，各级政府作为国家的政权体系，为履行其职能，必然先要解决“钱从哪里来”的问题，然后才能解决怎样履行职能“把钱用到哪里去”的问题，因此税收不可回避，但在实际生活中，大众不可避免地存在着“税收厌恶”。在社会成员普遍存在“税收厌恶”的情况下，还是要凝聚共识，讲清道理，力求认识规律，推进应有的税制建设。

一、房地产税改革产生有效制度供给的正面效应

第一，对于大家都关心的房地产市场健康发展，中央已经强调了相关的长效机制，即必须建设好基础性制度，而基础性制度建设的任务之一，也是打造长效机制不可回避的任务，就是要考虑在住房持有环节上形成必要的成本约束。依法的税收正是大家都可预期的一种成本约束，把这个机制建立起来以后，它会引导

和调整方方面面的预期，使我们的房地产市场运行及其价格表现更沉稳，这样从长远发展来说其健康程度就提高了。因为房地产税可以使那种肆无忌惮的炒作因素得到遏制，也会使供需互动中内生地提高土地的集约利用程度，减少已经形成的住房空置率。试想现在空置的这些住房，如没有持有环节的成本，可以一直等着，但如果有了这个税，房主哪怕不急于出手卖掉房子，也会考虑把空置房投入租房市场去对冲税收形成的经济压力，那就会使整个社会把有效房源供给潜力的很大一块，变成现实的有效供给，使房市供需情况得到一定好转，而且以后还会引导更多的人考虑在出手买房的时候很实惠地首选中小户型。一定会促使开发商增加中小型供给，从而提高我国建成区扩大过程中土地的集约利用程度。而这些综合在一起，就是由此税对房地产市场产生了“压舱促稳”的作用，增加了健康因素。

第二，这项改革是在构建地方政府职能合理化和地方财源建设相互协调的机制，配合我国财政分税制，解决怎样在1994年建立的分税制框架中把分税制在省以下的地方基层落实的问题。现在实际上我国地方税体系远未成型，省以下没有真正进入分税制状态。大家所批评、抨击的“土地财政”的偏颇、短期行为的特征、这些年仍然未能很好消除的基层财政困难以及地方政府热衷于搞隐性负债等问题，与体制上的缺陷有内在关联，只有把分税制在省以下真正贯彻落实，发挥它的正面效应，才能消除这些弊病。对地方政府职能，早就强调应该使之专心致志去做公共服务，优化本地投资环境，让企业在市场公平竞争中充分发挥活力。那么政府如果真的这么做，它的财源怎么来？一个地方政府辖区内如果公共服务做得好，投资环境优化，当地的不动产就进入升值轨道，开征房地产税的情况下，每隔几年要按照市场的基准来做税基评估，那么每一次重评税基，都是地方政府尽职尽责、履行好自己职能而带来的财源建设的机会。

第三，这项也是优化国民收入再分配机制，以支付能力原则来适当调节收入和财产配置、减少全社会税收痛苦程度的一个势在必行的改革。现在人民美好生活的需要，包括物质文明层面的、精神文明层面的，还有人的全面发展，以及我们整个社会的和谐，民主化、法治化所有这些内容，其中不仅要有人均收入的上升，同时还要有效地抑制“两极分化”。这些年，中国社会居民收入差距的拉开，很大程度上是伴随着财产配置状态的。现在如果说在这方面要加强再分配优化的机制，不是说这一个房地产税机制就会解决一切问题，但是这个机制是必须配上去的。税不是万能的，但是不发挥税收的再分配优化作用又是万万不行的。在中国走向现代化的过程中间，国际经验和我们自己实践经验都表明，这种直接税是在贯彻支付能力原则，减少收入分配和财产配置的悬殊程度。在高端上调节收入分配和财产配置，整个社会收入分配的格局里，直接税的比重上升了，那么间接税就可以下调。按照经济分析，间接税归根到底主要是消费大众在最终消费环节承受的。实际生活中，这些其实在中国一直存在，而这些年老百姓税收意识提升，意识到这个事情以后，感受到了很大的税收痛苦；如果在税制结构中更多地以抽肥补瘦式的调节机制来形成增加直接税比重、降低间接税比重新格局，整个社会的税收痛苦程度是下降的——因为这时高收入端的人们虽然也增加了一些税收痛苦，但是增加的税负所带来的税收痛苦，一定小于低收入端人们减小税负所消除的税收痛苦，因为高收入者只是在“享受资料”层面让渡了一些物质利益，不像低收入阶层是在“生存资料”层面作的利益让渡，同样一个税负绝对额所导致的社会痛苦程度就低下来了，整个社会由此而更和谐了。

第四，这项税制改革具有促进民主化、法治化的意义。房地产税是在社区和地方基层来运行的地方税，涉及千家万户，老百姓自然而然就得关心政府是如何使用税收的，于是百姓就要更多知情权，并积极参与公共资源的配置和地方公共事务管理。这种参与机制会倒逼我们在基层自下而上地发展民主，进而促进整个社会民主化、法治化的进步。

二、认识和澄清关于房地产税的质疑

如前所述，房地产税改革将产生有效制度供给的多个正面效应，但是实际上，有关房地产税还存在一些质疑。最简要地说，社会上经常讨论的这个税制改革，是不是还有一些硬障碍？比如法理上是否说得通？对房地产税在前面说了这么多的正面效应，是强调它的必要性，那么它的可行性怎么样？可行性方面，对应于最主要的诘难和质疑，可以从以下五个方面去认识和澄清。

第一，有人说国际经验里这个保有环节的不动产税，是配合着土地最终所有权的私有制的，中国所有建成区的土地都是国有的，怎么能够照搬这种私有土地上才能开征的房地产税呢？实际情况不是这样的。例如，英国的地皮既有终极产权私有的，也有公有的，而在它所有地皮上的住房，无一例外都要开征称为“Council Tax”的这种地方层面的房地产税。我国香港地区，整个地皮终极所有权不是私有的，但是它一直开征被称为“差饷”的房地产税。国际经验绝对不是像网上盛传的只有最终所有权是私有土地才能开征这个税收。

第二，很多人说，购买住房的价格里已经包含了土地批租收入，政府凭什么再重复征收一道税？放眼看全球各国的调节实践，所谓地租和税收都是相互协调的关系，不是二者只能取其一的关系，中国也必须处理这样一个关系。但我们不否定，以后如果稳定形成了后面持有环节的税收调节，前面那个土地批租环节上市场形成的负担，因为各方预期变了，它的水平可能会往下降。怎么协调新地、旧地的关系？其实很简单，中国早就有改革经验，老地老办法，新地新办法，我们可以根据情况处理一个过渡期，这些都不会成为硬障碍。

第三，有人认为这个税税基评估难度非常大，不好操作。这种说法不对。我国前些年有 10 个地方进行税基评估试点，所谓“模拟空转”，早就形成了计算机软件和方案设计，数据代入以后非常便捷地得到税基评估结果。当然这个评估结果一定要跟纳税人见面，有些问题需要通过一定程序得到合理解决，再进一步推到开征的状态。

第四，有人说中国老百姓不适应这个直接税，可能会出现抗税。对此，本土实验表明绝没有这么严重。我们一开始搭建制度框架，要柔性切入，让老百姓看看这个事情是不是符合大家的公共利益和长远根本利益。重庆从高端存量那几千套独立别墅开征，没有听到一起明显抗税的事件。虽然不敢说未来征管里面没有摩擦和麻烦，但绝对不会成为一个硬障碍。它属于再分配概念下一定要调节高端，但不是伤筋动骨的调节。

第五，小产权房问题如何处理，这确实有难度，但小产权房这个问题非解决不可，早解决比晚解决主动。一旦房地产税要考虑征收的时候，当然就得倒逼按照分类处理方式把小产权房的问题加以解决，越拖越被动。我们应该从发展的前景上来考虑，积极贯彻十九大所说的建立现代化经济体系的精神来推进改革，而不是回避这种困难。

三、进一步推进房地产税改革的建议

第一，必须立法先行，最关键的是立法草案要先进入一审，把有关部门在内部做了很多年的草案先公之于世，来征求全社会的意见。每位公民都可以发表自己的意见，就这个税应该怎样更合理化，来寻求全社会的最大公约数。

第二，要注重和房地产相关的所有税费的整合和配套改革。前面的土地开发建设、交易环节，总体来说应该是减轻负担的趋向。这个体系里，在保有环节的税负是往上加，而前面能减轻的尽量减轻，能取消的收费要取消，能够降低的负担要降低。当然，交易环节上如要考虑抑制炒作，可以对短期倒手交易作特殊的处理。

第三，一定要处理好这个税收负担在“第一单位”概念之下的扣除问题。这个事情比较复杂，我认为先建框架，必须做这样的免税扣除。比如重庆，它涉及住房存量是从最高端只对独立别墅开征，作第一单位的扣除。一开始确定为180平方米，如果这个独立别墅是个小的户型，正好180平方米，照样一分钱税都不用交。这样先建框架，社会好接受。具体地说，到底是人均多少平方米，是扣第一套房，或是第二套房，甚至我们可以从第三套房开始征收，各有各的道理。也可以讨论名义上普遍征收，然后根据情况对那些明显需要扣除第一单位的再给纳税人返还，当然这就更复杂一点，但也是可以讨论的一种思路。我觉得无法回避、必须解决好的一个棘手问题，就是怎么扣除第一单位。具体说搞清楚人均多少平方米，我们有不动产登记制度，技术上没有问题，但是到底怎么处理，还是要大家共同讨论，积极地考虑建立起制度框架。

第四，要对地方充分授权，分步实施。如果立法通过之后，在不同地区房地产市场“冰火两重天”的格局之下，房地产市场“火”的这些城市和区域，可以先行，北上广深不用说，只要这个税确立起来就应该实行，以它来逐渐淡化最后替代那种副作用非常大、一定会误伤很多刚需和改善型需求的行政性的限购、限贷以及限价政策。所以，在房地产市场较“火”的城市要更看重以经济手段调节，让它来起积极作用去替代原来的行政手段。而在去库存没有完成的地方，可以先考虑怎样在去库存真正成功之后，再从容地跟进这个税收调节机制。

（本文发表于中共中央党校主办的《中国党政干部论坛》2018年第4期）

房地产税改革的必要性、可行性与立法建议

贾　康

供给侧结构性改革是构建现代化经济体系的主线，其包含的改革到了深水区，攻坚克难的任务已经表现为实际生活中形成的历史性考验。房地产税改革是供给侧结构性改革中一个“啃硬骨头”的典型。狭义上讲，这个改革要解决的，是中国不动产里消费性质住房持有环节上的税收，要从无到有。上海、重庆两地已经有这方面的本土改革试点，中共十八届三中全会要求“加快房地产税立法并适时推进改革”，但迄今为止一直未见“加快”。

说到这个税，是直接税，特别要正视社会上普遍的“税收厌恶”在此表现得尤其强烈。这是自然而然的——企业也好，家庭和个人也好，谁也不想多交税。但现实生活中，人类社会中一个个客观存在的经济体，都是以民族国家、主权国家的形态存在，那么各级政府作为国家的政权体系，为履行其职能，必然先要解决“钱从哪里来”的问题，然后才能解决怎么样履行职能“把钱用到哪里去”的问题，因此，税收不可回避。在社会成员普遍存在税收厌恶的情况下，还是要凝聚共识，讲清道理，力求认识规律，推进应有的税制建设。在这个视角上，聚焦住房保有环节上中国直接税为什么要从无到有，可明确地讨论下面几个层次的基本认识。

一、开征房地产税的必要性

应充分肯定房地产税改革会产生有效制度供给的正面效应。对这种正面效应至少要强调四条。

第一，对于房地产市场健康发展，中央已经强调必须建设好基础性制度，而

基础性制度建设的任务之一，也是打造长效机制不可回避的任务之一，就是要考虑在住房持有环节上形成必要的成本约束。合法的税收正是大家都可预期的一种成本约束，把这个机制建立起来以后，会引导和调整方方面面的预期，使中国房地产市场运行及其价格表现更沉稳，这样，就长远发展来说，其健康程度就提高了。因为此税可以使那种肆无忌惮的炒作因素得到遏制，也会在供需互动中“内生性”地提高土地的集约利用程度，降低已经形成的住房空置率。试想现在空置的这些住房，如果没有持有环节的成本，可以一直等着，但如果有了这个税，房主哪怕不急于出手卖掉房子，也会考虑把空置房投入租房市场去对冲税收形成的经济压力。那就会使整个社会把有效房源供给潜力的很大一块，变成了现实的有效供给，使房市供需情况得到一定好转，而且以后还会引导更多的人考虑在着手买房时首选实惠的中小户型。这一定会促使开发商增加中小型住房供给，从而提高中国建成区扩大过程中土地的集约利用程度。而这些因素综合在一起，就会对房地产市场产生“压舱促稳”作用，增加其健康因素。

第二，这个改革是在构建地方政府职能合理化和地方财源建设相互内洽的机制，解决怎样在 1994 年建立的分税制框架中将其在省以下地方落实的问题。中国地方税体系现在实际上远未成型，省以下没有真正进入分税制状态。大家所批评、抨击的“土地财政”的偏颇、短期行为的特征、这些年仍然未能很好缓解的基层财政困难，以及地方政府热衷于搞隐性负债等问题，与体制上的缺陷有内在关联。只有把分税制在省以下真正贯彻落实，发挥其正面效应，才能消除这些弊病。关于地方政府职能，早就强调应该使之专心致志地做好公共服务，优化本地投资环境，让企业在市场公平竞争中充分发挥活力。那么，政府如果真的这么做，它的财源怎么来？在一个地方政府辖区内，如果公共服务做得好，投资环境优化，当地的不动产就进入升值轨道。在开征房地产税的情况下，每隔几年要重评一次税基，是按照市场的基准来做税基评估，那么每一次重评税基，都是地方政府尽职尽责、履行好自己职能而带来的财源建设的套现机会。这样，一个地方政府怎样完成职能转变和怎样实现财源建设的优化，就内洽地成为了一个体系里可打通的制度建设问题，其正面效应的意义当然是非常重大的。

第三，房地产税改革也是优化国民收入再分配机制，以支付能力原则来适当调节收入和财产拥有者的高端、减少全社会税收痛苦程度的一个势在必行的改革。现在，中国人民对美好生活的需要，包括物质文明层面的、精神文明层面的，还有人的全面发展，以及整个社会的和谐、民主化、法治化，所有这些内容不仅要提高人均收入，同时还要有效抑制“两极分化”。这些年，中国居民收入差距的拉开，在很大程度上伴随着财产配置状态的变化。现在，如果说在这方面要加强优化再分配的机制，不是说这一个房地产税机制就会解决一切问题，但是这个机制是必须配上去的。税不是万能的，但是不发挥税收的优化再分配作用又是万万不能的。

在中国走向现代化的过程中，国际经验和中国实践都表明，这种直接税是在贯彻支付能力原则，使收入分配和财产配置能够减少悬殊程度。在高端调节收入分配和财产配置以平衡整个社会收入分配格局中，直接税的比重上升了，那么间接税就可以下调。按照经济学分析，间接税归根结底主要是消费大众在最终消费环节承受的，实际上就联系着老百姓现在深恶痛绝的“馒头税”“月饼税”等等。在实际生活中，这些其实在中国一直存在，而这些年老百姓纳税人意识提升，感受到了很大的税收痛苦。如果在税制结构中更多地以抽肥补瘦式的调节机制来形成增加直接税比重、降低间接税比重的新格局，整个社会的税收痛苦程度是下降的。原因在于，这时，高收入端的人们虽然也增加了一些税收痛苦，但是增加的税负所给其带来的税收痛苦，一定小于低收入端人们减小税负所消除的税收痛苦，因为高收入者只是在“享受资料”层面让渡了一些物质利益，不像低收入阶层是在“生存资料”层面做的利益让渡，这样，同样一个税负绝对额所导致的社会痛苦程度就降下来了，整个社会由此就更和谐了。

具有高收入特征的这些人群，不是说他们都有什么不良行为，很多都是自己的理财技术路线对头，这些年，在财产、不动产价格整个比价关系上升的情况下，合法合规地不断在房地产领域里做些操作，自然而然收入也就上去了。这时给他们加一些税收负担，虽然也有点痛苦，但实际上不会伤筋动骨。他们这一点税收痛苦冲抵了底层大众很大的一块税收痛苦，可以使整个社会更加和谐。

第四，这一税制改革具有促进民主化、法治化的重要意义。房地产税是在社区和地方基层征收的地方税，涉及千家万户，老百姓自然而然就得向政府追问“我交的税是怎么用的”，于是老百姓就要有更多知情权，就要求更多参与公共资源的配置和地方公共事务管理。这种参与机制会自然而然地由这个税收催生起来，也会倒逼中国从基层自下而上地发展民主，使中国现代化所不可缺少的公共资源、公共事务领域公众参与、民主化、法治化的制度建设，进入一个有现实动力支持的“走向共和”的推动过程。这个意义非同小可。中国自辛亥革命以来寻求的“走向共和”，就是要把民主和法治结合在一起进入现代化。在实际生活中改革有那么多的困难，但是“形势逼人”。推进房地产税改革，看起来是从经济角度推动，但实际上是借鉴美国“进步时代”的历史经验，它一定会促使此税制和预算制度、公共参与以及公众有知情权以后推动发展的监督权、质询权、建议权等各种各样的权利一起，继而推动整个社会的民主化、法治化进程。

今后，在特朗普减税新政的冲击之下，中国一方面需要努力为企业减负，另一方面必须认识到为促使中国税制现代化，应把外部压力变为完成税制配套改革任务的动力。中共十九大报告明确要求，加快建立现代财政制度，深化税收制度改革，健全地方税体系。房地产税显然就是以后有望成长为地方税体系中一个有大宗稳定收入来源的主力税种。一开始建框架的时候，其对总税收的贡献还不会特别明显，因为一开始需要柔性切入。而就税收的成长性而言，其非常有希望成为地方税体系中的一个支柱财源。

二、房地产税的可行性

可行性方面，对最主要的五个方面的诘难和质疑，我认为都是可以得到澄清的。

第一，有人说，在国际经验中，保有环节的不动产税，是与土地最终所有权的私有制相匹配的，而中国所有建成区的土地都是国有的，怎么能够照搬这种在私有土地上才能开征的房地产税呢？实际情况不是这样的。工业革命发祥地、老牌资本主义国家——英国，它的地皮既有终极产权私有的，也有公有的，而在它所有地皮上的住房，无一例外地都要开征被称为“Council Tax”的这种地方层面的房地产税。中国香港，整个地皮终极所有权不是私有的，但是它一直开征被称为“差饷”的房地产税。国际经验绝对不是像网上盛传的只有最终所有权是私有土地，才能开征这个税种。当然，从逻辑上我们也可以另说，现实需要表明，最终所有权和实际使用权的分离，使这种调节成为必要。比如中国 20 世纪 80 年代努力推进两步利改税，最后对国营企业（现在称为国有企业）也要开征所得税。有人就说你跟国有企业较什么劲啊？它最终产权都是国家的，还跟它收什么所得税？从原理上说，最终产权是国家的，但是这个具体的企业法人有自己相对独立的物质利益，作为一个市场经济竞争者、商品生产经营者，它需要在一个公平竞争的环境里运行。所以，国家可以通过立法把国有企业和其他企业放在一个平台上，都要交企业所得税；然后，对其产权收益，国家依据所有权再调节一道，而那是在国有资产管理体系中去解决的问题了。这个道理完全可以从中国改革实践中说清楚。比照下来，在国有土地所有权与使用权相分离的情况下，国有地皮上私有住房的主人是具有独立物质利益的主体，如有必要，可以通过立法规定对这种利益以税收方式加以调节。

第二，很多人说，此前购买住房的价格里已经包含了土地批租收入，政府凭什么再重复征收一道税？但放眼全球观察，所谓地租和税收都是相互协调的关系，不是二者只能取其一的关系，中国也必须处理这样一个关系。但我们不否定，以后如果稳定形成了后面房地产持有环节的税收调节机制以后，前面那个土地批租环节上市场形成的负担，因为各方预期变了，它的水平可能会往下降。怎么协调新地、旧地的关系？很简单，中国早就有改革经验，老地老办法，新地新办法，我们可以根据实际情况安排一个过渡期，这些事情都不会成为硬障碍。

第三，有人说，房地产税的税基评估难度非常大，中国人做不了。我认为不对。中国前些年有10个地方开展税基评估试点，所谓“模拟空转”，早就形成了计算机软件和设计方案，代入数据以后可以非常便捷地得到税基评估结果。当然，这个评估结果一定要跟纳税人见面，有些什么问题都需要通过一定程序得到合理解决，然后才能开征。

第四，有人说，中国老百姓不适应这个直接税，开征房地产税会普遍出现老百姓跟政府拼命的抗税行为。对此，本土实验表明绝没有这么严重。一开始搭建制度框架，要柔性切入，让老百姓看看这个事情是不是符合公共利益和大家的长远根本利益。重庆从几千套高端独立别墅开征，没有听到一起明显抗税的事件。因为这些成功者犯不上为了这一年一两万、两三万元的税收跟政府去拼命吧。当然，我们不敢说未来征管中不会出现摩擦和麻烦，但绝对不是说这要成为一个硬障碍。它只是属于再分配概念下一定要调节中高收入、但不是伤筋动骨地调节。

第五，要说到小产权房问题如何处理。这是中国特色，处理起来确实有难度，但这个问题非解决不可，早解决比晚解决主动。一旦要征收房地产税的时候，当然就得倒逼着按照分类处理方式把小产权房问题解决掉，越拖越被动。应该从发展前景上来考虑，积极按照中共十九大报告所提出的建立现代化经济体系的精神来推进改革，而不是回避困难。

三、几点立法建议

第一，必须立法先行。最关键的是，要先进入一审，把有关部门在内部做了很多年的草案先公之于众，征求全社会意见。每位公民都可以发表自己的意见，来寻求全社会最大的公约数。这叫“走向共和”——不是简单地说咱们来个少数服从多数，来个全民公决搞定。全民公决很简单，结果是这个税肯定会被否定掉。税制决策不应依靠这样一个办法，而是要讲道理，理性地考虑寻求最大公约数。“立法先行”过程中，我估计这个税很可能还要走到四审，对其争议的激烈程度可能前所未有，但这是中国税制改革必须经历的。

第二，要注重与房地产相关的所有税费的整合和配套改革。前面的土地开发建设、交易环节，总体来说应该是以减轻负担为取向。这个税负体系里，保有环节的税负是往上加，而前面环节的税负，能减轻的尽量减轻，能取消的收费要取消，能降低的负担要降低。当然，在交易环节如要考虑抑制炒作的话，可以对短期倒手交易作特殊处理。

第三，要处理好税收负担在“第一单位”概念之下的扣除问题。这个事情比较复杂，我认为先建框架时，在中国必须做这样的免税扣除。比如重庆试点，涉及的住房存量是从最高端开始，只对独立别墅开征，并作第一单位的扣除，一开始确定的免征面积为 180 平方米。如果这个独立别墅是个小户型，正好 180 平方米，照样一分钱税都不用交。这样先建框架，社会好接受。具体说，到底是人均多少平方米，还是扣除第一套房，或是第二套房，甚至可以宽松到从第三套房才开始征收，各有各的道理。也可以讨论名义上普遍征收，然后根据实际情况对那些明显需要扣除第一单位的再返还给纳税人。当然这就更复杂一点，但也是可以讨论的一种思路。我认为，在中国无法回避、必须解决好的一个棘手问题，就是怎么扣除第一单位。至于说搞清楚人均多少平方米，中国有不动产登记制度，技术上的操作没有问题。

第四，要对地方充分授权，分步实施。房地产税是地方税，如果立法通过之后，显然会出现冰火两重天的征收格局。房地产市场比较“火”的城市和区域，譬如北上广深等，可以先行。要通过这种经济调节手段，替代原来的限购、限贷、限价等非市场化的行政手段。“冰”的地区不用着急，去库存没有完成的地方，可以先考虑在去库存真正收官之后，再从容地启动税收调节机制。

（本文发表于《中国经济报告》2018 年第 2 期）

德国房地产税对我国的五大启示

苏京春[①]　盛中明[②]

【摘要】 我国房地产税立法、开征在即。为对房地产税改革有所借鉴，本文试从介绍德国房地产相关税收体系出发，通过深度比较德国房地产税体系与其他十一个国家（地区）房地产税的异同，总结德国房地产税体系对德国地方政府财力补充、收入分配以及经济稳定发展的积极作用，最后由此提出比较研究视角下对中国房地产税改革的五大启示：一是保有环节房地产税应与税收体系、政策体系通盘考虑；二是我国房地产税税制设定应对政策取向具有充分前瞻性；三是可考虑在可控范围内使用“稽征率”调动地方政府积极性；四是“低估价、低税负、宽税基”或可成为实践操作参考；五是可注重发挥房地产税在宏观层面防风险稳定器的作用。

“加快房地产税立法并适时推进改革”是我国全面深化改革的重要内容之一。房地产税改革涉及面广、影响深远，仍有多处设计逻辑与实施细节值得研究。德国作为欧洲发达国家的代表，除了精湛的制造业水平外，其优良的住房制度与稳定的房价同样值得我们关注。本文梳理了德国房地产税政策体系，剖析了其对德国经济社会发展的宏观作用逻辑，并总结了其对我国房地产税改革实践的五大启示。以期抛砖引玉，为政策细节探路。

① 苏京春：中国财政科学研究院副研究员、硕士研究生导师，经济学博士。
② 盛中明：中国财政科学研究院硕士研究生。

一、德国房地产税政策体系

德国的房地产税体系对房地产的保有、使用及交易环节均有涉及。从实践来看，德国房地产保有环节的实际税负较轻，对以保有自用房产为目的的人群较为友好；交易环节的税率高，可以打压投机需求；使用环节通过个人所得税调节了由房地产交易带来的可能出现的过高收入，并通过第二套房地产税达到了减少空置率的目的。

（一）保有环节土地税的实际税负和实际税率均处于较低水平

德国在房地产保有环节仅设置土地税。该税种的征税对象为土地，纳税人为土地所有者，税基为土地的评估价值，应缴土地税额 = 税基 × 基准税率 × 稽征率。税收收入归属市镇政府（德国财政层级为联邦、州与市镇三级）。在实际的征收实践中，德国的土地税分为 A 和 B 两类。土地税 A 的课税对象是农业和林业地产。土地税 B 的课税对象是可开发的土地或已开发完成的土地及地上房屋。

土地税率分为基准税率和稽征率。基准税率由联邦层面按土地用途确定，各地均相同。而稽征率由德国各市镇政府来确定，地域差异明显，目前各州土地税稽征率平均为 400%，最高的为柏林市，为 810%。为了避免各地争相降低稽征率吸引投资，德国联邦宪法法院的判例中显示，地方设定的稽征率不能低于 200%。

不动产的评估价值是德国土地税的计税依据。土地税 A 评估价值的测算依据为土地产出价值，它由全国统一的土地评估调查评定的产值确定。土地税 B 的评估价值参照此类不动产的市场价值来确定。按规定，评估价值每 6 年应更新一次，以确保课税对象的税负能与其市场价值相协调。而由于德国在政策落实中使用的评估价值多为 1964 年的评估结果，而这一评估结果早已比当下不动产价值低得多，从而这导致德国土地税的实际税负偏低。

（二）使用环节的征税具有降低空置率的政策取向并与个人所得税相结合

德国房地产税体系中，使用环节的税种主要包括针对第二套住房征收的第二套房地产税和针对租金收入征收的租金收入所得税。

1. *第二套房地产税*。此税种较特殊，征税对象是被纳税人所使用的第二套房产，只要发生了使用第二套（或两套以上）房产（无论自有还是租用）的行为即需缴纳该税。该税种立法权一般隶属于德国州政府，但州镇府可将其转移给市镇政府。以房地产所在地的平均租金为基础，该税种的税率一般会参考所在地消费标准，由具有立法权的政府制定，而税率标准则允许在不同地区之间有较大差异，浮动区间一般为5%～20%。该税种目的在于通过增加持有多套住房的成本以减少空置率，或弥补某些季节性空置率较高地区（如度假胜地）的公共财政支出。

2. *租金收入所得税*。在德国，个人所得税是联邦、州和市镇三级政府的共享税。而房地产的租金收入作为个人年收入所得的组成部分，在扣除折旧、维修成本等金额之后，与个人所得税规定的其他七大种类一起综合后进行征收，税率按超额累进税制设定在14%～45%浮动。

简言之，作为在德国持有两套及以上房产的纳税人，当其第一套房产以外的其他房产有任一处出租时，则需同时缴纳第二套房产税和租金收入所得税，前者的税基为政府确定的当地平均租金，后者的税基为经过合法税前扣除后的实际租金收入。如果第一套房产以外的房产没有出租，则该纳税人自然不应缴租金个人所得税，但仍然要被征收第二套房产税。

（三）交易环节的征税具有打压投机需求的政策取向

德国在房地产交易环节专门设置的税种为土地增值税，体现在个人所得税中为差价盈利所得税，遗产税和赠与税也对住房的继承与赠与行为进行征税。此环节税收的特点在于税率设置较高，具有打压房地产市场中投机交易需求的政策取向。

1. *房地产购置税*（Tax on Acquisition of Real Estate）。德国房地产转让购置税是交易环节征收的房地产税，主要包括购置行为和转让行为，具体包括：通过合法交易成为不动产所有者、公司业务范畴内的不动产交换、房产的长期租赁、转让不动产公司95%的股份、继承或赠与转让、配偶之间或子女之间转让、财产转让、企业合伙人转让等。房地产购置税是德国州政府的重要税基。1983年，德国所有州的税率统一为2%，1997年统一提至3.5%，而从2006年9月1日起，除巴伐利亚和萨克森州以外的德国各州开始被允许自行确定税率，从而导致了税率的普遍提升，有效抑制了投机行为。

2. *差价盈利所得税*。该税产生于房地产交易环节，但性质却为所得税，征税对象为持有十年及以下的房地产。原因是德国政府认为持有十年以下的房地产出售行为为投机行为，因此要对这种房地产出售产生的差价收益（即扣除购置成本或建设成本、维修成本、交易费用等之后的净收益）征收个人所得税。

3. 遗产税与赠与税。德国的《遗产税和赠与税法》中规定了房地产继承与赠与征收与豁免，也产生于房地产交易环节，且具有典型的收入分配调节性质，采用了超额累进税制，税率在7%～50%浮动。税收豁免政策主要体现在配偶继承全免和子女继承200平方米内免征。

二、德国房地产税的宏观作用

（一）房地产价格调控作用

德国的房地产税收体系对房地产的保有、使用以及交易环节均有涉及，体现出均衡的特征。且税种设计合理，并在税收要素的确定中给予了地方政府一定的自由度，使得各地区可因地制宜地制定政策，有利于精准地贯彻政策目标。这一均衡优良的税收体系成为德国长期以来房价稳定的重要基石。20世纪末至今，欧美主要国家如美国、英国和法国经历了房价的大幅上扬，而德国的房价却一直稳定在相对低的水平上，这与德国均衡的房地产相关税收体系密不可分。

（二）财政联邦制下地方政府财力作用

德国实行财政联邦制，并在该体制中更多地体现出合作型的特征，形成了共享税为主、各级专属税收和共享税并存的财力分配格局。从德国联邦统计局公布的数据可知，2017年，德国共享税收入占全部税收收入的73.36%。且共享税分享比例均衡，使得德国地方政府的财力获得了基本支撑。同时，作为州或者市镇政府专属税种的房地产相关税收也极大地补充了地方政府的财政收入，成为其财力增强的重要来源。土地税作为德国市镇政府的专有税种，其收入占全部市镇专有税种收入的20.39%。房地产购置税作为德国州政府的专有税种，其收入占全部州专有税种收入的59.17%，成为州政府最为重要的收入来源。

（三）收入分配调节作用

第一，德国均衡的房地产税体系促使房价长期保持稳定，没有出现其他经济体中房价猛涨的局面，这使得通过资产膨胀获得的收入不至于过高，有利于形成合理的收入分配格局。第二，德国在房地产交易环节设置了税率较高的税种，使得通过房地产交易形成的高收入得到了有效调节，并且遗产税与赠与税将房地产的继承和赠与纳入征税范围，使得通过财产继承获得的收入大大降低，有利于实现代际收入分配公平。

（四）对宏观调控和经济周期的积极作用

房地产税体系对宏观调控和经济周期的影响是通过房地产市场来实现的。前文提及德国土地税的特点之一是相关房地产的评估价值确定年代久远，使得保有环节的实际税负较低。虽然德国国内关于对此种现象的改革呼声渐起，但在经济周期中，由于保有房产的税负较低，在经济下行时，人们不至于因规避税负而抛售房屋，因此可以避免房地产市场的供求极端失衡，使经济不至于落入更坏的境地。而在经济高涨时，房地产市场的热度会同时上升，如果在税制体系中缺乏遏制投机需求的税种，那么很容易使人们对房地产的投资热情“膨胀”，促使资金大量流入房市，这会挤占宝贵的信贷资源、影响实体经济发展，最后易积累泡沫风险，形成经济高位运行时的隐忧。德国在房地产使用和交易环节设置的税种较好地抑制了房地产市场中的投机需求，使得经济运行更加平稳，达到了宏观调控的目的。

三、德国房地产税对我国的五大启示

（一）保有环节房地产税应与税收体系、政策体系通盘考虑

我国目前税制体系的房地产税征收范围狭窄，应将其扩大，在确定税制要素时通盘考虑保有环节房地产税与税收体系、政策体系的协调问题，使保有环节的房地产税具备“宽税基、低税负”的特征，这将有利于其在我国的房地产相关税收体系和政策体系中发挥压舱石的作用。

（二）房地产税税制设定的政策取向应具有充分前瞻性

在保有环节广泛征收实际房地产税的基础上，我国在房地产税体系建设中应使政策取向保持充分前瞻性，将抑制投机需求、调节房产交易带来的高收入以及减少空置率等政策意图纳入考虑范围，以形成均衡合理、调控有效的房地产税税制体系。

（三）可考虑在可控范围内使用“稽征率”调动地方政府积极性

我国在房地产税税制体系的建设中，可考虑给予地方政府设置“稽征率”或其他类似的权力，使其可通过对实际税率的调节达到吸引人口或吸引产业等目的，但同时应设置“稽征率”下限，避免地方政府间恶性的税收竞争。

（四）“低估价、低税负、宽税基”或可成为实践操作参考

考虑到我国部分房地产所有者可能面临的所持有的房地产的市场价值与实际可支配收入不匹配的情况。在保有环节的房地产税设计中，可将德国土地税“低估价、低税负、宽税基”的特点作为参考，使计税依据与纳税人的实际可支配收入相协调，并应根据房地产价值的不同而设置差别税率。这不仅是对房地产正当保有需求的肯定，亦可有助于实现我国房地产税改革的顺利推进。

（五）可注重发挥房地产税在宏观层面防风险稳定器的作用

一是稳房价。若通过合理的制度安排，在房地产的使用和交易环节设置相应税种，贯彻抑制投机需求的政策目标，虽然并不能预期其在调减房价方面的作用，但是可预期其在一定程度上约束过度膨胀房地产投机行为的作用，从而压缩房地产市场泡沫风险的空间。二是稳财力。由于房地产的不可转移性，如果保有环节的房地产税可以广泛征收并设定合理的计税依据，那么将为地方政府提供一个持续且稳定的财源，有利于地方政府更好地履行支出责任、提供更优质的公共服务，亦可避免经济波动中由于其他税收收入下降而带来的政府财力紧张风险。三是调收入。一方面，均衡合理的房地产税体系有助于实现房地产市场的价格稳定，使得通过房价上升获得的收入不至于过高，有利于形成合理的收入分配格局；另一方面，如在房地产使用和交易环节通过与所得税、遗产税与赠与税相结合的方式调节由房地产带来的高收入，将有助于弥合由资产增值带来的收入差距、防范由收入差距过大带来的社会风险。四是逆周期。如果保有环节的房地产税可以具有“低估价、低税负、宽税基”的特点，那么在可能出现的经济下行局面中，房地产持有者不至于因规避税负而抛售房屋，可避免房地产价格因供求极端失衡而出现断崖式下跌，使经济能有更大地运行在稳定区间的可能性。

（本文发表于《中国财政》2019 年第 9 期）

简论减税及相关改革

贾　康

一、减税让企业和民众得实惠

根据《政府工作报告》明确的减税降费安排，2019年减税和降费规模近2万亿元，明显超过2018年的1.1万亿元。这样一个前所未有的减税降费力度，体现了积极财政政策“加力增效、更加积极”这一指导方针在实际工作中的落实，在回应企业和纳税人诉求、应对经济下行压力、化解不确定性和稳定市场预期等方面，将产生重要而积极的效应。

从经济学意义上说，减税降费的目的，是在供给侧放松供给约束、调动供给潜力，特别是在面对经济下行压力时，更是成为宏观调控的重要措施。增值税减税措施2019年4月1日落地后，市场上马上传来智能手机、中高档汽车等产品降价消息。可见，在自身感受到流转税税负降低之后，企业的降价举措符合市场竞争的基本逻辑。

增值税是流转税，是我国税收的第一大税种。在这个第一大税种上采取力度空前的减税措施，自然会降低流转税负，实际上是扩大了企业参与竞争、优胜劣汰的弹性空间。流转税是间接税，其负担可转嫁，企业在减税过程中减轻税负压力的同时，也可以采取策略，适当地对自己的产品和服务降价，以求扩大市场份额。这是一种正常的竞争行为，最终利好的是消费者。

这是因为流转税虽然看起来首先是由企业承担的，实际上企业承担税负之后，税收负担会在各相关企业的竞争中形成一系列转嫁。运行到最后，这种负担主要是由最终的消费者承担的。对增值税这一流转税减税后，各环节上的相关企业可酌情在竞争中对自己的产品和服务降价，以求在竞争中取得更有利的位置，保持或扩大自己的市场份额。消费者得到了企业让出的这个实惠，其实正是国家对企业减让的税金。

从全链条看，国家的减税政策让终端消费者受益了。我国有近 14 亿人的巨大消费市场，消费者在结构上以中等和中低收入群体为主，这些群体购买消费品的价内税收负担降低，就是使人民群众对美好生活的需要在减税过程中得到了更好满足，从而使社会成员更好地分享改革开放带来的发展成果。

二、认清减税降费内在逻辑

在促进各项改革措施落地的过程中，政府部门需要及时回应市场主体和纳税人诉求，努力把握好减税降费工作的内在逻辑。

第一，努力寻找“最优”状态。现实中，各国都需要以规范化的税收为主要收入形式，取得公共资源，进而履行政府应该履行的职能。既然税收不可避免，那么接下来就要思考，税收如何才能达到理论上的优化状态。笔者认为，除了税收结构要合理之外，还要寻找“最优税率”。少数税务部门在有税收任务的情况下，会倾向于多收一些，以体现部门的政绩。所以，现实中往往出现税务部门运用实权和弹性空间多收税的倾向。在减税降费工作中，应努力矫正这种偏差，使税率、税负等尽可能趋向优化状态。

第二，不能简单借鉴国外经验。虽说美国等西方国家减税和我国的减税措施在基本取向上是一致的，但美国的税制和其各级政府收费情况与我国大相径庭，我国的减税降费工作不能简单地照猫画虎。美国是以直接税为主的减税，如果简单模仿，并不可取。我国的减税要将当前流转税第一大税种——增值税作为重点。

第三，在实行多年减税工作之后，我国应进一步抓住可能的减税空间，配合税制改革，继续优化减税的现实效果和制度安排。特别要注意的是，要减轻企业的税外负担。按照中央部署，自 2019 年 5 月 1 日开始，企业将降低社保方面的缴费水平。下一步工作中，还要注意相关配套领域的改革，使基本养老金在本区域入不敷出的地区，能够得到中央调剂金的支持和帮助。

第四，除了税收、“五险一金”、行政性收费之外，还必须考虑降低企业其他方面的一些隐性负担，以及制度性交易成本。比如，加快行政审批事项改革、降低企业办事的时间成本。此外，当前企业在融资、物流成本等方面仍面临的现实困难，也需要通过配套改革加以解决。

三、继续深化税制改革

建设现代化市场经济体系、深化税制改革是当前和今后一个时期无法回避的重大现实问题。

在流转税方面，营改增以后，增值税要做好税负调整和实施细则等优化改进工作，消费税则要做好深化改革方面的研究。从我国分税制建立至今，消费税一直是中央税。目前，应考虑到的是，要把原于生产环节征收的消费税中可以放到后面消费环节征收的部分，转交给地方，作为地方税收来源，以弥补营改增之后地方没有大宗稳定收入来源的问题。当然，对消费税内部各种税目与税率，也须做出改革和优化。

在地方税体系中，一个非常重要的税种是资源税。在前些年的改革过程中，资源税以原油、天然气和煤炭为重点，启动了从量征收到从价征收的机制改进，在覆盖面上也特别注重尽量把各种金属矿和非金属矿都纳入资源税改革范围。近些年，又在河北省试点水资源税改革，其后又扩大了试点范围。作为地方税体系中的一大支柱，资源税改革还需要进一步深化。

在环境税改革已经实施一个时期之后，还要积极总结相关经验，把环境税的运行机制进一步细化，并与其他相关举措配套考虑，使其在未来更好发挥促进自然资源合理开发、集约利用方面的作用。

党的十八届三中全会明确提出“逐步提高直接税比重”，以优化我国的收入分配和再分配。直接税中的个人所得税改革，在2018年取得了重要进展，除了将“起征点”提至每月5 000元，还在综合计征、专项扣除方面迈出较大步伐。当然，个人所得税的一些具体设计还有待优化。比如，这一轮综合计征只有对劳动收入的综合，没有对非劳动收入的综合，下一步应考虑把综合征收的覆盖面扩大到一部分非劳动收入。

热议多年的房地产税是另外一项重要的直接税。现在房地产税立法已经纳入本届全国人大的立法规划。征收房地产税有多种正面效应，也势在必行，但在设计具体改革方案的时候，一定要有足够的耐心和充分的公众参与，使房地产税在实施过程中，能够较好适应中国国情和现阶段的一系列特定条件约束，并根据实际情况实行动态细化和逐步改进。

总之，我国减税降费和协调配套的税制改革，不仅仅是减轻纳税人负担问题，也要更多考虑税制结构优化问题。

四、财政配套改革应协同推进

关注税收优化和税制改革问题，除了要关注“钱从哪里来、怎么来”的问题，还要关注这些钱“用到哪里去、怎样用好、依靠什么样的机制保证用好”等问题。

党的十八届三中全会之后，中央政治局审议通过的财税配套改革方案中，明确强调了三大重点领域的任务，除了税制改革之外，还有预算改革和理顺中央地方财政体制关系两大领域。

从预算改革的基本要求来说，首先是要进一步提高预算的透明度，实现预算的全口径。在保障和提高透明度方面，目前从中央到地方各个部门每个年度的综合预算都已经发布，所有的政府财力纳入预算体系。预算在编制和执行过程中，要提高规范化和科学化、精细化程度。在预算资金运行中，要把停滞沉淀的部分有效盘活，提高资金的使用绩效，在保证支出进度的同时，按照中央的要求，实行事前、事中、事后全面绩效考核管理。中央和省一级自上而下的转移支付，也在不断改进和优化之中，基本方向是增加一般性转移支付的比重，控制专项转移支付的规模和比重，专项转移支付能够归并的，尽量归并，而且专项转移支付项目不再要求地方提供配套资金。在债务管理方面，预算法修订之后，我国地方债务已经有了依法实行阳光化管理的全套法律规范，要进一步总结地方债务管理经验，防止发生新的变相隐性债务。

关于理顺中央和地方财政体制关系，近年来已经在厘清事权方面取得了积极进展。特别关键的是，中央和地方共同承担的一些基本公共服务事权，近年来已经有了很好的共担方案。当然，相关方案在今后仍需要动态优化，使得财权与事权相适应，财力与事权相匹配，支持经济社会发展和国家长治久安。

因此，减税降费必须纳入财政配套改革中通盘、充分考虑，掌握好其“系统工程”性质并切实抓好落实。

（本文发表于《经济日报》2019 年 4 月 9 ~ 12 日系列时评）

从六个层次认识减税降费的内在逻辑

贾　康

从减税说到降负，再说到配套改革要攻坚克难，在改革的深水区要“啃硬骨头”，很多事情其实涉及李克强总理所说的“拆香火”，即整个行政系统要伤筋动骨，甚至脱胎换骨式地推进大部制、扁平化等改革。

税收问题是社会上持续的敏感问题和热点问题，减税是社会成员的普遍诉求。说到“税收与减税的内在逻辑”，我认为，至少得讲到6个层次的基本认识。

第一，认识减税降费问题，其逻辑起点是：客观地看，不能没有税。从很古老的时候就流传一句谚语式的话：只有死亡和税收无可逃避。因为人类社会进入国家形态后，各个国家各级政府需要以规范化的税收为主要收入形式，取得公共资源来支持政府履行职能，“无政府主义”只能是乌托邦式的空想。

第二，既然政府的存在和政府的税收不可避免，那么接下来就要特别认识这种税收如何才能达到优化状态。税收理论里有一个学理上的假设——税收如果有了一个合理结构以后，对于其负担所体现出的税率，是可以寻找最优值的。虽然在实际生活中从来没有人说清楚这个最优税率到底是什么样的量值，只能是在动态的过程中磨合。按照税收法定原则，应该有公众参与，通过立法把税制结构尽可能合理化，把每个阶段上的税率尽可能向最优方向靠近。在实际生活中，税率的优化也往往会形成一个不对称，就是，税务管理部门一线人员在有税收任务的情况下，会愿意尽可能把完成税收任务体现为他们的工作成绩，而政府也有了更多的税收收入。当然，社会上有些批评，说财税部门只知道完成税收任务，这可能有些过于偏激，我在20世纪80年代进入财政系统当研究生的时候就知道，天天讲要“跳出财政看财政”，要服务全局。但是怎么服务好全局这个问题值得继续探讨。从理论上讲，如果在可能减税的情况下尽量减税，那么将会带来什么效应，即学术语言里所讲的供给侧怎样合理化呢？应是努力放松供给约束，释放供给潜力。一个宏观层面评价较好的财政税收政策，它会落到微观千千万万的市场主体，力求让他们更好地发挥市场主体的功能，这个逻辑是非常重要的。如果我们考虑减税的理论原点——发展中国特色的社会主义市场经济，就要充分认识市场经济中市场主体的活力能不能发挥，这是最关键的问题。减税，就是要服务于这些市场主体使他们的潜力尽可能发挥出来。

第三，除了税收的结构要合理之外，还要寻找所谓“最优税率”。由于减税要对应于宏观经济的反周期，所以没有绝对固定的最优税率。在经济高涨的时候，一般来说，税率可以高一点儿，这个时候企业和员工的收入也高，当税率高而多收了一些税以后，经济升温受到抑制，此时政府就要发挥税收的作用，把居民的福利与公共服务做得更好。但是在经济低迷的时候，一定要减税，这是寻求一种必要的扩张效应，是对周期的调节。这就不得不提到美国，其税制是以直接税为主，而直接税有一个特点，它在个人所得税方面，设计了超额累进，这就成为一个“自动稳定器”：在普遍收入上升的经济景气高涨期，税率自动往上跳档，增加税负以后就给经济降温；到了经济落潮的时候，收入下降了，自动落档，又给经济升温。对这个“自动稳定器”，中国现阶段还无法借鉴。中国总体的税制结构是以流转税为主，或者叫作以间接税为主，而中国的直接税是相当边缘化的，所以我们不能简单照搬、照猫画虎式地学特朗普在美国减直接税，我们要在中国现在最主体的流转税方面减税。最典型的第一大税——“营改增”以后的增值税，占中国整个税收收入的40%左右，这是中国减税的重头戏，减税就是为了释放供给侧的活力。因此，中国的宏观调控在反周期方面，减间接税就有了更明显的现实意义。

第四，在减税降费过程中，要使实际生活中的税率、税负，尽可能地趋向于依法征收、依法减免的优化状态。中国除了18种正税之外，还有300多种有文件依据的行政性收费。这些行政性收费未必每一项特别大，但是它很麻烦，而且还可以讨价还价，这无疑带来了很多实际的综合成本。除此之外，还有其他隐性成本。李克强总理说的一句话说到点子上了：要真正继续往下深化改革，清理收费要碰到一个“拆香火”的问题，即林立的部门，能并的并，能拆掉的要拆掉。定规划、政策是政府部门要做的事，但这么多的审批，可不是政府应该做的，拆了庙，精简机构，把职能尽可能合理化，减少审批权，也就减少了后来派生出来的这些收费权——实际上还有一个好处：减少审批收费，实际又会减少它们派生出来的隐性负担里边的“设租寻租权”。所以，我认为，现在中国的正税要继续减没有问题，而且从国际比较来看，所谓宏观税负——正税和其他国际可比的税外负担合在一起30%多，似乎也不算特别高，但是正税之外不合理的五花八门的隐性负担怎么降？这是中国改革中的一块“硬骨头”，一定不能只讲“减税”，还要强调“降负”。

第五，现在为企业降负是势在必行，但是企业在市场竞争中，流转税的税负是可以想办法加在价格里往后传递的，学术语言上叫“转嫁”。经济学早就分析得很清楚，这个转嫁最后或多或少都要落到无可再转的那个环节上，就是最终消费者环节。换句话说，中国看起来这么多的流转税，它最后的负担归宿是落在消费大众头上，而消费大众总体结构现在不是橄榄型，不是最穷的人和最富的人两头小、中产阶级中间大，中国总体来说还是金字塔型，除了上面有巨富，中间有越来越多的中产阶层，但还有大量的中低收入阶层，是金字塔下面的底座。当然，现在的减税，先在前端环境上，是企业感觉轻装上阵了，最后的结果是造福于整个社会成员，特别是消费大众中的中低阶层，使他们减轻了负担。

第六，在我国，减税和降低税外负担，一定要特别注重放在一起来安排，把握好“全景图”。2019年5月1日起，城镇职工基本养老保险的单位缴费比例可从20%降至最低16%。在落实好这一政策，减轻企业负担的同时，要注重推进相关配套改革，积极考虑在各地基本养老缴费由税务机关统管之后，把基本养老金统筹提高到全社会层级的这一改革任务抓紧加以落实，这将明显提高基本养老基金“蓄水池”的互济功能，从而更有效地降低养老金缴费标准，减轻企业和职工负担。除了税收、“五险一金”、各种行政性收费之外，还应该考虑其他一些实际的隐性负担和与制度成本相关的负担如何降低。比如进一步加快完成审批事项以节省企业时间成本，实施配套改革帮助企业降低在融资、物流等方面感受到的实际负担等。从某种程度上说，政府最应该要做的是降低制度性成本，至于企业自己努力可以降低的那些成本，政府不要去操心，企业竞争中自己能降的成本它一定在努力降，关键是制度性成本要通过配套改革来真正把它往下降。

因此，从减税说到降负，再说到配套改革要攻坚克难，在改革的深水区要“啃硬骨头”，很多事情其实涉及李克强总理所说的“拆香火”，即整个行政系统要伤筋动骨，甚至脱胎换骨式地推进大部制、扁平化等改革。

（本文发表于《中国经济时报》2019年7月11日）

美国“二战”后六轮减税的逻辑及演进中的宏观调控

——兼论对我国供给侧结构性改革与宏观调控抉择的启示

苏京春[1]　王　琰[2]

【摘要】 美国政府自“二战”以来实施了六轮大规模减税，其背后的基础是美国经济思想的变迁，其外部的表现则是美国经济实践中的宏观调控抉择。在对美国经济思想演进与税收政策变迁比较分析的基础上，我们依次阐述了美国以需求侧为主和供给侧为主的三轮减税内容及评价，并总结了美国六轮减税措施中涵盖的内在逻辑。我们认为，基于六轮减税措施，不难看出美国宏观调控抉择中始终保持着“最具针对性”原则，这一方面一次又一次为美国宏观经济解决了实际难题，另一方面也为美国宏观调控的持续实现留足了可选空间。最后，我们提出了对我国供给侧结构性改革与宏观调控抉择的对策建议。

减税是“二战”后贯穿美国经济社会发展的一条线索[3]。“二战”后美国政府共实施过六轮大规模减税，贯穿着“二战”后美国每一轮经济变革，是宏观经济政策的重要一环。六轮大规模减税背后，反映着美国经济思想演进，并在此

---

① 苏京春：中国财政科学研究院副研究员、硕士研究生导师，经济学博士。

② 王琰：中国财政科学研究院博士研究生。

③ 孙瑜晨：“美国历次减税的启示与中国减税权问题研究”，《经济体制改革》，2018 年第 6 期。

基础上表现出较为突出的侧重供给侧或者需求侧的显著特点，从总体上形成了美国“二战”后减税措施的内在逻辑，值得中国现阶段经济改革总结和重视。特别值得一提的是，通过美国“二战”后六轮减税及其影响的研究，我们发现了美国宏观调控抉择的一大特征，那就是始终选择最具针对性的调控措施，而不是仅仅注重政策出台后可能的指向性与经济实践需求是否一致。比如著名的肯尼迪减税，就是政府在反周期操作和减税两大手段均可选的情况下，考虑到通胀因素，才准确选择的以减税为核心来的刺激宏观经济发展的重大调控抉择。这种“最具针对性”的特征，一方面一次又一次为美国宏观经济解决了实际难题，另一方面也为美国宏观调控的持续实现留足了可选空间。鉴于此，我们试图在文末为我国现阶段减税措施及宏观调控抉择建议一二，以求抛砖引玉。

一、“二战”后美国经济思想演进与减税政策变迁

“二战”后美国减税政策变迁背后是美国经济思想演进，从凯恩斯思想拥有绝对权威的肯尼迪减税到供给学派主导的供给侧减税，再到凯恩斯思想复兴影响的克林顿减税。直至20世纪末宏观调控日趋成熟、完善，多元经济思想共同影响减税政策与宏观调控的时代到来。

（一）肯尼迪减税中凯恩斯思想拥有绝对权威

1946年总统经济顾问委员会成立，职业经济学家影响政治家及经济政策的正式通道得以实现，经济智囊团与总统的微妙关系成为影响经济决策的一股重要力量，这股力量在肯尼迪时期达到顶峰。“二战”后，凯恩斯及其追随者深度参与美国30多年的经济决策，凯恩斯学派及新古典综合派以在宏观经济分析框架下以促进充分就业为目标、以财政政策为主要手段实现“二战”后美国经济长时期繁荣，并积累大量宏观调控经验。新古典综合派的代表人物沃尔特·海勒①、詹姆斯·托宾是美国60年代肯尼迪－约翰逊减税政策的重要推动者，此次减税有鲜明的凯恩斯主义色彩。政策制定者希望通过减税扩大社会有效需求、实现充分就业，财政政策从预算平衡的过时思想及其他规则②中获得解放，功能性

① 海勒和托宾都是坚定的凯恩斯主义者，海勒在1961～1964年间担任总统经济顾问委员会主任，是肯尼迪－约翰逊减税中的关键人物。

② 其他规则包括高就业时期的平衡、基于经济周期的平衡或税收和支出变化的平衡。

财政理念进一步强化，财政政策空间得到扩展。此次减税使美国彻底走出“艾森·豪威尔停滞”，肯尼迪－约翰逊减税也被认为是凯恩斯主义有效性的有力证明。之后减税成为凯恩斯主义者的一面旗帜，事实上政策化的凯恩斯主义是对凯恩斯思想的极大简化，在某种程度上背离了凯恩斯的初衷。

（二）供给学派兴起，里根政府减税政策由需求侧转向供给侧

然而并不存在一种经济思想可应对各种经济形势、解决一切经济问题，每一种经济思想的适用的有限性和视角的局限性决定了在特定时期它注定要被其他经济思想所取代的现实。这并不意味着这种经济思想的消亡，事实上经济思想的就是在持续的辩论与批判中得到发展、融合，并形成的，凯恩斯思想也不例外。20世纪70年代，凯恩斯主义需求管理无法解决“滞胀”问题，此时经济失衡的矛盾点由需求侧转向供给侧，需求管理理念下持续扩大的政府支出将通胀推向高潮，菲利普斯曲线失效，凯恩斯思想被政治家质疑进而抛弃，供给学派应运而生。供给学派秉承的哲学基础来自古典学派时期的“萨伊定律”[①]，值得关注的是供给学派与凯恩斯学派之间并非绝对的矛盾与对立。事实上供给学派是对凯恩斯宏观经济分析框架的拓展，是凯恩斯宏观经济政策的延伸，是复活后的“萨伊定律”与现代宏观经济学、经济实践的有力结合，而供给侧减税对美国税制体系的重塑、对宏观调控的积极影响不容小觑。

供给学派最重要的理论是“拉弗曲线”阐述的减税理论，最引人注目的政策是减税政策，减税既是供给学派的理论核心也是政策核心。供给学派认为税率，特别是边际税率[②]是影响微观主体行为的关键因素[③]。供给学派的哲学基础决定其对简化税制、放松政府监管的坚持，其税收思想在一定程度上是对古典税收思想的回归。供给学派思想被共和党总统候选人里根所采纳，但供给学派思想并非里根经济学的全部，供给学派和货币主义共同构成里根经济学宏观经济政策指南，与此同时减税成为里根竞选中一揽子宏观经济政策的核心。里根坚信减税既可激发生产潜力和经济活力，也将实现财政收入的增长。里根当选后，供给学

① 萨伊定律的实质是，资本主义体制将自动实现资源的充分利用和较高的经济增长速度。

② 供给学派认为降低边际税率将会产生以下积极影响：一是边际税率的降低有助于个人增加劳动供给、企业增加劳动需求；二是边际税率的降低会激励个人储蓄和企业投资，同时有助于个人和企业增加人力资本方面的投资，进而实现劳动生产率和收入水平的提高；三是边际税率的降低可减少偷逃税款行为，抑制地下经济发展，扩大税基，进而增加政府税收。

③ B Laffer. The Laffer Curve：Past，Present，and Future［M］. Published by the Heritage Foundation. June 1，2004.

派的核心人物马丁·费尔德斯坦①成为总统经济顾问委员会主任，但在里根政府1981年及1986年两轮减税并未采纳以费尔德斯坦为代表的温和供给学派逐步推进减税的建议，而是接受以拉弗为代表的激进供给学派全面、大规模减税建议。里根政府减税成功激发市场主体积极性，刺激美国经济复苏，也是20世纪90年代经济繁荣的基础。至此，对经济平衡的关注不止局限于需求侧，而是兼顾供给侧和需求侧，减税政策及其他宏观经济政策有了更精准的着力点。

里根政府减税是“二战”后供给侧减税的起点，供给学派大大拓展了减税的理论基础与政策内涵，税收传导机制下减税对宏观经济、微观经济体的影响被逐渐发掘。此外，这一时期减税政策与紧缩性货币政策相配合，使美国成功脱离“滞涨”困境，成为供给学派与货币学派引领下美国宏观调控极有意义的探索与拓展。

（三）新凯恩斯主义兴起，复兴的凯恩斯思想影响克林顿政府减税

20世纪80年代后期新凯恩斯学派逐步兴起，它一方面坚持凯恩斯主义的基本信条，另一方面充分借鉴理性预期学派、新古典宏观学派等流派的理论观点及分析方法，构建了凯恩斯主义宏观经济学的微观基础。新凯恩斯学派对凯恩斯学派的批判性发展，也使凯恩斯思想重获新生。1993年克林顿携新经济理论入住白宫，但新经济并非全新，它充分借鉴并融合新凯恩斯学派、货币学派、供给学派和理性预期学派，一系列新经济政策也在以上理论的基础上提出。新凯恩斯主义的代表性人物约瑟夫·斯蒂格利茨曾任总统经济顾问委员会主任，但任职期间斯蒂格利茨并未受到克林顿政府的充分重视。肯尼迪时期凯恩斯学派经济学家对经济政策、对美国政府、对总统的巨大影响力再未出现，尽管60年代的光辉不再，但新凯恩斯主义仍极大影响克林顿政府1997年减税政策的制定与实施。在新凯恩斯主义的努力下，凯恩斯思想以一种更包容、更科学的姿态重获新生，减税也逐步成为其重要经济政策，而需求侧减税也趋于结构化和精准性，更关注与其他宏观经济政策的配合，更注重需求侧与供给侧的协调，这些都使需求侧减税不再是绝对的需求侧，也使凯恩斯思想得到进一步发展。由此发现，经济思想推动宏观经济政策革命，而政策实践也转而激发经济思想的内部变革，其所形成的螺旋式上升循环正是宏观调控的演进之路，也是经济思想始终颇具魅力的核心。

---

① 马丁·费尔德斯坦在1982～1984年间担任总统经济顾问委员会主任。

（四）20世纪末宏观调控日趋成熟、完善，多元经济思想共同影响经济政策的时代到来

到20世纪末，经济思想对宏观经济政策的影响不再局限于某一思想、某一学派抑或某个经济学家，伴随着经济流派、经济理论的多元化发展，宏观经济政策日益受到多样化经济思想影响，同时宏观调控理论与实践日趋成熟、完善。政治家在不同的经济形势、政治处境和社会环境下选择不同的经济思想和经济理论指导其宏观经济政策制定与宏观调控实施。鉴于经济形势日趋复杂，政治家往往倾向于以多种经济思想和经济理论为指导，所形成的混合思想与混合理论往往更具生命力。这一时期的宏观调控不只关注充分就业与经济稳定，更关注经济平衡的实现，特定时期的宏观调控政策也在供给侧与需求侧间有所侧重。减税政策作为宏观经济政策的重要部分，在不同的宏观经济目标与经济形势判定下也不免在供给侧与需求侧间做出权衡，但税收可同时调节需求与供给两端的特质以及税收传导机制的多样化赋予其政策本身复杂性和较难预见性。故实践中绝对的供给侧减税和需求侧减税并不存在，但不同的政策目标决定其供给侧抑或需求侧的政策倾向，而这一点的背后是执政者对核心经济问题的判断，即经济失衡的原因在供给侧或需求侧。

进入21世纪后，美国又实施三轮大规模减税，2001年和2003年的小布什政府减税对供给侧减税进行更深入探索，其更细致、更具针对性、更关注经济结构调整、更重视减税对微观经济体行为的影响。这背后是减税对微观经济主体的干预进一步增强，是美国联邦税制体系在结构、激励、收入与分配效应等方面的重大转变。小布什政府减税其减税效果虽颇受争议，但却不失为一次有益尝试。2007年金融危机爆发，美国政府出台一系列经济复兴政策，在这期间凯恩斯主义者克里斯蒂娜·罗默①成为总统经济顾问委员会主任，新凯恩斯学派的代表性人物劳伦斯·萨默斯②被任命为国家经济委员会主任。这一时期，经济学家协助出台危机后的经济刺激计划、妥善应对衰退后美国政府面临的诸多问题，金融危机对有效需求的巨大破坏决定了这一时期的减税着力从需求侧调节经济。表面上看，金融危机使凯恩斯思想得到复兴，但实际上应对危机的诸多政策都呈现显著

① 克里斯蒂娜·罗默在2009年到2010年间担任总统经济顾问委员会主任，她对经济大萧条有深刻理解，并进行诸多相关研究。

② 劳伦斯·萨默斯在金融危机期间担任国家经济顾问委员会主任。

的供给管理特质，也能看到货币主义、理性预期学派等经济流派的主张，这进一步论证经济政策受多元经济思想影响的现实。之后 2017 年特朗普政府减税一方面是兑现其竞选时的政治承诺，另一方面是美国制造业复兴、美国再次强大等经济与政治诉求下的必然。该轮减税的发力点以供给侧为主兼顾需求侧，特朗普减税侧重减税对供给端的刺激和影响，其简化税制、大规模减税理念深受里根政府减税影响，而特朗普本人对里根及其经济政策的推崇也使此次减税打上更深的供给侧烙印。

二、供给侧与需求侧特征鲜明的六轮减税

不同经济思想在供给侧与需求侧间各有侧重，衍生出不同的宏观经济政策。相应的，六轮减税也表现出较为突出的侧重供给侧或需求侧的显著特点。供给侧与需求侧是贯穿美国六轮减税的逻辑主线。

（一）三轮需求侧减税：肯尼迪－约翰逊减税、克林顿减税和奥巴马减税

“二战”后凯恩斯思想影响下的美国三轮需求侧减税分别为：大获成功的肯尼迪－约翰逊政府减税、以实现预算平衡为目的的 90 年代克林顿政府减税和金融危机期间旨在推动经济复苏的奥巴马政府减税。

1. *大获成功的肯尼迪－约翰逊政府减税。*20 世纪 60 年代平稳过渡时期肯尼迪政府曾以一轮成功的需求管理刺激并保持了宏观经济增长。鉴于经济周期低谷一直从艾森豪威尔政府延续到 1961 年，肯尼迪政府所面临的首要任务就是振兴经济。

基于失业率在 6%～7% 的较高区间，按照西方经济学主流或说传统调控方法，可以是遵循菲利普斯曲线，按照凯恩斯主义的政策主张，实施反周期的调控政策，通过扩大的财政赤字给予财政政策更大作用空间，以政府投入拉动经济增长。然而，鉴于肯尼迪政府选举时政治目标的约束，出于对反周期操作容易引发通货膨胀的担心，在萨缪尔森、海勒等人的建议下，开启了凯恩斯主义主导下以减税为核心的刺激政策。鉴于减税政策的制定与实施贯穿于肯尼迪、约翰逊执政期间，下文统称为肯尼迪－约翰逊需求侧减税。

肯尼迪－约翰逊需求侧减税的标志性法案为《1964 年税收法案》，这项政策虽然由肯尼迪政府通过，但直至 1964 年约翰逊签署才得以实施。尽管美国《1964 年税收法案》中的减税内容也包括了将公司所得税率从 52% 降到 48% 等，

但从减税幅度上来看，整个方案还是以个人所得税减税为主的，作用机理是通过减少个税来刺激消费，最终以消费来拉动总需求，焕发宏观经济活力。这一法案将个人所得税率降低了约 20%，个人所得税计算中的边际税率则从 1954 年法案中规定的 20% ~90% 降低至 14% ~70%，预扣税率也从 18% 降至 14%①。经济实践表明，通过减少个人所得税的确达成了政策目标，在 1968 年以前，低失业率和低通胀率的同步保障给予经济发展很大空间，减税后财政收入总额没有减少，反而上升，赤字显示略有结余。

事实上，肯尼迪－约翰逊时期的减税政策不止有《1964 年减税法案》，1962 年的减税政策并未受到国内学术界的关注，但其对经济的影响力更大，有效刺激投资并直接推动美国经济复苏。1962 年 7 月通过《折旧改革法案》（Depreciation Reform），规范加速折旧方法和相关事项，制造业资产的平均折旧年限由 19 年降低到 12 年。1962 年 10 月通过《1962 年收入法案》（即投资税抵免法案）（Revenue Act of 1962），对投资设备进行 7% 的税收抵免，对公共事业产权进行 3% 的税收抵免。

1962 年的折旧改革和投资税抵免政策有效降低了单位产出的资本成本，与个人所得税、企业所得税减税共同作用影响资本、劳动等边际成本，20 世纪 60 年代，资本、劳动边际成本均有大幅下降（表 1）。减税实施的 1962 年边际成本就下降 2.4 个百分点，在 1963 年又在此基础上下降 0.5 个百分点，成效显著②。

表 1　　肯尼迪－约翰逊减税对美国边际生产成本的影响

年份	资本边际成本	劳动边际成本	边际成本总变化	增量变化	实际 GDP
1961	0%	0%	0%	0%	2.1%
1962	-2.4%	0%	-2.4%	-2.4%	6%
1963	-2.9%	0%	-2.9%	-0.5%	4.3%
1964	-4.9%	-0.7%	-5.5%	-2.6%	5.8%
1965	-5%	-1%	-6%	-0.4%	6.4%
1966	-4.8%	-0.4%	-5.2%	0.8%	6.4%
1967	-4.1%	-0.1%	-4.2%	1%	2.6%
1968	-2.7%	0.8%	-1.9%	2.3%	4.7%
1969	-1.9%	1.4%	-0.6%	1.4%	3%

① Economic consequences of the tax policy of the Kennedy and Johnson administrations. IRET policy bulletin No. 99. 2011-9-6.

② Gary and Aldona Robbins Senior Reserch Fellows, Tax Policy&the 1960s: Another Look At the Kennedy Tax Cuts. https://www.ipi.org/. 1996-9-20.

肯尼迪－约翰逊时期需求侧减税的成功促进了后来几年的经济增长，政策效果显著（表2）。20世纪60年代美国GDP年均增长率远高于50年代，1961到1970年的年均增长率为4%，高于1952～1961年的增长率（2.5%）1.5个百分点，特别是涵盖两次改革的1961～1966年间GDP年均增长率高达5.3%。肯尼迪就职时提出的让美国在此前进的目标在经济领域得以达成，经济复苏也为美国民众提供了几百万个就业岗位，人均收入获得实际增长，失业率也从1963年5.7%的峰值下降到1969年的3.5%[①]。

表2　　肯尼迪－约翰逊减税实施前后经济增长对比

肯尼迪－约翰逊减税实施前		肯尼迪－约翰逊减税实施后	
年度	GDP年均增长率	年度	GDP年均增长率
1952～1961	2.5%	1961～1970	4%
1953～1961	2.3%	1961～1969	4.5%
1954～1961	2.7%	1961～1968	4.7%
1955～1961	2.3%	1961～1967	4.8%
1956～1961	2.3%	1961～1966	5.3%
1957～1961	2.4%	1961～1965	5.1%
1958～1961	3.4%	1961～1964	5%
1959～1961	2.4%	1961～1963	4.6%
1960～1961	2.7%	1961～1962	5.2%

数据来源：根据美国联邦统计局的相关数据整理http：//www.bea.gov/。

2. *实现预算平衡的克林顿政府减税*。克林顿政府1993年的增税政策并未从根本上解决美国财政的赤字问题，在经历一段实践的通过扩大财政赤字反周期宏观经济刺激政策实践后，克林顿政府面临较大财政赤字压力，于是在1997年启动了新一轮减税措施。

《1997年纳税人救助法案》（Taxpayer Relief Act of 1997）规定，自1998年开始，在以家庭为单位的个人所得税综合申报中，每一个17岁以下孩子的免税额由原来的400美元提升至500美元。边际长期资本收益税的最高税率由原来的28%降低至20%，税级也从15%降低到10%。永久豁免了罗斯个人退休账户的资本收益税。以家庭为单位出售50万美元的住房或者单身人士出售25万美元的住房，若在过去5年中居住满2年，那么就可以获得资本收益税的豁免，但是这

① 美国联邦统计局http：//www.bea.gov/。

种豁免每年只能享受一次。该法案还将遗产税的免税额由 1981 年的 60 万美元提升至 100 万美元。自 1998 年开始，营业额在 130 万美元及以下的家庭农场和小微企业可以获得税收豁免。

美国 1997 年的减税是较为典型的需求侧减税，此次需求侧减税与 20 世纪 60 年代采用的以个人所得税为主来刺激消费的措施不同，是通过降低边际长期资本收益税、豁免罗斯个人退休账户资本收益税、豁免出售住房资本收益税以及提升遗产税免税额等操作。该轮减税直接目的在于刺激投资，以投资来拉动总需求，从而刺激宏观经济繁荣（表 3）。这种经济实践表明，美国 1997 年需求侧减税切实增加了财政收入，减少了财政缺口，并使美国经济实现加速增长，实现提振宏观经济的目标。

表 3　　美国 1997 年减税前后美国经济指标对比分析①

年份	平均 GDP 增长率（%）	就业创造（百万美元）	实际工资增长（%）
1993 ~ 1996	3. 2	11. 6	5
1997 ~ 2000	4. 2	11. 5	49

数据来源：“减税而不是增税促成 90 年代经济繁荣”，网址：https：//www/heritage/org/https：//www. heritage. org/。

3. *危机时刻的奥巴马政府减税*。2007 年 8 月美国次贷危机引发的系统性金融风险沉痛打击美国经济，美国经历了自 1929 ~ 1933 年大萧条以来前所有未有的经济增长和社会发展挑战。为稳定金融市场、重振美国经济，一系列经济政策相继出台，减税政策是其中的关键部分。

2008 年 2 月布什签订《2008 年经济刺激法案》（Economic Stimulus Act of 2008），该法案规定向美国中低收入纳税人退税，并提供税收优惠以刺激商业投资。Murry（2009）② 的一项研究显示，退税使普通家庭的支出增加 3. 5%，从而使 2008 年第二季度的非耐用品总消费增加 2. 4%，退税对消费的刺激有效但有限。之后奥巴马出台《2008 年延长税收优惠和最低选择税减免法案》（Tax Extenders and Alternative Minimum Tax Relief Act of 2008），其中提出为企业和中产阶级减税约 1 100 亿美元的计划，其中包括对可再生能源、交通和能源安全等 4 个方面的税收优惠，延长灾害减免期限，提高子女抵免限额，新投资的资本收益税

① J D Foster. Tax cut, not the Clinton tax hike, Produced the 1990s Boom. The Heritage Foundation No. 1835 , 2008 - 3 - 5.

② Murray, Sara. Most 2008 Stimulus Checks Were Saved, Not Spent. 2009 - 12 - 16.

在1年时间内将降为零，而对投资支出的减税有效期将延长至2010年底等。2009年奥巴马政府签署《2009年美国复苏和再投资法案》（American Recovery and Reinvestment Act of 2009），涵盖2 370亿美元对个人的税收优惠和510亿美元对企业的税收优惠①，如新增工资税抵免额度、扩大对儿童的税收抵免、扩大大学信贷的税收抵免、增加对企业的退税、延长有可再生能源生产的税收抵免等。

该轮减税一方面延续90年代克林顿政府的减税逻辑，都旨在通过减税法案来鼓励小型企业投资并且雇用更多工人，即通过投资来提振宏观经济；另一方为应对过对个人的退税、税收优惠增加个人可支配收入，以刺激消费，增加社会有效需求，拉动经济增长。该轮减税与问题资产救助计划、能源推广与改进法案、降息、量化宽松的货币政策紧密配合，及时终止了金融危机的进一步蔓延，控制了金融风险，使美国经济得以复苏。

（二）三轮供给侧减税：里根减税、小布什减税和特朗普减税

"二战"后供给学派影响下的三轮供给侧减税分别为：重塑美国税制并推动经济复苏的里根政府减税、颇受争议的小布什政府减税和尚待时间检验的特朗普政府减税。

1. 重塑美国税制、推动经济复苏的里根政府减税。面对宏观经济"滞胀"问题，里根政府采纳供给学派的政策主张，以全面减税推动经济发展，分别于1981年和1986年启动了两轮大规模减税。

《1981年经济复兴税收法案》将个人所得税率降低了约23%，个人所得税计算中的边际税率由1964年的14%～70%降低至11%～50%，并引入指数个人所得税参数（Indexed individual income tax parameters）使个人所得税与通货膨胀挂钩，规定对个人所得税的级距档次、个人宽免额、标准扣除根据通货膨胀率实行指数化调整，这也是美国在个人所得税制度中首次正式引入通货膨胀调整机制。自1985年正式实施后的每一年，美国相关部门都以CPI为依据调整个人所得税中的项目，减少通货膨胀对税收的扭曲性影响，使税负趋于合理。此外，还为双职工夫妇开通了10%免征额（最高3 000美元）的优惠。颁布了加速折旧条例（ACRS），允许企业以重置成本来计提折旧，以此降低企业总体负担。减少了暴利税，允许所有纳税人建立个人退休账户，放宽了员工持股计划的规定，利息税的免征额由原来的200美元提升至净利息的15%（最高900美元）。至1987年，

① CBO – Budgetary Impact of ARRA. Congressional Budget Office. https://www.cbo.gov/.

逐步将遗产税的免征额从 175 625 美元提升至 600 000 美元。

美国供给学派 1981 年减税措施虽然也包括个人所得税，但与 60 年代需求侧减税作用机理中利用降低个人所得税来刺激消费从而拉动总需求的逻辑不同，该轮减税在很大程度上是为了提升宏观经济中的储蓄率指标。此外，对企业加速折旧、降低税率、减少暴利税等规定，更多是为了“放水养鱼”，给企业更多结构调整的空间。

《1986 年税收改革法案》将个人所得税的最高税率由 1981 年的 50% 降低至 28%，最低税率则由 11% 提升至 15%，与此同时减免合并了许多配套税种，将以家庭作为综合征收单位的免征额由 5 720 美元每年提升至 29 750 美元每年。特别值得注意的是，1986 年法案是美国历史上唯一一次将个人所得税累进级次由 15 级降至 4 级的税收改革，且是自 1862 年税收法案建立以来首次降低高收入阶层税率同时提升低收入阶层税率的改革。该法案还规定，将资本利得作为普通收入按照个人所得税税制及税率设置进行纳税。在房产投资方面，该法案增加了住房抵押贷款利息扣除，以此来鼓励有能力的人群买房而不是租房，而对于那些更倾向于租房住的低收入人群，出于考虑到这种调整可能带来的租房市场供给短缺，里根政府同时出台了低收入住房税收抵免，以此来鼓励更多人为可向低收入人群提供合租的住房进行投资。

美国供给学派 1986 年税收改革主要是在税基和税收体制方面进行了结构性调整，整体上来看，是减少了税收种类、放宽了税基并且简化了税制，是“二战”后对美国税制体系的重塑。该轮减税在很大程度上缓解了供给抑制，减轻了个人税负和企业税负，并试图通过税制改革实现结构性调整。尽管与 20 世纪 60 年代减税有着同样的期待，即希望能够通过给予市场更多自由来实现宏观经济整体复苏从而最终实现税收的增长，但经济实践的结果却事与愿违，军事等刚性财政开支、低迷的宏观经济加之减税带来的压力，美国财政赤字不断攀升。但与此同时，也应当看到，正是经历了这种供给侧改革的阵痛期，美国经济得到很大程度上的恢复。在全面减税、“放水养鱼”的政策下，企业得以喘息，且许多企业实现成功转型或技术上的突破。可以说美国宏观经济 90 年代的繁荣，在很大程度上应当归功于 80 年代的供给侧全面减税。

2. *颇受争议的小布什政府减税。*小布什政府执推行的供给侧减税包括 2001 年《经济增长与减税协调法案》（Economic Growth and Tax Relief Reconciliation Act of 2001）和 2003 年《就业与经济增长减税协调法案》（Jobs and Growth Tax Relief Reconciliation Act of 2003），该轮供给侧减税颇受争议。

2001年《经济增长与减税协调法案》的有效期直至2010年，届时再由国会决定其期限是否延长，其主要政策有：简化个人所得税纳税等级并降低个人所得税税率；增加儿童抚养的税收抵免（2005年起实施）；逐步增加遗产税抵免额度、降低赠与税税率；扩大慈善捐助抵税范围；永久化研究和实验支出的税收抵免；降低资本利得税等。2003年《就业与经济增长减税协调法案》加速了2001年《经济增长与税收减税协调法案》下税收改革的进程，其主要政策包括提前实施儿童抚养的税收抵免（2003年起实施，到期日提前至2007年）；增加小企业免税金额以鼓励小企业再投资；提高可选择性最低税（Alternative Minimum Tax，AMT）；取消对股息的双重征税等。

布什的供给侧减税政策本身代表美国税收体系在结构、激励、收入和分配效应等方面的重大转变。从减税的分配效应看，布什的供给侧减税使大多数家庭享受减税福利，但高收入家庭税后收入增幅高于低收入家庭，减税在一定程度加剧美国收入分配恶化①。从减税对宏观经济的影响看，一方面本轮减税在一定程度上刺激消费和投资，促进经济复苏；另一方面本轮减税着力激发长期有效供给，不同于里根政府从产业层面促进有效供给形成，本轮减税供给干预的微观性进一步增强，直指企业内部管理及决策机制优化，以激发中小企业活力，如取消对股息收入的双重征税，以解决导致企业经营效率低下的代理难题②。从减税对联邦政府赤字和债务的影响看，布什政府的减税导致联邦收入增幅及占GDP比重双双下滑，政府财政支出有增无减，导致美国联邦政府赤字和债务问题进一步恶化，彻底打破克林顿政府实现的财政平衡。

3. 尚待时间检验的特朗普政府减税。2017年12月2日通过《减税与就业法案》（Tax Cut and Job Act）拉开特朗普政府减税序幕，法案的改革重点是所得税，包括企业所得税、个人所得税、跨境税制等，手段主要是调降税率、简化税制、废除抵扣等。不同于美国以往的单一减税指向，该轮减税呈现出较为突出的结构性特点。从调降税率方面来看，企业所得税和个人所得税都进行了减税改革，但个人所得税的调减相对更为温和，企业所得税的调减幅度则更大③，这一点与往年美国的减税内容出入很大，也体现出特朗普政府从供给侧入手实施宏观。从简化税制方面来看，将个人所得税的纳税等级由7级缩减为3级，大幅调

---

① William G. Gale and Peter R. Orszag. Bush Administration Tax Policy: Distributional Effects [EB/OL]. https://www.brookings.edu. September 27, 2004.

② 郭庆旺、刘晓路：“‘布什减税’的作用机理及启示”《涉外税务》，2004年第3期。

③ 公司所得税税率由35%下降至21%，税率降幅高达40%。

整个人所得税税率，同时简化遗产税征收，对超过免征额度的部分统一征收40%的遗产税①，此外取消公司替代性最低税，进一步简化税制，减轻企业税负。从废除抵扣方面来看，税改主要涉及个人所得税，取消个人豁免额②，引入儿童抚养条款，同时提高标准扣除额，规定部分项扣除上限。从全球征税体制变革看，美国企业所得税由全球征税制变为属地征税制，取消递延制③，旨在鼓励跨国公司将资金带回美国，服务美国基础设施建设和再工业化投资，支持经济增长。从新设税种看，新增全球低税无形收入税、海外无形收入税和税基侵蚀税三个税种，主要征税对象未跨国公司，旨在防止税收侵蚀，弥补全球征税制向属地征税制过程中产生的税收损失。不难发现，特朗普税改是对美国税制体系的全面、深刻变革，其改革目标除锁定经济增长和充分就业外，其标志性的企业所得税改革旨在增强美国企业在税负领域的相对竞争力，促进资本回流和资本形成，推动美国经济再工业化进程④。

美国财政部对特朗普减税计划进行初步评估（表4），结果显示《减税与就业法案》短期内在一定程度上实现了为中低收入阶层减税和美国企业竞争力提升。具体来看，一是短期内美国家庭从减税中获益，财政部数据显示2018年美国一个典型四口之家的减税将超过2 000美元。二是减税短期内促进就业并带来薪资上涨，2018年6月，美国失业率为4%，2018年6月全国新增21.3万个就业岗位。此外，安永会计师事务所（Ernst and Young）进行的一项税收改革影响研究显示，89%的受访高管计划提高员工薪酬，75%的高管计划扩大生产。三是减税在一定程度上促进小企业发展，2018年第二季度美国盖洛普小企业指数保持在106点，接近10多年来的最高水平，71%的小企业所有者表示他们的经营状况较去年有所改善。⑤ 值得关注的是该报告涉及的相关数据、资料均截至2018年6月，故仅为减税效果的短期评估，从税收传导机制的复杂性出发，兼顾国际

---

① 2018～2025年间遗产税的免税额度由之前的560万美元提高至1120万美元，若一对夫妻将其免税额度合并，则可获得2 240万美元的免税额度，对超过免税额度的部分统一征收40%的遗产税。

② 房屋净值贷款的利息不再可扣除，并限制州和地方所得税、销售税和财产税的抵扣。

③ 税改前，美国政府在全球征税制下对源于美国国内和海外的利润统一征收35%的公司所得税，同时实施递延制，即跨国公司在海外注册和从事经营活动的子公司可以推迟汇回（某类）海外利润，只要利润未汇回、未作为红利分配就无须缴纳所得税，这一政策造成美国跨国公司利润大量囤积海外。税改后美国实行属地征税制，只对跨国公司的国内利润收入征税，取消递延制，对海外子公司汇回的利润一次性征收15.5%（现金汇回）或8%（非流动资产）的所得税。

④ 郑联盛、陈旭：“特朗普税改‘冲击波’：经济影响与政策应对”《国际经济评论》，2018年第3期。

⑤ 美国财政部对特朗普减税效果评估https：//home. treasury. gov/TaxCutCutCut.

形势的多变性，长期来看特朗普减税对美国企业竞争力的影响具有较强不确定性，仍待时间检验。此外一些研究机构预测特朗普减税对经济增长有一定积极意义。美国国会预算办公室（CBO）认为特朗普减税对宏观经济有一定积极影响，经济预测结果显示由于减税促进投资和劳动力供应，2018 年到 2028 年期间潜在 GDP 将平均提高 0.7%，减税还将刺激 2018 年到 2028 年间对商品和服务的需求，加速实际 GDP 的增长。国会预算办公室、高盛、国际货币基金组织和税收政策中心对 2017 年减税对实际 GDP 的影响也都给出了积极预测。但长期经济预测与实际经济运行的吻合度较低，这是市场机制的复杂性与多变性决定的，各研究机构的相关预测均基于减税政策推出时的经济数据与市场预期，在国际形势瞬息万变的当下，经济预测结果对经济实践的参考意义是极为有限的。事实上 20 世纪 80 年代里根政府推出供给侧减税以来，美国社会各界对减税政策普遍持支持态度，这也在一定程度上影响市场预期。

表 4　　2017 年减税法案对实际 GDP 影响的预测

年度 / 机构	前 5 年					第 10 年	平均值		
	2018	2019	2020	2021	2022	2027	2018 ~ 2022	2023 ~ 2027	2018 ~ 2027
CBO	0.3%	0.6%	0.8%	0.9%	1%	0.6%	0.7%	0.8%	0.7%
高盛	0.3%	0.6%	0.7%	0.7%	0.7%	0.7%	0.6%	0.7%	0.7%
IMF	0.3%	0.9%	1.2%	1.2%	1%	-0.1%	0.9%	0.3%	0.6%
税收政策中心	0.8%	0.7%	0.5%	0.5%	0.5%	*	0.6%	0.3%	0.5%

注：1. 税收政策中心以财政年度为基础测算，其他测算以自然年为基础。

2. 此表格根据以上机构相关报告的公开数据整理而成。

同时相关预测显示特朗普减税可能导致美国赤字和债务情况进一步恶化。截至 9 月 30 日的 2018 财年，联邦预算赤字总额为 7 790 亿美元，比 2017 年的赤字总额高出 1 130 亿美元。到 2018 年，赤字占国内生产总值（GDP）的比例从 2017 年的 3.5% 和 2016 年的 3.2% 上升到 3.8%。国会预算办公室利用基线预算法测算减税对赤字和债务的影响，其测算结果表明，2018 ~ 2028 年间联邦政府可能新增赤字 2.314 万亿美元，考虑经济反馈的积极影响后，新增赤字也可能高达 1.854 万亿美元，赤字也将导致美国联邦政府债务规模进一步扩大，这对赤字、债务问题严峻的联邦政府颇具挑战（表 5）。

表 5　　2017 年减税法案对赤字和债务的影响（2018～2028）

不包含宏观经济反馈的总影响	单位：10 亿美元
其中：对财政赤字的影响（不包含偿债成本）	1 843
对偿债成本的影响	471
对财政赤字的总影响	2 314
宏观经济反馈的总影响	单位：10 亿美元
其中：对财政赤字的影响（不包含偿债成本）	-571
对偿债成本的影响	100
对财政赤字的总影响	-471
对基线预算预测的总贡献	单位：10 亿美元
其中：对财政赤字的影响（不包含偿债成本）	1 272
对偿债成本的影响	582
对财政赤字的总影响	1 854

说明：此表格根据美国国会预算管理办公室的公开数据整理而成。

三、美国“二战”后六轮减税的内在逻辑

我们将跳出传统的税收经济分析框架，在需求侧和供给侧的逻辑主线下，以需求侧减税与供给侧减税的对比分析探索美国“二战”后六轮减税的内在逻辑，剖析需求侧减税与供给侧减税的不同之处与共通之处。

（一）需求侧减税与供给侧减税的不同之处

对比分析发现，美国“二战”后需求侧减税与供给侧减税的不同主要体现于减税政策目标、税种选择、政策时效、政策效果等多个方面，特别的减税政策目标决定税种选择及减税政策设计。此外宏观经济分析框架下，需求侧减税与供给侧减税的宏观政策效果存在差异，对其他调控手段产生的挤出影响不同。

1. 通过不同税种来实现不同政策目标调节。需求侧减税的政策目标为刺激消费和投资、扩大社会总需求，但三轮需求侧减税在税种选择上存在差异，这背后是不同时期提振宏观经济的政策着力点存在差异。一般而言，若着力点在总需求侧的消费拉动，那么减税的主体对象为个人所得收入，而若着力点在总需求侧的投资拉动，那么减税的主体对象为资本利得收入。供给侧减税与需求侧减税的不同在于其政策目标是减少供给约束，故减税的主体对象为企业所得收入，除了直接降低企业所得税以外，还通过个人所得税大幅合并削减降低企业人力成本，

通过加速折旧条例降低企业技术创新和转型成本，通过将个人所得税与通货膨胀挂钩的机制推动劳动力要素价格的合理化，整体政策设计表现为以减税为核心对宏观经济全面放松管制，并着力实现税制简化。

2. *宏观政策效果存在差异*。从需求侧减税看，一方面，三轮需求侧减税均在一定程度上刺激消费和投资，实现扩大社会总需求的目标，且政策时滞较短。如肯尼迪－约翰逊政府减税成功促进减税政策实施后未来几年的经济增长，克林顿政府减税实现提振宏观经济的目标，奥巴马政府减税有效控制金融危机的进一步蔓延并使美国经济得以复苏。需求侧减税成为短期内扩大社会总需求、促进经济增长的宏观调控工具，但应当看到需求侧减税对消费与投资的刺激有限，社会总需求扩大还与边际消费倾向、利率、投资乘数等因素息息相关。另一方面，三轮需求侧减税调节社会总需求的手段逐步丰富。由肯尼迪－约翰逊政府减税中普遍的降低个人所得税边际税率、加速折旧及投资税抵免到克林顿政府减税时多样化的税收豁免、税收抵免，再到奥巴马政府减税中有针对性的税收优惠、税收减免，需求侧减税的政策工具趋于多样化，是宏观调控中需求管理的重要部分。

从供给侧减税看，一方面，与需求侧减税扩大短期社会总需求的目标不同，供给侧减税的政策目标是扩大社会长期总供给、促进长期经济增长，故三轮供给侧减税均存在不同程度的时滞性。如里根政府减税并未实现20世纪80年代的经济繁荣，供给侧减税红利到90年代才充分显现，小布什政府减税对长期有效供给的刺激未在财政、经济表现中得到验证，特朗普政府减税也尚待时间检验。另一方面，供给侧减税是宏观调控中供给管理的重要部分，更多利于结构性调整，美国三轮供给侧减税都有明显的结构调整特质，同时减税政策精准度逐步加强。里根政府减税从产业层面促进有效供给形成，小布什政府减税实现供给干预的微观性，以供给侧减税促进企业内部管理及决策机制优化，特朗普减税进一步加强供给干预的微观性，促进跨国公司资本回流和资本形成。

3. *对其他调控手段产生的挤出影响不同*。宏观经济分析框架下，货币政策是调节社会总需求的有效工具，财政政策可在需求端与供给端调控宏观经济，具体到减税政策，需求侧减税着力调节社会总需求，供给侧减税旨在调节社会总供给。若宏观经济存在有效需求不足，则扩张性货币政策配合需求侧减税可扩大社会有效需求、推动宏观经济实现平衡，但需求侧减税与扩张性货币政策的同相调节特质在一定程度上挤出货币政策空间。倘若宏观经济不平衡的原因不在需求侧而在供给侧，则旨在扩大总需求的需求侧减税与扩张性货币政策将产生推高通货膨胀与提高利率的风险，加剧宏观经济不平衡，应考虑实施供给侧减税，供给侧减税既有积极财政政策属性又有突出的结构性调整特质，可实现宏观经济供给端的结构性调整，对比需求侧减税其对货币政策空间的挤出影响较小。从美国三轮供给侧减税实践看，里根政府供给侧减税配合紧缩性货币政策，在刺激长期经济供给的同时成功治理通货膨胀，实现对宏观经济供给侧和需求侧的调节；小布什政府供给侧减税配合扩张性货币政策，促进供给的同时扩大社会有效需求且短期内未产生通货膨胀，但金融监管不完善催生资产泡沫；2018 年特朗普政府在供给侧减税中配合适度加息，旨在实现经济持续增长、物价稳定和充分就业。容易发现，供给侧减税可灵活搭配各种货币政策，为货币政策调控社会总需求腾出空间，特别的若供给侧减税推行之时通货膨胀居高不下，则紧缩性货币政策势在必行，事实上稳定的物价水平和利率水平有助于供给侧减税的实施。

（二）需求侧减税与供给侧减税的共通之处

一方面，需求侧减税与供给侧减税共同实现“二战”后美国税制体系重塑；另一方面，需求侧减税和供给侧减税均可能激化财政分配“三元悖论”推高赤字债务。

1. 共同实现了美国税制体系重塑。需求侧减税与供给侧减税共同实现了美国税制体系重塑，扭转“二战”后长时期的高税率状态，且实现税制简化和税收对经济的结构性调节。“二战”对美国税制体系的影响是极深刻的，特殊的战时状态使国家职能得到扩张，战时出台的财政政策几乎均为税收政策，尤以增税政策为多，特别是“二战”期间联邦政府开始正收全国性的个人所得税，对收入分配的参与力度逐步加强，至今个人所得税仍是美国联邦政府第一大税种。“二战”后，联邦政府税率得到一定程度削减，但朝鲜战争时期又再次提高，统计显示 1981 年供给学派减税后联邦政府税率依然高于 1939 年的低税率水平①。这种持续高税率为战后多轮减税创造了空间。

从税制体系构建的角度看，无论是需求侧减税，还是供给侧减税，都无一例外地进行了不同税种的税制改革。六轮减税的过程也证实美国税制体系实现重塑的过程：一是税率得到大幅降低，这一点在边际税率上表现更为明显；二是简化税制成为趋势，这种做法还影响了世界多个国家税制改革的方向；三是通过结构性减税实现对特定行业、特定人群的调节与激励，税收影响微观经济主体的传导

① 赫伯特·斯坦著：《美国总统经济史：从罗斯福到克林顿》（金清、郝黎莉译），吉林人民出版社 1997 年版。

机制逐步被发掘，减税不再是反周期的财政调控手段，而成为结构性调节的工具。通过六轮系列减税措施的深入贯彻落实，美国税制体制更加趋于简化和优化，其税制体系总体看来也更适应经济社会发展，并更好地在宏观调控中发挥有效作用。

2. 均可能激化财政分配“三元悖论”推高赤字债务。财政分配的“三元悖论”分析框架下，减税、增加福利公共支出、控制政府债务与赤字水平三大目标，至多只能同时实现两项①。在实施需求侧减税或供给侧减税时，若持续增加公共支出，则均可能激化财政分配“三元悖论”，推高政府债务与赤字水平。在美国政治决策机制下，惠及各个阶层的减税政策与增加公共支出政策较增税政策与减少公共支出政策更容易获得国会与公众的认可，特别是削减公共福利支出政策将遭受巨大的政治阻力。

事实上六轮减税均并未配合有效的削减财政支出政策，“二战”后美国财政支出占 GDP 比重有增无减。六轮减税中仅肯尼迪－约翰逊减税和克林顿政府减税未产生赤字问题（这与需求侧减税见效快、配套政策精准发力关系密切），其余四轮减税均不可避免地产生赤字问题，特别的经济低迷时期减税政策经常与扩大财政支出政策叠加使用，加剧赤字问题。以供给侧减税中里根政府减税为例，冷战背景下美国国防支出激增导致供给学派改革中削减政府支出政策失败，减税与政府支出扩张造成赤字与债务扩张，20 世纪 80 年代联邦政府赤字规模由 738 亿美元扩展至 1 526 亿美元，增幅高达 106.78%，赤字占 GDP 比重最大 1983 年和 1985 年，该比例高达 5.9% 和 5.0%；80 年代联邦政府公共债务规模由 7 119 亿美元激增至 21 907 亿美元，增幅高达 207.73%，联邦政府公共债务占 GDP 比重由 25.5% 增加至 39.3%，提高 13.8 个百分点②。以需求侧减税中奥巴马政府减税为例，金融危机背景下为实现经济复苏减税政策配合一系列扩大财政支出政策，2009 年、2010 年、2011 年财政支出占 GDP 比重分别为 24.4%、23.3%、23.4%，远高于 2007 年 19.1% 和 2008 年的 20.2%，2009 年、2010 年、2011 年财政赤字占 GDP 比重分别高达 9.8%、8.7% 和 8.4%③。最终逐年赤字叠加又加剧美国债务问题，成为经济长期增长的隐患，截至 2019 年 2 月 11 日，美国政府

① 贾康、苏京春：“财政分配‘三元悖论’制约及其缓解路径分析”，《财政研究》，2012 年第 10 期。

② CBO's April 2018 report The Budget and Economic Outlook: 2018 to 2028 contains tables with historical budget data.

③ 美国国会预算办公室https://www.cbo.gov/topics/budget。

债务规模首次突破22万亿美元，其中外国政府持有债务5.86万亿美元，公共债务16.16万亿美元[①]。故供给侧减税与需求侧减税均可能激化财政分配“三元悖论”，推高赤字债务。

四、基于六轮减税观美国宏观调控抉择：“最具针对性”原则

供给侧与需求侧既是“二战”后美国六轮减税的逻辑主线，也是美国宏观调控的两个重要方面。虽然以减税这一主线来观察美国各届政府的宏观调控时，都均能发现美国利用其在全球地缘经济和地缘政治格局中的特殊位置，并尝试从其他经济体当中获得一般经济体无法在宏观调控中获取一些带有特权性质的条件，但是撇开这些涉及四部门经济的相关问题，回归到美国各届政府的减税措施与其所处宏观经济形势之间关系的学术探讨层面来，我们还是能够发现其六轮减税在供给侧与需求侧间的权衡、抉择下、宏观调控抉择中所反映出的“最具针对性”原则。具体来看，“最具针对性”原则指导下减税政策抉择涵盖三个层面，一是特定时代背景和经济挑战下是否选择减税的抉择；二是宏观调控目标下减税在供给侧与需求侧间的抉择；三是减税内在逻辑下税种、税率、税制调整的抉择。事实上“最具针对性”原则既一次又一次为美国宏观经济解决了实际难题，也为美国宏观调控的持续实现留足了可选空间。

（一）特定时代背景和经济挑战下是否选择减税的抉择

是否选择减税是美国减税政策抉择中体现“最具针对性”原则的第一层次。财政政策和货币政策是宏观调控的主要工具，减税与扩大财政支出是积极财政政策的重要工具，故在宏观经济尚不明朗时是否选择减税的抉择涵盖两个层面，一是财政政策和货币政策的抉择，二是减税与扩大财政支出的抉择。“二战”后，美国宏观调控不再拘泥于凯恩斯学派，而是充分吸收供给学派、货币学派、理性预期学派等经济流派思想，与之相对应的是宏观调控政策由财政政策为主转向财政政策与货币政策并重。“最具针对性”原则下货币政策的科学性、精准性使其在宏观调控中发挥越来重要的作用，特别的货币政策在需求管理中的关键地位得到确立，成为治理通货膨胀、实现短期利率调整的重要工具。

---

① 美国财政部https：//www. treasurydirect. gov/govt/reports/pd/pd_debttothepenny. htm。

“最具针对性”原则也使财政政策在供给管理的潜能被逐步挖掘，由反周期调节逐步转向结构性调节，以扩大财政支出为核心的反周期调节仅成为危机时刻的特殊选择。美国宏观调控的政策空间得到拓展，宏观调控的制度化、可持续性特征明显，美国宏观调控中财政政策由扩大财政支出为核心的财政政策转向以减税为主的财政政策。事实上对以扩大政府支出为代表的反周期调控措施的限制是通过一系列法案的通过、修订与否决达成的，面对20世纪80年代日益严重的赤字与债务问题1985年国会制定《格拉姆－拉德曼－霍林斯法案》提出预算赤字减少的目标①；1992年和1993年美国国会相继否决了布什和克林顿两位总统的反周期财政政策刺激计划②；1982年及1990年间面对短暂的经济衰退，美国并未选择以扩大政府支出重振经济，而是选择维持财政平衡；20世纪初美国通过了19世纪70年代以来首次反周期刺激法案；金融危机中美国国会通过以问题资产救助计划（TARP）为代表的一系列财政刺激计划，这是特殊经济形势下的妥协，在国会压力下对问题资产救助计划（TARP）的监管全方位展开，即便如此国会对这一计划的质询从未停止。

（二）宏观调控目标下减税在供给侧与需求侧间的抉择

减税在供给侧与需求侧间的抉择是美国减税政策抉择中体现“最具针对性”原则的第二个层次。减税在供给侧与需求侧间的抉择取决于特定时期的宏观调控目标，而宏观调控目标一方面与特定时期的宏观经济问题息息相关，另一方面也在经济思想演进中愈发丰富。“二战”后在凯恩斯思想的影响下实现充分就业与物价稳定成为美国宏观调控的重要目标，有效需求不足理论下需求管理成为“二战”后宏观调控的核心，在此情形下肯尼迪－约翰逊减税毫不意外的选择需求侧，20世纪60年代初较低的失业率与低通胀率和极高的税率也给予肯尼迪－约翰逊减税极大的政策空间。此后以扩大财政支出为主的需求管理政策既未实现充分就业，也使通货膨胀愈演愈烈，凯恩斯需求管理对解决“滞涨”问题失灵，经济学家认识到宏观经济的主要矛盾不在需求侧而在供给侧。在此情形下里根政府若固守凯恩斯需求管理政策，选择需求侧减税则对解决“滞涨”问题无益，更无法实现宏观经济目标，故里根政府减税选择供给侧，减税政策设计着力实现

---

① 遗憾的是《格拉姆－拉德曼－霍林斯法案》法案在之后经历多次修订，其限制预算赤字的目标并未真正达成。

② 付敏杰：“财政政策为什么退出了美国的宏观调控舞台：事实、文献与观点”，《金融评论》，2013年第3期。

结构性调整、长期供给刺激和微观主体激励。20 世纪 80 年代起供给管理与需求管理成为美国宏观调控的两个重要方面，宏观调控目标在实现充分就业与物价稳定外愈发关注经济平衡与经济增长。

之后克林顿政府在缓解短期财政压力目标下选择需求侧减税；小布什政府在促进经济复苏、促进有效供给形成的目标下选择供给侧减税；金融危机爆发后有效需求不足成为突出问题，奥巴马政府在遏制金融危机进一步蔓延、复苏美国经济目标下选择需求侧减税；特朗普政府在刺激经济增长、实现充分就业与推动美国经济再工业化进程目标下选择供给侧减税。

梳理“二战”后美国六轮减税容易发现，“最具针对性”原则下减税在供给侧与需求侧间的抉择主要涵盖以下五个层面。一是，不同时期明确的宏观调控目标使供给侧减税与需求侧减税的抉择趋于清晰；二是，实现经济平衡的宏观调控目标对减税政策抉择产生重要影响，若宏观经济主要矛盾在供给侧则一般选择供给侧减税，反之则选择需求侧减税；三是，实现充分就业和物价稳定始终为美国宏观调控的重要部分，需求侧减税和供给侧减税分别对该目标实现施加短期影响和长期影响；四是，经济危机时反周期的宏观调控多选择需求侧减税，侧重结构性调整的宏观调控多选择供给侧减税；五是，需求侧减税更有助于短期经济增长目标实现，供给侧减税则更关注长期经济增长目标的实现。

（三）减税政策在税种、税率、税制调整等的抉择

减税政策在税种、税率与税制调整的抉择是美国减税政策抉择中体现“最具针对性”原则的第三个层次。事实上税种、税率与税制调整的抉择既直接影响减税政策制定，也关系宏观调控目标的实现，这是税收可同时调节需求与供给两端的特质以及税收传导机制的多样化决定的。梳理“二战”后美国六轮减税在税种、税率、税制调整等的抉择发现“最具针对性”原则主要体现在以下四个层面。在税种抉择上，需求侧减税和供给侧减税都涵盖个人所得税、企业所得税，但需求侧减税关注减税对消费与投资的促进，供给侧减税旨在促进长期供给、实现宏观经济结构性调整；在税率抉择上，与需求侧减税对降低税率的普遍关注不同，供给侧减税强调削减边际税率对微观主体行为的积极影响；在税制调整抉择上，较需求侧减税旨在减少供给约束的供给侧减税更容易实施税制调整，对“二战”后税制体系重塑有更大影响，主要措施有减少和合并税种、更改纳税方式、压缩累进税级次等；此外，税收优惠、税收抵免、税收豁免、税收返还的抉择在供给侧减税和需求侧减税中均有涉及，应当关注税收传导机制下各个政策对宏观

经济的不同影响，如税收返还对宏观经济影响存在时滞、其政策效果实现有较大不确定性，税收优惠具有明显结构性特征等，在“最具针对性”原则下应结合宏观调控目标审慎选择。

五、对我国供给侧结构性改革与宏观调控抉择的启示

不同于美国减税与宏观调控深受西方经济思想影响，我国供给侧结构性改革与宏观调控抉择扎根马克思主义政治经济学和习近平新时代中国特色社会主义经济思想，加之我国是单一制大国，在国家结构、政治决策机制、国家治理模式等方面不同于联邦制国家的美国，故我国供给侧结构性改革与宏观调控抉择应审慎借鉴美国经验。但不可否认，美国“二战”后六轮减税的内在逻辑对深入分析我国供给侧结构性改革减税有积极意义，而“最具针对性”原则对我国宏观调控抉择也有一定借鉴意义。事实上，作为我国当前经济工作的核心，供给侧结构性改革对宏观调控抉择产生深刻影响，启用减税调控、聚焦供给侧减税、旨在优化税收体制的供给侧结构性改革减税充分践行宏观调控抉择中“最具针对性”原则，这也进一步论证宏观调控演进的规律性，经济规律的普遍性、本质性和必然性使其并不因经济体的差异而失去价值。特别的我国供给侧结构性改革减税在优化税制体系、夯实稳定税基及发挥结构性作用、配合货币政策等方面的积极探索是宏观调控“最具针对性”原则与我国财政体制、中国特色宏观调控的创造性结合，赋予供给侧结构性改革和宏观调控抉择以强大生命力。

（一）启用减税调控，激发市场活力

2018 年 12 月全国财政工作会议首次明确提出实行普惠性减税和结构性减税相结合的办法，重点减轻制造业和小微企业税收负担，支持实体经济发展，阐明现阶段供给侧结构性改革减税的政策目标与措施。1994 年分税制改革以来，我国减税政策由有增有减的税负调整逐步演进至结构性减税，结构性减税涵盖税种、税基、税率变化多个层次，目标在于切实调整产业结构、转变发展方式、提升发展质量，而非仅以减少税收总量的手段刺激短期增长。供给侧结构性改革减税是多年结构性减税基础上的深化与拓展，当下普惠性减税和结构性减税措施并举表明供给侧结构性改革减税调控旨在激发市场活力、培育经济增长新动能，着眼于“放水养鱼”、增强发展后劲。2018 年 12 月中央经济工作会议提出我国经济运行主要矛盾仍然是供给侧结构性的，加之经济新常态、财政收支压力进一步

加大的经济背景，大规模扩大财政支出的反周期财政政策既很难解决供给侧结构性问题、也不利于财政可持续，供给侧结构性改革减税无疑是破解我国宏观经济中结构性问题的必经之路，符合“最具针对性”原则。

（二）聚焦供给侧减税，腾挪市场空间

在供给侧与需求侧减税的宏观调控抉择中，供给侧结构性改革减税聚焦供给侧减税，这一方面是深化供给侧结构性改革中降成本的重点任务决定。我国供给侧结构性改革减税的宏观经济目标是扩需求和降成本①，需求侧的目标是扩需求，供给侧的目标是降成本，扩需求是经济稳增长的保证，降成本旨在腾挪市场空间，实现长期经济增长。故我国供给侧结构性改革减税在兼顾供给侧和需求侧，综合考虑减税对短期经济刺激和长期经济发展的影响的基础上，降成本作为供给侧结构性改革的重点任务勿容置疑成为我国供给侧结构性改革减税的重点，而降成本也是刺激企业投资、激发企业内生动力的关键。另一方面供给侧结构性改革减税聚焦供给侧减税也是矫正供求响应机制，构筑发展新动能的内在要求。供给侧减税既有助于提升供给质量、实现要素的市场化配置，实现对供求响应机制的矫正，也是启动、激发与实现新动能的关键，推动实现供需新平衡，形成螺旋式上升动态平衡机制②。故供给侧结构性改革减税聚焦供给侧减税符合“最具针对性”原则。

（三）优化税收体制，夯实稳定税基

由美国“二战”后六轮减税可得调整税收体制是供给侧减税的突出特点，也是减少供给约束、促进长期供给的内在要求。在我国现行财政体制下，供给侧结构性改革减税中优化税收体制抉择不仅是“最具针对性”原则下宏观调控抉择的重要部分，更是财政体制改革中税制改革的核心，对地方税制体系构建、夯实稳定税基有重要意义。具体来看，供给侧结构性改革减税中优化税收体制抉择主要包括两方面，一方面，“营改增”、深化增值税改革等减税政策有助于破除供给约束、促进长期供给；另一方面，可考虑探索征收房地产税，这将有助于地方税制体系构建，进一步夯实稳定税基，也将赋予地方政府财权、增强地方政府

---

① 高培勇：“五问减税降费”，《新理财（政府理财）》，2018 年第 12 期。

② 刘尚希、苏京春：“供给侧结构性改革、新动能与供求新平衡”，《中共中央党校学报》，2018 年第 2 期。

财力，优化政府间财政关系。

（四）发挥结构性作用，配合货币政策

由美国“二战”后六轮减税的内在逻辑探索可知，供给侧减税既有积极财政政策属性又有突出的结构性调整特质，可实现对宏观经济供给端的结构性调整，同时不同于需求侧减税与货币政策的同向调节特质下会产生需求侧减税挤出货币政策空间问题，供给侧减税对货币政策空间挤出影响较小。在宏观调控抉择中“最具针对性”原则指导下，供给侧结构性改革减税可充分发挥其结构性调整作用，为货币政策腾出更多空间，使货币政策更好开展需求管理。实现供给侧结构性改革下供给侧结构性改革减税更好配合货币政策，在化解宏观经济供给端结构性主要矛盾的同时，实现宏观经济平衡。

参考文献：

一、英文部分

［1］ B Laffer. The Laffer Curve：Past，Present，and Future［M］. Published by the Heritage Foundation. June 1，2004.

［2］ Economic consequences of the tax policy of the Kennedy and Johnson administrations. IRET policy bulletin No. 99. 2011 – 9 – 6.

［3］ Gary and Aldona Robbins Senior Reserch Fellows，Tax Policy&the 1960s：Another Look At the Kennedy Tax Cuts. https：//www. ipi. org/. 1996 – 9 – 20.

［4］ J D Foster. Tax cut，not the Clinton tax hike，Produced the 1990s Boom. The Heritage Foundation No. 1835，2008 – 3 – 5.

［5］ Murray，Sara. Most 2008 Stimulus Checks Were Saved，Not Spent. 2009 – 12 – 16.

［6］ William G. Gale and Peter R. Orszag. Bush Administration Tax Policy：Distributional Effects［EB/OL］. https：//www. brookings. edu. September 27，2004.

二、中文部分

［1］ 付敏杰：“财政政策为什么退出了美国的宏观调控舞台：事实、文献与观点”，《金融评论》，2013 年第 3 期。

［2］ 郭庆旺、刘晓路：“‘布什减税’的作用机理及启示”，《涉外税务》，2004 年第 3 期。

[3]（美）赫伯特·斯坦著：《美国的财政革命：应对现实的策略》（苟燕南译），上海：上海财经大学出版社2010年版。

[4]（美）赫伯特·斯坦著：《美国总统经济史：从罗斯福到克林顿》（金清、郝黎莉译），长春：吉林人民出版社1997年版。

[5]贾康、苏京春："财政分配'三元悖论'制约及其缓解路径分析"，《财政研究》，2012年第10期。

[6]刘尚希、苏京春："供给侧结构性改革、新动能与供求新平衡"，《中共中央党校学报》，2018年第2期。

[7]孙瑜晨："美国历次减税的启示与中国减税权问题研究"，《经济体制改革》，2018年第6期。

[8]郑联盛、陈旭："特朗普税改'冲击波'：经济影响与政策应对"，《国际经济评论》，2018年第3期。

（本文发表于《华中师范大学学报》2019年第4期）

制约我国公民“税德”的非税收因素

贾　康　欧纯智[1]

几乎所有纳税人都希望“高福利，少交税”，这在专业视角上看似矛盾的两项诉求，应该成为“政治正确”、顺合民意的政府的努力方向，却永远无法完满实现。反过来，政府要求纳税人完全诚实纳税，在实践中也很难实现。有句带调侃意味的外国谚语表达了纳税人的这种心态：“你不纳税，我不纳税，让站在大树下的那个人纳税。”

众所周知，国家的运转、公共福利的供给离不开税收。但通常情况下，每个纳税人内心却都希望由别人纳税，自己坐享其成。任何一个具有理性的人都应该明白，拒绝交税的后果会比诚实纳税的后果更严重。只不过关于是否诚实纳税，纳税人总有一些自己的主观判断，这些判断涉及以下问题：该不该纳税；法定的税负是否过高；是否相对其他纳税人感到不公、被剥夺；税款到底用来做什么，是否被合理使用了等等。每个人在缴税的时候，不同程度上都可能考虑这些问题，而这些问题都是实实在在、不容忽视的带有政治内涵的问题。

“高福利”和“少交税”就如同“鱼”和“熊掌”，纳税人要在二者之间做出选择，并找到最能满足自己偏好的平衡点，是十分困难的，通常是由某种制度性的力量将其中关节点确定之后，被动地接受。

高税率无疑令人反感，在保证财政收入总量不变的前提下，“宽税基，低税率”是个不错的替代方案，这也是20世纪70年代以来世界税改的趋势。一般情况下，宽税基、低税率会给纳税人一种错觉，哪怕政府规定的税再多，纳税人也天然地认为有义务缴纳。而且，低税率看起来比较平易近人，诚实缴纳也不会太破费。此外，税收漏洞对纳税人来说无疑是“天赐良机”，使每个纳税人都有逃

---

① 欧纯智：中国新供给经济学50人论坛特邀研究员，经济学博士。

税的机会。一旦纳税人有机会选择是否逃税时，他们又将如何决策呢？再说得“高大上”一点，如果纳税人参与税法制定，他们如何在保证政府必要开支的前提下满足自己的纳税偏好？

一直以来，人们认为税率、稽查率和罚款率影响纳税人的税收遵从，然而过去几十年里，研究人员认为纳税遵从不能完全由税收惩罚的威慑力来解释，开始使用税德来分析人们纳税的原因。税德（tax morale）是与纳税人对自己缴纳税款后“买到”的公共产品和服务的评价相关的纳税态度（实际上，具体的纳税额与作出这项财力让渡的纳税人使用的公共产品与服务，不是一一对应关系；所谓对应关系，只是纳税人的一种想当然的错觉，或对应于具体而言的“税收取之于民，用之于民”的大原则），但会影响纳税遵从、国家财政收入以及税收政策制定等，最终会影响一国的经济发展，其重要性可见一斑。

其实影响税德的因素还有很多，既有税收本身的因素也有非税收因素。比如年龄、性别、受教育程度、婚姻状态、个人风险偏好、宗教信仰和就业方式（雇主或雇员）等，都是在世界范围内公认的影响税德的个人因素。已有研究中的具体结论包括：年长者与女性表现出较高的税德；教育对税德的影响是正面积极的；政治偏好对税德有消极作用；已婚人士具有更高的税德（这一点在我国目前不适用，因为我国个税还不是以婚姻家庭为单位缴纳）；雇主比雇员的税德低；宗教人士一般都具有较高的税德，等等。

研究者认为，税德或者其他一些内在动机，有助于解释与税收相关的社会成本。他们通过大量的跨年代和跨地域数据，分析寻找税德的决定因素，已经找到很多经济的、社会的、体制的因素，来解释税德或内在的纳税动机。

我们在这里着重从文化价值观与民主制度、公务人员行为模式与政府效率、寻租腐败现象与“心理契约”、贫富差距的合理调控四个角度，分析影响税德的非税收社会因素。

一、文化价值观与民主制度

民主作为一种文化价值观念和生活方式，已经成为各国政府所承认的政治发展的重要指标。但是，人们对民主的理解以及民主化路径的看法，却一直存有分歧。古希腊时期，民主被理解为“人民统治”。现代民族国家建立以来，人们较普遍地把自由选举看作是评价一国政治是否民主的重要指标。“二战”以后，美国学者熊彼特（Joseph Alois Schumpeter，1883～1950）将代议制民主进一步引申为“精英民主”。

然而，对公民参与民主的理想怀有特殊情感并保持坚定信念的人们，一直不能心甘情愿地接受对民主如此简明的理解。他们提出质疑：选举产生的领导人所制定的公共政策就真能体现民意吗？如果选举产生的领导人不能很好代表民众的意志，那么正义何在？正义就如同是整个大厦的顶梁柱，倘若折断，大厦顷刻间就会崩塌瓦解。针对政府可能“非正义”的公共政策，民众如何表达不满，他们的不满究竟在多大程度上能够为政治精英所采纳，取决于具体政策的性质、批评的激烈程度和官民沟通的渠道。与此相关一个不容忽视的问题就是，当民意不能被代表的时候，民众可否以脚投票，一走了之？

新公共管理倡导提供公共服务机构主体的多元化，给民众以自由选择的权利和机会，将纳税人视为顾客，迫使公共部门为赢得顾客而开展竞争。通过竞争可以给政府施压，使其有动力提高效率和效能。这就要求废除政府的垄断性保护并且积极引入市场调节的价格机制。竞争不仅能够降低成本、节约开支，更重要的是，为纳税人提供了以脚投票的机会。公共服务让纳税人之于政府成为真正意义上的衣食父母，这就体现了“人民当家做主”的民主核心价值。

征税的权威从根本上说来源于纳税人的内心认可，“势服人，心不然；理服人，方无言”。面对非正义的公共政策，倘若纳税人既不能发出声音也不能以脚投票，尽量少缴税甚至抗税或许就是最无奈的选择。而在充满正义的社会里，需求得到尊重的纳税人更愿意向合民意的政府纳税，他们的缴税动机和税德因受尊重而加强。

不难看出，文化价值观和与之相关的民主制度显著影响纳税人的税德。我国的社会主义核心价值观中，包括并高度重视人民民主。这与提升公民税德的逻辑取向契合。但也需看到，社会主义初级阶段的不够成熟，也反映在我国尚未有效形成纳税人以脚投票的政治环境，人口暂时还很难充分实现自由流动。即使户籍制度已经松动，但是纳税人受经济能力制约，往往依然无法真正做到以脚投票。此外，个人所得税在中国税收收入中比重过低，也使得政府对居民流动的诉求缺乏回应性。

二、公务人员行为模式与政府效率

传统的政治学理论认为，公务人员是公共利益的忠实代表，没有私利。然而从古典经济学视角看，公务人员也必然是追逐私利的，这是在分析其行为动机时，引入“经济人”假设的结果。

公共选择学派认为，公务人员是追求个人利益或效用最大化的“经济人”，他们的目标不是公共利益，而是个人利益，他们权力无边，不受制约，为所欲为。在该理论范式下，个人总是按照成本—收益比来追求最大化利益，于是，作为政治家或公务人员的个人，他们也必然倾向于在政治市场上追求自己的最大效用，即权力、晋升、地位与名誉等，而置公共利益于个人利益之下。公务人员无节制地追求最大化自身效用，是导致官僚主义盛行、效率低下，不能有效为纳税人提供公共产品与服务的重要原因。

公务人员主宰政府运转，决定政府运行效率，纳税人是通过公务人员与政府打交道，纳税人对公务人员的感受决定对政府的态度与评价，而对政府的信心决定纳税人的税德。试问：谁会心甘情愿地为自己不满意的政府纳税？

然而，传统的政治学理论与公共选择理论对公务人员的理解都过于极端。事实上，公务人员既不是大公无私的天使也不是纯粹的利益计算器。他们确实有私利取向，但私利亦可以被公共政策引导。公务人员有私利并不可怕，可怕的是我们不敢承认私利，不敢针对私利制定相应的公共政策和制度安排予以引导。必要的程序、有效的监督可以将公务人员的职权限制在较小的弹性范围内，当高效完成分内工作成为晋升、奖励、待遇的参考指标时，理性的公务人员会主动迎合公共部门利益，因为这时迎合公共部门利益是公务人员实现个人私利的必由之路。

不必简单地指责政府的回应性不好、效率低下。当职务的晋升来自自下而上的民意呼声时，没有哪个公务人员敢不考虑纳税人的诉求。届时既往公务人员之间因竞争而引起的“厮杀”也会在一定程度上受到遏制，公务人员会好好呵护同僚之间的关系，理性的公务人员会时刻提醒自己，“内耗”永远都是损人不利己的。如果没有好的监督制约机制，公务人员会把“公事”当成“私事”来做，国家权力可以被用来攫取个人利益；而如果有合理完善的管理机制，公务人员会义无反顾地把诸如“晋升”“福利”“声誉”这样的“私事”结合到努力为纳税人服务的“公事”当中去。人都是理性的，必然存在一种制度将个人利益与公共利益契合为一体，引导理性的个人追逐与其私人利益相兼容的公共利益。

毋庸讳言，现阶段我国政府的吏治状态与工作效率还有很多不足的地方，政府的运转成本与其提供的公共产品和服务之间往往还不能令人满意地匹配，政府工作在一些方面尚不能很好体现社会效益和结果正当性。然而，全面依法治国方针与配套改革通盘部署的贯彻，“苍蝇老虎一起打”的反腐倡廉向制度反腐境界的逐渐逼近，将带来纳税人对公务人员高效行政作风的信任，增加纳税人对税收体系和依法纳税的积极态度，这终将带来更高的纳税遵从。

公正有效的法律体系对税德会有积极的效果，因此，如果纳税人信任他们的政府官员，他们会更愿意配合公权的行使；如果政府值得信任，纳税人可能更愿意纳税。既往无数国家的治理经验告诉我们，可以通过给人民以一定的话语权，对公务人员实行问责等机制，达到既提高行政效率，又提高纳税人对政府的信心，从而提高纳税人税德的结果。

三、寻租腐败现象与“心理契约”

美国经济学家塔洛克（Gordon Tullock）将寻租定义为：“利用资源通过政治过程获得特权，从而构成对他人利益的损害大于租金获得者收益的行为。”公务人员贪腐就是利用手中公共权力获得“租金”。

从寻租的定义中，我们可以认为，寻租损害其他人的福利，并且对其他人福利的损害要大于寻租者的福利所得。从福利经济学的视角看，寻租行为显然不符合“在没有使任何人境况变坏的前提下，使得至少一个人变得更好”帕累托改进原则。反而，它的存在会造成社会福利的损失。

同时，任何寻租活动对寻租者而言都是寻租成本与寻租收益的比较过程。当寻租的收益大于寻租成本的时候，寻租活动就会产生，此时会削弱公共利益，影响政府声誉，增加政府运行成本，降低政府行政效率，引致社会资源配置扭曲。寻租行为背后更多的成本耗费，是由整个社会来买单，这类成本是潜在的、长远的，对一个社会经济发展的负面影响往往难以估量。值得注意的是，因寻租导致的社会价值观变化、市场机制失效等隐性社会成本，通常并没有也很难量化计算。

从近年我国的强力反腐来看，在腐败的重灾区，普遍存在一种公正廉洁的公务人员在当地官场中不受欢迎甚至难以立足的“逆向淘汰”腐败文化。如果公务人员抵制腐败，他们可能发现自己难以在当地官场中立足，何谈履行职责？久而久之，民众对当地政府也会形成贪腐成性的印象，由此令当地政府在民众心中的信任度限入恶性循环的窘境。

民众对政府的不信任，不仅会造成整个社会道德水准下降，还会使社会陷入“塔西佗陷阱”，即政府部门失去公信力达到了一定的临界点之后，无论它说真话还是假话，做好事还是坏事，都被认为是说假话、做坏事的一种状态。与此同时，局面可能发展为社会上多数成员实际上认可寻租腐败行为，人们表面痛恨寻租腐败往往不是出于维护正义而是出于嫉妒，日后谁手里掌权谁都会腐败；“花线办事”成了人们的一种思维定势，办事必须送礼成了自然而然的准则。在这样一个腐败盛行的状态下，民众对国家的归属感难以塑造，他们的爱国情怀和奉献精神会大打折扣。

自然而然地，当民众作为纳税人养成用钱与政府打交道的习惯后，他们显然不会再心甘情愿地据实纳税。

研究表明，在经济转型国家，寻租腐败与民众的税德有极强的负相关关系。在腐败成风的国家，政府预算缺乏透明度，纳税人认为贪腐横流，政府并没有正当合理地使用税款，这就会使纳税人很沮丧，有被剥夺的感觉，他们的税德也定会被挫伤。显然，公务人员寻租腐败将对纳税人的税德造成负面影响，即贪腐会降低纳税人的税德。

此外，纳税人与税务机关之间的关系可被视作存在一种基于公正感的关联契约和心理契约，涉及较强的情感联系和忠诚。这样的心理契约由基于信任的积极行动来维持。如果税务机关试图与纳税人建立一种信任机制，它们之间的合作就开始了；当纳税人对合作满意，这种合作关系就被加强。如果政府提供的公共产品与公共服务被纳税人视为公正，也就会被视为履约，纳税人的税德就将提升。

打击寻租腐败和优化“心理契约”，对走向现代化的中国，都已成为必然的选项，也成为在中国增进公民税德的催化剂。

四、贫富差距的合理调控

辩证地说，自从人类社会形成以来，贫富差距就一直存在，而且一定的、合理的贫富差距甚至可认为对社会的运行有着重要而积极的作用。古希腊哲学家亚里士多德曾精辟地指出，不平等诱发社会动乱，而要求平等的愿望最终会引发内讧。

在当代中国，不能因为经济改革带来了贫富差距，就否定经济改革的积极作用。但在经济持续增长、政府财政能力不断提升的同时，如果未能有效控制贫富差距及其造成的社会发展失衡，显然是政府在经济转轨时期的责任缺失。发展中国家在发展过程中出现发展失衡，带有某种必然性，但政府应当对发展失衡承担不可推卸的责任。这种强调政府在社会发展中的再分配调节责任的思想，契合了政府角色从斯密（1723～1790）的“守夜人”到凯恩斯（1883～1946）的国家干预的演变趋势，是一种在发展中国家经济体制转轨进程中对政府与市场的边界与职能加以权衡后的调控，对我国经济社会的均衡发展会产生积极、正面的影响。

然而，从一般意义上讲，政府在社会发展中承担更多责任，意味着公共支出规模的扩大，而增加公共支出并不能简单等同于提高公共福利。公共支出增加关联三种效应：一是提升税收水平，从而降低某些个人的可支配收入；二是那些从公共支出中受益的人，原先采取行动以防范各种风险的进取奋斗愿望被削弱；三是为公共支出实际做出较多税收贡献的人为个人利益考虑可能会转移资本或减少劳动供给，从而抑制经济的活力和发展。因此，公共支出的增减宜慎重、适度、激励兼容，特别需要符合具体国情和具体发展阶段，有“度”与结构的适当把握。

贫富差距问题既是一个基本的经济问题，又是一个敏感的政治问题，对社会稳定有着复杂而深远的影响，也对国民心态以及税德产生不可忽视的影响。如果一个国家长期处于金字塔形社会结构之中，将使为数众多的下层民众产生对政府的离心力，他们可能倾向于通过反抗来表达对现有社会秩序的不满与藐视。这时，抗拒纳税可能成为反抗的具体手段之一。

反过来讲，假如高累进税率的个人所得税制使大多数的纳税人感到，经过政府在税收领域的调节，不同阶层的纳税人收入更趋向公平，贫富差距得到控制和缩小，社会再分配更符合正义原则，这时，大多数纳税人会更愿意纳税。

中国在“允许一部分人先富”之后，又已合乎逻辑地强调“走向共同富裕”，再分配中的基本社会保障和“抽肥补瘦”的直接税调节体系也将提升公民的税德。也就是说，对贫富差距的适当调控会提升纳税人的税德。

五、结语

从以上分析看，影响税德的非税收因素应该引起我们广泛和深入的思考，所需认知的不仅仅是税德本身，更应该是引起税德变化的根本原因以及由此折射出来的深层矛盾问题。提升税德决不能只从税务机关对逃税的惩处着手，也不能仅靠空洞的口号。本文意在为行政部门和税收政策制定者抛砖引玉，把公民税德培育纳入全社会进步的系统工程，从而使税德的培育作为增收的工具，能够对我国财政收入乃至经济发展起到积极的作用。

对我国这样一个人口众多、民族多样、社会经济尚处于发展中阶段的国家而言，政府在弘扬公平正义的价值观，提高执行效率，重拳治理寻租腐败，减小贫富差距的同时，依据国情因地制宜，制定出能够激发纳税人内在缴税动机的法律、法规、规章，理应是税改及相关配套改革的要旨。

（本文发表于澎湃新闻网 2018 年 5 月 2 日）

数字经济与财税

贾　康

谢谢万甫。很荣幸有机会来参加今天第一次沙龙活动。万甫刚才说得客气，我是在“发挥余热”阶段，来和朝气蓬勃的一线研究者还有企业界的朋友，在一起来交流探讨问题，而且这是内部的沙龙，大家可以畅所欲言，是希望能够理论密切联系实际，探讨大家都感觉必须面对的实际生活中与时俱进、创新发展的重要问题，使我们通过交流、“头脑风暴”，力求产生一些建设性的认识、意见、建议。据我了解的筹办过程，觉得他们几位核心人士很有代表性，万甫所长是体制内的，而且就是国家税务总局研究所的所长，他正好可以运用这样一个沙龙方式更有效地鼓励大家畅所欲言，有利于在有关部门平常工作指导系统的旁边，能有一个辅助性的思想库来源。崇钧院长大家也比较熟悉，是财政部税政司多年的税政工作领导，他“战略转移”后也是很有影响的数字经济蓬勃发展市场主体中的代表性人物，特别有潜力来发挥作用。还有其他方方面面的人士，有院校的教授，有企业界的代表，都是很有影响、有背景的，他们作为牵头人把这件事情推动起来了，使我们也得到很好的交流和学习机会。我在这方面虽然知道必须跟踪研究，但现在也是心有余而力不足，但今天既然点到名让我说一说，我就趁此机会简单说一下自己的感想和很不成熟的认识。

来的路上我想，有这么三个层次可说，想以此作为抛砖引玉的发言。

一、从数字经济概念讨论问题，需先对于数字经济的作用有一个更全面和更深刻的理解

人类社会走到现在我们所说的供给侧创新，是看得见、摸得着的创新，它得去适应、满足的需求侧，是“永新而无新”的不断上升的“用户体验”要求。

现在中央说的人民美好生活需要必须满足，理论上讲其供给的“不充分”是会永远存在的，关键在于现在中央总体的判断，这个矛盾不平衡是“不平衡”带出的“不充分”，而“不平衡”是结构问题。结构优化，决定着怎样实现中国高质量的发展，化解矛盾满足人民需要。这是中国现代化进程中的社会主要矛盾，矛盾的化解需要坚持供给侧结构性改革作为主线的认识逻辑，这个逻辑在我们讨论的数字经济概念之下，我觉得应当进一步领会。

这几年社会经济中科技创新的加速太明显了，我们现在很难设想十年以后，最前沿的那些将会流行的电子产品将是什么样？两年以前我听说有可穿戴设备什么的，现在是不是有一些人已经在开始用它了？我是落伍者，是跟着潮流不得已情况下使用智能手机，但是新生代的人们，兴致勃勃要用新产品。从生活看到生产，生产已经进入了人工智能时代，甚至思想界已挑战性地提出，再往下会不会发展到技术创新的奇点，机器人会反过来控制人类。我自己琢磨了半天，我觉得可能最现实的威胁是一些能够在技术上冲到前沿位置的人，借助机器人方向上的人工智能创新，成为一种人们最担心的超级专家——就是“超级人类”，而人本性中间“恶”的作用是无法回避的，他们这时候可能会利用人工智能技术的力量，在奇点之后就形成了这种人对另外众多的人们的实际控制乃至奴役。人们最担心的这种风险，显然也很值得探讨，但这不是今天会议的重点。

我们现在，基于已经有几十年信息革命的经验来密切跟踪潮流，讨论新经济对于人类社会的可能影响，要争取有一点前瞻性，特别是看到中国经济社会转轨中结合追求现代化的战略目标，首先要正面肯定数字经济引领全球发展与中国发展的作用，同时要注意防范这里面的风险。在现实生活中，“互联网＋”有前面一段时间的 P2P，已经在中国引起了始料不及的偏差、爆雷，对于经济生活间带来一些无法忽视的副作用，但绝对不能以此来否定“互联网＋”这个方向。还必须顺应“互联网＋”，以后还是移动互联和万物互联这样一个发展趋势。在这个视角上，数字经济引领整个创新发展的过程，在中国我觉得要接着说到第二个层面。

二、中国在数字经济发展方面的后发优势及亮点

数字经济领域原创的技术，我听到前些年都是来自美国硅谷，但是它在中国现在几个巨头：BAT 和京东、苏宁，还有咄咄逼人新起的美团等，在迅速做大企业这一方面，他们并没有提供什么原创技术，就是在硅谷提供的原创技术运用

中，在中国潜力巨大的市场上，以及在中国要立足于对接全球化这个思维导向下，很明显地超常规发展起来。这里面产生的对于中国经济社会的各种贡献，有GDP、有税收，特别是有就业，而且尤其是对于原来与工业化、城市化进程距离很远的一些农村地区，都起到了很明显的作用，促进了那些地方的繁荣。我在两三年前就看过穷乡僻壤的淘宝村，到了那里以后，虽然很多东西还是似懂非懂，但我知道有了跨越式的发展，使原来没有太多文化素养的农村这些社会成员，迅速就近对接新经济。政府和企业合在一起，以免费的方式做十天左右的培训，这些人就在淘宝村内开了淘宝店，这一片很快就形成了“产业集群”，各种服务的物流、快递、包装、银行等等，陆续地全都进驻了这一片区域，谁能想到，原来看起来发展振兴没有多少指望的农村，很快就形成了这样一个新局面。这种后发优势在其他方方面面，可能还有很多体现。

当然也会带来新的挑战，它现在所催生的快递、外卖，使我们在人口红利很快要消失、人口的结构变化和经济发展变化中，原来所称的“农民工”作为百分之百来源的建筑工人，现在也遇到了明显的挑战：新生代的农民工都不肯做建筑工人了，因为现在有外卖小哥的职位等着他们，他们也不愿意吃这份苦，到脚手架上风吹日晒雨淋，使得现在建筑工人平均年龄要50岁以上了，这就逼着建筑行业把工资一再往上抬。我们国民经济的一大支柱就是建筑业，这是否会影响其今后发挥的作用？对于整个经济社会结构性的影响，我们需有一些超前或者至少要紧密跟踪的研究分析。如果能提出有意义的认识结果，有助于我们的管理部门早一些考虑如何引导政策优化。

另外一些感想，也跟各位交流一下。在数字经济发展中，给了我们一个重要的启示：作为国企、民企各有自己的相对优势，这方面看得特别清楚，数字经济引领出有影响的企业，其成长中特别需要有一个“烧钱”的过程，在硅谷经验来说，是一些科技精英他们整天做各种奇思妙想或者胡思乱想之后，有一帮金融精英以风投、创投、天使投的方式，在科技的创业群体里面选择支持对象——显然这就是一个要靠“烧钱”推进的机制，选择十个，不一定成功一个、两个，一百个中成功三个、五个，全盘皆活，整个新经济一波接一波的发展大潮，就是这样一个基本的机制，按照硅谷经验来解读便是这样。当然后来欧洲和中国意识到是不是可以试以政府产业引导基金来超越硅谷，使我们后发追赶者不是简单地跟随。但是无论如何，非常直观的表现就是要烧钱。这方面我有自己的观察。那是接近千年之交的时候，在北京公主坟环岛边的写字楼里，已有瀛海威这样的公司在那里租了大量工位，在做互联网创新（但是现在已很少人知道这个企业的名字了），当时它是冲在互联网最前沿的企业，但没有冲出“一飞冲天”的结果，后来阿里巴巴一飞冲天，被称为没有翅膀的猪，在风口也吹起来了。阿里和腾讯代表了少数、甚至极少数，这个过程让国企来做，看起来走不通。我听说，现在有巨大影响的腾讯微信，当它来自美国的原生技术受到注意的时候，类似的创新安排就包括中国移动的飞信，是同一个技术传过来的。但飞信直到现在，也没成什么气候。腾讯把这个原生技术用了一段时间，发展很困难，曾经想转卖，没人接盘，没想到，过了某个关口突破瓶颈期，就是一飞冲天。从现实的比较来说，是国有企业想烧钱，效率上和机制上都支撑不了，每一个具体措施都要上党组会讨论，我看看你、我看看你，各种顾虑，各种自己的小心思，往往久拖不决。民营企业这边，就是几个大佬下决心冲，这事就可能冲过来了。这机制确实不一样，虽然你看民营企业也有这个问题那个问题，但目前线上线下结合的民营企业，其实都在高歌猛进。大势在这里，它们是跟着新技术烧钱冲关，冲过瓶颈期就打开新局面。现在民营企业“五六七八九”最代表性的、最具有亮点特征的引领，其实在于冲在了新经济前沿，这对于全局的贡献是不言而喻的。没有这样一些民营企业如此重要的烧钱成功所带来的对未来的引领，以及决策层也意识到可期待的继续发展前景，可能还不会有总书记所说的“自己人”这样一个肯定，成了新华社通稿大标题的主题词。这些事情摆在我们面前，非常看中的未来的发展中，国企、民企按照混改思路，不是谁进谁退的问题，而是共赢发展的问题，这对于现代化的意义一定是全局性的，是在数字经济给出了非常具体而有力的支撑条件之后，在我们面前展开的非常值得肯定的新局面，事关我们的韧性、支撑力和中国潜力发挥的回旋余地。民企在新经济领域的带头冲关，形成了具体的一系列组合条件、伴随条件，是很现实的重大贡献。

当然在这方面，我们要通过研究，考虑后面财税怎么样去匹配合理的支持。财税要服务全局，这是谁也回避不了的问题。

还有一个视角，也是不成熟、但很愿意跟各位探讨的看法。过去经济学一直在说反垄断，因为企业做大、成了垄断局面以后，一系列的副作用就出来了。我在 20 世纪 80 年代去美国，印象很深刻，到美国那里可以很便捷地接通电话（那时候在中国本土，电话可是稀罕玩意儿，只有高级干部家里有）。我到美国做访问学者租的房子里有插口，你在街上买一个电话机，有一个程序允许你打电话接通当地电话公司，就可以给你开通业务。当地的电话公司，是从原来的 AT&T 强制拆分而来的电话公司，AT&T 做成非常有影响力的大公司以后，政府强制地把它切分（当然很长时间长途电话它还是一家独大，但本地的通话业务就不许它经营了)。现在完全是另外一个境界，大家知道微信实现了几乎无成本的可视电话，整个局面跟那时候已不可同日而语——当时印象非常深的是按照反垄断法，要把企业做大的强制拆分开。然而现在这些年，没听说美国要把亚马逊拆分，似乎对微软做过反垄断的审查，也没有伤筋动骨，这一件事情很值得琢磨。看了中国已成寡头垄断局面的电商，BAT 和新起的，以后不论是 5 家、6 家，这个事情怎么分析认识？我现在的初步认识框架是，可能得要在经济学理论方面延伸发展垄断概念的研究，提出一个新的判断，就是现在迅速形成的数字经济、新经济领域里的寡头垄断，和过去寡头垄断的实际效应，有重大的区别。比如说阿里，它的寡头垄断地位大家都看得很清楚，但是它能够带出很多中小微企业跟它形成一个产业链，特别是下游的这些淘宝村，一直渗透到穷乡僻壤，它的这种垄断不是以前的“通吃”中小微，以及有经济过程中导致低效影响，反而是给出一个新经济条件下自然而然带出一大堆中小微经济主体跟它一起形成产业链和产业群的结果，可以共赢发展。这样的情况令我欣慰，做实际的调研后应争取上升到理论，重新认识在垄断和竞争概念之下数字经济带来的更复杂的问题。

当然这并不否定反垄断的命题，但是反垄断具体的内容，还有现实中间的延伸解说，就要应对一系列实际的发展，要有新意、要能够给出容忍寡头垄断正面效应发挥的理论上的解说。这样就有利于更好地理论联系实际来共同促进创新发展。

三、数字经济与财税间的关系

这需要一系列的研讨，探索具体的切入点，来应对现实需要。这方面我确实还太缺乏调研，知道的只是对于税收怎么样去调节电商的行为和利益，已经有多年的探讨。美国方面、欧洲方面，可能有一些值得初步总结的经验，中国人前一些年也有一些探讨。业界中我接触到一些看法，也有不同的角度，可以说屁股决定脑袋，有的时候观点的冲突还是非常明显的。非电商的企业，几乎一致谴责税收这方面对电商过于宽松优惠，形成不公平竞争的环境，但是在实际生活中，似乎管理部门却知道电商所带来的创新境界，有很多我们还要继续观察，要按照克强总理所说的审慎包容的态度，再看一看，并没有急于对电商加强管制、调节收入。电商引出的很多经济活动，税收就是对其没产生什么直接的影响。但是公司做大了以后，税务部门相对来说就比较好管了，大量的很小规模的淘宝户、更不要说微商，现在恐怕还很难设想怎么对他们去做像样的税收调节，这事情只能进一步讨论。那边没有做“互联网+”的商家愤愤不平，这边政府对此种诉求要作回应的同时，还要另外掌握好数字经济为主要特征的电商的发展空间。那些明显处于传统经济成分的企业，他们怎样可接受？这实际生活中间，又有一个趋势：电商概念越走越模糊，像一些有影响的比如阿里和京东等等，他们已是线上线下结合着来做，所以马云说电商概念已经不适用，我们并不是只做线上的事情。实际情况也正是这样，以后线上线下结合是大趋势。如果我们相关的税收研究能够看到这大趋势，我们至少可使认识框架和眼界放得更开阔和更有前瞻性。可能大家都是走线上线下的结合之路，这样税收是不是有新的契机处理得更好、各方面可接受度更高？具备相关信息条件也要用信息技术，管理上面可能产生的管理成本、可能产生的纠结、矛盾点，都很值得探讨。

另外，我觉得可能有一个现在大家讨论不足的方面，就是这新经济发展，对于我们的税源建设的长期影响怎么看？可能这样的研究需要有技术上有发言权的专家，再加上税收的经验，合起来一起讨论，有可能把这课题做得像模像样。像我本人，技术知识上不过关，我只是意识到这个视角上的研究做起来，可能很有意思，但不好预测整个新经济发展的节奏和未来主打的一些突破口。可能技术领域的人，有他们自己一些特别的想法，有一些直觉加上理论性的思考，就可能得出很有意思的成果。我知道阿里公司现在参加进来的凌霄，他过去就是税务部门的干部，这些年在阿里公司里接触大量的新经济创新信息，也是咱们阿里研究院的骨干，像这样的研究者最有发言权，一方面适应税务部门有意的一些课题，一方面推动必要的信息沟通，对以后战略层面有所关心的新经济的发展和波动，我们就有可能比较早一点地、或者说当领导层有需求的时候，及时地给出一些我们提出的预测和建设性的意见、建议。领导层肯定会很看重财源建设，中央也好、地方也好，坐在那个位置，“柴米油盐”是必须考虑的基本问题，不论出什么样的改革举措政策、什么样的发展决策，都得考虑财力支持，还有相关的行政体系成本是什么情况。我们这种研究对全局的意义也是比较明显的。但是这些事情现仅有朦朦胧胧的感觉，咱们以后的沙龙研讨中，似乎这可以作为互动的切入点之一。

还有一个，如果说到财税的支持，对于现在数字经济发展中走在最前面的大企业，似乎人家也不在乎给什么样的财政专款支持，但是我知道过去有一些任务，是按照产业政策、技术经济政策，总得有部门的工作总结——年度内通过财政的特定专项支持，是怎么扶持经济增长点的。像建筑行业里面，有那种运用地缘热泵技术做的节能建筑，地底下几百米，形成带有恒温特点的气体，通过回流到上面来，就把南京的“火炉”那个地方夏天过去要用空调耗能，替换为非常低的能源耗费而产生出恒温效果。到了冬天，又解决了南方没有暖气的问题。过去望而生畏、到武汉、南京夏冬两头难受的情况，用这个技术，一下子变了，生活质量就有重大的改善。这方面已经做得比较大的企业，听说前些年住建部给了800万元的专款以示奖励，鼓励他们在行业带了头。这些大都是表面文章，但这表面文章还是有它的意义，无非是通过财政资金做专项的奖励，给这种带有创新性质的、已经做出成绩的企业，树立一个政府背书的社会形象和标志，去引领后面更大范围的企业跟进。

但是更重要的，我觉得是当前面有成功地冲上去的企业，又要引领一大批中小微企业时的融资支持。中小微企业绝大部分是民营企业，现在必须对接到总书记民营企业座谈会的指导意见，要解决现实过程中有纠结的问题。总书记要求对于民营企业的融资支持，必须纳入银行和金融机构各个年度的业绩考核，都是自己人，要体现坚定不移的支持。“政治正确”的问题解决了，后面跟着技术问题：这些小微企业，它们就是无法很好地在传统商业金融体系里面获得支持，商业金融是按照“锦上添花”的方式运作而不肯“雪中送炭”。总书记政治正确的业绩考核要求，遇到的问题是在风控一线上谁签字？贷款责任终身追索，商业金融又必须坚持这一个好不容易大家这些年已适应了的风控机制，出了呆坏账，只要签字的人活着，就要追责。那么风控环节上，小微企业风险度高、安全性低、成本负担重，谁签字？这些技术性阻碍怎么解决？基于我多年研究形成的思路，是必须认清楚，要趁着“政治正确”的前所未有的支持环境和条件，赶快破解“技术性歧视”的问题，即政策性融资这个体系和机制的成长和发展。政策性融资机制从大框架讲，是要有财政资金为后盾，财政贴息、政策性担保等等，都不可能离开财政概念来讨论，绿色金融、小微金融、普惠金融、精准扶贫的金融支持等等，这些概念无一不具有非常浓厚的政策色彩，大量资金支持民营企业，使他们得到融资，新近易纲行长要求的是国有控股大型银行年度业绩上，按照要求必须使他们支持小微企业的贷款按照30%增幅来做考核，这可说是下了死命令的。后面跟着，我觉得财政在这方面是不是要有一种全局观念——我的认识是要有一个财政为后盾、可持续、健康的政策性融资支持机制。这个事情上形成我们意愿中的可持续性，需要财政提供出“政策性资金，市场化运作，专业化管理，杠杆式放大”，从贴息、信用担保，向更多性的产业引导基金等探索开拓。

新经济的电商已带出来很多支持小微企业的融资，这方面首先要看到数字经济本身扩展了商业性金融的边界，这就是在阿里公司我两年前就看到的那种小贷，不要求政策性融资，在数据库、云计算支持之下，风险可控地不断发小贷了。但那个前提是，申请对象有相对充分的电子痕迹，而有一些领域里，初创阶段的市场主体、“三农”领域的创业创新活动等等，电子痕迹不足、得不到风控审批的前提条件怎么办？那么就要求：我们还得在政策性融资这方面要跟上讨论。

还有一个税收的国际协调也是我们要考虑的问题。电商服务可是没有严格的国内国外之分的，只是每年“双 11”成员统计里面，能分得出来，哪一些交易是国内产生、哪一些交易是国外产生。但是相关的税收，如果说起来，就成了税收国际协调问题，是不是这一方面也可以作为我们需观察的问题，或者是早晚实际生活中，管理部门也会提出要求，希望学者、研究群体提出意见建议，以更好地处理的一个问题。

抛砖引玉，请大家批评指正，谢谢！

（本文系贾康先生 2019 年 6 月 2 日在数字经济财税沙龙成立大会暨第一次交流研讨会上的发言）

三、财政管理篇

中国财政可持续之道：基于政府收入体系视角的一个研究

冯俏彬[1]

【摘要】为应对经济下行趋势，2019 年我国实施了更大规模的减税降费政策，预计将达到 20 000 亿元之巨，但这同时也引起了各方面对于财政可持续与否的担忧。本文在对前三年减税效果进行了简要理论解说的基础上，认为 2019 年的大减税已同时得到减支、增债两个方面的助力，因此减税效果可期，近期财政稳定性基本无虞。为了稳定减税降费成果，下一步应当从政府收入体系这一角度切入，厘清四本账中混乱的税、费、租、价关系，各归其位、各归其管，大幅度提高财政部门对于各类政府收入的统筹力度，方能在不增加社会负担的前提下，有效缓解“财政不可能三角”之间的张力，实现财政长期可持续。

2019 年的关键词是“大减税”。在 2019 年的两会上，中国政府推出了迄今为止最大力度的减税降费举措。一是将制造业等行业的增值税税率从 16% 下降到 13%，交通业等的增值税税率下降到 10%，现适用 6% 税率的行业虽然税率没有下调，但将通过增加抵扣项等方式，以实现所有行业的税负只减不增。二是各地可以将养老保险的费率降至 16%，同时继续执行分阶段下调失业和工伤保险费率。两项合计，2019 年预计为社会减负 20 000 亿元。以上政策宣布之后，受到社会的广泛好评与赞扬。但随即也引发了大减税后政府如何实现应对更加突出的财政收支压力的广泛担忧。这一担忧背后的实质性问题是：如果不能妥善应对巨大的支出压力，过去几年的情况表明，一些地方政府很可能通过各种方式想方

---

① 冯俏彬：中央党校（国家行政学院）经济学部教授，博士生导师。主要研究领域为财政与税收、供给侧结构性改革等。

设法地“增收”“挖潜”，最后将中央政府的减税政策执行成现实的加税政策，造成社会负担不减反增。进一步地，这还引出了大减税之后如何保持财政可持续性的大问题，本文试对此进行讨论。

一、从“黄宗羲定律”到“财政不可能三角”：对2016～2018年减税降费效果的一个简要理论解说

黄宗羲（1610～1695），字太冲，号南雷，又称梨州先生，浙江余姚人。作为明末清初最重要的思想家之一，著有《宋元学案》《明夷待访录》《南雷文定》等著作。在《明夷待访录·田制三》中，黄宗羲指出历史上的赋税制度“有积累莫返之害，有所税非所出之害，有田土无等第之害。”意思是说，历代税赋改革，每改革一次，税就加重一次，而且一次比一次重。这个观点以及所反映的历史现象，被清华大学秦晖教授（2002）总结为“黄宗羲定律”，后来时任国务院总理的温家宝同志此文上做了批示，大意是“要跳出‘黄宗羲定律’，农村税费改革就必须坚持‘减轻、规范、稳定’的原则，控制税赋的绝对额，并长期稳定不变”。“黄宗羲定律”由此名闻天下。

“黄宗羲定律”所反映的历代税制改革背后的赋税、支出之间的反常互动、逆向增长的关系，与当代“财政不可能三角”定理内在相通。2014年，原财政部科研所所长贾康等发表了《财政分配“三元悖论”制约及其缓解路径分析》一文。在这篇具有开创性意义的文章中，作者受蒙代尔－弗莱明模型（Mundell－fleming Model）和蒙代尔“不可能三角”[①]的启示，提出了财政分配“三元悖论”，也即所谓的“财政不可能三角定理”。其核心意思是：在财政经常性支出的管理水平、政府的行政成本水平和政府举债资金融资乘数既定情况下，财政分配中减少税收、增加公共福利和控制政府债务及赤字水平三大目标，至多只能同时实现其中两项，而不可能全部实现[②]，如图1所示。

事实上，完全可以将上图三角形中的左下侧“增加公共福利支出”替换为更加一般的“财政支出”，而丝毫不影响“财政不可能三角”定理的完整性，亦即在相关前提不变的条件下：减税、增支和控制债务这三个目标不可能同时实

① 蒙代尔“不可能三角”定理的主要意思是：在开放经济条件下，一国不可能同时实现本国货币政策的独立性、汇率的稳定性、资本的完全流动性三大金融目标，而至多只能同时选择其中两个。

② 贾康、苏京春：“财政分配‘三元悖论’制约及其缓解路径分析”，《财政研究》，2012年第10期。

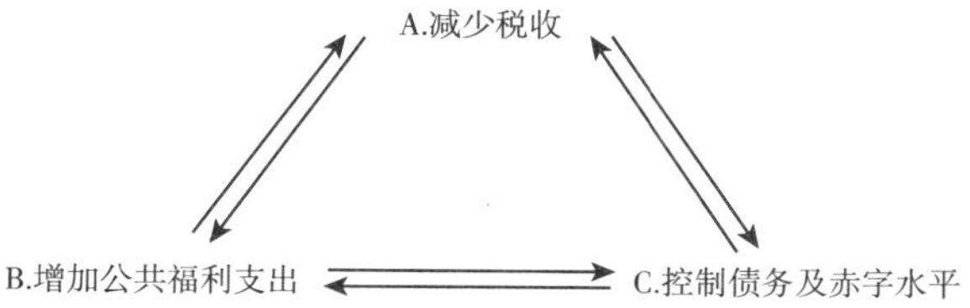

图 1　财政分配“不可能三角”图示

现，至多可实现其中的两个。

近年来我国减税降费实践在一定程度上佐证了“财政不可能三角”定理。2016 年以来。政府大力推行减税降费的措施，每年减税的绝对数值都高达 10 000 亿元。但与此同时，社会各方面却纷纷吐槽“获得感不明显”。官方数据也可在一定程度上佐证公众的这种感觉所言非虚：2016 年，政府减税降费共计 10 000 亿元，同期税收收入增加近 20 000 亿元；2017 年，政府减税降费共计 10 000 亿元，但同期税收收入增加 13 999. 27 亿元。在刚刚过去的 2018 年；全年共计减税降费 13 000 亿元，但同期税收增加 12 041 亿元。当然，在减税与当年税收收入之间的关系并不是简单线性的，税收增加既有经济增长、价格上升等宏观面的因素，也有加强征管、开源节流等多方面综合因素共同作用的结果。但无论如何，政府的税收收入的确是增加了，而这还没有考虑到土地出让金基金大幅度上升、地方隐性债务大增的情况。故社会上一度出现“黄宗羲定律”重现的警示，也证明“财政不可能三角”所言不虚。由此引出的启示是：所有那些原本出自良好意图、旨在减轻社会负担的政策措施，如果没有支出端、债务端一上一下的同步配合，都大概率地会在执行过程中走样，从而导致中央为社会减负的意图在一定程度上落空。

二、2019 年大减税：从“单骑深入”到“集团军作战”

2018 年以来，我国经济增长的外部环境发生显著变化，经济下行的压力加大。为了顶住经济下行的压力，2019 年政府推出了大规模减税降费措施，通过增值税和养老保险两项的普降税（费）率，累计可为企业减负 20 000 亿元。如果把视角拉长，将过去一段时间以来出台的减税降费政策结合起来考虑，如 2018 年下半年以来新修订的个人所得税法、降低进口关税、提高部分现行货物的出口退税率、2019 年年初大幅放宽可享受所得税优惠的小型微利企业标准、将增值税起征点由月销售额3万元提到10万元，以及31个省区市全部顶格减征“六税两费”的情况……那么预计2019年实际减税效果很有可能超出2万亿元。2019年成为名副其实的大减税之年！

面对这一巨大的“红包”，社会各方面在短暂的欢欣鼓舞之后，很快生出了这样的疑虑：政府如何应对接踵而至的巨大财政支出压力？而由此引出的一层隐忧是：如果政府没有应对如此大规模减收的万全准备，那么很可能自下而上各级政府将十分努力“增收”，而这势必会对冲掉减税效果，社会各界岂不白欢喜一场？

笔者观察到，2019年大减税与过去三年相比有几个显著不同。一是方式上从令人眼花缭乱的税基式减免转向了简洁直观的税率下降，普惠式降税特点明显。二是力度上从“挤牙膏”转向了“一步到位”，增值税大降3个百分点，超出社会预期。三是——也是最重要的——中央政府筹划此轮大减税时，已同步形成应对财政减收的综合性方案，从而可以在相当大程度上保证大减税效果落到实处。方案中包括以下内容：①将赤字率从2018年的2.6%提高到2.8%，绝对数值为2.76万亿元，较2017年增加3 800亿元，其中，中央财政赤字1.83万亿元，地方财政赤字9 300亿元。由于我国赤字率的计算依据是一般公共预算收支金额，因此理论上可理解为通过发债增加了3 800亿资金用于正常的财政支出。②将地方专项债券扩大到2.15万亿元，较2017年的1.35万亿元净增加9 000亿元。考虑到2017年专项债主要集中在下半年发行，因此形成前后相继之势，可以较好地满足地方政府建设资金的需要。③提高特定中央企业特别是金融企业的国有资本收益上缴比例。我国有庞大的国有经济部门，过去几年实施供给侧结构性改革以来，处于上游的国有企业效益普遍好转，通过提高部分央企特别是国有金融机构上缴国有资本收益的方法，可以在一定程度上增加政府的可用财力，对冲减税带来的压力。目前，中央企业按照所属行业和规模的不同分为五类，上缴利润的比例分别为0、10%、15%、20%和25%，其中适用15%和10%的企业占了大多数。金融机构方面，上市类金融央企如工商银行等主要是通过向汇金公司分享股权收益因而不在上交红利范围，而非上市金融类央企，包括保险公司、证券公司、政策性银行如国家开发银行等，则属于应当上缴财政红利范围。有人预计这些金融机构上缴财政红利的比例大约在10%～15%，果真如此，预计也能筹集相当数量的资金。④盘活长期沉淀资金。由于种种原因，我国财政运行中沉淀下来的资金一度十分庞大，社会各界对此十分关注。必须看到，巨量沉淀资金的形成是诸多原因合成的结果，有些是支出进度缓慢，有些是用途变更，有些是在途账款，但不可否认，其中确有相当部分是超额申报、项目中止等可回收部分。将这部分资金从深度睡眠状态唤醒，重回财政大账参与分配，也能应对部分减收压力。⑤适度压减财政支出，全面实施绩效预算。根据安排，2019 年中央财政一般性支出压减 5% 以上、“三公”经费再压减 3% 左右。从目前各地已公布的地方预算报告情况看，地方政府压缩开支的力度大多与中央政府持平，部分地区甚至有所超过。同时实施全面的预算绩效管理，保证将有限的财政资金用到刀刃上，坚决杜绝那些花钱不见效、花钱低效的支出。

可以看出，与前几年减税降费的“单骑深入”相比，2019 年围绕着“大减税”已形成了一个“集团军作战”的格局，在减税减收的同时，增发债务、压缩支出也分别从旁策应，同时还积极调动和盘活财政存量资源。进一步地，今年围绕着中央地方财政体制改革还有大动作，如要基本划清各个领域的事权的支出责任范围、要稳步推进房地产税等等。理论与实践表明，这两者是明确地方收支范围、稳定减税效果的根本之策。因此综合而言，2019 年的大减税与此前有很大的不同，决策层已有平衡“财政不可能三角”的系统考虑，正是从这一点上讲，2019 年减税效果有制度层面的相关保障，勿需过分担忧。

三、缓解“财政不可能三角”张力：基于政府收入体系视角

尽管如此，对中国政府体制、财政状况有深入了解的人士都知道，大幅度降低财政支出空间有限且政治上阻力很大，而增加债务发行则受制于已经令人望而生畏的全社会综合杠杆率的天花板约束。在这种情况下，要在财政收入、财政支出、债务控制这三者之间找到一个长期平衡点是十分艰难的。那么，有没有别的办法，在不增加社会负担的前提下，能在一个较长的时间范围内缓解这三者之间的紧张关系呢？我们认为是有的，那就是：重整我国政府收入体系，显著提高财政统筹能力。

（一）我国政府收入体系的基本情况

政府收入是一国政府在一个特定时期（通常为一年）以各种方式所取得的收入总和，既大于税收收入，也大于财政收入。在统计意义上，我国政府收入体系主要由以下几个部分组成：税收收入、非税收入、政府性基金收入、社会保险

收入、国有资本经营收入[①]。用公式表示如下：

政府收入＝税收收入＋非税收入＋政府性基金（含土地出让金）
＋社会保障费＋国有资本经营收入

表1为2011～2017年我国政府收入的构成以及占比情况。

表1　　2011～2018年我国政府收入构成　　单位：万亿元,%

年份	政府收入	税收收入	占比	非税收入	占比	政府性基金收入	占比	国有资本经营收入	占比	社会保险收入	占比
2011	17	8.97	52.76	1.41	6.70	4.14	24.35	0.084	0.49	2.40	14
2012	18.76	10.06	53.62	1.66	8.85	3.75	20	0.15	0.8	3.14	16.74
2013	21.92	11.05	50.41	1.87	8.53	5.23	23.85	0.17	0.78	3.60	16.42
2014	23.57	11.92	50.57	2.12	8.99	5.41	22.95	0.20	0.85	3.92	16.63
2015	24.19	11.06	45.72	4.17	17.24	4.23	17.49	0.26	1.01	4.47	18.47
2016	26.19	13.04	49.79	2.92	11.14	4.67	28.84	0.26	0.99	5.3	20.23
2017	30.31	14.44	47.64	2.82	9.30	6.15	20.29	0.26	0.86	6.64	21.91
2018	31.15	15.64	50.20	2.69	8.64	7.54	24.21	0.29	0.93	5.25	16.85

资料来源：2011～2018年《中国财政年鉴》及财政部、人社部网站关于2018年财政收支、社保收支的相关信息。

可以看出，近年来我国政府收入的总量远超一般认为的当年财政收入总量。以2017年为例，我国政府总收入为30.31亿元，而财政收入（税收＋非税）仅为17.26万亿元，两者相差13.05万亿元之巨（而这还不包括没有计算在内的住房公积金、铸币税以及其他政府收入形式）从结构上看，上述政府收入可进一步划分为两大组成部分：一是税收收入，二是税外收入。从上表中可以看出，2011年以来，我国税收收入占全部政府收入的比重均在50%左右，且近年来还呈现出有所下降的趋势。2016年，税收收入在全部政府收入的比重为50%，2017年下降到48%（如图2所示）。换言之，我国近一半的政府收入是通过税收之外的各种方式取得的，且近年来税外收入的比重还有所上升。此种情形，举世罕见。

① 对于我国政府收入到底应当包括哪些方面，一直以来都是见仁见智，理解不一。此处列举的内容主要参照国家货币基金组织关于政府收入的口径，同时也有作者个人的看法。需要指出的是，由于统计原因，此处的政府收入体系未包括中央银行货币发行收入（铸币税）、住房公积金等。

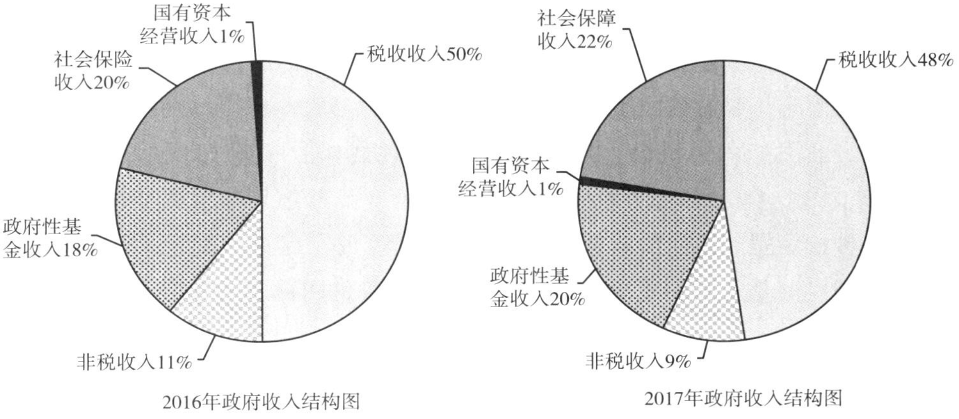

图2　近年来我国政府收入结构图

资料来源：财政部、人社部网站关于财政收支、社保收支的相关信息。

（二）我国政府收入体系存在的主要问题

当前我国政府收入体系存在以下几个方面需要高度重视的问题：

1. 就社会总负担（大口径宏观税负）而言，横向比较并不算很高，但纵向上存在内在扩张的势头。2017 年，我国广义宏观税负 36.63%，无论是与发达经济体相比，还是与发展中经济体相比，这一数值都并非最高，而是居于中偏高的正常水平。但由于缺乏对总负担水平的控制，因此从纵向上看我国宏观税负提高的内在机制是存在的。

2. 就结构而言，税与非税，畸轻畸重。在 2017 年高达 30 万亿元的政府收入中，税收收入与税外收入各占 50% 左右。相较于正常的政府收入结构，税收占比过低而非税占比过高。无论是从国内还是国际上看，这一收入结构都存在严重问题。简言之，大量的政府收入经由税收之外各类费、基金、社保缴费、住房公积金乃至土地出让金、国有企业收入等产生，一方面缺乏严格的法律规制与约束，影响了"依法治国"精神的落实，另一方面造成来华经营的外国企业、本国企业与居民等预期不明确，财务成本难于测算以及其他高昂的交易成本，很不利于我国营商环境的优化。

3. 税制结构老化，税种之间相互交叉。业内公认，我国现行税制主要形成于 1994 年前后，对经济社会各方面的发展与改革都曾发挥了非常重要的支持作用。但在运行二十多年之后，这一税制结构已经明显老化，不同税种之间交叉重复征收明显而协调配合不足。比如，现有 18 种税中，土地增值税、耕地占用税、房产税、契税等都房地产相关，却分散于五个税种，相互之间交叉重复明显。另外，随着“营改增”的全面实施，增值税已经成为我国覆盖面最广的税种，但在履行“普调”功能的同时，如何对部分高价、高利、高消费、高污染的商品服务进行有针对性的调节，这就涉及增值税与消费税的协调配合问题，但目前对此还没有考虑。

4. 税、费、租、价四种收入形式相互混淆。从理论上讲，政府收入共有四种形式，即税、费、租、价，相互之间概念独立，边界清楚、且分别适用于不同的管理规则。但是，当前我国的政府收入体系却是这四种形式的混合，而且“你中有我，我中有你”。以多年来被视为政府的“第二财政”的政府性基金为例，在数十项政府性基金中，既有准税收类，也有使用者付费类，还有国有资源（产）收益类，甚至还包括一些经营性服务价格所产生的收入。无独有偶，这一情形也同样见诸于清理后保留下来的各级行政事业性收费清单之中。进一步地，与形式上的混淆相比，更重要的是管理边界、管理规则上的混用与模糊。比如，社会反映强烈的残保金社会抚养费等，都具有显著的税收属性，但却冠以“费”之名，且与由某些部门的支出挂钩，财政统筹不足。

分析至此，我们已在一定程度上呈现出了所谓“黄宗羲定律”的发生和重现机制。简言之，在相当大的程度上是因为财政部门一方面只能统筹全部政府收入中的60%左右，另一方面却要应对各方面对不断增长的支出压力，所以“永远需要一种新税”。坦率地讲，我国现行占GDP 36%左右的政府收入总水平，完全是能够满足现在政府开支需要的，但前提是财政部门要对其进行统筹安排与集中管理，并在此基础上形成规范稳定的中央地方分配关系。

四、重整我国政府收入体系，提高财政统筹能力的主要政策主张

综上所述，从实现国家长治久安的角度上讲，极有必要对我国政府收入体系实施一定程度的重整。其要点有二：一是要通过创新制度安排，形成控制社会总负担的刚性约束机制；二是要按税、费、租、价对现有政府收入体系进行重整，先“各归其道”，再“各归其管”，分别整理、制订相应的管理制度，形成税、费、租、价并行但相互间既区别也有联系的政府收入格局。

（一）建立全国人大对社会总负担水平进行控制的相关机制

由于我国政府收入体系的复杂性与综合性，财政部门并不能很好地承担从整

体上控制广义宏观税负水平这一重大任务。笔者认为，这一职责应当赋予站位更高、职责更宏观且能代表人民意愿的全国人民代表大会，可在现有全国人大财政经济委员的职责中，增加对社会负担总水平进行宏观控制的内容。具体方法如下：一是将“税收法定”原则扩大到“收入法定”，所有的政府收入，不分税与非税，都要经由相关的法律程序确立。确属行政部门责权范围的收费，要有同级人大的明确授权。二是采用类似于债务限额、余额的做法，结合国民经济和社会发展的需要，结合我国政府职能范围的需要，以五年为期，设定社会负担总水平的“天花板”，人大财经委每五年对此进行回顾、调整与改革。三是引入“增减同步”机制，即为了保持总负担水平的不变，应要求政府在出台或新增一个收入项目时，同时减少另一个收入项目，做到增减在两个方向上的同时、同步、同量，以保持社会总负担水平的基本稳定。四是如果出现突发情况，如战争、重大自然灾害以及巨额短期需要，可不受此限制，由人大按程序进行立法增加政府收入来应急。

（二）明确税收是政府收支的主体地位，重新整并现行税种税制

要明确税收是政府收支的主要载体。这主要包括三层含义。第一，税收占政府收入的比重应当进一步提高，可考虑结合我国到2020年实现国家治理体系和治理能力现代化的目标，逐渐提高这一比重到70%左右。为此可做两件事，一是适时推进社保由“费”改税①，二是继续深化我国税制改革，进一步降低间接税比重，提高直接税比重。2019年房地产税预计将进入立法程序，这将是我国税制建设方面的大事。第二，是税收也应当成为政府支出的主要来源，凡是政府部门或履行政府职责的机构，其资金应当来源于主要由税收支持的公共预算资金，本部门不应当另行收取费用，经核定确需收费的，其收入要全部交入国库。第三，要重新整理、协调各税种之间的关系。如前所言，我国税制已严重老化，不同税种之间交叉重复征收明显而协调配合不足，应当逐渐重整优化。比如，借房地产税立法之机，应当同步归并、整理土地增值税、耕地占用税、房产税、契税等相关税种，整合成为一个税种。再比如，借增值税立法之机，应当同步厘清附着其上的城建税附加、教育费附加的关系，该单列的单列，该取消的取消。另外，在推进消费税改革时，要十分关注其与增值税之间的协调关系，基于增值税“普遍征收、税负一致”的基本特点，从旁发挥“个别调节、一品一率”的功能，对部分高价、高利、高消费、高污染的商品和服务进行有针对性的税制设计。

---

① 冯俏彬：“我国社保费改税的理论与实践新探”，《地方财政研究》，2018年第1期。

（三）重新整理行政事业性收费目录，大幅度收窄行政性收费的范围

我国现有行政事业性收费中体系比较庞大，经过若干轮的强力清理之后，目前已大大瘦身，但数量仍然不小。据统计，过去几年中，中央设立的行政事业收费已经由185项减少到51项，其中涉企收费由106项减少到33项，目前，中央管理的行政事业性收费共计49个大类、306小项。如果再将视野放到全国，各地基于本地管理要求设立的行政事业性收费的数量更加庞大。但是，笔者的研究发现，在这306项收费中，其实也涵盖了准税收、行政性收费、国有资源（产）转让收入、各类公共服务、专业服务、公用事业收入，甚至包括部分市场服务的价格收入等，因此也需要按税、费、租、价分开的原则对其进行清理。清理之后的行政性收费，应特指行政部门在履行其应尽职责时，出于抑制过度使用公共资源目的而收取的成本性费用，具体包括办理证照、许可、实施罚没、监管、诉讼以及涉外管理等。其他类别的项目，要么在清理税制时进行合并，要么转入价格部门进入管理，这样才能使行政性收费的面目清晰地呈现出来，社会各方面对其该如何管理立即就有清楚的认知。比如，行政性收费的标准应当基于该项服务的变动成本（其人员、设施等固定成本已由财政支付）；相关成本信息应向社会公示并每年或每半年调整一次；所有的收费收入应当全部缴入国库；要完全切断其与执收部门之间的分配、使用联系，真正实现“收支两条线”等。

（四）重新整理政府性基金，凸显出其中“使用者付费”与“政府价格规制”的本来面目

笔者的研究表明，有“第二财政”之称的我国政府性基金同样包括了税、费、租、价四类不同性质的收入①。要通过重新整理，将其中具有“准税收”和“租”性质的政府性基金调入一般公共预算，提高财政综合统筹能力。要进一步规范其中具有“使用者付费”性质的政府性基金管理。目前政府性基金中的这类项目，除了一小部分过时陈旧之外，大部分征收的必要性、合理性是比较明显的，如无线电频道占用费收入、废弃电器电子产品处理基金、核电站乏燃料处理处置基金等。对于这些应当保留的这类基金项目，一是在管理层面应当明确其属于“使用者付费”性质，并按“政府价格规制”原则进行管理。如要建立收费项目的核定、收费标准的定期评估与调整机制，加大成本信息的公开力度等。二

---

① 冯俏彬：“国家治理视角下的政府性基金管理研究”，《地方财政研究》，2015年第7期。

是在宏观层面应当明晰化国家重大工程项目的成本补偿机制。政府性基金相当部分的项目表面上是某种价格收入，实质上折射了国家对重大基础设施建设项目的成本补偿机制的欠缺与不规范问题。长期以来，我国类似南水北调、民航、铁路等重大工程建设项目的资金来源主要是财政直接支出、银行贷款等支持，缺口部分通过设施投入使用后的加价收入进行弥补。项目建成后的营运、管理、维护等日常支出，既有来自价格收入部分、也有国家财政补贴的部分，相互之间的数量关系比较含混，难以明白表述。对此，应当建立、完善相应的公共定价机制，明晰化国家重大工程项目的成本补偿机制。具体而言，建设成本部分在国家投资之外，最好由中央国债资金补足差额，其还本付息的支出作为定价的天花板，并定期调整。对营运、维护部分的支出，则按实际发生计入成本，据实定价。

（五）大力主张所有者权益，扩大国有资本经营预算的范围与深度

所有者收益也就是经济学意义上的“租”，在此特指我国国有资源、国有资产所产生的收益，如土地使用权出让金、自然资源出租出让收入、国有企业出让收入等。目前，这部分收入分布于若干个方面，一是政府性基金中的国有土地使用权出让收入，二是国有资本经营预算中的各项收入，另外在行政事业性收费中也有少量。这部分收入是我国特色社会主义的一部分，理论上讲，庞大的国有资本、资源收入应当成低税率、社会低负担的主要支持因素，但目前我们还远远没有做到。以国有资本经营预算为例，近年来国有企业的营业收入和利润上升都比较明显，但历年来以“所有者权益”名义上缴财政的部分仅有区区的两三千亿元，占当年政府收入的比重不到1%（见表1）。土地使用权出让收入方面，近年来占政府性基金的比重越来越大，2018年已达到90%，事实上是地方政府的支柱财力。但这两部分收入如何与预算内财力综合协调至今仍然是一个没有完全摆在桌面上讨论的问题。为应对2019年大减税的压力，中央已决定今年要提高部分央企特别是金融机构上缴财政红利的比例，但即使如此，相对于国有经济的体量与效益而言，仍然是“九牛而一毛”。土地使用权出让收入方面，其实质是常规预算与资本预算如何协调的问题，而现实中这方面的管理关系晦暗之处甚多，也需要在“各归其位”之后予以必要的阳光化和透明化处理，进而从中挖掘出巨大的财力空间。

（六）积极推动社保改革进入新征程，努力增强财政可持续性

随着我国进入快速老龄化社会，养老支出的压力越来越大，甚至正在成为影

响我国财政可持续性的巨大“灰犀牛”。近年来，财政对社会保险的补贴支出也越来越大，2017 年，财政对社会保险的补助支出为 7 633.54 亿元，2018 年已经达到 1.6 万亿元之巨。另外，部分省区出现养老金巨额支付缺口的消息也时有所闻，未来社保制度的可持续性令人忧心。笔者认为，目前我国社保制度已基本上完成了“扩大覆盖面”这一历史性任务①，今后的目标是逐步实现全国统筹。在这个十分艰难复杂的过程中，财政部门必须主动筹划，积极推动。在 2018 年党和国家机构改革方案中，已明确将社保费的征管职能划归到税务部门，这就走出社保逐渐走向全国统筹的第一步。今后，在继续阶段性降费率的同时，应当按“名实一致、有所下降”的原则，重新核定社保费率。多名研究者测算表明，在“据实征收”（即按实发工资作为计费基数）的前提下，我国现行 40% 左右的费率完全可以下调到 20% 左右。与此同时，还要同步将那些事实上具有社保性质的财政收支项目，一并纳入费率的设计与测算之中。举例而言，企业反映强烈的残疾人就业保障金，现在虽然收费标准有所降低并纳入了一般公共预算统一管理，但就其实质而言，就是一种“准社保税”，应当在设计社保税的税率时将其一并纳入，该取消就取消。长远而言，推进社保全国统筹还需要解决由费改税、相对统一征收标准和支付待遇、社保资金集中统一管理使用、精算平衡、稳定投资等一系列大问题，财政部门在其中应当发挥十分重要的引领和推动作用。

总之，我国现在 36% 左右的广义宏观税负水平已经能较好地满足正常的政府开支需要了，理论上不增加甚至适当降低社会负担的空间是存在的，但前提是要由财政部门对所有政府收入进行综合统筹。通过重新整理政府收入体系，还税、费、租、价以其本来面目并将之昭示于社会，将现代管理的主要原则切实覆盖其上，不仅能增进社会各方面对于政府收入体系全貌的认识，而且能够在不增加社会负担的前提下，有效提高财政部门的综合统筹能力，向结构调整要潜力，向改革发展要活力，从而大大增进财政的韧性与可持续性，短期能保证减税降费效果落到实处，长期能为实现国家的长治久安夯实坚定的基础。

（本文发表于《地方财政研究》2019 年第 3 期）

① 据 2017 年党的十九大会议期间人社部发布的消息称，目前我国已建立了世界上最大的社会保障安全网，养老保险覆盖了超过 9 亿人，医疗保险覆盖超过 13 亿人，可以说实现了全民医保。

共和国预算70年的探索与演进

马蔡琛[1]　赵　笛[2]　苗　珊[3]

【摘要】共和国预算70年的历程，是与整体改革同步，并服从于、服务于整体改革的过程。依据预算制度的特征，本文将共和国预算70年的变迁划分为有破有立、百花齐放和创新求索三个阶段。通过剖析我国预算制度70年的发展路径，可以发现预算制度的变革始终遵循着独特的演化逻辑：与社会经济制度变革息息相关、服从于并服务于整体改革、由内在需求和外在动力共同推动。就未来发展而言，可以从这样几个方面来加以谋划：着力攻克遗留问题，打开发展新通道；全面实施预算绩效管理，提高支出效率；持续推进预算公开，强化财政问责。

在中华人民共和国成立之初，毛泽东同志就曾指出："国家的预算是一个重大的问题，里面反映着整个国家的政策，因为它规定政府活动的范围和方向。"[4]预算管理制度体现了国家财政和经济的重要发展方向，同时也受到外在环境与内在改革要求的影响而不断发展变化，逐渐在探索与演化中形成了具有中国特色的现代预算制度。从1949年《中国人民政治协商会议共同纲领》第一次确定"建立国家预算决算制度"，到党的十九大报告中明确提出"全面实施绩效管理"。在共和国预算70年的发展历程中，内在发展需求和外在改革动力推动着预算制度的不断演化和完善，新中国预算的发展也走过了曲折波澜又创新求索的70年。

---

① 马蔡琛：南开大学经济学院教授、博士生导师，中国新供给经济学50人论坛成员。

② 赵笛：南开大学经济学院博士研究生。

③ 苗珊：南开大学经济学院博士研究生。

④ 孙文学：《中国财政思想史（下卷）》，上海交通大学出版社2008年版。

一、有破有立的政府预算体系探索（1949～1977年）

早在革命根据地时期，虽然处于战争环境，情况变化不定，但当时中国共产党和民主政府就十分重视财政预决算收支的编制和预算的执行。每年编制的预决算，都要向参议会作报告，提请审查批准。① 随着解放战争的不断胜利，在新中国成立之前，中国共产党基于根据地财经工作经验，从1947年开始就着手做好新中国的财政经济工作。直至1949年9月29日政协第一届全体会议通过了具有临时宪法作用的《中国人民政治协商会议共同纲领》，规定要“建立国家预决算制度，划分中央和地方的财政范围，厉行精简节约，逐步平衡财政收支，积累国家生产资金”。② 共同纲领对国家预算工作提出了整体的规范和要求，共和国的预算开始结束长期分散的局面，迅速走向了统一规范。

（一）由分散走向统一的预算制度建设

1949年12月2日，在当时战争尚未完全结束、经济遭到严重破坏、财政负担逐渐增加的历史环境下，《关于一九五零年度全国财政收支概算草案编成的报告》得以编制并通过。这是共和国成立之后的第一部概算，但当时由于资料的欠缺和经验的不足，只能画出一个轮廓，为国家预算执行提供一个基本的方向。③

随后，《关于预决算制度、预算审核、投资的施工计划和货币管理的决定》以及《预算决算暂行条例》发布，确定我国实行预算审核制度和决算制度，并在预算编制、执行、决算审定等方面提出了规范的要求。1950年3月1日，陈云同志所作的《关于统一国家财经工作的报告》明确要求，④ 要统一全国财政收支管理、统一全国现金管理，以实现国家财政收支平衡、物资供求平衡、现金出纳平衡和金融物价的稳定，⑤ 这标志着财政经济工作正式走向统一。

---

① 邓力群、马洪、武衡：《当代中国财政（上）》，中国社会科学出版社1988年版。

② 《当代中国财政》编辑部：《中国社会主义财政史参考资料（1949—1985）》，中国财政经济出版社1990年版。

③ 财政部办公厅：《中华人民共和国财政史料・第二辑：国家预算决算（1950—1981）》，中国财政经济出版社1983年版。

④ 财政科学研究所：《十年来财政资料汇编第一辑》，中国财政经济出版社1959年版。

⑤ 中共中央党史研究室：《中华人民共和国大事记（1949—2009）》，人民出版社2009年版。

（二）及时纠错的预算稳定方针

一切的改革探索都是在不断发现问题、总结问题和解决问题中进步的，新中国的预算制度建设也同样如此。编制1953年预算时，将上一年的结余全部列入本年度预算却没有考虑到季度差额的周转资金，[①] 导致1953年预算在2月12日通过，但3月底就花光了所有预备费，8月开始出现21亿元的财政赤字。在总结1953年工作经验的基础上，1954年1月的全国财政厅局长会议上，时任政务院副总理兼财政部部长的邓小平同志在报告中提出了“财政工作的六条方针”，以稳定国家财政。“六条方针”明确了“预算归口管理”“预算包干”“自留预备费，结余留用不上缴”等重要改革方向。[②] 从1954年的预算执行情况来看，出现了16.05亿元的财政结余，“六条方针”的实施具有明显的效果（见表1）。

表1　　1953～1955年的财政收支情况　　单位：亿元

年度	财政收入	财政支出	收支差额
1953	222.86	220.12	+2.74
1954	262.37	246.32	+16.05
1955	272.03	269.29	+2.74

数据来源：《当代中国财政》编辑部：《中国社会主义财政史参考资料（1949—1985）》，中国财政经济出版社1990年版。

（三）从“大跃进”到适时调整的预算整顿时期

1957年9月中央八届三中全会到1958年5月中共“八大”二次会议，开启了“大跃进”发动的准备阶段。在这种追求高指标的大环境下，各地区在预算编制以及决算报告中出现了对财政收支数字虚报的情况，出现了“假结余、真赤字”的现象，这种情况在之后的经济调整时期得到了修正，并结合当时的财政情况，提出了对预算外资金管理、财政监督等方面的具体要求（见表2）。

① 鹿海啸、钟文：“初进中南海的邓小平”，《学习月刊》，2004年第8期。
② 邓小平：“财政工作的六条方针（一九五四年一月十三日）”，《财政》，1989年第6期。

表2　　1958～1960年财政收支及调整后数额　　单位：亿元

年度	当年所列决算收入	调整后的决算收入	当年所列决算支出	调整后的决算支出
1958	418.6	387.6	409.6	409.6
1959	541.6	487.1	527.7	552.8
1960	562.98	572.29	582.13	654.14

注：调整后的决算数额为1980年经国务院批准在报告数基础上调整后的实际数值。

数据来源：财政部办公厅，《中华人民共和国财政史料·第二辑：国家预算决算（1950—1981）》，中国财政经济出版社1983年版。

在经历了三年“大跃进”后，及时对财政经济政策进行调整，1961年提出“调整、巩固、充实、提高”八字方针，国民经济进入全面调整时期，同时财政预算与之同步调整。此次改革的重点是，加强集中统一，国家财政预算从中央到地方实行上下一本账；改进预算管理体制，适当紧缩预算外资金，将预算外资金纳入国家预算管理，采取“纳、减、管”的办法进行整顿。①

此次财政经济整顿起到了一定的效果，但在国家预算刚刚进入调整的5年后，1966年“文化大革命”爆发，国家财政收支波动，多年出现赤字；财政投资结构畸形发展，财政管理、财政工作机构及各种规章制度遭到破坏，财政体制变更频繁，同时，财政投资分配比例关系失调。② 新中国成立以来形成的预决算制度也在这期间遭到了破坏，1966～1978年的12年间，国家财政没有编制正式的预算报告，除1978年外也没有编制正式的决算报告。

纵观从新中国成立初期到改革开放之前的中国政府预算，可以看出，预算制度在新中国成立的凯歌中快速成型，又在波折的历史进程中不断探索前进。新中国成立之初，“统一”“集中”是政治、社会和经济工作的首要目标，长期分散在各地的财政管理局势给财政预算工作带来了管理上不统一、收支脱节的情况，③ 因此，制定统一的预决算制度在这一时期是十分重要的。然而，随着预算编制和执行的实践推进，发现问题、解决问题成为了推动预算改革的内在需求，邓小平同志提出的“六条方针”解决了当时预算编制上的缺陷，并加强了预算外资金管理，使得预算编制在短期内走上正轨，其中“归口管理”等思想，时至今日也具有重要的启示价值。然而，在“大跃进”和“文化大革命”的冲击下，即使对财政预算工作做出了一些必要的应对性调整，但仍旧出现了预算管理

① 《当代中国财政》编辑部：《中国社会主义财政史参考资料（1949—1985）》，中国财政经济出版社1990年版，第359－361页。

②③ 谢旭人：《中国财政60年（上卷）》，经济科学出版社2009年版。

体制的快速波动以及预决算报告缺失的情况。

二、百花齐放的政府预算改革阶段（1978～2012年）

改革开放以前，我国在建立和完善预算制度的过程中，受到内在制度缺陷以及外在影响，预算的编制起起落落，并未真正走上正轨。又由于经历了长期的计划经济体制，政府预算呈现出单式预算、预算编制贯彻国民经济综合平衡原则、基数法编制、法制性不强、透明度不高等特点。[①] 纵观改革开放初期到党的十八大之前的政府预算改革方向，总体呈现出法制化和体系化不断加强，地方改革试点和中央改革推进百花齐放的特征。

（一）逐渐规范的预算法制化进程

伴随着始于1978年的改革开放，我国财政工作逐渐走向正轨。1979年6月，在全国人大五届二次会议上作的《关于1978年国家决算和1979年国家预算草案的报告》，正式全面恢复了预、决算编制制度。1981年1月，国务院发出《关于抓紧核实1980年财政收支数字的紧急通知》，要求严肃财政纪律，正确反映1980年财政收支情况，努力缩小财政赤字，同时规范了预算编制问题。[②] 随后，《预算外资金管理试行办法》（1983年）、《中华人民共和国国家金库条例》（1985年）等法规相继颁布，进一步明确了预算外资金以及人民银行经理国库等方面的业务操作流程，使预算编制与执行逐渐走向规范化、制度化。

1991年10月，国务院颁布了《国家预算管理条例》，这是1951年颁布《预算决算暂行条例》以来，再一次对预算管理进行法规上的优化，以适应国家经济和财政的发展实际。1994年3月第八届全国人大通过了《中华人民共和国预算法》（以下简称《预算法》），1995年11月颁布了《中华人民共和国预算法实施条例》，体现出对于预算管理的规范和要求已然上升到法律层面。《预算法》的设立，一方面对预算管理中已形成的合理做法，作出了更为明确的规定，另一方面也对一些需要改进的方面进行了修正填补了我国市场经济法律体系建设中的一

---

① 孙文学：《风云际会财政史》，东北财经大学出版社2009年版。

② 中华人民共和国财政部办公厅：“1981年大事记” http：//bgt. mof. gov. cn/zhuantilanmu/caizheng-budashiji/200806/t20080620_47644. html。

个空白。①

（二）主动出击的地方预算改革

1994 年分税制改革之后，中央与地方之间的分配关系发生了改变，地方政府的改革积极性加强。同时中央和地方之间的预算编制方式也发生了变化，由以往的中央代编地方预算，改为地方自行编制预算，并报财政部后汇总成国家预算②，这也成为 1994 年之后地方政府主动探索预算编制改革的重要原因。此外，传统上“基数法”编制预算存在的弊端、预算外资金规模不断扩大但具体分配情况模糊的状况，③ 也促使各地开始尝试预算编制方法的创新。这一阶段的地方预算改革试点主要以摒弃“基数法”的预算编制方法为核心，开展了以零基预算、综合财政预算以及标准周期预算为主要着力点的预算管理创新。

1. *零基预算与综合财政预算改革*。零基预算是与以往“基数预算”概念对比产生的，是指在编制年度预算时，部门负责人对新预算年度中想做的所有事情进行全盘审核，而不仅是修改上年预算或检验新增部门。④ 20 世纪 90 年代，一些地方财政部门开始尝试零基预算的编制方法，其中包括湖北省、湖南省、安徽省、河南省、云南省、深圳市等省市，并取得了一定成效，一些部门中央（如国家统计局等）也进行了这方面的探索。这些预算改革打破了传统上“基数加增长”的预算编制方法，本年预算编制不再以上一年的收支基数为基础，而是重新根据本年度具体情况来编制，更加客观地反映了各预算单位的现实需求。⑤

除此之外，“零基”的思想同样被用在预算外资金管理上。为解决当时预算外资金管理失控、财力严重分散，预算外资金收入高，但是纳入预算管理的部分少的问题，在湖北省启动综合财政预算改革之后，1996 年国务院颁布的《关于加强预算外资金管理的决定》对预算外资金管理提出新要求，各省市也相应颁布了综合财政预算实施办法，逐渐开始实施综合财政预算。

2. *标准预算周期改革*。标准预算周期是针对年度预算编制流程的缺陷而提出的。当时预算编制与执行的实际情况是，本年预算的编制自上一年度 9、10 月

---

① 王敏：“一部规范政府行为的重要法律——关于《中华人民共和国预算法》”，《经济管理》，1995 年第 2 期。

② 谢旭人：《中国财政改革三十年》，中国财政经济出版社 2008 年版。

③ 黄佩华：《中国地方财政问题研究》，中国检察出版社 1999 年版。

④ 中华人民共和国财政部预算司：《零基预算》，经济科学出版社 1997 年版。

⑤ 项怀诚：《财政支出管理改革》，经济科学出版社 2000 年版。

份开始，决算完成约在次年4、5月份，共计20个月的周期。预算编制的时间实际上不到半年，这种状况不利于预算的执行与监督，各部门在执行中调整预算的自由度太大。① 针对传统预算模式存在的问题，天津市积极探索新的预算管理模式，提出建立一种“30个月”的标准预算周期设想，并从时间序列上划分为三个阶段，即“预算编制阶段”“预算执行阶段”和“决算与绩效评价阶段”。② 这应该是国内较早提出预算绩效评价的一种探索与尝试。

这一时期地方预算实践体现了某种自发性和主动性。一方面，这一阶段的改革不同于1994年之前的改革探索，是在地方获得预算编制权之后，对具体预算编制进行的优化。另一方面，也不同于后来的部门预算改革等举措，并不是由中央政府牵头实施的，而是体现了较高的地方自主性，也在一定程度上为之后中央部门预算改革的实施提供了先导性探索。这一阶段地方预算改革中提出的“零基”、核定标准以及综合财政预算等思想，也融入到了后来的部门预算改革之中。

（三）整体推进的中央预算改革

1994年的财税体制改革从收入方面理顺了国家与企业、中央与地方之间的分配关系，主要着眼于财政收入一翼的制度改革，但支出一翼的改革并未同步跟进。③ 在社会主义市场经济不断推进、财政体制改革持续深化的过程中，作为财政支出方面的预算管理改革日益引起关注。同时，针对传统预算所呈现的“基数”性、预算编制简单且编制时间短、预算外资金不可控等问题，以部门预算、国库集中收付、政府采购、政府收支分类、收支两条线为主要内容的预算管理改革，在世纪之交的那几年间渐呈方兴未艾之势。

1. 部门预算改革。我国部门预算改革的实践，最初也是从地方层面开始，发轫于四川省射洪县。而比较规范的部门预算则始于湖北省荆州市沙市区1995年推行的“一账户、三集中、三分离”的改革模式。④ 随后，部门预算改革由地方推及中央，1999年9月，财政部出台了《关于改进2000年中央预算编制的意见》，提出编制市场经济国家所通行的部门预算，在现有预算收支分类的基础上尽可能细化。⑤

---

① 马蔡琛：“关于标准周期预算的理论思考”，《中国财政》，1999年第10期。

② 马蔡琛：《政府预算（第二版）》，东北财经大学出版社2018年版。

③ 王丙乾：《中国财政60年回顾与思考》，中国财政经济出版社2010年版。

④ 张馨等：《部门预算改革研究：中国政府预算制度改革剖析》，经济科学出版社2001年版。

⑤ 中华人民共和国财政部：《财政部关于改进2000年中央预算编制的通知》，1999年1月。

部门预算改革在一定程度上吸收了地方改革中“零基预算”“综合财政预算”的思想，打破了传统“基数法”的预算编制模式，也改变了传统预算只反映预算内收支，大量预算外资金只报账（甚至不报账）的粗放管理方式。[①] 部门预算的成功实施，有利于《预算法》的严格执行，也有利于规范政府、财政和部门的分配行为，强化预算约束，提高了整体预算资金的使用效率。[②]

2. *国库集中收付制度改革*。国库集中收付制度也称为国库单一账户制度，是整个公共支出改革的基础和核心环节。改革开放之后，通过征收机关和预算单位设立多账户分散管理的传统财政性资金缴库和拨付方式暴露了不少弊端。这种分配方式达不到集中财力办大事的目的，也弱化了对预算单位国库资金使用情况的监督和控制。[③]

国库集中收付制度改革从2001年开始启动，2001年3月发布的《财政国库管理制度改革试点方案》明确提出建立以国库单一账户为基础、资金缴拨国库集中收付为主要形式的国库管理制度，[④] 并开始在财政部、水利部等六个中央部门率先进行试点。到2005年底，所有160多个中央部门均实施了国库集中收付改革，并在此基础上开始实施中央国库现金管理。[⑤] 市场经济条件下的国库现金管理有利于保证国库现金收支的及时传递，也有利于提高政府资金管理的控制力和透明度。[⑥]

3. *政府采购制度改革*。传统的政府采购是由各单位依需要自由选购商品和劳务，而财政部门只负责资金分配。这种分散的、自由采购的方式造成了财政部门对资金使用的监督不够，资金分配和使用脱节。1995年开始，上海、深圳等省市和财政部相继开展了政府采购改革的试点。到2000年，试点已经在全国范围内铺开，试点范围也逐渐从初期的少数货物逐步扩大到涵盖货物、工程、服务三大类上千个品种。[⑦]

2003年，《中华人民共和国政府采购法》的实施标志着政府采购改革正式扬帆起航，随后相继出台了《政府采购货物和服务招标投标管理办法》等配套规

---

① 谢旭人：《中国财政改革三十年》，中国财政经济出版社2008年版。
② 郑建新：《中国政府预算制度改革研究》，中国财政出版社2003年版。
③ 王彩琴等：《财政国库集中收付制度研究》，经济科学出版社2004年版。
④ 财政部中国人民银行：《关于印发〈财政国库管理制度改革试点方案〉的通知》，2001年6月。
⑤ 谢旭人：《中国财政60年（下卷）》，经济科学出版社2009年版。
⑥ 财政部国库司编著：《国库现金管理基础与实务》，经济科学出版社2007年版。
⑦ 宋丽颖、王满仓：《政府采购》，西安交通大学出版社2007年版。

章和规范性制度，建立了以政府采购法为统领的法律制度体系。[①] 2014 年 8 月通过了《中华人民共和国政府采购法》的修正对政府采购做出了进一步的法律规范。

4. “收支两条线”改革。在预算制度发展的过程中，预算外资金的收缴、管理和使用一直是持续关注的问题。改革开放以后，预算外资金作为计划经济体制和前期改革过渡阶段的产物，已经不适应建设公共财政体系的要求。[②] 1996 年，国务院发布了《关于加强预算外资金管理的决定》，明确预算外资金是财政性资金，要上缴财政专户，实行“收支两条线”管理。1998 年，中央一级以及副省级城市、省会城市的法院、检察院、公安和工商部门率先实行了“收支两条线”管理；1999 年，各级公检法、工商部门和中央一级、省一级以及副省级城市和省会城市一级其他执收执罚部门都实行了“收支两条线”管理。[③] 2011 年《关于将按预算外资金管理的收入纳入预算管理的通知》实施，中央部门预算外收入全部上缴中央国库。[④]

5. 政府收支分类改革。随着经济市场化程度的不断加强，参照苏联财政管理模式确立的政府预算收支科目不再适应预算管理的现实需要。1999 年，财政部启动了政府收支分类改革，借鉴国际货币基金组织、OECD 国家的经验，于 2004 年形成了《政府收支分类改革方案（征求意见稿）》，并于 2005 年选择 6 个中央部委和 5 各省市进行模拟试点。[⑤] 2006 年发布的《政府收支分类改革方案》，标志着我国正式实行新政府收支分类体系。此次收支分类改革对政府收入进行统一分类，确定新的政府支出功能分类和政府支出经济分类，完整、准确地反映政府收支活动，进一步规范预算管理、强化预算监督。[⑥]

这一阶段的预算管理改革与制度建设，是在市场化进程不断加快的背景下，对财政支出一翼进行的重要制度创新。这些改革举措由部门预算出发，充分借鉴地方制度创新以及国际经验，规范预算编制改革，有针对性地推进国库集中收付和政府采购制度。这三项改革是服务于规范公共财政管理、提高财政资金使用效率这个总目标的制度手段、措施和方法，是不可分割的。[⑦] 随着部门预算、国库

---

① 谢旭人：《中国财政 60 年（下卷）》，经济科学出版社 2009 年版。
② 谢旭人：《中国财政改革三十年》，中国财政经济出版社 2008 年版。
③ 中华人民共和国监察部办公厅：《收支两条线工作探索与实践》，中国方正出版社 1999 年版。
④ 财政部：《财政部关于将按预算外资金管理的收入纳入预算管理的通知》，2010 年 6 月。
⑤ 马蔡琛：《政府预算（第二版）》，东北财经大学出版社 2018 年版。
⑥ 贾康、高培勇：《现代经济学大典：财政学分册》，经济科学出版社 2016 年版。
⑦ 王彩琴等：《财政国库集中收付制度研究》，经济科学出版社 2004 年版。

集中收付和政府采购制度的不断推进，预算外资金管理以及政府收支分类跟不上预算改革进程的情况也逐渐显现，因此，“收支两条线”改革与政府收支分类改革开始加速实施。这一阶段的改革措施体现出对政府支出改革的持续关注，对于规范政府收支行为，完善公共财政体系建设有着重要意义。

三、创新求索中的现代预算制度建设（2013 年至今）

在上一阶段的预算制度演进中，各项举措的实施目的都是希望将各部门的所有收支都纳入财政监督视野中，体现了走向现代预算国家所作出的努力。[①] 2013 年 11 月，习近平总书记在《关于〈中共中央关于全面深化改革若干重大问题的决定〉的说明》中，提出了“财政是国家治理的基础和重要支柱”这一重要论断[②]，其中“改进预算管理制度”部分开宗明义地指出，实施全面规范、公开透明的预算制度，从而突显了阳光财政建设的现代政府理财观。[③] 而现代财政制度要求预算管理适应现代国家建设的需要，构建包括预算法制化、预算编制、预算周期以及配套改革措施不断完善的财政制度体系，从而推进国家治理体系与治理能力的现代化。

（一）现代预算制度的基础性建设

1. 新《预算法》的修订与实施。2014 年 8 月，经历长达十年的修订历程，《预算法》修正案由全国人大常委会审议通过，完成了自 1994 年预算法颁布以来的首次修订。此次《预算法》的修订从 2004 年开始启动，经历了对复式预算存废、预算周期选择、预算层级设置等多方面的讨论，历经艰难求索才得以收其功。[④] 新《预算法》将“四本预算”的多元复合预算体系上升为法律规定。新《预算法》确立了“全口径预算管理原则”，规定“政府的全部收入和支出都应纳入预算”，力求建立一个完整、真实、准确反映政府财政收支状况的现代预算

① 高培勇：《中国财税体制改革 30 年研究——奔向公共化的中国财税改革》，经济管理出版 2008 年版。

② 习近平：《关于〈中共中央关于全面深化改革若干重大问题的决定〉的说明》，人民网。http：//politics. people. com. cn/n/2013/1116/c1024—23560847. html. 2013 - 11 - 16。

③ 马蔡琛、黄凤羽：“国家治理视野中的现代财政制度——解读党的十八届三中全会《决定》中的深化财税体制改革问题”，《理论与现代化》，2014 年第 3 期。

④ 马蔡琛：《山坳上的中国政府预算改革》，经济科学出版社 2018 年版。

体系。[①] 但自新《预算法》于2015年1月正式实施以来，《预算法实施条例》仅仅完成了向社会公开征集意见的过程，直至今日《预算法实施条例》依旧没有得以完成修订，这不能不说是一个“白璧微瑕”的遗憾。

2. 中期财政规划与跨年度预算平衡机制改革。就预算管理周期而言，传统的年度预算存在编制时间太短，编制较为粗糙的缺陷。我国中期预算的试水始于21世纪初，财政部开始编制“国家财政滚动发展计划”并组织各地方编制相应的“财政滚动计划”。2008年8月，河北省发布了部门发展性支出三年滚动预算编制工作的实施意见，要求编制三年滚动预算建议计划。[②] 2008年，河北省选择15个部门进行试点，并在2009年扩大到42个省级部门，资金量占到发展性支出资金的70%以上。

在地方试点的基础上，党的十八届三中全会通过的《关于全面深化改革若干重大问题的决定》中第一次明确提出“建立跨年度预算平衡机制”的改革方向，2015年国务院发布了《国务院关于实行中期财政规划管理的意见》，标志着酝酿多年的中期财政规划改革全面启动。[③] 省级政府普遍从2015年试编三年期滚动预算，市县一级则视具体情况从2016年或2017年开始编制。[④]

3. 政府会计与政府综合财务报告改革。2013年，《关于全面深化改革若干重大问题的决定》中首次提出“建立权责发生制的政府综合财务报告制度”，开启了政府综合财务报告制度为载体的理财方式变革。2015年组建了政府会计准则委员会、修订发布了财政总预算会计制度，2016年制定发布了政府会计相关具体准则及应用指南，2018年财政部发布修订后的《政府综合财务报告编制操作指南（试行）》，标志着政府财务报告制度建设取得了重要的实质性进展。[⑤]

4. 预算公开与财政透明。预算是公共财政的基石，深化财税体制改革需要实施全面规范、公开透明的预算制度，不断探索推进国有企业财务预算等重大信息公开的方式方法。[⑥] 预算公开提高了公众等外部利益主体在预算决策中的监督

---

① 朱大旗：“科学发展与我国《预算法》修订应予特别关注的五大问题”，《政治与法律》，2011年第9期。

② 河北省人民政府：《河北省人民政府关于推进省级部门发展性支出三年滚动预算编制工作的实施意见（试行）》。

③ 于海峰、邝艳华：“地方政府中期财政规划改革难点问题分析”，《财政科学》，2016年第11期。

④ 刘晓嵘：“我国中期财政规划实施情况、困境及对策”，《地方财政研究》，2018年第7期。

⑤ 刘昱含：“政府综合财务报告准则比较与启示”，《湖南财政经济学院学报》，2019年第1期。

⑥ 习近平：《关于〈中共中央关于全面深化改革若干重大问题的决定〉的说明》，人民网，http://politics.people.com.cn/n/2013/1116/c1024—23560847.html. 2013年11月16日。

和参与度，是预算编制与执行过程中非常重要的部分。

目前，中央和各省市政府已逐渐开放预决算网络公开平台，中央预决算公开平台上公开了2016～2019年预算报告以及2015～2017年的各类财政收入和支出的决算表。同时公开了2017年各部门预决算和部分中央对地方转移支付资金的使用情况，但在部分公开领域存在公开更新不及时的情况，部分中央政府决算信息和中央对地方转移支付信息都只更新到2016年。①

（二）全面实施预算绩效管理

进入21世纪以来，我国财政收支的规模不断扩大，2018年，我国一般公共预算收入达到183 352亿元，一般公共预算支出达到220 906亿元。② 面对体量如此庞大的预算资金，如何实现最优的支出效率是财政管理亟需解决的难题。早在2003年，党的十六届三中全会就提出“建立预算绩效评价体系”，由此拉开了预算绩效管理改革的序幕。随后，财政部颁布了《关于推进预算绩效管理的指导意见》、《预算绩效管理工作规划（2012～2015年）》等文件，并设立了预算绩效管理处和政府绩效管理工作部际联席会议，不断明确预算绩效管理的目标和任务，为全面实施预算绩效管理奠定了基础。

2013年，财政部颁布了《预算绩效评价共性指标体系框架》，涵盖了项目支出、部门整体支出和财政预算绩效评价三个共性指标体系。2014年，新《预算法》的5个条款中涉及“绩效”问题，填补了预算绩效管理领域的法律空白。为落实新《预算法》的要求，2015年，财政部印发了《中央部门预算绩效目标管理办法》，对预算绩效目标的设定、审核、批复、调整与应用进行了详细地规定。进而首次实现了中央部门项目支出绩效目标的全覆盖，并选取15个部门，启动绩效目标执行监控试点。③ 此外，中央部门积极开展了绩效自评，财政部于2017年首次组织中央部门对所有项目2016年预算执行结果开展绩效自评，并将99个中央部门111个一级项目的自评结果同部门决算草案一并提交全国人大常委会审议。④ 同时，财政部还面向中央重点民生政策和重大专项支出建立了绩效评

① 中华人民共和国财政部：“中央预决算公开平台”，http：//www. mof. gov. cn/zyyjsgkpt/，2019－7－15。

② 财政部：“2018年财政收支情况”。

③ 财政部预算司：“2016年中央预算绩效管理取得突破性进展”，http：//yss. mof. gov. cn/zhuantilanmu/ysjxgl/201612/t20161205_2472977. html. 2016－12－05。

④ 齐小乎：“中央部门项目支出预算绩效自评覆盖率达100%”，《中国财经报》，2017年6月28日。

价常态化机制，对党中央和国务院重视、社会关注度高、资金规模大、持续时间长的中央部门项目开展重点评价，2017 年提交的 10 个项目涉及金额达到 1 502.8 亿元。① 与中央层面的改革相比，地方层面的改革更具灵活性和独特性，探索出了各具特色的管理模式。譬如，河北省的“部门职责—工作活动—预算项目”三级管理模式，广东省的“四多”预算绩效管理体系②。

2018 年 9 月，《中共中央国务院关于全面实施预算绩效管理的意见》出台，提出“力争用 3 ~ 5 年时间基本建成全方位、全过程、全覆盖的预算绩效管理体系”，并作出了细致且全面的改革部署，为预算绩效管理改革指明了方向，我国步入了全面实施预算绩效管理的新时代。这一时期的预算绩效管理呈现出全面性的特征：一是层级的全面性，预算绩效管理由聚焦于政策和项目拓展至政府、部门和单位层面的全方位预算绩效管理；二是过程的全面性，逐渐由事后绩效评价转为涵盖事前绩效评估、预算绩效目标管理、绩效运营监控、绩效评价和结果应用的全过程绩效管理链条；三是内容的全面性，由一般公共预算拓展至政府性基金预算、国有资本经营预算、社会保险基金预算，实现“四本预算”的全覆盖。

四、共和国预算 70 年的回顾与前瞻

回眸共和国预算管理 70 年来所走过的道路，随着预算环境的变迁，预算制度也随之进行了深刻变革，逐渐适应了社会主义市场经济体制，并朝着匹配国家治理体系和治理能力现代化需求的方向迈进。纵观我国预算制度的变迁和演进路径，不难发现具有自身独特的演化逻辑。

首先，就发展轨迹而言，可以将预算制度 70 年的变迁概括为“三部曲”，即新中国成立初期预算制度的重建与曲折发展；改革开放以来，为匹配社会主义市场经济体制而进行的整体变革；党的十八届三中全会以来，为建立现代财政制度而进行的全面深化改革。当然，这一发展轨迹是与经济社会变革紧密相关的。新中国建立之初，实行传统的计划经济体制，其主要特征是绝大部分资源由政府直

① 新华社：《2017 年财政部重点项目预算绩效评价迈上新台阶》，http://www.xinhuanet.com//2017-06/26/c_1121214999.htm. 2017-06-26。

② 广东省的“四多”预算绩效管理体系，即以制度化为基础，构建多制度联动分级管理；以标准化为前提，构建多维度绩效指标体系；以规范化为条件，构建多特色并行管理模式；以信息化为手段，构建多功能线上操作系统。代兰兰：“广东构建‘四多’预算绩效管理体系”，《中国财经报》，2019 年 7 月 15 日。

接分配，预算制度并未受到重视，仅作为国家计划的组成部分而存在。改革开放后，经济体制的变革对预算制度提出了诸多新的要求，推动了预算制度朝向匹配社会主义市场经济体制的方向发展。十八届三中全会以来，现代财政制度建设进入了新时代，财税改革成为全面深化改革的排头兵。总体而言，预算制度的变迁同经济社会制度的变革是息息相关的。

其次，就发展线索而言，预算制度 70 年的变迁始终作为整体改革的重要组成部分，并充分服从于、服务于整体改革的主线。在以"公共财政体制"匹配"社会主义市场经济体制"阶段，部门预算、"收支两条线"改革等为"经济市场化"提供了支持；在以"现代财政制度"匹配"国家治理体系和治理能力现代化"阶段，预算绩效管理、中期财政规划、政府综合财务报告等为"国家治理现代化"打实了基础。特别是，十九大报告提出"加快建立现代财政制度"，进一步反映了财税改革的紧迫性，预算制度建设也愈发全面且深入。可以说，预算制度变迁是随着经济体制改革、全面深化改革而展开的开拓性改革过程。

最后，就发展动力而言，预算制度 70 年的变迁是由内在需求和外在要求共同推动的。因此，预算管理改革既包含具有一定前瞻性的主动型改革，又包含受制于预算环境的被动型改革。政府职能和执政理念的转变，使我国预算管理制度由控制导向走向绩效导向，由年度预算走向中期预算，由绝密文件走向公开透明。[①] 此外，改革开放以来的三次财政困境、社会主义市场经济体制的建立和现代财政制度的新要求，亦倒逼了预算制度的变革与发展。综合来看，内在需求和外在动力共同推动了预算制度不断向现代预算制度迈近。

过去的 70 年间，我国预算制度改革的成果固然是显著且丰盛的，但与当前国家治理体系和治理能力现代化的要求相比，这些成就依然是阶段性的。预算制度作为建立现代财政制度的重要一环，其改革之路任重而道远。就未来发展而言，可以考虑从以下三个方面出发，进一步完善预算改革，加快建立现代预算制度。

（一）着力攻克遗留问题，打开发展新通道

预算制度改革是十八届三中全会以来动手最早、力度最大、推进最快、成效最为显著的领域，但受制于既得利益格局，一些困扰多年的"老大难"问题仍

---

① 马蔡琛、苗珊："中国政府预算改革四十年回顾与前瞻—从'国家预算'到'预算国家'的探索"，《经济纵横》，2018 年第 6 期。

难以解决。[1] 譬如，从规范预算外资金到如今的四本预算，我国一直致力于将全部政府收支纳入预算管理的范畴，但就实践而言，这一问题仍未从根本上得到解决。即使新《预算法》中规定“预算包括一般公共预算、政府性基金预算、国有资本经营预算、社会保险基金预算”，但具体至其涵盖的收支范围时，也仅对一般公共预算进行了详细规定，对其他三本预算的收支范围仅提出“按照法律、行政法规和国务院的规定执行”。此外，新《预算法》已颁布了四年，其实施条例仍未完成修订，由于缺乏具有可操作性的指导和规范，一些预算改革措施也难以落到实处。因此，如何有效解决这些历史遗留问题，是预算制度改革进程中必须重视的一环。

（二）全面实施预算绩效管理，提高支出效率

十九大报告指出“全面实施绩效管理”，预算绩效管理进入了新的发展阶段。如今，中央部门已基本实现绩效目标全覆盖，各地方政府也积极探索合适的预算绩效管理新模式。就未来发展而言，还应注意以下两个问题：一是持续推动事前绩效评估，依托大数据等现代化信息处理技术，构建“绩效计划—中期财政规划—预算评审”的“三层级”评估框架，来进行有效的事前绩效评估。二是加速政府会计改革，与收付实现制相比，以权责发生制为基础的政府会计能够提供更多的成本信息，因而更适合预算绩效管理。当务之急是建立涵盖支出周期四个阶段（授权—承诺—核实—支付）的预算会计，以提供全过程的支出信息监控。[2] 之后可考虑依据不同的政府会计主体、基金报告主体、成本核算对象和成本信息披露要求，建立一个多元的政府会计信息系统，为预算绩效管理提供坚实的核算与计量基础。

（三）持续推进预算公开，强化财政问责

2008 年《中华人民共和国政府信息公开条例》正式实施，随后预算公开以“三公经费”为突破口，逐渐成为一项常态性现象，取得了瞩目的成效。尽管如此，财政部的调查结果显示，仍有 227 个部门和单位未公开 2017 年度预算。[3] 若想更加有效地推进预算公开，强化财政问责，可考虑从以下两方面着手：首先，

---

① 高培勇：“中国财税改革 40 年：基本轨迹、基本经验和基本规律”，《经济研究》，2018 年第 3 期。

② 马蔡琛、苗珊：“绩效预算的全球演进与中国现实”，《经济纵横》，2019 年第 5 期。

③ 财经网：《财政部公布地方预决算公开度排行榜，227 个单位未公开预算》，http://finance.ifeng.com/a/20181129/16596155_0.shtml，2018 年 11 月 29 日。

确保预算信息的易懂和易得，预算信息的公开要具有统一的数据标准，以便为数据获取、留存、使用和比较，提供共建共享的规范。① 其次，建立反馈机制，确保公民有效参与。预算公开的本质在于强化问责，反馈机制是将问责落到实处的重要一环。对于公众提出的质疑，相关预算单位应在规定时间内进行解释说明或整改，从而真正实现公民对预算的监督。

纵观预算制度的变迁演进史，不难发现，我国的政府预算制度建设从来不是一个单独的事件，而是服从于、服务于整体改革的，且其成功与否同整体改革的目标、方向等密切相关。同样，也只有建立起符合社会主义市场经济要求的现代预算制度，中国的现代财政制度建设才能落到实处。我们有理由相信，预算制度作为现代财政制度建设的关键一招，在实现国家治理体系与治理能力现代化的伟大征程中，必然前途无量，再创辉煌。

（本文发表于《财政研究》2019 年第 7 期）

① 吕廷君：“政府数据开放的法治思维”，《理论探索》2017 年第 4 期。

我国行政事业性收费的分类管理研究

冯俏彬[1]　韩　博[2]

【摘要】 清理行政事业性收费是优化我国营商环境的重要举措。本文认为，行政事业性收费是一个计划经济时期的概念，混淆了政府、市场、社会在提供各类不同性质服务的界限，并进而导致了管理混乱与规则弱化。基于这个认识，本文深入研究了我国行政事业性收费分类的理论依据应当从“两个特定”转向“两个维度”，并据此将行政事业性收费细分为五个类别，从而达到“正本清源，分流归位”的目的。在此基础上，文章依各类收费的不同性质，提出并制定了不同的管理规则，各归其道、各归其管。进一步地，针对每一类项目，文章明确了相关定价原则、定价公式以及评估制度与调整方法，实现科学定价，适时调整。

习近平总书记指出，当前我国经济运行的外部环境发生了明显变化，为此要做好应对惊涛骇浪的准备。各方公认，对当前国际形势急剧变化的主要应对之策是进一步深化改革、扩大开放，做好自己的事。2013 年以来，国家力推“放、管、服”改革，清理收费是其中的重要内容之一。几年来，从中央到地方，都对本级的收费特别是涉企收费进行了全面的清理整顿。据统计，中央设立的行政事业收费已经由 185 项减少到 51 项，减少的幅度达到 70% 以上，其中涉企收费由 106 项减少到 33 项，减少的幅度接近 70%。各省设立的行政事业性收费项目，也在大幅减少。除了收费项目的减少，相关管理也有所强化。这主要表现在实行

---

① 冯俏彬：国务院发展研究中心宏观经济研究部副部长，教授、博导，主要研究领域为政府经济管理、公共财政与税收、供给侧改革等。

② 韩博：男，1979 年出生，中央党校（国家行政学院）博士生、重庆理工大学讲师，研究方向为财税理论与政策。

了“收费清单公示制度”，各级政府网站上都能查到清理后的本级政府的收费清单目录。另外，国家发改委于2018年6月29日发布了《行政事业性收费标准管理办法》，对各项收费标准给出了程序性规定。虽然前几年清理收费工作取得了重大成绩，但目前看收费项目仍然偏多，且一些深层次的体制机制问题并未完全理顺，需要进一步深入研究。

一、推进行政事业性收费分类管理的重大意义

（一）有利于降低企业负担，优化我国营商环境

放眼当今世界，各国经济竞争在很大程度上表现为营商环境的竞争。通过多年的不懈努力，2018年我国营商环境的世界排名已上升到第32位，其上升速度之快令各方惊叹。但同时也要看到，目前影响排名的主要因素之一是税费负担，2018年这一数值为64%，高于世界平均水平45%个百分点。对行政事业性收费进行分类管理的研究，能从根源上发现企业负担的形成机制以及相关的解决办法，有利于从本源上消除企业负担增加的根子，彻底优化我国营商环境。

（二）有利于理顺税费租价体系，规范政府收入行为

从财政理论上讲，任何一国的政府收入均包含税费租价四个方面，每个部分性质不同，管理迥异。但由于历史原因，我国政府收入体系比较混乱，甚至表面上是一个类别，但实际上是税费租价并存。行政事业性收费也是这样。这种一锅粥的状态，往往使得相关管理规则游离、模糊，甚至不适用，不仅减弱了国家的整体财政能力，而且给有些部门的不当行权形成了空间。对行政事业性收费进行研究，有利于分清类别，在此基础上各归其道，各归其管，形成良好的政府收入秩序。

（三）有利于科学化行政事业性收费的定价方法与定价制度

改革开放以来，我国市场化程度极大提高，97%的商品和服务的价格形成都由市场决定。目前，政府定价的范围仅限于基础设施、公用事业、公共服务等几个方面，对其中的价格形成机制问题，社会各界高度关注，但问题本身又极其复杂，不仅需要进一步深化相关领域的改革，而且也需要进行深入的理论研究。对行政事业性收费进行分类管理的研究，正是这一宏大研究工作中的有机组成

部分。

二、行政事业性收费管理的研究现状

行政事业性收费作为国家财政收入的重要形式，一直是社会热点问题，但是同税收管理研究方面研究成果丰富、著作多的研究情况相比，国内关于行政事业性收费管理的研究相对来说还较少。从收集的文献来看，国内关于行政事业性的研究思路多以“问题—对策”式的结构为主，采用的分析方法均为定量分析。其主要视角和研究成果体现在以下几方面。

（一）对行政事业性收费概念和性质的界定

1. 程行云、吴晓宁、支玉强（2014）、张娟（2011）等认为，行政事业性收费是指国家机关或代行政府职能的事业单位、社会组织根据法律规定，在实施社会公共管理以及向公民、法人提供特定公共服务过程中，向特定对象收取的费用。这也是目前最为主流的对于行政事业性收费定义。

2. 毕井泉（1996）认为，行政事业性收费是政府行政机关和事业单位在为社会提供公共服务过程中，按照国家规定向服务对象收取费用，以补偿服务成本消耗的一种价格行为。（1）收费的主体是行政机关和承担社会公益事业的单位。（2）收费主体实施收费的原因是向收费对象提供了特定服务。由于服务对象是特定的，这部分开支不应由全体纳税人承担。（3）收取的费用是补偿性的，而不是营利性的。（4）收费单位是按照政府批准的收费项目和标准收费，而不是各收费单位自行确定。行政事业性收费虽然具有强制性，但是不等同于税收。把行政事业性收费按照价格管理，可以综合考虑物价总水平控制需要、财政和收费单位状况，以及社会各方面的承受能力来控制收费的规模和治理各种乱收费。

3. 许昆林（1993）将行政事业性收费一分为二，行政性收费是国家行政机关和国家授权行政使行政职权的单位、在社会、经济、技术和资源管理过程中按照特定需要依据国家规定实施的收费。其具体表现形式主要有管理费、登记费、证明费和证照费等，主要特点是具有特定性和强制性。事业性收费是指事业单位向社会提供有效服务，依照国家规定实施的收费。如教育收费、产品质量检验费、各种检疫费和各类事务所收费等都属于事业性收费，具有补偿性的特点。

（二）行政事业性收费标准的制定原则

1. 许昆林（1993）指出，证照收费应严格按工本费核定，不得收取任何形式的管理费。涉外证照可参考国际上同类证照的收费标准制定。

2. 诸素雅（2013）认为，应当科学调整收费标准。调低过高收费，对于消费具有较强外部效益及需求弹性较大的公共服务，应按照低于或接近边际成本的原则定价，以免造成消费者负担；对于消费外部性较弱及需求弹性较小的公共服务，可视情况使相应的收费标准高于边际成本，以免引起较为严重的公共部门亏损。调高过低收费，对于环境处理方面的收费如污水处理、城市垃圾等，可适当提高收费标准。

（三）行政事业性收费分类研究

1. 冯俏彬（2016）在对收费的历史沿革重新梳理的基础上提出了对我国收费体系的再分类。按照政府身份划分可分为行政性收费、各类中介组织收费、事业性收费、与各类职业资格取得有关的培训与考试考务费；按收入的性质划分为“准税收”类（包括行政性收费、政府性基金中的文化事业建设费、地方教育附加费等）、“租”类（指政府因出租、出让国有资源所产生的收费等）、“使用者付费”类（各类公用事业性收费和与各类职业资格取得有关的培训与考试考务费等）。

2. 贾小雷（2017）将政府性收费大致分为行政规费、使用费和负担金三种类型。我国行政事业性收费将具体按照其内容分别归属于行政规费或者使用费，政府性基金收入归属于负担金类别，国有资产（资源）有偿使用收入归入使用费，而国有资本经营收入单独设定为一类收入，形成一个相对合理的非税收入格局，有利于行政事业性收费位置的相对清晰和独立，从而可以在制度体系设计上提升其法治化水平。

3. 诸素雅（2013）提出应当采取保留、取消、转型、改革、拓宽的方式，对现有项目进行清理整顿，以更加科学的进行非税项目的征收。应保留难以实行“费改税”及其他合理、合法且暂不需清理的项目，并同时予以规范；取消地方或部门非法越权设立的收费项目、征收期已满的事业发展或工程建设基金；对咨询费、培训费等可通过市场调节、征收的项目，转型为由市场定价依法纳税；对凭借政府权力收取的与税收性质相同的项目，改革为以税收形式进行征管，如交通、水利等领域的非税项目变为燃油税、水资源税等；拓展一批具有发展潜力项目的管理，如以政府名义接受的捐赠、财政资金产生的利息收入、彩票公益金、特许权收入等。

（四）行政事业性收费管理面临的问题

1. 程行云、吴晓宁、支玉强（2014）认为，税费管理立法滞后，目前收费管理依据主要是国务院文件，没有一部政府收费方面的统一法律规范。社会上对政府收费合理性的认识也有偏差。税费结构也不尽合理，政府收费特别是政府性基金规模偏大。

2. 罗顺霞（2017）认为，行政事业性收费管理中存在两大问题，即公共资源交易制度不完善和财政管理制度不健全。

3. 汪文安（2007）认为，现行收费的三种运行模式，即对乱收费行为企业或群众有权拒缴、企业或群众可向价格主管部门投诉举报、价格主管部门例行监督检查均无法对乱收费起到有效地遏制作用。

4. 章彩云、赵小平（2006）、朱琴（2016）认为，在行政事业性收费问题收费项目政策制定不规范、收费行为缺乏有效约束性、收费资金管理制度不健全等问题。

5. 冯俏彬（2016）提出，当前收费管理中存在行政性收费的合法性存疑、公共定价制度不健全等问题。

（五）行政事业性收费的改革思路

1. 毕井泉（1996）提出了行政性公共服务收费将仅限于行政机关为特定对象服务而费用不应由全体纳税人负担的审批费、登记费、证照工本费等少数收费。在分清政府和消费者应承担的责任的基础上，明确各类公益服务收费的作价原则，逐步理顺公益服务收费标准，促进公益事业的健康发展。

2. 程行云、吴晓宁、支玉强（2014）提出，应该抓紧推动政府税费立法工作、理顺价费关系、进一步清理规范收费的改革思路。

3. 冯俏彬（2016）提出可以通过推动行政零收费、建立完善公共定价机制等推进收费改革。

4. 罗顺霞（2017）提出了进一步规范收费体制、更新收费理念等建议，并认为目前收费的主要理由是规范市场经济秩序、营造良好商业环境及扩大开放程度等，整个过程中要树立“不收费才是正常”的改革理念。

5. 贾小雷（2017）政府部门在决策提供公共服务的具体项目时必须研判好

政府与市场关系的发展动向，并根据情势变化及时加以调整。能够由市场机制提供的准公共服务，其对应的经济负担或交易对价属于市场自主价格调整范畴，只有落入非市场领域的准公共产品与服务，才涉及行政事业性收费的问题。而对于真正处于应当由政府及其相关组织提供的公共事业性服务，应当根据行政事业性收费的具体目的不同，对各种具体收费类型加以界定。

三、行政事业性收费分类管理的理论框架

（一）理论基础：公共产品的技术标准与政治标准

一般认为，政府的职责是提供公共产品和公共服务，在我国可以进一步具体化为宏观调控、市场监管、公共服务和社会管理四个方面。理论研究表明，公共产品的确定有两个标准。一是技术标准，判断依据是“非竞争性”和“非排他性”，据此可将所有产品和服务分为四个大类：纯公共产品、公共池塘物品、俱乐部产品、私人产品，（如图1所示）。二是政治标准，即政治决策或称为集体选择，一项产品是不是公共产品，除了看其是否具备收费条件，还要看其所在的社会决定怎么做，背后的决定因素同期普遍公认的某种政治伦理与公民权益。技术标准回答的是能不能收费（只要能确认受益主体和受益程度，就具备收费的技术条件），政治标准回答的是要不要收费、或者收多少。

	排他性	非排他性
竞争性	纯私人产品 苹果、鞋子、书本	混合产品（公共池塘物品） 公用绿地、公共渔场
非竞争性	混合产品（俱乐部产品） 剧院、公园	纯公共产品 国防、环境保护

图1

技术角度看，政府提供的大量的公共产品和公共服务中，都属于或多或少具备收费条件的准公共产品，其中既包括公共池塘物品，也包括俱乐部产品。特别

是随着技术进步，越来越多原来不具备收费条件的公共产品，完全可能因具备了收费条件而或多或少地带有私人产品的性质。反过来，也有一些原本是收费的，但因为人们价值观念的变化和政府伦理的变化，而改为不收费或少收费的准公共产品。这就是公共产品理论中广为人知的“边界漂移”说。因此，即使在技术上具备了收费条件，也不意味着政府都要收费、都能收费，到底收不收、收多少，还要看同期社会上普遍持有的行政伦理与公民权益观念，以及政府角色的多重性，即到底是权力主体，还是产权主体。这是研究收费问题的思维起点与思想基础。

（二）以两维度坐标法对现有收费项目重新进行分类

总体而言，现有 300 多项中央及全国性行政事业性收费中，绝大部分均是既能确认受益主体、也能确认受益程度因而具备了收费条件的准公共产品。这也是相关文件中对于行政事业性收费定义中的“两个特定”的主要意思。但如上所说，一项收费是不是成立，除了技术要具备收费条件，还要在政治上具备某种收费认同。我们认为，新的历史时期，对于现有收费项目的分类应从以下两个维度进行考虑：一是付费强度。即按当时条件下与背景下，需要收费的必要性大小。二是政府管理强度。从相当大的程度上讲，收费的背后是职能，因此一项收费到底不需要，还要看这项收费背后的职能到底是政府的，还是社会的、市场的？即使是明确的政府职能，也还要看政府应该在其中在哪些体环节、以哪种方式发挥作用。如图 2 所示：

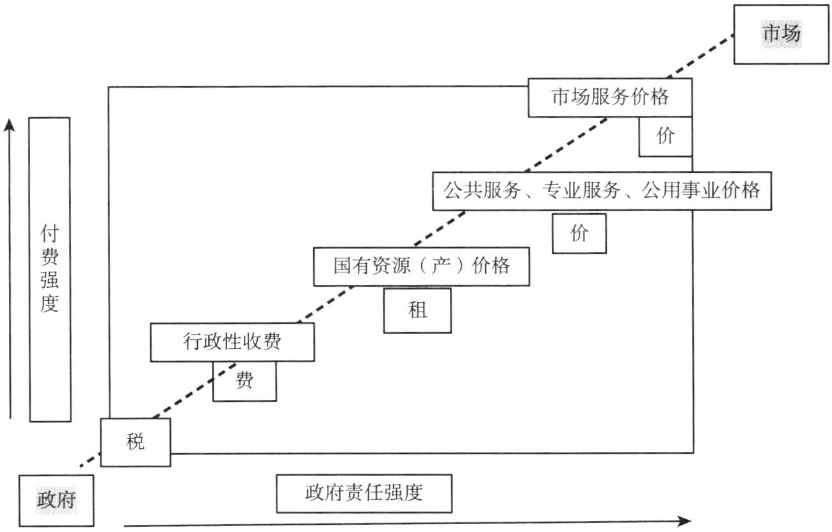

图 2

图2中纵轴是指付费强度，从下到上表明收费的必要性从弱到强，横轴代表政府责任强度，从左到右表明政府责任从强到弱。据此，我们将现有行政事业性收费分成以下类别：

1. 税收。即政府作为全社会的管理者，出于提供普遍性公共服务而收取的收入，其中政府责任强度大，面向社会主体以税收的形式普遍收取，不需要针对个体单独收费。

2. 行政性收费。即政府机构在履行其应尽职责时，出于抑制过度使用公共资源目的而收取的费用（类似于公共池塘物品）。包括办理证照、许可、实施罚没、监管、诉讼以及涉外等几个子类别。但涉及初次与基本的部分应由公共财政保障，政府不应当另行收取费用。在此，政府的角色是社会管理者。

3. 国有资源价格（含补偿、出租、出让）。即政府作为国有资源（产）的所有者，在管理、出租、出让其使用权时收取的费用。依情况不同，可能包括资源补偿收入、出租收入、出让收入、特许使用收入等。

4. 公共服务、专业服务、公用事业价格。即由事业单位、企业单位为主体提供的某种特殊服务的价格，包括水、电、气、教育、医疗、考试及其他公用、公共服务。这些服务的提供主体不是政府，但由于存在自然垄断现象或明显的公共利益，需要政府对其进行一定的规制。即政府是社会管理者。

5. 市场服务价格（社会组织、中介机构）。即由企业、社会组织、中介机构提供的某种与政府管理有一定关联的服务收费，属于市场价格的一类，政府负有普遍管理责任。

四、对现在行政事业性收费项目的重新分类

根据上述原理，我们对现有300多项行政事业性收费重新分类如下：

1. 行政性收费。包括以下几类，（1）证照类。（2）登记类，含不动产登记、药品注册费、医疗产品器械注册费、商品注册费、专利收费、集成电路布图设计保护收费。（3）监管、诉讼类，含银行业监管费、保险业监管费、证券、期货业监管费，诉讼费、仲裁收费、适航审查费等。（4）罚没类，含社会抚养费等。（5）涉外类，含涉外类。认证费（含加急）、签证费、驻外使领馆收费、证照费、外国人签证费、外国团体来华登山注册费、专利收费等。

2. 国有资源价格。包括两类，一是补偿类，含土地复垦费、土地闲置费、耕地开垦费、水土保持补偿费、渔业资源增殖保护费、草原植被恢复费、挖掘修

复费、航空业务权补偿费等，二是经营类，包括城市道路占用、车辆通行费、无线电频道占用费、电信网络号码资源占用费等。

3. 公共服务、专业服务和公用事业价格（或统称“使用者付费”）。包括三类，一是公共服务费，含各类学费：公办幼儿园保教费、住宿费、普通高中学费、住宿费、中等职业学校学费、住宿费、高等学校学费、住宿费、委托培养费、“函大电大夜大”及短期培训费、国家开放大学收费，预防接种服务费、造血干细胞配型费等。二是专业服务类，在此主要指各类职业、职称考试考务类。三是公用事业费，含污水处理费、城镇垃圾处理费、殡葬收费、长江干线船舶引航收费等。

4. 市场服务价格。在此主要是鉴定类，即根据法律法规规定，行使或者代行政府职能强制实施检验、检测、检定、认证、检疫等收取的费用，包括农药实验费、鉴定费、特种设备检验检测费等四类。

五、我国行政事业性收费分类管理的现状分析

管理是一个系统，包括目标、过程、方法、主体等多个要素。好的管理应当清楚陈述所要达到的目标，并基于目标来确定是以过程管理为主还是结果管理为主，单一主体为主还是多主体为主以及相应的管理方法。换言之，管理需要一种系统、综合、全面视角。以是观之，可以对我国行政事业性收费管理的几点评价：

（一）从目标看：目标已经变化

资料分析显示，早期（20 世纪 90 年代）我国行政事业收费所要达到的目标是为了解决行政事业单位经费不足的问题。从相当大的程度上讲，这也是在收费项目主导权最终归于财政部门的主要原因。目前看，这一目标已经有所变化，一来随着我国经济社会的发展，财政收入多年持续增长，1995 年，我国财政收入仅为 6 242. 20 亿元，到 2017 年已经达到 172 592. 77 亿元，增长了 27. 65 倍。因此财政部门在保障各政府部门履职需要的费用方面，已不存在问题。进入 2013 年以来，随着各方面形势的变化，我国收费方面的主要目标已转为降低制度性交易成本，优化营商环境，减轻社会尤其是企业负担[①]。在目标已改变的情况下，

① 需要指出的是，即使在营商环境已经很好的国家或地区，也不是说没有费就是最好，任何时候政府出于管理的需要，都有一些收费项目的存在。关键在于“度”，我们要注意不能把孩子连同洗澡水一直泼出去。

相关管理架构就需要及时调整。

（二）从过程看：事前严格，事中缺乏落实，事后缺乏评估，持续优化不足

简要地讲，可将任何一个管理过程分为事前、事中、事后三个阶段，每一阶段应匹配与之相适应的要求与制度。以行政事业性收费而论，事前阶段主要是涉及一个收费项目由谁来确定？如何确定？收费标准是多少？即收费项目和收费标准的问题。事中阶段主要涉及谁来收？如何收？以及围绕这一要求所进行的公示、目录清单、监督、投诉、申诉等机制。事后阶段，主要涉及收费效果的回顾、评估、调整，即反身评估和持续优化。

以是观之，可以看出，长期以来，我国关于行政事业性收费的管理主要集中在事前阶段，即收费项目和收费标准的确定上面。事中阶段也有详细的文件规定，但似乎缺乏落实与检查机制。最缺的是事后，基本上没有看到已落实的、常态化的评估与调整机制。现实中，变革往往源于问题倒逼。从相当大的程度上讲，这既是收费项目逐年累加以至尾大难掉的原因，也是收费标准调整频次非常稀疏的原因。

（三）从主体看：以政府主体为主，企业与公民，付费人相对隐形和失声

收费问题，至少关系到管理主体、收取主体、付费主体多方，从决策和监管的角度看，还要包括相对第三方的社会或专业人士。但目前看，主体只有两个，即财政、发改和执收单位，管理的关系线主要是政府部门之间的内循环。作为付费主体的企业与公民，则基本上处于隐形和失声状态。由于政府事务千头万绪，而且每一阶段的工作重点都不相同，因此很难有内在持续的动力对于几百项收费进行一一的回顾与评估，这也是对于收费，平常觉得是个小事，但经年累积后就变成了影响营商环境、人民满意的大事，受到各方面的质疑甚至责难。

（四）从方法看：程序性多于技术性

总体而言，现在关于收费的管理方法不仅有，而且很多。比如，在收费项目和收费标准的提起、审核、批复方面都有明确的规定，有些还十分具体。目前的不足主要在于，一是有些规定还比较原则，细化程度不够，操作性有模糊性，二是权威不够，这主要体现在收费项目的确定，多为政府文件。三是科学性不够，

这主要体现在收费的定价标准上，比较原则，没有科学合理、清楚明白的定价公式。四是执行的程度、效果缺乏落实、核查、评估以及惩戒机制。

六、主要政策建议

根据前面的分析，课题组对推进我国行政事业性收费分类管理提出的主要建议可以总结为三句话：一是“正本清源，分流归位”，即按税、费、租、价重新对现有行政事业性收费项目进行分类；二是“各归其道，各归其管”，即在分类的基础上，按其性质制定分类管理办法；三是“科学定价，适时调整”，即针对每一类项目，要明确其定价原则，有条件的要给出定价公式，同时引入后评估制度，适时调整。

（一）各归其道，各归其管

由于历史原因，现有300多项的中央级行政事业性收费项目中，几乎包含了税、费、租、价四类。这种混成一团的“一锅粥”局面很不利于推进分类管理，必须分流归位，精准锁定。在前面的部分我们已经进行了重新分类，在此我们进一步建议：

1. 取消行政事业性收费的笼统说法，分别使用含义准确、让人一望而知的“行政性收费”“国有资源价格”“公共（专业）服务价格”（或称使用者付费）、“市场服务价格”等名称。同时严格管控各类以费之名行调价之实的、价费不分的行为。

2. 保留正当的行政性收费部分，共计153项，这是今后收费工作管理的真正对象。

3. 取消一批收费项目，主要有2项。取消“防空地下室易地建设费”，原因：一是此项费用属于典型的纯公共产品（国防），应当于财政预算安排支出；二是这项收费时间已经过长，早已不符合时代需要。取消“社会抚养费”，主要原因是我国新增人口已转为负增长，原有以人口控制为目标的计划生育政策已经严重过时，操作上需要与人口与生育政策同步进行。

4. 转出一批收费项目，这又分为四种情况。一是转入“税”部分，主要有：“海洋废弃物倾倒费”，转入环保税收取。“水资源费”，转入资源税一并收取，计3项。二是转入“公用事业和公共（专业）服务价格”部分，计121项。污水处理费、城镇垃圾处理费属于典型的公用事业价格，应从收费项目中转出，列为公共事业价格。殡葬、各类学费（含住宿费）属于典型的公共服务，可转入公共服务价格。考试考务类属专业服务类，共计99项。三是转入“国有资源价格”部分，共计21项。四是转入“市场服务价格”部分，共计7项。

这样处理后，真正的行政性收费只有153项。其他的项目分别归于税、租、价等不同范畴，由此可以调整管理范围和管理机构，并依对象不同构建出相关管理机制。

（二）完善我国行政性收费管理制度

对于行政性收费项目，核心是要明确其财政资金的性质。在此基础上明确管理理念和基本原则。我们的主要建议有以下几个方面：

1. 改名，即将原来的行政事业性收费改名为“行政性收费”，其含义是指履行行政管理的政府部门，在面向企业或公众提供某些特定服务时，基于控制公共资源过度消费的目的而收取的费用。为了从思想上明确认识，还可进一步指出，对于政府提供的服务应进行两个层面的区分，一是其中的普遍和基本服务部分，如初次办理证照费、注册登记费、司法救济等，这部分属于政府基于本身天赋职能应当提供的部分，性质上接近纯公共产品，所需费用由财政预算统一安排，不再另行收取费用。二是超出普遍和基本的部分，这是为了抑制对于公共资源的过度消耗而收取的费用，性质上属于公共池塘物品，应当通过收取适当费用的方式，辅以经济方式施加管理。

2. 政府定价，分类确立收费标准。即使都是行政性收费，各项目的性质仍然不尽相同。为此，还可以进一步做如下区分并确立其收费标准的一些基本原则。

（1）涉及企业和居民的证照费、注册登记费、诉讼费、仲裁收费这几类，应以变动成本定价为基准确定收费标准。所谓变动成本，是相对于固定成本（即在一定的范围内不随产品产量或商品流转量变动的那部分成本，如固定资产的折旧和维护费、办公费等）而言。在行政性收费的语境中，各相关政府部门的人员经费、办公经费、基本运行经费等就属于固定成本，这部分成本是由主要由税收转化而来的公共财政承担的。变动成本是指成本总额随着业务量的变动而成正比例变动的成本，如在产品或服务的生产过程中所消耗的直接材料、直接人工等等。这部分成本应由消费了超过基本公共服务部分的个体来承担。

在现行的收费标准的管理规定中，有“各种证件、牌照、簿卡等证照收费标准按照证照印制、发放的直接成本，即印制费用、运输费用、仓储费用及合理损耗等成本进行审核”之规定，总体上看，是符合变动成本定价法的基本精神的，可予以保留和完善。可用公式表示如下：

收费标准 = 印制费用 + 运输费用 + 仓储费用 + 合理损耗 + 其他

（2）银行业监管费、保险业监管费、证券、期货业监管费、适航审查费这几类，由于存在明显的商业利益，同时相当于政府准入和许可，可以其预计 3 年内的平均收益为计算基数，按同期社会平均税率来核定收费标准。① 用公式表示如下：

收费标准 = 未来三年同行业的平均收益之和 × 同期社会平均税率

（3）罚没类收费依有关法律规定另行确定。

（4）涉外类收费按国际对等原则确定。

3. 严格行政性收费的全过程管理。基于行政性收费的主要特征，即收取部门是履行行政管理职能的部门，所提供的公共服务即使是对象可识别，也是具有普遍性、是政府出于天职而应该提供的管理或服务。因此对这部分收费的管理应当：

（1）收费项目的确定要有明确的法律授权。行政性收费与税收一样，同为政府行使公权力所获得的收入，同为政府财政收入的组成部分。因此，与“税收法定”相同，确定行政性收费项目也应当在法治的原则之下进行，每一项收费都要有明确的法律授权。要对现有的行政性收费进行一次依法依规方面的审查，如无明确法律授权的，应通过后续程序进行完善。今后如有新增项目，可保持现有管理部门提起收费的做法，由相关部门集中后报国务院统一批复，同时报人大备案。

（2）清单管理、全面公示。所有行政性收费项目，应当通过线上线下等各类方式予以公开、公示，同时实行正面清单管理。凡不在清单上的项目，一律不得收取。

（3）全面贯彻收、支、用、管相分离的原则。从经验上看，行政性收费出现“生复剪，剪复生”的怪圈的主要原因是因为收费收入与执收执罚单位的支出之间存在着或明或暗的利益勾连，在预算安排与收费收入之间存在着或明或暗利益勾连。因此，要想一劳永逸地清理、规范管理行政性收费问题，根本对策是

① 在 2011 年国办《关于分类推进事业单位改革的指导意见》中有这样的规定：已认定为承担行政职能、但尚未调整到位的事业单位，其履行行政职能依法收取的费用以及通过向社会提供其他服务取得的收入，全部纳入财政预算管理，收支彻底脱钩，各项经费由同级财政预算予以安排。这一项完全符合对银、证、保监管费的处理思路。

彻底消除这之间的利益关联关系。为此，要全面消除收费收入是部门资金的观念与行为，并从制度设计上做到收、支、用、管相互分离、相互制衡，彻底消除其中可能存在的某种“合谋”机制。具体而言，可由执收执罚部门开具收费指令，税务部门负责收取、财政部门预算统一安排，经费使用部门对其规范性和绩效负责。现实地看，除监管费和诉讼费之外的其他行政性收费贯彻这个原则是完全可行的，基本上没有什么难度。但监管费和诉讼费在现体制条件下，则很难一步到位，可先在观念上予以明确，同时配合相关改革缓步推进。

（4）建立定期评估、调整制度。由于经济社会处于不断发展变化中，技术也处于不断的进步中，人们对于政府的观念以及行政伦理也始终处于不断变化之中，因此政府所提供公共产品或公共服务范围和程度以及由此而来的行政性收费完全可能因时而异。为此，应当建立定期或不定期的收费评估与调整机制。从主体上看，这种评估既可以由政府部门进行，也可进行第三方评估，还可以结合全面绩效管理的推进进行。从内容上看，可从收费必要性、收费标准、收费管理、效果等多方面进行综合回顾，在此基础上进行调整，该取消就取消，该新增就新增，该调价就调价，以达到持续优化的目的。从频次上看，倒也不必每年一次，可考虑以三年左右的周期进行，关键是要设定调价的触发条件。

（5）其他。结合当前行政事业性收费目录的情况，我们建议：单列“行政性收费”条目，与其他各类价格条目明确区分。二是明确今后中“费”即指或主要指行政性收费，其他类别的尽量不使用“费”的名称。三是严格管控各类以附加费之名行涨价之实的行为，价格调整按相关机制执行，不可再以附加费的名目出现。否则，没几年又将面临遍地都是费的乱象。

（三）优化国有资源价格的管理制度

1. 定义与分类。在现行行政事业性收费项目中，有些属于国家作为国有资源的所有者，因出让、出租某种资源的使用权而获得的收入，属于经济学意义上的“租”。从另一角度看，这类“租”也可通俗地表达为国有资源价格，即政府作为国有资源的所有者，向开采、利用自然和社会公共资源的企业或居民所收取的费用。

从现有目录看，主要涉及水、土、草、道路、空域等。其中又可分为补偿类和经营类两种。一是，补偿类：土地复垦费、水土保持补偿费、渔业资源增殖保护费、草原植被恢复费、土地闲置费、挖掘修复费等等。二是，经营类：耕地开垦费、城市道路占用、车辆通行费、航空业务权补偿费、水资源费、无线电频道占用费、电信号码资源等。其中水资源费未来的发展方向是纳入资源税，目前已有部分省份正在进行试点。因此在未将其全面纳入资源税之前，可仍然按经营性类国有资源进行管理，今后在资源税将其纳入时同步取消。

2. 管理原则。基于国有资源价格的“租”性质，可以逻辑地推断出这部分收入属于全民所有，应当纳入财政大账。具体而言，有以下要点：

（1）所有基于非公共利益对国有资源的使用，均应收取费用。

（2）收取国有资源价格的主体是相关管理部门，如国土、农林、交通等。

（3）所有国有资源的出租出让收入，均是国家财政收入的一部分。因此同样就应当执行收、支、用、管相分离的基本管理原则，相关收入与在收取部门的预算安排之间不存在实质性联系。

3. 实施价格管制，分类确定价格标准。由于国有资源的国有性质，其出租出让的价格如何确定是一个世界性的难题。我们认为，可基于某项资源的具体用途和时限，即长期的还是短期的，商用的还是民用、公用，分别考虑。

（1）补偿类国有资源价格的确定：影子价格法 + 成本补偿。水、土、草、道路等国有资源的价格，受到地理位置和经济发展程度、市场价格等的严重影响，因此很难给出不同时间、不同区域、不同品类的价格标准。现在文件中“资源补偿类收费，即根据法律法规规定向开采、利用自然和社会公共资源者收取的费用，收费标准参考相关资源污染或者其他环境损坏的，审核收费标准时，应当充分考虑相关生态环境治理和恢复成本”的规定比较原则，并不能作为可操作的定价规则。事实上对于这类“价格”情形，最可行的办法还是引入市场机制来形成价格和发现价格。但是，由于水、土、草、道路等均具有所有者主体（国家或政府）的单一性，换言之只有一个卖家，在这种情况下，价格发现机制仍然会失灵，表现为价格畸高。对此有两个解决法，一是引入“影子价格”。比如，各地都有公共资源交易中心，理论上水、土、草、道路等资源曾经有过交易记录，这就是一个很好的参考标准。二是成本因素，即使用资源所造成的污染、损坏的治理和恢复成本，这也可以从当地上年度的财政资料上发现。基于这样一个思路，补偿类国有资源价格的确定方式为：参照影子价格，参照相关成本作为定价基准。

（2）经营类国有资源价格的确定：竞价 + 价格管制。这部分国有资源具有双重性，一是通常具有自然垄断性，二是经营具有营利性。政府在此的角色也是双重的，一是国有产权的出让者，二是公共利益的代表人或者说社会管理者。此时国有资源产生的收入也是双重的，一是政府在出让其使用权时所产生的收入，二是在经营过程中产生的收入。对于前者，可通过各地公共资源交易中心公开、公正、公平地出让出租使用权，这是政府作为所有权主体产生的租金收入。此外，还要对于后续经营过程中的价格予以一定程度的规制。以城市道路占用费为例，可分为两个步骤，一是以竞价的方式出让路权，政府获得一部分收入，二是根据当地的经济发展水平、人民收入水平等因素来确定最高限价。再以车辆通行费、航空业务权补偿费为例，企业可用全成本加合理利润的方式来定价，但政府要定期对其的成本费用信息进行核查，并向社会公开，即企业有定价权，但政府有管制权。

（四）关于“使用者付费”项目

1. 定义与分类。此处的公共服务、专业服务、公用事业，属于典型的使用者付费项目，是真正的、面向和特定群体提供的某种特定服务。具体包括以下三个方面：

（1）公共服务，在此主要指教育、殡葬、预防接种等，即超出基本公共服务之外、需要使用者付费的部分，出于信息不对称等原因，需要政府对其价格进行监管。在现行目录中，主要有：一是各类学费，包括公办幼儿园保教费、住宿费、普通高中学费、住宿费、中等职业学校学费、住宿费、高等学校学费、住宿费、委托培养费、“函大电大夜大”及短期培训费、国家开放大学收费。二是殡葬收费、预防接种服务费、造血干细胞配型费等。

（2）专业服务，是指涉及特定人群的某种专业性服务。在此主要指各类职业、职称、技能的考试考务类。

（3）公用事业，一般是指服务于城市生产和居民生活的各项产业，包括水、电、气、热、公共交通等。在现行目录中，属于标准公用事业的主要是污水处理和城镇垃圾处理，居第二的是长江干线船舶引航。

2. 管理原则：价格管制＋政府监管。上述公共服务、专业服务和公用事业，属于典型的使用者付费项目。其生产主体要么是企业，要么是公益二类的事业单位，不完全属于政府。但由于公共服务、专业服务和公用事业要么存在显著的信息不对称，要么具有自然垄断特征，因此政府通常都会介入，或直接举办、或给予一定程度的财政资助或政策许可。无论哪种情况，政府都要对其实施监管，且监管的内容涵盖多个方面，包括价格、服务质量、市场准入、投资、财务管理等，其中价格监管是核心。

3. 科学确定公共服务、专业服务价格。基于使用者付费的基本特征，现行目录中的各类学费、殡葬、预防接种、考试考务等公共服务和专业服务，理论上应当适用全成本定价法，即应当由使用者负担全部成本。但在我国，提供以上公共服务或专业服务的主体，按 2011 年国办《关于分类推进事业单位改革的指导意见》中对于事业单位的划分，大多属于公益二类。其基本特征是：主要从事的是不由政府保障的非基本公共服务，二是部分由市场配置资源，即可通过收费的方式部分地弥补其成本。换言之，这些事业单位的收入构成包括两部分：财政拨款 + 收费收入。因此理论上讲，其服务价格的制定应当遵循以下逻辑：一是该单位的全成本是多少？二是某一时期的财政拨款是多少？三是以上两项的差额是多少？据此可得到某种公共服务的单位价格。

公式：单位价格 =（全成本 - 同期财政拨款）/人次

要将以上定价逻辑落实下来，政府要做到以下几个方面，一是掌握准确的拨款数据，二是对相关成本的信息能够全面、清楚且动态地掌握。三是有一套关于公共服务质量监管、公民投诉、价格调整的相关机制。这实质上是现代社会政府对公共服务管理的全面转型，任重而道远，需要结合相关方面的改革缓步推进。

另外，由于这些单位所提供的服务具有某种公益性或涉及较多人群（或称非营利性），因此政府应当对其进行价格规制①。但价格规制也应当基于现实成本，而非某一固定标准。举例而言，现行考试考务费中有规定最高上限的做法，根据我们的调研，还是存在标准过低，不符合现实情况（更不用说国际比较了）的问题，由此导致的结果很可能是或明或暗的管理或质量问题，或牺牲长期效应掩盖短期矛盾的问题。对此可结合相关领域的改革，徐徐推进。与此同时，在一些领域和环节可以考虑积极引入政府购买服务的方式，交由一些具备资质的社会主体来承办。

4. *公用事业价格重在科学化定价方法*。我国公用事业牵涉面广，情况复杂，改革到位尚需相当时日。综合而言，现有关于公用事业的研究，围绕价格这一核心问题是不充足的，而且各行业情况不同，更难以有一个一统天下的普遍准则。当务之急是要对不同行业的、采用的不同定价方法进行研究，并在实践中陆续采用。综观起来，现有研究中对公用事业进行政府定价主要有以下几种方法：

（1）边际成本定价法边际成本定价法（marginal cost pricing rule）是使产品的价格与其边际成本相等，即 P = Mc。经济学理论认为，此时将实现资源配置的

① 这当中涉及事业单位的定性问题，有研究认为，应当明确其“非营利组织”的性质，以此进行管理定位。

帕雷托最优。但是，边际成本定价法通常伴随着企业亏损，因此在实际中却较少用到。

（2）拉姆士定价法（Ramsey，1927）。这是对边际成本定价法的一种修正。为了保证企业在生产过程中不致亏损，要优先考虑公用事业生产过程中所产生的固定成本，提出一组次优价格的定价方法，以达到社会福利的最优化标准，即：

$$\frac{\frac{P_1 - MC_1}{P_1}}{\frac{P_2 - MC_2}{P_2}} = \frac{\varepsilon_1}{\varepsilon_2}$$

（3）资本收益率管制定价。资本收益率管制定价法是19世纪末以美国为代表的西方国家对自然垄断产业价格管制所产生的定价方法，它是由政府事先规定一个合理的公用事业生产的收益率来限制企业盲目追求利润的行为，重点在确定资本收益水平和资本回报计算基数。

（4）价格上限管制法。这是由 Vogelsang – Finsingetr（1979）与 Sappington（1980）研究提出的，是指政府为了实现社会福利最大化和生产效率最优化的目标，根据前期的经验数据对本期产品进行合理定价而实行的最高限价管制。

（5）综合间接管制定价法。这是我国学者苏素提出的，其基本思路是将对公用事业的定价分为三个阶段进行：新增项目公用事业的定价模型、已有公用事业产品但公用事业产品尚未进入使用的定价模型、已有部分公用事业产品进入使用的定价模型。

如果落实到现在目录中的三个项目（污水处理和城镇垃圾处理，长江干线船舶引航），可以在资本收益率管制定价和价格上限管制这两种方法中选用。长期而言，污水处理和城镇垃圾处理还需要加大市场化改革力度，让市场机制在定价中发挥决定性作用。

（五）市场服务价格管理：放开、竞争、市场定价

所谓市场服务类，是指虽然与政府行使特定职能有关，但可以由市场主体或中介组织提供的服务。对这类属于市场服务，与其他商品或服务市场一样，政府负有普遍管理责任，如适当的市场准入、资质管理、公平竞争的市场环境等，但既无须直接定价，也无须进行价格管制。结合我国在这方面的实际情况，政府主要要做的工作是放开服务市场，让更多的市场主体平等进入，以此引入竞争机制，发挥市场机制在价格发现和价格形成的中的决定性作用。

关于鉴定类市场服务。这类服务是根据法律法规规定，行使或者代行政府职能强制实施检验、检测、检定、认证、检疫等收取的费用，包括农药实验费、鉴定费、特种设备检验检测费等四个大类。其主要管理要点是加快各类中介组织、行业协会、经营性事业单位等与政府脱钩的步伐，禁止政府官员在这类机构中任职或兼职，剥离它们与政府机构、官员的联系，将其推向市场，自主经营、自负盈亏。长远而言，则是放开市场，形成竞争，充分发挥市场机制在价格发现和价格形成的中的决定性作用。

总之，从我们研究的结果上看，我国现行309项收费中，真正属于行政性收费的仅占其中三分之一，另外三分之二多属于形形色色的价格。这是由于我国漫长的计划体制以及政府对于社会、市场长期替代的结果。值此全面深化改革之际，应当借行政事业费这一具体领域的问题来实质性地调整政府与市场、政府与社会的关系，借由“收费”改革来推动和深化相关领域的改革，真正发挥市场配置资源的决定性作用和更好地发挥政府作用，切实推进国家治理能力和治理体系的现代化发展进程。

参考文献：

[1] 程行云、吴晓宁、支玉强：“改革完善我国政府税费管理制度的思路”，《价格理论与实践》，2014年第9期。

[2] 张娟：“浅谈行政事业性收费管理”，《经济视角（中旬刊）》，2011年第9期。

[3] 毕井泉：“行政事业性收费改革思路”，《价格理论与实践》，1996年第11期。

[4] 许昆林：“行政事业性收费及其管理现状”，《中国物价》，1993年第1期。

[5] 诸素雅：“规范行政事业性收费管理的思考”，《中国财政》，2013年第9期。

[6] 冯俏彬：“供给侧改革视角下的我国收费制度研究”，《中共中央党校学报》，2016年第3期。

[7] 贾小雷：“论我国行政事业性收费清理的法治化”，《中国矿业大学学报（社会科学版）》，2017年第5期。

[8] 罗顺霞：“探讨行政事业性收费改革现状”，《财会学习》，2017年第

4 期。

[9] 汪文安："现行行政事业性收费管理制度的局限性与改革设想"，《价格与市场》，2007 年第 7 期。

[10] 章彩云、赵小平："行政事业性收费管理存在的问题及对策"，《财政与发展》，2006 年第 10 期。

[11] 朱琴："新时期行政事业性收费管理体制改革"，《低碳世界》，2016 年第 25 期。

（本文发表于《社会治理》2019 年第 10 期）

“一带一路”背景下我国国际道路运输管理财政事权划分

——基于美、俄、法的比较分析

苏京春[①]　王　琰[②]

【摘要】 国际道路运输管理对打通经济走廊运输通道、深化区域合作、推进产业升级有重要意义，是开创“一带一路”国家倡议下我国对外开放新局面的关键。国务院 2019 年 33 号文在国际道路运输管理的财政事权和支出责任划分方面迈出重要一步，然国际道路运输管理财政事权在运行实践中仍存在事权归属不明晰、事权与支出不匹配等问题。本文认为，国际道路运输管理事权作为中央事权有其坚守和落实的必要性和可行性，而真正在实践层面实现中央事权，则需要理顺国际道路运输管理财政事权与支出责任、财权、财力的逻辑关系。最后，本文在我国运行实践中所面临难题的反思后，基于国际道路运输事权划分的国际经验，试拟定了理顺我国国际道路运输管理财政事权的对策建议体系框架。

事权划分一直以来都是学界颇为关注的重要课题。自 1994 年分级分税财政体制建立从而逐步理顺财权划分以来，许多后续改革都沿着财权划分的线索得以开展，而事权明晰化方面相对缺乏实质性进展，与此同时，事权、财权、财力与支出责任之间的关系也一直在广泛讨论的范围之内，系列改革措施不断出台。党

① 苏京春：中国财政科学研究院副研究员、硕士研究生导师，经济学博士。
② 王琰：中国财政科学研究院博士研究生。

的十八届三中全会提出要“明确事权”并“建立事权和支出责任相适应的制度”，同时强调“保持现有中央和地方财力格局总体稳定”。党的十八届四中全会则进一步提出“推进各级政府事权规范化、法律化，完善不同层级政府特别是中央和地方政府事权法律制度”。党的十八届五中全会则在实质性举措上更近一步，提出“适度加强中央事权和支出责任”。鉴于事权改革必然联通至整个国家治理体系的特性，考虑到财权的改革基础，《国务院关于推进中央与地方财政事权和支出责任划分改革的指导意见》〔国发（2016）49号〕首次使用“财政事权”这一概念，并提出“基本公共服务受益范围”“兼顾政府职能和行政效率”“实现权、责、利相统一”“激励地方政府主动作为”和“做到支出责任与财政事权相适应”五大原则。2019年7月10日国务院办公厅又印发了《交通运输领域中央与地方财政事权和支出责任划分改革方案》（国办发〔2019〕33号），更是在国际道路运输管理的财政事权和支出责任划分方面迈出重要一步。基于党中央和国务院针对事权做出的系列要求和改革举措，随着“一带一路”这一国家级顶层合作倡议的提出与落实，我们认为，交通运输领域的国际道路运输管理事权改革仍有继续深入探讨推进的空间。本文从国际道路运输管理的财政事权归属定位着手，依次探讨了其必要性和可行性、相关逻辑、存在的难题、国际经验等方面，最后对可能选择的改革路径提出了建议，以期为此方面的相关研究抛砖引玉。

一、我国国际道路运输管理的财政事权归属定位：中央事权

将我国国际道路运输管理的财政事权划分为中央事权既由国际道路运输管理的受益范围和战略定位决定，也是化解国际道路运输管理事权运行实践中各类问题的关键。我国国际道路运输管理现阶段的财政事权定位很明确，就是中央事权，但是这一定位在其运行实践中却存在诸多乱象，直接影响着我国国际道路运输管理的有效性。

（一）我国国际道路运输管理事权定位是中央事权

《国务院关于推进中央与地方财政事权和支出责任划分改革的指导意见》〔国发（2016）49号〕提出“体现国家主权、维护统一市场以及受益范围覆盖全国的基本公共服务由中央负责，地区性基本公共服务由地方负责，跨省（区、

市）的基本公共服务由中央与地方共同负责”。国际道路运输一方面是增进我国与周边国家友好往来的桥梁，有利于维护国家安全与边疆稳定，另一方面是深化区域合作，推动边境贸易和边境地区经济社会发展的重要一环，对开创“一带一路”倡议下我国对外开放新局面意义重大。故国际道路运输事权与维护国家主权、国家安全息息相关，有助于国际贸易、国际交流与合作的发展，契合“一带一路”倡议的理念与定位，其受益范围并非一县一省，而具有明显的跨区域、跨行业特征，兼具经济效益和社会效益，勿容置疑国际道路运输应被划分为国家事权。早在2014年10月15日召开的全国国际道路运输工作座谈会上交通运输部刘小明副部长就指出，国际道路运输是中央编办明确赋予交通运输部的中央事权①。

2019年7月10日国务院办公厅印发《交通运输领域中央与地方财政事权和支出责任划分改革方案》（国办发〔2019〕33号）秉持适度加强中央政府承担交通运输基本公共服务的职责和能力的基本原则，提出中央承担专项规划、政策决定、监督评价职责，建设、养护、管理、运营等具体执行事项由中央委托地方实施，同时将国家级口岸公路划分为中央与地方财政事权，并进一步明确中央与地方职责，中央承担专项规划、政策决定、监督评价职责，建设、养护、管理、运营等具体执行事项由地方实施。地方承担支出责任是国际道路运输管理财政事权的复杂性决定的，也将充分发挥地方政府区域管理优势和积极性，是国际道路运输管理事权改革顺利推进的保障。现阶段国际道路运输管理财政事权和支出责任划分既可推动国际道路运输管理体制与机制变革，也有助于国际道路运输治理能力提升、治理体系形成。

（二）我国国际道路运输管理的财政事权运行乱象

随着“一带一路”倡议的推进，近年来我国国际道路运输管理快速发展并取得一系列成就，一是国际道路运输政府间合作进一步加强，我国已与21个“一带一路”沿线国家开展国际道路运输合作，签署13个双边、5个多边国际道路运输协定，18个双多边事务级会谈机制建立，国际道路运输网络由点至面逐步延伸、形成，为国际道路运输发展奠定基础；二是国际道路运输服务能力稳步提升，目前年货运量超过5 000万吨，年过客量超过800万人次；三是国际道路运输市场竞争力逐步增强，国际道路运输营运车辆超过6.4万量，经营业户达到

① 刘小明：“刘小明党组成员在全国国际道路运输工作座谈会上的讲话”，2014－10－15 http：//xxgk.mot.gov.cn/jigou/ysfws/201412/t20141222_2978497.html。

1 458 户，其经营专业化、规范化、规模化趋势显著。①

国际道路运输在取得一系列成就的同时，也面临保障资金无法落实、行业监管不足等问题，追本穷源，这些问题是国际道路运输事权归属不明晰、事权与支出不匹配在事权运行实践中的直观表现，一方面，在《交通运输领域中央与地方财政事权和支出责任划分改革方案》（国办发〔2019〕33 号）发布前，国际道路运输管理的财政事权缺乏中央层面统筹规划，导致事权归属不明晰，很多地方这一中央事权的支出责任实际由基层政府承担，但中央并未提供相关的专项转移支付，致使国际道路运输管理的经费保障不够、服务人员不足，无法保证事权履行；另一方面，实践中与国际道路运输管理财政事权履行相关的管理体制不完善，仅少数省份的口岸国际道路运输管理机构由省垂直管理，绝大部分省份延续交通运输管理中省、市、县三级的管理体制，管理层次的不统一导致国际道路运输深层次发展面临重重阻碍。以上问题与交通运输管理体制机制息息相关、触及国际道路运输发展的深层次矛盾，是国际道路运输进一步发展的制度瓶颈，2019 年 7 月 10 日国务院办公厅印发《交通运输领域中央与地方财政事权和支出责任划分改革方案》（国办发〔2019〕33 号）无疑为国际道路运输管理财政事权与支出责任改革指明了方向。

二、我国国际道路运输管理财政事权实质性纳为中央事权的必要性和可行性

立足“一带一路”对外开放重要战略，结合国际道路运输对产业演进、经济社会发展的积极意义，结合现阶段已经在相关文件中对国际道路运输管理财政事权所属为中央事权进行的认定，考虑到实践中出现的诸多乱象，我们认为坚持财政事权为中央事权并从运行层面实质性纳为中央事权具有相当的必要性和可行性。具体可从以下七个方面进行考察。

（一）有利于突破维护国家主权中的两难局面

当下国际道路运输管理财政事权的实际履行者、支出责任的实际承担者均为地方政府，在我国道路运输领域现行行政管理体制下，国际道路运输管理财政事

① 王水平：“国际道路运输立足周边辐射沿线面向全球每年 800 万人 5 000 万吨货走得安全走得便利”，2018－10－10，http：//www. mot. gov. cn/jiaotongyaowen/201810/t20181010_3096806. html。

权层层下移，最终多由县级交通运输管理部门承担。事实上，国际道路运输管理的政治性、综合性较强，一方面国际道路运输管理事关维护国家主权和国家安全，另一方面涉及交通、海关、边防、外交等多个部门的协作，特别是我国边境地区多为社会冲突频发的民族地区又具有重要的军事战略意义，这一事权在缺乏中央统筹的情况下由县级交通运输部门实际履行并承担支出责任是有较大风险的，既不利于维稳也不利于维权，在此两难局面下，将国际道路运输管理财政事权纳入中央事权无疑是必要的。

（二）有利于切实推进“一带一路”沿线国家的合作

“一带一路”贯通中亚、南亚、西亚、东北亚、东南亚等诸多区域，其沿线国家既有重要的军事战略要地，也有蓬勃发展的经济要地，是我国对外开放的关键区域。国际道路运输是与“一带一路”沿线国家开展合作与交流的重要交通方式之一，是“一带一路”倡议顺利实施的重要载体。国际道路运输管理财政事权纳入中央事权可在中央层面对国际道路运输管理开展顶层设计，加强国际道路运输管理在“一带一路”中的战略地位，规划更多国际客货运输路线，以国际道路运输为抓手，促进区域交流合作，推动构建“一带一路”沿线国家对外开放新局面。

（三）有利于集中推动行业发展和产业升级

国际道路运输管理财政事权纳入中央事权无疑将改变区域间各自为政的低效局面，打破属地原则对市场的割裂、对要素流动的阻碍，一方面可带动国家间基础设施建设，打通“一带一路”沿线国家经济走廊运输通道，促进国际间要素流动、资源配置和市场融合；另一方面可加强内陆地区与边境地区的联通，促进区域间要素流动和经济合作，推动边境地区经济可持续发展，区域间、国家间的深度市场融合无疑将推动行业发展。此外，“一带一路”沿线国家与我国可实现经济优势互补，这促进我国产业升级有积极意义。

（四）有利于打破重大运输或跨区域运输管理尴尬局面

目前国际道路运输管理局面尴尬，多头管理、无人管理、根据自己的利益立场进行管理等情况并存，这是我国交通运输领域多年形成的“条块结合、以块为主”的管理模式决定的，这种管理模式造成事权的行政割裂，产生重大运输或跨区域运输管理不善的局面，将国际道路运输管理财政事权纳入中央事权可避免事权的行政割裂，破解管理尴尬难题。

（五）有利于有效开展事中事后监督

当下国际道路运输管理财政事权的履行多在县一级政府，一方面中央并未下拨与国际道路运输管理相关专项转移支付资金，另一方面交通运输部尚未单独设立国际道路运输管理机构，国际道路运输在地方的管理体制不一，或实施垂直管理，或实施条块管理，在管理标准上各省也存在较大差距，在此情形下开展事中事后监管非常困难，而将国际道路运输管理财政事权纳入中央事权可实现从中央到地方垂直管理，事中事后监管的监管目标、监管重点、监管标准也可进一步明晰。

（六）有利于切实推动和保障交通便利化

国际道路运输管理财政事权纳入中央对推动和保障交通便利化有积极意义，主要体现在以下几点，一是更好协调省际、区域间交通运输政策，消除政策阻碍；二是可通过完善国家层面便利运输工作机制提高通关便利化水平；三是推进基础设施互联互通实现道路连通；四是通过清理和规范政府收费，降低国际道路运输企业成本，以营造更好的国际道路运输发展环境，促进交通便利化。

（七）财政事权与支出责任改革为事权划分创造机遇

2016 年发布的《国务院关于推进中央与地方财政事权和支出责任划分改革的指导意见》〔国发（2016）49 号〕为事权与支出责任改革划定时间表，提出到 2020 年基本完成主要领域改革，形成中央与地方财政事权和支出责任划分的清晰框架，这为国际道路运输管理财政事权划分创造机遇，大大降低该领域事权改革的难度和风险。2019 年 7 月 10 日国务院办公厅印发《交通运输领域中央与地方财政事权和支出责任划分改革方案》（国办发〔2019〕33 号）迈出了国际道路运输管理的财政事权和支出责任的重要一步。在这一改革契机下，推动国际道路运输管理领域体制机制变革，实现国际道路运输管理财政事权与支出责任相匹配，是提升国际道路运输管理治理能力的关键。

三、理顺我国国际道路运输管理财政事权中值得考虑的相关逻辑

坚持财政事权为中央事权并从运行层面实质性纳为中央事权，就需要探索一

个可行的国际道路运输管理财政事权的基本特征，而基本特征则基于国际道路运输管理财政事权与支出责任、财力、财权之间相关逻辑的研究和探索。

（一）国际道路运输管理财政事权与支出责任

在将国际道路运输管理财政事权定位为中央事权的基础上，还要明确，国际道路运输管理财政事权是中央政府承担的运用财政资金提供国际道路运输基本公共服务的任务和职能，支出责任作为事权的自然延伸，应由中央承担，即国际道路运输管理财政事权及支出责任应由交通运输部承担，部分事权若委托地方执行，则有必要向地方提供专项转移支付①。但实践中“上级决策、下级执行”的事权划分模式使国际道路运输管理财政事权经过层层委托代理，最终该事权多由县级交通运输机构实际履行，支出责任多由县级交通运输机构实际承担，同时行政管理机构设置不完善、财政资金保障不足对政府职能履行产生消极影响，国际道路运输管理财政事权与支出责任存在严重错配。

（二）国际道路运输管理财政事权与财权

由上文分析可知，目前国际道路运输管理财政事权的支出责任多由县级交通运输管理机构承担，但县级交通运输管理机构筹集财政收入的能力极为有限，既无收税权、也无发债权，其职能履行多依赖财政转移支付，特别是与国际道路运输管理相关的收费权带来的财政收入更加有限，在实施更大规模的减税降费的政策背景下，收费权产生的财政收入未来有缩减趋势，难以支撑国际道路运输管理的相关行政支出，故国际道路运输事权与财权并不匹配。

（三）国际道路运输管理财政事权与财力

当下国际道路运输管理财政事权与财权不匹配的现状使得该事权履行极大依赖财政转移支付，但中央并未设置国际道路运输管理专项转移支付资金，同时并非所有边境省份都设置省级国际道路运输管理专项转移支付，导致实际承担国际道路运输管理支出责任的县级交通运输管理机构财力保障不足，口岸基础设施建设资金及人员经费保障存在缺口，“上级点菜、下级做菜、上级不付钱、下级买

① 考虑到国际道路运输管理财政事权的复杂性，部分相关事权不可避免的由中央和地方共同承担，如《交通运输领域中央与地方财政事权和支出责任划分改革方案》（国办发〔2019〕33 号）中将国家级口岸公路定位为中央与地方共同财政事权，中央承担专项规划、政策决定、监督评价职责，建设、养护、管理、运营等具体执行事项由地方实施。

单”的事权划分状态导致与国际道路运输管理财政事权相匹配的财力明显不足。在国际道路运输管理财政事权实为中央事权的情况下，若该事权委托地方政府行使，则应以中央专项转移支付形式为地方政府提供财力支持，或在国际道路运输管理领域推行垂直管理，加强中央统筹，并借此推进政府层级管理体制改革，以充足财力保障国际道路运输财政事权的履行。

（四）小结：一个可行的国际道路运输管理财政事权的基本特征

由上文分析可知，原则上归属于中央事权的国际道路交通运输财政事权在层层委托后其支出责任实际由县级交通运输部门承担，县级交通运输部门财权与财力不足致使其无力履行事权，国际道路运输管理财政事权由此被架空，将国际道路运输管理财政事权划分至中央事权是破解事权架空难题的第一步，探索一个可行的国际道路运输管理财政事权至关重要。

在事权与支出责任改革的大背景下，一个可行的国际道路运输管理财政事权应有以下基本特征，一是国际道路运输管理财政事权与财权相结合；二是国际道路运输管理财政事权与财力相匹配；三是国际道路运输管理财政事权与支出责任相适应，以实现国际道路运输管理财政事权与财权、财力、支出责任的内在逻辑统一，达成权能统一、权责一致的深层次自洽，破解事权架空难题。而事权与财权、财力、支出责任由错配到适配的根本性转变既是理顺国际道路运输管理财政事权的过程，也是国际道路运输领域体制机制变革的历程。

四、理顺我国国际道路运输管理财政事权中的难题初探

目前我国学术界对国际道路运输的研究集中于便利化[①]、标准化[②]，以案例研究[③④]为主，尚未有文章探索我国国际道路运输管理财政事权问题。本文认为，理顺我国国际道路运输管理财政事权中值得关注和探讨的难题主要集中在以下三个方面。

---

① 王丽梅：“推动国际道路运输便利化”，《运输经理世界》，2014 年第 17 期。

② 安然等：“应对加入国际公路运输公约（TIR）的道路运输标准化研究”，《综合运输》，2017 年第 12 期。

③ 王娟：《瑞丽市国际道路运输便利化研究》，大连海事大学，2017 年。

④ 闫振英：“中俄国际道路运输发展研究”，《内蒙古公路与运输》，2016 年第 4 期。

（一）关于财政事权细节的划分难题

鉴于国际道路运输管理的系统性、网络性、安全性和国际性，细化该领域财政事权极具挑战，首先，事权细化要充分体现国际道路运输管理的受益范围及行业特殊性，明确各项事权由哪一级政府履行；其次，应当意识到事权细化仅是国际道路运输管理财政事权改革的第一步，以此为切入点推进国际道路运输管理领域行政体制改革，构建与事权履行相匹配的行政管理体制机制是实现事权与支出责任、财权、财力相匹配的关键，也是事权履行稳定、长效的保证；最后，要改进国际道路运输管理机构与交通运输部门及海关、公安等部门的协作，明晰各自事权。

（二）关于国际公约财政事权的实质性推进难题

在我国对外开放逐步深化、国际政治经济环境日趋复杂的今天，加入国际道路运输领域的国际公约是我国主动适应、引领全球化的重要举措，也是推动我国国际道路运输标准化、规范化、跨越式发展的关键，但国际公约财政事权是一个多维度的事权集合，国家视角下加入国际公约的战略规划、国际公约的相关谈判、国际公约的执行与推进、与国际公约执行相关的监管等共同组成国际公约财政事权。若将国际公约相关的财政事权划至中央事权，并由中央部门实际履行并承担支出责任，更有利于在全国范围内实现国际公约执行、推进与监管的整体规划、整体布局、整体推动，解决实质性推进难题。

（三）关于双边多边协定相关财政事权的落实难题

在“一带一路”倡议下，国际道路运输双边多边协定可降低物流成本、提高国际道路运输便利化、推动区域要素流动、增强区域经济活力，是服务经济走廊建设、深化我国与“一带一路”沿线国家交流合作的重要部分。特别的我国陆上与 14 个国家接壤，是世界陆地接壤最多的国家之一，国际道路双多边协定的规划、谈判、执行、监管等相关财政事权若缺乏中央层面统筹规划、财政资金调度与分配、执行情况监管与改进，则地方政府在利益驱动下极易将预算资金划至产生更多经济效益的部门，双边多边协定相关财政事权很难落地，其附属的经济效益、社会效益无疑将受影响。若将双边多边协定相关财政事权划至中央事权，并由中央承担支出责任，则可实现战略性眼光替代短视、国家利益取代地方利益的全局性转变，破解双边多边协定相关财政事权的落实难题。

五、国际道路运输管理财政事权划分的国际经验

美国、俄罗斯、德国三国在地理区位上与我国类似，均有多个陆上接壤国，且在国际道路运输管理财政事权划分领域有较多值得借鉴的经验，故本部分围绕以上三国展开。

（一）以财政分权推动国际道路运输发展的美国经验

美国三权分立及联邦制的政治体制使事权法定、财政分权等理念深入人心，也深刻影响美国各级政府架构及职能履行，进而决定了州政府、市县政府在辖区内行政事务上的主导权。美国的交通运输管理实行联邦、州、市县三级管理模式，就道路运输领域而言，联邦运输部下属的联邦公路管理局（FHWA）① 等机构、州政府的道路运输机构、市县政府的道路运输管理机构共同承担道路运输管理财政事权②，特别的，州政府、市县的道路运输管理承担大部分道路运输管理财政事权，联邦运输部的主要职责为统筹各州之间交通运输规划、政策制定及交通安全管理。具体到国际道路运输管理财政事权，联邦运输部与州政府、市县政府道路运输管理机构共同承担，且充分发挥道路运输领域相关协会（如美国道路运输行业协会）在监管领域的作用，推动国际道路运输发展。

（二）以行政体制改革重塑国际道路运输管理体制机制的俄国经验

道路运输在苏联时期由各加盟国分管，中央层面缺乏专门的管理机构。1990年俄罗斯联邦独立后，几次大规模行政改革重塑交通运输管理体制机制，当前俄罗斯联邦交通运输部的机构组成（如图 1）、部门职能于 2007 年确立③，并实现事权法定，国际道路运输事权被划分为联邦财政事权。

① 联邦公路管理局（FHWA）网站https：//www. fhwa. dot. gov/。

② 鉴于美国的联邦制国家属性，各州、市县承担道路运输管理财政事权的行政机构存在较大差异。

③ 2007 年 9 月 24 日俄罗斯联邦政府颁布 1274 号俄罗斯联邦总统令《联邦执行权力机关的结构问题》确定俄罗斯联邦交通运输部的部门职能和机构组成等。

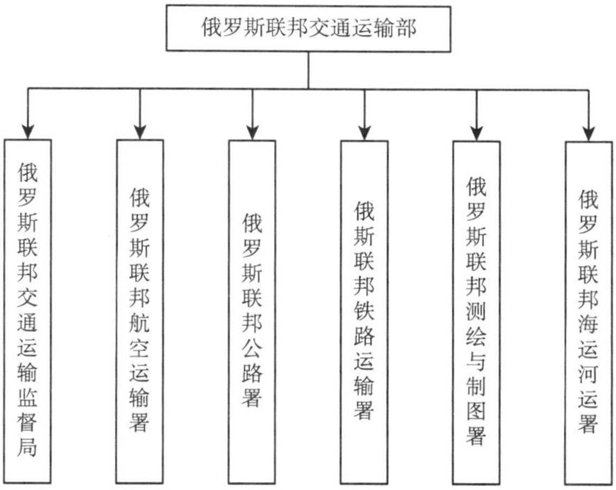

图 1　俄罗斯联邦交通运输部组织架构

资料来源：该图系作者根据《国外交通行政管理体制》[1] 一书的相关内容整理而成。

在该组织架构下，各部门职责进一步明晰，俄罗斯联邦公路署[2]承担国际道路运输管理财政事权，主要涵盖制定俄罗斯联邦国际道路运输发展规划；联邦道路上设置俄罗斯联邦边境汽车通行站的合理性分析及决策；按照规定的程序，受理并核发符合政府间国际公路运输协定的国际旅客运输许可证、国际货物运输许可证；确定重件、特大件货物通过联邦道路的运输线路，尤其是符合特殊许可的国际重件、特大件货物的运输[3]。俄罗斯联邦交通运输监督局[4]履行国际道路运输管理领域的监管职责，为国际道路运输管理相关事务的正常运行提供支持，如监管国际公路运输承运人许可证、国际道路运输交通工具通行证的发放。

俄罗斯联邦以大规模行政改革支撑国际交通运输事权改革，实现机构改革、政府职能优化、事权归属同步推进，在达成事权法定化、规范化、清晰化的同时，推动交通运输部门体制变革。

（三）以行政立法、事权法定为核心的德国经验

德国社会深厚的哲学思想和悠久的法治传统塑造了它深厚的法律积淀，基于

① 王先进、杨雪英：《国外交通行政管理体制》，人民交通出版社 2007 年版。

② 俄罗斯联邦公路署隶属于俄罗斯联邦交通运输部，是在汽车交通和道路管理领域履行国家服务职能和国有财产管理职能的联邦执行权力机关，主要负责联邦道路交通方面的工作。

③ 刘洋："俄罗斯的交通运输管理体制"，《综合运输》，2009 年第 2 期。

④ 俄罗斯联邦交通运输监督局隶属于俄罗斯联邦交通部，是俄罗斯联邦执行权力机关，履行国家对航空运输、航海运输、内河运输、铁路运输、公路运输、工业运输和道路设施的监控和检查职能。

此，德国在交通运输管理相关的行政法领域成果卓著①，将政府行为有法可依落到实处，鉴于当下我国行政行为监管不足的现状，借鉴德国经验以行政领域立法执法矫正政府行为，对提高政府治理能力意义重大。

联邦交通部和州政府交通运输管理机构两级共同承担德国的道路交通运输管理职责，联邦交通部和州政府交通运输管理机构分别统筹全国及州政府范围内战略、规划等顶层设计；监管职责由联邦交通部下属的联邦货管总局②及其 11 个分支机构承担③；联邦道路交通运输局④负责道路运输的具体事宜如获取驾驶执照、经营行客运或货运车辆的技术要求及注册等相关事项。具体到国际道路运输管理领域，这一财政事权由联邦交通部和州政府交通运输管理机构共同承担，且以联邦交通部财政事权为主。

六、理顺我国国际道路运输管理财政事权的改革方向

事权改革牵一发动全身，国际道路运输管理财政事权与支出责任、财权、财力不匹配从侧面反映我国交通运输领域长久以来体制性机制性问题。明确国际道路运输管理财政事权的中央事权属性是改革的第一步，理顺我国国际道路运输管理财政事权应从以下几方面协同推进。

（一）探索推进国际道路运输管理财政事权法定

法律明定事权是推进社会变革、推动政府行为再造的关键力量，法律对政府行为、公民社会的强约束力是事权改革稳步推进的基石，国际道路运输管理财政事权法定是理顺我国国际道路运输管理财政事权的第一步，以法律形式将国际道路运输管理财政事权确定为中央事权既是中央履行支出责任的保障，也是实现该领域财政事权与支出责任、财权、财力相匹配的关键一步，其示范效应也将推动交通运输领域事权改革。目前虽然国际道路运输被划定为交通运输部的中央事权，但与法律规范的稳定性存在一定距离，缺乏必要的法律权威和约束力，而与

---

① 德国联邦政府层面颁布《联邦货运法》《危险货物运输法》《公路运输审批条例》等一系列相关法律法规。

② 联邦货运管理局前身使联邦长途货运管理局（简称：BAG），1994 年 1 月 1 日成立，其道路监管职责由联邦交通部直接授权，这一成立直属机构的模式值得借鉴。

③ 联邦货管总局的监管职责极为广泛，包括贯彻执行、监督道路运输法律法规；市场准入；市场监控；计划统计；道路监控等。

④ 道路交通运输局从属于联邦交通部下的陆路运输司。

国际道路运输相关的法规仅明晰国际道路运输管理的工作机制、规范国际道路运输管理的具体事项，并未明确各级政府应承担国际道路运输管理财政事权，在一定程度上带有无资助命令的特征。因此，本文认为，应将事权划分原则与中央事权涵盖范围在法律层面进行确定和细化，积极切实推动事权法定。

（二）立足我国国际道路运输管理实践，审慎借鉴国际经验

一国的国际道路运输管理事权划分与一国政治体制、国家结构、国家理念、历史文化、经济发展阶段、财政体制等息息相关，我国是单一制国家，在国家结构、政治决策机制、国家治理模式等方面不同于美国、德国、俄罗斯等联邦制国家，故我国的国际道路运输管理事权划分应扎根于中国特色社会主义制度、“一带一路”倡议，充分结合财政体制改革特别是事权与支出责任改革要求，审慎借鉴国际经验。美国经验中值得借鉴的是其明晰的政府职责和事权归属；俄罗斯联邦以行政改革重塑国际道路运输管理体制机制，实现机构改革、政府职能优化、事权改革同步推进的改革实践可为当下事权改革提供新思路；德国的事权法定理念及以行政法约束政府行为的实践可供参考。故国际道路运输管理财政事权划分的国际经验仅供参酌借鉴，直接照搬既不科学也可能使相关政策制定与实施面临政策挫败和政治风险。

（三）以事权改革为契机，推动体制机制变革，扭转国际道路运输管理财政事权运行乱象

国际道路运输管理财政事权运行乱象的背后既有国际道路运输管理财政事权与财权、财力、支出责任的错配产生的事权归属不明晰、事权履行无法得到保障等问题，也与国际道路运输管理财政事权履行相关的管理体制不完善息息相关。实践中，事权改革与体制机制变革密不可分，财政事权归属的变化、事权列举细分后各项事权行政归属的改变都可能引发体制机制变革。具体到国际道路运输财政事权，事权改革一方面明确国际道路运输管理财政事权的中央属性，理顺国际道路运输管理财政事权，以列举方式理顺各项事权的行政归属，另一方面以事权与财权、财力、支出责任相匹配为线索探索国际道路运输管理财政事权的内在逻辑。容易发现，国际道路运输管理财政事权改革是政府职能的重新定位、政府行为的再造与优化、政府组织架构的变革、政府治理模式的革新，其各个方面与国际道路运输管理体制机制改革密切相关。故可以考虑以事权改革契机，推进国际道路运输管理体制机制变革，扭转国际道路运输管理财政事权运行乱象。

（四）以中央垂直管理破解国际道路运输管理财政事权架空难题

国际道路运输管理财政事权架空难题的本源是国际道路运输管理财政事权与财权、财力、支出责任不匹配，而理顺国际道路运输管理财政事权的相关逻辑需配合国际道路运输领域体制机制变革，建议以中央垂直管理破解国际道路运输管理财政事权架空难题。目前地方政府在国际道路运输管理领域或延续交通运输管理的省市县三级管理模式或实现省到县垂直管理，地方层面管理架构、管理模式、资金保障差异极大，事权与支出责任无法真正落地，可考虑探索构建中央—省—县三级的国际道路运输中央垂直管理体制，中央垂直管理一方面将赋予中央部门在国际道路运输管理领域的权威性，增强其对地方事务的领导力和统筹力，确保政令畅通、提高行政效率，另一方面也将彻底改变国际道路运输管理财政事权架空现状，垂直管理模式下，地方政府特别是县级政府的经费得以保障，真正实现国际道路运输管理财政事权与支出责任、财权、财力相匹配。在国际道路运输领域探索推行垂直管理也与“适度加强中央事权”的事权改革内在逻辑相吻合，符合维护国家主权和国家安全、维护市场统一、实施“一带一路”倡议、推动对外交流与合作的核心理念与要求。此外，应积极应对国际道路运输垂直管理的实践挑战，特别是中央财政支出压力增大的挑战、国际道路运输管理机构重组挑战、协调垂管后国际道路运输管理机构与交通运输部其他机构及地方其他行政管理机构关系的挑战，确保改革稳健、有序。

参考文献：

[1] 楼继伟：“推进国际治理体系和治理能力现代化”，《财政研究》，2018年第1期。

[2] 贾康、苏京春：“现阶段我国中央与地方事权划分改革研究”，《财经问题研究》，2016年第10期。

[3] 安然等：“应对加入国际公路运输公约（TIR）的道路运输标准化研究”，《综合运输》，2017年第12期。

[4] 刘洋：“俄罗斯的交通运输管理体制”，《综合运输》，2009年第2期。

[5] 王娟：“瑞丽市国际道路运输便利化研究”，大连海事大学2017年论文。

[6] 王丽梅：“推动国际道路运输便利化”，《运输经理世界》，2014年第

17 期。

[7] 王先进、杨雪英：《国外交通行政管理体制》，北京：人民交通出版社 2007 年版。

[8] 闫振英："中俄国际道路运输发展研究"，《内蒙古公路与运输》，2016 年第 4 期。

（本文发表于《地方财政研究》2019 年第 7 期）

政府财政信用、政策性金融与地方融资平台转型

——聚焦融资平台“去财政信用化”[①]

贾　康

一、政府财政信用及其具体形式

政府财政信用是以政府为主体的特种信用，属于政府以公共权力主体定位而按照信用原则筹集和运用财政资金的一种经济行为，过去亦称为“国家信用”。财政信用既是财政资金运动的一个有机组成部分，也是社会信用体系的一个有机组成部分。在直观形式上，财政信用具有信用形式的一般特征，即以资金的所有权和使用权的相关分离为前提，以如约还本付息为条件，形成资金支配权的让度和余缺调剂机制。由于有政府公权为后盾的增信效应，政府（尤其是中央政府）财政信用等级，一般都属于最高之列。

财政信用的具体品种，可依筹资与投资分为两大类。筹资信用是政府作为债务人，通过公债（包括国债和地方债）、特种储蓄（如日本相当长时期内的邮政储蓄）、政府借款等形式，从国内外筹集财政资金；投资信用是政府作为债权人，为实现特定政策目标而投放政府贷款（如中国从传统体制下延续到改革开放后的财政提供的企业技术改造贷款、支农等方面的周转金贷款、科技项目贷款等），

① 本文是国开金融“地方政府融资平台市场化转型”课题的阶段性研究成果。

也包括援助他国的政府贷款。财政贴息和政策性信用担保，可认为是财政信用机制对接商业性金融机制的一种结合态，通常被人们称之为政策性融资，属于政策性金融体系的组成因素。

本项课题研究中所特别关注的一种政府信用形式，是地方政府的举债，特别是中国近些年与地方政府融资平台有关的隐性负债与或有负债。《预算法》修订后，地方债在中国已规范化地“登堂入室”，中央政府所要求的地方政府融资平台的转型，其内含目标是去除原地方政府以融资平台举借债务的“潜规则”隐性负债机制，即意图通过平台“去财政信用化”，而使隐形负债就此寿终正寝。

二、政策性金融及其发展中的机制优化

政策性金融，一般是指以政府信用（国家信用）为基础，运用各种政策工具手段支持的金融活动，体现对特定对象予以融资便利的倾斜支持，产生贯彻政府发展战略、产业政策和技术经济政策，优化和改善民生基础设施等方面的特定作用。有别于按照“完全竞争”假设以“锦上添花”机理运行的商业性金融，政策性金融内含的假设，是在非完全竞争场景中，为弥补“市场失灵”而贯彻政策导向，选择性地实行“雪中送炭”，从而更好地优化结构，提高国民经济运行的综合绩效。英文所称的 Policy - based Finance，即政策性金融，在现实生活中已有比较丰富的表现形式，但在经济学界，目前仍未形成统一的、被普遍接受的严格定义。但于政府政策导向下，根据在利率、贷款条件与期限、担保等方面予以优惠，非营利导向地、选择性地提供资金与支持的特征，一般便可认为财政贴息贷款、政策性信用担保、政府介入的产业引导基金等，属于政策性金融范畴；绿色金融、小微金融、普惠金融、开发性金融等概念，在基于理论分析的大分类上，一般也被人们归为政策选择性色彩较明显、有不同于商业性金融的特别之处的政策性金融概念之内。

本课题所讨论的政策性金融，与地方政府融资平台在实际生活中服务于地方政府特定发展战略的投融资活动，有不解之缘。地方融资平台前些年所做的发债、借贷、担保而后把资金投入当地政府选择性的项目建设，实际上都具有浓厚的地方政策性金融色彩，但规范性程度不高，风险控制机制常常堪忧。在防范和化解地方隐性债务风险的努力之中，如何认识地方的政策性金融，以及如何把握地方融资平台转型与优化地方政策性金融运行机制的关系，已成为需要研究和理清的重要现实问题。

基于已有的关于政策性金融的研究认识，我们愿强调：

1. 在中国可预见的未来很长历史时期内，政策性金融的重点、形态、机制会发生种种变化，但由客观需要所决定，政策性金融应被放在以“守正出奇”的供给侧结构性改革支持中国实现超常规现代化发展的战略考虑层面，与商业性金融协调呼应，实现尽可能健康而可持续的金融双轨运行。

2. 政策性金融机制建设的原则与基本要领，应是以财政资金形成后盾的“政策性资金、市场化运作、专业化管理、杠杆式放大”的创新机制，坚持非营利导向、风险共担、专家集体决策、多重审计监督和特定考核指标体系等，打造防抑“设租寻租”的健康可持续运行机制。

3. 地方政策性金融的具体形式上，应积极探讨财政贴息贷款、政策性信用担保等与PPP项目建设、产业引导基金运作等的结合。

三、地方融资平台分类转型与财政信用和政策性金融的关联考察

原地方政府融资平台的转型，是《预算法》修订后相关制度建设中的一项既定方针，如前所诉，其内在逻辑的主线，是使平台“去财政信用化”。我们在地方调研中形成的基本认识，是我国各地的地方融资平台如何转型，还存在种种不同认识和可能性，需要在“分类转型”的大概念下，具体考察研讨不同转型路径下和场景中，如何“转型”和“去财政信用化”，及其和还必然需要在地方层面发展的政策性金融的关系。

从平台转型最主要的类别划分出发，试列举相关的不同情境：

类型一：原地方政府融资平台转型为地方公用事业运营公司。转为这一类型后，在地方政府辖区内，其具体业务，不论是较为细分的上下水、集中供热供暖、垃圾处理或公交运营管理，还是公用事业领域内某些门类业务的组合与综合式管理，这种公司都不构成财政信用主体，其融资行为，不论是以股权、债权形成的直接融资，还是取得贷款形成的间接融资，都是按《企业法》《公司法》规则覆盖和调整的真实意义上的企业法人融资行为。但不排除在相关政府管理部门认为有必要的情况下，对此类公司安排源于地方公债的资金支持，或使之成为政策性金融的支持对象，即成为地方财政信用的受体或受益单位。

类型二：原地方政府融资平台转型为地方政府城市（城乡）建设运营公司。转为这一类型后，其具体业务，是以地方政府辖区内的土地一级开发为切入，一

直覆盖到城乡基础设施、公共工程的建设和运营的广泛事项上，从七通一平、架桥修路，到环境整治、旧城改造等等，可能无所不包，具体的重点和业务组合，又会因城、因时而异。但与类型一相似，这种公司仍属以《企业法》《公司法》规则即可覆盖和调整的市场主体，不构成财政信用的主体，但有可能成为财政信用的受体，以及得到来自政策性金融体系的支持。

类型三：原地方政府融资平台转型为地方政府设立的地方政策性金融机构，如政策性信用担保公司或产业引导基金公司。转为这一类型后，其与类型一、类型二明显不同的是，其以特定金融机构定位，必须接受与其金融业务相关的所有法律法规的约束和调整，其功能作用，表现为地方财政信用的一个主体，或地方财政及其信用体系所支持的地方政策性金融体系的一个组成部分。所以，转型后，“去财政信用化”原则并不适用于类型三。

类型四：原地方政府融资平台以混合所有制改革或以被兼并等形式，转型为与原地方政府完全脱开行政隶属关系、人事安排关系的完全市场化的公司法人（不排除其股权结构中，还有地方政府非控股性质的参股）。这种公司的业务范围不论如何选择和组合，将会不再存在明确的地域范围概念，实际上是“走出去”在全国、全球市场上参与竞争，寻求合适的投资机会和业务定位，自负盈亏。这种新的法人主体，既不成为财政信用主体，一般也不必成为财政信用受体而得到原地方政府“婆婆”特定的政策性融资支持（其他渠道的特定支持，也不做绝对排除，但可在此不议）。

类型五：在实际生活中，也不排除某种由原融资平台向类型四趋近的“过渡态”。比如，调研中了解到，有的原地方融资平台被认为已完全撇清了与当地政府“隐性负债”的关系，产权结构上也已是较规范的多方持股的股份公司，主营业务在形式上，亦已由董事会与高管层面自主决策，但实际上，与原行政主管“婆婆”即当地地方政府间，仍存在“商量”“关照”的特定关系，具体商量和相互关照的边界与内容，是非固定的、模糊的和心照不宣的，但会交织于公司为政府帮忙（甚至救急），政府以其他形式“投桃报李”地给予支持，等等场景中。这种公司有可能逐渐淡化在本地的原有“特殊身份”色彩，逐渐把舞台中心移向地域之外；但也不排除因为与原“婆婆”间的相互帮衬，形成了相对稳定的“利益共同体”关系，使潜规则替代明规则的“地方隐性负债”机制，可以继续暗度陈仓，在某些区域、某些阶段、某种局面下，形成“卷土重来”之势。

类型六：原地方政府融资平台，属于已资不抵债而应做破产清算的“关停”

对象，其“转型”问题遂变为如何完成资产、财务清算和人员安置的问题。这种情况下，“去财政信用化”可做出一个一劳永逸的了断。

可将上述六种类型的情况如表1所示：

表1　地方政府融资平台转型的可能分类及与“去财政信用化”的关系

类型 序号	所转类型概述： 转为	转型后与“去财政信用化”的关系：
一	地方公用事业运营公司 （业务可专一、可组合）	不为主体，可为受体
二	地方政府城市（城乡）建设运营公司 （业务范围可因地、因时而异）	不为主体，可为受体
三	地方政策性金融机构	成为地方财政信用体系或地方政策性金融体系的一个组成部分
四	完全市场化的公司法人 （业务活动已不限于原地域）	不为主体，一般也不为受体
五	类型四的过渡态	既可能过渡到位成为类型四，也可能继续“暗度陈仓”为地方政府隐性负债
六	资不抵债破产清算	“去财政信用化”完全了断

以上概略考察，未必能穷尽一切相关可能性，但至少体现了基于此课题调研而可提出的主要转型分类中一一可考的相关情况，并且可以启示我们：地方政府融资平台“去财政信用化”的转型初衷，会在现实生活中面临比较复杂的不同情境，有必要进一步细化和深化相关认识，以求掌握好大方向、大思路后，力求掌握好高水平的具体操作原则和要领。

积极处理城投债务隐患

——维护财经秩序必须加快城投改革

聂无逸[①]

据财政部统计，截至2018年年末，我国地方政府债务余额18.39万亿元，2018年地方政府债务率为76.6%，低于国际通行的100%～120%的警戒标准。再加上中央政府债务余额14.96万亿元，对比90.03万亿元的GDP，我国政府债务的负债率为37%，低于欧洲60%的警戒线，也低于主要市场经济国家和新兴市场国家水平。总的来说，我国政府债务水平处在安全可控的范围内，但是对于“黑天鹅”和“灰犀牛”事件必须时刻保持高度警惕。加强对地方隐形债务的控制，进而明确地方融资平台（又简称“城投”）的管理模式，是当前重要的风险防范工作。

时至今日，宏观经济减速和金融降杠杆政策对城投融资形成严峻挑战。作为快速拉动投资的两大动力之一，地方融资平台已经出现后续乏力的迹象。一个明显的市场信号就是去年以来城投非标屡现违约险情。作为地方政府的“第二财政”，20多年来地方融资平台背负了金融系统庞大的债务（主要是银行贷款和城投债）。目前全国地方融资平台总数超过1万家。如果城投债务规模持续扩张并出现本息偿还危机，而推动城投债务重组又不能解决地方建设资金的匹配问题，不能解决地方政府和金融机构的道德风险问题，不能做到城投公司和项目的风险隔离，那么财政金融秩序和资本市场的正常运行都会因为信用危机而遭受严重损害。

一、地方融资平台的债务规模

地方政府融资平台是指由地方政府及其部门和机构等通过财政拨款或注入土

① 聂无逸：银河证券战略研究员、正高级编审，中国新供给经济学50人论坛特邀研究员。

地、股权等资产的方式出资设立，承担政府投资项目融资功能，并拥有独立法人资格的经济实体。按照银监会的风险分类，地方融资平台可以分为两类，一种是需要高度关注的监管类平台，占了绝大多数；另一种是监测类平台（又称退出类平台）。地方融资平台的总体债务形势比较严峻。2018 年 8 月，新疆兵团六师的城投债出现技术性违约，这是全国首例城投债违约事件。进入 2018 年下半年，城投非标违约数量开始迅速上升，据统计 2018 年全年城投非标违约事件达到 22 起。进入 2019 年，据公开报道披露，青海省、江苏镇江、贵州遵义等地的融资平台陆续出现本息兑付困难，由于上级政府和国开行果断介入，相关地方融资平台的信用危机得以有效缓解。相对于其他信用债，城投债的市场信用一向比较好，原因在于地方政府的各种隐形担保和城投政府化的运营模式，城投公司的经营指标相比之下反而没有那么关键。随着内外环境的变化，城投债务出现实质违约迟早也会成为现实，届时是否出现违约的连锁效应以及如何处理好后续问题必将充分考验政策制定者的智慧。笔者认为，信用偿付只是城投债务问题的表象，关键在于改变城投债务产生的内外部机理，否则债务偿还问题会令政府不断地陷入干预还是不干预的两难境地。

首先来看地方融资平台债务规模问题。目前平台债务不仅规模大，而且信息披露不充分，后者也放大了外界的焦虑情绪。地方融资平台从政策界定到归口管理都还存在模糊交叉，因此到目前为止并没有一个公开统一的规模数据。2014 年 43 号文件出台以后，财政部曾组织实施全国范围的地方债务甄别，之后相关部委又进行过几次地方债务的统计，但都有特定的口径和用途。从构成来看，地方融资平台的债务主要分为三类，一类是银行贷款，二类是城投债，三类是非标融资。首先以公开信披的城投债为考察对象。按照万得公开数据统计，从 2008 年 7 月 22 日到 2019 年 4 月 15 日，全国 31 个省级地区（不包括港澳台地区）合计发行城投债 13 820 只，发债主体合计 2 252 家，累计金额达到 13. 28 万亿元，累计余额达到 7. 88 万亿元，存量城投债的票面利率区间为 6. 34% ~4. 54% 。如图 1 所示。

地方融资平台的银行贷款总规模目前没有直接数据。从公开信息可知，2013 年 1 月，银监会披露地方融资平台的银行贷款余额为 9. 2 万亿元，占银行业贷款余额的 13. 8% 。笔者查阅到的最近一次公开信息是 2013 年上半年银行业监督管理工作会议上披露，截至 2013 年 6 月底，地方政府融资平台贷款余额高达 9. 7 万亿元。2013 年，银监会发布《关于加强 2013 年地方政府融资平台贷款风险监管的指导意见》，提出“总量控制、分类管理、区别对待、逐步化解”的总体原

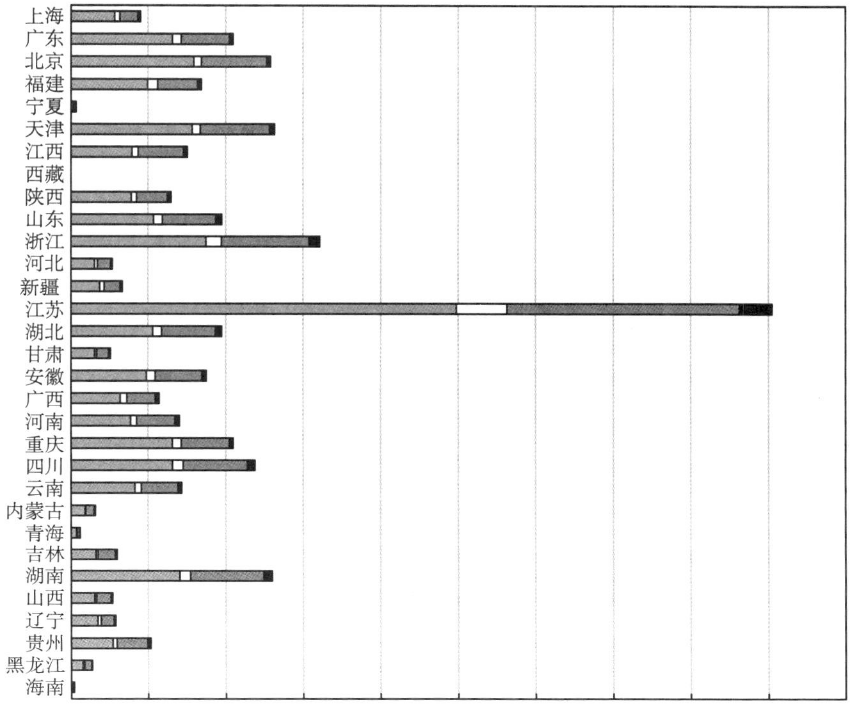

图1　全国城投债总体情况

资料来源：WIND，银河证券研究院整理。

则，并于2013年4月开始实施。2014年出台新修订的预算法，国务院发布影响深远的43号文件，明确提出平台的政府融资功能必须脱钩的要求，地方融资平台的功能定位和政策环境就此发生重大变化。与此同时银监会不再对外发布融资平台的贷款余额，而财政部的关注的重点是地方政府的隐形债务，因此也没有发布对地方融资平台的专项债务统计，客观上来说这个数字也存在统计对象相对模糊的问题。如按“总量控制”的原则进行匡算，万得数据库显示2019年4月15日银行业贷款余额为142.11万亿元，如按照2013年平台余额13.8%的比例推算（鉴于近年来地方经济建设的可持续发展势头、银行贷款对稳定地方经济建设的重要意义以及地方融资平台的信用水平等多方面的情况，可以推定银行的贷审政策应与城投转轨力度保持一致，正反方向的作用基本可以对冲），则地方融资平台的银行贷款余额推算为19.61万亿元。

非标融资是地方融资平台政策约束最少、使用最为灵活、风险成本也最高的融资工具。非标融资的形式多样，包括委托贷款、信用贷款、信托计划、资管计划、私募基金以及其他融资形式的多重嵌套。目前没有权威的城投非标数据，有的市场机构根据发行城投债且主动披露非标融资的960多家平台的审计报告，得出2017年年底样本平台的非标融资额为1.65万亿元，这个数字覆盖不够全面，漏掉了明股实债和故意回避披露的债务，以及没有发行债务的8 000多家中小平台的非标融资，这些未统计平台的非标规模一般不大，如果再考虑到2018年资管新规的政策压制，1.65万亿元之外加上遗漏的部分，地方融资平台非标融资总额应该不会超过3万亿元。据业界判断，非标融资占平台融资的总比例一般不超过10%，3万亿元非标规模应基本在此区间内。

综上，笔者可以推算出目前地方融资平台的总体规模应该约为32.3万亿元(9.7+19.61+3)，但是还有其他扣减项，比如国发43号文件提出的“发行地方政府债券置换存量的政府债务”，其中存量的政府债务应该覆盖经甄别确认的部分城投债务。其中2015年置换了3批合计3.2万亿元，其中第一批1万亿元的置换范围是截至2013年6月30日的地方政府负有偿还责任的存量债务中2015年到期需要偿还的部分。据报道，2015年至2018年期间，各地政府共发行了12.2万元地方政府置换债。对应笔者的统计口径，债务置换会对2013年6月底9.7万亿元的贷款余额会有一定对冲，假定对冲额度为50%，即12.2/2=6.1万亿元。据此平台的债务总规模在32.3－6.1=26.2万亿元，从谨慎性角度考虑，笔者粗略推定地方融资平台的规模估计在26万～30万亿元。随着融资平台管理的不断规范和各项改革的持续推进，城投债务存量规模会得到进一步控制，信息披露相信也会更加科学、及时和透明。

二、地方融资平台债务的由来

在近几年的经济政策讨论中，融资平台的债务问题往往会与地方政府债务混为一谈，这种混同是有着深刻的政策背景的。认清这个问题的实质，需要从历史的视角对地方融资平台产生的政策环境和具体功能做简要阐述。1994年分税制实施以来，虽经几次修改，但地方财政税源不足的问题仍不能得到明显改善，而地方政府肩负的经济发展、城镇建设与民生保障的任务却非常沉重，随着时间推移，财权与事权不匹配的制度性矛盾变得日益突出。

从融资渠道来看，地方政府受困于原《预算法》的限制与约束，无权发行地方政府债券。而《担保法》和《贷款通则》明确限制地方政府为贷款提供担保和直接向银行贷款。这些政策束缚让地方政府难以通过金融市场直接解决资金困境，但资金难题需要时刻解决，各地方融资平台便应运而生，地方政府的融资和筹资算是找到了出路。

从地方政府角度来说，为了实现当地经济快速发展，完成GDP竞赛争先的政绩目标，各地都在努力安排超出自身财力的投资计划，资金来源除了吸引外资和民营资本，地方融资平台承担了重点工程配套、工业园区建设、基础设施改造的募资使命。

在扩张性财政政策实施过程中，国家发改委确定投资项目名单，财政部通过预算调整、增发国债等方式筹措资金，地方政府通常也被要求提供配套资金，但问题是地方预算非常有限，既没有专项资金来源又没有发债资格，只能采取变通办法，组建各种名目的城投公司作为融资主体，再嫁接政府的隐形间接担保，通过银行贷款和发行债务等方式募资。2008年中国政府出台4万亿元投资刺激政策，实际上中央财政只列支了1.18万亿元的投资项目，并且对地方政府明确提出配套资金的要求。为配套基础设施建设、支持国家重点投资项目，地方政府投融资平台积极行动，迅速通过银行贷款和发行城投债的方式获得了大量融资。2009年3月，央行和银监会联合提出："支持有条件的地方政府组建融资平台，发行企业债、中期票据等融资工具，拓宽中央政府投资项目的配套资金融资渠道。"2008年10月，财政部发布631号文，明确地方政府配套资金可以借助地方融资平台通过市场化的方式筹措，地方融资平台的定位就此形成。2011年国家发改委（国发2881号文）指出，城投公司的自营业务需要占主要营业收入中的70%以上，而政府补贴的部分则不得超出30%。从2013年到2015年，3年时间内全国范围内所有地方城投公司共发行城投债（企业债）2.52万亿元，为地方政府筹划经济建设和城镇化改造提供了资金支持，有效推动了区域经济的发展，同时也使地方融资平台坐实了"第二财政"的名分。

三、地方融资平台的转身

地方融资平台的发展与经济周期和宏观政策紧密相关。在投资热潮推动下，地方政府逐渐债台高筑，去杠杆、防风险、降低社会融资成本已是迫在眉睫。

2014年8月，新修订的预算法规定，省、自治区、直辖市预算中必需的建设投资的部分资金，可以在国务院确定的限额内，通过发行地方政府债券的方式筹措，并列入本级预算调整方案，报本级人民代表大会常务委员会批准。举借的债务应当有偿还计划和稳定的偿还来源，只能用于公益性资本支出，不得用于经常性支出。在为地方政府发债开“正门”的同时，新预算法也堵上了地方政府举债的“偏门”——“除前款规定外，地方政府及其。所属部门不得以任何方式举措债务。除法律另有规定外，地方政府及其所属部门不得为任何单位和个人的债务以任何方式提供担保”。同时，新预算法明确强化总量监管和风险防控。国务院建立地方债务风险评估和预警机制、应急处置机制以及责任追究制度。国务院财政部门对地方政府债务实施监督。

在新预算法的基础上，2014 年 9 月，国务院发布《国务院关于加强地方政府性债务管理的意见》（简称“43 号文”）。文件阐述了对城投的基本政策思路，第一，明确提出剥离融资平台公司的政府融资职能；第二，强调政府债务不得通过企业举借，企业债务不得推给政府偿还，切实做到谁借谁还、风险自担；第三，提出融资平台公司不得新增政府债务；第四，对存量债务给出解决思路，就是实施债务甄别，对实际上属于地方政府的债务部分，通过发行地方政府债务予以置换；第五，针对地方政府的建设资金缺口问题，提出推广 PPP 模式，引入社会资本参与地方基础设施和公共服务；第六，严格地方政府的或有债务管理，要严格限定在依法担保的范围内，并根据担保合同，依法承担相关责任。

新预算法和 43 号文的出台，意味着地方政府融资平台公司开始走入转型发展的新阶段。在面临政府预算面临约束以及城投公司政府信用被剥离的严峻情形下，地方政府和城投公司及时作出调整，又转向其他融资方式如城投债和非标融资，平台公司对外融资规模整体增长的趋势和对外融资规模有效维持。但平台公司究竟如何发展，债务偿还与经济发展的关系究竟如何解决，取决于今后一段时期宏观经济走势，取决于下一步中央财税体制改革的政策取向，当然更取决于各平台公司的改革成效。

四、“开正门”与“堵偏门”的两难

43 号文的出发点是地方政府债务问题，平台债务是作为地方政府的“或有债务”的一部分来提及的，文件对地方融资平台的定位和具体管理没有做出具体规定，给后续的政策与市场的博弈留下空间。从 43 号文发布之后效果来看，城投债务膨胀的势头明显被遏制，但问题没有得到彻底解决，债务规模依然继续上升，城投与政府的内在关系无法从形式上“剥离”。从 43 号文初始设计的角度分析，解决城投债务的“正门”开的不够大，“偏门”又无法完全堵死。

正门开不大，既有对预算软约束的种种决策担心，又有财权与事权不均衡的决策矛盾。地方政府债券作为城投的替代性财源，规模尚不足以覆盖当地经济建设的资金缺口，况且地方政府债务的计划性强而灵活性不足。文件提出的 PPP 模式固然是撬动社会力量投入基础设施建设的有效模式，但是期望藉此弥补地方政府的资金缺口显然并不现实，一旦被市场滥用，后续会出现政策走形的各种问题。偏门堵不死，这是市场化环境下的必然结果，所谓法无禁止即可行。市场主体的主观能动性得到了极大的发挥，“偏门”一旦被严堵，新的变通方法马上应运而生。基于此，中央和地方政府与金融机构之间围绕着平台融资展开了持续博弈。中央各部委连续发布文件，比较重要的比如有财政部的 50 号、62 号、87 号、23 号文件，以及财政部与发改委联合发布的 194 号文件等，这些文件内容本质上都是为之前国务院发布的 43 号文件打各种制度补丁，反复区隔政府与融资平台之间的债务关系，堵死政府形成隐形负债的种种政策漏洞，比如地方政府不得变相为平台提供违规担保、不得违规抵押，不得利用购买服务的名义违规举债等等。这种政策拉锯暴露了中央和地方政府之间的经济矛盾，一定程度上损害了行政管理体制的权威性，同时也提高了业界对城投债务的风险防范意识，逐步将城投问题推向彻底解决。

五、解决地方融资平台债务的路径思考

地方经济建设是硬任务，只要地方政府的资金需求得不到认真的解决，政府债务仍然会通过隐性担保、代建工程等形式腾挪到地方融资平台。这在客观上要加强财经秩序的严肃性，加强相关体制改革，避免地方经济发展突破债务容忍度，影响社会经济的稳定。

化解城投债务问题，最直接的办法就是再次实施债务甄别和置换。但是最直接的办法未必就是最合适的办法，解决问题的次序和具体策略将决定政策实施的效果。笔者认为，把绝大多数城投债务都置换为地方政府债务，单纯从债务负担角度来简单测算，并非不可承受。依据前文，推定城投债务总规模 28 万亿元（(26 + 30)/2），平均到期时间假设为 5 年，如果在 2018 ~ 2022 年按 5 年分批置换，则每年增加 5.6 万亿元地方政府债务。在此前提下，2018 年的地方政府债务余额增加到 18.39 + 5.6 = 23.99 万亿元，2018 年我国地方政府债务率会提高到 99.96%，即将触及国际通行的 100% ~ 120% 的警戒标准；如再加上中央政府的债务余额 14.96 万亿元，对比 90.03 万亿元的年 GDP，则 2018 年我国政府债务率将会提高到 43.26%，依然低于欧洲 60% 的警戒线。从增量来看，年增加 5.6

万亿元债务负担的增长幅度，基本相当于2018年GDP增长6.22%，与GDP增长幅度基本相当，按此增长规模推算，存量城投债务纳入政府债务，从整个国家的债务负担率来说，五年之内大抵可以承担，假如展期到10年，当期债务负担会进一步降低，另外城投债务主要是投向地方重要的基础设施和其他公共产品，这将有助于地方经济的可持续增长，并将有效提高地方的债务偿还能力。但是对于地方政府来说，债务压力会较为沉重。考虑到地区经济发展水平的差异和负债水平差别，如果中央给予适当补助，应不会对地方的经济正常运转产生明显拖累，但是如何确保公平与效率的问题，以及防止操作过程中的道德风险，将考验决策者的大智慧。在以上假设的基础上，笔者认为如果再对地方融资平台实施严格的规范、清理和转型，应该可以彻底解决城投债务存量问题。这也从侧面说明，中央近年来对地方融资平台采取坚决但又比较耐心的堵疏结合的方法，是有预见性和充分底气的。但是地方经济建设的财力补充问题依然没有解决。如果只是做债务置换，即使不会出现旧债挤压新债发行规模的问题，城投债务消失后出现的资金缺口如何弥补，又将是一大考验。除了城投的债务，地方政府自身还有部分隐形负债，汇集起来尽管还在总体债务承受能力范围内，但也接近债务警戒线，因此中央政府对地方债务已经保持高度警惕。

化解城投债务问题，可以考虑在金融供给侧结构性改革的同时，加快推进财政体制改革，理顺中央与地方政府之间的经济关系，解决地方事权与财权不对称的问题。或者反过来说，只有中央地方的财税体制改革推进到位，城投债务问题才有可能得到体制上的化解。万得统计显示，在2017年财政总收入中，中央政府所占比重为47%，地方政府所占比重为53%（图2）；而在2017年财政总支出中，中央所占的比重为14.7%，地方所占比重为85.3%（图3）。中央与地方政府之间事权与财权的不匹配是不言而喻的，中央掌握了大多数财权，而地方承担了一半的事权。众所周知，1994年分税制改革之后，中央通过财政转移支付等办法加强了对地方的控制。但这只是“紧”的一面，除此之外还有“松”的另一面，也就是地方政府的“公司化”，这也被部分经济学家总结为40年改革开放的重要经验。在市场化高度发展的同时，公共管理体系处在不断改革完善的过程中，地方政府获得了前所未有的经济自主权，各地党政领导竞相以发展当地经济为最大的政绩，在公共预算体制之外积极扩张财源，除了兴建开发区招商引资，就是卖土地、发展房地产，同时组建城投公司直接向银行贷款，多方筹集经济发展所必需的资本。笔者认为，如果要解决地方融资平台问题，就必须从事权和财权统一为重要切入点。以厘清中央和地方事权财权为前提，要么地方事权做减法，要么地方财权做加法，或者两者并行。2016 年国务院发布了《关于推进中央与地方财政事权和支出责任划分改革的指导意见》，该意见提出要推进中央与地方财政事权、支出责任的改革，加快省以下财政事权和支出责任的划分，并给明确的时间表，到 2020 年基本完成主要领域改革，形成中央与地方财政事权和支出责任划分的清晰框架。其中明确提出适度加强中央的财政事权，保障地方履行财政事权，尤其是涉及国民待遇的、支出占比最大的事项，比如义务教育、医疗卫生健康、基本养老等方面，中央适当增加承担比例，大幅度减轻地方政府的财政支出压力。除了地方支出做减法，地方收入也应积极做加法，比如根据中国城镇化的进程和经济建设重心的变化，设立新的地方骨干税种，提高所得税和增值税中地方的分享比例，积极增强地方财政实力。在地方财政实力不断加强的同时，逐步降低对地方融资平台的资金需求。

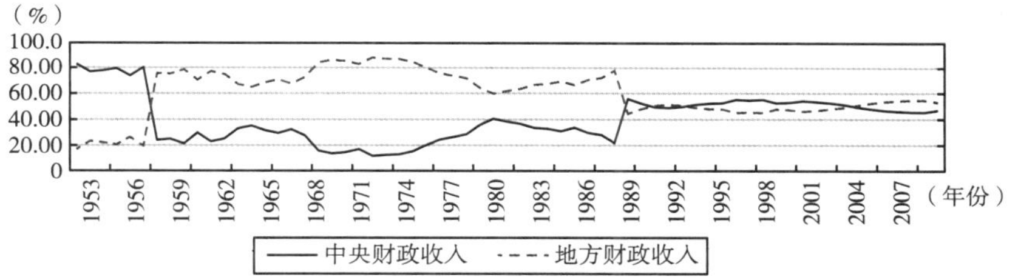

图 2　中央与地方财政收入比例

资料来源：WIND，银河证券研究院整理。

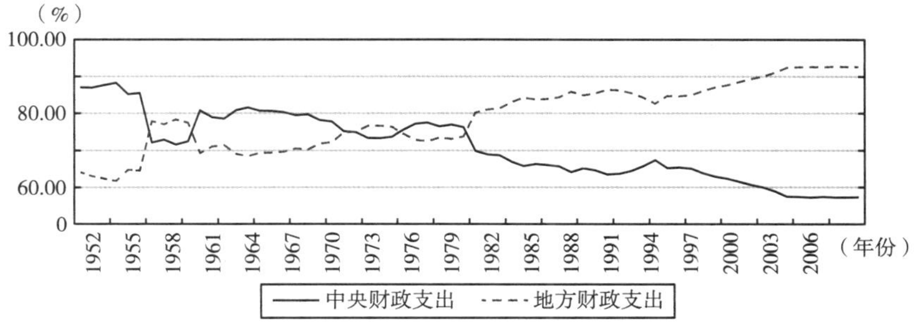

图 3　中央与地方财政支出比例

资料来源：WIND，银河证券研究院整理。

化解地方融资平台债务问题，最终还是要落到改革地方的投融资体制。2019 年 4 月，国务院发布《政府投资条例》，明确规定政府投资应当投向市场失灵的公共领域，并以非经营项目为主，强调政府投资应该与经济发展水平和财政收支状况相适应，严禁地方政府违法违规举债，并要求施工单位不得垫资建设，加强对隐形负债的控制，强化对政府投资的科学决策和计划监督机制，并要求政府投资平等对待各类投资主体。笔者认为，对于地方的准公益性质的、具有收费项目特征的基础设施建设和社会服务项目，终究是要有独立的市场主体来负责建设或长期运营。对于具有实际市场经营能力、能够自主经营、自负盈亏的城投企业来说，依然具有继续存在的社会空间和经济价值。建议地方政府联合国有、民营的基础设施产业公司，对有经营基础和管理能力的城投公司实施混合所有制改造，完善法人治理结构，强化企业的自我约束机制，增加注册资本金，增强其债务承担能力，使其真正成为地方准公益性投资的主导力量。不仅要建立地方投资体系，还要建立地方融资体系。比如可以充分借鉴国家开发银行的功能设计，建设有管理的高效地方金融机构。作为国家政策性或者说开发性金融机构，国家开发银行的前身就是国家计委的六大投资公司，转型为政策性开发银行以后主要负责向国家基础设施、基础产业和支柱产业的大中型基本建设和技术改造等政策性项目及其配套工程发放贷款，从资金来源上对固定资产投资总量进行控制和调节。不仅如此，国家开发银行还可以通过 PSL 等方式直接向中央银行直接获得大量低息贷款。也就是说国家开发银行同时高效执行了国家的财政政策和货币政策功能。笔者建议在各省级单位建立地区性的开发银行，由财政部、各省级政府、国家开发银行以及国有大中型企业和其他社会资本共同发起成立，专门负责本地区的政策性融资服务，服务范围包括地区重大基础设施建设工程、跨地区的建设工程配套、准非公益性地方项目的建设等。今后实施扩张性财政政策刺激经济时，地方政府可以快速通过地方开发银行获得融资，不仅能够保证融资的规模和效率，还可以充分保障中央和地方对各地投资规模、结构和质量的准确把握，有效控制经济风险的传递和蔓延。

加强重大风险事件的防范和预警，及时发现和化解系统性风险隐患，这是解决当前经济领域深层次矛盾的重要切入点。如何认识和解决地方融资平台问题，尽管经济界一直存在不同的看法和争议，但正是由于中央采取了坚决、理性而又比较耐心的引导政策，地方融资平台并没有成为拖累中国经济的问题资产，相反在推动新型工业化和城镇化建设过程中发挥了重要的作用，当然在体制改革方面也有空间。从总体上来看地方融资平台的风险目前处在存量相对可控的范围内，只要后续的规范管理和处置措施果断得当，做到坚决控制债务增量、积极化解债务存量，进而全面推进财税体制和投融资体制的改革，转型后的地方融资平台在未来的经济建设中依然可以发挥重要作用。

关于会计基础理论的探讨

贾　康

很荣幸接受邀请参加新时期政务管理鹏城论坛。我知道今天的主题是“政府会计与内部控制”，虽然我自己是几十年以研究者定位，但实话实说，主要是在财政部下属科研机构侧重于财政研究这方面，对会计应该讲有点“隔行如隔山”的味道。但我也确实一直在研究中间思考，这两大学科其实是应有内部连通特点的。我愿把一些遇到的更多宏观视角的问题，结合着会计的视角，试着形成自己的理解。这次既然参加会计界各位朋友举办的这样一个论坛活动，在谈自己从宏观视角看党的十九大后的财税改革与风险管理这个题目之前，算是班门弄斧，谈一下自己对于会计基础理论方面的一些不成熟的看法。

我觉得以后有必要在不同学科之间更多地促成这种互动式讨论。过去注意到，在会计学科建设这个视角之下，由来已久，有会计基础理论方面的两大流派。所谓“两大流派”之说，在我听来，对于会计的认知，一派是强调“信息系统说”，另外一派是强调“管理行为说”。我们原来叫“财科所”，现在叫“财科院”，过去有中国会计学界被称为泰斗的杨纪琬教授做所内会计学科带头人，别的大学等单位，也还有其他很多会计学界的著名专家，他们的一些看法也是有区别的。我作个探讨，是不是可以再进一步结合一下，加强这种会计认知方面对象化的针对性。班门弄斧，我自己试着给出一个按我理解的定义，是不是可以这样说：会计是以簿记核算形式处理财务及其相关信息的管理系统与行为。按这样的一个定义，其实它有三个关键词，一个是簿记核算，这种簿记核算跟会计是紧密结合在一起的，这是一个很直观的特征，按照马克思学说的原理，他设想未来的理想社会，哪怕到了共产主义，也不可能没有簿记核算（以后这个簿记核算，从账本发展到电子信息系统里的财务数据资料数据库等等，也始终是要做核算的），是人类经济生活中到了一定阶段一定会出现，而出现以后就一定要持续存在的簿记。另外一个关键词，是在实际生活中与资金管理密切相关的财务概念。财务当然还要联系和扩展到人财物、供产销等等，它是一个财务管理形式的相关信息的集成。财务信息带出的，是必须和其发生相关性的一切有用、有价值的信息。第三个关键词就是管理。

我按照这样的一个理解，进一步想延伸一下，我过去在读书学习和后来的工作中，也注意到关于会计会有分门别类的说法，比如政府会计，这是咱们今天要特别讨论的主题，当然，还有微观的企业会计，等等。这些概念里最核心的本质概念，我认为还是要落到管理上。当然这个管理不是泛泛的管理，我前面强调的三个关键词结合在一起落到管理上，就是说政府的会计、企业的会计，分别是所谓“管理会计”的宏观化或者微观化。我知道管理会计可能有它特定的含义，就好像咱们一般泛泛说的投资银行，要具体问起来，狭义的投资银行指的就是通过特定的专业团队帮助企业上市，做这种业务叫投资银行，但是要说做一般投资项目的银行，你也可以说还有这种更广义的理解。我理解的广义的管理所涵盖的不同的会计，它可能在对象上宏观化，比如政府会计，也可以微观化，比如企业会计。我注意到过去财政部领导在改革创新发展过程中特别强调一个思路——楼继伟同志担任财政部领导的时候高度重视，就是把管理会计这方面已有的成就，用来支持我们整个财政管理的优化，这就是一个“打通”的理解了。当然，分门别类还可以有各种各样有必要对象化的会计概念，如成本会计、预算会计，包括我们现在 PPP 创新过程中我在调研的基础上认为 PPP（政府和社会资本合作）需要进一步探讨编制它的资产负债表的会计准则，而且应该有实际生活中的所谓定向化的 PPP 会计。PPP 相关的资产到底怎么样在会计准则支持之下反映到具体的簿记核算形式上，国际上一直在探索，并没有定论，中国现在 PPP 已经在创新发展过程中作为重点，显然也应该贡献我们对于规则建设的特定的成果，以后会融入整个人类社会在 PPP 这个创新概念之下的交流，在全球范围内参与关于 PPP 规则的制定。

一句话，我理解会计的分门别类，回到共同点上，都是要服务于管理的，都是要服务于有效的风险管控的。管理从某种意义上讲，就是通过风险管控来追求相关经济活动最高水平的绩效，归宿就是绩效的追求。这和财政管理一定是可以在逻辑上打通的。在实际的业务中间，我们很多具体的努力，会落到对宏观层面的政府理财、公共部门财务管理这方面必须匹配的财务专门化支持，和必须做出的尽可能高水平、而且动态优化的相关规则的制定。

按照这个理解，后面会从党十九大的基本精神的解读，说到当下从宏观层面一直落到地方政府辖区、企业也会高度关注的中央特别强调的风险管控，和现在已经成为社会关注热点的地方债的所谓新一轮隐性化风险，还有就是怎么理解当下强调的 PPP 的规范发展中控制风险。（以下略）

（本文系贾康先生 2018 年 6 月 27 日在深圳举办的“新时期政务管理鹏城论坛”上的发言节选）

扩大“有效投融资”的创新发展是当务之急

贾　康

当下宏观经济形势的一个突出特征，是经济下行压力明显，除中美贸易摩擦升级这一直接影响因素之外，外部压力也与国内的结构问题等内部“矛盾凸显”因素相交织，形成很大的不确定性和市场上的不良预期。

从宏观调控的“逆周期”“引导预期”所客观要求的“相机抉择”来看，我们必须把握好自己可选择、可依仗的确定性因素，提振景气水平和市场信心，对冲不确定性和下行压力。这就要坚定不移地深化改革，在深水区攻坚克难进一步解放生产力，坚定不移地全面扩大开放，并于注重多边博弈以反制美国的同时，别无选择地着力扩大内需，利用中国工业化、城镇化仍然非常可观的发展与升级空间、经济成长中作为世界上最大的发展中经济体的韧性、回旋余地，“做好我们自己的事情”。

扩大内需必须以扩大“有效投融资”为首要的着力点，再兼及以有效投融资和潜力、活力的释放来支撑扩大消费的可持续性。消费是投融资的出发点和归宿，但没有有效投融资支撑的消费，将成为无源之水、无本之木，不可能有后劲。面对贸易战严峻局面，只讲扩大消费而不讲扩大投资便成了“太阿倒持”。我国全社会固定资产投资在2018年全年，仅有5.4%的增幅，2019年上半年略有上升，也仅为5.8%，与我国巨大的有效投资空间和当下扩大内需的迫切需要，极不相称，值得引起高度重视和警觉。中央已把原来“去杠杆”的表述，适时调整为“稳杠杆”、保持流动性合理充裕的货币政策，匹配以更加积极的财政政策，就是为了支持适度扩张——在此宏观调控政策框架下，当前应当及时采取有力措施，以机制创新、优化结构、增加有效供给的聪明投资为重点，提振投融资动力机制和景气态势。

我国优化结构、支持高质量升级版发展和增加经济社会发展后劲儿的有效投融资项目，在现阶段可谓俯拾皆是。比如与中央政治局会议新近强调的促进城市群建设、优化提升城市群功能相关的基础设施的新建与升级改造；作为战略性新兴产业的新一代信息技术（如5G）发展所需的硬件配套；与城乡一体化发展和百姓消费提质升级密切相关的食品冷链体系建设；全国几百个城市区域的老旧小区改造；各地停车场、停车位的建设等等。此外还可建议，近些年已受到各方面高度重视的“海绵城市”建设，应进一步加强规划指导，于各地加紧进行；势在必行的国内所有建成区的地下“综合管廊（共同沟）”建设，应在所有的新区强制实施（成为城建的标配），而各个老区，也应积极安排，逐步完成。乡村振兴、特色小镇等，虽不应一哄而起，但确有不少可选项，而且可以对接产业新城、创业新区的综合连片开发形式。新区老区的种种投资建设，都一定要贯彻“规划先行、多规合一”的方针，提高绩效、保证质量。大江大河的治理、病险水库的加固等等，也应成为进一步提升安全系数的投资对象。诸如此类的各类投资，为经济社会的可持续发展、人民群众美好生活的实现与国家的长治久安、以及高质量“强起来”现代化进程所必须，今后几十年间是做不完的——当下亟应结合扩大内需、化解经济下行风险等等，加紧进行。

提高投融资的“有效性”，必须结合改革创新来保证。在正确的国土开发、城乡建设规划指导的同时，最为关键的是紧密结合社会主义市场经济完善之中“现代市场体系”的打造、“高标准法治化营商环境”的建设，积极充分地运用财政资金为后盾、重在发挥乘数与放大效应的政策性融资和PPP（政府与社会资本合作）等创新机制，调动社会资金的潜力和积极性，提高建设项目的决策水平与实施绩效。

当前财政政策服务于全局的加力增效，“加力”主要体现为适当提高赤字率、大力度减税降负与加快预算执行进度等方面，而“增效”则应主要体现在运用资金中的突出重点、优化结构。要借助贴息、政策性信用担保、产业引导基金和PPP（包括连片综合开发、特色小镇与产业新城建设运营等）“四两拨千斤”式地发挥有限的财政资金的乘数、放大效应，少花钱多办事、办好事、不出事，让人民群众得实惠，让市场运行增景气、让经济发展有支撑、有充沛的新动力。

在PPP的推进中注重规范性，防范风险，确有必要。但何为规范？不是文件越多、清规戒律越多就越规范，而是应在法治化、阳光化、专业化轨道上注重“删繁就简、领异标新”，给出“有堵有疏”的指导：总体的精神应是大禹治水的古老智慧——“堵不如疏”，疏导和鼓励创新发展是最根本的发展动力和风险防范之本。经济和金融运行中的风险其实无处不在，把投融资中的一个个风险点，都看作是必须死死按住、不许有任何举动的防范对象，实为形式主义的懒政庸政，正是违背了中央“防范系统性风险”的精神实质，是以防范风险为名扼杀创新发展的试错空间、弹性空间、作为空间，是在制造新的风险。

不必讳言，政策性金融（包括 PPP）与商业性金融如何相互协调呼应、各展其长、相得益彰地支持有效投资，我们还必须进一步总结借鉴国内外的经验教训。但改革开放四十年来的实践，近些年金融改革和配套改革的进展，都使我们可以更有信心地积极打造支持中国继续超常规发展的商业性、政策性金融双轨统筹运行的制度机制，积极完善相关的政策体系和监管体系。在依法治国大原则下，政策性金融健康可持续，最为关键的是相关多元主体的风险共担（优势互补分担）的机制，和支持对象决策上的阳光化、专业化集体决策机制。

总之，应把以财政、货币政策工具和商业性、政策性金融的协调呼应，支持一大批以优化结构、扩大内需为导向的有效投融资项目作为当务之急，并服务于短期目标和中长期现代化战略目标的衔接。

附件一：日本“财政投融资”的经验

附件二：韩国产业政策概况

附件一：

日本“财政投融资”的经验

贾 康

第二次世界大战后日本经济高速增长的经验中，重要的一条是依靠政府政策性投融资有力地促进了结构调整和经济发展。1990 年代由 Kozokato 等撰写的一份题为《政策性金融》的世界银行报告（讨论稿），较清晰地概括了日本经验的要点。

（一）发展中国家在经济起飞阶段需要政策性金融

世行报告指出，虽然政策性金融是个存在争议的问题，有人批评政策性金融抑制了市场调节，融资效率不高，会产生贷款呆账并导致政府财政赤字的扩大，然而日本在二次大战之后政策性金融的实践，却提供了一个十分成功的实例，发展中国家对此应予以注意。

政策性金融所要解决的基本问题是：当一个发展中国家要实现经济起飞时，大量的投资及支持性的融资便是绝对必要的，但此时其资本市场的发达程度却还远远不够，不足以承担相应的资源配置任务。如果坐等资本市场发育，将是漫长的、很不确定的过程，所以既需要发展市场上的商业性金融，又需要与之“相互协力”地运用政策性金融手段，把资金引向对于实现国家战略目标最为关键的那些产业领域，以优化结构，推动和支持经济增长。

这一基本认识的理论含义和政策含义在于：发展中国家在走向现代化的过程中，在承认市场导向的重要性的同时，还必须承认金融、资本市场上政府干预的积极作用和必要性。

（二）日本政策性金融的基本做法

日本“战后”曾面临极为繁重的经济重建任务，却能在 20 世纪 50 ~ 60 年代短短 20 年间实现经济起飞，其重要资金支持之一，是通过政府的政策性金融机构把资金集中引导到各个时期的关键性的部门。

比如，20 世纪 40 年代后期至 50 年代前期，资金支持的重点是电力、煤炭、钢铁等基础工业，以缓解经济的“瓶颈”制约，并推动其他产业走向新高度。具体措施包括政策性金融机构提供贷款，优先供应所需投入，并由政策性金融机构为私人企业取得国外贷款提供担保，以及政府以补贴维护保护价格，允许加速折旧和进口设备免关税，优先将外汇用于引进相关先进技术，将世行贷款用于这些重点行业，等等。政策性金融的支持配之以其他措施，对于日本经济走向振兴产生了强有力的推动。

又如，进入20世纪50年代后，世界范围内出现了船运能力的紧缺，日本抓住这一时机，大力支持造船工业，使之成为重要的出口导向产业。主要支持手段有政策性金融机构的长期低息贷款，以及对企业出口的所得予以减税。到50年代末，造船业便成为日本外汇收入的主要来源。

再如，20世纪50年代初，日本产品在国际市场上还是劣质产品的代名词，竞争力很差。政府认识到这与机械工业这一“幼稚产业”的状况有关，遂专门制定了机械工业合理化计划，安排日本发展银行（政策性金融机构之一）发放专门贷款，特别重点支持其中的机械工具和自动化部件这两个子产业，并以贴息等手段引导私营金融机构也向这些方面提供资金支持。其后，日本机械工业的水平和实力终于突飞猛进，推动了制造业的全面升级。目前，日本的自动化机器人拥有量在所有工业化国家中名列前茅。

此外，政策性金融所支持或曾经支持的领域还包括农林渔、交通、通讯、石化等，以及中小企业、住房建设、公用事业等。1993年政策性金融资金总量的近1/5用于支持住房建设。

（三）日本政策性金融的组织结构和工作方式

日本大藏省（财政部）下设的各局中，有资金局和银行局，负责金融机构（既包括商业性的，也包括政策性的）法规和监督等方面的职责。

政府政策性金融机构包括复兴融资银行（Reconstruction Finance Bank）、日本发展银行（Japan Development Bank）等11家银行或金融机构。这些政策性金融机构在基本方针和重点导向上，都跟从政府每年制定的财政投融资计划。与此相应，财政预算区分为一般经常预算账户和特别账户，分列各自支出。特别账户专门反映财政投融资，其收入主要来自政府开办的邮政储蓄和政府管理的养老基金，其支出必须全部用于有投资回收能力的项目。

在计划规定的大方向下，政策性金融机构有选择具体项目的相当大的自主权，选项的标准是“专业化”的，即按专家意见来决定取舍，而不屈服于政治家的压力。对于所支持的项目，还可以视不同情况要求企业也自筹一部分资金。

在业务进行过程中，政策性金融机构的各级部门要不断审查资金运用情况，政府的审计官员则每年作例行的审计。这种多重检查保证了贷款运用的高效益。以日本发展银行为例，在严密的审查、监督下，其呆账损失率大大低于私营金融机构，自有资金实力不断扩充，从而可以在按政策要求提供优惠的低息贷款的同时，不需要政府安排任何补贴（20 世纪 50 年代初，其最优惠利率比私营商业银行的长期最低优惠利率低 3.5%）。

在日本的私营金融机构中，也有“专业性”的，如提供长期信贷和向农林渔、中小企业等提供贷款的金融机构，它们与政府的政策性金融机构之间有密切的协同关系，后者以贴息等手段引导前者把资金用于特定产业。

20 世纪 90 年代初，日本财政投融资计划所覆盖的资金量约相当于预算一般经常账户资金量的一半，占 GNP（国民生产总值）的 8%，1993 年绝对数总计近 36.6 万亿日元。

（四）日本政策性金融的基本经验及借鉴意义

世界银行的研究报告把日本政策性金融实绩颇佳的主要经验归结为以下三点：

第一，尊重市场，同时承认政策性金融体系可对私营企业和商业金融活动发挥补充作用。政策性金融要培育和鼓励“企业家精神”的成长，它以合作、咨询、补充和提供某种基础条件的方式促进市场经济活动，而不是与之竞争。

第二，政府经济计划和政策性金融的紧密联系。资金配置的优先顺序要按照国家发展战略、产业政策目标和规划来安排，以有效率的公共储蓄（邮政储蓄等）为基本先决条件，并采取财政投融资计划形式。

第三，尊重管理的独立性（自主权）。政策性金融机构不能屈服于政治家或官员的压力，而是要以充分的专家式态度独立地管理具体业务。

报告指出：如果一个国家宏观管理薄弱，政策设计差，监督、审计体系不健全，以政策性金融手段提供优惠低息贷款确实可能发生一系列问题，产生低效、腐败和消极作用。但只要坚持上述使政策性金融取得成功的基本要素，则消极作用就不是不可避免的。当然，随资本市场的成熟和企业的成长，政策性金融应逐步减少其着重资助某些特定产业的色彩。此外，严密的多重检查制度对于抑止腐化行为和提高资金效益是至关重要的。

附件二：

韩国产业政策概况

苏京春

（一）20 世纪 60 年代

韩国政府在此期间的主要政策目标是增加出口。为此，政府下决心提升工业竞争力，主要政策措施有：减免出口企业税收，并对其实施融资优惠，允许其有更为宽松的原材料损耗率，对其针对性供应更多原材料，并对其开放一些本来受到保护的国内市场剩余物资。与此同时，抬高国内价格，通过国内高价格产生的高收益，来补贴出口的低收益率。

这个时期针对外国直接投资出台的政策有：1960 年《促进和吸引外国投资法》，1963 年修订外国直接投资的监管法规，1966 年《外国投资促进法》，在经济规划委员会设立投资促进办公室，减少繁琐手续。

（二）20 世纪 70 年代

韩国政府在 1973 年转向重化工业发展计划，20 世纪 70 年代中期提出资本密集型重化工业发展计划。主要政策措施有：以总统办公室委员会为主体，首先制订详细计划，细节包括哪种重工业应当被建立、应当建设多大规应该在哪里选址等，接着再让某一个财阀企业来执行计划的某个部分，最后针对性地对这些财阀提供利息非常优惠的融资，同时为其提供配套的基础设施。

这个时期针对外国直接投资出台的政策有：1970 年成立马山自由贸易区。

（三）20 世纪 80 年代

韩国政府在此期间的政策目标是抑制通货膨胀，因而从 70 年代的激进政策转向，但由于要继续旅行对财阀的政府承诺，所以作出一系列的救助和重组努力。80 年代晚期，韩国成为 OECD 候选成员，政府开始移除贸易限制，施行了资本市场和境外账户自由化，并限制了干预政策的范围，但政府仍然通过手中可支配的支持政策主导着主要企业的创建和发展。

这个时期针对外国直接投资出台的政策有：20 世纪 80 年代早期经历债务危机后，韩国政策的外国直接投资政策更为自由化；1984 年韩国政府采取了负面清单管理制度，替代了之前每一项外国直接投资项目都必须经过审批的政策；其后首次准许设立外资控股公司和外资全资公司，外资公司主要分布于电子行业、酒店业和旅游业。

（四）20 世纪 90 年代

韩国政府在这个时期一边面临产业政策更多掌握在执政者手中，一边面临执政者要通过竞争性直接选举产生，于是产生了产业政策更多基于执政者政治立场的绑架现象，导致的后果是财阀绑架政府，政府出台扭曲政策，大量扭曲政策才能继续保障财阀发展。恶性循环随着 1997 ~ 1998 年金融危机爆发，倒逼政府进行了经济自由化改革。

这个时期针对外国直接投资出台的政策有：1991 年中期，韩国财政部划分的 522 种制造业中，只有 12 种禁止或者限制外资进入；1996 年 12 月，韩国最终加入 OECD，再次修订外国投资法，规定自 1997 年 2 月起允许外资进行善意并购；金融危机后，1998 年 4 月，韩国政府废除了 22 种行业的外国直接投资准入限制，包括房地产租赁、证券交易、投资于信托、保险和高尔夫球场等，1998 年 11 月，韩国政府通过新《外国投资促进法》，简化批准过程，允许恶意收购，1998 年底，在 1 148 个行业中，1117 个行业均实现完全开放，另外 18 个行业部分开放，在服务业允许外资在金融、市场营销、采购和公关咨询公司持股，但法律公司受到限制，专业工程师、建筑师、会计师和管理咨询师只允许以合约形式进行工作。

（五）21 世纪

21 世纪的韩国政府将绿色增长作为主要目标，致力于减少能源的使用，尤其是以碳为基础的能源。具体政策措施包括：2008 年 8 月，出台“低碳绿色增长”计划，推进国家长期增长；为抵御全球金融危机，2009 年初，韩国政府推出 381 亿美元的经济刺激计划，而其中 80% 被用于解决环境问题，具体包括了清洁用水、垃圾处理、节能建筑、再生能源、低碳汽车和铁路网络；2009 年 7 月，韩国政府出台第一个绿色增长五年计划（2009 ~ 2013 年），总投资规模 836 亿美元，相当于韩国当年 GDP 的 2%，选择了 27 个有潜力作为新增长引擎的核心科技，通过“绿色贷款”向科技提供税收优惠和低息融资，并增加绿色项目的担保，推行绿色私人股权基金。

2000 年外国控股的银行占银行资产规模总和的 10%，韩元汇率的稳定和官僚主义、法律执行缺乏透明度等原因，外国直接投资开始回落。

（本文及附件系 2019 年体制内应急课题成果）

四、PPP创新篇

PPP 创新发展大方向不会动摇

贾　康　刘　薇[①]

在深化供给侧结构性改革中，我国 PPP 的创新发展已经走在世界各个经济体的前沿。因为决策层高度重视，有关部门不断推出指导文件，所以很快形成风生水起的局面，这个大方向值得充分肯定。

中国在当下阶段引领新常态，并在新时代继续形成理性供给管理下超常规发展的现代化过程，其实存在着巨大的市场潜力空间和众多有效投资对象。首先以一个大规模建设项目需求方面的例子来说明。中国有 100 多个百万人口规模以上的城市，国际经验表明，在这些城市抓紧建设轨道交通网是必要的。北京是“起了个大早，赶了个晚集”的典型案例，其地铁建设在 20 世纪 60 年代就开始了，但一直进展缓慢，不足以解决公共交通体系拥堵危机的问题。好在现在政府已加快地铁建设，并在一定程度上缓解了北京市公共交通体系的压力，只是这方面的建设任务尚远未完成。

北京现在机动车的拥有率远远低于纽约与东京，而纽约与东京完全没有必要采取像北京这样对机动车限购、限行、限入等严格措施，道理就在于公交轨道交通网的有效供给使机动车主要用来应急和方便假日出行。所以，北京这样的中心城市缓解公交困局关键性的不二选择，就是在中心区域建成四通八达、密度足够的轨道交通网。北京如此，中国绝大多数中心城市也莫不如此，这种把“天文数字的资源往地底下砸”的建设过程，往往要持续几十年。

再举个“小项目”的例子。据有关部门统计，中国城镇区域现在缺少大约5 000万个停车位，一个停车位的建设，静态算账预估为 10 万元的话，那么全国就是 5 万亿元的投资。这个例子反映了一个现实生活中非常明显的强烈需要，看

---

① 刘薇：中国财政科学研究院金融研究中心副研究员。

起来的“小事”却代表着未来很长时期内必须安排的巨额投资。要想提高与日益增长的与“人民美好生活的需要”相适应的供给体系质量和效率，必须以改革创新为龙头来带出有效供给。

与 PPP 相关的“守正出奇”机制，明显对应于市场配置资源这一决定性的、必须充分发挥作用的机制，同时它又连带了政府“更好发挥作用”的创新。在这个机制中，政府和市场主体以平等伙伴关系发挥各自相对优势，风险共担，利益共享，绩效提升。比如停车位建设这个例子，5 万亿元的投资如果完全由政府出钱是不可想象的，但停车位一旦建成使用便会有现金流，那么它就完全可以对应市场机制和社会资本的投融资行为，天然地可在政府力求高水平的规划之下，运用 PPP 创新来形成有效供给。

以上两点解释了为什么中国作为有巨大发展潜力和市场潜力的经济体，在短短几年之内就走到全球主要经济体 PPP 创新的前沿。总体而言，PPP 在我国还属于新生事物，方向正确、意义重大，但不成熟的特点也毋庸讳言，防控相关风险值得高度重视。风险防控中亦需运用“大禹治水”的古老智慧，在疏堵结合中掌握好“堵不如疏”、因势利导的哲理。从这个角度出发，本文对当前 PPP 创新中一些有关风险点的重要认识试作辨析与探讨。

一、明股实债

明股实债已引起管理部门的关注与不安，实际情况似可大体分为以下两类。

第一类，是 PPP 具有的股份制项目开发主体项目公司（SPV）中的社会资本方，其股权前瞻性地安排了股权回购，即地方政府逐步出钱把其股权买回来，实际上相当于这部分钱让政府先借用几年，以解决燃眉之急。这样明确地设定回购条款，显然不是政府希望 PPP 所达到的规范状态，不符合 PPP 发展的取向，但现实案例中这种直接写入合同的情况比较少见。现在管理部门所批评的明股实债，往往针对了暗中的补充协议条款，或针对“潜规则”加上了主观判断的色彩。

对这种企业股权直接安排回购，是应当予以否定的。但实际上，按照 PPP 的可持续机制建设来说，SPV 股权的可流动又是不应当完全否定的，在一定意义上讲需要规范的股权交易通道。因为不少企业很难在 PPP 项目长达 20 年、30 年甚至 50 年的情况下，一直持股。

笔者认为，对于这类明股实债问题，除了正面防范风险的“堵”，还应该有伴随堵漏洞的制度建设去打开通道的“疏”。第一，在堵的方面，应该在《PPP

条例》和文件中明确规定哪些情况属于违规，不能写进合同，也不能以附加补充协议的方式形成白纸黑字的条款。第二，在“疏”的方面，股权的流动机制是可以对接交易市场的。2017 年 3 月前后，天津和上海都挂牌成立了 PPP 金融资产交易平台。这是规范的交易平台，所谓类固定收益资产、资产证券化、PPP 中的股权流动，完全可以探索对接这样的金融资产交易中心，在阳光化、公平竞争的环境下交易。

要承认股权往往不可能从头到尾按我们意愿，一成不变地以锁死状态持有到底，必须在市场上给它一个通道，在这个通道里以公平竞争实现流动。这其实也是推进要素流动情况之下我国现代市场体系的丰富与完善。这种市场如果能够稳定形成，将会十分有利于消除社会资本方面的疑虑。

另外一类明股实债，是说持股的比重非常低，似乎也可以把这种情况归纳为明股实债，社会资本方只持有 5% ~10% 的股，政府方面持股还相对多一些，这就违背了 PPP 一开始推动时的初衷——希望政府少持点股，社会资本方多持点股。另外，政府方面也不能太少，现在有关管理部门的态度是至少持股 1/4，最好为 30%。如果股权的比例明显偏低，剩下都得靠金融机构提供贷款等形式的资金支持。以这个视角来展开，实际是 PPP 项目投资总额中股权本金的比重高低问题。

笔者认为这个问题相对容易解决，就是总结基本经验以后，可以给出一个下限，最低不能低于多少。而且政府的倾向是少花钱多办事，政府持股少一点，愿意让社会资本方面持股多一点，这也应该有一个数量底线，不同条件变化中合作伙伴自愿形成的协议中，应遵守规则方面给出的区间或下限，但规则不应该规定得太死板。对这样一个股权在整个投资里所占比重高低的问题，其实不应太过计较，如果处理得好的话，相对低的股权，放大效应更强一些，未尝不是一件好事。

实践中，一个具体的项目，它的股权为 15%，另外一个项目股权为 30%，30% 股权的项目水平未必就高于 15% 股权的项目水平。这确实需要具体分析。但是对管理部门来说，对特定类型的 PPP 项目组建 SPV 时，给一个伙伴各方持股底线也是必要的，应该在以后的实际工作中大体明确这样一个操作底线。

二、政府购买服务与 BT

虽然财政管理部门对 BT 持否定态度，但依据相关理论分析框架，笔者认为，广义 PPP 里其实还包括 BT。有人指责部分 PPP 项目是通过政府购买服务暗度陈仓，是把政府购买服务扩大到政府购买工程，这可以说是对政府购买服务应保证工作中名副其实的问题。然而，如果全面地讲，政府采购里不仅包括服务和设备的采购，其实也还包括工程采购，广义 PPP 里面的 BT 就是没有供应方运营期的工程采购。

政府资金短缺又希望这个项目仍能有希望比较快地做起来，就可以选择与企业合作，企业为政府垫付数年的资金，政府以按揭方式把钱逐步还清。归还本金之外，多出的那一部分资金，就是企业“在商言商”拿到的投资回报，这个投资回报应“非暴利但企业可接受”为原则，太低则企业不会签字，太高则公众监督过不去。

在具体操作中，有关部门的态度似乎是百分之百排斥 BT 的，但据笔者观察，这实际上不可能做到。举个例子说明。中央强调要在 2020 年前通过精准扶贫的方式让农村区域最后的数千万贫困人口脱贫，截至目前，时间已经所剩无几了，再看一下四川凉山州的木里藏族自治县和盐源县，那里是地广人稀的少数民族聚居山区，经济上十分欠发达，政府要想在这个区域实现精准脱贫，不修通交通干道是不行的，因为“要想富先修路”，但凉山州政府没有这个能力，中央政府与四川省政府也没有办法直接用专款解决这个问题。

凉山州除了和太平洋建设集团合作外，没有别的办法，由太平洋建设这个民间资本主体出钱建设干道，其建成速度会大大加快。这种方式可以不叫 BT，但它实际上就是 BT，所谓“拉长版 BT”的变形，会使政府还本付息的年度压力更缓解一些。地方政府在具体执行 PPP 创新中，需要考虑政策的导向，可以把 BT 放在最末端考虑，但这不宜理解为 PPP 就绝对不能做 BT，否则就不能适应凉山州这样的具体情况。当然有关部门要正视相关的风险，要有高水平的通盘规划。

三、保底

现在有的 PPP 有保底条款或政府担保文书，违背了 PPP 的基本精神，就是风险共担或者对风险按照强强联合原则、以合作各方的相对优势来合理分担。PPP 的协议文本里必须有风险分担方案，几十种风险因素，应由企业承担的、政府承担的、共同承担的，以及共同承担如何排序，怎样的约束条件，都尽可能写清楚。

但是有可能出现一种情况，即政府向社会资本方允诺一定水平的回报，这就变成了保底。其逻辑上是想让企业在吃了保底的定心丸后，肯签字开工，这在相关规则上可以禁止。但同时，规范的 PPP 可以有纳入预算执行的政府付费和可行性缺口补贴，它解决的是地方政府和企业合作时企业方面最担心的问题，即最低利润能否达到可以签字的水平，这就是风险共担框架里必须承认的临界值。

企业参与进来是有最低回报预期的，这是企业方面合理、正当的诉求。所以不必总强调不能保底，而应强调如何提高可行性缺口补贴的合理性。在法制健全的环境下，以基于专业化测算的可行性缺口补贴安排，保障最低预期投资回报在企业接受的范围内，企业方面才能积极和政府合资做 PPP。可行性缺口补贴的合理量化，可以通过专业化团队的支持帮助，政府与企业一起来努力提高方案水平。项目在执行过程中允许做的调整，也可以有规范化的调整机制。

四、财政承受能力

按照指导文件要求，PPP 项目已经有了规范的财政承受能力论证所形成的约束，即不得超过地方政府本年度财政一般公共支出的 10%。这个规定的确有约束意义，但实际上测算起来比较模糊。即便知道年度财政支出规模的大概情况，但这个时间段里，地方政府可能跟多少合作伙伴谈成 PPP 项目是逐渐演进的，年初的 PPP 项目很容易控制在 10% 以内，但是累积到了下半年、第四季度加进来的 PPP 项目，按照年度来算就有可能突破界限。不过好在 PPP 项目往往周期较长，如第一年突破测算，可弹性调低本年度相关支出而调高后几年的相关支出，这是相对容易地把年度间财政支出压力均衡化。所以，10% 的约束基本上只是个原则导向，量化上不可能特别较真。

地方政府除了一般公共收支预算外还有基金预算是可能用于 PPP 的政府付费的，而且目前没有任何的官方态度或规定说不能用于 PPP。动用一部分地方基金预算的“活钱”支持 PPP 应是可以的，无非就是弹性空间里如何组织，审时度势、通盘协调、控制风险，积极地把应该抓住的重点项目建设按照 PPP 的方式来推出。可以在这方面共同探讨财政承受能力论证的弹性空间如何合理把握，如何合理匹配其他必要的机制。

总之，风险控制不能按照呆板的方式，一定要允许存在一定的试错空间和有创新的弹性空间，同时亦要谨慎防范系统性风险。在这样一个辩证关系把握下，我们应当认清 PPP 的大方向，同时，审慎处理好风险防范和积极创新的问题。

五、PPP 与地方政府负债

当下很多有关部门文件给地方政府带来的印象和困惑是，似乎地方政府做PPP 不能形成地方的负债。这个认识其实是不对的，因为 PPP 就是地方政府和企业一起以伙伴关系来做事情（而且是平等民事主体的伙伴关系，如果是不平等的关系，PPP 绝对没有以后长期发展的生命力），以平等伙伴关系来一起承担风险，那么地方政府当然不可能完全撇清投融资债务风险。

关键在于，这个债务风险是运营在 20 年、30 年、50 年甚至更长时间段里的风险，未来出现“或有债务”风险的可能性较大。现在财政上已有三年滚动规划，三年规划之下如果做成三年滚动预算，也只解决三年可行性缺口补贴的确定性问题，之后便会面临可能的“或有负债”。未来几十年里，政府要考虑对或有负债相关的支出尽可能高水平地做出预测以及合理的相关协调安排，如处理得当，对于 PPP 来说不是增加风险，而是降低了风险。

所以学术界有必要在资产负债表的概念下探讨 PPP 会计准则，需要有可操作的依据，大框架便是在理论上承认 PPP 会牵涉地方政府的负债问题。过去，地方政府负债问题曾因为没有阳光化途径而成为隐性负债，后来政府觉得不得不控制，地方融资平台不能再继续发挥隐性负债的作用，于是修订《中华人民共和国预算法》，一边阳光化“开前门”，另一边又锁死融资平台，让其不能再发隐性债。

下一步需要处理的就是 PPP 产生地方或有负债的问题。一开始有文件规定，成功转化已有项目为 PPP 项目，可以不计入地方负债的规模，这在当时的确是一个有积极意义的说法，而现在则可以动态地优化相关认识，即哪怕已规范地成为PPP 项目，其相关的或有负债，仍然需要并可以做出尽可能高水平的预测，进而防范风险。

虽然这段时间政府强调防范风险，但不能认为这就是叫停 PPP 的信号。适当的调整规范很有必要，在这之后希望我国的 PPP 能调节到一个更正常的发展节奏上。

六、PPP 的认定标准

最近，政府管理部门在加强管理中努力纠偏，连续下发文件要求 PPP 不能一拥而上，并指责一些地方搞了假 PPP、伪 PPP，要特别注意风险防范，这当然是有必要的。但从现在可以看到的信息来进一步分析，有相关要点需要澄清：什么是假 PPP、伪 PPP？管理部门还没给出清晰的界限，实际生活中怎么掌握这个界限，哪边是真，哪边是假？道理上讲，应加快 PPP 的立法。现在已有的红头文件层次还太低，国家发改委和财政部两大管理部门各自有指南和项目库，各自发红头文件。

为提高 PPP 的立法层次，政府一开始想出台《PPP 法》，但现在看来在一些基本概念上还无法达成共识，只好退而求其次，先推《PPP 条例》，这一过程并不顺利，这当然是中国特色的实际制约。之所以探讨这些问题，就是要更积极地考虑如何在 PPP 的创新过程中防范风险，但不能简单地将创新探索中的一些项目，由少数管理人员直接定义为伪 PPP、假 PPP。

此外，管理部门在努力促使 PPP 防范风险的过程中，不能认为审批就能解决任何问题。比如，所有 PPP 项目必须在省级批准入库后才能得到承认，不在库就不给予 PPP 的概念，似乎是一个真伪的界限，但这个界限有很大副作用。PPP 的关键是法治化取向下的阳光化，在政府、企业、专业团队接受公众监督的环境下，做出尽可能专业化、规范化的真 PPP 项目。守正出奇，还是要回到 PPP 的阳光化机制这条正路上来。可以有一个具有引导功能的省级库，并像中央库一样做动态优化，入库可成为一种积极的引导形式，但不宜把它做成开展 PPP 项目的唯一途径。

七、结语

PPP 创新发展大方向不会动摇，因为这是中国现代化通盘发展的必然要求。当前是稳中提高 PPP 规范性，更好地可持续健康发展，这符合事物波浪式发展的一般规律。在中国现在特定的发展阶段，PPP 在战略层面上有个值得特别说明的制度创新意义，就是它直接呼应了十八届三中全会以来与现代国家治理、现代市场体系创新联通的一个重要突破口，即现代市场体系运行的产权基石方面的制度创新所要主推的混合所有制。而这方面的突破，将有效淡化贴标签式、无结果的“进/退”争论，深刻、长远地影响中国现代化进程。

（本文连载于《项目管理评论》2018 年第 5 期、第 6 期）

PPP的大发展与地方债务风险防范

贾　康

根据官方的权威信息，截至2017年年底，中国地方政府的债务存量在16.47万亿元左右，其中约14.74万亿元为政府债券，还有约1.73万亿元为非政府债券形式存量政府债务，合计约相当于当年GDP的20%。仅看这一数据，地方债务压力不是太大，但这个问题为什么会有这么大的社会影响力？我觉得主要是与《中华人民共和国预算法》修订以后这一轮PPP的大发展及其带来新的隐性负债的担心有关。

2014~2016年，国内基本形成了PPP发展的大局面，但是2017年下半年给人的感觉是要非常严厉地控制风险。财政部明确要求防范种种风险问题，给地方和基层的感受是一下子做PPP变得动辄得咎，似乎是要叫停。我觉得这个事情不可能叫停，但现在的这种态度和一系列从严管理文件的出台，叫“点刹车”可能不为过。“点刹车”是有必要的，稳一稳，总结经验，关注风险点，研究怎么样能更好地防范风险，合乎事物波浪式发展规律，引导上则是“一种倾向掩盖另外一种倾向”。当然这也符合这一段时间中央特别反复强调的、工作中极为看重的去杠杆、防范金融风险的要求。

一、防范化解地方债务风险，重点何所指

我觉得16万亿元出头的地方债存量，不足以令大家这么兴师动众地共同致力于防范风险。主要还是看重除地方债阳光化的存量之外，新的隐性债在哪里。可能有少数地方融资平台仍然违规继续隐性举债，但是比重和危害都不会很大了。最关注的可能还是PPP，我从管理部门的信息体会，认为至少有五个要点：

第一，“明股实债”的问题。做 PPP 特别强调要有较长的运营期，建设和运营期里的实体是股权清晰的混合所有制的 SPV 特殊项目公司，各伙伴的股权非常容易按照现代企业制度的概念，来得到清晰的信息和没有争议的处理。一般的情况是地方政府不控股，只占小头。因为其本来目的就是解决钱不够的问题，希望四两拨千斤，多拉一些体制外的资金进来，所以更多的股本是在社会资本那一方。“明股实债”有两种解释，一种解释是地方政府的，或政府、企业加总出的这部分股权资金占项目总投资的份额太少，总体上看起来是政府或 SPV 对外的一大笔负债；另外一种解释是它含有一个企业股权的回购条款，虽然现在企业占股权的大头，但是又有一个附加的协议，即在 PPP 项目运营以后的若干年内，政府逐步出钱把股权再买回来。

第二，“保底条款”的问题。本来应该是风险共担，但是 PPP 项目运行起来后，实际的风险都是政府一家担着。保底的意思就是要保证项目风险和社会资本有了一个隔离，企业方面锁定投资回报底线，风险由政府全部兜起来。

第三，财政承受能力 10% 的天花板非常容易失守。财政承受能力论证是说地方政府一个年度的 PPP 项目付费，表现为可行性缺口补贴概念下安排的预算资金安排投入，以年度公共收支预算支出 10% 为天花板，不能超出，所以管理部门担心实际防线很容易守不住。

第四，有一种说法是很多的 PPP 演变成了拉长版的 BT。在财政部的工作环节上，是把 BT 排除在 PPP 概念之外的。原来的 BT 是 3 ~5 年，现在延长到 8 ~10 年，还是 BT。政府想做的项目，是由企业先垫付资金做起来，再以政府按揭的方式，逐渐还本付息。

第五，担心 PPP 项目做起来以后转手分包。刚开始的时候，看到这个项目的社会资本方很有资质，比如地方政府比较信任的央企、国企，他们拿到项目后，却分包给一些没有多少资质的企业，同时又拉了很多银行贷款。以上这些，看来都是管理部门指出值得忧虑的风险因素。

我觉得防范 PPP 的风险，非常值得讨论上述这些问题。但总体来说，仍然需要贯彻原来讨论地方隐性负债时的思路，标本兼治还要寻求治本为上，治本则应特别推崇疏堵结合、堵不如疏的大禹治水的古老智慧。搞市场经济和深化供给侧改革创新发展守正出奇，地方政府需要有偿筹资并提升绩效的负债机制，堵死是不解决问题的，那是鸵鸟政策。

二、地方政府的“有为”如何对接市场机制的“有效”

地方政府的“有为”要跟市场机制的“有效”对接，有偿取得资金的机制怎么样让它健康可持续，这是疏堵结合的关键。

第一，讨论“明股实债”的问题。如果认为政府出股比重偏低，就要在PPP的基本类型里面说清楚，在股权结构上划有一个大致的界限，比如一般不应低于多少，我觉得这个是有必要的，但不能僵化，不能绝对化。不同类型PPP项目的情况，在实际场景里更是千差万别。本来PPP机制就是寻求四两拨千斤，为什么不能设想在其他的条件都处理好的情况下，更好地发挥乘数效应、放大效应？更好地使公共资源发挥潜力来四两拨千斤，这应该是我们努力的方向。

第二，考虑以规范的股权交易平台来疏导资本要素流动的机制建设问题。目前政府已经设有了上海、天津两地的PPP资产交易平台。从中长期来看，许多已形成PPP项目的SPV的股权，是可以通过这个平台去进行规范化的、阳光化的交易。这个机制是“疏”的又一关键，可以解决大家担心的资金期限错配的问题。只靠合同协议的约束力，往往不足以解决很长运营期内情况变化带来的这种现实矛盾，所以疏导股权交易的通道建设要往前看，要积极考虑制度建设的疏导作用。

第三，在“保底条款”方面，我认为制度上应该规定，不能有这种明确规定由政府承担全部保底责任的条款。但从引导的方式与机制来讲，确实需要有一种制度环境，让企业能够八九不离十地吃上定心丸。参与PPP的企业是自愿签字的，跟政府是伙伴关系，企业是以在商言商的立场，认为在锁定的20年、30年甚至更长的时间段里，能实现自己意愿中非暴利但是可接受的年化收益率。这种偏好类型的企业家大有人在，规模十分可观，我们应该调动此类企业家的潜力。当然不应是在协议上明确政府承担全部风险给企业保底，而是一定要发挥机制内在的引导作用，要给参与的社会资本方和企业主要决策者一个有安全感的预期，才能使企业界真正可持续地和政府合作做PPP。在这方面，积极合理的引导是有必要的，要求企业具有风险意识应落在合同中的风险分担方案上。但也不能把企业就是要准备承担风险这个事情说得太死了，那样企业在很多顾虑下会变得更加裹足不前。使这些事情可持续的综合机制，实际上是一种法治化、专业化取向之下的大概率的保底，不是绝对的，主要寄希望于法治化、专业化水平的提高，合同要尽可能细致，必要时规范地配有政府可行性缺口补贴，让企业大体安心。

第四，财政承受能力的弹性空间是非常明显的，原则上叫作一个地方政府一年公共支出的 10%，又按现在已有三年滚动规划的套路向前预测这每年 10% 是什么样的绝对额。要在一个地方做的 PPP 项目，一般来说累积着到了下半年，就有可能接近 10% 的天花板。这个时候就需要有专业的力量帮助调整，把超出的部分匀到后面的年度。如果超出的较多，可以寻求其他途径的财政资金支持，比如地方政府的基金预算中可动用的“活钱”。财政承受能力确实需要有这样一些形式来匡算，来防范风险，但也不能绝对化。疏导就是让大家在预测方面做得尽可能的精确、实事求是，考虑到的公共收支预算和其他财力的调动，既要积极、更要可行。

第五，谈谈“拉长版的 BT”问题。我认为其实 BT 就是广义 PPP 的一个组成部分，它的特点就是没有“O”。政府无力从事想做的项目时，使用广义 PPP 里的 BT 机制，有的时候便能做出来，然后以按揭的形式，对企业还本付息。BT 拉长更好，对地方形成的还本付息压力在年度里会表现得低一些。现实生活中其实做不到绝对排斥 BT。举一个例子，我在调研中接触到的四川凉山州，有大面积的欠发达区域。“要想富先修路”，修路是当地精准脱贫的必要条件。但是中央不可能给这么多钱，省里也没有这个能力，凉山州地方政府便只能跟太平洋建设签了五条新干道的 PPP 协议。这个协议不叫 BT，实际上就是太平洋建设在已经做得得心应手的 BT 形式上的演变，这才能让地方政府力争完成当地脱贫“军令状”。所以不能否定 BT 的机制在某些场合下运用的合理性。

第六，关于分包这个事情，在管理上可以进一步规范。但是如果说因为分包，后面的局面就一定不可控了，似乎又有点言过其实。一个央企拿到项目以后，分包成子项目是自然而然的，只是需要在制度上规范和有效控制风险而已。比如，中信地产在汕头跟濠江区政府做的 168 平方公里的海湾区域连片、滚动式的开发，要做几十年。其他社会资本很愿意加入后面一个个的子项目，在建设的过程中，没几年中信的现金流已经为正，因为不断地有其他企业付定金，认购后续子项目的股本。这个事情如果处理得合理，有专业化水准，能有多大的风险？我不认为是要绝对禁止的。当然，要研究怎么样进行全程监督，使分包不要做得太随意。

第七，关于 PPP 拉银行贷款过多的说法，一般情况下，我并不这样认为。银行有它的风险控制，我们 PPP 也要发展全套的风险控制，当然要提醒银行给 PPP 项目贷款应注意防范风险。但是，从根本上来说，银行大量的存差，寻找相对安全的投资是其应有之义。商业银行其实不会怎么考虑政策融资导向，首先考虑的问题是安全不安全，而地方政府和企业一起做的项目，相当于是政府增信了，更安全了。所以不能简单地指责银行向这些项目多放贷是增加了风险，还是要实事求是地考虑通盘情况。

总的来说，在疏堵结合、堵不如疏的思路下，我的基本观点是应该注意风险防范，但不要又走到另外一个极端，管理不能总是矫枉过正。现在地方层面上，普遍反映的就是禁忌太多，不作为反而不会有麻烦，没有创新的氛围，一切从紧，一动也不敢动，哪里还会有创新的空间。都在说小规模银行对 PPP 已坚决停贷，我觉得有些夸张，其实是要等到 3 月 31 号财政部清完库，才能看清哪些不能再给贷款支持了。前面已经签的不少项目，建到一半突然卡住了，该怎么来收拾残局？我认为无论如何要注意尽量避免形成半拉子工程，那将是最被动的。前些年，BBC 曝光了武汉，说它的债务如何严重。那个时候我的基本看法是到了这个关口就是需要咬咬牙冲过瓶颈期，没有别的选择。到了这个关口上，一旦丧失公信力是最糟糕的。政府可以阳光化地说清楚负债是多少，解释清楚这些负债对应的是什么项目，一旦建成对于地方的腾飞起什么作用，积极组织可能的财力支持它，不要落下一大堆半拉子工程。现在我们终于看到武汉的腾飞之势多么令人鼓舞，而且带动周边。PPP 同样有借鉴这样案例的必要。

三、借鉴国际经验

从国际比较来说，中国现在地方政府的债务总共是 20% 出头，加上中央的是 30% 多一点。按照社会上的估测，几个方面都加一点，也就是加到 40%、50%。而欧盟的预警线是 60%，对此美国、日本都不认账的。在前几年，德国、法国也没守住欧盟的预警线，客观地讲，他们也给了弹性空间，才形成了现在的较好局面。中国现在如果就觉得风声鹤唳，我觉得有一点误导。日本公共部门负债达到 250%，为什么没有人说日本要崩溃？据解释是因为日本的公债有 90% 多是本国国民持有，这跟中国高度一致，中国公债的 90% 几也是自己人持有，甚至比重比日本还要高。当然，日本海外资产的支撑力很独特，我们也有一些向日本学习的必要，这些还都需要适当积极地来全面考虑问题。

还需要注意的是，投融资永远有风险，在积极防范风险的同时要实事求是地找到风险点，力求看准风险点，争取有效控制的同时又避免一刀切控制风险的做法，那样可能是违背改革精神和中央防范风险的实质性要求的。

中国城镇化、工业化总体发展的纵深相当可观，可做的项目投资俯拾皆是，PPP 的事情做好了能支持中国继续超常规发展。比如中国 100 多个百万人口规模以上的城市，无一例外都要尽快有一个高水平的顶层规划，学习雄安，学习其他值得肯定的经验，各自的网状公共交通系统的建设，宜早不宜迟，需在未来的几十年不断地建下去。一定要赶快建成四通八达密度足够的轨道交通网，这正好可以通过 PPP 来加快进度。PPP 不光带来资金，还带来管理经验，带来绩效提升，是创新发展中供给侧的守正出奇。

（本文系贾康先生 2018 年 1 月 23 日在中国发展研究基金会主办的博智宏观论坛上的发言）

国际视野下的特色小镇 PPP 解决方案

贾　康　欧纯智[1]

美国总统特朗普最近签署的减税提案，将对其他国家经济造成外部冲击和压力，在中国继续减税降费的努力过程中，小镇建设的财政资金缺口有可能进一步扩大，PPP 代表的建设与运营机制创新成为中国当前小镇建设顺理成章的选项。

根据住房和城乡建设部、国家发展和改革委员会、财政部等三部委《关于开展特色小镇培育工作的通知》要求，到 2020 年，中国将培育 1 000 个左右各具特色、富有活力的小镇，涉及的主题有休闲旅游、商贸物流、现代制造、教育科技、传统文化、美丽宜居、养生养老等。

2016 年 10 月住建部公布了第一批 127 个国家级特色小镇，2017 年 8 月公布了第二批 276 个国家级特色小镇，第三批正在积极筹备中。对目前在全国各地积极推进的特色小镇来说，如何获得持续稳定的资金是一个关键问题。形成合适的投融资模式，对于特色小镇发展非常有必要。政府和社会资本合作的 PPP 模式，正在中国地方各级政府得到推广运用，但目前投资领域大多集中在自来水厂综合管廊、公共交通等基础设施领域，PPP 在特色小镇建设方面的探索，仍处在初级阶段，有必要进行深入研究和创新探讨。

中国原有小镇建设的主要融资渠道只有两种：政府直接出资的财政资金以及银行贷款。财政资金的主要来源是税收。美国总统特朗普最近签署的减税提案，将对其他国家经济造成外部冲击和压力，在中国继续减税降费的努力过程中，小镇建设的财政资金缺口有可能进一步扩大，很有必要更为积极地考虑以 PPP 模式引入社会资本加以解决，PPP 代表的建设与运营机制创新成为中国当前小镇建设顺理成章的选项。在借鉴国内外已有经验的基础之上，需要探索出一条适合中国

---

① 欧纯智：中国新供给经济学 50 人论坛特邀研究员，经济学博士。

国情的特色小镇建设 PPP 投融资模式。

一、PIC 与 PFI

英国近期有关 PPP 的讲论主要集中在公共利益公司 PIC（Public Interest Company）和私人主动融资 PFI（Private Finance Initiative）这两个方面。虽然具有较大的异质性，但是二者共同关注组织网络的责任、控制和风险，在某种程度上都改变了国家治理框架。由于 PPP 功能的复杂性以及维护公共利益的需要，PFI 和 PIC 均需明确划分采购—供应职责，伙伴资格与利益导向由伙伴们共同决定。PFI 和 PIC 实现了政府的委托代理职能，利用社会资本的技术和项目管理能力优势，协助公共部门寻求更高效率。

（一）公共利益公司 PIC

PIC 的应用较为广泛。英国在铁路网络、教育和医疗领域要么已经创建了 PIC，要么正在创建过程中。PIC 的组织形式灵活多样，是其优势所在，有三个核心特点：一般不设股东（如果有，他们也将在利润方面受到限制）；提供公共服务；在法律上独立于政府。资金来源可部分由政府资助，或者在政府引导下从民间市场借贷资金。创建利益相关者治理框架的 PIC 董事会，直接负责向当地社区和用户提供公共服务。机制是当地社区直接选出 PIC 董事会，并对项目进行管理。然而，即便是自己的事情自己做主的类自治模式，PIC 董事会的选举机制依然需要制衡，管理层的选择强调对专业技能和知识的掌控力。从原理上说，政府提供公共服务搞大型基础设施建设都是在为民众服务，然而如果不能得到民众的支持和拥护，就会步履维艰、磕磕绊绊，这种失败的案例值得总结教训。而真正符合公共利益的 PPP 项目，在通常情况下，不会遭到民众的抵制。民众对项目的接受和理解也会影响项目的进展。

可以这样理解，PIC 董事会正是起到了政府与民众之间的沟通和协调作用，在吸收民众意见的同时，化解民众与政府之间可能出现的意见分歧与冲突。董事会使政府与民众之间既往的关系发生了潜在的变化，使政府在“做好事”的同时将“好事做好”。

在英国，自工党连任的早期阶段 PIC 开始进入公共政策视野至今，受到英国政府越来越多的重视，在公共事业建设中发挥越来越重要的作用。这方面的探索可以为中国的特色小镇建设提供一些启发。

（二）私人主动融资 PFI

PFI 具有更长的政治行政谱系，该模式起源于 20 世纪 80 年代末至 90 年代初的英国保守党政府。政府在 PFI 模式中所扮演的角色，通常是作为项目的主导者或者服务的主要采购者来外包服务合同。

PFI 以吸收社会资本参与公共事务的模式提供公共服务、建设基础设施，因此理论上允许政府将公共资源的配给权转移到别处。PFI 项目过程相对简单，在获得国家财政部门批准后，地方政府以及相关部门将就特定项目对社会资本发出招标邀请，招标价格的确定会参考其他同类项目并进行特定项目的风险评估，最终确定中标价格。

该合同将形成一个合作模式，由社会资本融资、建设，在许多案例里甚至可以管理一个大型设施（学校、医院和监狱等等）。

在形成的长期（25 年或更多）合同期内，政府支付使用年费。PFI 合同的规模有大有小，涉猎的项目范围特别广泛，小项目如西萨塞克斯郡（WestSussex）的信息技术设施项目造价只有 10 万英镑，大项目如欧洲当年最大的建设项目，总造价为 40 亿英镑的海峡隧道铁路工程。由英国财政部创建的英国伙伴关系机构（PartnershipsUK）负责主要议程。目前 PFI 在英国公共部门扮演着有限但很重要的角色。然而即使在 PFI 应用十分广泛的部门，它也从来没有超过公共部门年支出规模的 15%。工党则在过去对 PFI 持怀疑态度，将其称为“后门私有化”（back－doorprivatisation）。然而，工党人士也都很清楚，通过增加税负资助公共项目投资，会受到来自民众的阻力，工党政府需要对财政持审慎的态度。

在这样的背景下，PFI 实现了政府没有提高税负或增加公共部门借贷资金的前提下，筹集到公共部门投资所需的大笔款项，并与此同时理顺与社会资本的合作关系。因此，PFI 实际上在一定程度上解除了工党一直以来不增税却要增加社会资本投资提供公共服务的疑虑。所以后来工党也热衷于利用 PFI 显而易见的优势，探索新的能够自觉改进效率和性能的公共政策，包括学校教育、社会住房和城市再生等等，并试图确保在不扩张官僚开支的情况下提高行政效率。

PFI 的核心特点有三：以 PFI 方式提供的公共服务要提升效率以改进服务标准；PFI 将风险从公共部门转移到社会资本；社会资本那些深奥的专业知识和管理技能可以通过 PFI 应用到公共项目当中。

然而，PFI 在英国的实践当中也会经常遭到质疑：如果只有一个投标者是否不利于维持竞争性局势？向私营部门转移的风险是否与其获得的收益匹配？在英国一些大的 PFI 项目已经表现为政策失败后，这些事件的政治影响已经造成严重挑战。更确切地说，PFI 涉及一个介于管理（比如效率）概念与民主（比如问责与合法性）概念之间的权衡取舍问题。

政府 PFI 模式的吸引力在于“社会资本获得项目并在后期由政府为其支付”，有人称之为其代表了一种浮士德式的交易（Faustianbargain），正反两方面的经验可为 PPP 模式在中国特色小镇建设上的实践提供一些启发。

二、英国经验的启示

截至 2016 年末，中国法定限额内政府债务余额 27.33 万亿元，负债率（债务余额/GDP）为 36.7%；地方政府债务余额 15.32 万亿元，债务率（债务余额/综合财力）为 80.5%，低于国际通行的 100% 至 120% 警戒线。地方政府债务风险总体可控，这说明借鉴 PIC、PFI 式的国际经验推进 PPP 创新，在中国有施行的空间。

2017 年 11 月 10 日，财政部《关于规范政府和社会资本合作（PPP）综合信息平台项目库管理的通知》（简称 92 号文）明确：进一步规范政府和社会资本合作（PPP）项目运作，防止 PPP 异化为新的融资平台，坚决遏制隐性债务风险增量。

该文件指出了当前中国 PPP 市场中的一些不规范现象，例如 PPP 模式成为一些地方政府变相举债融资的工具，可能导致各种风险集聚于地方政府，等等。

国家部委近期的频繁发文，正是为了遏制乱象防患于未然，这似乎对 PPP 的施行敲响了预警之钟。

实事求是地说，PPP 模式如处理失当容易滋生“浮士德式的交易”，这是我们在实践中需要借鉴国内外经验教训加以避免的，但 PPP 在中国发展的大方向应当得到坚持。

总体来看，PIC、PFI 等都是我们需要观察、借鉴的模式，但是不能完全照搬，要结合中国国情进行本土化改良，有借鉴地学习吸收其可用要素，将其适合中国的经验应用到当前特色小镇的开发建设中，而将不适合中国国情的部分予以排除。国外也许没有跟我们完全一样的政策导向下的特色小镇批量建设，他们的小镇更多是天然形成的结果，这样看似乎可比性与可借鉴性就不是很大，然而即便如此，我们仍然可以借鉴 PFI 的“城市再生”模式，借鉴 PIC 的民众参与模式，在创新中打造具有中国时代特色的魅力小镇。

PPP 的众多操作模式各有侧重，投融资依“伙伴关系”而带来绩效升级是其核心灵魂，由融资、管理而来的 PPP 的治理功能特别具有价值，这在实践中最不应被轻视或者忽视。所以在选择 PPP 进行特色小镇建设的时候，我们不但要关注其融资功能，更应当力求利用好其治理功能。

（本文发表于《环球》2018 年第 1 期）

PPP 与特色小镇项目的开发建设

贾　康

在地方一般公共支出 10% 的财政承受能力这个必须遵守的规则旁边，其实还有一个机动空间。我国分级财政的地方层面，还有整个预算体系里边的基金预算。

在不少地方政府辖区之内，已经很看重以 PPP 创新，推动特定的、对于以后区域发展会有很大影响的特色小镇项目的开发建设。从全国来说我们较早就注意到 PPP 创新发展，是中国整个现代化创新发展中一个非常重要的、值得高度重视、长期推进的创新事项。

一、PPP 不可能被叫停

PPP 调整是让它发展更健康、更有可持续性。在中美贸易摩擦升级之后，中央特别注意到除防范风险之外，还要发挥 PPP 的投融资和金融功能作用。

从 PPP 具体发展节奏说，2014 年后，在李克强总理反复指导督促下，财政部和国家发展改革委把 PPP 作为创新中的重中之重，除形成一系列的文件指导、指南等运行规则外，还进行了相关的机构设立、人员培训、经验交流、项目示范、项目库的发展等工作。

在此基础之上，管理部门更加强调防范风险，结合中央强调的防范风险攻坚战，在一些地方具体工作中，由于调整为对 PPP 变得尽可能地谨慎，甚至有人以为“是不是 PPP 要叫停”?

笔者一直就非常明确：“PPP 不可能叫停。”因为这实际上符合事物发展波浪式运行的规律，在 PPP 势在必行、有了局面打开和已经有了很具影响的高潮之后，就要有稳一稳的调整，调整是让它更健康、更有可持续性。

在中美贸易摩擦升级之后、中央特别注意到除防范风险之外，还要发挥投融资和金融功能作用。笔者以为，要抓住这个波浪式发展中稳一稳后又可能出现的新一波的升浪机会，结合各地发展战略，争取捷足先登，打开新局面。

二、认识 PPP 概念的广义性

PPP 实际上是一个综合的广义概念。大家都知道，比较容易为人们所理解的是 BOT，衍生出来有 TOT、ROT、BOOT 等，其实还有各种各样可以给出初步总结的广义概念下的模式。

比如，BT 应该包括在广义的 PPP 里面，只不过它有它的特殊性：BT 没有运营期，但同样是把政府想做、但原来一时做不成的事让它做成；政府以自己的分期付款、也就是政府按揭的方式完成整个资金运用中的全流程，是和政府体外的企业、社会资本合作，让企业垫资，把想做的事情提前做出来，而且能通过机制的创新，保证它有比较高的绩效水平。

BT 没有运营期容易产生偏颇，给人感觉更易形成债务风险，但并不能否定 BT 是在特定场景中的可选项。PPP 实际运行过程中除了 BOT、TOT、ROT 等概念外，还有一个中国在 PPP 各种模式选择里非常容易成为兴奋点的“连片开发”。国际上有这方面的初步概念，却从来没有在国际上听说连片开发可以成为 PPP 的一大热点，但它合乎中国特殊情况，很显然容易成为相关伙伴各方如果形成共识以后，推动局面进入超常规发展的一个主要形式。

三、中国特色的“连片开发”

在 PPP 的概念下，“连片开发”已经有了非常鲜明的中国特色，是把国际上认为很清晰的私人部门这个概念，扩大到中国私人部门的民企和公共部门的国企（央企和地方国企），都可以成为和政府来形成伙伴关系的企业一方，这就是中国特色之一。

民营企业和地方政府合作，在北京南边 50 公里的固安，做了十几年间“改天换地”的连片开发，其已经被国家发展改革委和财政部列为全国示范项目。笔者也了解并肯定央企的中信和汕头（这是特区之一，但过去局面上一直在特区里边排最后）在当地的主要区域——海湾的濠江区 168 平方公里，做连片开发，得做半个世纪以上。这种成为中国特色 PPP 的热点、兴奋点的具体形式，值得特别关注。

在 PPP 的概念下，其实早已经有了非常鲜明的中国特色，如：不叫“公私合作伙伴关系”而称“政府和社会资本合作”，实际上是把国际上认为很清晰的私人部门这个概念，扩大到中国私人部门的民企和公共部门的国企（央企和地方国企），都可以成为和政府来形成伙伴关系的企业一方，这就是中国特色之一。

那么这个连片开发的创新，在中国必须贯彻追赶—赶超超常规发展战略、实现所谓跨越式发展的整个现代化推进历史时期，应该可以发挥独特的作用。

四、连片开发的项目有相关性吗

“连片”是在地理概念上合在一起打包。一个连片开发的若干项目，真的一点不相关吗？要知道，一个地理、物理空间概念上联通的连片开发打包，才把这里边的一些人们过去不能够发挥的潜力空间打开了……

笔者注意到，在观念上还需要有关方方面面做更积极的探讨，因为认识上确实是不一样的。不仅国家发展改革委、财政部对 PPP 的一些认识还没有很好统一（所以 PPP 法原来想加快推出，现在看来不行，退而求其次要搞条例，条例又没有能够如约在 2018 年年底之前推出，但它一定是要做的，要逐渐探讨统一认识），就是在这些管理部门内部，不同的业务司局在一些非常重要的概念上，认识也往往不一致。

笔者想提一下与“连片开发”相关的认识：有这样一种说法，在 PPP 项目建设中，比如说道路、绿化、教育、医疗、污水处理等，每一个项目本身怎么样产生现金流，或者怎样选取它的特定模式（是政府付费还是政府付费为主，或者还是使用者付费为主等），单个说可以清晰界定，而这些项目如果放在一起，就有它们的不相关性，那么这就不能够放在一起，处理成一个 PPP 项目概念。但这恰恰与“连片开发”相矛盾。

笔者认为，需要把这个“不相关”的概念看作是一个陈旧的、应在理论联系实际的角度上说清楚、在实际生活中非常值得讨论后有所突破的问题。“连片”首先是在地理概念上合在一起打包。一个连片开发的项目，如固安，是若干平方公里之内所有的项目，除了它的产业集群，所有想到的在这范围之内要匹配的宜居城市建设、交通基础设施、绿化带、各种类型的住房、医院、学校等，无所不包，也通通放在这个连片开发方案里边，构成其“产业新城建设和运营”的综合概念。地理连片范围内的事项，无一遗漏，这就叫“连片开发”，所有事项都像布棋子一样放到棋盘上，打成一个包。

其中一个个的不同类项目真的一点不相关吗？显然不是的。而且正是由于有一个地理、物理空间概念上联通的连片开发打包，才把这里边的一些人们过去不能够发挥的潜力空间打开了，多多少少可以得到使用者付费支持的项目，也包括一部分纯公益基础设施，在一起形成一个综合型的互相般配或匹配关系，把很多原来政府想做、老百姓受益、但是做不出来的事情，变成做得出来，而且可以保证总体的综合绩效提升，可以更有效地防范它们相关的风险因素。

五、"飞地"和模式创新

"连片开发"建设在打包的形式上，如果再把它推开，一个值得探讨的是，其中部分内容未必一定要物理连通。如果在一个地方政府辖区之内，某一些项目和另外在物理上不联通、可以称为"飞地"式的一个项目，特定情况下也是可以打包在一起的。

"连片开发"是创新模式的作用，已经提到的 PPP"1 +1 +1 >3"，就是把政府、企业、专业机构的比较优势结合在一起，找到这个创新机制带来的潜力，把潜力从潜在状态挖掘出来，变成实际发挥作用状态的可行制度建设因素。

这个制度建设在打包的形式上，如果再把它推开，一个值得探讨的是，其中部分内容未必一定要物理连通。如果在一个地方政府辖区之内，某一些项目和另外在物理上不联通、可以称为"飞地"式的一个项目，合在一起能不能打包呢？

笔者认为可以。比如，有地方领导说特别关心的是本辖区之内乡村振兴建设，必须是"要想富先修路"，边角的这个山区早就希望建成一条硬路面道路，把中心区域连通到这个欠发达的山区。这条路怎么建？唯一的可能性就是把它找到合适的包打进去。这条路怎么打包呢？

与该辖区之内其他的项目，特定情况下是有可能打成包的：比如要建职业学校、要建医院，未来的现金流通过专业的测算以后，再配上政府可行性缺口补贴，就可能在一个合理设计的建设与运营周期里边，捎带着把这个建设山区道路的项目，包在通盘的 PPP 全生命周期里——政府就解决了想做的事，而且如处理得好，风险可控，老百姓受惠，区域发展中就解决了一个瓶颈问题。

当然，具体问题得具体分析。在笔者的概念中，包括物理连通的打包和"飞地"式并不一定追求直观的物理连通打包，都是可以在 PPP 的概念里包容的。

六、PPP 运作规范化

规范化：一是“法治化”。二是“阳光化”。三是“专业化”。

笔者初步了解，地方领导层和有关部门已经非常看重特色小镇建设，大都是一个比较容易讨论的、在一个若干平方公里范围内很清晰的物理空间连通的连片开发项目。这种项目的开发，从原则上就必须顺应管理部门的要求，防范风险，规范发展。

那么什么叫规范？有三个关键词：一是“法治化”，已经有的所有跟 PPP 相关的法律文件（中国的红头文件是法规体系里的组成部分）都不违反。二是“阳光化”，信息应该尽可能充分披露，在一些相关事项上，更多地听取专家意见民意。三是“专业化”。

这三个关键词有机结合就是“规范化”，就是真 PPP，且真 PPP 是应给出创新空间的，PPP 的具体模式是可以在优化调整和在敞口前提下更趋丰富的。

七、风险分担方案要具体化

在 PPP 全流程操作环节，一开始可行性研究是必须做的，以后的物有所值评价、财政承受能力论证也都是一定要完成的。在可能情况下进入比较关键过程中，就是政府和有意愿的合作伙伴，要慎重、全面磋商合同文本。

合同文本要尽量覆盖一切可能因素，留下的未尽事宜，也要明确以后怎么解决。风险分担方案要具体化，风险因素要一一说清楚，一旦出现风险怎么样承担、哪一方承担，或者怎么样共同承担、共同承担的具体操作如何约定，都应写入合同。

最后政府和企业作为平等的伙伴共同签约后进入建设过程，接受以后的绩效考评的约束。

八、珍惜、运用好“10%”

要特别珍惜地使用“10%”，一定要运用到像连片开发等这种最大限度调动政府体外社会资本力量的模式，政府只是给一些四两拨千斤的推动力，发挥杠杆作用、放大作用、乘数作用的这种方式。

连片开发绝对不可能全是政府付费的，而且按笔者的理解，政府全付费是除BT外所有PPP项目上最不应该首选考虑的事情。可是，现在看到财政部门已经形成的入库项目里边，很大的比重是政府全付费的，笔者以为这违背了PPP的内在重点诉求。PPP应该努力寻求的是用有限的财力，发挥最大的“四两拨千斤”的杠杆作用、放大效应，所以应该尽可能避免政府全付费项目，更多地用政府可行性缺口补贴来四两拨千斤。

实际上，BT是政府全付费，只不过是分期付款而已，它能解决一些别的办法解决不了的问题，但绝对应该是作为辅助性的考虑。而以10%划线的可承受的财力空间，如果按照可行性缺口补贴发挥最大可能的杠杆效应来看，它的这个作用是不可小看的。有些地方在没有意识到这一问题的时候，几个项目就把“10%”填满了，这就非常被动——以后那里再要合规地继续推进PPP，基本就没有操作空间了。

据笔者了解，现在很多地方10%的空间还有，那么就要特别珍惜地使用它，一定要运用到像连片开发等这种最大限度调动政府体外社会资本力量的模式，政府只是给一些四两拨千斤的推动力，发挥杠杆作用、放大作用、乘数作用的这种方式。

九、地方基金预算中合规可用的“活钱”

在财政部业务管理部门环节上，从来没有说地方基金预算里边合规可用的“活钱”，不能去支持地方PPP项目建设。但是很多地方负责官员，对此常心存疑虑——你不正面告诉我这个事情有文件依据，我就不敢动。

笔者认为，现在所要特别关注的特色小镇建设，就属于这种模式，政府给出自己必要的一些财力支持、但是总体来说，这个财力运用是产生显著放大乘数效应的一个很好模式。

在地方层面，笔者认为，一般公共支出10%的财政承受能力、这个必须遵守的规则旁边，其实还有一个机动空间。我国分级财政的地方层面，还有整个预算体系里边的基金预算。

从PPP它的原理来说，地方在自己可以运用的财力范围之内，当然可以通过规范的预算程序，调动基金预算里边的可用财力，去支持自己配合地方发展战略的PPP项目，这从理论上说没有任何问题。

（本文发表于《中国招标》2019年第14期）

“存量 PPP 项目”发展的制约因素与化解思路

吴昺兵[①]　贾　康

【摘要】运用 PPP 模式盘活存量资产有利于提高资源利用效率，化解地方政府存量债务，推进混合所有制改革。我国政府一直鼓励和支持“存量 PPP 项目”的发展，目前，存量 PPP 项目在市政工程、交通运输、生态建设和环境保护等行业已快速兴起。但是，运用 PPP 模式盘活存量资产在既有的政策规定和制度安排的衔接、配套、创新等方面仍存在一些问题与矛盾，制约了存量 PPP 项目的发展。本文结合我国国情和项目实践，研究了产权交易、资产评估、国有资产管理、预算管理、税收管理、资产市场交易等领域的影响因素，并结合现实情况提出了解决思路，以求促进存量项目 PPP 更加顺畅地发展。

运用 PPP 模式盘活存量资产，是落实《国务院关于创新重点领域投融资机制鼓励社会投资的指导意见》（国发〔2014〕60 号）、《国务院办公厅转发财政部发展改革委人民银行关于在公共服务领域推广政府和社会资本合作模式指导意见的通知》（国办发〔2015〕42 号）等政策要求的重要举措，对我国经济发展具有非常重要的现实意义。国家多次发文部署相关工作，但由于相关政策和制度安排在衔接和配套方面存在不足，存量 PPP 项目的实践效果往往不佳，这就亟需厘清现行规定，探究原因，以求攻克关键问题，完善配套政策，培育实践创新机制。

① 吴昺兵：财政部 PPP 项目工作人员。

一、存量 PPP 项目的重要意义及发展现状

运用 PPP 模式盘活存量资产可提高闲置国有固定资产的利用效率，有利于加快补齐基础设施和公共服务短板。具体而言：一是提高存量资产的利用和运营效率。改革开放以来，经过长期建设投资，我国在能源、交通运输、市政工程、生态环保等方面形成大量存量资产，运用 PPP 模式加大资产盘活力度、形成良性投资循环，引入社会资本的市场化运作模式，改变公建公营中效率低下、产出较低的局面，同时节约政府的资源和人力投入，实现多方共赢。二是化解地方政府存量债务。对于本身无债务的存量资产，经盘活后政府可依资产产权价值从社会资本方处得到转让收入，增加政府偿债来源；对于本身有债务的存量资产，政府转让资产产权得到的转让收入可用于偿还项目工程款或借债等历史欠账。三是有利于推进混合所有制改革。PPP 模式作为公私合作的市场载体，与混合所有制改革的机理和目的具有一致性，将资产边界清晰、适宜市场化提供的存量资产释放出来，可有效动员市场力量参与公共事业发展。

综合资产属性和规范管理的要求，可用 PPP 模式盘活的存量资产应满足以下条件：一是资产条件成熟，物理边界和管理边界便于划分，资产权属清晰，不存在法律法规禁止或限制交易的情形；二是经营性较强，具有较高市场价值，便于项目融资。可鼓励供水、供热、供冷、污水处理、垃圾处理、收费公路及停车场等符合上述条件的存量资产通过 PPP 模式盘活、利用；市政道路及水环境综合治理等经营性弱的领域，出于实现公共服务提质增效、推进体制机制变革的目的，在规模可控的前提下亦可尝试。

根据全国 PPP 综合信息平台统计，截至 2018 年 11 月底，存量项目（包括存量 + 新建、存量两类）入储备清单项目为 450 个，总投资约 0.35 万亿元；入管理库项目数量为 1 048 个，总投资为 1.07 万亿元，在入库项目数量、总投资分别占比 12.2%、8.3%。已落地项目 549 个，总投资约 5 507 亿元，落地率 52.4%；已开工项目 249 个，总投资约 2 310 亿元，开工率 45.4%[①]。

从行业分布看，项目数量前三位的一级行业为市政工程、交通运输、生态建设和环境保护，其中市政行业存量项目占据存量 PPP 市场的半壁江山；分布投资额前三位的一级行业为市政工程、交通运输和旅游，三个领域投资额合计占存量

① 数据来源：根据全国 PPP 综合信息平台统计，下同。

PPP 项目总投资的 70% 以上。从项目回报机制看，政府付费类项目、可行性缺口补助类项目和使用者付费类项目的项目个数分别占存量 PPP 项目个数的 10%、56% 和 34%。

存量 PPP 项目发展前景广阔，主要由于以下原因：第一，政策利好信号不断释放获得发展新机遇。2019 年政府工作报告中明确指出，“落实民间投资支持政策，有序推进政府和社会资本合作”，为市场预期注入一针强心剂。《国务院办公厅关于保持基础设施领域补短板力度的指导意见》（国办发〔2018〕101 号）、《关于推进政府和社会资本合作规范发展的实施意见》（财金〔2019〕10 号）等政策的陆续发布，以及市场对 PPP 条例的未来预期，均显示了 PPP 在补基础社会短板、增加公共服务供给方面被予以的重视，存量 PPP 项目也会因此迎来发展的新高潮。

第二，满足规范政府购买服务行为后的项目承接发展需求。《关于坚决制止地方以政府购买服务名义违法违规融资的通知》（财预〔2017〕87 号）发布以后，运用政府购买服务模式进行的基础设施建设都面临转型、整改，形成的相关资产除了政府自营方式外，也需要通过 PPP 模式引入运营方，由此形成存量 PPP 项目的来源之一。

第三，解决专项债形成资产的后期运营问题。根据财政部数据，截至 2019 年 1 月，全国专项债余额已达到 75 467 亿元①；根据 2019 年政府工作报告，2019 年拟安排地方政府专项债券 2.15 万亿元。专项债形成的公益性基础设施的运营管理市场，将会成为未来存量 PPP 市场的重要组成部分。

二、存量 PPP 项目产权交易的实践

PPP 模式通过产权交易盘活存量资产。产权是指一定经济主体依法对特定经济客体（资产）享有的所有、使用、收益、处分的权利，是财产所有权有关的各项权能的总和。根据《政府和社会资本合作模式操作指南（试行）》（财金〔2014〕113 号）规定，存量 PPP 项目的产权转让仅涉及资产所有权，即政府将存量资产所有权有偿转让给社会资本或项目公司，并根据社会资本的职责和收益获取方式分为 ROT（改建－运营－移交）、TOT（转让－运营－移交）、O&M（委托运营）和 MC（管理合同）等类型。实践中，政府和社会资本对于存量资产产权的交易形式进一步拓展为转让所有权、经营权及股权三种方式。

① 数据来源：财政部官网，2019 年 1 月地方政府债券发行和债务余额情况。

（一）转让资产所有权

因所有权是产权的根本权利，经营权附着于所有权，政府转让资产所有权则意味着与资产相关的全部权利行使主体由政府变为社会资本或项目公司，评估所有权价值原则上不低于资产账面净值，以防出现国有资产流失，政府因此获得一笔转让收入，纳入一般公共预算的“其他收入”中。如，徐州市骆马湖水源地及原水管线项目，社会资本需购买资产所有权，可以收费权进行质押融资，在实施机构同意的情况下可抵押项目公司名下资产与设备。实践中也出现部分转让所有权、部分转让经营权的案例。如安徽蒙城城乡一体化清扫收运项目，政府将清扫车辆等流动性强、使用寿命短的资产所有权转让给社会资本，而垃圾处理场等流动性差、使用寿命长的资产转让经营权。

但在实践中，转让资产所有权会产生以下问题：一是根据《物权法》第一百四十七条规定，建筑物、构筑物及其附属设施转让、互换、出资或者赠与的，该建筑物、构筑物及其附属设施占用范围内的建设用地使用权一并处分。因此存量资产所有权转让与其所附着的土地使用权转让具有一致性，若社会资本取得资产存量资产所有权，会引致土地使用权的转让行为，增加实操难度。二是资产所有权转让行为会带来契税、增值税等应税行为，而且在 TOT 等模式下，所有权转让会发生两次应税行为，第一次是合作期初从政府转向社会资本，第二次是合作期末从社会资本转向政府，大大增加税费成本。三是与之相关的不动产登记等手续也会增加交易成本。因而，实操中逐步形成转让资产经营权的方式，以节约资源、提高效率。

（二）转让资产经营权

政府将存量资产的经营权有偿转让给社会资本或项目公司，在项目合作期内仍保留资产所有权，会规避税费、手续等问题，是一种很好的实践探索。如张家口市桥西区集中供热项目以存量资产经营权作为交易标的。但对于经营权可产生两种理解：一是转让不动产的使用权，从产权角度理解，使用权与所有权均属于产权转移行为，政府通过转让使用权取得的收入可参照所有权处理方式，计入一般公共预算的“其他收入”，评估经营权价值的主要依据是存量资产账面净值。二是政府对社会资本公共事业经营权的授予，同时也授予了社会资本基于存量资产经营权的收益权，此时应以项目未来现金流的现值作为经营权的评估依据，按此笔收入的性质，政府取得的经营权转让收入应计入政府性基金预算。由于目前没有政策对“经营权”进行定义，在实践中，这一问题并未达成共识。

（三）转让资产股权

通行做法是，政府以拟转让的存量资产标的为基础成立项目法人，把项目法人的股权转让给社会资本或项目公司，即以股权转让之名行资产（所有权）转让之实。这种情况下，政府行使的是国有股权持有人的权益转让权利，取得的收入计入国有资本经营预算。

上述方式中前两种运用较多，采用转让所有权方式从物权法关系看，法律关系与合作范围清晰，方便资产估值定价和项目融资；采用转让经营权方式符合 PPP 项目的公共或准公共属性对资产的要求，可简化手续，降低税费负担。因此，应根据项目内容、资产属性、交易费用等方面综合考虑交易方式，做出对实现各方利益最大化的最优安排。

三、存量 PPP 市场面临的主要问题

从实践中看，存量 PPP 项目发展面临的问题，主要原因在于与存量 PPP 项目管理相关的制度规定不明，流程衔接不畅，由此带来的交易成本增加若大于盘活存量资产带来的收益，将增加存量 PPP 项目“夭折”的概率，具体问题出现在产权交易、财税管理、收入使用及资本市场发展等环节。

（一）进场交易和资产评估的相关政策有待细化

在进场交易方面，根据《地方行政单位国有资产处置管理暂行办法》（财行［2014］228 号）、《事业单位国有资产管理暂行办法》（财政部第 36 号令）、《中华人民共和国企业国有资产法》（中华人民共和国主席令第 5 号）等政策规定，处置国有资产涉及产权转移或核销行为的，应通过拍卖、公开招标等市场竞价方式公开处置。对存量 PPP 项目而言，若政府转让资产所有权，应在依法设立的产权交易机构公开进行；若转让经营权，大部分项目由于以下原因未进场交易：存量资产经营权的有偿转让行为发生在政府通过竞争方式公开采购社会资本之后，本质是对中选社会资本经营权的授予，与进场交易以达到公平竞争的目的一致、主体相同，若再次进场交易，会导致成本增加。但此方面存在一定争议，部分机构等认为，经营权是交易资产产权的重要组成部分，是一种“产权转移”行为，若严格执行政策，转让经营权应进场交易。

在资产评估方面，《国有资产评估管理办法》（国务院第91号令）规定，国有资产占有单位在资产拍卖、转让等行为时应委托具有评估资质的机构进行资产评估，评估价值决定转让收入。目前，政策中规定的资产评估方法，如收益现值法、重置成本法、现行市价法等，主要用于评估资产所有权，基于“避免国有资产流失”的原则，评估价值一般不低于资产账面净值，且即便由于前期手续不完备导致转让资产所有权出现困难，也可以通过转让经营权或股权的方式实现存量资产标的的产权转让行为。但随之而来的关键问题在于：一是评估资产经营权或股权的方法尚不完善，而国内很少有不依靠财政补贴实现现金流自平衡的项目资产，若仅依靠预测的使用者付费现金流评估资产价值，则难以反映存量资产的真实价值，可能造成国有资产价值低估进而流失的问题，削减了转让经营权的公允基础。二是若将政府补助作为项目经营收入来源之一而计入经营权评估的基础数据，会带来是以政府补贴评估值为基准代入值评估经营权价值更合理，还是以经营权价值为基准计算政府补贴值更合理的问题，评估方法有待进一步完善。

（二）存量资产产权转让收入的归属及管理存在难点

产权主体将直接影响存量资产转让收入的归属及使用，转让收入进入哪本预算管理因获取主体不同而不同：

一般情况下，政府和平台对于资产产权认定和收入归属不会发生争议，但实践中存在部分“财政实际投资，平台名义所有”的情况。在此情况下，若产权名义归平台所有且政府同意平台获得转让收入时，政府和平台的财务报表平衡，体现为平台财务报表“资产减少、收入增加”，政府的综合财务报表无资产和收入增减；此时收入按照转让产权的性质（所有权、经营权或股权）进入相应预算。国有资本经营预算一般以政府资本金出资的形式投资PPP项目（此情况存在于国有企业作为政府出资代表，以自有资金参与SPV的股权投资时），政府性基金预算主要用于支持项目的建设性支出①，一般公共预算可用于包括股权支出、运营补贴支出、风险支出和配套支出等在内的所有支出。在预算管理“收支两条线”下，国有资本经营预算和政府性基金预算对PPP项目的支持力度有限，虽然《预算法》规定，这两本预算应加强与一般公共预算的衔接，但并不能保

① 根据《关于推进政府和社会资本合作规范发展的实施意见》（财金〔2019〕10号）规定，新签约项目不得从政府性基金预算、国有资本经营预算安排PPP项目运营补贴支出，但未对这两本预算支持PPP项目的建设支出做出禁止性规定。

证调入资金可专项用于支持 PPP 发展。

若产权名义归平台但转让收入最终上缴地方财政，体现为政府综合财务报表上收入增加，平台报表上资产减少，可引发的问题是：政府的综合财务报表与预算表无法完全勾稽，实践中部分政府因此原因将收入转至其所属事业单位代管，存在审计风险。

（三）存量资产产权转让收入难以专项支持 PPP 发展

根据《政府和社会资本合作项目财政承受能力论证指引》（财金［2015］21 号）规定，县级（及）以上本级政府每一年度全部 PPP 项目需要从预算中安排的支出责任，占一般公共预算支出比例应当不超过 10%，在市县一级财政承受能力空间有限的情况下，运用存量资产转让收入支持专项 PPP 发展难以落于实践：

第一，将转让收入完全用于抵扣本项目的财政支出或引发财政风险。抵扣理论上有三种方式，一是在测算项目全生命周期财政支出责任时一次性抵扣转让收入，以此为基数测算每年的财政支出责任，同时由于在发生交易的时点抵扣，无需考虑折现率；二是在不考虑折现的情况下，将支出年度内的财政支出责任顺次抵扣，直至将与存量资产等额的财政支出责任抵扣完毕为止，在抵扣期的财政支出责任测算数为零；三是分到运营期进行年度抵扣，将折现后的金额作为抵扣依据，使得每年折现后抵扣的金额之和等于存量资产的评估价值。其风险在于，在预算“收支两条线”管理下，收入纳入预算后于当期财政年度统筹使用，但在 PPP 项目进入运营期后，财政实际支出责任大于抵扣后测算的支出责任，若财政难以支付这部分“缺口”，可能引发政府债务风险。

第二，将转让收入用于支持本级 PPP 项目实践难度大。可探讨利用本级的资产转让收入建立“PPP 财政专户”，统筹用于支持本级 PPP 项目。执行难度在于设置财政专户不符合当前深化预算管理制度改革的要求。根据《国务院关于深化预算管理制度改革的决定》（国发〔2014〕45 号）的要求，全面清理整顿财政专户，各地一律不得新设专项支出财政专户，除财政部审核并报国务院批准予以保留的专户外，其余专户在 2 年内逐步取消；要建立结转结余资金定期清理机制[①]。PPP 项目的财政支出责任体现在全生命周期，即便设立了财政专户，盘活存量资

---

① 据《国务院关于深化预算管理制度改革的决定》（国发〔2014〕45 号）规定，要建立结转结余资金定期清理机制；各级政府上一年预算的结转资金，应当在下一年用于结转项目的支出；连续两年未用完的结转资金，应当作为结余资金管理，其中一般公共预算的结余资金，应当补充预算稳定调节基金。

产取得的收入若无法在规定时间内支出，会作为“结转结余财政资金”被定期清理。

（四）当前税收制度安排不利于存量PPP项目的实施

第一，PPP项目税收制度整体环境不明朗、不到位。一是规定不成体系。PPP相关税收政策散见于多项税法、实施细则和财政部门政策性文件，针对性弱，未形成从运营到移交阶段的全生命周期税收管理体系。二是税收优惠力度小。一方面覆盖领域窄，目前已出台的税收优惠政策集中于公共基础设施、节能环保领域，且标准较高，不适用于广泛应用PPP模式的市政工程、交通运输和民生领域项目，形成对不同领域、投资管理层级的PPP项目企业的税收激励不公平；对项目投融资和移交阶段的优惠支持力度小，未达国际水平。另一方面，优惠期限不匹配。PPP项目合作周期原则上不低于10年，实践中以20~30年居多，且营利不暴利，在运营过程中需面临诸多影响收益水平的风险因素，这种长生命周期管理与目前税收优惠中存在的“三免三减半”、税收抵扣与减免等短期手段形成时间差，优惠效果被打折扣。

第二，存量项目的税负成本高，推进难度更大。一是在“营改增”背景下，社会资本难以取得用于形成增值税抵扣项的进项税专用发票，税负远高于同时期新建项目。二是存量项目环节较多，在资产权利由政府转让至社会资本时，若转让资产所有权，则需缴纳增值税、土地增值税、印花税、契税、所得税及相应附加等税费成本；若转让资产经营权，则面临增值税、房产税、印花税、所得税及相应附加等税费成本。在项目运营期，项目公司主要缴纳所得税和增值税。在项目移交期，要产生流转税、所得税和契税等成本。实践中，很多存量项目因税负成本过高而难以推行。三是政府缺乏推行存量PPP项目的激励。对于政府付费或可行性缺口补助的项目，项目公司的主要收入来源是财政补贴，在逐利动机下，社会资本关注税后收益率水平，会将税负成本转嫁给政府，通过争取更多财政补贴进行弥补，降低地方政府推行存量PPP项目的积极性。

（五）PPP资本市场建设相对滞后

1. *存量PPP项目资本市场空间有限*。截至2018年11月底，存量PPP项目的落地投资额约5 507亿元，约占管理库落地投资额的8%[①]，构成存量PPP项目

---

① 根据全国综合信息平台数据计算、整理。

一级资本（发行）市场基础，若一级市场发展缓慢，二级（流通）市场的发展空间将较为有限。

2. 存量PPP项目基础资产现存问题抑制资本市场活力。存量PPP项目形成的基础资产需面对我国PPP模式发展的共性问题：市场竞争激烈，部分企业为中标不计成本、恶性低价竞争拉低市场平均回报水平，影响投资人兴趣；资管新规要求加强对期限错配的流动性风险管理，使得部分中短期投资者对生命周期较长的PPP项目资产投资望而却步，中长期机构投资者受2017年下半年以来的“清库”“整改”等举措影响，也持观望态度，影响了一级发行市场的活跃程度。此外，地方政府不希望看到项目中标方、尤其是牵头方社会资本转让股权，担心项目公司股权频频流转影响项目运作的稳定性，在国内PPP法律制度建设尚在完善期的背景下，这一风险加剧，会影响二级流通市场的发展。

3. 资本市场交易规则和产品设计仍在探索阶段。相比产品设计，交易规则的建立与完善更加重要，要让资本市场成为提高资产流动性、增加回报率、提升项目价值的平台而非社会资本退出渠道，需要做到讲原则、讲诚信、依合同办事。目前，上交所、深交所、天金所等仍在探索建立PPP资本市场交易规则，银行间市场交易商协会、私募产品报价与服务系统等平台仍处在发展萌芽期，相关的ABS、ABN等产品尚未成熟推广，影响资本市场的探索实践。

此外，与存量项目相关的人员安置问题、债务清理等问题，也会在不同程度上给项目实施方造成困扰，给存量项目的实施增加不确定性。

四、推动存量PPP项目健康发展的思路与建议

针对实践过程中暴露上述问题及成因，可看出优化存量PPP项目的制度环境，增加市场主体实施、改进交易环节的主动性，是推动存量PPP项目高质量发展的关键，因此本文重点提出在以下领域开展改革和创新，以营造存量PPP市场健康有序发展的制度和市场环境。

（一）推动专项政策落地，降低项目实施的组织成本

营造良好的制度环境，减少存量项目实施过程中的政策摩擦与重复，切实对市场形成可预期、可执行的指导，是推动存量PPP项目发展的前提和必要举措。

1. 以减少存量国有资产流失、努力实现保质增值为目标，加强存量PPP项目与国有资产管理制度的衔接与合并优化。存量PPP项目中的交易标的大多为行

政、事业单位或平台所属存量资产，属于国有资产范畴，产权确认、资产评估、交易与转让应遵循国有资产管理精神和流程。要在PPP项目实施环节中镶入国有资产管理环节，不流于形式主义，并将核心资料通过全国PPP综合信息平台等途径予以及时、完整、准确的披露，保证形式和实质均合规。针对资产经营权评估、产权进场交易等技术难点，借鉴国际产权评估的先进做法和经验，在实践中逐步完善。要充分利用招投标网、政府采购网、产权交易中心实现"三网合一"的平台，探讨形成PPP项目中社会资本采购与资产产权转让有机融合的路径机制，在实现充分竞争的同时，精简流程，提高效率。

2. 加强会计、税收等专项政策的研究与落地，着力攻克存量PPP项目的实操难点。存量项目流程上较新建项目更为繁琐，只有完善配套政策，行之有据，综合效益凸显，地方政府才有激励推行。应理顺存量项目涉及各主体之间的利益关系，加强会计核算，实现存量资产授予方（政府、事业单位或平台公司）与被授予方（社会资本或项目公司），尤其是授予方内部会计信息的匹配和真实，通过会计管理真实反映资产产权的主体转移和价值变动。要逐步优化PPP项目的整体纳税环境，聚焦存量项目的税收处理问题，适时推出相关优惠政策。研究并推出覆盖全生命周期的税收政策，规范各主体纳税行为；适当提升税收优惠力度，扩大优惠政策覆盖面，推出项目在投融资活动和运营阶段的优惠举措，降低税收负担。

（二）增强资本市场助力，提升存量项目附加值

融资到位是项目落地的关键，形成再融资机制、项目资产、股权、债权的合理流转以提升项目附加值，需要规范健全的交易机制、成熟活跃的交易平台和标准多样的金融产品。为此，需要增加资本市场对PPP模式的助力，通过更广范围的资源流转与配置，促进项目实现融资管理与价值增值。

1. 加强一、二级市场的联动建设与发展。推动存量PPP项目的健康发展、做大做强一级市场容量，是扩容并繁荣二级市场的基础。伴随2017年以来PPP项目的整顿规范与发展环境的逐步向好，PPP模式将会迎来高质量发展的新高潮，存量项目应抓好这一发展机遇，在国内大量实践与国际良好经验的基础上，总结不足，优化管理，为资本市场发展提供良好资产基础。在规范发展的同时，应注重市场各主体信用建设和公平公正的招投标管理，体现合理的项目收益水平，为一级发行和二级流通提供公允的交易基础，增加对包括保险资金等各种长期投资者和机构投资者在内的吸引力。

2. 探索并设计有利于存量资产盘活、流动的产品与交易规则。目前我国远未充分践行项目融资机制，PPP 市场的融资主要依靠银行贷款，在股权融资受限和中长期投资人参与未成规模的情况下，应出台过渡性的政策安排和产品，以加强对符合政策导向、服务于基础设施补短板领域的项目的融资支撑。同时，为推动 PPP 资产形成标准化、规范化、规模化交易，一方面应探索建立统一的、专门的 PPP 资产入场交易机制，在保障项目运作平稳的前提下，建立区分建设方、运营方、财务投资人、金融机构等不同主体交易需求的交易规则，严格交易标准与条件，保障政府对产权交易的监督管理权；另一方面完善、创新金融产品，推动资产证券化（ABS）、不动产投资信托基金（REITs）等金融产品更好发力，提升 PPP 市场的流动性和附加值。

（三）尝试制度创新，利用好盘活存量所得收入

通过盘活存量资产所得收入若能专项支持 PPP 项目发展，能缓解地方 PPP 项目产生的财政支出压力，激发推广存量 PPP 模式的动力。可借鉴地方对轨道交通项目专项资金的管理方法，研究建立市级基础设施专项资金，所属县级可在市级专项资金中开设子专项资金，将本区域内与 PPP 项目有关的存量资产转让收入、政府项目分红以及其他符合规定用途的上级补助、资源开发经营收益等纳入基础设施专项资金，统筹用于各级 PPP 项目的发展。

参考文献：

［1］高若兰、闫蕾、董雯：“新建 PPP 项目和存量 PPP 资产的出路探析”，《管理现代化》，2018 年第 4 期。

［2］《国务院关于深化预算管理制度改革的决定》（国发〔2014〕45 号）。

［3］《财政部关于印发政府和社会资本合作模式操作指南（试行）的通知》（财金〔2014〕113 号）。

［4］《财政部关于推进政府和社会资本合作规范发展的实施意见》（财金〔2019〕10 号）。

（本文发表于《经济研究参考》2019 年第 8 期）

PPP 对新公共管理范式的超越

——基于公共服务供给治理视角的反思

欧纯智[①]　贾　康

【摘要】 PPP 自问世以来一直饱受争议，然而即便如此，PPP 在世界许多经济体依然有蓬勃发展之势。PPP 是新公共管理思潮的社会实践，但是公共服务供给的公共性决定其不可避免地要对新公共管理进行理论范式的超越，实现善治。本文讨论 PPP 的发生、发展、未来趋势以及其优势与劣势。对于 PPP 通向善治的路径，我国尚处于探索学习阶段，实践中出现的不合意问题不容小觑。如何构建伙伴关系，如何监管 PPP 以使其更符合公共价值取向，是本文的要旨所在。未来，PPP 应该走向的善治，一定需要在不懈推进的“创新发展”中实现。

一、导言

党的十九大报告提出，“我国社会主要矛盾已经转化为人民日益增长的美好生活需要和不平衡不充分的发展之间的矛盾”。为更好地优化供给结构，增加有效供给以满足人民的需要，在不增债、不增税，还要扩大政府公共服务供给的情况下，引入 PPP 似乎成为公共服务供给的必然选择。[②] 政府吸收社会资本参与公

① 欧纯智：贵州师范学院商学院特聘教授，华夏新供给经济学 50 人论坛特约研究员，主要从事公共治理与公共政策研究。

② 贾康、欧纯智：“世界减税潮背景下的中国方案”，《中国党政干部论坛》，2017 年第 6 期。

共事务往往源于社会资本能够多快好省地开展自己擅长的事务。术业有专攻，这一点毋庸置疑，社会资本有自身的资源优势和效率优势，确实能够在某些领域胜出。参与 PPP 合作的各方都能从合作中提升自身的效用。

然而，PPP 机制并非完美无缺：政府与社会资本在合作中分享权力、责任、权利、义务、风险、收益，而分享机制削弱了政府对公共决策的政治控制；PPP 有可能引发政府自身治理问题，在一定程度上扭曲公共使命；由于社会资本出资参与公共事务以求经济回报，而服务供给又偏离市场机制，所以公共服务供给可能由此偏离公共利益。旨在遵守公共价值的 PPP 在实践中可能难以恪守公共价值。上述诸多问题导致 PPP 模式自问世以来一直都受到广泛而强烈的质疑。①

众所周知，PPP 合作模式一直致力于构造新型的合作伙伴关系，但在政府与社会资本之间以合同方式约定相互承诺后，缺乏必要的法律支撑与保障，在实践当中合作千差万别，乱象丛生。新公共管理（NPM）范式下对 PPP 模式中的公共利益、公共责任、回应性等有关公共价值的讨论明显被忽视了，值得深入反思。将 PPP 视为私有化是错误的，因为社会资本在参与公共服务供给，并不否定公共利益至上。PPP 在规则中应该明确规定政府寻求合作伙伴遵循安全可靠、风险可控、符合公共价值的原则。社会资本的利益诉求可以通过公开、自愿负责任，有法制化保障环境的投入产出来实现。

PPP 在我国尚处于学习探索阶段，本文将聚焦于 PPP 对新公共管理范式的超越，以及实现善治的机制构建，认识提升 PPP 公共价值的关键之所在。

二、与 PPP 相关理论范式间的挑战与超越

（一）新公共管理

新公共管理与里根改革同步，肇始于撒切尔，波及英联邦等国的 20 世纪 80 年代英国政府改革在一定程度上影响了克林顿政府改革，后来被学者追加描述称为新公共管理运动，一方面将国有企业私有化，另一方面强调政府管理中的经济（Economy）、效率（Effectiveness）和效益（Efficiency）。新公共管理注重以市场或准市场的方式改造政府：注重专业性与责权匹配、设置绩效评估方法、强调结

① Gibelman, Margaret and Demone, Harold (1983) ‘Purchase of Service Forging Public – Private Partnerships in the Human Services’, Urban and Social Change Review 16 (1): 21 –6.

果而非过程、追求规模效益、促进竞争、企业家政府、顾客导向。[①] 新公共管理承继了传统公共行政的效率、效益的价值观，延续政行二分与首长责任制的思想、联邦主义的分权思想、市场经济的私有化思想，关注绩效评估，管理主义导向，因强调责权一致而扩大管理权限。一言以蔽之，新公共管理范式可以使公共管理（administration）不受约束地向私营管理（management）借鉴思想。然而，新公共管理在渊源上出自不同学派，在实践中被偷换概念，在逻辑上难以形成自洽，在作为治国理论的前景上更是一窍不通。[②] 这是由于新公共管理带来了组织上的变化，公私部门界限模糊，文牍主义被逐渐削弱以减少对自由裁量权的束缚[③]，引入市场机制、促进分权，主张高效的小政府以提升政府公信力。然而，过犹不及，为小政府而小政府、为私有化而私有化，完全不顾经济社会发展的实际需要，使后续政府工作陷入被动。最推崇新公共管理范式的新西兰与澳大利亚在实践中的改革效果欠佳。[④]

新公共管理将对经济、效率、效益的追求置于公共管理价值观的优先位置，迎合西方自由主义的传统，强调个人利益的最大化，将公共利益视为个人利益的简单叠加。即便我们经常认为民众的每一个个体都是公共利益的组成者、每一个声音都是为了实现公共利益。然而，这种思想从本质上说是错误的。功利主义哲学偷换了希腊人的公共观，将个体的效用或成本收益取代了为更大的善而治理的集体努力，似乎政府仅仅是为个体谋取福利。人们通过官僚化的、技术的或者科学的方法测定结果或后果作为判定效用的标准。这里已毫无公共可言，公共成为原子化的个体集合，除了个人利益的简单相加之外，不存在任何公共利益之类的东西。[⑤]

公共利益源于公共价值的对话，是对民众诉求回应的结果，但不是对所有人诉求回应的简单叠加。新公共管理理论作为治国理论难免会偏离公共利益，将治理带入歧途，公共利益与群体内的共同利益、多数人利益与少数人利益、强势群体利益与弱势群体利益往往处于冲突矛盾之中，而弱势群体往往是强势群体利益

---

① Hood, C. (1991). A public management for all seasons? . Public Administration, 69 (1), 3 - 19.

② 蓝志勇、陈国权："当代西方公共管理前沿理论述评"，《公共管理学报》，2007 年第 3 期。

③ Patrick Dunleavy, & Christopher Hood. (1994). From old public administration to new public management. *Public Money & Management*, 14 (3), 9 - 16.

④ Kettl, D. F. (2000). The transformation of governance: globalization, devolution, and the role of government. Public Administration Review, 60 (6), 488 - 497.

⑤ ［美］乔治·弗雷德里克森：《公共行政的精神》（张成福等译），北京：中国人民大学出版社 2003 年版。

的垫脚石。西方自由主义的民主实际是由利益集团在推动，其中的制衡机制越来越少。传统自由主义国家用代表道德制高点的议会来进行统治以及对市场失灵进行矫正，然而道德被腐蚀的利益集团所操纵的政治腐败如何被制衡？这一点在PPP 的实践中尤其需引起重视。

新公共管理理论虽然不够成熟，却恰逢其时，在欧美叱咤风云引领政府改革三十年。然而经过反复实践，该理论并不能成为治国理论，即便理性经济人假设确实拥有强大的分析力、解释力，但人类并不会时时处处都是理性经济的。人类的行为在没有外力扭曲的条件下，会完全基于人性的自发反应，尽管这种行为有时看上去理性，有时看上去不那么理性。所以，私利导向的新公共管理很难实现公共利益，尤为重要的是该理论侵害了现代民主国家的人权、公平、正义等民主社会目标。

（二）公共治理

对治理的新近讨论始于 20 世纪 90 年代的世界银行。当时，由其资助的一些发展中国家腐败、低效、专制，滥用世行项目款项。但世行作为国际民间组织，又不能直接干预他国内政。因而提出由民间组织参与协作治理，对政府行为进行监督、问责。世界银行推动治理与西方国家 20 世纪 80 年代倡导的小政府、分权、私有化、市场化改革正好契合，西方政府大力削减公共支出，降低税收，使很多既往的政府职能转移到社会。从英国撒切尔政府的实践来看，新公共管理运动下的公用事业私有化改革表明，政府对 PPP 模式的融资优势更感兴趣，在一定程度上忽视了该模式的管理与治理功能。治理包括以下四个方面的内容：公共服务供给过程的参与者、公共服务供给目标、如何实现目标、如何决定政府的政治活动和实现政治目标。[①]

西方发达民主国家已经将治理作为公共服务供给和公共政策制定的机制。当前治理改革的逻辑已经超越传统公共行政，由于民众似乎正在失去对传统公共服务供给模式的信心，所以现代国家日益依赖公共服务供给的收益和产出以期获取统治的合法性[②]，而非既往的传统公共行政模式的供给过程，该过程被视为极端的繁文缛节、傲慢低效以及缺乏回应性。传统公共行政自身却无法洞悉自身的缺

① John, D. W., Kettl, D. F., Dyer, B., & Lovan, W. R. (1994). What will new governance mean for the federal government? . *Public Administration Review*, 54 (2), 170 - 175.

② 欧纯智：“政府与社会资本合作的善治之路——构建 PPP 的有效性与合法性”，《中国行政管理》，2017 年第 1 期。

陷，也没有适时地跟上民主社会的步伐，在这一过程中，公民社会的不断发育已经催生了一些新事物，形形色色的社会主体已经开始承担在治理方面的更多责任。这样一来，把政府从大量低效的行政事务中解救出来成为一种可能。然而，在欠发达国家或正处于转型期的国家，由于民众尚不能广泛参与公共事务，因此参与式治理还不能取代传统官僚体制的层级制治理。但这并不足以证明传统治理模式好，不能被取代，只能说明政治配套条件尚未成熟。尽管民众参与式治理受政体所限，并没有在世界范围内广泛开花结果，但该治理模式的基本逻辑已在实践中得到广泛应用。

治理的价值导向并没有将公共服务供给的效率视为关注的焦点（尽管高效很重要，但这不是评判公共服务供给的决定性维度）。更确切地说，公共治理需要解决的是有关公共利益、公共责任、民众回应性等问题。有时这些问题无法靠政府的单独行动来解决。因此，似乎需要政府能够与其他组织，比如政府部门、私人企业、志愿者组织开展更为广阔的合作。[①] 如果在公共治理的范式下重新思考 PPP 合作，那么既往受新公共管理范式束缚的 PPP 需要作出改变以适应治理的需要，PPP 参与者作为利益相关者应该以相互作用的方式共同影响战略。

（三）善治追求引出 PPP 对新公共管理范式的挑战

PPP 伙伴关系是由个体组成的联合体，这些个体在集体行动中讨价还价、权衡取舍、妥协让步，在一定程度上不可避免地带来公共事务合作结构和合作进程的碎片化。合作者们为了参与合作都会部分地牺牲独立性或放弃主权，由于缺乏明晰的责任主体，更缺乏让参与者以适当的方式负责这样的直接机制，集体负责的结果往往变成个体不必负责。由于传统上政府独家提供公共服务的过程中部门之间的繁文缛节、文牍主义、职责模糊性等问题带来治理的一系列问题，以新公共管理范式倡导的私有化、服务外包、企业家政府等理论旨在化解上述问题，从而催生了 PPP 合作。然而，伙伴关系有可能在某种程度上缓解上述问题，却在某些其他方面、在一定程度上加重另一些治理问题，从而导致对 PPP 的问责和治理变得尤为尖锐。[②] PPP 由新公共管理范式引发的治理问题应该引起我们足够的重视和反思：

---

① Stoker, G. (1998). Governance as theory: five propositions. *International Social Science Journal*, 155 (155), 17－28.

② Wettenhall, R. (2001) 'Public and Private in the New Public Management (NPM) State: Some Australian Reflections', Public Administration and Policy 10 (2): 111－47.

1. 为了不偏离公共价值，PPP 对社会资本的甄别与筛选极为重要却往往被忽视。对于财政资金尤为匮乏的地方政府来说，没有太多收益的公共服务或者基础设施不够完善的欠发达地区，对社会资本的挑选有时没有太多余地，很难做到对社会资本的严格遴选，由于缺乏竞争，难以形成社会资本的准入门槛，进入的社会资本鱼龙混杂。此外，PPP 的这种超长期锁定合作伙伴机制在某种程度上掩盖或制造了反竞争行为，如卡特尔。政府只不过想通过授予社会资本作为垄断者的权利来提高政府的最大收入，此类合作的结果可能会降低服务使用者的效用，对治理形成挑战。[①]

2. 随着电子政务的不断兴起，使得政府与新兴的大数据、云计算、物联网技术企业的合作日益深入。正是这些高新技术在公共领域的应用使得政府原本无法实现的数据互联互通、网络实时监控、交通实时控制、服务型政府惠民办公等曾长期困扰政府的问题得以迎刃而解。然而，由于这些高科技企业的专业性、技术性很强，政府对此没有足够的经验，因此涉及的 PPP 合作风险更大[②]，公共安全的防范问题对治理形成挑战。此外，如果从这些高新技术企业的角度来看，以“商业机密”为由或者基于数据保护的种种理由拒绝向外界透露信息，那么这将对治理形成另一个挑战。[③]

3. 基层官员会担心失去对 PPP 共同规则制定的全程管控。这或许是政府一直都不愿与社会资本展开合作的重要原因。如今的 PPP 合作在很多情况下并非是政府的有意为之，而是在财政资金捉襟见肘的限制条件下不得已而为之。此外，引入社会资本以后，由于其利润导向的动机使公共服务供给变得更为复杂多元，而政府缺乏对商业模式的专业性引领与评判，对公共服务的交付验收以及对服务是否偏离公共价值的判断成为治理需要面临的新挑战。

4. 基层公务人员也会担心失去对 PPP 共同规则执行的全程管控。由合作伙伴组成联合体 PPP 统领项目全周期，既往基层公务人员对工作的主导性被社会资本分享，权力不可避免地被削弱，公务人员会对此表现出一些消极的对抗；然而在合作中，部分公务人员或许会发现官商合作也会带来一些工作之外的“好

① Parker, D., & Hartley, K. (1997). The economics of partnership sourcing versus adversarial competition: a critique. *European Journal of Purchasing & Supply Management*, 3 (2), 115 - 125.

② Langford, John and Harrison, Y. (2001) 'Partnering for E - government: Challenges for Public Administrators', Canadian Public Administration 44 (4): 393 - 416.

③ 欧纯智、贾康：“PPP 在公共利益实现机制中的挑战与创新——基于公共治理框架的视角”，《当代财经》，2017 年第 3 期。

处”，无论是消极的对抗还是积极的“官商合作”都会对治理形成挑战。①

5. 公共服务的使用者付费模式一直都存有较大争议。使用者一直都将以 PPP 方式提供公共服务视为政府与社会资本合伙算计用户的一种牟利方式，认为这种付费模式拒绝了那些没有能力付费的贫困人群和被边缘化的人群获得公共服务供给的权利。② 其实，服务的使用者并不关心谁是服务的提供者，由传统上政府提供还是引入社会资本共同提供不是用户的关注点，用户只关注服务的价格和质量。即便社会资本参与公共服务供给的初衷是为了盈利，但是毫无疑问，偏离公共价值的 PPP 合作已经对治理形成了挑战。

新公共管理范式下的 PPP 对治理形成的挑战敦促我们要知其然并知其所以然，溯源公私性质，探讨 PPP 伙伴关系合作。

三、公私对比与 PPP 伙伴关系分析

（一）公私对比

历史清楚地向我们表明，国家制度中公共部门与私营部门的合理配置与使用决定着经济甚至国家的兴衰。而一国制度的设计和运行，不仅仅取决于该国的政治和经济生态，还取决于该国的历史文化传承和精英的群体意识和管理智慧。官僚政治和市场经济是控制国家政治经济活动的两种基本方法，官僚政治可以领导经济活动，相应地，自由市场的价格机制可以控制经济产品和资源配置决策。③

从严格意义来说，政府，企业或是社会组织，都是以追求自身效用作为存在的基础。政府的效用是公共利益，企业的效用是盈利，社会组织的效用是为某一特定的事务或人群服务。它们在一起合作追求的是 1 +1 +1 >3④ 的效果。政府代表公，企业代表私，所以二者在管理和运行上应该有本质区别。Rainey 在对有关组织的公私区分进行文献整理时发现，目前对于组织的公私划分还没有找到切实有效的方法。他认为政府与企业的区别主要在于以下三个方面：一是在压力源方

---

① 欧纯智：“我国基层征纳寻租交易构成的机理分析”，《财政研究》，2014 年第 6 期。

② ［美］威廉姆·A. 尼斯坎南：《官僚制与公共经济学》（王浦劬译），北京：国青年出版社 2004 年版。

③ Rainey，H. G.．（1996）．Understanding And Managing Public Organizations ［J］．Jossey – Bass Publishers San Francisco ，61.

④ 贾康：“PPP 模式 1 + 1 + 1 > 3”，http：//www. hn. xinhuanet. com/2016 – 04/19/c_1118673958. htm，2016 – 04 – 19。

面，政府组织较少受到来自市场的压力，它更多的受到法律的约束以及政治的限制，企业的压力主要源自市场和消费者；二是组织与外部互动方面，政府组织决策具有垄断性、强制性等特点，同时接受民众监督，回应民众诉求，企业决策依据的是市场方法，接受消费者监督，回应消费者诉求；三是管理机制方面，政府采用官僚制，部门具有多元性，管理程序繁杂等，企业相对政府而言比较单一，程序简单。[①] 哈佛大学的 Allison 认为，公共管理与私营管理在不重要的地方可能是相似的，而在所有重要关键的地方都是不一样的。[②]

然而，在现代社会，公私分野早不如过去那么明显，美国在“二战”时期，航空工业产品的 92% 由政府购买，直至 1950 年代，海军飞行器需求才开始萎缩，航空企业减小生产规模，关闭生产线转产。但就航空工业而言，公共性基本改变了传统的市场模式。[③] 传统意义上的私营企业随着时代的变迁早就不存在了。从质上说，企业一定具有公共性，只是在量上或多或少。这也是 Barry Bozeman “所有组织都是公共的”经典表达。公共性将政府与私营部门联结到一起，给政府与社会资本合作奠定了必要的基础。他将政府与私营部门进行了非常详细的对比[④]：

通过表 1 的公私对比，我们发现公与私有很大不同。政府是目标多元且为公共利益服务的组织，而社会资本存在的逻辑是盈利，效率是其生命，这就不难理解政府与社会资本产出及产出方式的不同。政府通常找不到简单有效的干预方式以保证社会资本为公共利益服务。同样的道理，市场在有限竞争等局限性下为政府提供了公共服务供给的理由，但是，政府往往是低效的生产者，由公务人员之间互投赞成票造成的供给低效或无效等问题，无一例外地在一点点蚕食公共利益。显而易见[⑤]，政府或社会资本作为公共服务供给的独立主体都是存在缺陷的。因此，政府在弘扬公共利益的前提下，在适当参考市场效率的同时，与社会资本展开合作，优势互补、资源整合、发展民生，已经成为历史发展的选择。虽

① Rainey, H. G., Backoff, R. W., & Levine, C. H. (2012). Comparing public and private organizations [J]. Public Administration Review, 28 (36), 126 - 145.

② Bozeman, B., Perry, J. L., & Kraemer, K. L. (1983). Public management: public and private perspectives. *Journal of Policy Analysis & Management*, 2 (4).

③ Bozeman, B. All organizations are public: bridging public and private organization theory. Jossey - Bass Inc, 1987: 10 - 12.

④ Bozeman, B. All organizations are public: bridging public and private organization theory. Jossey - Bass Inc, 1987: 14 - 29.

⑤ 欧纯智、贾康：“PPP 是公共服务供给对官僚制范式的超越——基于中国公共服务供给治理视角的反思”，《公共管理评论》，2017 年第 2 期。

然普遍认为 PPP 是有用可行的工具，但是应该对其持谨慎的态度，政府与社会资本能否真正合作或者说他们之间的利益冲突是否太大以至于无法克服？盈利是社会资本参与 PPP 的终极目标，却只是政府实现社会结果的一个手段。它虽然契合当前的时代要求，但必须予以承认，它仅仅是政府众多政策选择中的一个比较现实的选择。政府与社会资本之间的本质差异以及目标分歧使合作挑战重重、冲突不断，但 Bozeman 的“所有组织都是公共”的信仰最终将促成他们结成伙伴关系。

表 1　　公私对比

类别	公共部门	私营部门
个人感受	公务人员对组织认同度低、工作满意度低、对现有人事管理系统的奖优惩劣不抱有太多幻想；支持功绩制，但不支持现有人事评价程序的主观随意	私营部门雇员对组织认同度高、工作满意度高、对现有人事管理系统的奖优惩劣充满信心
个人关注	公务人员关心公共责任和目标	私营部门雇员关注个人报酬
工作权限	政府要说服议员和上级政府以证明他们的计划是有价值并可行的；公务人员由于分工和利益的原因，决策权由中上层掌控；政府的一线管理者只拥有有限的人事权	私营部门决策管理和操作多在一线做出
人事管理	政府不必要的规则和章程代替了管理控制，限制了官僚的自主选择；《1883 年彭德尔顿联邦文官法》后的文官制度开始注重官僚实绩、工作安全以及个人权益	私营部门雇员享有一定的自主权，个人权益基本能够得到保障。业绩考核相对更公平
工作压力	政府受到外部监督决策的风险较大，影响工作节奏，很难做到深思熟虑；时间安排也和组织的政治周期相联系，给了政府追求快速绩效的压力	私营部门工作节奏受外界影响较小，压力也更小
工作风险	政府决定的目标比较广泛，也更重要，风险也相对较大	私营部门决策相对简单，风险也相对较小

（二）PPP 伙伴关系合作

自亚当·斯密（Adam Smith）时代以来，经济学家们一直认为，用市场的方式配置资源最“有效”，即潜在的社会资本以降低成本、提升商品或服务质量的方式参与市场竞争。这种分析传统上只适用于市场机制，也适用于 1980 年代以后新公共管理范式下的政府与社会资本合作。然而，使用新公共管理范式对公共服务供给的公共性问题进行经济学分析似乎有失偏颇，经济上的合意未必是政治上的合意，这是截然不同的两个评判维度。公共服务供给的公共价值旨在实现公共利益，往往不算经济账。所以，用新公共管理的价值尺度分析 PPP 合作往往会以经济上的合意掩盖政治上的不合意，使合作偏离公共价值。

政府的职责是满足民众福祉诉求，然而有时候为满足民众福祉而偏离民众福祉，是为本末倒置。我们知道，政府一定要有所作为，然而现实却往往不那么配合政府的意志，客观条件极有可能限制政府的供给能力，必须引入外援结成合作。这样一来，PPP 将公共服务供给模式转向了准市场机制，请注意，准市场机制不是市场机制，这意味着市场机制的很多优点 PPP 并不具备。PPP 模式缺乏有效配置资源的功用，甚至不能优胜劣汰。比如在限定的范围内由于自然基础条件差使得某些 PPP 项目对社会资本的吸引力不大，而公共服务还得提供，面对社会资本极为狭窄的挑选范围，政府除了接受再无选择，在这种情况下提供的往往是不合意的公共服务。如果是市场机制，公共服务可能就不会提供了，或者换一种方式提供。如上节分析所知，政府受多元目标所限，决策的自主性不如私营部门，且决策是否提供公共服务并不仅仅依据经济合意的维度，还要考虑其自身的职责所在。PPP 模式由于引入社会资本，把既往政府不能提供的服务变为可能，而服务的合意与否值得商榷，有的时候 PPP 似乎帮了政府的倒忙。由此看出，新公共管理范式下的 PPP 既不具备传统政府供给的公共价值导向（虽然在实践中往往会有偏差，但毫无疑问政府独家供给一定遵循的是公共价值），也不具备市场机制的诸多优点。

如果公共服务继续由政府独家垄断供给，那么就会造成供给低效、不公正、无序、过度等诸多不合意。如果不走回头路（政府独家供给公共服务），那么，公共服务供给彻底私有化可行吗？如果完全私有化，那么毫无疑问政府就会以“社会效率”的方式向私人外包公共服务的提供者支付佣金。这虽然很“市场”，但是已经完全扭曲了公共服务供给以公共利益为导向的设定初衷，显然更不符合公共价值。尽管 PPP 伙伴关系确实会对治理形成挑战，然而退回到政府独家供给或者向前一步实行私有化，似乎更不可取。毫无疑问，PPP 是优化公共服务供给的创新工具①。传统官僚制侵蚀自由却不能被有效管束，市场的魅力格外耀眼却不能禁绝垄断。如何将官僚机制、市场机制和社会组织的非营利机制进行扬长避短地整合，使治理既能实现公共利益、承担公共责任、回应民众诉求，还能满足经济（Economy）、效率（Effectiveness）和效益（Efficiency）的“务实”需要，

① 欧纯智、贾康：“公共服务供给方式及其优化选择的框架式分析——兼论 PPP 是优化公共产品与服务供给的善治选项”，《学术论坛》，2018 年第 4 期。

是道阻且长的改革。新公共管理没有解决官僚制低效的问题，此前的新公共行政以及此后的新公共服务提出道德理想也没有实现，如何设计出既符合公共价值又能为服务提供者以及使用者共同接受的治理方式，吸引更多的优秀社会资本参与其中，是提升社会整体的繁荣、富强、民主、文明、自由的关键。

四、公共治理范式下的 PPP 伙伴关系构建

在一个重视善治而非高效的公共服务供给体系，对 PPP 的要求必然比在新公共管理范式下要求更高（表 2）。在 PPP 试图解决“不合意问题”的时候，即便每个合作伙伴都能根据自己的目标提高业绩，也不能以效率作为主要的评判维度而忽略其公共价值。公共服务供给的公共性决定了社会资本应该同政府一道为改善“不合意问题”而承担起公共责任，改善公共服务供给，使其符合善治的标准。

表 2　　从治理的角度来看伙伴关系（PPP 的善治标准）①

治理原则	合同	伙伴关系
责任	在预算和成本控制方面向服务的购买者进行说明	合作伙伴之间相互解释他们在所有问题上的行动和表现，并且必须准备好向其他利益相关者说明伙伴关系的总体表现
透明度	限制“商业机密”的范围	开放是建立信任的关键要素
道德和诚实的行为	工作人员必须在法律和职业行为规范内采取行动	合作伙伴必须积极寻求创新的方式，以提高这些原则的效用
平等和社会包容	一些社会资本或许致力于改善自身的社会责任记录	伙伴关系的核心价值在于伙伴被期望积极寻求创新的方式来改善绩效与这些原则
公平	群体内的每个成员都能得到一致的待遇，并且按合同中规定的优先权来考虑不同参与者	政府主导下的平权合作
领导	在每个组织中确保良好的合同管理——合同规范的及时、准确、高效	PPP 的整体性
合作意愿和能力	与其他组织有价值但不重要的关系	在遵守公共价值的前提下，借鉴市场优胜劣汰的机制

① Bovaird, T. (2004). Public - private partnerships: from contested concepts to prevalent practice. *International Review of Administrative Sciences*, 70 (2), 199 - 215.

续表

治理原则	合同	伙伴关系
可持续性	承包商必须证明符合合同政策和活动中规定的所有可持续性标准	合作伙伴必须不断寻求改善政策和活动可持续性的方法
回应性	成本意识和客户关注	公共利益、公共责任、回应性
民众参与	与民众及其他利益相关者协商	民众和其他利益相关者参与决策

1. PPP 责任机制在一定程度上限制了政府与社会资本偏离公共利益的行为，敦促政府未来对社会资本的遴选更审慎，社会资本面对这种治理结构也会有更切实际的收益预期。PPP 并非堂而皇之地把本应属于政府的公共服务供给职责推给社会资本，PPP 虽然高效但并不意味着较之以往传统模式更低的预算，允许社会资本获得“非暴利但可接受的收益”。[①]

2. 有关 PPP 透明度以及道德诚实的要求会在一定程度上解决政府与社会资本的互信问题，从而进一步解决商业机密以及政务公开的问题。彼此公开透明必须在伙伴关系中共享，互信会促使他们迅速灵活地开展合作。

3. PPP 有关的领导力与公平要求能够在一定程度上敦促政府与社会资本共同制定规则，对规则以及标准的认同为后续的执行扫清障碍。伙伴们共同制定规划以及合作当中的变更，以利益相关者之间的互动促进合作，强调公共行政的精神。

4. PPP 机制的可持续性以及伙伴间合作意愿能够在一定程度上敦促基层公务人员与社会资本在共同规则下好好合作。目标和计划必须协调和集成，强调“整体治理”，伙伴们不断调整自身以适应目标和计划的执行，共同提供公共服务。

5. PPP 民众参与机制以及服务的回应性可以在一定程度上敦促以该模式提供的服务能够更好地回应使用者诉求。最终促成以 PPP 模式提供的公共服务能够弘扬公共利益，回归公共价值，实现善治。

公共治理观将 PPP 合作视为一个整体，以合作的方式提供公共服务，很难厘清某个合作伙伴的某个举动带来某个结果，而是伙伴们共同努力创造资源整合优势。而如果某个合作者斤斤计较自己为 PPP 合作所做的贡献以及计算因此应该获得多少好处，那么这种合作关系就岌岌可危了。伙伴们应该更多地思考如何合作才能帮助政府解决他们所共同面临的“不合意问题”、确保它们适用于复杂和动态的环境、共同遵守合同，并最终走向善治。

① 贾康：“发挥 PPP 模式在改革创新中的正面效应”，《地方财政研究》，2014 年第 9 期。

五、结论

由于PPP在新公共管理范式下受到的诸多束缚，我们不难想象在未来的公共实践领域，它势必要实现对新公共管理范式的超越，继续承担公共责任，更多地考虑公共治理优化。以盈利为导向的社会资本在PPP合作方面应由定制化的项目契约在法制化环境中体现的“激励—约束”机制而“内生地”对其自身的“社会责任”给予更多的重视。PPP是基于相互信任的政府与社会资本长期合作，以及合作各方以创新和富有想象力的方式对彼此需求作出回应的承诺，必然是设计和交付公共价值的创新工具。我们迄今还不能十分精细化地判断PPP对于这些正面效应的发挥、潜力的挖掘、以及善治目标的实现所能起到的作用到底有多大。近年国内实践层面对PPP的评价主要限于其运行效率以及生成的治理成本，而往往缺乏对其实现公共利益、承担公共责任、回应民众诉求等公共价值的综合考量。在未来，PPP应超越新公共管理范式的局限性，在不懈的创新中推进和实现善治。

参考文献：

一、英文部分

[1] Bovaird，T. （2004）. Public－private partnerships：from contested concepts to prevalent practice. *International Review of Administrative Sciences*，70 （2），199－215.

[2] Bozeman，B.，Perry，J. L.，& Kraemer，K. L. （1983）. Public management：public and private perspectives. *Journal of Policy Analysis & Management*，2 （4）.

[3] Bozeman，B. All organizations are public：bridging public and private organization theory. Jossey－Bass Inc，1987：14－29.

[4] Bozeman，B. All organizations are public：bridging public and private organization theory. Jossey－Bass Inc，1987：10－12.

[5] Gibelman，Margaret and Demone，Harold （1983） ‘Purchase of Service Forging Public－Private Partnerships in the Human Services’，Urban and Social Change Review 16 （1）：21－6.

[6] Hood, C. (1991). A public management for all seasons? . Public Administration, 69 (1), 3 – 19.

[7] John, D. W. , Kettl, D. F. , Dyer, B. , & Lovan, W. R. (1994). What will new governance mean for the federal government? . *Public Administration Review*, 54 (2), 170 – 175.

[8] Kettl, D. F. (2000). The transformation of governance: globalization, devolution, and the role of government. Public Administration Review, 60 (6), 488 – 497.

[9] Langford, John and Harrison, Y. (2001) 'Partnering for E – government: Challenges for Public Administrators', Canadian Public Administration 44 (4): 393 – 416.

[10] Parker, D. , & Hartley, K. (1997). The economics of partnership sourcing versus adversarial competition: a critique. *European Journal of Purchasing & Supply Management*, 3 (2), 115 – 125.

[11] Patrick Dunleavy, & Christopher Hood. (1994). From old public administration to new public management. *Public Money & Management*, 14 (3), 9 – 16.

[12] Rainey, H. G. . (1996). Understanding And Managing Public Organizations [J]. Jossey – Bass Publishers San Francisco, 61.

[13] Rainey, H. G. , Backoff, R. W. , & Levine, C. H. (2012). Comparing public and private organizations [J]. Public Administration Review, 28 (36), 126 – 145.

[14] Stoker, G. (1998). Governance as theory: five propositions. *International Social Science Journal*, 155 (155), 17 – 28.

[15] Wettenhall, R. (2001) 'Public and Private in the New Public Management (NPM) State: Some Australian Reflections', Public Administration and Policy 10 (2): 111 – 47.

二、中文部分

[1]（美）威廉姆·A. 尼斯坎南：《官僚制与公共经济学》（王浦劬译）北京：中国青年出版社 2004 年版。

[2]（美）乔治·弗雷德里克森：《公共行政的精神》（张成福等译），北京：中国人民大学出版社 2003 年版。

[3] 贾康："PPP 模式 1 + 1 + 1 > 3"，http://www.hn.xinhuanet.com/2016 –

04/19/c_1118673958. htm，2016－04－19。

［4］贾康：“发挥 PPP 模式在改革创新中的正面效应”，《地方财政研究》，2014 年第 9 期。

［5］贾康、欧纯智：“世界减税潮背景下的中国方案”，《中国党政干部论坛》，2017 年第 6 期。

［6］蓝志勇、陈国权：“当代西方公共管理前沿理论述评”，《公共管理学报》，2007 年第 3 期。

［7］欧纯智：“政府与社会资本合作的善治之路——构建 PPP 的有效性与合法性”，《中国行政管理》，2017 年第 1 期。

［8］欧纯智、贾康：“PPP 是公共服务供给对官僚制范式的超越——基于中国公共服务供给治理视角的反思”，《公共管理评论》，2017 年第 2 期。

［9］欧纯智、贾康：“PPP 在公共利益实现机制中的挑战与创新——基于公共治理框架的视角”，《当代财经》，2017 年第 3 期。

［10］欧纯智、贾康：“公共服务供给方式及其优化选择的框架式分析——兼论 PPP 是优化公共产品与服务供给的善治选项”，《学术论坛》，2018 年第 4 期。

［11］欧纯智：“我国基层征纳寻租交易构成的机理分析”，《财政研究》，2014 年第 6 期。

（本文发表于《学术界》2018 年第 12 期）

公共服务供给方式及其优化选择的框架式分析

——兼论 PPP 是优化公共产品与服务供给的善治选项

欧纯智[①]　贾　康

【摘要】对于公共服务由政府供给还是社会供给的认知问题，过去已认识到即便政府供给会有弊端，但也必然成为主导形式。但政府独家提供公共服务的传统模式在实践中无法实现最优供给，需要社会资本参与。政府与社会资本之间的资源整合、优势互补、合作供给等机制由此表现为 PPP 与社会善治的创新式结合，它能够在与社会资本方的共赢中实现公共利益、承担公共责任、回应民众诉求，是公共资源供给优化的创新与体现形态，不仅仅是当前财政资金捉襟见肘限制条件下公共服务供给的不得已而为之，更是打造优化公共服务供给长效机制的有意为之，最终将成为公共服务供给走向善治的必由路径。因此，PPP 合乎逻辑地成为深化供给侧结构性改革的重要选项。

一、导言

我国在 2010 年前后进入中等收入阶段以后，民众对公共服务的需求更进一步被激活，要求充足、公平、均等的有关公共服务供给的社会压力趋于升级，必须在供给机制上寻求创新。[②] 客观地说，由财政“三元悖论”原理[③]揭示的“减

---

① 欧纯智：贵州师范学院商学院特聘教授，华夏新供给经济学 50 人论坛特约研究员。

② 贾康、苏京春：“直面‘中等收入陷阱’真问题——基于 1962—2013 年全球数据对‘中等收入陷阱’的判断、认识”，《中共中央党校学报》，2015 年第 4 期。

③ 贾康、苏京春：“财政分配‘三元悖论’制约及其缓解路径分析”，《财政研究》，2012 年 10 期。

税、增加公共支出和控制政府债务与赤字水平三大目标至多只能同时实现两项”的现实制约，加之民众天然地具有在不增税的前提下要求更多公共服务供给的诉求，使政府极易陷入两难的困境——如何利用有限的资源提供更多的基本公共服务。现实世界中，公共服务自愿供给以及在一定社会规范下的合作供给似乎难以解决“信任”问题，而政府供给成为必然选择后，其难以优化等窘迫问题又往往使得政府供给形同鸡肋。由此可尝试一个重要的创新方向：政府与社会资本相互整合资源，以合作共赢的方式提供公共服务，回应我国中等收入阶段民众日益高涨的公共服务供给需求，并持续稳定地优化公共服务供给。

有关公共服务供给优化，Buchholz、Cornes 与 Rübbelke 认为匹配机制是实现公共产品帕累托最优分配的重要工具，并能有效缓解公共产品的私人供给不足等问题。[①] Warr 认为如果公共物品的“搭便车”问题无法解决，财政再分配依然不能达到帕累托福利改进的效果。[②] Maskin 致力于阐明纳什均衡下的供给最优条件。[③] Andreoni 与 Bergstrom 认为增税可以优化公共服务供给均衡。[④] Antoci 等通过构建一个博弈论模型讨论非政府供给的公共利益实现取决于机会主义程度、选择性激励等因素。[⑤] Pasour 认为帕累托最优作为一个积极或规范的收入再分配理论只是一个空壳经济学，在现实中因为极为受限应用较窄。[⑥] 由上述研究成果可知，公共服务供给优化的限制条件很多。探索能够趋于优化的公共服务供给方式的认识框架，是本文的核心命题。

二、公共服务的社会（非政府）供给困难及对“政府替代”的追问

一定社会规范下公共产品与服务由非政府主体的自愿合作供给是存在的，但

---

① Buchholz, W., Cornes, R. C., & Rübbelke, D. T. G. (2011). Matching as a cure for underprovision of voluntary public good supply: analysis and an example. Economics Letters, 117 (3).

② Warr, P. G. (1982). Pareto optimal redistribution and private charity. Journal of Public Economics, 19 (1), 131-138.

③ Maskin, E. (1999). Nash equilibrium and welfare optimality. *Review of Economic Studies*, 66 (1), 23-38.

④ Andreoni, J., & Bergstrom, T. (1996). Do government subsidies increase the private supply of public goods?. *Public Choice*, 88 (3-4), 295-308.

⑤ Antoci, A., Sacco, P. L., & Zarri, L. (2008). Social preferences and private provision of public goods: a ‘double critical mass’ model. Public Choice, 135 (3-4), 257-276.

⑥ Jr, E. C. P. (1981). Pareto optimality as a guide to income redistribution. *Public Choice*, 36 (1), 75-87.

充其量是辅助性的，难以成为主流。讨论它，首先需要厘清一个基本认识原点，即个体自愿提供公共产品和服务是为了实现包括自身利益在内的熟人群体（社区）的利益，而不是为了其他更为扩展的群体利益的有意为之，社会规范和个人价值观会引导人们在较有限的范围内提供公共（集体）产品与服务，在利己的同时利他。社会规范可以框定个体行为，并且使自愿提供公共产品和服务的个体体会到个人收益提高与否与身边集体（社区）和谐程度的有机联系。同时，社会规范也可以通过荣辱感和社会良知等方式强化个体价值导向，减少过度的“搭便车”行为。

在一个社会中，如果文化和规范能够较有效地引导人们努力承担责任，这样的社会更有可能存在社区个体自愿提供公共产品与服务的机制（我国古代久有基层社区“乡绅自治”式形成的这类供给机制，一直延续到 1949 年以后的“五保户”）。也可以这样理解，激发个体持续良性合作的前提，是每个个体确信集体内他人会根据对公共产品与服务的支付情况来调整自己的支付。即长期而言如果我们增加支付，他人也会相应地增加支付，我们不会因个人支付的增多而遭遇过度的、单向的“搭便车”行为的困扰。这种心理预期不是天然具有的，但会实实在在地影响个体行为，因而这种预期可成为社会行为规范的一部分。社会行为规范如果是善意的、合作的，则个体的这种预期能够得以实现。如果社会行为规范是欺骗的、掠夺的，则个体的预期不会实现，个体就不会再有此类的心理预期。社会规范可以引导个体行为——当社会规范是善意合作的，合作就会顺畅稳定而持续。这样一来，就可以不必依靠个人声誉同样能够产生合作结果。理论上说，社会规范如能成功地扩大人与人之间的合作范围，合作也可以不必限定在熟人之间。

然而古往今来大量的事实证明，社会规范只限定在其具有影响力的区域内才能发挥其引导个体行为的作用。如果个体从崇尚善良合作的区域转入肆意欺骗掠夺的区域，那么合作的预期很难维持，个体会“入乡随俗”，按照当地的社会规范以欺骗甚至掠夺的“丛林社会”方式行事。如果同时转入的个体比较多，那么对转入地的社会规范就会形成一定的影响，导致社会规范的割裂、无序、混乱。设想一下，当个体积极地支付公共产品与服务，而他人不愿增加支付以“搭便车”的方式坐享其成，甚至以“黑社会”方式巧取豪夺，那么崇尚善意合作的个体在被欺骗愚弄以后，马上也会模仿及至加入这个行列，人与人之间很难开展合作，或者说市场与社会中的行为成本会极大地增加，因为“信任合作”作为一种公共产品已经不复存在。

在一个独立社会中，当欺骗掠夺成为其社会规范，即便有人愿意与他人善意合作，这种合作也很难维持。只有在一个能够以惩戒维护承诺或者声誉有效的小范围熟人社会里，才能发生善意合作并生成一定的可持续性，久而久之就会形成一个崇尚诚信的子社会，这样一来社会就有所分化，这种分化会进一步导致更多相互彼此信任的群体诞生。随后我们会发现，崇尚信任的群体由于个体与个体之间能够展开合作而变得越来越兴旺，而崇尚欺骗掠夺的群体由于个体之间展开合作的成本很大或者合作无法达成，导致该群体越来越衰落。特别是与此同时，不同群体间的协调，更显得难上加难。群体成员间和各群体间不借助外力就能够达到善意合作，在现实中是很难的，尽管合作会为每个人带来好处。当群体内缺乏诚实守信的合作记录，则个体之间很难建立起信任。个体之间的信任决定了合作利益的实现，而个体组成的群体大到某个临界值之上，必发生稳定维护信任的困难，因此，政府权能便成为信任的一种替代。

以上考察分析引出的基本认识是，政府管制对全社会而言必不可少，这也是公共服务在传统上由政府供给的原因。即公共产品要想有效率的生产，就必须由政府补助或者政府提供。当政府提供公共产品和服务时，不仅在一定程度上排除了人们相互观望“搭便车”的行为，同时也减少了公共产品个人供给的不确定性，特别是形成了社会共同体内诸多成员基于基本的安全感而来的社会生活可持续性。所以在这里，我们不能否认政府的作用。

然而政府是不是解决信任问题的唯一路径呢?[①] 我们知道，在人与人之间或者群体与群体之间如果存在利益冲突，或者说当一个人企图将另一个人置于自己的绝对权力之下而遭遇对抗，就进入了战争状态。为了避免陷入战争状态，人类就要进入共同体状态，如果出现争议可以诉请解决。[②] “自然状态”是理想的但不可持续的状态，而唯有具备公共权威的共同体状态才能将人类从无序的战争状态解救出来。必须承认，只有政府才能在人与人之间或群体与群体之间发挥协调作用，这也是利用政府来解救市场失灵和维护社会共同体的最朴素道理。但令人遗憾的是，政府也会失灵，政府在解救市场失灵的同时自己也容易陷入政府失灵。国家、政府本是建立于市民社会的基础之上，而政府干预却可能瓦解市民社会，削弱其自组织能力。为此，政府必须学会以包容性的、乃至平等的态度与市

① ［以］阿耶·L. 希尔曼：《公共财政与公共政策》（王国华译），北京：中国社会科学出版社 2006 年版。

② ［英］亚当·斯密：《道德情操论》（蒋自强等译），北京：商务印书馆 1997 年版。

民社会共事。此外，各种形式的治理危机呼之欲出时，政府也陷入失灵的境地，比如权商勾结导致的公权力腐败、行政高成本低效率、公共资源分配不均、政府入不敷出以及不公平的市场竞争等问题。回顾政府提供公共服务的历史，其官僚层级制所导致的繁文缛节、文牍主义在许多场合已经让民众对这种传统提供方式丧失信心与耐心。正是在这种背景下，一些社会资本与政府互动合作的机制性探索（如 PPP）应运而生。

然而，基于前面的分析必须承认：社会资本显然无法独自承担社会公共职能。那么在讨论非政府主体与政府的合作之前，很有必要先正面给出理论解释：由政府以传统的方式提供公共服务为什么不能实现最优化呢？

三、公共服务传统供给方式的优化问题

（一）公共服务供给在没有外部调整下的优化分析

传统的以政府为供给主体的基本公共服务的最优化供给是否存在以及如何优化？为了回答这个问题，我们假设经济中只有两种服务，公共服务和私人服务。为简化起见，以 X 代表公共服务的数量，以 1 单位货币来代表每单位公共服务的成本，所以 X 同时代表公共服务的数量和价格。以 y_i 代表个人 i 拥有的私人服务数量，以 v_i 代表个人 i 拥有的公共服务数量。为了更简化起见，我们在此假设每个人的效用以他获得的私人服务与公共服务的总和来决定，以 u_i 代表个人的效用总和，即：

$$u_i = v_i + y_i$$

v_i 是连续函数，P 是连续函数 v_i 上的任一点，$\frac{\Delta V_i}{\Delta x}$是 i 在公共服务 p 点的边际效用，意味着可获得的公共服务是 p，指在消费私人服务既定的情况下，每增加消费一单位公共服务所带来的效用增加。假设个人 i 原有的全部资产被分配给公共服务和私人服务且没有借款，用 w_i 来表示。在这个简化的模型里，相应的分配必须满足以下的可行性条件：

$$X + \sum_i y_i = \sum_i w_i$$

个人 i 的全部资产都分配给了公共服务和私人服务，如何配置个人资产才可获得公共服务的最优数量呢？为了推导被称为萨缪尔森的最优条件（Samuelson's optimality condition），我们考虑以下不等式：

$v_1'(x)+v_2'(x)+v_2'(x)+\cdots+v_n'(x)>1$

即 $v_i(x)$ 关于 x 推导的总和是严格大于 1 的，意味着 x 的供给水平对于个人总和的边际是大于 1 的。① 如果对于所有个人，私人服务的数量都超过在 x 点的公共产品的边际效用，即 $y_i>v_i'(x)$。则公共服务供给的边际效用总和超过 1 单位的数量太少，不能把此时的公共服务供给视为最优。如果降低每个人 i 的私人服务 $v_i'(x)$，于是对于每个人 i 来说，私人服务消费为：

$\overline{y}_i=y_i-v_i'(x)$

这样一来，降低的私人产品消费为：

$v_1'(x)+v_2'(x)+v_2'(x)+\cdots+v_n'(x)=1+\Delta(\Delta>0)$

此式表明不等式的左侧大于 1 单位的量。

现在降低总和 1 个单位，从私人服务转移到公共服务供给上，当前公共服务的数量是：x 增加每个 i 的公共产品，带来边际效用的增加用 $v_i'(x)$ 表示。于是，当消费数量是（$\overline{x}$，$\overline{y}$，…，$\overline{y}_n$）时，每个 i 在（x，y_1，…，y_n）增加的效用差不多，但是我们还有缩减后的私人服务 Δ 留下来，可以继续在个人之间分配。从严格意义来说，这样的情况是好于他们在（x，y_1，…，y_n）时的效用的。如果：

$v_1'(x)+v_2'(x)+v_3'(x)+\cdots+v_n'(x)>1$

那么此时不是帕累托最优，因为可以通过减少私人服务增加公共服务的再分配方式来提高效用，同时不损害他人。如果：

$v_1'(x)+v_2'(x)+v_3'(x)+\cdots+v_n'(x)<1$

此时，公共服务数量就不是帕累托最优。如果增加私人服务消费数量，至少可以改善一些人的效用而不损害其他人。于是，我们可以得出这样的结论，即帕累托最优分配的必要条件是：

$v_1'(x)+v_2'(x)+v_3'(x)+\cdots+v_n'(x)=1$

在萨缪尔森最优条件分配中公共服务的个人边际效用总和为 1 单位。萨缪尔森最优条件和最大公共服务的总净效用是一致的。效用总和减去购买公共服务的成本即公共服务的总净效用：

$v_1'(x)+v_2'(x)+v_3'(x)+\cdots+v_n'(x)-x=\sum_i v_i(x)-x$

为了找到表达式的最大值，我们将其关于 x 的第一推导假设为 0，然后求解 x，得 $\sum_i v_i'(x)=1$，这同帕累托公共产品的最优条件是一致的，所以可以看出

① Samuelson，P. A. The pure theory of public expenditure［J］. Review of Economics & Statistics，2015，36（36）：1－29.

萨缪尔森条件对于最优公共服务供给数量是充分且必要的。理论上能够得到最优公共产品供给，那么在实践当中又如何呢？公共服务供给远没有达到最优水平。我们来假设个人 i 以理性的方式购买公共服务，即个人 i 试图最大化为：

$u_i = v_i(x) + y_i$

满足预算约束 $x + y_i = \omega_i$，替换 y_i，最大化，

$u_i = v_i(x) - x + \omega_i$

现在 ω_i 是连续且单调的，函数的极值是 $v_i(x) - x$。因为 $v_i(x)$ 被认为是凹形向上的，即额外的每单位公共服务带来的回报是边际递减的。当 $v_i(x)$ 切线斜度距离等于 $y = x$ 的斜率时，也就是 $v_i(x)$ 和 $y = x$ 之间的垂直距离，此时距离最大：

$v_i'(x) = 1$

$\hat{x}_i$ 是个人 i 效用最大化时的公共服务数量，此时假设理性人 i 要购买此数量的公共服务，这样一来 x 可以被其他人消费。我们知道，在一个典型的大型组织中，个体成员的地位与完全竞争市场中企业的地位，或一国内纳税人的地位相似：个人努力不会对其所在的组织产生重大影响，而且不论他是否已经为该组织作出贡献，他都能享受他人带来的好处。[①] 由此假设现在有个人 j，

使得 $v_j'(x) < 1$

如果个人要购买额外 1 单位的公共服务就会降低他总体的效用，那么个人就不会有购买额外 1 单位公共服务的动机个人 k 则会有 $v_k'(\hat{x}) > 1$，这部分人会放弃 1 单位的私人服务去购买公共服务，从而得益。这些人会一直购买额外的公共服务，这种购买额外公共服务的行为只有达到了 x 数量，才会停止。此时，

至少有一个人 i，有 $v_k'(x) = 1$；

对于所有的成员 j，$v_j'(x) \leq 1$。

在实践中，$v_1'(x) + v_2'(x) + v_3'(x) + \cdots + v_n'(x) > 1$。换句话说，边际效用总和超过 1 就意味着购买的公共服务数量不是最优的。在一个小群体中，只能提供低于最优数量的公共服务的倾向。离最优数量越远，规模“大”的群体成员占总额的份额就越小。因为在其他条件相同时，群体中个体数量越多，群体成员占总额的份额就越小，所以群体中的个体数量越大，离最优数量就越远。显然，成员数目多的群体的效率一般要低于成员数目少的群体。[②] 在实践当中，规模“大”的群体成员的最优公共服务数量大于规模“小”的群体成员。于是，一旦

① ［美］曼瑟尔·奥尔森：《集体行动的逻辑》（陈郁译），上海人民出版社 1995 年版。

② 同上。

规模“大”的群体成员达到了最优数量，再购买额外数量的公共服务就会降低规模“小”的群体成员的效用。可以看到，如果没有外部调整，公共服务的供给数量是不可能达到最优的。①

（二）公共服务供给在外部调整下的优化分析

然而，即使有外部调整，公共服务供给也未必就能保证最优。这是由于协调者如果决定分配公共服务的数量和成本，个人向协调者发送有关个人公共服务的效用函数时，如果人们认为将按照自己申报的效用对公共服务进行支付时，可以想到，人们会低报自己的效用。当然，也可以不根据个人申报的公共服务效用情况，而是通过一般税收支付公共服务，要求人们公布某项公共服务的个人效用，此时人们更愿意高报自己的个人效用，因为人们希望在获得更多公共服务的同时，还可以承担相对较少的税收份额。人们收入越低，税收负担越轻，越希望更多的公共服务。当个人效用不与其支付挂钩时，将会导致对公共服务效用的浮夸和公共服务的超量供给。通过一般税收导致的公共服务超量供给，与通过林达尔机制自愿支付导致的公共服务供给不足形成了鲜明的对比。② 如果群体中的每个人都如此行事，那么其结果就是公共服务供给的次优选择。克拉克税（Clarke tax）解决了人们使用公共服务瞒报效用的信息不对称问题，当面对克拉克税时，人们有动机说出他们真实的效用。③

现在根据甲、乙、丙三人的效用申报来评估两项公共服务，如表1。政府并不知道公共服务为甲、乙、丙带来的收益和损失。为了每个人能够真实的申报个人效用以便做出公共服务决策，政府对程序设定如下规则：

1. 如果某人申报的效用改变了关于公共服务是否提供的决策，则这个人要缴税。

2. 个人缴税的数量等于公共服务供给决策的变化导致其他人损失的总和。

3. 税收收入不用于支付该项公共服务，也不以任何方式在该项公共服务所涉及的人员当中分配税收收入。

---

① （芬）汉努·努尔密：《政治经济学模型》（赵钟宜等译），上海人民出版社2010年版。

② ［以］阿耶·L. 希尔曼：《公共财政与公共政策：政府的责任与局限》（王国华译），中国社会科学出版社2006年版。

③ Tideman, T. N., & Tullock, G. “a new and superior method for making social choices.”［J］. Journal of Political Economy, 1976, 84 (6): 1145－59.

表 1　　两个工程的克拉克税收例子

	甲	乙	丙
公共服务 A	90	60	40
公共服务 B	60	60	50
克拉克税	税收 = 10	税收 = 20	税收 = 0

如果甲不参与效用评估，公共服务 B 将被选中（因为如果没有甲的参与，公共服务 A 的总效用是 100，公共服务 B 的总效用是 110）。如果甲如实申报，公共服务 A 将被选中（此时公共服务 A 的总效用是 190，公共服务 B 的总效用是 170）。由于甲的参与改变了最终决定，根据规则，甲应该支付相当于因决策改变而给乙、丙造成的总损失的克拉克税，数量为 10（公共投资由 B 工程转向 A 工程，乙获得 0 单位的效用，丙损失了 10 单位的效用）。同理，乙和丙的参与也可能会改变他人的效用。克拉克税制使得每个人的最优策略是申报真实的个人效用，通过真实的申报而获得有效率的纳什均衡。

克拉克税要求群体当中的每个人申报他们在不同供给数量上的效用函数，政府对不同数量 x 加以区分并解出 x：$\sum_i u_i'(x) = 1$，这是萨缪尔森关于公共服务供给的最优条件，是最大化公共服务时个人的净效用总和。用 $\bar{x}$ 表示满足最优条件的 x，如果人们申报的信息都是真实的，那么公共服务的总净效用就在此点被最大化。个人 i 的克拉克税 T_i：

$$T_i = \bar{x} - \sum_{j \neq 1} m_j$$

此时，m_j 表示个人 J 申报的效用值，i 的克拉克税就是所有其他人申报信息的函数，由以上分析可知，T_i 不依赖于 i 的个人信息。

以公共服务 A、B 为甲、乙、丙带来的效用举例来说，$u_{甲} = 150$，$u_{乙} = 120$，$u_{丙} = 90$，$T_1 = 10$，$T_2 = 20$，$T_3 = 0$。假设甲的效用是 150，而他只申报 130，其余的人也是这样做，甲的克拉克税还是 10，但是公共服务提供的价值 $\bar{x}$ 变了，不再是甲的最优真实价值了。而甲支付了和最优公共服务一样的税，但是此时公共服务的数量对甲来说已经不是最优了。

尽管克拉克税能够起到引导人们真实申报个人从公共服务供给当中获得的效用，但是迄今为止还没有哪个政府在确定公共支出时使用克拉克税，这是由于：克拉克税需要计算群体中每个人从公共服务中获得的效用，几乎没有实践的可操作性；即使克拉克税能够得以实施，公平问题依然难以解决。①

由以上分析可知，政府在提供公共服务的时候无法实现供给最优，承担公共责任而非以单纯的公共服务供给优化为条件是认识政府履行这一职能的核心要旨。由于外部性是伴随着公共服务的供给、使用过程发生的，个人和群体的相互影响往往会导致次优结果。就政府的定义而言，政府的职责是基于公共利益以及公共责任的目标，通过法律和公共政策参与协调政治和经济行为。然而政府在纠正市场失灵的时候自身也会患上失灵，实际上政府行为本身就是外部性的主要来源之一（既可能是正的，也可能是负的）。在公共选择中，公共服务供给中存在着政府与公务人员的角色冲突，以及公共性、政府责任的偏离，导致公共服务供给低效或无效，进而导致社会福利的流失，使公共服务的社会投入与其社会收益不相符，产生外部性；而在公共服务的使用过程中，由于“搭便车”等问题的普遍存在，导致社会成本（收益）与个人成本（收益）不相配，即公共资源被无效或低效利用，并妨碍他人的福利，产生外部性。因此，公共服务供给必须要探索优化路径，政府应该更多地致力于消除或内化负向的外部性并避免由此进一步衍生的其他负向的外部性。毫无疑问，公共服务供给优化是政府以传统方式独家提供公共服务无法完成的使命。

至此可得出基本判断：既然公共服务供给离不开政府，而政府又无法最优化公共服务供给，那么另辟蹊径——引入社会资本参与公共服务供给，成为制度供给创新的必然选项，成为中国发展新阶段“创新发展”的当务之急。因此，PPP不仅仅是在财政资金有限的限制条件下公共服务供给的不得已而为之，更是打造优化公共服务供给长效机制的有意为之，最终将成为公共服务供给走向善治的必由路径。

四、PPP是传统公共服务供给提效升级的制度创新

在公共工程、公用事业和政府辖区连片开发等建设项目领域引入PPP，被认为是解决紧迫社会问题改进公共产品与服务供给的善治方式，它倡导政府、企业与专业机构、公民社会组织发挥比较优势。② 由于各方的风险共担实为“优势互

① ［以］阿耶·L. 希尔曼：《公共财政与公共政策：政府的责任与局限》（王国华译），中国社会科学出版社2006年版。

② 欧纯智、贾康：“以PPP创新破解基本公共服务筹资融资掣肘”，《经济与管理研究》，2017年第4期。

补”的风险分担，又有利益共享的“激励兼容”，PPP 便由一个直观的融资模式创新，自然而然地生成“1 +1 +1 >3”式提升绩效的管理模式创新。方兴未艾、未来更会为数众多地星罗棋布于国土开发全局之内的 PPP 项目，又会形成整个社会治理以现代化升级为取向的制度体系的模式创新，是公共服务供给实现善治的必由之路。

政府是目标多元且为公共利益服务的公权组织，承担国家责任。盈利是企业存在的逻辑，相伴随的效率追求是企业的生命。政府通常找不到简单有效的干预方式以保证企业为公共利益服务。同时，政府一般又是低效的生产者，由官僚之间互投赞成票以及公共政策被民意裹挟造成的供给低效或无效等问题，很容易一点点蚕食公共利益。[①] 由上述分析看到，政府或市场作为公共服务供给的独立主体都无法做到完美。因此，政府在弘扬公共利益的前提下，在适当引入市场竞争效率的同时，与社会资本展开合作，以推进优势互补、资源整合、发展民生的渐进化机制创新与变革，已经成为时代发展的诉求。

当前社会远比霍布斯、洛克所处的时代更加复杂、多元，不仅需要社会资本协助政府进行社会治理，而且需要政府与社会资本推进创新式的合作进行治理。[②] PPP 是社会资本以分散自主决策的自愿方式在政府的引导下，有序地提供公共服务。政府保留特许权和融资支持等方面的相关责任，以外包服务机制调动社会资本的潜能。在 PPP 运行中，政府阳光化责任承诺、公私责任共担以及联合规划，无不进一步彰显了 PPP 伙伴关系的特征，代表了一种将公共管理（public administration）与私营管理（private management）观念和机制“互补”式的融合，既强调公共服务的使命又采用私人管理的经验；既与以往的公共资源配置政府包揽模式决裂，又保留了公共部门明确的认同感和目标使命；既以企业参与主体的利益驱动支持提高公共服务质量与产出价值，又以实现公共服务升级优化的社会意义为归宿。并且在建设管理运营过程中反映使用者的愿望、诉求和利益，以使用者的诉求作为反馈回路，强调公民参与。这样，PPP 创新可充分发挥市场机制在公共服务领域中的潜力和作用，使公共服务供给优化不仅成为我们意愿中的帕累托效率优化，而且更多地托举了以公共利益为衡量标准的全民福祉。PPP 借鉴社会资本的管理、运营相对优势，以实现公共利益、承担公共责任、回应民

---

① 欧纯智、贾康：“PPP 是公共服务供给对官僚制范式的超越——基于我国公共服务供给治理视角的反思”，《学术界》，2017 年第 7 期。

② 张康之：“走向合作治理的历史进程”，《湖南社会科学》，2006 年第 4 期。

众诉求为己任，成为公共资源供给优化的创新与体现形态。

虽然社会各界普遍认为 PPP 是有用可行的工具，把它作为优化政府公共服务供给的可行路径，但是也应该对其持积极谨慎的态度。PPP 仅仅是政府众多创新选择中的比较现实的选择之一，但其却是中国在贯彻供给侧结构性改革战略方针的当前阶段合乎逻辑的重要选项，应当引起研究者在本文所试图揭示的基本认识框架之下更多理论密切联系实际的深入研讨。

参考文献：

一、英文部分

[1] Andreoni, J., & Bergstrom, T. (1996). Do government subsidies increase the private supply of public goods? . *Public Choice*, 88 (3 –4), 295 –308.

[2] Antoci, A., Sacco, P. L., & Zarri, L. (2008). Social preferences and private provision of public goods: a ‘double critical mass’ model. Public Choice, 135 (3 –4), 257 –276.

[3] Buchholz, W., Cornes, R. C., & Rübbelke, D. T. G. (2011). Matching as a cure for underprovision of voluntary public good supply: analysis and an example. Economics Letters, 117 (3).

[4] Jr, E. C. P. (1981). Pareto optimality as a guide to income redistribution. *Public Choice*, 36 (1), 75 –87.

[5] Maskin E. Nash Equilibrium and Welfare Optimality. [J]. Review of Economic Studies, 2010, 66 (1): 23 –38.

[6] Samuelson P A. The Pure Theory of Public Expenditure [J]. Review of Economics & Statistics, 1954, 36 (4): 387 –389.

[7] Tideman, T. N., & Tullock, G. “a new and superior method for making social choices.” [J]. Journal of Political Economy, 1976, 84 (6): 1145 –59.

[8] Warr, P. G. (1982). Pareto optimal redistribution and private charity. Journal of Public Economics, 19 (1), 131 –138.

一、中文部分

[1]（芬）汉努·努尔密：《政治经济学模型》（赵钟宜等译），上海人民出版社 2010 年版。

[2] 贾康、苏京春：“财政分配‘三元悖论’制约及其缓解路径分析”，《财

政研究》，2012 年第 10 期。

［3］贾康、苏京春："直面'中等收入陷阱'真问题——基于 1962—2013 年全球数据对'中等收入陷阱'的判断、认识"，《中共中央党校学报》，2015 年第 4 期。

［4］（美）曼瑟尔·奥尔森：《集体行动的逻辑》（陈郁译），上海人民出版社 1995 年版。

［5］欧纯智、贾康："PPP 是公共服务供给对官僚制范式的超越——基于我国公共服务供给治理视角的反思"，《学术界》，2017 年第 7 期。

［6］欧纯智、贾康："以 PPP 创新破解基本公共服务筹资融资掣肘"，《经济与管理研究》，2017 年第 4 期。

［7］（以）阿耶·L. 希尔曼：《公共财政与公共政策》（王国华译），中国社会科学出版社 2006 年版。

［8］（英）亚当·斯密：《道德情操论》（蒋自强等译），北京：商务印书馆 1997 年版。

［9］张康之："走向合作治理的历史进程"，《湖南社会科学》，2006 年第 4 期。

（本文发表于《学术论坛》2018 年第 4 期）

西班牙—法国跨境高铁 PPP 项目失败的教训与启示

——基于 PPP 模式发展公用事业的风险分析

欧纯智[①] 贾 康

【摘要】作为吸引和促进社会资本对公用事业进行投资的一种手段和机制，政府与社会资本合作（PPP）已得到较广泛应用。PPP 可以减轻政府尽责能力和绩效不足的风险，然而其全生命周期内蕴含的风险和自身衍生的成本亦需要重点关注。近年西班牙—法国跨境高铁 PPP 投资失败案例为我国未来 PPP 发展敲响警钟的同时，也提供了值得总结的经验教训与启示。当前国内部分区域对 PPP 紧急叫停等事件敦促我们对 PPP 模式应该给予更多的思考，有关风险分配、限制社会资本收益、厘清政府与社会资本的风险承担责任等 PPP 风险防范与化解机制，亟待优化构建。

一、问题的提出

近日，新疆准东经济开发区发出《关于暂停开发区 2016～2017 年政府类项目的通知》，不仅对 2016 年、2017 年政府投资类工程项目踩了刹车，而且政府还要“按照一个项目一个档案原则，对所有在建项目逐一排查建档”。随后，新疆多地的 PPP 类项目已经暂停，暂停的项目几乎都是政府付费类项目。新疆叫停

---

① 欧纯智：贵州师范学院商学院特聘教授，主要从事公共治理与公共政策研究。

政府付费类 PPP 项目，释放了“防风险比高增速更重要”的执政态度和决心，意味着“防风险”“降杠杆”“减负债”这些当前中国经济工作的当务之急正在地方落实。2017 年底的中央经济工作会议将“防范风险”明确列为未来三年三大攻坚战的首要之战。2018 年 4 月 2 日，中央财经委员会第一次会议强调“防范化解金融风险是实现高质量发展必须跨越的重大关口”，标志着防御系统性风险是当前经济工作的重中之重。

PPP 在我国尚处于方兴未艾的发展阶段，政府与社会资本在实践层面的经验还有待进一步积累。PPP 的复杂性在于全生命周期中风险无处不在，而风险分担与管控的艰难程度往往超越预想，并不是一纸合同就能够完全约定，由风险引发的合作失败案例正在侵蚀社会资本的投资信心。如果 PPP 项目失败破产，那么政府兜底，并最终由纳税人和使用者消化吸收（Bel 和 Rosell，2017）。人们通常认为在合作中政府将风险按照收益的比例转移给社会资本。然而，在实践中，风险分担并非如我们想象的那样简单。所以，有必要对此进行深入研究，以避免经济领域的投资过度，尤其是出现综合公共利益为负的公用事业投资。Cabrera（2015）等认为非显性风险分配是对 PPP 的威胁，可能会增加社会成本，偏离公共利益。Moore 和 Boardman（2017）指出若收入调控不当，那么风险将带来极大的成本。Xing 和 guan（2017）指出 PPP 的风险管理可以提高公私部门的风险控制水平，从而做出更有益的决策，减少投资损失，实现互利共赢。Carpintero 和 Petersen（2016）指出匮乏的风险管理经验、不适当的需求转移，导致 PPP 项目执行的时间延迟。Martimort 和 Pouyet（2008）分析了设计建设与运营这两个环节之间的捆绑问题，如果设计有助于减少运营成本，那么这两个任务应该由同一家公司来完成。Iossa 和 Martimort（2012）研究外包公用事业成本，认为只有专业独立的第三方咨询机构来评估项目风险，引入社会资本，才能提高综合效率。Burgess 和 Ratto（2003）研究了激励对效率的影响，并指出同样的激励措施在政府与社会资本产生的效果不同。Shrestha 等（2017）指出激励可以有效地管理风险，为后续 PPP 实践中的风险转移提供指导。Bel 和 Rosell（2017）基于对纳税人和使用者的责任转移，以及由此导致的社会资本风险最小化，指出短视的 PPP 项目已经进入市场。贾康通过各风险点的具体分析力求厘清 PPP 发展与地方债务风险防范之间的关系。Alan 和 Trager（2018）指出上海市闵行区虹桥国际医学中心项目由于政府的繁文缛节，进展十分缓慢，该项目如何继续稳步推进值得重视，但风险尚不明晰。从上述文献分析可以看到，在 PPP 的全生命周期中，有关风险与成本的转移、分配、管控极为复杂，需要进一步深化讨论。

二、西班牙—法国跨境高铁 PPP 案例

本文研究西班牙—法国（以下简称西—法）跨境高铁 PPP 失败案例，总结其经验教训，旨在为我国未来的 PPP 发展敲响风险防范的警钟。但 PPP 模式所面临的风险并不仅限于此案例，分析案例是为了抛砖引玉，为本文后续对 PPP 模式的风险分析做一些基础性的铺垫。

（一）案例介绍

1995 年 10 月，西班牙和法国签署了一项旨在连接两国比利牛斯（Pyrenees）山脉的跨境高铁（HSR）建设国际协议。佩皮尼根线（Figueres - Perpignan line）长 44.4 公里，其中 19.8 公里在西班牙，24.6 公里在法国。在涉及的公共工程方面，最具挑战性的部分是 8.3 公里的双筒隧道（Perthus tunnel）。为了工程施工以及后期运营的顺利进行，政府决定引入社会资本参与合作。该项目将会获得两国以及欧盟的财政补贴，并且该线路被授予兼对客运和货运服务收取通行费的权利。此外，该项目可以在长期内获得政府最低运量保证。

由于与社会资本的意见分歧以及项目运行中出现的无法解决的诸多问题，西班牙政府于 2001 年 2 月 23 日作出第一次让步，于 2003 年重新进行一次招标。2004 年 2 月，TP Ferro 集团最终获得 HSR 线的建设和运营权。TP Ferro 由西班牙与法国两家私人建筑公司出资成立，西班牙 ACS（50%）和法国 Eiffage（50%）共同拥有。特许经营权期限为 50 年。该项目建设开始于 2004 年底，并于 2009 年 2 月完成。

2003 年，该项目的初始预算为 9.52 亿欧元，但成本超支导致最终成本为 11.84 亿欧元。西班牙和法国政府直接拨款 6.36 亿欧元以及 0.44 亿欧元作为额外资金，以确保这一让步的可行性。还有 3.89 亿欧元优先级债务（senior debt），而股权（股东的贡献）则上升至 0.51 亿欧元。融资完成后，贷款和参与贷款的利息为 0.64 亿欧元，以构成该公司的股权。TP Ferro 的股权占总建设成本的比例不到 10%，超过 50% 的股权来自第三方贷款。

社会资本方通过 PPP 协议获得该项目，尽管费用超支很严重，但程序与时间安排令各方都满意。然而，该项目在后续实践中被证明有重大缺陷。巴塞罗那—菲格雷斯线（Barcelona - Figueres Line）由于跟西班牙国内其他线路不能连通，导致该线直到 2013 年才通车，违约金和特许权延期（额外多 3 年）成为政府对

社会资本无法避免的补偿。如果将所有的铁路线视为一个协调的整体，一起进行调度安排，那么就会避免社会资本损失与政府补偿。然而当 2013 年通车以后，政府发现对需求的预测过于乐观。政府让步并未带来良好的财务状况，前景也远未明朗。

2014 年，TP Ferro 财务报告损失达 1.128 亿欧元，年底西班牙公司 ACS（该 PPP 项目的有效领导者）要求西班牙政府进一步赔偿。如果政府不提供赔偿，ACS 建议政府根据合同规定的责任接管特许权。在接下来的几年里，亏损继续累积。TP Ferro 向西班牙和法国政府提出补偿诉求，其中包括一项 0.8 亿欧元的新补贴和 25 年的特许权延期（直到 2082 年）。两国政府都拒绝提供额外的补偿。2016 年 7 月，债权银行和投资基金向司法审判庭提出请求，要求对 TP Ferro 进行清算，根据特许合同和一般法律规定，政府将偿还债务。

2016 年 9 月，TP Ferro 的合伙人批准了该公司的清算，并将特许经营权转让给了西班牙和法国政府。TP Ferro 从两国政府那里获得了 4.5 亿欧元的资金，这是资产的理论会计价值，已经贴现了政府提供的公共补贴。这笔钱将主要用于偿还债权银行和投资基金。2016 年 12 月，这一让步又被取消，两国政府组建的新合资企业接管了该项目。欧洲仲裁法庭负责根据当天签署的特许权合同确定对 TP Ferro 的赔偿，所有第三方未偿债务将被支付，而 TP Ferro 股东将无法获得他们所贡献股权的任何补偿（Bel 等，2017）。

（二）案例分析

1. 需求风险导致 PPP 项目破产。该项目破产是政府过度投资的真实写照。PPP 的运营环节相较于设计/建设环节会更复杂，该环节总会涉及一些需求风险：需求的变化会导致运量的变化，而运量的变化会影响社会资本的收入和成本，存在需求风险。在本例中，由于政府在公用事业立项前期过度乐观的预测，需求被严重高估，大型项目的成本远远超出正常范围，为后来的项目破产埋下伏笔。众所周知，政府与社会资本合作的种类繁多，合作的方式差异巨大，这种差异在很大程度上取决于社会资本对产量（本例的产量即运量）和价格的控制程度。本例中，社会资本对运量的控制能力极小，因为市场需求决定运量，而市场需求是客观因素，社会资本对此无能为力。然而，令社会资本蒙受损失的最重要原因是，该线路本应跟其他线路实现互联互通却被耽误好几年，这进一步抑制了市场需求。本来市场需求就先天不足，后天需求又被抑制，那么后续的成本激增导致破产就在情理之中了。

2. 纳税人和使用者成为PPP项目破产的真正买单人。项目破产要求偿还所有第三方债务，特许公司的股东承担了大部分股权风险，然而正如前面显示的那样，这些股权只占全部资金的一小部分。毫无疑问，本例的风险几乎全部转移到纳税人或使用者身上，这是我们未来在制度构建层面需要足够重视不容回避的问题。"公用事业供给不能失败"在很大程度上意味着治理机制日益复杂多元的民主成本，人们常说的"不算经济账"可以有效消减公用事业供给的短视行为，然而社会资本并非如我们预期的那样能够主动承担与收益相匹配的风险，风险很容易先由政府承担，最终由纳税人和使用者消化掉这些风险。面对这种情况，纳税人和使用者除了被动接受还能做什么？这是制度设计的盲点，未来PPP制度构建需要关注政府与社会资本对风险的分担与承担。

3. PPP项目需厘清风险承担责任。PPP机制被理解为社会资本帮助政府分担风险，从而提升项目绩效。然而，实践中也会有很大争议。PPP模式允许社会资本获得适当的投资回报并同时承担相对应的风险，社会资本需要接受投资失败会赔本、成功会有"非暴利但可接受"的利润入账规则。如果社会资本经营失利，也不应由纳税人或使用者为失败兜底买单。同样的道理，如果由于政府失职导致PPP项目失败，那么对官员的追责不能免除（欧纯智和贾康，2017）。本例的不合意结果无疑是由政府以不当筹资方式满足其财政责任导致的。然而我们不禁要问政府为何选择了这些高度不确定、充满风险的项目？这是由于政府以PPP模式提供公用事业，可以逃避对财政赤字和债务的限制。因此不难看出，交通部门有过度供给的动机。短视的政府导致了短视的PPP，几乎所有的金融风险都以隐蔽的方式转移给了纳税人，这与社会资本进入PPP所面临的最小风险形成鲜明的对比。

近年，因为无法预见的项目成本激增，国外已有一些PPP项目破产的失败案例，比如圣地亚哥的南湾高速公路（Pretorius和Ho，2007）、澳大利亚悉尼的跨城市隧道（Chan等，2008）、马德里收费高速公路（Moore等，2017）等。我国青岛威立雅污水处理项目、上海延安东路隧道项目、天津市双港垃圾焚烧项目，虽在形式上各有各的问题，但大体都没有逃出投资失败的宿命。随着政府与社会资本合作的不断兴起，伙伴间的利益冲突将不可避免，政府单方面粗暴地终止合作、或国资收购将社会资本国有化等举措，都会削弱社会资本未来参与公用事业投资的积极性。在国际投融建营的政府与社会资本合作中，再没有比东道国政府将国外投资或国外大公司分支机构的资产，进行国有化的行为，更能引起投资者的争议、质疑与恐慌（弗雷德里克和西蒙，2006）。对于社会资本来讲，一旦看到其他社会资本以 PPP 模式参与公共服务供给以破产清算告终，无论是出于何种原因，自己都会重新评估风险，进入 PPP 的意愿也会随之下降。而对于政府来讲，社会资本越是犹豫不敢进入 PPP，政府就越有可能想办法吸引社会资本进入 PPP。然而，如果过分激励社会资本进入，会使风险分担失衡。

西—法跨境高铁 PPP 失败等案例，只是本文研究的一个切入点，一个案例不可能把方方面面的问题都暴露出来。接下来我们有必要进一步深入分析 PPP 模式全生命周期的风险问题，以便于我们在未来运用 PPP 机制的时候，对风险有更清醒的认识和更慎重的思考。

三、以 PPP 模式发展公用事业的诸环节风险分析

PPP 会涉及以公共利益为导向的政府主体和一些以利润最大化为导向但认可“非暴利而可接受”长期回报偏好的社会资本之间的合作，以形成特定的公用事业供给。大多数 PPP 是作为一个“特殊项目公司”（SPV）组织的，由一个专门为交付该服务的公司组成的联合体承担。与其他所有权和管理结构相比，PPP 具有很多优势，如果社会资本能够更有效地管理风险，那么 PPP 在收益方面将会更有成效。然而 PPP 利润最大化导向的制约，以及整个生命周期“非暴利但可接受”的收益保障，源于因伙伴身份承担风险而在某些方面得到的经济补偿，这充分体现了风险与收益共担的本质。当前，我国 PPP 在实践中风险分担机制堪忧，包括并不限于本例涉及的风险。

（一）总设计/建设环节的风险

在一个有效的 PPP 中，社会资本对建设、运营和维护这三个环节的成本控制有很大的相对优势与控制能力，并有非常强烈的动机去最小化它们。从本质上来说，社会资本是 PPP 利润的索取者，因为增收减支的好处都关联于利润，重要经济效益指标与上述三个环节的成本紧密相关。如果这三个环节在合同设计中被捆绑在一起由一个社会资本承担责任，那么该社会资本就有动机将这三个环节的总成本降到最低，如果这三个环节不是由一个社会资本承担责任而是分别由不同的社会资本承担责任，那么彼此造成的外部性不易避免，此时专业化细分的激励就显得尤为必要，可以寻求“强强联合”式的风险控制与绩效提升。本例就是三个环节由一个社会资本在做，然而在建设环节没有将新建铁路与既有线路进行互联互通是本例失败的最重要原因，如果由三个社会资本分阶段做，各环节衔接的

难度将会更大。该项目统筹和总体设计不足、决策失误严重。

（二）融资环节风险

社会资本处理风险的能力可能在实践中受到种种限制，不可预见的成本激增，随时都有可能导致PPP破产（Vining和Boardman，2008）。由于PPP的债务融资比例很高，债务越高风险越大，投入对应收益，所以社会资本可能有动机承担更多风险，因为更多的风险意味着更大的潜在收益。然而更多的风险同时也意味着项目更有可能破产，其中需要承担的损失仅限于他们的股权参与，而剩下的（在比例上占绝对优势）损失，最终都要由纳税人和使用者承担，造成公共利益的更大损失。本例中，根据特许合同和一般法律规定，要对TP Ferro进行清算，政府将偿还为此发生的债务。而政府的资金来源主要是税收，也可以这样理解，纳税人承担了这笔债务。

（三）运营环节的风险

运营环节的现金流依托收费时分为两种：对使用者固定收费和非固定收费。

1. 固定收费。PPP按照项目合同规定的付款方式和流程对使用者实行固定收费，收费标准与对公用事业的使用量无关，以规避社会资本可能面临的需求风险。虽然社会资本能够影响任何给定数量的产出成本，但它们不能控制产出，因此如果成本与产出相差很大，则需要显著的风险溢价。

2. 非固定收费。PPP合同的最低收入来源是收取使用者费用，收入随着产出的变化而变化。如果收费标准是由政府或某些第三方监管机构设定的，那么当产出随需求波动而减少时，社会资本的成本会增加。因此，社会资本的利润变化可能小于固定收费时的情况，需要较小的风险溢价。如果PPP可以自由设定价格，那么对照政府或某些第三方监管机构设定价格的情况，它将以更高的价格回应需求和产出的增长，提高价格从而限制产量的增长。这将减少收入和成本之间的差异，降低总风险，并要求更小的风险溢价。然而，如果收费价格是为了使社会资本利润最大化，无论是固定收费还是非固定收费，无论是政府或某些第三方监管机构设定收费标准还是PPP自由设定价格，此时供给都是低效的，偏离公共利益。PPP项目无论确定何种收费方式都是为了收益能够覆盖成本从而降低运营风险。前面案例中，由于需求风险被忽视，非固定收费难以覆盖超出预期的成本激增，最终导致破产。

（四）维护环节的风险

通常情况下，社会资本对维护环节的成本控制一直都掌握主动权，PPP 合同也为社会资本提供了强大的动机来最小化这些成本，尽量规避承担更大的风险。如果在设计/建设与维护之间存在关联的经济效益，那么 PPP 模式可能会提高效率，因为社会资本将考虑设计/建设对维护成本的影响，以及由此引发的潜在运营成本。尽管在维护环节有潜在的效率提升空间，然而公用事业的所有权最终将归还给政府，如果缺乏广泛的监督，很难说清社会资本维护公用事业的动机到底有多大。如果社会资本降低成本的边际效益比维护成本更大，那么社会资本将只关注降低成本，这会导致项目移交给政府后，政府不得不投入资金以维持其正常运行。所以此环节激励机制的合理构建十分必要，要引导社会资本对维护更尽职尽责，否则会造成对公共利益的偏离。

（五）合作结束环节的风险

即便 PPP 模式下的公用事业所有权更迭会带来重大的技术性效率收益，然而因风险而承担的社会附加成本是否能够被上述收益覆盖还有待于进一步用实践验证理论（Quiggin，2010）。尽管如此，在 PPP 结束时，依然要将公用事业的所有权转移到政府，这将为政府未来的工作安排创造便利，不再受制于 PPP 模式限定下的条条框框。然而在通常情况下，项目的所有权会在 PPP 模式的整个生命周期发生变化，当所有权重归时，社会资本可能只剩下很少的股权或者不剩股权。在这种情况下，公用事业所有权转移的所有剩余风险最终都由政府承担，而社会资本几乎再无动机维护公用事业。

从以上分析不难看出，不当的风险分担机制会使 PPP 各环节的风险激增，而各环节的风险摆在明处易于把握。由于 PPP 模式的合作极为复杂，作为一种有关所有权和管理制度的创新模式，其自身衍生的成本非常高（Boardman 和 Vining，2012）却不易被察觉。而成本直接影响其风险收益，所以有必要对 PPP 模式自身衍生的成本进行深入分析。

四、PPP 模式自身衍生的成本所带来的或有风险

众所周知，PPP 有很多效率优势，特别是如果 PPP 承担风险的机制合理、有效，总体而言社会成本可能会降低。所以，政府与社会资本合作依然具有潜在的

吸引力，其优势在于它是公用事业供给模式有关所有权与管理技术的创新。然而，通常我们必需假定参与 PPP 的政府与社会资本，其行为要符合公共利益，宁肯承担较高的成本，也不应该在意激励带来的收益。然而政府与社会资本的行为并不总是像我们假设的那样完美无瑕，PPP 模式自身衍生的成本所带来的或有风险无处不在，却又经常被我们忽视：

（一）PPP 模式未必一定是公用事业供给的低成本选择

PPP 因所有权更迭以及不同环节的管理模式改变所带来的额外融资和交易成本，往往会抵消掉我们一直津津乐道的其技术性效率与管理效率。所以，与其说是 PPP 的优势激励政府大力开展与社会资本的合作，不如说是迫在眉睫的财政压力以及可以进行弹性处理的财政支出，倒逼式合成了对 PPP 的选择。很显然，客观上 PPP 会降低官僚的执政风险，但项目总成本的降低未必总是能够如愿实现，或许还能加大公用事业供给的总成本。而复杂的合作模式以及成本激增都是 PPP 潜在的风险因素。在本例中，由于交管部门耽误了该高铁线路与其他线路的互联互通，导致市场需求不足从而造成 PPP 失败。如果本例没有政府参与，社会资本从成本收益的角度考虑该项目未必能实施。即便能够实施，社会资本出于营利的目的，在投资之前也会主动协调各个线路互联互通的衔接工作，而不是将其交给交管部门任由其耽误 N 多年。毫无疑问，本例不是公用事业供给的低成本选择，由于政府参与形成的 PPP 模式反而加大了项目的总成本。

（二）激励机制本身也是总成本的重要组成部分

PPP 的设定初衷是政府与社会资本合作共同提供公用事业，是以公共利益为导向的合作。然而，如果 PPP 仅以收益作为筹码激励社会资本降低成本，却并没有对其提供真正的激励机制使其专注于其他有关公共利益的社会目标，那么这种情况会使政府与社会资本之间的合作变得更复杂，偏离公共利益并增加其成本（Jokn，2005）。如果为此设定一个独立的监管机构，那么也许能够降低上述的成本，但是该监管机构或许也需要有必要的监督以确保其公正、客观、独立，然而这又会成为增加运行成本的因素。缺乏必要监督的激励机制有导致风险的潜在可能，而必要的监督又会使 PPP 衍生新的成本，如何权衡取舍取决于 PPP 模式的实际情况，这充分彰显 PPP 相关制度制定者的智慧。

（三）特定问题解决方案的追加成本是总成本不可分割的一部分

社会资本以 PPP 模式参与公用事业，合作期一般都很长，且每个阶段的任务重点不同，建设环节与维护环节的收益风险分配可能极为不同。社会资本受利益驱动，毫无疑问会把主要的努力投入到赚取最大收益的地方。如果 PPP 的激励机制设计得不够合理，社会资本就有可能采取机会主义，而专注于能够使其最大化收益的环节。除非所有环节的边际效益都是相同的，否则社会资本将把他们的主要精力投入到赚取利润最大收益的部分。为达成边际收益在 PPP 全生命周期的均衡，并同时服务于 PPP 的绩效目标与实质宗旨，每一个特定解决方案必然要对应付出特定成本，即额外追加的成本。本例中，就高铁项目建设运营反复谈判以及重新签订合同的额外花费即是这类成本。

（四）PPP 风险防范与化解机制是不该被忽视的成本

SPV 可以通过分散的所有权来转移非系统性的风险，然后，社会资本总体承担的风险也降低了。然而，分散的所有权会增加其自身的诸多问题，这类似于一个被广泛持有股权的上市公司，由于所有权和控制权分离，容易滋生管理上的机会主义，偏离公共利益。不难看出，恰恰是与 PPP 相配套的各种风险防范与化解机制的缺失，使人们以为 PPP 是一个多快好省的有关公用事业供给的融资工具的同时，忽略了 PPP 风险防范与化解机制所衍生的成本。前述案例投资失败最终由纳税人和使用者买单成为令人遗憾的结局。

综上所述，尽管相较于传统由政府独家提供公用事业的方式而言，PPP 模式确实具有优势（欧纯智和贾康，2017），然而该模式自身衍生的成本和潜在的风险，也值得我们深入思考 。既然政府坚定不移地选择了 PPP，就要根据该模式的特点尽快优化构建适应于我国国情的 PPP 风险分担原则。

五、西 - 法失败案例以及广泛的 PPP 实践对未来我国发展 PPP 模式的启示

由上述分析我们看到，使用 PPP 模式提供公用事业并不总是比传统的固定价格采购具有明显的公共利益优势甚至经常会偏离公共利益，甚至在全生命周期当中由于风险等因素往往使其更复杂、更具挑战性，但不该因噎废食，对 PPP 望而却步。在对当今的 PPP 实践做了一些梳理之后，我们发现政府与社会资本合作的

成功与否有赖于合作本身的制度设计、运行、维护、移交以及全过程的监督。PPP 制度的有效合理设计不仅涉及融资、管理、治理等专业知识，而且还涉及在实践当中的可操作性（贾康，2014）。操作性不强的 PPP 制度无论从理论的视角来看多么完美，都注定最终会失败。原则先于规则，以原则控制 PPP 运行的优势恰好在于原则长于引导和控制，既能引导社会资本的行为，又不会过分抑制社会资本应对复杂多样客观实践的自由度。

PPP 风险分担原则的优化构建应讨论如下要点：

（一）将风险分配给更有能力管理风险一方的原则

将风险分配给更有能力管理风险的一方能够更好地管控风险。比如与项目市场需求相关的风险建议由政府承担，这样可以避免政府好大喜功为政绩拉高 GDP 而上马本不该上马的项目，尊重并尽可能顺应市场需求。这是由于在某些情况下，就官方预测而言，可能会出现偏差，本例的运量需求被严重高估且没有及时实现与其他线路的互联互通就是很好的例证。在这种情况下，社会资本无力应对。实际上，该类风险一般都是通过设定成本偏差的阈值来降低的，且政府有能力消化这些成本。所以，有必要对 PPP 各环节的成本和收益，设定一个科学合理的阈值，以评判各个环节的成本和收益是否在合适的标准与范围之内，以敦促政府与社会资本对自己有能力掌控的风险负责。

（二）限制社会资本收益的原则

限制社会资本收益从而尽量避免社会资本的机会主义。社会资本应该获得与执行工作所需授权相关的风险分担。众所周知，对发展政治、经济、民生有积极影响的准予往往是这些授权当中最重要的。即使政府很严苛，社会资本最终还是会获得必要的授权。然而，纵观国内外 PPP 实践，社会资本在获得必要授权的同时往往没有同等地承担相应的风险，这是导致失败的 PPP 最终由政府买单并转嫁给纳税人或者使用者的最重要原因。此外需要特别关注的是，建设、运营和维护这三个环节无论总包给一个社会资本还是分包给不同的社会资本，其最小化成本行为都要受到严厉监控，以避免偷工减料。与此同时 PPP 应该适当地运用激励机制，但社会资本方有积极性地获取收益的行为，总体而言需限制在 PPP 全生命周期使其取得非暴利的收益水平之下。

（三）厘清政府与社会资本的风险承担责任

PPP 的风险应该尽可能让政府的归政府、社会资本的归社会资本，从而厘清责任、对应风险分担。由于政策无法延续、或者政府新增与原合同相悖的需求、再或者政府削减重要合同条款等等情况所导致的风险，应该由政府承担。前述案例中就因为双方意见分歧过大重新进行招标，政府作出大量让步，即政府承担主要风险。此外，由于不可抗力的意外情况，比如大型的地质灾害等等引发的额外成本，社会资本可以通过事前购买商业保险来降低此类风险，以市场化的方式化解此类风险，所以在这种情况下由社会资本承担风险比较合适，或者根据具体情况协商政府共同承担。PPP 协议中应尽可能包括清晰、详尽的风险分担方案，不得不共同承担的风险因素需写明如何共同承担。

此外，有两个问题需要解决好：一是政府与社会资本在适当、允许情况下对社会进行信息公开；二是纳税人以及公用事业使用者对以 PPP 方式提供的公用事业有权质疑。按照公共利益原则来优化 PPP 的运行，也就意味着纳税人以及公用事业使用者应充分行使知情权与监督权。

六、结语

参与 PPP 的政府与社会资本，会同时经受社会、经济、管理与政治的约束。由于 PPP 涉及的政策较多，加之 PPP 在我国尚处于初始阶段，相关政策需要不断修改完善；此外政府的政治目标复杂多元，拥有政治权威和广泛的公共资源，亦将增加 PPP 合同在执行中的不确定性，容易出现政策或合同前后变化不一致的风险，有时候甚至需要重新签订合同。政治风险经常比经济风险对企业造成伤害更大，而风险分配、激励机制以及预案设计也应力求将政治风险作预估和经济量化，并将风险处置预案制度化，以尽量让合作各方损失最小。

西—法跨境高铁投资失败给纳税人和使用者带来了严重不良后果，类似的后果不可避免地将导致未来更多的人怀疑乃至反对政府与社会资本合作。事实上，这种情况已经在一定程度上促热了西方发达经济体对 PPP 如何有助于改善公用事业供给的讨论。众所周知，善治的挑战在于政府需要改变既往保守的工作观念，允许其在短期无法获得财政资金的前提下，引入社会资本启动前景具有某种不确定性的社会福利项目。然而，由此挑战衍生的政府推进无关社会福利却满足自身政绩偏好的项目，是另一个不容忽视的问题。以上种种，可为中国未来的 PPP 发展提供了足资借鉴的经验与教训。

参考文献：

一、英文部分

[1] Bel G., Bel - Piñana P., Rosell J.. Myopic PPPs: Risk Allocation and Hidden Liabilities for Taxpayers and Users [J]. Utilities Policy, 2017, 48 (10): 147 - 156.

[2] Cabrera, M., Suárez - Alemán A., Trujillo L.. Public - private Partnerships in Spanish Ports: Current Status and Future Prospects [J]. Utilities Policy, 2015, 32 (3): 1 - 11.

[3] Moore M. A., Boardman A. E., Vining A. R., Moore M. A., Boardman A. E., Vining A. R.. Analyzing Risk in PPP Provision of Utility Services: A Social Welfare Perspective [J]. Utilities Policy, 2017, 48 (10): 210 - 218.

[4] Xing, Y., & Guan, Q.: Risk Management of PPP Project in the Preparation Stage Based on Fault Tree Analysis. [J]. IOP Conference Series: Earth and Environmental Science, 2017, 59 (1): 12 - 50.

[5] Carpintero S., Petersen O. H.: Public - private Partnerships (PPPs) in Local Services: Risk - sharing and Private Delivery of Water Services in Spain [J]. Local Government Studies, 2016, 42 (6): 1 - 22.

[6] Martimort D., Pouyet J.. To build or not to Build: Normative and Positive Theories of Public - private Partnerships [J]. International Journal of Industrial Organization, 2008, 26 (2): 393 - 411.

[7] Iossa E., Martimort D.: Risk Allocation and the Costs and Benefits of Public—private Partnerships [J]. The RAND Journal of Economics, 2012, 43 (3): 442 - 474.

[8] Burgess S., Ratto M.. The Role of Incentives in the Public Sector: Issues and Evidence [J]. Oxford Review of Economic Policy, 2003, 19 (2): 285 - 300.

[9] Shrestha A., Chan T. K., Aibinu A. A., Chen C.. Efficient Risk Transfer in PPP Wastewater Treatment Projects. [J]. Utilities Policy, 2017, 48 (10): 132 - 140.

[10] Pretorius F., Ho M. Infrastructure Finance: the Sydney cross City Tunnel

[R]. Harvard Business Review, 2008: 1 – 11.

[11] Chan A., Lam P., Chan D., Cheung E.. Risk – sharing Mechanism for PPP Projects – the Case Study of the Sydney cross City Tunnel [J]. Surveying and built environment, 2008, 19 (1): 67 – 80.

[12] Vining A. R., Boardman A. E.. Public – private Partnerships: Eight Rules for Governments [J]. Public Works Management & Policy, 2008, 13 (2): 149 – 161.

[13] Quiggin J.. Risk, PPPs and the Public Sector Comparator [J]. Australian Accounting Review, 2004, 14 (33): 51 – 61.

[14] Boardman A. E., Vining A. R.. The Political Economy of Public – private Partnerships and Analysis of their Social Value [J]. Annals of Public & Cooperative Economics, 2012, 83 (2): 117 – 141.

[15] Jr J. E. K.. The Comparative Advantage of Public Ownership: Evidence from U. S. Electric Utilities [J]. Canadian Journal of Economics/revue Canadienne Déconomique, 2005, 38 (2): 622 – 640.

二、中文部分

[1] 贾康:"PPP 的大发展与地方债务风险防范",《21 世纪经济报道》,2018 年 1 月 31 日。

[2] Alan M. Trager. PPP 典型案例:上海虹桥国际医学中心 [R]. 清华大学 PPP 研究中心,2018 (2): 1 – 19.

[3] 欧纯智、贾康:"PPP 在公共利益实现机制中的挑战与创新——基于公共治理框架的视角",《当代财经》,2017 年第 3 期。

[4] (美) 弗雷德里克·皮尔逊、西蒙·巴亚斯里安:《国际政治经济学》,北京大学出版社 2006 年版。

[5] 欧纯智、贾康:"PPP 是公共服务供给对官僚制范式的超越——基于我国公共服务供给治理视角的反思",《学术界》,2017 年第 7 期。

[6] 贾康:"发挥 PPP 模式在改革创新中的正面效应",《地方财政研究》,2014 年第 9 期。

(本文发表于《当代财经》2018 年第 10 期)

发展养老产业需要运用 PPP 机制

贾 康 欧纯智[1]

【摘要】 如何引导社会资本参与养老服务，是老龄化社会无法回避的重大问题。通过 PPP 的模式可以缓解地方财政压力，但其意义又绝不仅限于融资模式，它还必然带来管理模式的创新，并匹配于国家治理模式现代化的创新。PPP 作为一种制度机制创新，通过风险共担、资源共享、优势互补和提质增效，在伙伴合作关系中可形成公共工程、基础设施等项目建设中的综合优势。合作伙伴间的彼此信任，关系到养老产业 PPP 项目中相关专业知识技能的整合、责任的确定性、方法的一致性，以及 PPP 成员资格的稳定性。每个合作伙伴都有获得一致公认的合法性角色，尽管伙伴们的权能以及影响力存在差异，但没有任何一个合作伙伴可以独断地支配一切。

中国人口老龄化的迅速演进，使养老产业的发展成为当务之急。而在养老产业发展方面，PPP（公私伙伴关系，即政府与社会资本的合作）应成为大有可为的一个创新重点。

一、运用 PPP 机制势在必行

（一）发展养老产业是民生的需要

国务院印发的《国家人口发展规划（2016－2030 年）》揭示，我国老龄化程度不断加深，少年儿童比重呈下降趋势。“十三五”时期，60 岁及以上老年人口

---

① 欧纯智：中国新供给经济学 50 人论坛特邀研究员，经济学博士。

平稳增长，到 2030 年占比将达到 25% 左右。0 ~ 14 岁少儿人口占比下降，到 2030 年降至 17% 左右。人口老龄化将给社会带来严峻挑战。

老年人的养老问题牵涉整个家庭，会影响儿女的工作、孙辈的教育。支撑养老的产业包括医疗服务产业、生活服务产业、家庭年轻成员的教育产业、适合老年人的文化娱乐产业等等。养老方式并不仅局限于传统上的居家养老，以及养老院式的机构养老，还有社区养老、园区养老、养生养老一体化的养老小镇。以上都会涉及公共工程、基础设施乃至连片开发。养老产业的不断发展及其水平的升级提高无疑是民生的需要，其中积极运用 PPP 的机制创新势在必行。

（二）倒逼 PPP 创新

传统上，我国政府在公共服务供给方面一直都居于主导者地位，然而其中产生的各种问题也不容忽视。一是以税收方式筹资来支付公共服务相关的项目建设开支，往往资金紧张，继而导致供给不足。而以政府债务方式融资支付公共服务，往往导致代际负担不公和债务风险的累积。二是财政统筹拨付的难度较大。从纵向上说，上级政府一般而言很难细致了解下级政府的真实需求；从横向上说，地方政府间“争先恐后”的竞争现象又可能加大原有的区域差异和不平等。要满足我国养老产业发展的需求，无疑需要大量资金，仅靠财政支付无法实现。在进入中等收入阶段和老龄化社会之后，我国养老服务的需求进一步被激活，要求充足、公平、托底、多样化的养老服务的社会压力趋于升级，必须在供给机制上寻求创新。

现阶段，政府亟待拓宽传统筹资、融资渠道和提高资金使用的质效。因而政府与社会资本合作，合乎逻辑地受到广泛关注。如何引导社会资本参与养老服务，是老龄化社会无法回避的重大问题。通过 PPP 的模式可以缓解地方财政压力，但其意义又绝不仅限于融资模式，它还必然带来管理模式的创新，并匹配于国家治理模式现代化的创新。

（三）PPP 的优势来源于制度机制创新

PPP 作为一种制度机制创新，通过风险共担、资源共享、优势互补和提质增效，在伙伴合作关系中可形成公共工程、基础设施等项目建设中的综合优势。

第一，风险共担和利益共享。在 PPP 实施过程中，任何一个项目建设和运营都必然存在的风险因素，是由合作伙伴以优势互补的分担机制共同承担。即由政府、企业、专业机构分别牵头处理最适合于由其处理的风险防范与控制问题。优势互补、强强联合式的风险分担的另一个侧面，就是利益的共享，体现为共赢、多赢的激励兼容机制。之所以说 PPP 的作用绝不限于融资模式的创新便缘于此。

第二，因机制创新而产生的“1 +1 +1 >3”的绩效提升。由于 PPP 的机制创新特点是强强合作式优势互补，所以会产生政府、企业、专业机构“1 +1 +1 >3”的绩效提升的结果。在 PPP 框架下可发挥伙伴间各自的比较优势，以合理分工、风险分担、利益共享的方式提升合作效率，实质上共享了彼此的专长、专业技能和知识，必然有利于提升公共服务供给的数量、质量、效率和合理性。大量的 PPP 案例很好地证明了这一点。这种机制性的绩效升级用于发展养老产业所必须做的建设项目，可使好事做实，实事做好，建设加快，质量提高。

第三，提高公共资源配置的“合法性”。PPP 可以在提高公共资源配置总体水平的同时，增进公众知情、参与和监督，增进公共资源配置的“合法性”。

总之，政府如果能与社会资本合作提供养老服务，可以在融资、管理、治理等多个方面带来绩效提升。

二、用 PPP 合作模式发展养老产业的可行性

（一）养老产业 PPP 项目的具体选择模式

养老产业的 PPP 主要适合于那些有一定现金流的机构养老项目和园区养老项目的建设与运营。

BOT（建设—运营—转让）：此为政府规划认可的养老项目（如某养老院或养老社区）交由民间投资兴建并经营一段时间后，再由政府回收的一种模式。

BOOT（建设—拥有—运营—移交）：此种模式在 BOT 框架中多了社会资本方的拥有环节，项目公司在特许期内既有经营权又有所有权，可认为是 BOT 模式具体表现方式中的一种。

TOT（移交—运营—移交）：此为政府将已由自己建成的项目，以一定对价移交给社会资本方，给予特许经营期，期满后项目再按照合同无偿移交回政府的模式。初始移交之后的运作机理，与 BOT 完全一致。

ROT（重构—运营—移交）：这是政府购买服务、养老机构重组重构的模式。以引入的社会资本方为主，在养老机构中建立以理事会为运行决策机构的现代法人治理结构，实行“管办分离”的养老 PPP 模式。这类模式的运作要点是：改变决策机制，实现所有权、决策权、执行权和监管权的四权分立；改变运行机

制，由传统医院、养老院管理制度向现代医院、养老院管理制度转变，实现政事分开；改变监管机制，由原来单一的行政监管模式转变为政府、监事会、第三方共同组成的多元监管体系；改变投入机制，由原来的政府投入转变为政府和社会资本共同投入。

RC（区域特许经营，即连片开发）：养老产业中具体项目的多元相关性决定了其会带动上下游相关产业的蓬勃发展。养生养老小镇已是当前 PPP 的建设热点之一，是融健康、医疗、幼儿园、学校、娱乐、旅游、餐饮、住宿和该区相关各种配套基础设施为一体的大型连片开发模式。这种模式在国际上不被看重，但在中国却成为兴奋点。

（二）养老 PPP 可对接金融产品创新

PPP 的发展运行可以得到投融资机制创新和资本市场的支持。在养老产业 PPP 项目可对接的众多融资渠道中，包括银行、保险、信托、债券市场、私募基金、融资租赁。其中成本较低、期限较长的类固定收益金融产品能够合理优化 PPP 的融资结构。在一些地方政府的实践中，有关 PPP 的融资已有以下几种方式：发债筹资；发展 PPP 建设基金；为吸纳银行、保险资金而成立省级政策性担保基金等。

2015 年 8 月和 9 月，保监会连续出台了《资产支持计划业务管理暂行办法》《关于设立保险私募基金有关事项的通知》等规范性文件。从此保险资金参与 PPP 合作项目的途径从债权、股权扩展到了基金、证券化等形式，丰富了保险资金的投资手段，有利于满足各类 PPP 项目的融资需要。在保险业的实践开拓中，已有商业性保险机构以寿险、健康险品种对接养老服务的案例，相关经验也可融合于 PPP 养老项目中。

三、把握好政府与市场的关系

如何设定政府与市场的关系是 PPP 模式得以顺利运行的要旨所在。政府与市场主体的关系应表现为一种“螺旋式上升”的新境界。这是一个概念范式演变，体现着改革与发展中相关认识不断深化的“否定之否定”，是政府和社会资本在更高层面上的创新。

我们知道，每一个 PPP 项目都要经过识别、过滤、筛选、确定。在锁定合作项目以后，政府和社会资本要起草和签订作为伙伴关系的项目合同，其中要包括所有相关的收益与风险分担方案，然后就进入实际的建设运营过程。

总体上看，在不同的环节，政府的身份既是裁判员又是运动员。在前期的国土开发规划项目识别、信息发布、政策研讨、合作方式选择等方面，政府显然是裁判员的身份。作为公共事务的管理者，政府需要给出关于辖区国土开发的通盘规划，还要牵头负责规划水平达标，使规划经得起时间的考验，这些是政府必须要承担的责任。而一旦通过所有程序推进到合作伙伴自愿签约的环节，作为平等身份的地方政府与社会资本方都是运动员的定位，这时裁判员在哪里呢？裁判员在“法”那里。在履约后 PPP 的全生命期内，双方同样要在法律的约束下守约、履约，如果违约、毁约，都将面临依照法律的问责与制裁。这当然包括深刻的政府自身改革的内容。

四、构建现代商业文明与共赢文化

伙伴关系在制度创新问题之外，还涉及如何构建互信以及求同存异、妥协让步的现代商业文明与共赢文化。其成功运行应该注重以下几个方面。

第一，愿景聚焦。一个成功的养老产业 PPP 项目应当具备下列几个条件：清晰完备的产业战略规划、符合战略愿景，且方向一致的总目标和个体行动目标、执行环节的透明公开、共同利益优先于伙伴们的个体利益。合作需要完全自愿，并在合作中培养共同价值观。

第二，互信合作。合作伙伴间的彼此信任，关系到养老产业 PPP 项目中相关专业知识技能的整合、责任的确定性、方法的一致性，以及 PPP 成员资格的稳定性。每个合作伙伴都有获得一致公认的合法性角色，尽管伙伴们的权能以及影响力存在差异，但没有任何一个合作伙伴可以独断地支配一切。

第三，激励共生。基于彼此信任，伙伴的共同目标或互补性目标可以在相互间形成共生互赖关系，即对一方的有利结果在一定程度上对另一方也有利。这种有别于竞争性关系的激励共生关系归根于对共同利益的分享。

第四，科学分类，因类施策。根据养老 PPP 每个具体项目自身的市场化程度可大体将其区分为纯公益类项目、准公益类项目、市场化项目。对于纯公益类项目，一般需将其与另两类项目中的至少一类“打包”捆绑；对于准公益类项目，应明确项目功能的开发边界，平衡好公益职能与经营职能之间的关系；对于市场化项目，应力求项目招投标过程中公平、公正、公开的充分竞争，保证项目特许经营权的稳定，为社会资本方保险资金获取“非暴利但可接受”的合理回报预留适当的空间。

第五，遵守法律、法规规章制度，合理规避风险。在政策环境上，与各级政府部门积极沟通，保持优惠政策以及相关权利的稳定持续，遵守项目约定和承诺，对原先未预料到的情况应通过 PPP 协议中未尽事宜的处理约定，寻求妥善处理。

第六，以规范的购买服务形成专业咨询团队的支持。政府和社会资本方之间较为顺利地缔结契约展开合作，通常离不开专业机构提供的设计规划服务，注册会计师与律师提供的咨询服务。

第七，做好监督与问责。问责制对于保障绩效、防范腐败至关重要，以阳光化、规范化为特征的 PPP 全流程有望提供一种新型的责任机制并调动和匹配一定程度的公众参与式民主潜力，为问责监督创造新的境界和为民众参与治理提供一种新渠道。参与养老 PPP 项目的各方都会接受服务对象的检验与监督。

第八，在养老产业 PPP 实践中，需要继续鼓励创新。从一般意义来看，稳定与创新是一对博弈力量。只有兼顾稳定与创新这两个因素，才能逐渐丰富 PPP 发展过程中的可选项，充分发挥 PPP 支持养老产业的潜力。

（本文发表于《上海证券报》2018 年 2 月 7 日）

规范化发展 PPP 系列谈之一：法治化是“可持续”的根本保障

贾　康

PPP（Public - Private - Partnership）过去直译为“公私合作伙伴关系”，近年在中国相关文件中意译为“政府与社会资本合作”，是创新发展中得到我国决策层和管理部门高度重视，企业和专业机构、中介组织、科研团队等多元主体积极参与的重要创新实践。2017 年上半年，有关统计数据显示，全国已成交的 PPP 项目达到 1 357 个，同比增长 31.4%，投资规模平均为 1.73 亿元，同比增长 27.8%，其中位于前列的十大项目投资金额总和高达 2 259 亿元。在公共工程、基础设施、产业新城建设与运营、地方政府辖区的国土连片开发等领域，PPP 项目建设提供了政府、企业、专业机构合作的融资与管理运营新模式，可形成“1 +1 +1 >3”式的绩效提升机制，在政府尽责、企业与专业机构发展“多赢”的同时，改进民生，造福公众，而且可以对接混合所有制改革，发掘“有效投资”潜力引导经济新常态。特别是，PPP 还必然促进我国经济社会法治化的进程。

在 PPP 蓬勃发展的同时，近期有关管理部门已在防范风险的“问题导向”下，更加强调加强其规范化管理，这显然具有现实的必要性和针对性。PPP 的规范化发展，首先应强调与 PPP 相关的法治化建设。在党中央推进“全面依法治国”的过程中，其实 PPP 尤其需要得到法治化保障，迫切期待更多的法治化阳光，因为 PPP 是创新发展中政府转变职能“革自己的命”的典型案例，政府必须“放低身段”和企业一起以平等的“伙伴关系”身份签约，来从事要做很长时间段（一般需要一二十年，甚至长达三十年、五十年）的项目运营，其间必然经历多轮政府换届，而各届政府主要领导的偏好很可能会各不相同，如发生了“新官不理旧账”式的变脸，企业可怎么办？如果没有法治化制度环境的可靠保障，企业方面是很难可持续地以自愿签字方式参与我国理应发展得越来越多的PPP 项目的。很显然，PPP 的健康、规范发展，客观上十分需要以让市场人士放心的法治环境来约束、指导和规范 PPP 的全流程，覆盖众多 PPP 项目的生命全周期，把签署协议的各方、特别是人们感觉很“强势”的政府及其部门，都放在依法守约履约的轨道上，和衷共济求得共赢。

我国关于 PPP 已有的各管理部门“红头文件”，是具有“法规体系组成部分”之效力的，但毕竟这些尚属于最低立法层级的法规依据。随着实践经验积累趋于丰富和较成熟，亟应抓紧推动 PPP 立法工作，把相关的法规层级提升。如果由于种种原因，一时还不具备基本条件进行我国《PPP 法》的立法工作，则应当积极考虑制定《PPP 条例》，在其中界定 PPP 的关键性规则和其与应排除掉的“假 PPP”“伪 PPP”的边界，明确 PPP 的全套标准和流程，并赋予国家鼓励支持 PPP 发展的各项政策以法规依据。未来一俟条件具备，我国的《PPP 法》应力求及时立法到位，以保障 PPP 这一制度供给的伟大创新可持续地向前推进。

（本文发表于《经济日报》2018 年 1 月 8 日）

规范化发展 PPP 系列谈之二：阳光化是发挥正面效应内关键机制

贾　康

PPP 必涉及具体的项目投融资建设。以往政府实施公共工程项目投融资时，若以信息充分披露和集体决策来评价其“阳光化”程度，往往是明显不足的。通常情况，是一个地方政府主要决策者所中意的项目，会要求相关部门提供项目的相关基本情况和“可行性研究报告”，然后领导人“大笔一挥”予以批准（俗称“可研变可批”），这个项目就可以动工建设了。这种少数人知情而专断决策的机制，启动时决策效率看起来很高，如果决策正确，当然这个机制会引出一个“好事快办”的结果，但十分遗憾，决策的失误却屡见不鲜、概率很高，项目失败形成的损失，都是由“纳税人的血汗钱”埋单，很难对决策人追究责任——称之为“付了学费”，但多年来这类学费可以一交再交。然而，以 PPP 创新机制从事公共项目建设投融资，却别开生面：从原理上说，PPP 可以通过其阳光化的决策和运行机制，依靠制度性、规范化的优势，最大限度地减少失误，提高资金使用效益，使项目综合绩效显著提高。因为一个个 PPP 项目，是在多个备选项目均配有可行性研究报告的情况下，由政府、可能的合作伙伴及专业化团队都知情并共同参与的阳光化过程中，形成项目的识别与初步筛选，再使初选的项目进入同样具有阳光化特征的“物有所值评价”，“财政承受能力论证”程序，走完这些必经环节后，再由合作伙伴竞争性挑选专业机构与团队提供咨询给予智力支持，一起磋商起草包括全套风险分担方案的 PPP 协议（合同）文本，最后由各方自愿签字生效进入建设过程，竣工之后续接约定的运营期。这种阳光化的机制，是最好的“防腐剂”和“防错机制”，在多方知情、公众具有参与机会、客观生成了多重监督机制的新境界中，可以凭借制度优化而防止过去极易发生、引起浪费损失的少数人专断，并封住“设租寻租”滋生腐败的空间，进而使 PPP

项目以规范化特征而发挥其应有的政府、企业、专业机构“强强结合”引出的“1 +1 +1 >3”的绩效提升结果，更好地以公共工程造福于人民。

制度创新的功能正是在于打开管理创新的潜力空间，PPP 的“阳光化”制度特征十分关键，弥足珍贵。在各地实施中，必须坚定不移地贯彻“阳光化”要领，使 PPP 从项目选择、前期程序、专业咨询，到合同编制、签约执行，再到建筑商的招投标、工程监理的选定与履职、运营中的必要信息披露和公众监督，直到走完其全生命周期的最后移交，都做到制度设计所要求的阳光化。我国已在实际推进中的 PPP 项目，拜阳光化这一关键机制所赐，已经表现了其诸多正面效应，但毋庸讳言，也有一些 PPP 项目的阳光化程度不足，由于种种客观原因，偏离了规范化轨道，这是必须及时制止、坚决纠正的。不贯彻“阳光化”原则的 PPP 项目，我们完全有理由认定其即为“假 PPP”“伪 PPP”，是以 PPP 创新之名的违规之举，必须严防速纠。如果说规范化发展是 PPP 生命力的保证，那么阳光化，就是 PPP 规范发展而发挥其正面效应的关键性机制。

（本文发表于《经济日报》2018 年 1 月 9 日）

规范化发展 PPP 系列谈之三：专业化是规范化推进的必备要领

贾　康

注重 PPP 的规范化发展，是为了使这一创新机制内在的潜在活力充分释放，使其相关的风险因素得到有效防控，从而产生应有的诸多正面效应。在现实生活中，以专业化力量促成 PPP 规范发展，被业界称为“以专业的人，做专业的事”，这应成为 PPP 参与各方的必备要领。

PPP 所涉及的是成规模的项目投资，建设与运营周期长，相关联的因素相当复杂，不同领域、不同类型的项目建设都客观地要求以较高的专业化力量形成尽可能周全合理的定制化方案，以求把一个个项目，“不仅促成隆重的婚礼（签约），而且做成百年好合的婚姻（善始善终）”。那么如何能达到这种专业化的要求？除了有关管理部门应作关于专业化的指导之外，地方政府、企业和专业机构需共同努力。

PPP 的签约伙伴，通常一方是政府（或政府指定的部门、机构），另一方是企业及相关的市场法人（即社会资本方），政府与企业内部都需有一定专业水准的人士来共同促成项目落地和健康推进。使这些人士具备专业知识和技能，需要有必要的培训与经验积累，客观上引出了对于专业人才培养的必要性与紧迫性。但具体的 PPP 项目变化多端，仅靠伙伴各方自己培养人才，仍是远远不够的，十分需要借助社会中介机构、专业团队的力量，如设计师事务所、会计师事务所、法律事务所和项目咨询公司，等等。这些中介机构和专业团队，以科班出身加上特定领域经验累积而成长起来的专家群体，构成有竞争力的专业化服务力量，政府和企业可以通过竞争程序挑选适合的第三方，以“购买服务”的方式获得其智力支持而达到 PPP 立项与运作较高的专业化水平。这也是一种“捷径”和“多赢机制”，是“1 +1 +1 >3”绩效提升机制不可或缺的重要组成部分。

我国已经展开的 PPP 创新发展潮流中，第三方机构和专业化团队的作用，已越来越被政府与社会资本方认知，应运而生的不少 PPP 咨询公司也日趋活跃。但在一定发展阶段上，这些以专业机构面目出现的主体，难免良莠不齐，鱼龙混杂。如何在“购买服务”市场上形成公平竞争、优胜劣汰的良好环境，尚待各方共同努力。PPP 项目“入库”，是带有专业水平评估性质的已有管理框架，地方省级的和中央部级的项目库，似乎又代表着不同等级的专业化水平的认定，如果把入库项目管理掌握为跟踪评价、动态优化，很有必要，但是，也不应以“入库定终生”，以某一轮次是否入库，作为规范化程度的唯一标准。因为 PPP 的发展中还有巨大的探索创新空间，“入库”在管理部门的掌握上，应当定位于“引导”创新发展，而不宜定位为“审批”；应当注重充分阳光化，即充分的信息披露，切忌搞成拉关系、处关系“贴官方标签”而滑入新型“审批经济”和“设租寻租”；已入库的，并不能排除以后也有清退的可能性，某一轮次未能入库的，也不排除未来可能入库——这一管理框架下应追求的是专业化引导机制的一种动态优化。

在以专业化力量促使 PPP 得到规范化发展方面，我们还需有一定思想准备，走过“购买服务”市场上一个阶段的优胜劣汰过程，然后可望结合 PPP 的法治化建设，迎来由一批有市场口碑和公信力的专业化机构和团队更好发挥专业咨询、服务功能的新局面。

（本文发表于《经济日报》2018 年 1 月 10 日）

规范化发展 PPP 系列谈之四：创新发展与风险防控须理性权衡、守正出奇

贾　康

PPP 总体而言属于在中国创新发展中方兴未艾的新生事物，方向正确，意义重大，然而不成熟的特点也毋庸讳言，防控相关风险的问题值得高度重视。在 PPP 规范化发展中，如何把应有的创新领域的弹性试错空间掌握好，是“发展中规范”的要领，而对于试错探索中发现的问题如何及时察觉，对于能够认定的风险因素有效防控，则是“规范中发展”的要领。“发展中规范”与“规范中发展”，不可偏废，需要理性权衡，以求在创新中和在 PPP 发挥正面效应的过程中，我们能够使中国的现代化进程“守正出奇”，实现动力体系升级和延续超常规发展态势，对接“中国梦”。

基于有关创新发展的哲理认识看 PPP，首先还是应当考虑“发展中规范”问题，因为 PPP 虽然已有一些带有经验总结而技术性色彩鲜明的具体模式，如 BOT、TOT、ROT、ROO 等，但这个模式丰富化、可选择操作方案多样化的进程，并未完结，可以说其操作系列可排列的选择清单，仍然是“敞口”的。比如，国际上有其雏形但并未引起特别重视的“项目打包”和“连片开发”，在中国却已很快成为特别具有吸引力和兴奋点特征的选项，今后我们理应积极鼓励带有“中国特色”的 PPP 创新而不惮在这一领域走到世界前列。再者，某些具体问题的认识，还难免见仁见智：比如管理部门现一般是把 BT 排除在 PPP 概念以外的，因为其没有运营期，容易较多地形成地方政府债务压力，但作为研究者我的看法却是，广义的 PPP 应包括 BT，它实为以一种“政府按揭”方式，把政府急需做而一时无力承担资金支出压力的项目，由非政府主体先做起来，再把对后者的还本付息，平滑处理为政府可承受。做得好，BT 也是使老百姓得实惠的一种新机制选择，无非就是把政府一下做不成的事情让它能做成的转换机制。我们可

在当下一些欠发达区域地方政府“精准扶贫”事项上“要想富，先修路”的案例中，看到 BT 不失为一种可选项。所以我认为，不宜把 BT 的可用性完全否定。这套探索，应当在“发展中规范”的过程中逐渐凝聚基本共识，待可形成相对固定的规则时，就能够纳入法治建设轨道来一一加以明确了。

跟着“发展中规范”，还应高度重视，理性掌握好“规范中发展”。在跟踪评估 PPP 创新领域的运行风险的过程中，管理部门一旦认定了有把握、可看准的风险点、风险因素，就必须及时推出防范与消除风险的政策措施。比如，没有与地方政府“婆婆”切断行政隶属关系和产权纽带关系的融资平台公司，如果浑水摸鱼入场与当地地方政府合作 PPP 项目，所谓的“合作伙伴”关系一定会变形成为“婆媳关系”，也就一定会发生严重扭曲而酿成“非规范化”局面，由此累积使过程不可持续的风险因素，必须明确排除此类“假 PPP”。“明股实债”“政府单方托底”等风险因素，管理部门近期在有所察觉之后，已强调要加以防范，这都很有现实必要性，当然，在防控此类风险因素时，也应注意掌握“堵不如疏”的大禹治水式哲理，从长远制度建设角度考虑，应发展规范的 PPP 资产交易市场平台和在政府“可行性缺口补贴”提高其预测和可确定性的水准等方面，引导社会资本方积极而规范地参加 PPP 创新。

总之，权衡好“发展中规范”和“规范中发展”的关系，从而在创新中审慎包容、积极稳定地推进 PPP 的规范化发展，我国就可望在供给侧结构性改革中于投融资领域成功地“守正出奇”，支持“后来居上”的现代化进程。

（本文发表于《经济日报》2018 年 1 月 11 日）

规范化发展 PPP 系列谈之五：资产负债的规范化处理与会计准则的优化

贾　康

PPP 的规范化发展，需要在创新的轨道上改进和完善相关的专业化管理规则，其中非常重要的方面，是关于 PPP 资产负债的会计准则。从国际经验看，英国是国际上运用 PPP 模式较成功的国家，也是最早针对 PPP 制定专门会计准则的国家。虽然英国的 PPP 会计准则（FRS 5A）曾被其他国家当成制定相关会计政策时的参照物，但其也有自身缺陷，即 PPP 固定资产因“漏记”而成为“孤儿资产”。后来随着国际财务报告解释委员会制定的《服务特许协议第 12 号解释》（IFRIC12）与国际公共部门会计准则委员会制定的《服务特许协议：授予方——第 32 号》（IPSAS32）的相继出台，PPP 项目资产负债才有了国际性的会计处理指南。一是，由于 IFRIC12 与 IPSAS32 之间是“镜像互补”关系，所以从设计层面堵上了 PPP“孤儿资产”的漏洞；二是，由于 IPSAS32 规定 PPP 固定资产及其负债均应记入公共部门的资产负债表，所以从制度层面封住了公共部门利用 PPP 隐藏债务的可能性，降低了公共部门利用 PPP 进行“表外”融资的冲动。鉴于我国推广运用 PPP 模式过程中出现的“明股实债、回购安排”、以及地方政府违规违法担保等问题，已造成各方担忧，同时基于 PPP 的理论分析可引出其为政府、企业合作中共同融资负债的认知，从长效机制建设视角作战略方针层面的考虑和选择，我们建议借鉴国际经验，尽快研究出台我国的 PPP 会计准则，将 PPP 固定资产及相关负债记入公共部门的资产负债表（可首先对政府付费类 PPP 项目实行）。

从理论上说，一是 PPP 涉及该类公共工程项目建设及其运营全生命周期或合同约定的较长特定时期内的投融资问题，必然涉及负债；二是 PPP 是政府与企业、市场主体以契约关系形成伙伴关系以求共赢与绩效提升的机制创新，必然要求相关投融资、负债、资产管理机制的创新；三是 PPP 的合同契约关系需要得到法律、法规的保护和制约才具有可持续性，故 PPP 投融资中负债的规则和财务会计的规范性准则，需要对“创新发展”和“规范发展”两者如何结合，作好动态优化的权衡处理。所以就定性而言，既然 PPP 是政府和企业伙伴关系式合作建设、运营公共工程项目，其负债就不可能在政府方完全撇清干系，但此机制创新，可使政府的相关负债产生相当可观的乘数放大效应和资金使用中明显的绩效提升作用，这便是 PPP 特别值得重视与推进的原理。我国推进 PPP 工作中，出于鼓励创新考虑，曾在文件中规定，凡是由管理部门确认为 PPP 的项目，其负债不纳入地方政府债务规模的统计；但随 PPP 发展，其实际的负债风险压力因素又必然为政府管理主体（特别在中央管理部门层面）所感受到，故为防范风险，“加强管理”中又容易走向另一极端，作出 PPP 不能与政府购买服务（政府采购的一个特定概念）对接、不得承诺保底等口气严厉的规定，似乎 PPP 负债可以也应该与政府主体完全隔离。如作严谨分析，PPP 的负债风险必然是以某种方式由合作伙伴各方共同承担的，其资产所有权或运营权虽可以阶段性地归属一方，但并不能否定总体而言的这种负债风险共担性质，至少是存在政府方的一定程度的或有负债（未来可能承担也可能不承担、可能多承担也可能少承担的负债）。所以，关键问题实际在于：如何把各种 PPP 具体模式的负债风险共担机制尽可能合理化、可操作化，这又必然要求在其财务会计处理上的规则尽可能清晰化、力求精细化——在动态优化的创新探索过程中，要承认精细化只能是相对的，所以也必须承认工作中可能不得不留出一定的弹性——“或有负债”本身即是具有一定弹性的专业术语。当然，一旦在原则上明确 PPP 也是政府的举债渠道之一，规范地方政府的融资行为，便不再是强调防止其利用 PPP“隐匿”债务，而是应以合理的资产负债通盘安排，把 PPP 规范地纳入公共部门负债与相关风险的表内管理，以更好地使 PPP 机制兴利防弊。我国的相关法律法规，需要依此思路框架考虑未来的优化修订。

（本文发表于《经济日报》2018 年 1 月 11 日）

论综合开发型 PPP 模式

陈　通[①]　董睿楠[②]　唐丹彤[③]

【摘要】我国 PPP 模式创新实践中，还大多局限于单体项目建设，具有明显的局限性，同时实施片区综合开发的“项目打包”与“连片开发”，又已成为一大亮点，有利于克服单体项目局限性而更充分发挥 PPP 正面效应的潜力。本文在强调片区综合开发 PPP 模式的重大现实意义的前提下，具体考察分析了该模式的创新特点，应关注的重点和相关组合的结构设计要领，拼盘特征的思路，并阐发了该模式的全域统筹规划下模块化优化组合的思维逻辑，及其应匹配的协调机制和制度供给。

PPP（公私合作伙伴关系，我国现称为政府和社会资本合作）模式，是公共管理理论创新背景下“理论联系实际”的创新发展案例，也是中国“供给侧结构性改革”推进和深化中，为公共工程、基础设施和产业新城建设运营、国土连片开发等建设投资提供有效制度供给的具体创新形式。我国近年对 PPP 模式的探索和开拓，取得了令人瞩目的成绩。但实践中因袭我国传统基础设施及公共服务的单一供给方式，使 PPP 模式的运用还大多局限于单体项目。然而与此同时，在 PPP 概念之下实施片区综合开发的“项目打包”与“连片开发”，又已成为中国“PPP”实践中的一大亮点，在许多情况下，“片区综合开发”的 PPP，可以更好适应我国城镇化建设与产业升级发展的现实需要，能够成为一种系统化完善国土开发中新区、新项目综合功能的重要实施思路。

---

① 陈通：中国财政科学研究院博士研究生。
② 董睿楠：中国海洋大学在读本科生。
③ 唐丹彤：中国财政科学研究院博士研究生。

现实生活中一些地方政府将一个待开发片区内所有的基础设施逐一加总，称其为一个整体的 PPP 项目，并不能代表真正意义上的片区综合开发。所谓片区综合开发，强调的是在“通盘规划先行”引导之下城市功能价值的整体提升，是在 PPP 模式规则下调度社会资本，与政府一起对开发片区通过整体谋划、统筹设计后导入产业和辅以政策支持，孵化片区价值，而相关基础设施只是构成综合开发中的一些子项。如果对于每个项目仅作独立考虑和财务单独核算，会使 PPP 模式下公共服务的供给潜力受到较多抑制，既增加政府负债，也降低社会资本和公众的参与热情。而且，现阶段通盘考量全域综合开发并与 PPP 项目形成有机结合，无疑是对冲经济下行压力，增加有效供给、支持经济社会发展后劲的选择性“聪明投资”，是从供给侧发力优化结构，助益适应、引领新常态的大手笔，非常值得我们在创新发展中充分重视和深入研讨。

一、我国以单体 PPP 项目为主的现状

从财政部综合信息平台项目管理库中可知，迄今为止，单体 PPP 项目占入库数量的绝大多数，且回报方式多以政府付费为主。

截至 2019 年 2 月末，在国家财政部 PPP 综合信息平台项目管理库中，单体项目数量为 8 073 个（图 1），占入库数量的 91.95%；而综合开发型项目数量为 561 个，仅占入库数量的 6.39%；其他类型项目数量为 146 个，占入库数量的 1.66%。

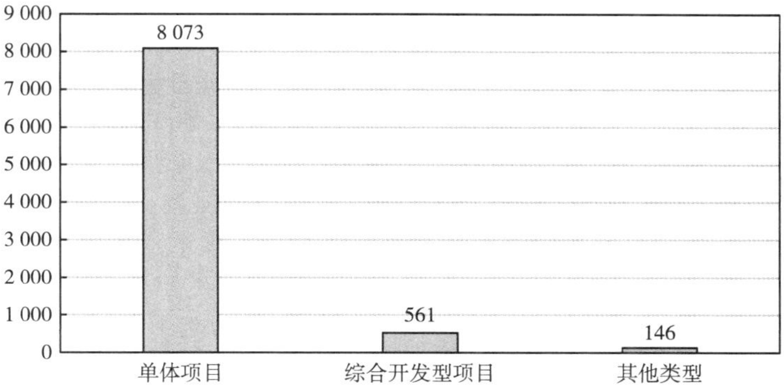

图 1　截至 2019 年 2 月末类别项目数量图

截至 2019 年 2 月末，据国家财政部 PPP 综合信息平台项目管理库统计，累计使用者付费类项目 635 个，占入库项目的 7.2%（图 2）；累计可行性缺口补助（即政府市场混合付费）类项目 4 834 个，占入库项目的 55.1%；累计政府付费

类项目 3 311 个，占入库项目的 37.7%。但从库中项目上传资料看，有很多的可行性缺口补助项目实际上可产生的经营收入微乎其微，甚至有些项目实质上就是政府付费类项目。自《关于规范政府和社会资本合作（PPP）综合信息平台项目库管理的通知》（财办金〔2017〕92 号）文件出台，规定了无运营内容、仅涉及工程建设的项目不适宜采用 PPP 模式，意味着没有运营内容，或仅依靠维修、维护、养护等作为运营内容没有业务模式创新的历史已经终结；《财政部关于推进政府和社会资本合作规范发展的实施意见》（财金〔2019〕10 号）“将新上政府付费项目打捆、包装为少量使用者付费项目，项目内容无实质关联、使用者付费比例低于 10% 的，不予入库。”则意味着 PPP 项目的使用者付费比例至少要达到 10%，而政府付费类项目在以后的进程中将会淡化是政策大趋势，统筹区域经济发展、挖掘项目本身的经营性和盈利能力，将成为 PPP 项目建设的必然趋势。

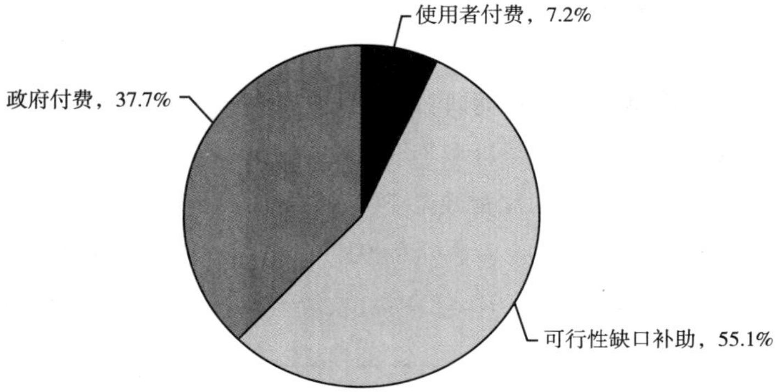

图 2　截至 2019 年 2 月末三类回报机制在入库项目数量中占比

二、单体 PPP 项目的局限性

（一）政府财政支出责任大、财政资金使用效率低、项目落地难

从图 3 上数据统计表中可以看出单体 PPP 项目中市政工程、交通运输类项目分别占 17.49%、46.72%，有超过 60% 的项目集中于纯公益属性的项目上。纯公益性项目仅仅依赖政府财政资金，经营性不定，使项目实为长 BT，类 BT，而且单体 PPP 模式中，全区域内所有 PPP 项目独立运作，不考虑各项目的特点，使得项目之间不具备关联性和互动性，缺乏取长补短的优势，其占比过大，必将

导致财政资金不足。因而将纯公益性项目转化为准公益性项目，是解决地方发展资金不足的有效机制，是保证政府在充分提供公共服务取向下挖掘新的增长点的重要方式。这需要冲破单体项目的局限性，以多项目拼盘至连片开发的方式实现。

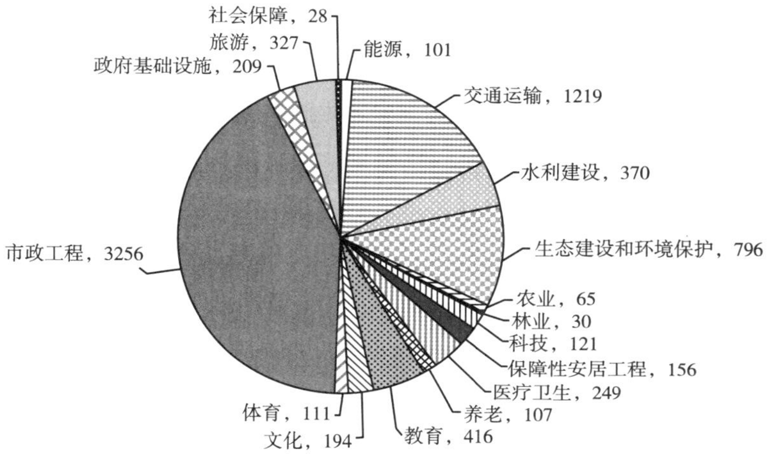

图 3　单体项目中各类型项目数据统计图

我国大多数单体 PPP 项目实际上是按照或近乎按照纯公益性项目进行付费机制设计的，背离 PPP 模式初衷；若不设计、转换成准公益性项目，将使地方政府债务激增，财政资金效率大减，导致当地可轻易超出一般性公共预算支出 10% 的红线（财政部 2015 年颁布的《关于印发政府和社会资本合作项目财政承受能力论证指引的通知》（财金函〔2015〕21 号）第二十五条要求“每一年度全部 PPP 项目需要从预算中安排的支出责任，占一般公共预算支出比例应当不超过 10%”），未来将越来越难以落地。

（二）规模效应不佳，不利于形成充分的财政资金放大效应

区域的经济、产业、文化、自然条件等因素都对项目全生命周期有着重要的影响，单体 PPP 项目不能对项目所在全域进行通盘考虑，无法对区域内各种资源进行充分整合，以协调区域多方面发展动态与趋势和形成规模效应。同时，单体 PPP 项目仅仅使用财政资金提高了投资拉动力量，但并未有软件资源的导入，无法形成财政资金充分的“四两拨千斤”式放大。纯公益性项目自然没有盈利属性，但准公益性项目具有盈利属性，需要导入具备相当实力的运营资源，这是改财政资金主导为财政资金引导，提高财政资金使用效率，保障项目健康可持续的

关键，因而若干项目打包“肥瘦搭配”或连片开发所有项目“互济帮衬”的片区综合开发 PPP 模式，便显示出了其优越性，可使 PPP 的激励兼容等正面效应升级。

三、综合开发型 PPP 模式的创新

将地方政府某一区域内若干建设项目打包，乃至将区域内所有建设项目完全纳入作为一个片区综合开发型 PPP 项目，这在实践中通常称为“打包项目”和“连片开发项目”，已在中国大地上形成了一些值得称道的成功案例，纳入了财政部与国家发改委 PPP 项目库。其基本特征是：规划先行、统筹相关所有要素，做出综合测算，推进综合开发。综合测算是基于项目所在区域通盘开发规划而纳入全部项目形成综合财务数据的分析核算；统筹区域经济发展的通盘规划，要兼顾区域内各方面的发展，协调所有相关资源，对片区进行统筹规划下的综合开发的 PPP 模式是通过政府和社会资本合作，以财政资金为引导，以公共服务为发力点，以各子项目财务互补为抓手、在项目的全生命周期内将区域设计、开发、运营、产业导入有机结合运作的一种创新型 PPP 模式。其于区域内项目以打包或连片开发的方式设计 PPP 项目的基本特征，可对应性地以其所覆盖项目包或整个区域内政府未来的新增财政收入，来支持政府可行性缺口补助，有助于充分开发 PPP 模式以发挥其正面效应的巨大潜力。

（一）PPP 模式的发起方式及合作机制构建

1. *发起方式选择方面的优化改变*。在综合开发型 PPP 模式下，发起方可以社会资本主动发起项目为主，社会资本方由被动变主动，做区域发展的先行者，同时兼顾政府方根据本地资源，产业优势因地制宜通盘设计之后的政府方为主导的发起方式。

根据新公共管理理论，多元治理必定成为社会大发展的有效途径，基于此种原理，国家出台大量相关政策支持民间资本积极参与，如财政部发表的《关于加强中国政企合作投资基金管理的通知》（财经函［2018］95 号）中表示，对民营企业参与的政府和社会资本合作（PPP）项目要给予倾斜支持。基本意图是要运用多方优势资源使公共产品又好又快供给出来。在公共产品供给体现居民对地方公共产品的偏好显示机制的目标下，利用社会资本对市场的敏感性优势、逐利性属性，推动社会资本更为主动地承担提供社会公共服务的主体责任，是提高公共

服务供给效率的战略制高点。当今的我国已经壮大、在资金力量上已经雄厚起来的民间资本、社会资金持有主体中，一大批有日益强化的发展意愿、并在偏好类型上适合 PPP 的企业，会打开他们新的生存与发展空间，进而在中国推进现代化过程中构造市场经济的发展健全“升级版”。有相当实力的社会资本，在综合开发型 PPP 中具有先天的优越性，同时也要求政府在选择社会资本时从项目融资实力、团队的专业能力、管理能力、资源整合能力等方面综合考虑，充分发掘和调动社会资本方的这种潜在积极性。

2. 综合开发型 PPP 模式合作机制的构建要点。区域发展必须以区域的自然和社会条件为基础，包括要素流动与集聚、生产布局、经济增长、区域发展阶段、区域可持续性等；从我国供给侧结构性改革理论出发，应当把中国特色社会主义的经济结构改革和体制改革结合起来，通过改进和优化制度供给，协调好经济主体的利益机制与竞争机制，按照社会主义市场经济发展的内在要求，优化重塑政府与市场的关系，充分调动个人、企业和地方政府的积极性，形成经济增长的新动力新机制，促进有效供给增加。

因此，政府和社会资本双向选择时或项目策划初始阶段，应考虑成熟的合作前提，即双方各取所需的前提。

（1）从政府方视角看综合开发型 PPP 项目合作机制的构建要点。政府方作为区域发展引导者，在采用 PPP 模式推进时，必须结合区域特征，提供与区域发展协调的公共服务供给。

①在综合开发型 PPP 模式下，政府需要通盘考虑项目所在区域的整体情况，从项目设计、建设、运营的全流程、一体化的运作，结合本地资源、产业优势，以区域发展战略为指导设计全盘 PPP 项目包、项目群方案；

②在选择社会资本方时着重考量其运营能力，如何将有限投入转化为变现能力，使项目本身发挥最大社会效益的同时，能够产生相较于其他运营方式更多的现金流，是项目运行的关键；

③构建全面的内在激励机制，考虑若分别出现收益不足以返还社会投资和取得超额利润时的处理办法，如出现超额收益时，政府可以根据入股项目公司取得项目分红，也可不分红而直接抵扣可行性缺口补助，或可将该部分收益作为奖励直接奖励给社会资本；

④明确政府在全生命周期的支出责任，兼顾本级财政情况。

（2）从社会资本方视角看综合开发型 PPP 项目合作机制的构建要点。社会资本方要利用好自身对市场的灵敏性，发挥好自身整合资源的优势，在 PPP 模式下，为区域发展提供定制性、专业化公共服务的同时，获得更广阔的发展空间。

①社会资本方要从自身行业技术优势结合地方短板，以项目建议书向政府提出综合开发型 PPP 模式的动议；

②准确识别项目通盘设计的适用性，这是社会资本在主动发起项目时的关键；

③努力做好盈利能力的充分挖掘，实现成本和运营收入的最优化；

④保持良好的开发节奏。

（二）开发型 PPP 模式应关注的重点

开发型 PPP 模式作为 PPP 的一种创新模式，强调区域项目统筹规划，操作中可积木化、模块化管理，从而充分发挥资源整合作用，实现区域综合效益最大化。所谓积木化、模块化管理，是指一个区域内每个单体 PPP 项目不再是看作孤立的部分，要将单体 PPP 项目根据项目的不同要素特点进行排练组合。通过积木化、模块化管理，政府方可根据当地规划设计及发展需求，选择合适的项目组合模块，同时，社会资本方也可以根据自身优势、营利需求选择适合的项目组合模块，两方面间形成“最大公约数”。这样，当地若干个单体 PPP 项目，就搭建成一个通过不同的排列组合可以有不同效果的整体，在选择建设项目时，可以有满足不同需求的多种组合，从而更好发挥 PPP 模式的优势，满足政企双方共同的诉求。在实际操作中，PPP 模式的积木化、模块化需要关注以下两个重点：最优财务成本结构设计和最优项目组合设计。

1. 最优财务成本结构设计。PPP 本质上是一种在公共工程领域通过政府方和社会资本方的合作从而实现公共服务有效供给的一种管理模式。

从发达国家的实践经验来看，当社会发展到一定阶段时，往往越是急于发展，政府的财政系统就越容易面临压力，从而社会公共服务的供给就会显得力不从心，这就出现了新公共管理运动下一系列的供给侧改革的探索和创新。比如英国，当其经济社会发展到一定阶段时，全面推出“福利国家”的概念，提出建立全覆盖、全方位的公费医疗体系，但在推行过程中又出现了很多的现实矛盾，使得政府财政不堪重负，促使英国寻求将 PPP 模式应用在医疗板块的方法，来创新性地解决政府财政紧张的问题。

从我国近几年落地的 PPP 项目情况来看，PPP 大多应用在单一的道路、桥梁等重建设轻运营的项目上，回报机制多是政府付费或可行性缺口补贴，各地政府财政支出责任巨大，而财政部又规定用于 PPP 项目的财政资金不能超过政府一般性公共预算支出责任的 10%。对此，一些地方政府认识不到位，把关不严、执行不力，还有些地方政府由于能力不匹配，对当地财力和支出责任测算不准确，导致财政承受能力论证流于形式，加大了财政中长期支出压力。据统计，2017 年 11 月 16 日《关于规范政府和社会资本合作综合信息平台项目库管理的通知》（财办金〔2017〕92 号）发布后，至 2018 年 3 月末，综合信息平台已累计清退管理库项目 1 160 个，累计清减投资额 1.2 万亿元，清库后部分地区仍然超过了 10% 的监管红线。

可以看出，我国 PPP 前期发展中，由于没有最大化发挥 PPP 模式的优势，不少地政府剩余财政承受空间不足，再加上当前中央、财政部大力清理政府债务，严禁政府违规举债，纯政府付费类项目即将成为过去式，在当前的政策背景下，必然要求 PPP 项目更加规范发展，单体项目为主的 PPP 模式亟需进行结构与机制优化。

（1）单体 PPP 项目的超额收益分配。综合开发模式下对某些单体 PPP 项目超额收益的合理分配，可以在保障社会资本合理回报又防止社会资本暴利的同时，实现对其有效不间断的激励，最终促进其提供的公共服务产品质量更好、效率更好且可持续。我国现有 PPP 项目在超额收益的分配方面尚处于探索阶段，研究发现，超额收益的部分几乎都按照 SPV 公司的股权比例进行分红，由于政府方先期出资较少，同股同权后超额收益大部分归社会资本方所有，虽激励机制得到保障但降低了项目盈利属性对应的可预期可计量的未来现金流入对财政资金的贴补作用，其实也就是对另一些收益不足甚至无收益项目的带动能力“放空”了，也就等于压低了财政资金的使用效率。

（2）单体项目分类组合打包，统筹规划设计最优财务成本。在政府补贴责任和超额收益分配方面，要上升高度，将政府有限的财政资金发挥出最大的优势力求带来放大效应，推动当地产业升级，培育长期税源，从而实现可持续发展，这就需要政府针对一个地区或城市整体或某个领域的多个 PPP 项目，在新公共管理理论及相关政策的指引下，对财务成本进行系统研究准确核算，对预期收入作出准确评估，并以此为基础统筹规划。通过模块化、积木化管理后，将不同现金流的项目进行搭配，有效解决当前 PPP 项目中超额收益分配不均、社会资本暴利等问题，均衡协调 PPP 项目各方利益，实现社会资本盈利但不暴利，最大化发挥政府财政资金的效用。

比如针对新疆乌鲁木齐高新区存量、新增项目进行整改和顶层方案的设计工作是一个具体案例：新疆乌鲁木齐高新区存量 PPP 项目有 19 个，政府支出责任最高的一年，占一般性公共预算支出高达8%以上。此外，高新区还有十几个新建项目即将开展，剩余不到2%的财承空间已不足以支撑所有新建项目的投资。目前可做的工作，就是结合高新区的总体规划，梳理存量项目和新增项目，统筹考虑，将项目做加法和减法，合理拆分打包组合，释放财承空间，将有超额收益的单体项目和有缺口补贴或政府付费的单体项目打包在一起作为一个整体综合项目来做，综合项目就不会存在超额收益。例如一个道路项目是纯政府付费的，道路周边的一个医院项目是有超额收益的，将这两个项目重新规划，打包在一起，医院产生的超额收益就可以补贴到无收益的道路上去，对政府来说降低了财政的支出责任，项目整体实现了效益最大化，达到1+1>2的效果，从而形成了政府最优的财务成本。对政府来说只有将全域PPP项目通盘考虑，才能设计出最优的财务成本结构，才能最大化地发挥政府有限的财政资金的效用。

2. *最优项目组合结构设计*。跳出单体项目的局限，通盘考虑全区域PPP项目，从宏观层面来看，最优项目组合能够有效的促进区域PPP项目的整体实施与后期运营维护。所以PPP项目的实施应该具有整体意识与系统观念，不仅考虑单个项目的收益与运营，更要综合考虑各项目之间的联动关系。如图4所示，根据项目不同特点，政府可以结合实际需求交叉搭配设计，发挥各项目之间的关联效应，将A类项目和B类项目交叉组合，选择最优的项目结构。

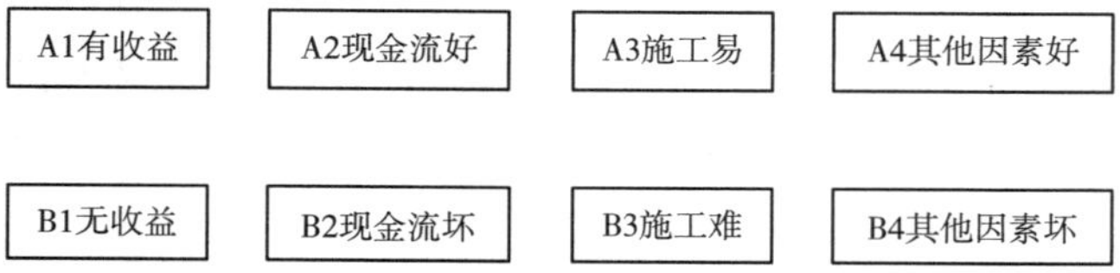

图4　交叉搭配不同类型项目

最优项目组合结构设计不局限于单体项目最优化，而是以发展的眼光去统筹考虑，用未来的增长预期置换当下的成长空间，不能仅考虑当下项目的得失，更要考虑的是整体PPP项目的未来发展，不能计较“一城一池”的得失，更要注重整体的发展。从政府角度来讲，政府无论推广怎样的PPP模式，都应当要考虑到当地社会经济发展的实际需求、当地处于怎样的发展阶段、有何特殊的需求，结合当地各PPP项目的实际特点进行项目的整体规划及项目结构设计。

例如，2016年菏泽市PPP项目资金方案就是结合当地发展需求和规划，统筹考虑设计项目组合搭配，最大化的发挥了PPP项目的优势，如图6所示，政府用不到 5 亿元的财政资金撬动了当地 300 多亿元的项目建设，实实在在地为当地建设发展做出了贡献，将政府有限的财政资金效益最大化。

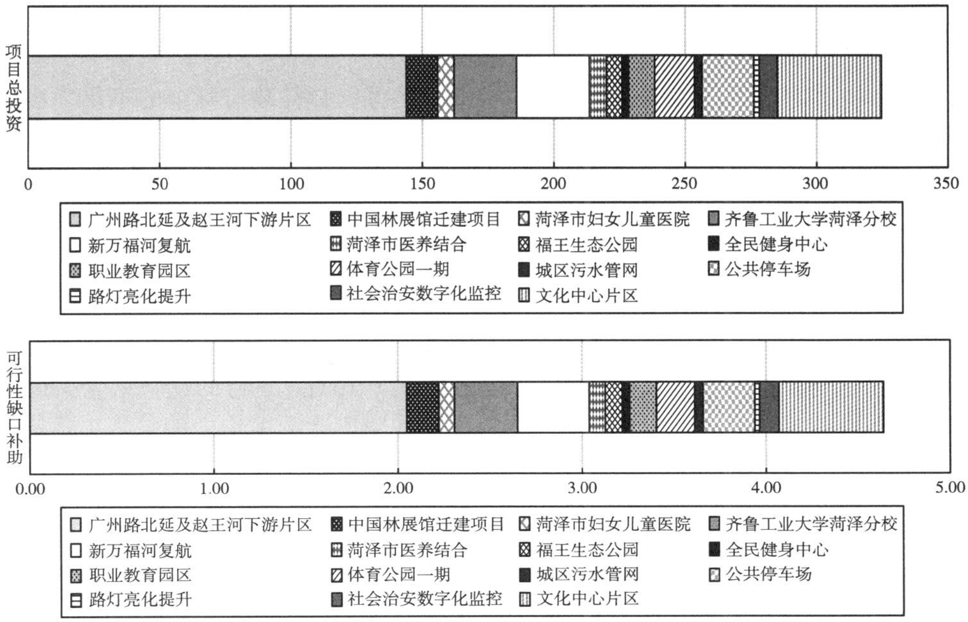

图 5　2016 年菏泽市 PPP 项目资金方案

四、项目拼盘特征

（一）工程利润高的项目搭配工程利润低的项目

针对现今 PPP 项目普遍落地难的问题，可以从工程利润方面来引出问题的症结之所在。在拆迁工程占比较大的 PPP 项目中，对于社会资本方来说，由于拆迁没有工程利润可赚，拆迁补偿款大都是以现金形式补偿，成本很高，施工利润很低，这样的工程各地政府都会有，却苦于找不到投资方，因为对社会资本没有吸引力。而在拆迁工程占比较少甚至没有拆迁工程的 PPP 项目中，大部分都是建筑安装，材料购置有回购，社会资本方至少能拿到 30% 的利润，这样的好项目的地政府也有。现在普遍存在的现象是：没有工程利润的项目无人问津，工程利润多的好项目社会资本竞争激烈。这并不是一种最优的状态，从 PPP 项目的模块化、积木化管理视角来看，通过模块化、积木化，政府可以设置合理的回报率，将工程利润高低不一的项目进行搭配，有效解决 PPP 项目落地难的问题。

（二）现金流好的项目搭配现金流差的项目

PPP 模式的现实意义中一个重要的意义就是可以弥补政府资金的不足，当前各地政府财政资金使用效率低，很多地方政府 PPP 项目支出责任占一般公共预算支出逼近 10% 的红线，并没有充分发挥 PPP 模式的优势。在实际应用中可以将工程利润相近但现金流差异较大的两个项目进行搭配设计，将有超额收益的项目和政府补贴较多的项目组合起来作为一个整体，那整体来看，项目的超额收益部分可以用来抵扣政府的财政补贴，既有效降低了政府的财政支出，也体现了 PPP 模式中社会资本盈利但不暴利的原则，实现了多方共赢。这样的项目组合搭配模式，也就大大提高了政府财政资金的使用效率。

（三）施工难的项目搭配施工易的项目

针对施工程度较难而政府又急需建设的项目，大部分社会资本方积极性不高，通过将当地 PPP 项目模块化、积木化管理，可以将施工程度难易不同的项目组合搭配，提高项目对社会资本方的吸引力。例如，工期较长的项目搭配工期较短的项目、施工环境恶劣的项目搭配施工环境有优势的项目、开发风险大的项目搭配开发风险小的项目、拆迁难度大的项目搭配拆迁难度小的项目等。通过将施工难易程度不同的项目组合搭配，可以有效解决社会资本方对施工程度较难而政府又急需建设的项目积极性不高的难题。

（四）小结

综合开发型 PPP 模式下的模块化、积木化管理，可以有效解决政府方和社会资本方在 PPP 项目中的所遇到的诸多问题，针对不同的问题，可以选择不同的项目模块组合来解决。各地所有的 PPP 项目，除以上几种常见的组合搭配外，还可以根据项目要素如项目体量大小、运营难易、运营成本高低等结合实际情况来进行有当地特色的组合搭配，也可以将不同维度的项目组合再进行交叉搭配设计，从而真正发挥 PPP 模式的优势和现实意义。

如表 1 所示，政府方和社会资本方都可以结合当地特色和自身需求选择适合的项目排列组合。

表 1　　不同项目的排列组合

项目特点	A1 有收益	A2 现金流好	A3 施工难度小	A4 其他优势
B1 无收益	A1 + B1	A2 + B1	A3 + B1	A4 + B1
B2 现金流坏	A1 + B2	A2 + B2	A3 + B2	A4 + B2
B3 施工难度大	A1 + B3	A2 + B3	A3 + B3	A4 + B3
B4 其他劣势	A1 + B4	A2 + B4	A3 + B4	A4 + B4

五、统筹规划与综合开发型 PPP 的模块化管理

（一）政府全域（市、区、县）的统筹规划

目前，PPP 模式逐渐应用在片区开发中，全县、全市的 PPP 项目组合起来看，就是一个辖区整体的片区开发项目。对政府来说，通过模块化设计、模块化管理，切分组合项目后形成最优项目组合，过程中可以延长期限打包更多的项目，从而使得整个地区成为一个大的片区开发项目主体。从政府的角度来说，这一思维逻辑的价值是在于充分结合当地的通盘发展战略及未来规划，科学合理地评估和处理各个 PPP 项目之间、PPP 项目与当地社会经济发展全局之间的关联及影响，创新性地发展综合开发型 PPP 模式，针对一个地区或城市整体或某个领域的多个 PPP 项目的发展规划、投资、融资和运营，进行系统研究、统筹设计，可以有效解决政府既有的发展规划及项目运作方式之间的诸种矛盾问题。

（二）统筹规划，开发型 PPP 模式所需的协调机制与制度供给

各地政府的 PPP 项目工作涉及多个部门，很多业务大量交叉在各部门之间，各部门彼此并不了解对方的运作机制，而只停留在交接环节上的信息共享。例如，政府的财政部门主要的关注点是确保财政资金的合规发放，而污水处理企业或地铁公司则关心向财政部门申请资金，却并不清楚这笔资金的具体来源和使用要求。如果不采用 PPP 模式，这样不会出太大的问题。但是如果要采用 PPP 模式推进，如果不了解财政资金的来源和去向，现实项目的“两评一案”就会不切实际，没有参考性，这样会直接影响项目的融资结构设计和交易架构的构建，政府付费、补贴、为公共产品和服务兜底的安排就会存在缺陷，与之相关的创新会成为无根之木、无源之水。其次，各部门之间也可能存在各样利益冲突，从而

大大降低 PPP 项目的推进效率。由此来看，要顺利推进开发型 PPP 模式，信息的孤岛效应和部门利益冲突必须打破。

以全区域 PPP 项目组合打包为例，PPP 主管部门需要综合考虑不同子项目之间的关联度和连带效应，合理评估经营性、准经营性和非经营性项目、商业性与公益性项目，结合当地规划需求将不同类型的项目进行排列组合以发挥最大效益。这就需要明确 PPP 中心、财政部门在其中的统筹作用，及时掌握信息，打破部门利益局限，打破信息孤岛效应，扎实 PPP 项目推进基础，以最优的财务成本站在纳税人的角度去设计最完善的积木化、模块化的 PPP 模式管理方案，形成最优的项目组合。站在全市、全县的角度发挥统筹规划作用，形成 PPP 的模块化管理模式把超额收益全域通盘考虑，这样才能形成最优财务成本，少占甚至不占政府财政承受能力空间，符合当下各地政府“少花钱，多办事”的迫切需求。

政府作为 PPP 项目的监督者和管理者，必须立足全局，牵头组建 PPP 领导机构及授权 PPP 主管部门，专门开展全区域范围内的 PPP 项目总体规划及投融资方案研究，并积极与各相关部门协调接洽。应充分整合省、地级市、县各级各部门主管领域以内的数据、资料和信息，打破各个部门之间的信息孤岛状态，解决信息不对称问题，掌握全局性的可靠材料，只有这样，才能对项目的具体运作做到心中有数，项目咨询机构也可以更好了解各级政府的相关运作机制，进而有针对性地提出对当地未来发展规划及当地 PPP 项目健康有序发展的建设性建议，共同促使 PPP 项目总体规划、投融资及运营方案更加贴近实际、有的放矢，高效优化。

参考文献：

[1] 贾康、孙洁：“公私伙伴关系（PPP）的概念、起源、特征与功能”，《财政研究》，2009 年第 10 期。

[2] 贾康、陈通：“政府与社会资本合作效应”，《中国金融》，2015 年第 15 期。

[3] 贾康、苏京春：“论供给侧改革”，《管理世界》，2016 年第 3 期。

[4] 何芳、吴正训：“国内外城市土地集约利用研究综述与分析”，《国土经济》，2002 年第 3 期。

[5] 周兰萍：“片区综合开发 PPP 项目的风险管理”，《建筑》，2017 年第 21 期。

［6］高京燕、仝凤鸣、吴中兵、邓运："产业新城发展模式机理分析"，《河南工业大学学报（社会科学版）》，2018 年第 1 期。

［7］周月萍、樊晓丽、叶华军："片区综合开发 PPP 项目困境与破解路径"，《城乡建设》，2018 年第 11 期。

［8］陈轶丽："促进城镇综合开发 PPP 模式健康发展的对策建议"，《河北企业》，2018 年第 12 期。

［9］王小鲁："中国城市化路径与城市规模的经济学分析"，《经济研究》，2010 年第 10 期。

（本文主要内容发表于《江西财经大学学报》2019 年第 6 期）